揺るぎない司法の確立へ

弁護士自治の真価が問われる時代

2018（平成30）年度法友会政策要綱

東京弁護士会法友会

2018（平成30）年度法友会政策要綱発刊にあたって

揺るぎない司法の確立へ ～弁護士自治の真価が問われる時代～

仲　隆　法友会政策委員会委員長

1　憲法と司法の独立、そして弁護士自治

　最近、盛んに憲法改正という言葉がマスコミを賑わしています。

　憲法は、基本的人権の尊重、恒久平和主義、国民主権を最高価値として掲げ、その実現の方策として三権分立を徹底し、その担保として司法の独立を制度的に保障するものと理解されます。すなわち、司法の独立は、国家統治の一部門としての司法部門が他の権力部門から分離・独立して自主的に活動するという原則（司法府の独立）を意味する場合と、裁判官が裁判をするにあたって法以外のなにものにも拘束されることなく独立してその職権を行使するという原則（裁判官の独立）を意味する場合とがありますが（裁判官の身分保障も含む）、司法の独立なくして憲法の追求する価値実現はできないものと解されます。

　そして、弁護士会は、いわゆる法曹三者の一員として司法の一翼を担い、裁判所や検察庁との関係において、ときには緊張関係を持って対峙しつつ、司法の独立という共有の価値を守るべき地位にありましょう。司法作用は裁判所の行為だけで完結・充足されるものではないからです。したがって、弁護士会が裁判所と同様に他の権力部門から介入を受けないこともまた、司法の独立、ひいて憲法の価値実現によって重要なことといえます。

　また、個々の弁護士は、人権擁護と社会正義の実現を使命とし、具体的な職務遂行において、憲法的価値を実践すべき立場にあります。そのためには、自ら組織を構築し、自ら己を律する制度の下で、自由な意見表明が許されるものでなければなりません。

　このように考えると、弁護士自治というのは、憲法の基本原理を支える司法の独立の一環としての価値と、憲法の基本原理を履践しうる具体的職務としての価値を具有し、それ自体、憲法の価値を有するといっても過言ではありません。

　弁護士は、あらためて弁護士自治に対する自負をもって、ときに危機に晒される憲法と司法の独立性の堅持に努めていかなければならないと思います。

2　法の支配と司法へのアクセス

　司法の独立が憲法のハード面であるとすれば、法の支配はソフト面ということができるでしょう。

　この「法の支配」を社会の隅々まで行き渡らせる使命を帯びているのはわれわれ法曹です。そして、その実現のための重要な視点は市民の司法へのアクセスの問題といえます。また、司法へのアクセスを高めることは司法や弁護士に対する市民の信頼にも繋がります。

　まず、司法へのアクセスとして最も重要な課題は、民事司法改革であると思います。

　民事訴訟の充実と迅速化が指摘されて既に10数年の歳月が流れていますが、なお多くの課題を残し、訴訟件数も伸び悩む状態にあります。また、国際民事紛争解決制度にあっては仲裁インフラの整備は遅々として進まず、ハーグ条約締結などによる国際民事訴訟手続の充実も端緒に就いたばかりです。裁判外紛争解決機関（ADR）は種々の進展を見せていますが、市民や企業のグローバル化に対応するADRなどの制度を創設すべき状況にあるといえます。これらの課題は裁判所や弁護士会の協議で解決できるものではありませんが、密に連絡を取り合い、司法の発展のために努力していかなければなりません。

　次に、弁護士へのアクセスという観点からみると、重要な機能を果たしている大きな事業として、日本司法支援センター（法テラス）、法律相談センター、公設事務所を挙げることができます。法テラスにあっては民事法律扶助の課題の克服がアクセス拡大にとって重要ですが、司法予算と直結する問題ですので粘り強い交渉がかかせないと思います。法律相談センターと公設事務所については常に業績の問題が付きまとい、新設や統廃合について意見の対立も見られるところです。消極的意見にはもっともな点もありますが、なお弁護士へのアクセス向上の観点から積極的価値を評価しながら組織の改善を図っていく時期にあると考えます。

この点で東京弁護士会では、本年度より、弁護士へのアクセスを容易ならしめるため、「司法窓口アクセス充実化構想」を掲げ、弁護士紹介センター・法律相談センター・中小企業法律支援センター・各種特別法律相談窓口を整理して充実させる方向での検討し始めたところです。課題は山積していると思いますが、現に相談をする市民や企業との関係では担当弁護士の精通性や専門性の確保が最も重要であると考えます。弁護士へのアクセスという局面において、弁護士自身に対する教育、すなわち弁護士研修制度の拡充は高度の重要性を有し、不断に検討されるべき問題であると思います。

このこととは別に懸念されるのは、インターネット広告によるアクセスです。弁護士広告の自由化が図られた以上、その適正化に向けた規制は、弁護士自治の根幹にも関わる問題として迅速に対処されるべきです。

3　法曹養成制度と弁護士会の役割

司法部門にとって最も悩ましい問題は法曹養成制度といえるでしょう。法曹養成制度は司法部門の生命線です。しかし、現に進行する法科大学院の統廃合、法科大学院制度と予備試験制度の関係、適正な法曹人口、法曹志望者の減少、司法修習生給費制などの諸問題について、弁護士会内部でさえ意見が多岐に分かれています。しかも、各問題が密接に連動している上に、理論的に解答を出せるものでもなく、選択肢を設けることさえ困難な状況にあります。

ただ、「教育は国家百年の大計」と同じく、「法曹養成制度は司法百年の大計」といえます。高邁な理念を持つことが大事だと思います。個人的には、法の支配を浸透させ、かつ、司法が市民から信頼され、確固たる地位を築くためには、「法曹は国民の社会生活上の医師」といわれることが理想であると考えます。そして、多様なバックグランドをもった学生が実務家教員に接しながら法教育という形で学び、人間性豊かな法曹実務家を養成して、市民に身近で利用し易い司法を実現するという、法科大学院制度の理念こそ、法曹養成制度が進むべき姿であろうと思います。

この点で、予備試験制度は、当初の趣旨を逸脱した事態を生み出し、法科大学院制度の存立そのものに影響を与えかねない状況にあり、廃止を含めた大幅な制度設計の変更を検討せざるを得ないのではないかと思われます。併せて、適正な法曹人口については誰しも断言できるとは思いませんが、弁護士の活動領域拡大と弁護士研修制度の充実を踏まえつつ、少なくとも現状の司法試験合格者数を維持する方向で進むことを願いたいものです。

司法修習生の貸与制世代の返済が開始されます。この貸与制世代の救済について議論があります。解決困難な問題ですが、立法政策によって救済する場合、やはりポイントは、国民の司法に対する信頼と理解です。このことは弁護士会あるいは個々の弁護士が給費制度を復活させるための諸活動を行った際にも直に経験したことです。

現在、日弁連では、法曹志望者の増加への取組みに力を注ぎ、例えば個々の弁護士が出身大学の法科大学院などとの連携しながら法曹の魅力を伝える機会を拡げる活動を行い、また、東京弁護士会においても、弁護士自身が中学・高校に対する法教育の実践に取り組み、あるいは大学での出張授業をするなどの活動を行っております。弁護士会としては、弁護士会自身のためにも、司法制度のためにも、一丸となってこのような諸活動を支えていくことが肝要だと思います。この地道な活動こそが着実に市民の信頼と理解を勝ち得ていくだろうと期待しています。

4　揺るぎない司法の確立へ

ともすると、弁護士自治を放棄した方が経済的に有利なはずだ、放棄した方が不祥事事案も迅速確実に対応できるはずだ、などという意見が聞こえます。しかし、自らの職業に自信と誇りを持てることは幸福です。弁護士自治という自律した世界に身を置くからこそ、弁護士は自信と誇りを持って日常業務に取り組むことができるのではないかと思います。

司法の独立、司法へのアクセス、そして法曹養成制度は、相互に密接に影響を与えるものといえます。その中核をなすものはなにか。弁護士にとっては、それこそが弁護士自治であり、その堅持によって揺るぎない司法を築いていくことができるものと確信します。いまその真価が問われています。

最後になりましたが、執筆者の先生方をはじめ、本年度政策要綱策定部会長としてこの政策要綱の取り纏めを頂いた谷原誠先生、法友会執行部の先生方、並びに出版社の方々に深く感謝申し上げます。

2017年（平成29）年12月

目次

2018（平成30）年度法友会政策要綱発刊にあたって
揺るぎない司法の確立へ
～弁護士自治の真価が問われる時代～ ii

特集 ダイバーシティの推進

第1 総論 2
　1 ダイバーシティとは 2
　2 日本国憲法におけるダイバーシティの位置づけ 2
　3 日本の現状 2
第2 各論 3
　1 女性 3
　2 障がい者 6
　3 国籍、民族、部落、宗教、先住民、移住者、難民 6
　4 性的マイノリティ―LGBT（性的指向・性自認） 7
　5 おわりに 7

第1部 司法制度改革の到達点と新たな課題

第1 司法制度改革の到達点と課題 10
　1 司法制度改革の背景 10
　2 司法制度改革の経緯 11
　3 司法制度改革の現状 12
第2 「法の支配」の実現と法曹の使命 13
　1 問題の所在 13
　2 「法の支配」と司法改革 13
　3 「法の支配」の意義 13
　4 「法の支配」と法曹の使命 13
　5 法曹の使命と法曹倫理 14
　6 法曹の実質的資格要件と法曹倫理の司法試験科目化 14
　7 「法曹倫理教育に関する委員会」の設置 15
第3 司法制度改革の議論の経緯と現在までの到達点 15
　1 司法制度改革における法曹人口問題・法曹養成制度改革問題の位置付け 15
　2 日弁連の司法改革宣言から「司法制度改革審議会」設立までの経緯 15
　3 「司法制度改革審議会」意見書の理念と「司法制度改革推進計画」の閣議決定 16
　4 「司法制度改革推進計画」閣議決定後の10年の現実とその「検証」 17
　5 「法曹の養成に関するフォーラム」から「法曹養成制度検討会議」、そして「法曹養成制度改革推進会議」へ 18

第2部 弁護士をめぐる司法制度の現状と展望

第1章 弁護士制度の現状と展望 ……24

第1 弁護士制度改革 24
　1 戦後司法改革による「弁護士法」制定の歴史的意義 24
　2 弁護士制度改革の目標・理念 24
　3 司法制度改革推進本部と日弁連の対応 25
　4 弁護士制度改革実現における課題とその到達点 25
第2 弁護士自治の課題 28
　1 弁護士自治の維持・強化 28
　2 弁護士不祥事に対する弁護士会の対応 30
　3 ゲートキーパー問題 34
第3 法曹人口問題をめぐる現状と課題 37
　1 法曹人口問題の経緯 37

- 2 法曹人口増加にともなう課題 39
- 3 課題への対応について 41

第4 法科大学院制度と司法試験制度の現状と課題 44
- 1 法科大学院を中核とする法曹養成制度の理念と概要 44
- 2 法科大学院を中核とする法曹養成制度の成果と課題 46
- 3 法曹養成制度改革の取組み 47
- 4 これからの課題 49

第5 司法修習制度の現状と課題 55
- 1 司法修習の現状 55
- 2 司法修習の課題 56
- 3 給費制をめぐる動向 60

第6 若手法曹をめぐる現状と課題 61
- 1 若手弁護士をめぐる現状と支援策 61
- 2 新人弁護士と採用問題 65

第7 弁護士へのアクセス拡充 66
- 1 弁護士へのアクセス保障の必要性と現状 66
- 2 法律事務所の必要性と役割 67
- 3 アウトリーチから司法ソーシャルワークへ 68
- 4 これまでの法律相談センターと今後のあり方 70

第8 弁護士と国際化の課題 73
- 1 国際化に関する現代的課題 73
- 2 外国弁護士の国内業務問題 76
- 3 国際司法支援 77
- 4 国際機関への参画 80

第2章 日本司法支援センター 82

第1 日本司法支援センター（愛称：法テラス）の設立 82

第2 法テラスの業務内容 82

第3 組織 82
- 1 組織形態 82
- 2 具体的組織 82

第4 今後の課題 84
- 1 組織・運営 84
- 2 情報提供業務 84
- 3 民事法律扶助業務 85
- 4 国選弁護関連業務 86
- 5 司法過疎対策業務 87
- 6 犯罪被害者支援業務 88
- 7 法律援助事業 88

第3章 裁判官制度の現状と展望 90

第1 裁判官制度改革の成果と今後の課題 90
- 1 法曹一元の理念と司法制度改革審議会意見書 90
- 2 具体的課題の実現状況と今後の課題 90

第2 弁護士任官推進の取組み 92
- 1 弁護士任官制度の今日的意義 92
- 2 弁護士任官制度の経緯 92
- 3 弁護士任官の現状 92
- 4 日弁連・東弁の取組み 93
- 5 法友会の取組み 93
- 6 これまで提起された課題とその対応について 93
- 7 非常勤裁判官制度について 94
- 8 弁護士任官を取り巻く状況の変化と運動の段階的発展にむけて 94

第3部 弁護士業務改革と活動領域拡充に向けた現状と展望

第1 司法改革推進上の業務改革の意義と課題 96
- 1 司法改革推進上の業務改革の意義 96
- 2 審議会の要請とその実現 96
- 3 政府のもとの有識者懇談会等における議論の状況 97
- 4 日弁連における活動領域拡大に向けた取組み 100
- 5 東京弁護士会の活動領域拡大に向けた取組み 101

第2 弁護士と法律事務の独占 102
- 1 弁護士の法律事務独占と非弁行為の禁止 102
- 2 隣接士業問題 104

- 3 ADRに関する問題 107
- 4 サービサー問題 108
- 5 非弁提携問題 108
- 6 弁護士報酬支払いのクレジットカード利用と懲戒問題 108
- 7 総合的法律・経済関係事務所 109

第3 その他の領域への進出 110
- 1 会社法上の社外取締役等への進出 110
- 2 日弁連中小企業法律支援センター 112
- 3 東京弁護士会中小企業法律支援センター 115
- 4 行政分野への取組み 117
- 5 信託の活用 121

第4 組織内弁護士について 122
- 1 組織内弁護士の現状と課題 122
- 2 「任期付公務員」について 124

第5 弁護士専門認定制度の意義と課題 126
- 1 その必要性と今日的課題 126
- 2 外国の実情 126
- 3 医師における専門性との類似性 127
- 4 弁護士会での議論の推移 127
- 5 日弁連での現在の議論状況 128

第6 弁護士研修制度の拡充 128
- 1 研修の必要性と弁護士会の役割 128
- 2 新規登録弁護士研修 128
- 3 継続的弁護士研修 129
- 4 クラス別研修制度 130

第7 弁護士への業務妨害とその対策 133
- 1 弁護士業務妨害をめぐる最近の情勢 133
- 2 弁護士業務妨害対策センターの活動状況 133
- 3 業務妨害根絶に向けて 134

第8 権利保護保険(通称「弁護士保険」) 134
- 1 権利保護保険の内容と必要性 134
- 2 外国及び国内の状況 135
- 3 日弁連の動き 135
- 4 制度の現状 135
- 5 この制度の問題点と育成 135

第9 弁護士広告の自由化と適正化 136
- 1 広告の自由化と不適切な広告に対する規制 136
- 2 弁護士及び弁護士法人並びに外国特別会員の業務広告に関する指針 137
- 3 弁護士業務広告の実態 137
- 4 これからの弁護士広告の在り方 138

第10 弁護士情報提供制度 138
- 1 弁護士会の広報としての役割 138
- 2 個々の弁護士にとっての位置づけ 139
- 3 今後の課題 139

第4部 刑事司法の現状と課題

第1 刑事司法改革の視点 142
- 1 憲法・刑事訴訟法の理念から乖離した運用 142
- 2 出発点としての死刑再審無罪4事件と改革の方向性 142
- 3 今次司法制度改革以降の刑事司法改革について 143

第2 刑事訴訟法の改正 143
- 1 平成28年刑事訴訟法改正の経緯 143
- 2 改正法の概要 144
- 3 今後の課題 144

第3 裁判員裁判導入の成果と課題 145
- 1 裁判員裁判導入の意義 145
- 2 裁判員裁判の現況と成果 146
- 3 裁判員制度の課題 147
- 4 今後の弁護士・弁護士会の活動 153

第4 公判前整理手続と証拠開示 154
- 1 公判前整理手続の概要 154
- 2 現時点の運用状況 154
- 3 証拠開示の概要と問題点 155
- 4 任意開示の活用 155
- 5 今後の課題 156

第5 人質司法の打破と冤罪防止 156
- 1 勾留・保釈に関する憲法・国際人権法上の5原則 156
- 2 人質司法の実態 157

第6 接見交通権の確立 159
- 1 接見交通権をめぐる闘い 159
- 2 違憲論の再構築へ向けて 159
- 3 法友会の取組み 159
- 4 検察庁通達の活用 159
- 5 今後の課題 160

- 第7 国選弁護制度の課題 161
  - 1 被疑者国選における弁護人の弁護活動 161
  - 2 国選弁護制度の正しい運用について（岡山での水増し請求の反省を踏まえて） 161
  - 3 当番弁護士活動の成果としての被疑者国選弁護制度 162
  - 4 日本司法支援センターの業務と弁護士会の役割 162
  - 5 国選弁護人契約締結、国選弁護人候補指名についての弁護士会関与 162
  - 6 「法律事務取扱規程」の制定と弁護士会関与 163
  - 7 国選弁護人報酬の算定基準について 163
  - 8 当番弁護士制度・被疑者弁護援助制度の存続と次の展開 163
  - 9 弁護の質の向上（被疑者、被告人とのアクセスの拡充を中心に） 164
  - 10 今後の課題 165
- 第8 未決拘禁制度の抜本的改革 166
  - 1 拘禁二法案反対運動の経緯とその後の状況 166
  - 2 被拘禁者処遇法の成立・施行と今後の課題 166
  - 3 被拘禁者処遇法の課題 167
  - 4 未決拘禁制度の抜本的改革に向けて 168
- 第9 共謀罪の創設とその問題点 168
  - 1 共謀罪の提案に至る経緯と組織犯罪処罰法改正案の成立 168
  - 2 共謀罪の問題点 169
  - 3 法案をめぐるこれまでの日弁連及び弁護士会の活動と今後求められる活動 169
- 第10 検察審査会への取組み 170
  - 1 検察審査会法の改正とその施行 170
  - 2 改正検察審査会法の概要 170
  - 3 弁護士会に期待されている役割 171
  - 4 日弁連の提言 172
- 第11 新たな刑罰（一部執行猶予制度等の導入） 173
  - 1 一部執行猶予制度等の導入について 173
  - 2 一部執行猶予制度のメリットと課題について 173
  - 3 保護観察の特別遵守事項の追加について 174
  - 4 薬物使用等の罪を犯した者に対する刑の一部執行猶予制度について 174
  - 5 日弁連及び弁護士会の対応について 175
- 第12 性犯罪等の規定整備 175
  - 1 改正作業のこれまでの経過 175
  - 2 改正法の概要について 176
  - 3 日弁連での取組み 177
  - 4 今後の課題 178
- 第13 刑事弁護と福祉手続の連携 178
  - 1 高齢者・障害者の刑事問題が取り上げられる経過 178
  - 2 高齢者・障害者の刑事問題に取り組む理念・財政的意義 178

第5部 民事・商事・行政事件の法制度改革の現状と課題

第1章 新たな民事司法改革のグランドデザイン……182

- 第1 司法制度改革から10年で何が変わったか 182
- 第2 今、なぜ民事司法改革か 182
  - 1 民事裁判制度の利用しやすさと利用満足度 182
  - 2 民事訴訟件数は、国際比較でも極端に少ない 183
  - 3 最近10年間日本の訴訟は、過払いを除き横ばいか、やや減少している 183
  - 4 司法予算（裁判所予算）0.3～0.4%と低額のままであり、また、裁判官の数も増えていない 183
  - 5 訴訟件数が増えないのは、文化的原因（日本人の訴訟嫌い）ではなく、制度的原因にある（現在の通説的見解） 183
- 第3 日弁連での取組み 184
  - 1 日弁連定時総会での民事司法改革推進決議（2011〔平成23〕年5月）と民事司法改革推進本部（2011〔平成23〕年6月）の設立 184
  - 2 民事司法改革グランドデザイン（2012〔平成24〕年3月） 185
- 第4 東弁での取組み 185
  - 1 民事司法改革実現本部の創設 185

- 2 第26回司法シンポジウム・プレシンポの開催 185

第5 「民事司法を利用しやすくする懇談会」の発足(2013〔平成25〕年1月24日) 186
- 1 設立目的とメンバー～各界からなる民間懇談会 186
- 2 中間報告書（同6月29日）186
- 3 最終報告書（同10月30日）186

第6 重要な改革課題 186

第7 日弁連と最高裁との民事司法に関する協議の開始 187
- 1 民事司法改革課題に取り組む基本方針 187
- 2 最高裁との協議スキーム 187

第8 今後の課題 187

第9 裁判のIT化 188
- 1 裁判のIT化の現状と日弁連の活動 188
- 2 裁判のIT化に向けた政府の動き 188
- 3 今後の展望 188

第2章 民事・商事諸制度の現状と課題 190

第1 民事訴訟の充実と迅速化及び民事司法改革 190
- 1 改正法の定着 190
- 2 審理の充実 190
- 3 計画審理 190
- 4 文書提出命令等の情報・証拠の開示・収集の制度 190
- 5 弁護士会照会制度の運用の厳正化と同制度の実効化 190
- 6 裁判の迅速化 190
- 7 判決履行制度 191

第2 家事事件手続法 191
- 1 非訟事件手続法の改正と家事事件手続法の制定 191
- 2 家事事件手続法制定の経緯 191
- 3 理念・特徴 192
- 4 課題 192

第3 国際民事紛争解決制度 193
- 1 訴訟と仲裁 193
- 2 ハーグ国際私法会議における管轄合意に関する条約策定と国内法整備 194
- 3 ハーグ条約（国際的な子の奪取の民事上の側面に関する条約）194

第4 裁判外紛争解決機関（ADR）195
- 1 ADRの必要性 195
- 2 ADR利用促進法の制定 195
- 3 ADRと弁護士法72条 195
- 4 ADR機関の評価 195
- 5 原子力損害賠償紛争解決センター 195

第5 仲裁法 196
- 1 仲裁法制定 196
- 2 仲裁法の構成・概要等 196
- 3 これからの課題 196

第6 知的財産権にかかる紛争解決制度の改革 197
- 1 知的財産権紛争の動向 197
- 2 近時の実体法改正の動向 197
- 3 紛争解決制度の充実に向けて 197

第7 債権法改正 198
- 1 改正作業のこれまでの経過 198
- 2 改正法に対する評価 199
- 3 残された問題点 201

第8 相続法改正 202
- 1 改正作業のこれまでの経過 202
- 2 パブリックコメントの結果の概要 203
- 3 今後の重要課題 203

第9 会社法改正と企業統治の改革 205
- 1 法制審議会での審議開始 205
- 2 主な検討事項 206

第10 弁護士による企業の内部統制システム構築・CSR活動推進の支援等 207
- 1 内部統制システムの強化拡充 207
- 2 企業の社会的責任（CSR）207
- 3 企業等不祥事と第三者委員会 207
- 4 ビジネスと人権に関する指導原則 208
- 5 海外贈賄の防止とCSR 208

第11 労働法制の改革 208
- 1 はじめに 208
- 2 罰則付き時間外労働の上限規制の導入など長時間労働の是正（労基法改正）208
- 3 高度プロフェッショナル制度（高プロ）の創設（労基法改正）209
- 4 その他 209

第12　独占禁止法制の改革　209
　1　改正法の概要　209
　2　日弁連の意見　211
　3　法改正後の動向　211

第13　民事執行法の改正の現状と課題　211
　1　民事執行法の改正について　211
　2　債務者財産の開示制度の実効性の向上　211
　3　不動産競売における暴力団員の買受け防止の方策　212
　4　子の引渡しの強制執行に関する規律の明確化　212
　5　その他の改正事項　213

第14　民事訴訟法の改正課題　213
　1　現行民事訴訟法をめぐる状況　213
　2　早期開示制度　213
　3　争点整理手続終了後の失権効　213
　4　当事者照会　214
　5　文書提出義務　214

第3章　行政に対する司法制度の諸改革　215

第1　行政手続の民主化　215
　1　行政の透明化と市民参加　215
　2　行政手続法の施行状況　215

第2　行政訴訟改革　216
　1　はじめに　216
　2　行政事件訴訟法の改正と改正後の運用　216
　3　積み残し課題に関する改革の具体的方策　217

第3　行政不服審査法　218
　1　改正法の施行　218
　2　提言　218

第6部　憲法と平和をめぐる現状と課題
憲法施行70年における立憲主義の危機と憲法改正の動き

第1　憲法をめぐる近年の政治情勢　222

第2　憲法問題に対する弁護士及び弁護士会の基本的立場　222

第3　安全保障関連法に関する問題　223
　1　安全保障をめぐる今日までの憲法解釈の経緯　223
　2　安全保障関連法の要旨と憲法上の問題点　225
　3　弁護士会の意見　227
　4　まとめ　228

第4　憲法改正問題（総論及びこれまでの動き）　229
　1　基本的問題の整理　229
　2　各界の動き　230
　3　憲法改正論に対する検討　230

第5　緊急事態条項（国家緊急権）　232
　1　国家緊急権（緊急事態条項）をめぐる議論の背景・経緯　232
　2　国家緊急権の性質とその歴史、世界の状況　232
　3　日本国憲法に緊急事態条項を創設することの是非　233
　4　国家緊急権の立法事実　234
　5　結論──日弁連意見書等　234

第6　9条維持・自衛隊加憲問題　235
　1　自衛隊の憲法への明文化の動き　235
　2　「自衛隊を憲法に明文化する」ことの意味と問題点　236

第7　憲法改正手続法の問題点　238
　1　憲法改正手続法の施行に至る経緯と問題点　238
　2　今後の対応　238

第8　日の丸・君が代について　239
　1　国旗・国歌法について　239
　2　自民党改正草案での日の丸・君が代　239
　3　公立学校における国旗・国歌問題　239

第9　一人一票の実現　240
　1　投票価値の平等違反　240
　2　合理的是正期間　240
　3　まとめ　241

第10　核兵器廃絶に向けて　241
　1　唯一の被爆国としての取組みと国際社会の動き　241
　2　核兵器自体の削減の動き　241
　3　核の廃絶と核抑止力神話　242
　4　弁護士会の取組み　242

- 第11 表現の自由に対する抑圧について 242
  - 1 ビラ投函問題 243
  - 2 新聞記者個人攻撃問題 243
- 第12 知る権利や取材・報道の自由に対する制限について 243
  - 1 特定秘密保護法について 243
  - 2 取材・報道の自由に対する制限について 245
- 第13 国民の管理・統制の動き（マイナンバー制度）について 247
  - 1 立法に至る経緯 247
  - 2 マイナンバー制度の問題点 247
  - 3 マイナンバー制度施行後の状況 248
  - 4 弁護士会の果たすべき役割 248
- 第14 ヘイト・スピーチ問題 248
  - 1 ヘイト・スピーチとは 248
  - 2 日本におけるヘイト・スピーチの歴史と実態 249
  - 3 ヘイト・スピーチによる「人権侵害」とは 249
  - 4 国際法上の規制 249
  - 5 ヘイト・スピーチに対する法規制の是非 250
  - 6 弁護士会等での検討状況と問題意識 251

第7部 東日本大震災等の大規模災害と弁護士

- 第1 東日本大震災等における被害状況と弁護士に課せられた使命及び復旧復興支援活動を行うに当たっての視点 254
  - 1 東日本大震災・熊本地震の被害状況と弁護士に課せられた使命 254
  - 2 復旧復興支援活動を行うに当たっての視点（被災者に寄り添うために） 255
- 第2 住いの再建について 256
  - 1 住いの再建についての各事業の概況 256
  - 2 用地取得の迅速化の必要性と国の対応 257
  - 3 更なる立法の必要性について 258
  - 4 仮設住宅について 258
  - 5 今後の住宅再建制度の充実に向けて 259
- 第3 在宅被災者の実情と今後の支援の在り方について 260
  - 1 在宅被災者の存在 260
  - 2 在宅被災者と他の被災者との支援の格差 260
  - 3 在宅被災者の実情 260
  - 4 今後の在宅被災者支援の在り方について 261
  - 5 今後の大規模災害に向けて 261
- 第4 個人の二重ローン問題について 262
  - 1 被災ローン減免制度の導入とその現状 262
  - 2 被災ローン減免制度の利用が進まなかった原因と運用改善の必要性 263
  - 3 熊本地震における二重ローン問題 264
  - 4 今後の大規模災害に対する立法的対応の必要性 265
  - 5 まとめ 265
- 第5 被災中小企業の支援体制の強化（二重ローン問題） 266
  - 1 中小企業支援の重要性と法的支援 266
  - 2 国が東日本大震災でとった中小企業支援策（中小企業の二重ローン問題） 266
  - 3 熊本地震で国がとった中小企業支援策（中小企業の二重ローン問題） 267
  - 4 弁護士会の取るべき活動 268
- 第6 原子力損害賠償の問題解決に向けて 268
  - 1 原子力損害賠償に係る紛争解決状況 268
  - 2 原子力損害賠償に関する訴訟 269
  - 3 原発損害賠償に関する情報収集の重要性 269
  - 4 健康被害についての継続的な調査・罹患者への支援の必要性 269
  - 5 営業損害賠償を一時金の支払で打ち切ることに反対を続ける 270
  - 6 旧緊急時避難準備区域の不動産損害賠償を実現させることを求める 270
- 第7 災害関連死等間接被害の問題 271
  - 1 災害関連死認定の不均衡 271
  - 2 改善のための方策 271
  - 3 災害弔慰金の算定の問題 271
  - 4 熊本地震における災害関連死認定 272
  - 5 自殺予防 272
- 第8 首都圏における災害対策 272
  - 1 災害対策の必要性・重要性 272
  - 2 東京における防災対策 272
  - 3 今後の課題 273

第8部 人権保障制度の現状と課題

第1章 各種権利保障の在り方の改革……276

第1 子どもの人権 276
1 子どもの人権保障の重要性 276
2 少年司法制度をめぐる問題 276
3 学校内の子どもの人権 279
4 家庭内の子どもの人権～児童虐待～ 281
5 児童福祉施設内の子どもの人権 283
6 子どもの権利条約 283
7 子どもの問題専門の法律相談窓口 284
8 子どもの代理人制度 284
9 民法成年年齢見直しの動き 285

第2 高齢者の人権 286
1 基本的視点 286
2 成年後見制度の活用 287
3 高齢者虐待 289
4 認知症高齢者の医療をめぐる問題点 289
5 消費者被害 289

第3 障がい者の人権 290
1 基本的視点 290
2 障害者自立支援法から障害者総合支援法へ 290
3 障害者差別解消法の成立・施行 291
4 障害者虐待防止法の実効性確保 292
5 罪を犯した知的・精神障がい者に対する支援 293

第4 両性の平等と女性の権利 293
1 基本的視点 293
2 婚姻制度等の改正 294
3 女性の労働権 297

第5 性的マイノリティ（LGBT）の権利 301
1 性的マイノリティの問題に関する理解 301
2 人権擁護活動の必要性 302
3 立法的措置の必要性 302
4 職場における施策 303

第6 外国人の人権 303
1 入管行政の問題 303
2 外国人の刑事手続上の問題 312

第7 犯罪被害者の保護と権利 314
1 犯罪被害者支援の必要性 314
2 犯罪被害者支援をめぐる立法の経緯 314
3 日弁連の取組み 315
4 犯罪被害者と刑事司法 315
5 犯罪被害者等給付金制度 317
6 日本司法支援センターにおける取組み 318
7 その他の問題 318

第8 冤罪被害者の保護と権利 318
1 冤罪被害者に対する補償の意義 318
2 冤罪被害者に対する補償の現状 319
3 被疑者補償法の制定を 319
4 非拘禁者補償法の制定を 319
5 その他の課題 320

第9 死刑の廃止問題 320
1 死刑廃止問題に対する弁護士会の現状と法友会（総論） 320
2 死刑制度の是非をめぐる議論 320
3 死刑をめぐる内外の状況 321
4 我が国の死刑判決及び死刑執行の状況 321
5 我が国の死刑制度に対する国際評価 322
6 我が国の死刑制度に対する弁護士会の対応 322
7 日弁連の現在の取組み 323
8 おわりに 323

第10 警察活動と人権 324
1 拡大する警察活動について 324
2 警察活動に対する内部的な統制について 324
3 警察活動に対する監視・是正のあり方 325

第11 民事介入暴力の根絶と被害者の救済 325
1 はじめに 325
2 民事介入暴力の現状 325
3 民事介入暴力対策の整備 326
4 今後の課題 326

第12 患者の人権（医療と人権） 326
1 患者中心の医療の確立 326
2 医療基本法の制定にむけて 326
3 医療事故の再発防止と被害救済のために 327
4 医療訴訟の充実 328

- 5 弁護士・弁護士会としての取組み 329
- 6 脳死臓器移植 329
- 7 生殖医療と法律問題 330

第13 消費者の人権 331
- 1 消費者の権利の重要性 331
- 2 消費者問題の現状 331
- 3 消費者行政の充実の必要性 332
- 4 消費者の権利擁護のための諸立法及び今後の展開 333
- 5 消費者が主役の社会へ──「消費者市民社会」の実現 335

第14 貧困と人権 336
- 1 貧困と人権保障 336
- 2 絶対的貧困問題と弁護士会の取組み 336
- 3 絶対的貧困問題解消の限界 336
- 4 相対的貧困に関わる問題 336
- 5 弁護士会の取組みに対する評価とその課題 338

第2章 国際基準に適った人権保障制度の提言 339

第1 国内人権機関の設置 339
- 1 国内における動きと勧告 339
- 2 日弁連・弁護士会の取組みと課題 339

第2 国際人権条約の活用と個人通報制度の実現に向けて 339
- 1 国際人権条約の積極的な活用 339
- 2 個人通報制度 340

第9部 弁護士会の機構と運営をめぐる現状と展望

第1章 政策実現のための日弁連・弁護士会の組織改革 342

第1 司法改革の推進と弁護士改革実現のための方策 342
- 1 中・長期的展望をもった総合的司法政策の形成 342
- 2 会員への迅速かつ正確な情報提供の確保 343
- 3 市民との連携と世論の形成 344
- 4 立法、行政機関等への働きかけ 345

第2 日弁連の財務について 345
- 1 日弁連の財政の問題点 345
- 2 一般会計の状況 346
- 3 特別会計の状況 346
- 4 日弁連財務全体について 347

第3 公益財団法人日弁連法務研究財団 347
- 1 日弁連法務研究財団の公益認定 347
- 2 財団の組織 347
- 3 財団の活動 348
- 4 財団の課題 350

第4 関東弁護士会連合会の現状と課題 350
- 1 関東弁護士会連合会（関弁連）の現状 350
- 2 関弁連の課題 351

第2章 東京弁護士会の会運営上の諸問題 353

第1 会内意思形成手続の課題 353
- 1 問題提起 353
- 2 諮問の理由 353
- 3 諮問の背景 353
- 4 諮問の結果 353
- 5 今後の取組み 354

第2 役員問題 354
- 1 はじめに 354
- 2 副会長の人数 355
- 3 東弁副会長の職務 356
- 4 対策案 356
- 5 むすび 357

第3 委員会活動の充実強化 357
- 1 委員会活動の重要性 357
- 2 時代に適応した委員会活動 358
- 3 委員会活動の更なる充実強化 358
- 4 委員会活動円滑化のための条件整備 359

第4 事務局体制 359
- 1 事務局体制の現状と問題点 359
- 2 東京弁護士会マネジメント会議報告書 361
- 3 事務局体制改革のための提言 361

- 4 職場環境の整備、ハラスメント防止体制など 362
- 第5 弁護士会館の今後の課題 362
  - 1 現状と課題 362
  - 2 対策 363
- 第6 会の財政状況と検討課題 365
  - 1 はじめに 365
  - 2 東弁の財政状況 366
  - 3 今後の大きな課題 366
- 第7 選挙会規の問題点 367
  - 1 東弁選挙会規改正の経緯 367
  - 2 今後の課題 368
- 第8 会員への情報提供（広報の充実） 369
  - 1 情報提供の重要性 369
  - 2 情報提供の現状（会報、ウェブサイト、メールマガジン、メーリングリスト等） 369
  - 3 情報提供の方策（メール、ウェブサイト、スマートフォン用アプリの利用） 369
- 第9 福利・厚生 370
  - 1 補償制度の廃止、弔慰金等の減額 370
  - 2 各種保険、協同組合の充実 370
  - 3 東京都弁護士国民健康保険組合 370
  - 4 健康診断の実施 370
  - 5 メンタル相談 371
  - 6 国民年金基金 371
- 第10 出産・育児支援について 371
  - 1 出産や育児の負担を抱える弁護士の現状と支援の意義 371
  - 2 日弁連の取組み 372
  - 3 弁護士会の取組み 372
  - 4 制度の課題 373
  - 5 今後の検討課題 373
- 第11 合同図書館の現状と問題点 374
  - 1 図書館における正職員及び非正規職員について 374
  - 2 書架スペース不足問題について 375
  - 3 合同図書館におけるサービスの拡充について 375
- 第12 多摩地域・島嶼地域における司法サービス 376
  - 1 多摩地域・島嶼地域の現状 376
  - 2 多摩地域における今後の司法及び弁護士会の課題 376
- 3 島嶼部偏在対策 379

第3章 会内会派としての法友会の存在意義と組織強化のあり方 380

- 第1 会内会派としての法友会 380
  - 1 法友会、会内会派の概要 380
  - 2 法友会の組織構成 380
- 第2 法友会の存在意義 380
  - 1 弁護士自治の基礎単位としての法友会 380
  - 2 法友会の政策提言機能 381
  - 3 人材給源としての機能 381
- 第3 法友会に求められる組織強化 381
  - 1 いわゆる会務ばなれと多重会務問題 381
  - 2 いわゆる無所属会員の増加問題 382
  - 3 法友会に求められる取組み 382

2017（平成29）年度法友会宣言・決議

旧緊急時避難準備区域の不動産損害賠償について、具体的な算定基準を策定することにより公平・公正な損害賠償を実現させることを求める決議（平成29年7月8日） 384
- 第1 決議の趣旨 384
- 第2 決議の理由 384

2018（平成30）年度政策要綱執筆者・見直し担当者一覧（50音順） 389

編集後記 390

特集
ダイバーシティの推進

第1 総論

1 ダイバーシティとは

　ダイバーシティ（diversity）とは「多様性」を意味する英語である。生態系の多様性という用いられ方もするが、人間社会においては、性別、性的志向、人種、国籍、社会的身分、経済的地位、信条、宗教など、人のあらゆる属性に関しての多様性を指す。

　女性・障がい者・民族的・性的マイノリティ等、その属性に関わりなく、すべての人が、自由及び尊厳並びに経済的保障及び機会均等の条件において同様の権利を持つ状態を目指すのがダイバーシティが確保された社会である。

　このように人間社会における多様性を推進することの価値が、今、あらためて注目されている。

　一つには、経済的側面において、文化的多様性を含むチームのほうが単一文化のチームよりも、利益率やイノベーションの創出力、危機における回復力などが高いことが明らかになった。主にアメリカで白人男性の比率が年々低下する中、女性及びマイノリティ人種や移民を排除するのではなく、受け入れ、働きやすい環境で能力を発揮できるようモチベーションを高めるインクルージョンの考え方のほうが、創造性やイノベーションを高めることに繋がり、マイノリティのニーズに対応することで市場も拡大することが明らかになったのである。欧州でもEU統合により労働力が流動化し、ダイバーシティ＆インクルージョンの推進が不可欠となった。そこで、海外投資家を中心とした投資市場のガイドライン（SASBなど）や、コーポレート・ガバナンス・システム（CGS）ガイドラインにも、ダイバーシティが指標として組み込まれるようになった。

　特に、地球上の人口の半分以上は女性であり、性による差別（ジェンダーギャップ）はあらゆる分野・属性に及ぶことから、まずは、ジェンダーギャップの解消を各国が競う状況にある。これを反映し、我が国においても、近年、政府が主導するかたちで、日本企業における、ダイバーシティの推進、特に女性活躍の推進（ジェンダーギャップの解消）が喫緊の課題であると謳われてきた。

　以上、そもそも国際社会においては、普遍的価値としての人権保障の観点からダイバーシティ推進が進められてきていたが、経済的合理性の裏付けを得て、その動きがより一層加速している状況にある。

2 日本国憲法におけるダイバーシティの位置づけ

　翻って、我々日本の弁護士がよって立つ日本国憲法は、個人の尊厳を尊重することを中核的価値としている。

> 日本国憲法第13条
> すべて国民は、個人として尊重される。生命、自由及び幸福追求に対する国民の権利については、公共の福祉に反しない限り、立法その他の国政の上で、最大の尊重を必要とする。

　あらためて述べるまでもなく、すべての国民は、一人ひとり個人として最大限尊重されるべきであるという理念である。日本国憲法のこの規定は、1945（昭和20）年に調印され発効した国際連合憲章において、「基本的人権と人間の尊厳及び価値と男女及び大小各国の同権とに関する信念をあらためて確認」されたことと軌を一にするものであり、日本国憲法は前文及び第98条において国際協調主義を掲げていることから、日本国民のみならず、すべての人が個人として尊重されることを是としているものである。

　そして、個人の尊厳の尊重は、「ダイバーシティ」すなわち多様性の尊重、価値相対主義を包含する価値観であるといえよう。

3 日本の現状

　ところが、日本社会の実態は、ある一定の大学を卒業した健康な日本人男性が、あらゆる組織でリーダーシップをとってきており、おのずと、かかる属性を有する人達に有利な社会制度が構築されてきた。この「一定の大学を卒業した健康な日本人男性」に当てはまらない人達は、ジェンダー（社会的性差）、障がい、国籍・民族・宗教、性的指向・性別違和などの属性により、何らかの差別（不利益・排除）を受け続けている。世界経済フォーラムが公表しているジェンダーギャップ指数において、対象国144カ国の中で日本は114位（2017〔平成29〕年）と、年々順位を下げている。諸外国が、ダイバーシティの推進とりわけジェンダーギャップの解消に舵を切る中、日本の旧態依然が際立

っている。

中でも、ジェンダーによる差別は、女性が人口の概ね半分を占めることから、他のあらゆる属性による差別に加えて、二重三重の差別（不利益・排除）を受けることとなっている。このため、ジェンダー平等を推進することが、他のあらゆる属性による差別を受けている人の地位の底上げにも有効であるため、特にジェンダー平等の推進が優先的に取り組まれる根拠となっている。

第2　各論

1　女性

先に述べたとおり、世界の人口の半数以上を女性が占めており、性による差別（ジェンダーギャップ）はあらゆる分野・属性に及ぶこと、そして、人口の半数以上が「女性」という属性ゆえに、その能力を発揮し自分らしく生きることを阻害されている状態は、社会的な損失が大きく、また、公正・正義が害されているといわざるをえない。

そこで、様々な属性による差別の中でも、とりわけ重点的に差別解消が推進されなければならないのである。

(1) 現状認識

女性は人口の概ね半分を占めているが、未だ男尊女卑的な考え方、性別による固定的役割分業は根強く社会の隅々に及んでおり、女性の社会的地位は男性に比較して低いままである。

世界経済フォーラム（WEF）による2017（平成29）年版「グローバル・ジェンダー・ギャップ指数」は、調査対象144カ国について、政治、経済、教育、健康の4分野において、男性を1とした場合の女性の状況を指数で表している。2017（平成29）年の日本のスコアは、政治（0.078）、経済（スコア0.580）、教育（0.991）、健康（0.980）であり、世界114位と過去最低の水準を更新した。

特にスコアの低い「政治」分野は、女性国会議員が少ないこと、女性閣僚の比率が低いこと、女性首相が誕生していないこと、「経済」分野では、収入格差（女性に非正規雇用や一般職が多い）、管理職や専門職などの雇用における男女格差、取締役などの会社役員の登用における男女格差が大きいことから低評価となっている。比較的格差の少ない教育分野においても、中等教育までの就学率は男女同等であるが、大学・大学院などの高等教育や、STEM分野（サイエンス・テクノロジー・エンジニアリング・数学）への女子の進学は進んでいない。

また、司法の分野は、日本国内における男女平等をはじめとする法の下の平等、法の支配を実現するために、重要な役割を担っている。しかし、司法の判断は個々の人権に重大な影響をもたらすこと、裁判による規範定立を通じてジェンダー・バイアスを再生産してしまうこと、更に、救済を求めて司法を利用する人々がジェンダー・バイアスによりその利用を非難されることなど、司法の分野にジェンダー平等の視点が浸透しなければ、男女格差をより助長しかねない。

日本政府が、1999（平成11）年に制定した男女共同参画社会基本法に基づき5年ごとに策定している「男女共同参画基本計画」の第三次計画（2010〔平成22〕年12月）では、司法分野における女性の参画の拡大について、特に項目を設け、①女性の参画の拡大、②女性のロールモデルの発掘、③仕事と生活の調和の促進などを求めており、特に、2020（平成32）年までに、裁判官・検察官・弁護士のすべての分野で女性が30％となることを目標としている。更に弁護士会に対しては、女性弁護士がゼロの地域を減らすための取り組みを求めている。

ところが、司法分野においても、女性法曹が占める割合は2割程度と低く、司法試験合格者に占める女性の割合は1999（平成11）年に28.7％と3割近くに達したものの、その後、減少し、近年は21〜23％程度で推移している。しかも、女性合格者は男性合格者に比して、裁判官・検察官に任官する者の比率が高い（2016〔平成28〕年（69期）を例にとると、裁判官任官者の女性割合は38.4％、検察官任官者の女性割合は37.1％と、合格者全体の女性割合23.4％よりはるかに高いのに対し、弁護士登録者の女性割合は22.8％にとどまる）。弁護士全体に占める女性弁護士の割合は、未だ18.42％であり、政府が求める30％には程遠い状況に

ある。女性法曹、とりわけ女性弁護士の増加に向けた対策をとらなければ、弁護士全体に占める女性弁護士割合は20％程度で頭打ちとなり、30％の目標達成は不可能である。

まして指導的地位や意思決定に関わる地位に限ると、更に女性の割合が低い。社会全体に比較しても、司法におけるジェンダー平等の推進は遅れているといわざるを得ない。

弁護士会は、国民に対する司法サービスの提供者として、全人口の半数以上を占める女性が経験する差別的な経験則や人権侵害を理解し、よりよく代弁するために、そして、弁護士会内における政策決定及び組織運営に女性の視点を反映するために、弁護士会内におけるジェンダー平等を力強く推進していく必要がある。

(2) 日弁連の取り組み

日弁連は、日弁連における男女共同参画の推進に関する施策を定め、その実施状況の検証を行うほか、男女共同参画に関する組織的かつ横断的な取組を推進するために、2007（平成19）年6月に男女共同参画推進本部を設置し、同年4月に制定した「日本弁護士連合会男女共同参画施策基本大綱」及び同年5月に行われた日弁連第58回定期総会において採択された「日本弁護士連合会における男女共同参画の実現をめざす決議」に基づき、2008（平成20）年3月に「日本弁護士連合会男女共同参画基本計画」を策定した。同基本計画は、5か年ごとに取組の検証と計画の見直しを行うため、2013（平成25）年3月には、新たに「第二次日本弁護士連合会男女共同参画基本計画」（以下「第二次基本計画」という。）を策定した。第二次基本計画は、日弁連の男女共同参画を実現するために必要な下記の11項目が定められ、2013（平成25）年度〜2017（平成29）年度にかけて、これらの課題に取り組んできた。

記
① 男女共同参画推進体制の構築・整備
② 研修・啓発活動
③ 弁護士における女性割合の拡大と女性弁護士偏在の解消
④ 政策・方針決定過程への女性会員の参画拡大
⑤ 収入と所得・業務等に関する男女会員間の格差の解消
⑥ 女性弁護士のロールモデルの収集と提供
⑦ 就職・処遇における男女平等確保
⑧ 性差別的な言動や取扱いの防止
⑨ 仕事と家庭の両立支援
⑩ 国際活動
⑪ 司法におけるジェンダー問題への取組（第53回定期総会採択「ジェンダーの視点を盛り込んだ司法改革の実現を目指す決議」に基づく活動）

日弁連は、第二次基本計画の5年目にあたる2017（平成29）年度にその取り組み状況を検証し、次の5カ年の計画の見直しを行っている。その実現に向けて、更に取り組みを加速していかなければならない。

(3) 東弁の取り組み

日弁連を構成する弁護士会の中でも最大規模の東弁も、2008（平成20）年10月に男女共同参画推進本部を設置し、2011（平成23）年10月に「東京弁護士会男女共同参画基本計画」を策定した。同基本計画は、「会務と政策・方針決定過程への女性会員の参加の推進」「女性会員の業務における差別の是正と業務分野の拡大・開発」及び「出産・育児、介護等の家庭生活と仕事との両立支援」という重点課題とアクションプランを掲げ、以後5年間にわたって、これらの課題に取り組み、一定の成果を上げてきた。

しかし、その重点課題の多くにおいて未だ達成されたとは言えない状況があり、さらに克服すべき課題も生じていることから、2016（平成28）年10月には、新たに「第二次東京弁護士会男女共同参画基本計画」（以下「第二次基本計画」という。）を策定した。第二次基本計画は、「会員が性別に関わりなく個性と能力を発揮できる弁護士会を実現する」ことを「大目標」に掲げつつ、「重点目標」として下記のⅠ〜Ⅴの5項目を定め、各「重点目標」ごとにその内容を具体化するための「個別目標」を定め、それらの各「目標」ごとに多様な「行動計画」（アクションプラン）を策定しており、2016（平成28）年度〜2021（平成33）年度にかけて、これらの課題に取り組んでいくこととしている。そして、5年が経過する2021（平成33）年度には、それまでの取組状況について検証したうえで、さらなる基本計画の見直しを行うこととしている。

> 記
> I　会の政策決定過程への女性会員の参加の推進
> 　　個別目標：①理事者に毎年少なくとも1名以上女性会員が含まれるようにする、②常議員に占める女性会員の割合を25％にする、③委員会の委員のうち女性会員の割合が25％程度となることをめざす等。
> II　女性会員の業務における障害の解消と職域の拡大
> 　　個別目標：①金融機関や裁判所・法務局等において、職務上の氏名使用が認められるようにする、②弁護士が5名以上所属する法律事務所において、所属する女性弁護士の割合が25％となるように、会として推進する等。
> III　会員がワーク・ライフ・バランスを実現するための支援
> 　　個別目標：①会館内で一時保育サービスを受けられるようにする、②会に法的責任が生じない限度で、会員の病児保育支援をすすめる等。
> IV　性別を理由とする差別的取扱い及びセクシュアル・ハラスメントなどの防止と被害者救済制度の整備
> 　　個別目標：①修習期間中、事務所採用時及び採用後の性差別をなくす、②性別を理由とする差別的取扱いやセクシュアル・ハラスメントを防止するため、実効性ある体制を作る。
> V　会員同士のネットワークや会館設備の充実による、女性会員の業務・キャリア形成のサポート
> 　　個別目標：①女性会員の悩みや相談事の共有や解決方法についての情報交換に資するよう、②女性会員のネットワーク作りをすすめる、女性会員室を含む会館諸設備を、さらに利用しやすくする。

(4) 法友会の政策として

そして、東弁において、弁護士会の政策形成団体として重要な位置を占める法友会は、以下を重点課題として取り組む。

① 男女共同参画推進体制の構築・整備
・あらゆる分野の課題において、人口の概ね半分は女性であることを踏まえ、ジェンダー平等の視点からの問題の把握、対策を検討する。
・あらゆる弁護士会内の組織において、ジェンダー平等の観点からの検討がなされるために、女性会員が複数メンバー入るよう積極的改善措置を講ずる。

② 研修・啓発活動
・ジェンダー平等の意識を高めるための研修・啓発活動を行う。
・ワークライフバランスの観点からは、女性会員のみならず男性会員もワークライフバランスをとれるよう、経営弁護士の意識改革のための啓発活動を行う。

③ 弁護士における女性割合の拡大と女性弁護士偏在の解消
・法曹を目指す女子学生・生徒のすそ野を広げるためのイベントを実施し、女性弁護士のロールモデルを発信する。
・法学部・法科大学院・司法研修所等の法曹養成課程に女性弁護士が積極的に関わるよう環境整備・支援に努める。
・法曹有資格者間において、裁判官・検察官・組織内有資格者の道に進む女性の割合が高く、弁護士は雇い負けしている状況にあることに鑑み、就職・処遇における男女平等確保、性差別的な言動や取扱いの防止、仕事と家庭の両立支援、収入と所得・業務等に関する男女会員間の格差の解消に取り組む。
・女性弁護士がいない地域における女性弁護士への相談ニーズにこたえるため、偏在解消のための経済的支援において女性弁護士に対する暫定的優遇措置を講ずるとともに、電話・インターネット等を活用した女性弁護士による相談体制を整備する。

④ 収入と所得・業務等に関する男女会員間の格差の解消
・女性取締役の紹介事業の充実をはじめとする、女性弁護士の取扱業務分野を拡大するために、女性弁護士のスキルアップの機会の確保、弁護士会として対外的なマッチングの拡大に努める。
・女性弁護士を求めてくる女性たちの経済状況が男性に比して貧しいことに伴い女性弁護士が実際

上取り扱うことが多い民事法律扶助事件（特に、離婚事件及びこれに伴う面会交流調整事件、親権者指定事件、養育費請求事件、ドメスティックバイオレンス被害事件、性暴力被害者支援事件等）の弁護士費用の立替基準等を、その労力に見合ったものに改善するよう、日本司法支援センター及び日本政府に対して働きかける。
- 弁護士会から対外的に推薦する有償の仕事について、女性弁護士を優先的に推薦するなど積極的措置を講ずる。

⑤ 政策・方針決定過程への女性会員の参画拡大
- 日本弁護士連合会の副会長選任に関する暫定的クオータ制が導入されたが、日本弁護士連合会の理事に占める女性割合は低いままである。理事を複数輩出する東京において、継続的に女性を選出できるよう取り組む。
- 東弁において、理事者に継続的に女性を選出できるよう取り組む。
- 東弁常議員会において、女性割合が25％を上回るよう取り組む。

⑥ 司法におけるジェンダー問題への取組（第53回定期総会採択「ジェンダーの視点を盛り込んだ司法改革の実現を目指す決議」に基づく活動）
- 性犯罪が、被害者の人格や尊厳を著しく侵害する悪質重大な犯罪であることはもとより、その心身に長年にわたり多大な苦痛を与え続ける犯罪であるものとの認識の下、近年の性犯罪の実情等に鑑み、事案の実態に即した対処をするため刑法が改正されたことを周知徹底し、弁護人及び被害者支援弁護士による二次被害が生じないよう研修・啓発に努める。
- 性暴力・DV・セクシュアルハラスメント等に関する被害者の実態を把握し、司法関係者によるジェンダー・バイアスを除去するよう努める。
- 離婚後のひとり親家庭のうち特に母子家庭において、その約60％が相対的貧困に陥っていることに鑑み、養育費の算定基準を母子の生活実態に即した基準に改訂するよう裁判所に働きかけるとともに、国による養育費の立替・強制回収制度などの立法を国に働きかける。
- 売春を非犯罪化し、AV強要や風俗営業における性暴力や健康被害などを防止するための施策が

とられるよう日本政府に働きかける。
- その他、人権課題についての詳細は、別項に譲る。

2 障がい者
(1) 現状
2016（平成28）年9月、知的障がい者の入所施設で起きた殺人事件では、加害者に、障がい者に対する強い差別意識があったことが窺われた。また、政治家や著名人が障がい者への差別発言を繰り返したり、インターネット上では障がい者への差別発言が蔓延している。

「社会的入院」により地域から隔離されている障がい者が何十万人もいる。

また、障がい者の就労状況は、障害者雇用促進法により法定雇用率が義務づけられているものの、その達成率は、民間企業で48.8％にとどまる。障害者権利条約を完全実施し、障がい者の社会参画を推進する観点からは、現実はほど遠い状況にある。

(2) 対策
① 障害者差別解消法では差別を禁止するものの、権利侵害が行われた場合の救済は十分ではない。実効性ある人権救済機関を設置すべきである。
② 差別解消法は、障がい者に必要な合理的配慮を行わないことも差別として禁止するが、司法手続における合理的配慮が法的に義務付けられていない。また、民間事業者では、合理的配慮の実行が努力義務に留められている。合理的配慮を義務付け、障がい者の社会参画を推進すべきである。
③ 障がい者が住み慣れた地域で生活できるよう、障がい者に対する偏見を除去し、差別意識を解消するよう啓発するとともに、障がい者を地域に包容する社会と教育制度を創造する政策が強化されるべきである。

3 国籍、民族、部落、宗教、先住民、移住者、難民
(1) 現状
第二次世界大戦中の旧植民地出身者を含む永住外国人をはじめ、国籍、民族によるヘイトスピーチが蔓延している。外国人であることを理由とした賃貸マンションの入居拒否、就職・雇用における差別の事例は後

を絶たない。また、政府は、無年金障害者・高齢者に関する施策において在日コリアンに対する差別的取扱い、政府は2010（平成22）年に始まった高校無償化制度において朝鮮学校のみを無償化の対象から外すなど差別的扱いをしている。

また、被差別部落出身者やアイヌなどの先住民族、外国人、ムスリムなどの宗教的マイノリティへの雇用、結婚及び住居等に関する差別も蔓延している。

外国人雇用に関する技能実習制度は、深刻な人権侵害が後を絶たず、人身取引の隠れ蓑になっている可能性も示唆されている。

入国管理法は退去強制令書に基づく無期限収容を認めており、1年以上の長期収容者が存在する。

日本の難民認定率（1年間の認定数÷申請者数）は、2013（平成25）年は1％、2014（平成26）年は2％、2015（平成27）年は3％と極端に低い。

(2) 対策

① 外国人に対する包括的な人種差別禁止法を整備するとともに、人種差別に関する実態調査、差別撤廃に向けた施策を実施すべきである。

② 旧植民地出身者を含む永住外国人に対しては、その歴史的経緯と生活実態に鑑み、少なくとも地方参政権及び一定の公務就任の機会を保障すべきである。

③ ヘイト・スピーチに対処する法律が制定されたが、対象が極めて限定的であり、人種、皮膚の色、民族もしくは種族、国籍等を理由とするヘイト・スピーチを禁止する法改正をすべきである。

④ 技能実習制度が、非熟練外国人労働者を受け入れ労働力不足解消の手段として用いられている実態に照らし、日本政府は、技能実習制度によることなく、外国人労働者の人権に十分配慮をした新たな非熟練労働者受入れ制度を設けることを検討すべきである。

⑤ 入国管理法を改正し、仮放免許可により長期収容を可及的に回避するべきである。

⑥ 日本政府は、法務省出入国管理局ではなく、政策的・外交的配慮に影響されない独立した第三者機関による、国際的基準に基づいた難民認定手続を確立するべきである。

4 性的マイノリティ—LGBT（性的指向・性自認）

(1) 現状

性的マイノリティ—LGBT（レズビアン・ゲイ・バイセクシャル・トランスジェンダー）などの性的指向と性自認—は、人口の約7％程度は含まれると推定されているにもかかわらず、差別意識は強く、教育が不十分なため学校などでイジメの対象となったり、自己肯定感をはぐくむことができず、自殺を企図する率も高い。

(2) 対策

① 学校教育及び社会教育において、性的少数者への理解促進を位置づけるべきである。

② 性的指向と性自認に基づく差別や排除を禁止する法律を制定すべきである。

③ 異性愛のカップルに保障される法的社会的保護を同性愛のカップルにも適用すべきである。

5 おわりに

すべての人が、性別、性的志向、性自認、人種、国籍、民族、宗教、社会的身分、経済的地位など、人のあらゆる属性によって、差別（不利益・排除）を受けることなく、ありのままにその能力を発揮し、その人らしく生きることができる社会の実現を目指して、弁護士は、立法・行政・司法のあらゆる場面において、役割を果たしていくべきである。

第1部
司法制度改革の到達点と新たな課題

第1　司法制度改革の到達点と課題

1　司法制度改革の背景

　正義の仕組みとしての司法は、正義があるべき内実と態様をもって実現するようこれを保障するためのものである。その改革が課題となるのは、現にある正義があるべき質と量に達していないという認識が社会的に共有されるときである。

　司法制度の改革は、正義に関する社会の需要に司法が応えるために、その機能（実務のあり方）を革めようとするものである。戦後司法改革（1948〔昭和23〕年）であろうと、臨時司法制度調査会の意見書（1964〔昭和39〕年）であろうと、司法制度改革審議会の意見（2001〔平成13〕年）であろうと、その点については、異ならない。

　それでは、21世紀冒頭の司法制度改革は正義に関する社会のいかなる需要に対応しようとしたのか。実のところ、その需要の何たるかについては、当時、司法制度改革を唱道していた人びとの間でも、十全な共通認識は生まれていなかった。司法制度改革審議会の委員を例にとれば、ほぼ全員が、90年代に圧倒的な影響力を誇示していたネオ・リベラリズム（neo liberalism）の政治経済理論を意識していたことは間違いない。しかし、それと同時に、どの委員も、ネオ・リベラリズムの政治経済理論を全面的に受け入れてはおらず、とりわけ極端な規制改革論者やリバタリアン（libertarian）とは一定の距離を置いていた。むしろ、いずれかといえば、従来型の、福祉国家の政治経済理論であるニュー・リベラリズム（new liberalism）の立場に通ずる考え方を基礎に置いて、各委員は、それぞれの見解をもって審理に臨んでいた。多様な見解が併存し、当然、正義のあり方に関し社会が何を求めているかのとらえ方も完全には一致していなかった。それでも、社会の動的な安定性を保持するものとしての正義の実現という限りでは、共通の了解があったといえる。

　動的でありながらも安定している社会。国境の内と外の出来事や思潮がたやすく相互に影響を与えあいながら、政治・経済・文化などの社会の多方面にわたるあり方が瞬く間に変貌する——これは現代の国家・社会に不可避な現象である。動的でない社会など望むべくもない。動的と安定とは相容れないものがあるにしても、動的であることが招来しがちな抗争と分裂を退け、平和と統合が保たれた安定した社会にしなければならない。どうすればよいか。激動する社会を自動車に喩えるなら、その自動車は窓から人びとを振り落とさんばかりに疾走している。現に振り落とされた人びとを車内へ拾い上げつつ（社会への再包摂）、車内での公正な競争と共生、運転の適正さ、他の自動車との競争と協調などを下支えし、助成し、そして、保障すること——それが、社会の一部ではなく、みんなのもの（公共性）であるべき国家に向けられた要請である。要請先は、国家であっても、かつては国家を構成する二権たる政府と行政であった。そのベクトルが変わり、要請先が司法とされたところに、今回の司法制度改革の特徴がある。なぜ、司法なのか。国家（政府と行政）の規制から脱して自由な経済活動を求める立場（ネオ・リベラリズムに親和的）は、「市場の攪乱者へは、市場そのものの力と事後的な制裁や救済をもって対処せよ、その役割は司法が担うべきだ」と説いた。これに対し、政府・行政による人びとの権利保護が不十分であるとの認識をもつ者（ニュー・リベラリズムに親和的）は、「司法的救済をとおして、そうした政府や行政のあり方を変えるべきだ」と説いた。これらとは別に、一方での国家の公共性の衰退、他方での個人の公共性の未確立という二つの公共性の不全を日本社会の根本的な課題と捉え、これの統合的な克服を志向する者（仮に公共主義と呼ぶ）は、「公共性の確立のために司法による統御と支援を拡充すべきである」とした。21世紀の日本国家を展望するこれらの文脈の異なる声が、司法の役割の拡充という課題設定において交差したのである。

　社会の動的な安定性を保持するための正義——人びとの自由な活動を正義・公平に適うものになるように公共的に支援することをとおして導かれる「個別性と普遍性とが統合された正義」のことである。それは、人びとの自由な活動を重視する社会の正義ではあっても、ネオ・リベラリズムが好んで説く、「過度の事前規制・調整型社会から事後監視・救済型社会への転換」というスローガンに含意されている正義とは異なる。そもそも「過度の」と書けば、ネオ・リベラリズムならずとも、それを望ましい社会のあり方とはいわ

ないだろう。そして、適切な「事前規制・調整」であれば、これを排除する理由はない。また、「事前規制・調整型社会」に対置されるものは、必ずしも「事後監視・救済型社会」ではない。ネオ・リベラリズムは、単に「事前規制・調整」を取り払って「事後監視・救済」の仕組みを整えるだけで正しく豊かで質の高い社会がもたらされるかのごとく説く。しかし、未だかってそのような社会が実現した試しはない。自由な活動が正しく豊かで質の高い社会を生み出すには、「事前」と「事後」の間の過程（プロセス）の適正さが保たれなければならない。「事前規制・調整」に置換されるべきは、自制的（自律的）な過程における正義・公平を保障しうる公共的な支援である。これを「自制的過程・公共支援」というなら、これがあってはじめて「事後監視・救済」による正義の実現も実効性をもちうる。かくして、何れも正義のための、「自制的過程・公共支援」と「事後監視・救済」との二つの機構を整備・拡充することが、そして、両機構の担い手として司法を位置づけることが、多様な立場の間で了解された。社会の動的な安定性を保持するための正義は、ここに成立するわけである。司法制度改革審議会の意見の根底にあるのはこの考え方である。

2　司法制度改革の経緯

1999（平成11）年7月から審議を開始した司法制度改革審議会は、同年12月21日の「論点整理」において、司法の問題状況を次のとおり整理した。「…『司法は、国民に開かれておらず、遠い存在になっている』、『弁護士も裁判所も敷居が高く、温かみに欠ける』、『司法は分かりにくく国民に利用しづらい制度となっている』、『社会・経済が急速に変化する状況のなかで、迅速性、専門性等の点で、国民の期待に十分応えられてない』、『行政に対するチェック機能を十分果たしていない』等々、司法の機能不全を指摘する声も少なくない。端的にいえば、一般に、我が国の司法（法曹）の具体的な姿・顔が見えにくく、身近で頼りがいのある存在とは受けとめられていない」と。「機能不全」に陥った司法への嘆きは、今般の司法制度改革の前史ともいうべき従来の変革運動の中で繰り返し人びとの口から発せられてきたものである。もっとも、その原因たる疾病の理解は改革を唱える者の中でも必ずしも一致していなかった。ある者は裁判所の官僚制的傾向（官僚性批判）に、またある者は民主主義的な要素の脆弱さ（非民主性批判）に、そして、別の者は司法（法曹）界の権威性・閉鎖性・特権性（ギルド性批判）に、それぞれ重きを置いて司法の問題状況を論った。出されてくる処方箋は、官僚性を払拭し、民主化され、ギルド性を抜け出した司法を志向するものであった。

官僚性批判や非民主性批判は、政治経済理論としては、ひとしくニュー・リベラリズムに立脚する従来型の司法制度改革論に繋がっていた。両者は、戦前からの大陸法的制度に現行憲法によって英米法的制度が接合されたという日本の司法制度の特色を反映した議論であり、改革の方向づけも、大陸法的制度の洗練化に力点を置くものと英米法的制度への転換に力点を置くものとがあった。総じて改革の相対的な重点は、裁判官および裁判所制度の改革と司法参加の拡充にあったといえよう。

これに対し、ギルド性批判は、伝統的なプロフェッショナリズムを動揺させながら、社会の需要から司法や法律家を再定義する視点を提供し、ネオ・リベラリズムや公共主義に親和的な見地からの司法改革論と結びついていった。両改革論は、その間に根源的な哲学の相違を抱えてはいたものの、司法制度改革の処方箋においては共同歩調をとることとなった。上述の「自制的過程・公共支援」と「事後監視・救済」のシステムを担うには、司法は、"法廷の内から外へ" "事後処理からプロセス支援へ" "ルールの適用から創造へ"と変革されなければならず、そのためには、司法全体の機能とその人的資源の拡充が急務であるとされた。

このように哲学の異なるさまざまな改革論が改革案策定の事業に流入した。だからといって、実現した司法制度改革が継ぎ接ぎだらけの代物になったわけではない。司法制度改革は固有の理念と体系をもつ。改革案として最初に提起されたものと最終的に採択されたものとは大なり小なり異なっている。それでも、「司法制度をより利用しやすく、分かりやすく、頼りがいのあるものとする。」「質量ともに豊かなプロフェッションとしての法曹を確保する。」「国民が訴訟手続に参加する制度の導入等により司法に対する国民の信頼を高める。」の三つの柱からなる司法制度改革審議会の改革メニューは、従来の改革論からも、新しい改革論からも、ともに同意できる——あるいは、少なくとも否定しえない——ものであった。もとより、そのこと

は、今回の司法制度改革を支えた各々の改革論の基礎にある哲学、たとえば、ニュー・リベラリズム、ネオ・リベラリズム、公共主義の対立が克服されて新しい高次の哲学が生まれたということではない。依然として存在する哲学の違いは、改革諸施策の総体としての運用をとおして統合されるべき課題となったのである。

3 司法制度改革の現状

2001（平成13）年の司法制度改革は、それを具体化する幾つもの法制度が作られ稼働している今日、いわば司法の普段の風景の一部となっている。改革が制度に転化した時点——最終的には、2009（平成21）年の裁判員制度の実施——で、司法制度の改革は、仕組み作りから、司法の実際のあり方をよりよいものにするための運動へと再び立ち返ったといえよう。かくして司法制度改革の現状とは、司法と正義、そして、法曹の取り組みの実情のことである。

司法制度改革の現状は、2011（平成23）年3月11日の東日本大震災で目撃されたさまざまな事象にも投影されている。被災者支援に多くの弁護士会と弁護士が立ち上がり献身的な活動を展開した姿は、集団として歴史的に育まれてきたプロフェッショナリズムの現状を示すものといえる。とはいえ、法的救済を必要とする被災者のすべてに寄り添い持続的に支えて行くだけの司法アクセスの資源があるかとなれば、現状は甚だ疑問である。福島第1原子力発電所の事故からは、原子力発電所の安全性神話に寄りかかってこれを容認し続けてきた司法判断の現状を垣間見ることができる。被災自治体の再建、法制度の整備、復興のための諸種の計画の立案に、法曹の関わりが少ないのも、地域社会や自治体との関係での法曹の存在性の希薄さという現状の反映といえる。

ここで司法制度改革の現状を捉える観点を幾つか整理してみる。

第1に、司法・弁護士の機能の観点である。事件・事故の弁護士、過去の出来事の後始末をする弁護士にとどまっていてはいけない。弁護士は人びとの日常的な対人活動（事業・業務・組織活動その他）の今と将来を護る存在でなければならない。公衆衛生分野の概念を借用すれば、（法的）疾病の治療と療養から、（法的）疾病の予防、そして、（法的）健康の保持・増進までを対象にして、人びとの日々の営みの健全性を保障するための法的な戦略と戦術を立て、それを人びとの法実践に供してこれを支援し、あるいは、自ら人びとのために実践する。このようなものとして司法・弁護士の機能を捉えたとき、それはどのように発揮されているか。

第2に、司法・弁護士がその実現を担うべき正義の質の観点である。司法・弁護士は、個別具体的な正義の実現を図るとともに、日本社会が将来に向かって拠って立つべき普遍的な正義の姿を描く責任をも自覚的に引き受けていかなければならない。「基本的人権を擁護し、社会正義を実現すること」、あるいは、「自由と正義」の元来の意味もここにある。

第3に、司法・弁護士と市民の結びつきの観点である。アクセスは双方向であるべきだ。司法・弁護士のアウトリーチ活動は広く推し進めなければならない。さらには、尊厳ある生のためのライフライン——法のライフライン——として、司法・弁護士と市民が、常時、繋がっているあり方を追求すべきである。常に繋がっているもとで、一人ひとりが懸命に生きるその過程（プロセス）が、正義・公平に適うとともに、理不尽な扱いや不正義によって損なわれないように、司法・弁護士が支援する——法の支配が行き渡るには、司法・弁護士と市民のそうした結びつきが生まれなければならない。

第4に、司法・弁護士の役務と法の領域以外の公共的な役務との連携性の観点である。司法・弁護士の役務と法の領域以外の公共的な役務とがシームレスに繋がり連携する姿を実現すべきである。人びとが求めているのは、司法・弁護士のそれをも組み込んだ包括性のある公共的な役務の提供を受けることではないのか。役務の提供者たる司法・弁護士の側の都合や関心に合わせて、人びとの期待や需要を切り取るような発想や手法は見直しを要する。潜在的な需要をも視野に収めながら、人びとが求めているものを丸ごと受けとめることのできる司法・弁護士の側の間口の広さが、まず、求められよう。

目ざすべきは、正義に基礎づけられた豊かな社会である。法・正義は、人びとが分裂を乗り越えて互いに結びつき共生する基盤である。そうした法・正義の実現を保障する社会的な機構が、司法であり、弁護士である。上記の四つの観点は、かかる発想に基づく。司

法・弁護士は、これら観点の指し示す方向に進まざるをえない。現状は、その方向への歩みが始まった段階といえよう。

第2 「法の支配」の実現と法曹の使命

1 問題の所在

今次の司法改革（2001〔平成13〕年6月12日の司法制度改革審議会意見書）における「弁護士」の活動領域拡大の課題は、その後「法曹有資格者」という新しい概念が登場し、「法曹有資格者の活動領域拡大」として拡張した形で課題設定されるようになった。現在、法務省に「法曹有資格者の活動領域拡大に関する有識者会議」が設置されて、法曹養成制度改革の中心テーマの1つとして具体的な推進策の検討が始められた。

「法曹有資格者」とは司法試験合格者のことである。司法修習を終了していない司法試験合格者も含まれる。この新概念登場の背景には、裁判実務の専門性は必ずしも必要ではないこと、若い人材をより早く採用することなど採用する側（官庁、企業）の要請があり、併せて、裁判実務を中心とする従来の法曹像の変革を求める主張がなされている。またすでに、司法試験合格者を直ちに国家公務員として採用するルートが制度化されている。

弁護士及び法曹有資格者の活動領域拡大は、さらに推進される必要があるが、法曹三者の枠を超えた法曹有資格者が今後、増加することが予測されることから、例えば、司法試験合格者が、行政官（官庁）、行政職員（自治体）、企業などに就業する意義はどこにあるのか、公務員採用試験ルートで公務員となった者と何が違うのか、「法の支配」の実現を目的とした司法改革とどのように関係するのかなど、司法と行政の在り方、在るべき法曹像など今後の司法の在り方を左右する極めて重要な課題があることを認識するべきである。

そして、「法の支配」の担い手たる弁護士に必要な能力とはどのようなものなのか、その能力がどのように培われていくのか、法曹養成制度と司法試験の在り方にもつながる問題である。

2 「法の支配」と司法改革

司法改革では、「法の支配」が指導理念とされ、「法の支配」の実現が司法改革の根本課題（＝目的）とされている。そして、法曹は、「法の支配」の実現の担い手とされており、したがって「『法の支配』を実現すること」は「法曹の使命」というべきである。

ところで、「法の支配」とは何か、「法の支配」を実現するとは具体的にはどういうことか、については必ずしも共有化されていない。司法改革を真に成功させるためには、「法の支配」の理念的意義を明らかにし、その実現のための法曹の在り方について、共通の理解を持つことが必要である。

3 「法の支配」の意義

「法の支配」の核心的な意義は、次の3つに要約することができる。

① 目的としての人権保障、法による権力の規制（⇒立憲主義）

② 制度としての司法・裁判所・法曹の役割の重視（⇒司法の優越）

③ 法の内容的正当性・適正手続きの要請（⇔法治主義）

「法の支配」は、憲法の基礎理念の1つとされ、憲法の多くの規定で制度化されている。「法の支配」は、「憲法の理念による支配」と同義といってよい。

「法の支配」の実現とは、憲法理念の実現を意味する。

4 「法の支配」と法曹の使命

(1)「法の支配」の担い手としての法曹有資格者

法曹有資格者の活動領域拡大は、司法改革の一環として実施されるのであるから、法曹有資格者も「法の支配」の実現を使命とするものでなければならない。したがって、法曹は従来、法曹三者を意味するものと解されていたが、これからは、法曹有資格者も含めて「広義の法曹」として考えるべきである。

「広義の法曹」（法曹三者及び法曹有資格者）の使命は、立場の違いはあっても、「法の支配」を社会の様々な分野で実現することである。

裁判官及び検察官は、司法官として、「法の支配」

を実現することが使命である。弁護士の使命は、弁護士法第1条で基本的人権の擁護と社会正義を実現することと定められているが、このことは「法の支配」を実現することを弁護士の職務に即して表現したものと解すべきである。

弁護士は、弁護士会に登録したまま、企業、官庁、自治体等に就業する場合もあれば、登録をしない場合もあるが、いずれの場合も法的専門性を生かす業務に就業する限り、法曹としての使命を担うと考えるべきである。

法曹有資格者については、官庁、自治体、企業、国際機関などの様々な分野に進出する意義が問われなければならない。高度の専門性により、行政、組織に貢献する価値とともに、「法の支配」の実現という使命を果たすことに根本の意義がある。

(2) 法曹有資格者の使命の共通項

「法の支配」の実現、すなわち「法曹の使命」の在り方や具体的な中味については、法曹の立場、職責の違いに応じて、今後、検討されるべき課題である。

弁護士の場合、その使命の在り方は、「在野精神」という概念で表現されてきた。しかし、弁護士の活動領域拡大に伴って、「在野精神」だけではその使命の在り方の全てを表現することができなくなってきた。国、自治体、企業に就業した弁護士の使命は、例えば、「遵法精神」（＝違法、不正、権限濫用を許さない）と表現できる。また、刑事裁判官、検察官については、「無辜の者を罰してはならない」、「巨悪を眠らせない」などと言われてきた。

法曹有資格者について、その立場に応じて、その使命である「法の支配」の実現とは何かが問われるが、なかなか困難な課題である。

5　法曹の使命と法曹倫理

(1)「法の支配」に必要な法曹倫理

司法改革の目的である「法の支配」の実現を達成するためには、その担い手である広義の法曹が、「法の支配」を実現することを共通の使命とすることが不可欠である。法曹が、活動領域拡大により、多様化する中で、共通の使命を持つことは、法曹のアイデンティティーを確立し、維持することである。

法曹の使命、すなわち「法の支配」の実現は、成文規範による制度的保障（「弁護士職務基本規程」、「検察の理念」）とともに、法曹倫理を法曹自身が内在化（内面化）すること及び法曹が社会の多様な分野で活躍することが重要である。

(2) 法科大学院における法曹倫理教育の重要性

法曹倫理の内在化は、出発点として、法科大学院における法曹倫理教育が担うべきである。法曹倫理教育によって、法曹倫理の基礎が内面化され、将来の法曹としての精神的基盤が醸成される。法曹倫理教育は、その前提となる法曹倫理の探求とともに、今日までなおざりにされてきた。しかし、法曹養成問題の中で最も心を砕く必要があるのが「人を育てる」という視点であり、法曹倫理教育はその重要な役割を担うことができる。法曹倫理教育の充実・強化は、司法の将来に関わる喫緊の重要課題である。

(3) 法曹としてのアイデンティティー

戦後の司法改革で現行弁護士法が制定され、弁護士法第1条に弁護士の使命が明示された。弁護士が、この使命を共有することによって、弁護士のアイデンティティーが形成され、維持・強化された。弁護士の使命規定は、弁護士の統合理念として機能し、戦後半世紀以上にわたり弁護士の活動を支える確固たる精神的基盤を形成してきた。使命規定は、宣言的規定ではあるが、その果たしてきた役割は極めて大きい。

法曹の多様化が想定される今日、法曹が共通の使命を見出し、法曹が共有する精神的基盤（アイデンティティー）を確立する意義は、今後の司法の在り方にとって計り知れないほど重要である。

6　法曹の実質的資格要件と法曹倫理の司法試験科目化

(1) 法曹の実質的資格要件

法律形式上は、原則として、司法試験に合格し司法修習を終了することによって、法曹資格を取得することになるが、法曹の実質的な資格要件は、職業的専門性と職業的倫理性を備えることである。専門性と倫理性は法曹の実質的資格要件の車の両輪であり、いずれが欠けても真の法曹とはいえない。

(2) 法曹倫理を司法試験科目化する必要性

法科大学院では法曹倫理が必修科目となっており、予備試験では法曹倫理が出題されている。また、ほとんどの欧米諸国では、法曹倫理が司法試験の科目とされている。

現行の司法試験では、法曹倫理が試験科目化されておらず、法的専門性のみを問うものであるが、法曹の実質的資格要件に照らせば、明らかに不十分である。早急に、法曹倫理の司法試験科目化の実現を図るべきである。

法曹倫理の司法試験科目化については、法曹倫理の研究レベルが未成熟（スタンダードとなる基本書がないこと、法曹倫理の通説が確立していないことなど）であることなどを理由に、消極論がある。しかし、戦後、司法研修所を中心とする新しい法曹養成制度が発足し、既に半世紀以上も経過しているにもかかわらず、研究レベルの未成熟を根拠に試験科目化に消極的姿勢をとることは本末転倒というほかない。

真に司法改革を成功させるために、法科大学院における法曹倫理教育をさらに強化し、より多くの優れた法曹を養成することが根本課題である。法曹倫理の強化、確立に向けたあらゆる努力を尽くす必要がある。

7 「法曹倫理教育に関する委員会」の設置

上記で記述した政策を実現するため、関東弁護士会連合会では、平成26年度執行部において、「法曹倫理教育に関する委員会」（以下「委員会」とする）を設置し、活動を開始した。

委員会は、法科大学院、大学学部等の法曹を志す者を対象とした法曹倫理教育の充実を目的として、具体的には①法科大学院等における法曹倫理教育の実状調査、②法曹倫理及びその教育方法を研究する学術団体（仮科「法曹倫理教育学会」）の設立、③法曹三者及び法曹三者以外の法律専門職に関する倫理並びにそれらの者に共通する倫理、使命の研究、④法曹倫理の司法試験科目化の検討、⑤法曹倫理教育の充実・強化のための教材作成（例えば、再審死刑無罪事件などのテキスト化）などの活動に取り組む予定である。

第3 司法制度改革の議論の経緯と現在までの到達点

1 司法制度改革における法曹人口問題・法曹養成制度改革問題の位置付け

司法制度改革の問題は、我々弁護士の間においては、弁護士制度改革の問題、すなわち法曹人口問題や法曹養成制度改革の視点から論じられることが多い。

しかし、日弁連が唱えた「市民のための司法改革」のコンセプトは、「司法の規模容量の拡大」と「官僚的司法から市民の司法への質的転換」の2つが柱であったものであり、弁護士が自らの実践を通じて広く社会の理解と共感を得ることを通じて、司法を市民のものとするための取組みであった。そのような日弁連の活動が、当番弁護士制度の全国展開を通じて被疑者国選弁護制度を実現させ、全国の法律相談センターや公設法律事務所の実践的活動が日本司法支援センターの発足と国の責務に基づく法律扶助制度の整備・拡充へと発展し、また、全国の裁判傍聴運動や模擬陪審運動を通じて裁判員制度の創設につながっていったのである。

もちろん、各制度の課題や民事司法制度の改革が遅れていること等残された問題も多く、本政策要綱の該当項目で個別に論じられているように、これからも司法制度の利用者である市民の視点から、不断の検討が必要であろう。

そして、司法制度改革の中で、この10数年間の改革が最も議論を呼び、各界の様々な観点から制度の改善や修正が議論されているのが、法曹人口問題（需要と活動領域の問題を含む）と法曹養成制度改革の問題であろう。詳しい議論は、これも各該当項目の個別の論述に譲るが、この10数年の間に弁護士になった若い世代の会員たちのためにも、本稿では、それらの問題がこれまでどのような経緯と内容で検討され議論されてきたか、現在までの到達点はどこにあるのか、その流れを俯瞰的に説明することとする。

2 日弁連の司法改革宣言から「司法制度改革審議会」設立までの経緯

日弁連は、1990（平成2）年5月に最初の司法改革宣言「国民に身近な開かれた司法をめざして」を発表したが、それは当時、「2割司法」（弁護士や司法制度による解決が必要と思われる事案の内、実際には2割しか弁護士や司法制度を利用できていない）といわれた現状を打破し、「司法の容量を拡大することによって

司法を国民に身近なものにして行こう」「そうすることによって国民の法意識も変わっていき、官僚的司法を打破して国民の司法参加や法曹一元制度を実現していくことができる」という理念のものであった。

そこで言う「司法の容量の拡大」とは、第一に司法制度の担い手である裁判官・検事・弁護士の法曹人口そのものを総体的に増やすことを前提にしていたが、それだけではなく、裁判所・検察庁の体制拡充と全国整備、訴訟制度や実体法・訴訟法の見直し、法律扶助（援助）制度の充実等が眼目となっており、その後も日弁連は様々な角度から数回にわたり司法改革宣言を行っている。

他方、当時の社会情勢においては、同じように法曹人口の拡大を求めながらも、日弁連とは異なる視点、例えば規制緩和論の立場から「裁判のコストとアクセスの改善のために、参入規制を緩和して法曹人口を拡大すべき」との考え方も経済界の一部に強くあった。

そのような中で、逆に日弁連内部においては、「弁護士需要は増えておらず、弁護士人口が増大すれば弁護士の経済的基盤を脆弱なものにし、弁護士の公共的使命を果たすことができなくなる」とのいわゆる「弁護士経済的自立論」が一部でかなり強く主張されるようになり、司法試験合格者の増員に反対する動きに繋がっていった。そして、1994（平成6）年12月の日弁連臨時総会において、当時すでに外部の有識者の間では司法試験年間合格者を1,000〜1,500名とすることが前向きに検討されていたにもかかわらず、「合格者を相当程度増員すべき」としながら「今後5年間は年間800名以内とする」旨が決議されるに至った。

しかし、この1994（平成6）年12月の日弁連決議は、外部の有識者や各界に受け入れられなかったばかりか、当時のマスコミ・世論から「司法制度改革つぶし」「日弁連は既得権益のためにギルド化」「自治能力が疑われる」等の強い批難を受ける羽目となり、結果として、司法制度改革についての日弁連への信頼を大きく揺るがし、日弁連の影響力を大きく減じる結果となってしまった。翌1995（平成7）年11月には、日弁連は上記決議を「1999（平成11）年から合格者は1,000名とする」と変更したが、もはや「法曹界には任せておけない」という流れは変わらず、その年1996（平成8）年12月には、総理府内の行政改革委員会の中の規制緩和小委員会で「中期的には合格者1,500名程度」という数字

が打ち出され、その後も自由民主党・司法制度特別調査会や経済団体連合会等が、法曹人口の増大とともに弁護士法72条と弁護士自治の見直しを検討事項に含める等、法曹人口問題は法曹界の枠に納まらない政治問題に発展していった。

このように、「市民の司法」の実現を目指す日弁連の司法改革運動や、法曹人口を巡る論議、内外の情勢や社会構造の変化に伴い司法の機能強化を求める各界からの意見の広がりなどの中で、1999（平成11）年7月、法曹人口問題のみならず刑事司法制度やその他の裁判制度、裁判官制度や市民の司法参加の制度など様々な課題を含む司法制度改革の全般的な問題を検討するために、13名の有識者（法曹三者は3名のみ）により構成される「司法制度改革審議会」が内閣に設置されるに至った。

3 「司法制度改革審議会」意見書の理念と「司法制度改革推進計画」の閣議決定

司法制度改革審議会では、精力的に様々な課題が検討され、2001（平成13）年6月に、法曹養成制度の具体的な改革案が示されるに至った。

当時の司法制度改革審議会意見書の理念は、「国民生活の様々な場面における法曹需要は、様々な要因から量的に増大するとともに、質的にもますます多様化・高度化することが予想されることから、国民が必要とする質と量の法曹の確保・向上こそが本質的な課題」というものであり、その要因として、①経済・金融の国際化の進展や、人権・環境問題等の地球的課題や国際犯罪等への対処、②知的財産権・医療過誤・労働関係等の専門的知見を要する法的紛争の増加、③「法の支配」を全国あまねく実現する前提となる弁護士人口の地域的偏在の是正の必要性、④社会経済や国民意識の変化を背景とする「国民の社会生活上の医師」としての法曹の役割の増大、が挙げられていた。

そして、法曹がそのような増大する法的需要に応えるためには「大幅な法曹人口増員と多様化・高度化する質の向上が必須」とされ、2010（平成22）年頃に司法試験合格者3,000人という目標と、大学という学術環境の下で法曹という専門家養成に資する本格的かつ実践的教育を行う場として法科大学院構想が打ち出されたのである。

この「2010（平成22）年までに年間3,000人」とい

う合格者数目標は、当時の日弁連にとっても重い数字であったが、当時の政界や経済界の一部に「2010（平成22）年までに法曹人口5万人～9万人実現（年間4,000～8,000人増加）」などという極端な急増論がある中で、国民各層・各界の有識者13名による「司法制度改革審議会」が、多くの団体や国民各層から意見聴取を行った上で打ち出した目標数値であり、そうであればこそ日弁連も、2000（平成12）年8月のプレゼンで「審議会が国民各層・各界の意向を汲んで出した数字である以上、日弁連としても積極的に取り組んでいく」と受け入れたものである。

そして、2000（平成12）年11月1日の日弁連臨時総会において、日弁連は「法曹一元制の実現を期して、法の支配を社会の隅々にまでゆきわたらせ、社会の様々な分野・地域における法的需要を満たすために、国民の必要とする数を、質を維持しながら確保するよう努める」と決議し、司法制度改革審議会の「司法試験合格者年間3,000人目標」という方向性も真摯に受け止める、と表明した。また、法曹の質の確保のために、法科大学院・新司法試験・司法修習というプロセスによる新たな法曹養成制度への変革も打ち出した。

こうして、日弁連も受け入れた司法制度改革審議会意見書の各方針は、2002（平成14）年3月19日に、ほぼ同じ内容で政府の「司法制度改革推進計画」として閣議決定されるに至った。

4 「司法制度改革推進計画」閣議決定後の10年の現実とその「検証」

(1) 顕在化しない法的需要

司法制度改革審議会意見書の法曹人口増員の理念は、従前の法的紛争の事後解決業務（裁判、交渉等）のみならず、法曹の役割自体をもっと積極的なものにし、国際取引や企業内業務、行政あるいは立法の場にも弁護士が活躍の場を広げることにより、「法の支配」を社会の隅々にまで行き渡らせようというもので、その理念自体は何ら否定されるものではなく、そうであればこそ日弁連も、2000（平成12）年11月の臨時総会でこれを受け入れ、むしろ積極的に取り組もうとしたのである。

しかしながら、2002（平成14）年3月の「司法制度改革推進計画」の閣議決定後、法曹需要をめぐっては、必ずしも司法制度改革審議会意見書が予測したような状況には至っていないのが現実である。

司法試験合格者数は、2001（平成13）年までは約1,000名であったが、2002（平成14）年と2003（平成15）年には約1,200名余、2004（平成16）年～2006（平成18）年は約1,500名前後、2007（平成19）年からは一気に2,100名前後となって、それ以降2013（平成25）年に至るまでほぼ同様の数で推移し（2014〔平成26〕年は1,810名、2015〔平成27〕年は1,850名）、それに伴って弁護士人口も、1999（平成11）年3月当時は16,731名であったものが2016（平成28）年4月時点には38,114名と、2.2倍以上にまで増加した。

しかし、それだけ弁護士数が増えているにもかかわらず、訴訟事件数は一時期の過払金返還訴訟を除けばこの10年で目立った変化はなく、公的な法律相談施設での法律相談数はむしろ減少傾向にある。また、知的財産権・医療過誤・労働関係等の専門的知見を要する法的紛争についても、新制度である労働審判を除いては、それ程の増加傾向は見られない。企業や行政・立法内あるいは国際的な弁護士の活躍の場も、着実に増えて来てはいるものの、司法制度改革審議会意見書が予測したほどの量でもペースでもない。

そもそも司法制度改革審議会の意見書でも、新しい法的需要が生まれれば当然に弁護士や司法制度の利用につながるとしていたものではなく、司法基盤の整備（裁判所の物的・人的体制の充実、法律援助等の司法予算の増大、司法を利用しやすい法制度の整備等）や法曹の活動領域拡大のための条件整備（企業や行政・立法・国際分野等の分野で活躍する弁護士の養成システムの未成熟等）など、市民と弁護士を結ぶ多様な仕組みの整備が不可欠とされていたのであり、そのような基盤整備や条件整備が未だ不十分であることが、法的需要予測の誤算にも影響しているものと思われる。

そして、そのような法的需要の顕在化や新しい分野への弁護士の進出が現実には滞っている状況の中で、司法試験合格者数だけが増え続けた結果、大幅に増えた新人弁護士を既存の法律事務所が吸収しきれなくなる事態が生じ（新人弁護士の就職難）、オン・ザ・ジョブ・トレーニング（OJT）不足による法曹の質の低下が懸念される事態となっている。

(2) 法科大学院制度の理念と現実

また、法科大学院制度も、「大学院レベルでの法理論教育と実務教育の実践」という理念と、「法科大学

院・司法試験・司法修習というプロセスによる法曹教育により法曹の質を高めていく」という新しい法曹養成の在り方は、従前の法曹養成が司法試験受験までの段階は全て受験生側の自己責任・自己研鑽とされ、そのために受験予備校を利用した知識詰め込みや受験技術の偏重が1990年代にはピークに達していたことからすれば、司法試験及び法曹養成の是正策としては十分是認できるものであった。法曹になるまでに一定の時間と費用の負担はかかるものの、法科大学院で充実した法曹養成教育を受けることを前提に法科大学院修了者の司法試験合格率は当初構想では累積合格率70～80％が目標とされていたことから、様々な分野から有為な人材が新たに参入してくるものと期待されていた。

しかしながら、いざ2004（平成16）年度に法科大学院制度が始まってみると、20～30校程度が適切との指摘があったにもかかわらず、実際には文科省の認可により74校もの法科大学院が濫立する状態となり、教員やプログラム等で法科大学院間に大きな質的格差が生じる事態となった。そして、法科大学院全体の総定員数が想定外に多くなり（初年度は5,590名、数年後には最大で5,825名）、必然的に司法試験受験者数も想定外に多い人数となったが、他方、受験生（法科大学院修了生）の法的知識・能力の全体的レベルは想定された程には向上せず、そのため司法試験の年間合格者数も当初3,000名目標実現の年とされた2010（平成22）年以降も、2013（平成23）年に至るまで2,000名余に留まった。

その結果、司法試験合格率も単年度計算では当初の制度構想を遥かに下回る20～30％台の事態となり、法科大学院にかかる時間とコスト及び前述した新人弁護士の就職難の状況とも相俟って、法曹志望者が激減する事態に陥り、それが悪循環する負のスパイラルとなっていった。

(3) この10数年間の検証

このような、2002（平成14）年以降の10数年の現実の状況を踏まえ、日弁連は、これまでの司法制度改革の検証をして、修正すべき点があれば修正すべきことを提案するに至った。具体的には、2011（平成23）年8月19日付「法科大学院教育と司法修習との連携強化のための提言」、2012（平成24）年3月15日付「法曹人口政策に関する提言」、2012（平成24）年7月13日付「法科大学院制度の改善に関する具体的提言」等である（具体的な内容については、各該当項目を参照）。

そして、政府内においても、ワーキングチームが設置されて問題点の検討がなされ、それを受けて2011（平成23）年5月に、法曹養成制度全般の在り方を検討するための組織として、新たに「法曹の養成に関するフォーラム」が設置された。

5 「法曹の養成に関するフォーラム」から「法曹養成制度検討会議」、そして「法曹養成制度改革推進会議」へ

(1) 法曹の養成に関するフォーラム

「法曹の養成に関するフォーラム」は、内閣官房長官・総務大臣・法務大臣・財務大臣・文部科学大臣・経済産業大臣が共同して開催するものとされ、有識者委員として13名の各界の代表者が参加したが（弁護士を代表する立場の有識者は1人のみ）、日弁連はオブザーバーという立場で意見を述べた。

「貸与制問題」「在るべき法曹像」「法曹有資格者の活動領域の在り方」「今後の法曹人口の在り方」「法曹養成制度の理念と現状の乖離」「法科大学院」「司法試験」「司法修習」等について、14回の議論を経て、2012（平成24）年5月に、各制度において現状に改革すべき問題点があるとの論点整理の取りまとめを行った。

しかし、司法制度改革については2002（平成14）年3月19日の閣議決定「司法制度改革推進計画」があり、新たに具体的な現状対策を取るためには、閣議決定の変更も必要なことから上記フォーラムのような組織では足りず、内閣に直結する組織での検討及び提言が必要であった。そこで、2012（平成24）年8月21日、内閣に新たに法曹養成制度関係閣僚会議を設置することが閣議決定され、さらにその閣僚会議が「学識経験を有する者等の意見を求めるため」に、閣僚会議の下に新たな有識者による組織として「法曹養成制度検討会議」が設置された。

(2) 法曹養成制度検討会議

「法曹養成制度検討会議」においては、「法曹有資格者の活動領域の在り方」「今後の法曹人口の在り方」「法曹養成制度の在り方」等について16回の議論を経て、2013（平成25）年6月26日に取りまとめがなされた。そして、「現時点において、司法試験の年間合格者数を3,000人程度とする数値目標を掲げることは現実性

を欠く」として、2002（平成14）年3月の「司法制度改革推進計画」の閣議決定の見直しを求め、また司法修習生に対する経済的支援や司法試験制度の改革（回数制限の緩和、試験科目の見直し等）を提言しているが、他方、その他の検討課題については、問題点を指摘するだけでその具体的な解決策については、「新たな検討体制の下で検討すべき」とするにとどめた（詳しい内容については、第2部第1章「第4　法科大学院制度と司法試験制度の現状と課題」を参照）。

そして、2013（平成25）年7月16日に「法曹養成制度関係閣僚会議」において、「法曹養成制度検討会議」の取りまとめの内容が是認され（その結果、3,000人という年間合格者数値目標は撤回された）、法科大学院を中核とする「プロセス」としての法曹養成制度を維持しつつ、質・量ともに豊かな法曹を養成していくために、「新たに内閣に関係閣僚で構成する会議体を設置し、その下に事務局を置いて、2年以内を目途に課題の検討を行う」とされた。

(3) 法曹養成制度改革推進会議と、法曹養成制度改革顧問会議

上記「法曹養成制度関係閣僚会議」決定を受けて、2013（平成25）年9月17日には閣議決定で、法曹養成制度の改革を総合的かつ強力に実行するために内閣官房長官・法務大臣・文部科学大臣・総務大臣・財務大臣・経済産業大臣を構成員とする「法曹養成制度改革推進会議」を開催することが決められ、その事務局として「法曹養成制度改革推進室（法務省・最高裁・文科省・日弁連からの出向者で構成）」が置かれることとなった。そして、その推進室に専門家の立場から意見を具申する検討機関として、「法曹養成制度改革顧問会議」が新たに設置された。

この「法曹養成制度改革顧問会議」は、法曹関係者ら6名で構成され、法曹養成制度の改革を推進するために講ぜられる施策に係る重要事項について、「法曹養成制度改革推進室」から検討状況の報告を受け、意見交換を行いながら審議し、推進室長に意見を述べるものとされた。そして、この「法曹養成制度改革顧問会議」において22回もの議論が行われ、その議論を受けて「法曹養成制度改革推進室」が取りまとめをして、2015（平成27）年6月30日に、以下のような「法曹養成制度改革推進会議」の新たな政府決定がなされたものである。

① 法曹人口については、司法試験の年間合格者数を当面1,500人程度輩出するよう必要な取組を進め、質の確保にも留意する。

② 法科大学院については、司法試験に累積合格率で概ね7割以上合格できるよう充実した教育を目指し、統廃合や定員縮小を更に進めるための組織見直し（公的支援の見直し強化策の継続、客観的指標を活用した認証評価の運用、教育の実施状況等に関する調査手続の整備等）、教育の質の向上（共通到達度確認試験の試行、適性試験等の在り方の検討等）、大学院生たちの経済的及び時間的負担の軽減（給付奨学金制度や授業料免除制度による経済支援の確立、学部早期卒業・飛び入学による期間短縮）等の改革を、平成30年度までに行う。

③ 法曹有資格者の活動領域の拡大に向けた取組（環境整備等）を継続する。

④ 予備試験については、法科大学院を中核とするプロセスとしての法曹養成制度の理念を損ねることのないよう、必要な制度的措置を検討する。

⑤ 司法試験については、選択科目の廃止の是非を引き続き検討する。

⑥ 司法修習については、司法修習の実態、司法修習終了後相当期間を経た法曹の収入等の経済状況、司法制度全体に対する合理的な財的負担の在り方を踏まえて、修習生に対する経済的支援の在り方を検討する。

(4) その後の法曹養成制度改革のための協議体制

前述した2015（平成27）年6月30日の「法曹養成制度改革推進会議」の新たな政府決定により、2011（平成23）年5月の「法曹の養成に関するフォーラム」の設置以来続いている政府及び法曹三者と有識者による法曹養成制度改革全般の見直しの議論は、ひとまずの結論を得た。ただし、実際にはいくつもの課題が解決しておらず、継続した検討が必要である。

そこで、2015（平成27）年12月14日、法務省と文部科学省は、上記「法曹養成制度改革推進会議」の決定を踏まえ、法曹養成制度改革を速やかに、かつ着実に推進し、法科大学院を中核とするプロセスとしての法曹養成制度の充実を図るため、両省が行うべき取組並びに関係期間・団体に期待される取組の進捗状況等を適時に把握するとともに、これらの取組みを進めるに当たって必要な連絡協議を行うための体制を作ることとなり、法務省大臣官房司法法制部と文部省高等教育

局の両部局からなる「法曹養成制度改革連携チーム」が発足した。

そして、上記のような目的を達するため、法務省と文部科学省は、最高裁判所及び日本弁護士連合会の参集を得て、「法曹養成制度改革連絡協議会」を開催することとなり、日弁連もこれに参加することとなった。

しかしながら、この連絡協議会は不定期に開催されることになっていて、2015（平成27）年12月14日の第1回会議開催からの開催回数は、約2年間で8回に過ぎない（2017〔平成29〕年10月末日現在）。内容的にも報告中心の会議であり、実質的な機能は果たしていないとも言われている。

(5) 日弁連の対応（新たな「執行部方針」および「臨時総会」決議）

日弁連においては、前述の「法曹養成制度検討会議」が設置された段階で、その議論に対応すべく会内に「法曹養成制度改革実現本部」を設置し、「法曹養成制度改革顧問会議」における議論への日弁連の資料作成や対応策を練ってきた。

そして、2015（平成27）年6月30日の「法曹養成制度推進会議」の政府決定を受け、日弁連執行部は、2015（平成27）年9月、これまでの日弁連からの提言の実現に向けて「日弁連提言の実現に向けた執行部方針」を発表し、具体的な「取り組むべき課題」として以下の項目を掲げ、同年11月にかけて日弁連理事会において意見交換がなされた。

ア　制度改革面での課題
① 当面の司法試験合格者数1,500名の早期実現
② 多様で質の高い法曹の養成に向けた法科大学院の改革
❶ 入学者数・校数の規模の適正化
❷ 教育の充実・修了認定の厳格化と司法試験合格率の向上
❸ 経済的・時間的負担の軽減
❹ 地方法科大学院の充実、学生の多様性確保
③ 司法試験の改善、予備試験の検証・検討
④ 司法修習内容の充実、司法修習生に対する給費の実現・修習手当を含む経済的支援
⑤ 司法アクセスの拡充・弁護士の活動領域拡大

イ　法曹志望者数の回復や若手弁護士の支援等に向けた課題
① 弁護士の社会的役割や活動の魅力を広め、有為の人材が弁護士を志望するよう働きかけること
② 法曹養成教育の内容に積極的に関与・貢献すること
③ 若手弁護士の支援

ところが、この日弁連執行部の基本方針に反対する会員有志より、日弁連の方針として「①司法試験の年間合格者数を直ちに1,500人、可及的速やかに1,000人以下にすることを求める、②予備試験について、受験制限や合格者数制限など一切の制限をしないよう求める、③司法修習生に対する給費制を復活させるよう求める」旨決議するよう求める臨時総会招集請求が出され、2016（平成28）年3月11日、日弁連臨時総会が開催されるに至った。

日弁連執行部は、この臨時総会に執行部の方からも「法曹養成制度改革の確実な実現のために力を合わせて取り組む決議」案を提出し、その中で先に発表した「日弁連提言の実現に向けた執行部方針」を具体化した「1.まず、司法試験合格者数を早期に年間1,500人とすること　2.法科大学院の規模を適正化し、教育の質を向上させ、法科大学院生の多様性の確保と経済的・時間的負担の軽減を図るとともに、予備試験について、経済的な事情等により法科大学院を経由しない者にも法曹資格取得の途を確保するとの制度趣旨を踏まえた運用をすること　3.司法修習をより充実させるとともに、経済的事情によって法曹への道を断念する者が生じることなく、かつ、司法修習生が安心して修習に専念しうるよう、給付型の経済的支援として、給費の実現・修習手当の創設を行うこと」という会務執行方針を提案した。

そして、臨時総会においては日弁連執行部提出議案が「賛成10,379（会票42）、反対2,948（会票9）、棄権79（会票1）」で可決され、臨時総会招集請求者提案の議案は「賛成2,872（会票9）、反対9,694（会票42）、棄権190（会票1）」で否決された。

この日弁連臨時総会の結果により、上記日弁連執行部方針が、日弁連の会務執行方針として、正式に承認され決定されたものである。

その後、今日に至るまで、日弁連は、同臨時総会決議を踏まえて法曹人口、法曹養成制度改革の問題に取り組むとともに、全国の単位会と連携した法曹志望者増加に向けた取組を進めている。

(6) 法友会の進むべき方針

法曹養成制度のあり方や法曹人口問題については、法友会の内部においても様々な意見はある。しかしながら、臨時総会をもって日弁連の方針が決定された以上、我々法友会としても、このような日弁連執行部の方針を踏まえ、今後も法曹人口問題や法曹養成問題に対し、積極的に関与していくべきである。

　2017（平成29）年9月6日に発表された本年度の司法試験合格者数は、1,543人であった。前年より40人減少したものの、なお1,500人を相当数上回る人数であった。この数字をどのように考え、法曹養成制度全体にどのような影響を及ぼすかについては、「法曹人口問題」「法曹養成問題」の各該当箇所の記述に譲るが、我々は常にその意味と影響について、検討をしていく必要がある。

　我々弁護士が自治権を有し、権力に支配されず自由に活動できるのは、市民の信頼があればこそである。しかしながら、我々弁護士が自らのステイタスや経済的安定に固執し、市民から見て自らの「既得権益」擁護者と見られれば、その信頼は瞬く間に崩れ去るであろう。理念と現状に齟齬が生じたからといっていたずらに過去の制度にこだわるのではなく、時代と共に常に変化していく市民の要請に応えていくために、法曹の質と量において常にベストな方策を追求していくことこそが、我々弁護士にとって必要であろう。

第**2**部
弁護士をめぐる
司法制度の現状と展望

第1章 弁護士制度の現状と展望

第1 弁護士制度改革

1 戦後司法改革による「弁護士法」制定の歴史的意義

(1) 弁護士法の制定

新憲法の制定に伴い1949（昭和24）年、新弁護士法が制定された。弁護士法の制定は、次のとおり、内閣、司法省その他行政官庁、裁判所、GHQの強い反対に遭ったにもかかわらず、先輩弁護士の獅子奮迅の活躍によって勝ち取られた。

内閣は政府法案として上程することを拒み、議員立法として衆議院に提出され、参議院で大学教授の弁護士資格について修正された。しかし、衆議院で再議決されて成立した。

司法省その他行政庁は、自治を認めること、弁理士・税理士業務を当然行えることに強く反対した。裁判所は憲法77条を根拠に「弁護士に関する事項」は最高裁規則に定めるべきであると主張し、法案成立に反対した。GHQは日弁連への強制加入制に難色を示した。

弁護士法による弁護士制度の骨子は次のとおりである。

① 【弁護士の使命】1条に弁護士の使命が宣明されたこと。
② 【弁護士自治】諸外国に例を見ない、ほぼ完全な自治権が保障されたこと。
③ 【強制加入制】全員加入制の全国統一組織として日弁連の設立がなされたこと。
④ 【統一修習】判検事と弁護士の官民を区別した二元的法曹養成を一元化したこと。
⑤ 【法律事務独占の強化】非弁護士の法律事務の取扱いに関する取締法規を弁護士法の中に規定し、法律事務独占を強化したこと。

(2) 弁護士の法律専門職としての地位の確立

弁護士の法律事務独占制は、1933（昭和8）年の旧弁護士法成立時に「法律事務取扱ノ取締ニ関スル法律」により獲得されたものであり、戦前弁護士の血のにじむような努力の成果である。これにより弁護士の法律専門職としての地位が確立した。

強制加入制は弁護士自治の制度的保障である。強制加入制の前提を欠けば、弁護士自治は成り立たない。

日本の弁護士自治及び強制加入制は、米・独・仏などと比較すると際立った特徴を持つ。

日本の弁護士は、単位会に入会し同時に日弁連の会員となる。日弁連は各単位会と各弁護士が会員となる（弁護士法47条「弁護士、弁護士法人及び弁護士会は、当然、日本弁護士連合会の会員となる」）。いわば二重の会員資格・強制加入制であり、自治権も二重構造となっている。

米・独・仏では日本の単位会に当たる各地弁護士会への強制加入制となっているが（米国は州ごとに異なり任意加入制の州もある）、日弁連に当たる全弁護士を会員とする強制加入制の全国的な統一組織はない。

米・独では任意加入制の弁護士の全国的組織（米のABA、独のドイツ弁護士協会）はあるが、弁護士の加入率は約50％である（日弁連弁護士業務改革委員会21世紀の弁護士像研究プロジェクトチーム『いま弁護士は、そして明日は？』〔エディックス、2004〔平成16〕年〕290頁以下）。

全弁護士を会員とする全国統一組織である日弁連の存在は、我が国の誇るべき特徴である。

(3) 「市民の司法」を目指すに当たって

弁護士法成立により、弁護士の地位の飛躍的な向上が図られ、弁護士使命の明示が弁護士の統合理念として機能し、戦後半世紀以上にわたる弁護士活動を支えた制度基盤の確立がなされたといえる。

我々は、四面楚歌の中で弁護士法制定を見事に成し遂げた先輩弁護士の激闘の歴史を忘れてはならない。今次の司法制度改革による「市民の司法」を目指すに当たって、将来のあるべき司法を創り上げる決意で司法改革の成功と改革に伴う諸課題の克服に立ち向かいたい。

2 弁護士制度改革の目標・理念

司法制度改革審議会意見書（2001〔平成13〕年6月12日。以下「意見書」という。）は、今般の司法改革の理念と方向性について、「法の精神、法の支配がこ

の国の血となり肉となる、すなわち、『この国』がよって立つべき、自由と公正を核とする法（秩序）が、あまねく国家、社会に浸透し、国民の日常生活において息づくように」することにあるとした。

日弁連は、1990（平成2）年以降、数次にわたって司法改革に関する宣言を行い、法曹一元、陪参審を基軸とする「市民の司法」、「市民のための司法」の実現を目指してきた。意見書が示した司法改革の理念と方向性は、表現の仕方こそ違え（「法の支配の貫徹」と「市民の司法」）、日弁連のそれと軌を一にするものであって、高く評価し得るものである。

意見書は、法曹の役割について、「司法の運営に直接携わるプロフェッションとしての法曹がいわば『国民生活上の医師』として、各人の置かれた具体的な生活状況ないしニーズに即した法的サービスを提供すること」にあるとした。

そして、弁護士の役割については、「『国民生活上の医師』たる法曹の一員として『基本的人権を擁護し、社会正義を実現する』（弁護士法1条1項）との使命に基づき、法廷の内と外とを問わず、国民にとって『頼もしい権利の護り手』であるとともに『信頼しうる正義の担い手』として、高い質の法的サービスを提供することにある。」とした。

今般の弁護士制度改革は、意見書の理念と方向性に沿って、弁護士の役割・機能を充実・強化するための方策を講じたものと言える。

3　司法制度改革推進本部と日弁連の対応

意見書の提言する改革を実現するため、2001（平成13）年11月に成立した司法制度改革推進法に基づき、同年12月、内閣に司法制度改革推進本部（以下「推進本部」という。）が設置された。そして、推進本部は、同年同月、司法制度改革に必要な法律案の立案等の作業を行うため、学者、実務家、有識者等から成る10の検討会を設け（後に知的財産訴訟検討会が設置され、推進本部に設けられた検討会は11となった。）、弁護士制度改革は「法曹制度検討会」で検討された。

政府は、2002（平成14）年3月、「司法制度改革推進計画」（以下「推進計画」という。）を閣議決定して、司法改革の全体像を示すとともに、推進本部の設置期限（2004〔平成16〕年11月30日）までの間に行うことを予定するものにつき、措置内容、実施時期、法案の立案等を担当する府省等を明らかにした。

日弁連も、同年同月、推進本部に「日本弁護士連合会司法制度改革推進計画―さらに身近で信頼される弁護士をめざして」（以下「日弁連推進計画」という。）を提出して、意見書が提起した諸改革を、その確実な実現に向け、積極的にこれに取り組む旨宣明し、日弁連が取り組むべき改革諸課題につき、その取組み等の内容を明らかにした。

弁護士制度改革は、2003（平成15）年通常国会において弁護士法の一部改正として成立した。具体的には、①弁護士の公職就任、営業の自由化、②弁護士報酬の自由化、③綱紀審査会の新設、④弁護士法72条但書改正（法律事務の弁護士独占の範囲の明確化）、⑤特任検事、司法試験に合格している企業法務担当者、国会議員らへの資格付与、などである。

4　弁護士制度改革実現における課題とその到達点

推進本部は、2004（平成16）年11月30日、設置期限満了に伴い解散した。意見書は、弁護士制度改革の柱として、①弁護士の社会的責任（公益性）の実践、②弁護士の活動領域の拡大、③弁護士へのアクセス拡充、④弁護士の執務態勢の強化、⑤専門性の強化、⑥弁護士の国際化、⑦外国法事務弁護士等との提携・協働、⑧弁護士会の在り方、⑨隣接法律専門職種の活用等の課題を掲げて、改善の方向と具体的な方策を示していた。

以下、意見書が掲げた弁護士制度改革における課題が、どのような形で実現されたかを一瞥することとする。

(1) 法曹人口問題

推進計画では、法律家の数を大幅に増加させるため、2010（平成22）年には司法試験の合格者数を年間3,000人程度とすることを目指すこととし、推進本部設置期間中は現行司法試験の合格者数を、2002（平成14）年に1,200人程度に、2004（平成16）年に1,500人程度に増加させることとし、法務省において所要の措置を講ずる、としていた。2007（平成19）年には弁護士の就職問題、質の問題等が議論され、弁護士人口問題が表面化し、推進計画の見直しをめぐって大きな争点となっている。

法曹人口問題については、第2部第1章第3「法曹人

口問題をめぐる現状と課題」において詳述する。

(2) ロースクール問題

2002（平成14）年10月開催の臨時国会において、法科大学院関連三法の成立により法科大学院の創設及びこれに伴う所要事項、新司法試験、修習期間等についての法整備がなされ、法科大学院は、予定どおり2004（平成16）年4月から開校した。2014（平成26）年度現在、全国で73校（国立23校、公立2校、私立48校、総定員4,261人）が開校している。ロースクールは、法曹の質を維持しつつ、量的拡大を図ることを目途として構想されたものであり、今回の司法改革の目玉の一つであった。ロースクール修了者に受験資格が付与される新司法試験は2006（平成18）年から始まった。

ロースクールの問題については、第2部第1章第4「法科大学院制度と司法試験制度の現状と課題」において詳述する。

(3) 弁護士の社会的責任（公益性）の実践

意見書では、弁護士の公益活動については、その内容を明確にした上で弁護士の義務として位置付けるべきである、公益活動の内容について、透明性を確保し、国民に対する説明責任を果たすべきである、としていた。日弁連において2004（平成16）年までに所要の取組みを行うということになっていた。

東京弁護士会は2003（平成15）年12月16日開催の臨時総会において、「公益活動に関する会規」を改正して、公益活動の内容を委員会活動、法律相談活動等に限定した上、これを義務化し、義務を履行しない場合に勧告・指導、公表する制度を導入した。

後記「弁護士職務基本規程」には、8条に「弁護士は、その使命にふさわしい公益活動に参加し、実践するよう努める。」との規定が設けられている。

今後、弁護士が自ら積極的に公益活動に参加する施策が必要である。

(4) 弁護士の活動領域の拡大

2003（平成15）年の通常国会において、弁護士法の一部改正等を内容とする「司法制度改革のための裁判所法等の一部を改正する法律」が可決・成立した。

この法律の成立により、弁護士法30条は、①報酬ある公職の兼職禁止規定を廃止する、②常勤の公職在職者の弁護士職務への従事禁止を廃止する、③営業の許可の制度を届出制にする旨改正された。

これに伴い、日弁連は2003（平成15）年11月12日開催の臨時総会において、東京弁護士会は同年12月16日開催の臨時総会において、会則・会規について所要の改正を行った。これらの法整備により、弁護士業務に対する規制が大幅に緩和された。今後、弁護士が多方面に活躍の場を広げ、公正な社会をつくることに寄与することが期待される。

(5) 弁護士へのアクセス拡充

ア 法律相談センター、公設事務所

1999（平成11）年12月の日弁連臨時総会において日弁連ひまわり基金を充実させるため毎月1,000円ずつ5年間、特別会費を徴収することが決議され、法律相談センターへの資金援助、公設事務所の設置、弁護士の定着支援等がなされてきた。その結果、弁護士のゼロ・ワン地区は1996（平成8）年の78ヶ所から2004（平成16）年には57ヶ所に減少し、2008（平成20）年4月、遂にゼロ地区は解消された。また2007（平成19）年、ゼロ・ワン地区のみならずその外周をカバーすべく、偏在解消の為の経済的支援（5年間で10億円）策を実施し、着々とその成果を挙げている。

ところで、2004（平成16）年5月、「民事、刑事を問わず、あまねく全国において、法による紛争の解決に必要な情報やサービスが受けられる社会を実現する」ことを基本理念とする総合法律支援法が成立し、2006（平成18）年10月から日本司法支援センターが活動を開始した。同センターは国選弁護、民事法律扶助事業を核としつつ、司法アクセスポイント、司法過疎対策、犯罪被害者支援活動をも行うこととされている。

イ 弁護士報酬規程の透明化・合理化

弁護士報酬の問題は、前記司法制度改革関連法による弁護士法の改正となって結実した。これに伴い、日弁連の会則・会規、東京弁護士会の会則・会規も所要の改正がなされた（2003〔平成15〕年11月12日の日弁連総会、同年12月16日の東弁総会）。これにより弁護士報酬は自由化され、今後は、個々の弁護士が顧客との信頼関係に基づき、自由に報酬額を決めることになった。

ウ 弁護士情報の公開

弁護士情報の公開については、弁護士広告が2000（平成12）年10月から原則自由となったが、日弁連推進計画では情報公開を一層推進することとし、2007（平成19）年11月には、市民がインターネットを通じて取扱業務等から弁護士を探せる弁護士情報提供サービス

である「ひまわりサーチ」が全国的に実施された。

また2008（平成20）年12月5日の日弁連臨時総会において市民からの懲戒の有無の照会に対し、一定の条件のもと弁護士会が回答する制度が導入された。

(6) 弁護士の執務態勢の強化・専門性の強化

意見書は、法律事務所の共同化・法人化、専門性の強化、協働化・総合事務所化等を推進するための方策を講じるべきであること、弁護士の専門性強化等の見地から、弁護士会による研修の義務化を含め、弁護士の継続教育を充実・実効化すべきであるとしていた。

この課題については日弁連において所要の取組みを行うこととしており、日弁連業務改革委員会等において検討中である。なお、法人化についてはすでに立法化されており、2002（平成14）年4月1日から施行されている。

(7) 弁護士の国際化／外国法事務弁護士等との提携・協働

意見書は、
① 弁護士が国際化時代の法的需要に十分対応するため、専門性の向上、執務態勢の強化、国際交流の推進、法曹養成段階における国際化の要請への配慮等により、国際化への対応を抜本的に強化すべきである。
② 日本弁護士と外国法事務弁護士（外弁）等との提携・協働を積極的に推進する見地から、例えば特定共同事業の要件緩和等を行うべきである。
③ 発展途上国に対する法整備支援を推進すべきである。

として、この課題についても日弁連が所要の取組みを行うことを日弁連推進計画において明らかにしている。

②に関しては、前記司法改革関連法による外国弁護士による法律事務の取扱いに関する特別措置法の一部改正により、弁護士と外弁の共同事業の解禁、外弁による弁護士の雇用禁止の撤廃等の改正がなされ、施行されている（日弁連は会規等の改正を2004〔平成16〕年11月に行った。）。

(8) 弁護士会のあり方

日弁連推進計画では、①弁護士会運営の透明化を図るため、必要な態勢の整備をなすこととし、必要な検討を経たうえ、逐次所要の取組みを行う、②弁護士への社会のニーズの変化等に対応し、弁護士倫理の徹底・向上を図るため、その自律的権能を厳正に行使するための態勢の整備を行うこととし、必要な検討を経たうえ、所要の取組みを行う（2003〔平成15〕年）、③綱紀・懲戒手続の透明化・迅速化・実効化に関し、必要な検討を経たうえ、所要の取組みを行う（2003〔平成15〕年）、④依頼者の利益保護の見地から、弁護士会の苦情処理制度の適正化に関する諸方策については、全国における苦情相談窓口の一層の整備を図るため、所要の取組みを行う（2002〔平成14〕年）、⑤弁護過誤に対する救済の強化、弁護士賠償責任保険の普及等の方策に関し、逐次所要の取組みを行うとしていた。

①に関しては、2003（平成15）年11月12日開催の日弁連総会の会則・会規改正により、日弁連総会及びその議事録が公開されることになった。また2003（平成15）年末、「日弁連市民会議」が発足し、有識者の意見を会務にとり入れ、より透明化する試みが実施され、東弁でも、翌年、市民会議が発足した。

②に関しては、2004（平成16）年11月10日開催の日弁連総会に「弁護士職務基本規程」が上程され、可決された。これにより弁護士の職務に関する基本的な倫理と職務上の行為規範が整備されることになった。

③に関しては、司法改革関連法による弁護士法の一部改正、2003（平成15）年11月12日開催の日弁連総会における関連会則・会規改正により、日弁連に綱紀審査会を新設する等の措置が講じられ、所要の改革が実現した。

(9) 隣接法律専門職種の活用等

意見書は、隣接法律専門職種の専門性を活用する見地から、①司法書士に、信頼性の高い能力担保措置を講じた上で、簡易裁判所の訴訟代理権等を付与すべきである、②弁理士に、信頼性の高い能力担保措置を講じた上で、特許権等侵害訴訟における訴訟代理権を付与すべきである（弁護士が訴訟代理人となっている事件に限る）、③税理士に、税務訴訟における補佐人として、弁護士である訴訟代理人と共に裁判所に出頭して意見を陳述する権限を付与すべきであると提言していた。

司法書士については、2002（平成14）年4月の司法書士法の改正で、弁理士については、同年同月の弁理士法の改正で、税理士については、2001（平成13）年5月の税理士法改正で、意見書の提言に沿った形でそれぞれに新たな権限が付与された。

推進計画では、①ADRを含む訴訟手続外の法律事務に関して、隣接法律専門職種等の有する専門性の活用を図ることとし、その関与の在り方を弁護士法72条の見直しの一環として、個別的に検討した上で、遅くとも2004（平成16）年3月までに、所要の措置を講ずる（本部及び関係府省）、②弁護士法72条について、隣接法律専門職種の業務内容や会社形態の多様化などの変化に対応する見地からの企業法務等との関係も含め検討した上で、規制対象となる範囲・態様に関する予測可能性を確保することとし、遅くとも2004（平成16）年3月までに、所要の措置を講ずる（本部及び法務省）、③いわゆるワンストップ・サービス実現のための弁護士と隣接法律専門職種などによる協働の推進について、必要な対応を行う、としていた。

①に関しては、2004（平成16）年12月、「裁判外紛争解決手続の利用の促進に関する法律」が成立した。同法は、裁判外紛争解決手続について基本理念を定めるとともに、民間事業者が合意による紛争解決の仲介を行う手続（いわゆる調停・あっせん）の業務に関し認証制度を設け、これを利用する紛争当事者の利便の向上を図ることを内容としている。

②に関しては、司法改革関連法による弁護士法の一部改正により、72条但書中「この法律」の次に「又は他の法律」を加えることになり、一応の決着をみた。

③に関しては、第3部第2第7項「総合法律・経済関係事務所」を参照されたい。

第2　弁護士自治の課題

1　弁護士自治の維持・強化

(1)　弁護士自治の意義

弁護士自治の意義は、弁護士の資格審査や弁護士の懲戒を弁護士の団体のみが行い、それ以外の弁護士の職務活動や規律についても、裁判所、検察庁又は行政庁の監督に服せしめないことである。弁護士自治の内容として理論上、①弁護士会による弁護士資格試験の実施、②弁護士会による弁護士養成、③弁護士会による弁護士資格の付与、④弁護士会による弁護士に対する指導・監督、懲戒、⑤弁護士会に対する強制加入が挙げられる。現行弁護士法は③ないし⑤をほぼ採用している。

弁護士自治は、基本的人権の擁護と社会正義の実現のための弁護活動を十全ならしめるためには国家権力と対峙できなければならないため、裁判所を含めた国家機関による監督を排除するために認められたものである。

弁護士会の役割の観点からすると、弁護士会には弁護士自治による自己規制機能が求められる。また、弁護士会はその利益代表機能に加えて、今日人権擁護のための意見表明や諸活動を行う人権擁護機能を有しているといえる。

(2)　弁護士自治の歴史

我が国における弁護士自治は、戦前において、正当な弁護活動が制限され、国民の人権擁護が十分になされなかった経験に基づき、日本国憲法の下、人権擁護を十全なものとするために、弁護士法により認められたものである。

このような歴史的経緯に加え、法曹一元が実現していない日本においては、裁判所が官僚化（行政官化）するおそれがあり、裁判所に弁護士をコントロールさせるのは不適切であるとの判断から、我が国における弁護士自治は、諸外国に比して、より完全な国家権力からの独立性が確保されている。個々の弁護士が日常業務において弁護士自治を意識する場面は少ないが、基本的人権の擁護者としての弁護士の役割と、弁護士自治がそのために認められていることは常に心に留めておくべきである。

かかる弁護士自治は、絶えず他の国家機関等と緊張関係にあったし、現在も同じ状況である。過去の大きな案件を取り上げるだけでも、臨時司法制度調査会意見書、東大裁判と弁護士懲戒事案、弁護人抜き裁判特例法案、外国弁護士への監督権を日弁連が持つかが問題になったことなど、弁護士自治は幾多の試練を経ている。この間、弁護士が弁護士自治は必ず堅持するという強い意志を持ってきたからこそ、現在まで弁護士自治制度が存続できたのである。我々弁護士は、今一度、人権擁護のためには弁護士自治が必要であるという原点に立ち戻って、弁護士自治の意義を再認識しなければならない。

(3) 弁護士自治をめぐる問題点

弁護士自治は現在次のような問題を抱えているといえる。

第1に、近時頻発する弁護士による不祥事であるが、重大な不祥事が多発しており弁護士会による綱紀懲戒制度が機能不全に陥っているとされるおそれが多大にあることである。弁護士数が増えれば懲戒件数も増加する、あるいは弁護士の経済的困窮が原因である等様々な言い分はあるが、弁護士及び弁護士会への市民の信頼が弁護士自治の前提である以上、言い分の是非は別として市民からの信頼を損なうわけにはいかない。弁護士自治に対する最も強烈な批判は、弁護士が身内だけで独善的な運用をしているというものである。そこで、弁護士及び弁護士会としては、客観的に公平で且つ透明性のある会務運営をする必要があるし、市民の意見に耳を傾けて制度運用を行うことが重要である。その意味で、2003（平成15）年6月の弁護士法改正における日弁連綱紀委員会の法定委員会化、綱紀委員会参与員の廃止と外部委員の導入、弁護士以外の者のみによって構成される綱紀審査会を日弁連に設置するなどの内容を柱とする制度改革は時宜を得たものであった。

第2に、弁護士自治が弁護士法により認められたものであり、法改正により剥奪されうることである。弁護士会による人権擁護活動を抑制するために法改正により弁護士自治を解消すると圧力をかけられるおそれは常に存するのである。たしかに日本国憲法77条1項では、弁護士に関する事項については最高裁判所規則で定める旨規定しているところ、実際には弁護士自治は弁護士法により明示的に認められている。しかしながら、弁護士法で弁護士自治を定めることは憲法に違反しないのみならず、憲法の定める人権擁護のためには弁護士自治を憲法が要請していると解すべきであり、弁護士自治を奪うことは憲法の趣旨に反するのである。

第3に、弁護士人口が増加し、弁護士自治の意義を理解しない弁護士が増えれば、弁護士自治は危機に瀕する。つまり、弁護士自治を権利ではなく一種の規制であると理解してしまうと弁護士自治を廃止することに躊躇がなくなり、むしろ積極的になることもあろう。弁護士自治は弁護士が長年かけて勝ちとったいわば権利であり、弁護士自身が油断すれば、瞬く間に弁護士自治は失われるおそれが存するのである。

第4に、弁護士会が集団的自衛権違憲論、死刑廃止論等自らの見解を強く表明することにより、多く居るであろう反対意見の弁護士の弁護士会活動への参加意欲は減退していくことになる。弁護士会は人権擁護機能を有しており意見表明を含めて人権擁護のための諸活動を行うが、他方で強制加入団体であることから、反対意見の弁護士も弁護士会に所属せざるをえない。弁護士会の人権擁護活動といっても人権と人権が衝突する場面もあることから、弁護士会の活動や見解に対する反対意見はあって当然のことである。更にいえば、そもそも人権保障の背景思想には反対意見の尊重があるといえる。かかる認識の下に、今こそ反対意見を尊重して弁護士会内で多様な見解が自由な雰囲気で語られるべきであり、今後反対意見又は少数意見を尊重するような工夫ができないか検討されるべきである。

(4) 弁護士自治の強化

現在弁護士人口が飛躍的に増大しており、過当競争により弁護士の収入が減少するのに伴い、市民に弁護士は依頼者ではなく弁護士自らの利益を図っているとの認識が一般的に浸透したときに、弁護士自治は危機に瀕するであろう。すなわち、自己の利益の擁護しか考えていない弁護士に自己規制を求めることは出来ないとされかねない。そうすると、英国の法律サービス委員会（Legal Services Board）が法律専門職の監督を行うとされたのと同様に、弁護士会の持つ利益代表機能と自己規制機能を分離すべきであると主張されるおそれがある。また、弁護士自体からも、弁護士人口の増加に伴う弁護士業の商業化や綱紀・懲戒事案の増加に伴う負担の増加により、弁護士自治の意義に疑問が呈される可能性がある。

我々弁護士は、そもそも基本的人権の擁護者という公益性の高い職責を担っていることから弁護士自治が認められたことに想いを致すべきである。そして戦前様々な人権抑圧がなされたことや、第二次世界大戦時には、軍部の専制を阻止できずに国家国民を挙げて戦争遂行体制を築いたという我が国の歴史に鑑みると、人権擁護のために弁護士自治が必要であることは、弁護士法制定当時も現在においても全く変わることがない。

例えば、中央官庁が多大な権限と重要な情報を持っていることや、秩序を好む国民性から少数者を排除しやすい土壌があることや全員一致を指向すること、ま

た上位者に対しては従順であるべきという一般的な価値観は何ら変わっていない。さらに言えば、超巨大企業の出現等、国家以外に社会的影響力をもった強大な組織・団体が出現していることから、弱者救済の必要性は高まっているといえる。弁護士自治があるからこそ弁護士は人権擁護活動をやりきることができるのである。日本においては和をもって尊しとする精神が大切な価値観であるとされるが、それは同時に和（秩序）を乱した者は罰すべきという「喧嘩両成敗」のような判断に陥る危険がある。弁護士自治は、社会的弱者や少数者の人権擁護のために、更に言えば依頼者の権利擁護や社会正義の実現に弁護士が全力で取り組むために必要な安全弁なのである。裁判所を中心とした法曹一元が実現する可能性が極めて低い以上、弁護士自治を堅持しなければ人権保障は危うい。弁護士自治をめぐる問題点は克服しなければならず、むしろ弁護士会は弁護士自治をよく機能させていると評価されるようでなければならない。そのためには、弁護士自治の担い手である弁護士会や弁護士において、基本的人権を擁護しているという自負心を持ち続け、また弁護士が自らの私益ではなく広く公の利益を図る職責を担っていると自覚することが肝要である。

2 弁護士不祥事に対する弁護士会の対応

(1) 現状

ア 2011（平成23）年ころからテレビ・新聞等で、①預り金や仮処分保証金名目で預かった4億7000万円を着服したとして、業務上横領や詐欺罪で有罪判決の出た福岡県弁護士会々員のことや、②依頼者からの預り金等を着服して、その被害総額が9億円を超えた岡山弁護士会々員、さらには③成年後見人の地位を利用して4200万円を横領した東弁元副会長等々、弁護士不祥事に関して多数の報道がなされた。

イ これら新聞等のマスコミからは、「（市民からの苦情・相談が少なからず弁護士会に寄せられていたのだから）弁護士会がもっと早く動いていれば、こんなに被害が広がらなかった」「弁護士会は身内に甘い」等の批判がなされた。

ウ その後も、弁護士不祥事は容易に改善されることなく、最近のマスコミ報道を見ても、同様の弁護士不祥事は決して減少していないようである。

エ かような多くの弁護士不祥事という事実を前にしては、「弁護士の仕事は、非常に信頼の高い仕事だ」「弁護士は信用できる」という評価に値しなくなったといわざるを得ない。

(2) 問題の所在

ア 弁護士の預り金に関する業務上横領・詐欺事案は、当該依頼者のみならず、社会の弁護士に対する信頼を揺るがす背信的行為であり、ひいては「弁護士自治」に深刻な打撃を与えかねない重大な問題である。

もとより、依頼者の事件処理における預り金の適正管理は、弁護士の職務において基本中の基本であり、弁護士は、これらを規定する弁護士職務基本規程を遵守し、弁護士の社会的使命と責任を自覚しなければならないことは当然のことである。

イ 他方、弁護士会の「市民窓口」には、市民からの種々の苦情、相談等が寄せられているところ、それらの情報を有効かつ適切に活用できれば、会員の非行を探知する契機ともなり、早期に重大な不祥事事案の芽を摘むことも可能となろう。

弁護士会としては、市民窓口に寄せられる種々の苦情・相談等に関する情報について、市民窓口と執行部とで適切に共有する等の工夫をし、会員の不祥事防止の観点から市民窓口（委員会）の強化を図っていかなければならない。

ウ 但し、弁護士不祥事防止の観点からの市民窓口（委員会）の強化といっても、全国的な視点で各弁護士会の活動を見るならば、常時市民窓口として活動し、年間1,000件を超える市民からの苦情・相談を受付けている東京三会や大阪弁護士会等の大規模会と、月に数件の苦情を弁護士会事務局や理事者が受付ける小規模会とでは、できうる範囲に、自ずと差が生じるのはやむをえないことである。

(3) 日弁連の不祥事対策（第1次提言）

ア 2012（平成24）年10月、日弁連では、「市民窓口及び紛議調停に関するワーキンググループ」内に、弁護士不祥事対策検討プロジェクトチームを設置し、不祥事対策に本格的に取り組んだ。そして、同プロジェクトチームは、集中的な検討を行い、2013（平成25）年1月に「不祥事の根絶をめざして－市民窓口機能強化等の提言－」（以下「第1次提言」という）を取りまとめ、日弁連に報告した。

イ 第1次提言では、㋐非行を探知する方策として、市民窓口における情報の積極的活用（①苦情情報の分

類・整理、②役員への報告、③複数回の苦情があった場合の通知）、市民窓口の機能強化（①担当者向けマニュアルの作成、②担当者の研修・意見交換会等）、紛議調停における情報の活用、(イ) 非行による被害拡大を防止する方策として、弁護士会懲戒請求手続の整備（会長の判断で立件できる専決処分的な扱いを認める）、事前公表制度の適時の運用、(ウ) 非行の発生自体を阻止する方策として、預り金管理規程の制定、弁護士相談窓口の整備（うつ病をはじめとするメンタルヘルスの対策を講じるとともに、公私の悩み事の相談の窓口を設け、その機能強化を図ること）、会員に対する研修制度の強化を求めた。

ウ　その後、同プロジェクトチームが提言、立案した「預り金等の取扱いに関する規程」は全国の弁護士会、日弁連関連委員会の意見照会を経て、2013（平成25）年5月の日弁連総会で可決され、同年8月1日に施行された。

またこれに伴い、2013（平成25）年6月に上記規程に関する解説書が発刊された。

エ　それにもかかわらず、弁護士会の規模に関わりなく弁護士の非行は後を絶たず、マスコミをはじめとする世論は、弁護士に対して厳しい自己規律と弁護士会による非行防止策の早急な実施を強く求めた。

(4) 日弁連の不祥事対策（第2次提言）

ア　2013（平成25）年6月、上記プロジェクトチームの後継組織として、弁護士不祥事の根絶のための総合的な施策の立案等を目的とする「弁護士職務の適正化に関する委員会」が発足し、非行の原因はどこにあったか、効果的な非行防止策はどのようにすべきか等について、ハイピッチながら充実した審議を行った。

その結果、2013（平成25）年12月に、「不祥事の根絶をめざして・その2に弁護士への信頼確保のための非行防止策の提言」（以下「第2次提言」という）を取りまとめ、日弁連に報告した。

イ　第2次提言では、①最近における弁護士の重大非行について、その非行がどのような経緯・原因で発生したのか？当該非行の背景事情は何か？弁護士会に非行防止策の不備があったか？を検討したうえで、②重大非行の再発を阻止するために日弁連を含む弁護士会は何をすべきか？③不本意にも、重大な非行が発生した時に弁護士会はどのように行動すべきか？④非行による被害者に対して弁護士会は何をすべきか？ということに検討を加えた。

ウ　重大非行の発生原因については、必ずしも統一的な見解がもたらされたものではないが、

(ア) 一時的に使込みをしても、別件の弁護士報酬で穴埋めができるという規範意識の薄弱化

(イ) 資金繰りを含む法律事務所のマネジメントに周到な計画性がなく、また、いつまでも元気に仕事ができるとの幻想を持ち、リタイヤの時期や方法を真摯に考えず、事務所のマネジメントや人生設計ができていないこと

(ウ) 事件処理の懈怠や過誤について、小さな嘘をついてその場しのぎをし、やがて大きな嘘をつかざるをえなくなった

(エ) ストレスからの精神疾患にかかりながらも、メンタルヘルスを疎かにし、また他人に弱みを見せたがらない

という原因ないし背景事情がうかがわれた。

エ　かような検討を前提に、まず非行の覚知について

(ア) 弁護士の職務を行う過程で知り得た他の弁護士の非行情報の通報制度も検討したが、現時点では通報義務を明文で規定するまでのコンセンサスは得られていないとして、採用されるには至らなかった。

(イ) 会費滞納者の中には、何らかの非行が背景になっている場合があるので、会費滞納情報を弁護士会役員が共通に知っておく必要があること。

が確認された。

オ　非行防止策について

(ア) 市民窓口に対して相当数の苦情が寄せられている多重苦情対象弁護士について、弁護士会による特別の指導・監督権の行使が問題になった。

弁護士会の指導・監督がどこまで許されるかについては弁護士の「職務の独立性」との関係が問題になるところであるが、少なくとも、苦情の対象となった法律事務の方法等について、弁護士会の会長又はその授権を受けた者が適切なアドバイス（助言）を行うこと、アドバイスを受けた後に実際にとった措置を弁護士会に報告させることは可能であり、このような指導・監督方法は許されるものと思料した。

(イ) 次に、弁護士会として、相談相手がおらず孤立化して非行に陥る会員に対して非行防止策として相談窓口を強化すべきであることが議論された。

業務や人間関係に関わる「会員サポート窓口」、新

人に対するチューター制度、さらにはストレスから精神を病んだ者に対するメンタルヘルスも重要であり、かような相談窓口の強化は全国展開する必要があることが確認された。

(ウ) さらに、資金繰りを含む事務所経営や人生設計・将来設計に関するマネジメント研修は、事務所として攻勢に出る場合だけでなく、逆境に陥った時の身の処し方、即ち非行防止策としてのマネジメント研修の積極的導入が図られるべきであることが確認された。

カ 重大非行に対する弁護士会の対応

(ア) まず、重大非行が発生した場合に、弁護士会として、どのような基準で調査委員会を組成し、どのような調査をすべきかについて検討したが、①多数の被害者を出す等非行の被害が大きいこと、②弁護士会の懲戒手続を待っていたのでは混乱が解消できないこと、③弁護士会に何らかのガバナンス上の問題があることが要件になること、即ち、調査委員会による調査の目的は、非行の事実認定ではなく、非行の原因と弁護士会のガバナンスに関する検討を行い弁護士会による再発防止策を策定することである。

したがって、以上の点を十二分に検討したうえで調査委員会を設置すべきであり、元裁判官・検察官や大学教授等の第三者委員は必ずしも必須なものではないと考えられる。

(イ) 次に、被害者側からの弁護士会に対する指導・監督義務違反による損害賠償請求は避けられないものとして、弁護士会は責任追及された場合の備えをしておくべきである。具体的には弁護士会の責任追及がなされた事案の検討、弁護士会内部の指導監督体制のチェックと不備の解消などが要請される。

(ウ) 第1次提言でも指摘したところであるが、迅速な懲戒権の発動は必要であり、また適時に懲戒請求の事前公表がなされる等その運用の適正化が図られるべきである。

(エ) 弁護士会は、被害の救済あるいは弁護士会への責任追及等利害得失を総合的に判断して、非行を働いた弁護士の刑事告発、滞納した会費請求権を原因とした破産申立の可否を検討すべきである。

(オ) 被害救済策として、被害者説明会が考えられるが、弁護士会が主催することは当該非行弁護士との一体性を示しがちとなるので回避すべきであろう。

有志が組織した被害者救済弁護士団を紹介するのにとどめるべきである

(カ) また、弁護士会の被害者救済策として、その経済的損失を如何に填補するかという点については、アメリカの救済基金制度や弁護士会損害賠償保険はじめその方策の検討が必要であることが確認された。

(5) 第2次提言を受けての日弁連の活動

日弁連は、上記第2次提言を受け、「弁護士職務の適正化に関する委員会」を中心に、以下のような活動を行っている。

ア 懲戒手続運用等に関する全国連絡協議会

全国から単位会の役員・担当者を集め2014（平成26）年8月27日に第1回、2015（平成27）年8月5日に第2回、2016（平成28）年8月3日に第3回、2017（平成29）年8月4日に第4回の「懲戒手続運用等に関する全国連絡協議会」を開催し（第3回・第4回は「市民窓口及び紛議調停制度に関する全国連絡協議会」と同日開催）、会請求や事前公表制度について経験交流をするとともに弁護士成年後見人の不祥事対策についての質疑応答を行った。第1回〜第4回とも3時間に亘る会議であったが、非常に好評であった。

イ メンタルヘルスと会員サポート制度

(ア) 2015（平成27）年10月からメンタルヘルス相談事業がスタートした。

2014（平成26）年12月の「弁護士職務の適正化に関する全国連絡協議会」で全国の単位会から集めたアンケートを前提に、忌憚のない意見交換をした結果、日弁連が事業主体としてメンタルヘルス相談事業を始めることになったものである。

また、この相談事業に先立ち、職務適正化委員会・男女共同参画対策本部・貧困対策本部が共同で、メンタル・ガイダンスブックを発行した。

(イ) さらに、会員の職務又は業務に関して生じた問題についてサポート相談員が寄添い相談に応じ、非行防止に寄与する「会員サポート窓口」が本年10月からスタートした。会員の相談窓口としての「会員サポート窓口」制度については、全国単位会からアンケートをとったうえで、2014（平成26）・2015（平成27）年度の「弁護士職務の適正化に関する全国連絡協議会」で、どこが主体となり、どのような制度として会員サポートを立上げ運営して行ったらよいのかについて討議し、準備を重ね、日弁連が主体となってスタートしたものである。

ウ　マネジメント研修と不祥事防止マニュアル

　不祥事を起こす者の中に、資金繰りを含む法律事務所のマネジメントに周到な計画性がなく、また、いつまでも元気に仕事ができるという幻想をもって、リタイアの時期や方法を真摯に考えず、事務所のマネジメントや人生設計ができていない者が目立つことから、高齢になって経済的困窮に陥り不祥事に走ることのないように早期にライフプランを立て、ハッピーリタイアメントを迎えるために必要な取組について検討し、研修あるいはガイドブックを作成していく予定である。

　なお、職務適正化委員会では各弁護士会の研修等に役立ててもらうため、会員への意識喚起のための情報提供である「不祥事防止マニュアル」を作成し、2016（平成28）年7月以後、順次全国の単位会を通じ全会員に配布をし、現在、「補訂版」の出版を準備している。

エ　依頼者見舞金制度

　弁護士業務に伴い、横領・詐欺その他の故意による財産犯的な行為が行われ、それにより被害を被った依頼者及び依頼者に準ずる者がいた場合、これに対し、日弁連が一定の基準・要件に基づきつつ裁量的に一定の金員の給付を行うことにより、被害者が受けた精神的・財産的打撃を緩和し、もって弁護士及び弁護士会に対する市民の信頼を維持し、弁護士制度の健全な維持・発展を図ろうとする制度が依頼者見舞金制度であり、日弁連理事会で議論をし、全国各単位会に意見照会をしたうえで、2017（平成29）年3月の臨時総会の審議を経て同年10月からスタートした。

　依頼者見舞金制度の概要は次のとおりである。

㋐　制度の目的

① 市民の信頼を維持し、弁護士制度の健全な発展に寄与することを目的とする。
② 弁護士の横領等により被害を被った依頼者の申請に基づき「見舞金」を給付する。
③ 被害者（依頼者又は準依頼者）に法的な請求権は生じない。

㋑　給付の要件

① 対象被害者は自然人（依頼者又はこれに準ずる者）になる。
② 対象行為は、弁護士の職務又は業務に伴う業務上横領又はこれに準ずる行為。

㋒　給付の手続

① 対象被害者は、弁護士会を通じて日弁連に申請する。
② 日弁連の調査委員会が被害の発生と損害額を調査し、会長に報告。
③ 会長が調査委員会の報告等、諸般の事情を考慮して給付の有無と金額を決定する。
④ 対象被害者となり得る給付未申請者は、支給申告期間内に申請しなければならない。

㋓　給付額

① 給付額は、調査委員会の報告に基づき、以下の額を上限に会長が裁量により決定する。
② 給付対象者1名あたりの上限額は500万円（最小被害額30万円）
③ 加害弁護士1名あたりに関して給付される上限額は2000万円）

㋔　財源

　一般会費を財源とする。

オ　市民窓口の機能強化と預り金管理会規

㋐　市民窓口の機能強化及び非行端緒の発見については、「弁護士職務の適正化に関する全国連絡協議会」（2016〔平成28〕年からは「市民窓口及び紛議調停制度に関する全国連絡協議会」の名称に戻した）で情報交換と討議を行っている。特に、市民窓口における情報の集約と年度またぎの問題についても討議し、その成果を全国各弁護士会で共有している。

㋑　2013（平成25）年8月に運用を開始した日弁連預り金管理規程については、運用から4年以上が経つ。

　現行の預り金規程は、預り金口座の作成を義務付けているが、この義務を担保する方法については特段の規定がないので、①預り金口座であることの明示文字使用②所属弁護士会に対する預り口座の届出義務③所属弁護士会による預り金保管状況の調査などを内容とする改正案が日弁連理事会の審議、各弁護士会の意見照会を経て、2017（平成29）年3月の日弁連臨時総会で決議され、本年10月からスタートした。

カ　今後の対応

　依頼者見舞金や預り金管理規程の改正は、当面の対応であり、預り金口座の内容の報告義務や、任意のカルパ制度の導入などについて、引続き検討していかなければならない。

　「預り金」に対する規制について、必ず問題になる

のが「弁護士職務の独立性」の議論であるが、「預り金」の問題は、依頼者から預った「預り金」をどのように使い、どのように保管するかというものであり、「弁護士職務の独立性」とは直接関係がないことに注意すべきであろう。

(6) 東弁の不祥事対策

ア　東弁では、市民窓口に寄せられる年間約2,000件の苦情情報をデータ化し、苦情内容を分析するとともに、担当理事者が検討し、迅速な対応を可能にしている。

特に苦情情報は、①非弁提携弁護士対策本部へ情報提供されたり、②他会にはない市民窓口委員会調査チームによる調査等を含めた苦情情報の活用により弁護士の非行を防止している。

イ　また、他会に比べ、メンタルヘルスをはじめ弁護士相談窓口は充実している。

ウ　その他、2013（平成25）年から、綱紀・紛議調停、非弁提携弁護士対策本部、法律相談センター、高齢・障害者、業務改革及び市民窓口等弁護士不祥事関連委員会による意見交換会が不定期であるが催され、情報の共有化が図られるとともに、各担当理事者による情報交換会が月一度のペースで開かれ、弁護士不祥事に対応している。

3　ゲートキーパー問題

(1) マネー・ローンダリングとFATFによる勧告

マネー・ローンダリング（Money Laundering、「資金洗浄」）とは、違法な起源の収益の源泉を隠すことを意味しており、例えば、麻薬密売人が麻薬密売代金を偽名で開設した銀行口座に隠匿したり、いくつもの口座に転々と移動させて出所を分からなくしたりするような行為がその典型とされている。このような行為を放置すると、犯罪収益が将来の犯罪活動に再び使われたりするおそれがあること等から、マネー・ローンダリングの防止が重要な課題となっている。

1989（平成元）年7月、アルシュ・サミットにおける合意により、金融活動作業部会（FATF）が設立され、FATFは1990（平成2）年4月にマネー・ローンダリング対策の国際基準ともいうべき「40の勧告」を提言した。「40の勧告」においては、麻薬新条約の早期批准やマネー・ローンダリングを取り締るための国内法制の整備、顧客の本人確認及び疑わしい取引報告の金融機関への義務づけ等が提言されていた。

(2) FATFによる第3次「40の勧告」の制定

また、FATFは、犯罪技術が精巧に複合化してきたことに注目し、これまでの「40の勧告」の再検討を行い、2003（平成15）年6月、非金融業者（不動産業者、貴金属・宝石等取扱業者等）及び職業的専門家（法律家・会計士等）に対する適用を盛り込んだ、第3次「40の勧告」を制定した。

本勧告は、弁護士や会計士等の職業的専門家が金融取引の窓口（ゲートキーパー）となることに着目して、不動産の売買、依頼者の資産の管理、銀行預金等の口座の管理等の取引を実施する際に、顧客の本人確認義務及び記録の保存義務を負わせるとともに、これらの業務を行う際に、その資金が犯罪収益又はテロ関連であると疑わしい取引について金融監督機関（FIU）に報告する義務を負わせるものである。

日弁連は、本勧告が出される前に、ABA（アメリカ法曹協会）やCCBE（ヨーロッパ法曹協会）など海外の弁護士会と連携し、弁護士に対する適用に強く反対してきた。

このような反対運動の成果として、FATFは、職業的専門家については、守秘義務又は依頼者の秘密特権の対象となる状況に関連する情報が得られた場合には報告義務を負わないという例外を認めるとともに、守秘義務の対象についての判断は加盟国に委ね、さらに、疑わしい取引の報告先については、自主規制機関（弁護士の場合には弁護士会）に委ねることもできることを認めた。

なお、FATFは、2012（平成24）年2月、「40の勧告」とテロ資金対策である「8の特別勧告」を統合・整理した新たな「40の勧告」（第4次）をまとめている。

(3) 日弁連の対応

日弁連は、かねてから、ゲートキーパー規制に対しては強く反対してきた。日弁連の理事会が承認した2003（平成15）年12月20日付意見書「ゲートキーパー制度に関する今後の日弁連の取り組みについて」は、「日弁連は、弁護士に対し依頼者の疑わしい取引・活動に関する報告義務を課す制度については、今後も、このような制度が市民の弁護士に対する信頼を損ね、司法制度の適正な運営を阻害しかねないという問題があることを広く市民に訴え、その制度化に強く反対する。」とする基本的姿勢を明らかにしていた。

ところが、政府の国際組織犯罪等・国際テロ対策推進本部は、2004（平成16）年12月10日、「テロの未然防止に関する行動計画」を決定し、その中で、「FATF勧告の完全実施に向けた取組み」が掲げられ、その実施についての法整備の必要性を検討することを定めた。

FATFの新「40の勧告」がテロ対策も含んでいたことから、上記行動計画は、FATF勧告の完全実施を掲げ、その結果、弁護士などの専門職を含む非金融機関に対する横並びの法規制がなされる可能性が極めて高まった。

(4) 金融庁から警察庁へのFIUの移管と日弁連の対応

2005（平成17）年7月29日、国際テロ対策推進本部幹事会は、弁護士を含む法律専門家及び非金融機関に対する顧客の本人確認義務、取引記録の保存義務及び疑わしい取引の報告義務とその遵守のための制裁措置の導入について、単一の法律を制定する方針を決めた。

その後、同年11月17日、政府の国際組織犯罪等・国際テロ対策推進本部は、FATF勧告を実施するために必要となる法律の整備について、その法律案の作成を警察庁が行い、施行体制につき、疑わしい取引の報告先として、FIU（金融情報機関）として我が国において金融庁に設営されていた「特定金融情報室」を、組織・人員ごと警察庁に移管すること、FATF勧告を実施するために必要となる法律を2006（平成18）年中に作成し、2007（平成19）年の通常国会に提出することを決定した。

この決定に対し、日弁連は、同年11月18日、「弁護士に対する『疑わしい取引』の報告義務の制度化に関する会長声明」を出し、「警察庁への報告制度は、弁護士・弁護士会の存立基盤である国家権力からの独立性を危うくし、弁護士・弁護士会に対する国民の信頼を損ねるものであり、弁護士制度の根幹をゆるがすものである。したがって、日弁連としては、今回の政府決定は到底容認できないものであり、国民各層の理解を得る努力をしつつ、諸外国の弁護士・弁護士会と連携し、反対運動を強力に展開していくことを決意する。」との決意を表明した。

これを受けて、全国の弁護士会において、ゲートキーパー問題に対する対策本部を設置して活動を行っている。東京弁護士会においても、2006（平成18）年1月15日にゲートキーパー立法阻止対策本部を設置して、国会議員への要請や広報等の活動を活発に展開してきた。

(5) 犯罪収益流通防止法案に対する弁護士会の対応と同法律の成立

警察庁は、金融機関、非金融機関（クレジットカード業、ファイナンス・リース業、宝石商・貴金属商、不動産業）、法律・会計等の専門家（公認会計士、行政書士、弁護士、司法書士、税理士）を対象として、テロ資金その他の犯罪収益の流通防止に関する施策の基本を定めること、義務対象事業者の義務を規定すること等により、テロ資金供与防止条約等を的確に実施し及び正当な社会経済活動が犯罪収益の流通に利用されることを防止することを目的とする「犯罪による収益の流通防止に関する法律案」を作成し、2007（平成19）年の第166回通常国会に提出することを計画していた。

その中には、弁護士も、本人確認、取引記録の保存及び疑わしい取引の届出の措置を講ずる責務を有することを定めるとともに、弁護士については、その措置の内容を、他の法律・会計等の専門家の例に準じて、日弁連の会則により定めること、弁護士による疑わしい取引の届出は日弁連に対して行うことなどが規定されようとしていた。

これに対して、日弁連では、本人確認及び取引記録の保存について会則を新設するとともに、疑わしい取引の届出の措置については、会則等で自主的に定めることについても強く反対することを表明した。

日弁連は、2007（平成19）年3月1日の臨時総会において、「依頼者の身元確認及び記録保存等に関する規程」を可決して成立させ、同年7月1日から施行している。この規定は、弁護士職務基本規程の特別法として位置づけられ、違反した場合には懲戒処分も可能な内容となっている。

このような動きを受けて、政府は、「犯罪による収益の移転防止に関する法律案」の提出の段階において、弁護士を含む士業について、「疑わしい取引の報告義務」を課さないことにするとともに、弁護士についての本人確認義務及び記録保存義務については、特定事業者の例に準じて日弁連の会則で定めるところによることとされ、法律で直接規制されることは免れることになった。同法律は2007（平成19）年3月31日に成立した。弁護士等やそれ以外の特定事業者がとるべき各種の義務に係る部分は、2008（平成20）年4月1日から

全面的に施行されている。

(6) FATFの対日審査とその後の情勢

第3次「40の勧告」についてのFATFの日本に対する相互審査が2008（平成20）年3月6日から同月21日まで実施され、その際に日弁連に対するヒアリングも実施された。

同年10月に公表された対日相互審査報告書において、弁護士を含む職業専門家については、勧告への不適合（NC、ノン・コンプライアント）という評価が下された。日弁連の「依頼者の身元確認及び記録保存等に関する規程」については、非対面取引について日弁連のガイダンスが不十分である、身元確認義務の除外範囲が不明確である、一定の金額以下の取引を除外しているなどが指摘され、2011（平成23）年10月までに改善措置をとることを求められた。

政府は、顧客管理措置について法改正を含む対策を検討し、2011（平成23）年3月11日、犯罪収益移転防止法改正案を閣議決定し、通常国会に提出した。

同改正案は、同年4月27日に成立し、同月28日に公布され、2013（平成25）年4月1日から施行されている。

(7) 日弁連による規程の全面改正と規則の制定

犯罪収益移転防止法は、弁護士の義務については、司法書士等の士業の例に準じて、日弁連の会則で定めることとされていることから、日弁連は、改正犯罪収益移転防止法の施工に向けて改正された省政令の内容を踏まえて、弁護士の日常業務への影響を考慮しつつ、日弁連が2007（平成19）年3月1日に自主的に制定（同年7月1日から施行）した「依頼者の身元確認及び記録保存等に関する規程」について改正の要否及びその内容について慎重に検討を重ねてきたが、2012（平成24）年12月8日の臨時総会において、「依頼者の身元確認及び記録保存等に関する規程」の全部改正が決議されるとともに、同年12月20日の理事会において、「依頼者の本人確認事項の確認及び記録保存等に関する規則」が承認され、いずれも2013（平成25）年3月1日から施行されている。

(8) 日弁連による規程等の一部改正

第3次「40の勧告」についての相互審査について、政府は、その後もフォローアップを続けているが、特に顧客管理措置について不十分であるとして対策を求められている。

そのため、政府は、顧客管理方法に関する規定の整備等を内容とする犯罪収益移転防止法の改正案を、2014（平成26）年の通常国会に上程し、同法律は可決成立した。

日弁連は、犯罪収益移転防止法の上記改正や政省令の改正の内容を精査して、弁護士に対する影響を考慮し、「依頼者の本人確認事項の確認及び記録保存等に関する規程」に対する改正案を、2015（平成27）年12月4日の臨時総会で決議するとともに、2016（平成28）年1月の理事会において同規則の改正案を決議した（なお、その後、熊本地震に伴う特例を盛り込んだ規則の改正案が決議されている）。これらはいずれも法律や政省令の施行日である2016（平成28）年10月1日から施行されている。

(9) その後の動き

「40の勧告」の第4次勧告についての日本に対する相互審査が、2019（平成31）年に実施される予定である。今回の対日相互審査においては、勧告に沿った法令の整備状況だけでなく、その有効性、すなわち、法令の履行状況も審査の対象となるとされており、弁護士については、弁護士のマネー・ローンダリングのリスクに応じた弁護士への適切な監督及びリスクに応じた適切な予防措置を行っているかどうかが審査の対象となることが予想されている。

既に、第4次相互審査に備えて、弁護士会の反対にもかかわらず、新たに弁護士に疑わしい報告義務を課した国や地域（シンガポール、台湾）もあり、同相互審査を契機に、新たな法規制（ゲートキーパー規制）が再燃するおそれがある。

(10) 日弁連及び弁護士会に求められる対応

警察庁は、かねてより、弁護士に対して、依頼者の「疑わしい取引」の報告義務を課すことを虎視眈々と狙っている。

したがって、弁護士がマネー・ローンダリングに関与したり利用されたりすることがないように、弁護士会が自主的かつ実効的に規律している実績を示すことは重要であり、日弁連が定めた「依頼者の本人確認事項の確認及び記録保存等に関する規程」及び同規則を、会員に対してより周知徹底するとともに、同規程が適正に運用されている状況を作り、依頼者の疑わしい取引の報告義務を日本で導入する立法事実がない状況を作っていくことが求められる。

日弁連及び弁護士会としては、依頼者の疑わしい取

引の報告義務は、依頼者に告げないで、捜査機関に対して依頼者の秘密情報を提供することが求められる密告義務であり、弁護士と依頼者との信頼関係を根底から破壊するものであって、弁護士にそのような義務を課すことだけは絶対に認めることはできないのであり、今後、疑わしい取引の報告義務が弁護士に課されることがないように、不断にその動きを注視する必要がある。

現在、日弁連においては、第4次相互審査に適切に対応し、弁護士自治を守るために、日弁連及び各弁護士会の監督機能を強化し、規程等についての履行状況の把握及び是正措置についての新たな権限規定を設けるための規程等の改正を準備しているところである。

第4次相互審査に向けて、弁護士に対するゲートキーパー規制として、依頼者の疑わしい取引の報告義務を課す動きが強まるおそれがある。その動きが現実化した場合には、依頼者である国民に広く理解を求め、世論を味方につけて、弁護士が依頼者の疑わしい取引の届出を行う制度の法制化を阻止するような強力な反対運動を、弁護士会を挙げて全面的に展開していく必要があり、警戒を緩めることなく、その準備をしておく必要がある。

第3 法曹人口問題をめぐる現状と課題

1 法曹人口問題の経緯

(1) 日弁連の司法改革宣言の意義

法曹人口問題について、日弁連が司法改革において目指した趣旨は、あくまで「法の支配」を社会の隅々にまで浸透させるために、その担い手となる法曹を増やさなければならないということであった。そのためには、裁判官・検察官を増やすことも当然であるが、市民の最も身近にいるべき法曹である弁護士が、もっと質量ともに増えていかなければならないというのが「法の支配を社会の隅々に」という理念の根幹であった。

1990（平成2）年の初めての日弁連の司法改革宣言の時に、「2割司法を打破し国民に身近な開かれた司法をめざすために、司法の容量の拡大が必要」というスローガンが掲げられた。その趣旨は、「本来、司法や弁護士の助けを借りて解決すべき社会的紛争は数多くあるのに、実際には、近くに弁護士がいない、いても紹介者がいなくて相談できない、何となく敷居が高くて相談しづらい、相談しても小さい事件では引き受けてもらえそうにない、弁護士に依頼する費用が払えない等の理由で、一部の人しか司法制度を利用した解決ができず（2割司法）、多くの紛争が埋もれたまま不当な解決や泣き寝入りを強いられている。そのような、弁護士過疎・弁護士アクセス障害・リーガルエイド等司法援助システムの社会基盤整備の不十分等の要因により法の支配の救済を受けられない人をなくすためには、法曹人口をまずは大幅に増やす必要がある」というものであった。

日弁連が主導する司法改革の源流はまさにこの宣言にある。

もちろん、弁護士が増えただけでそれらの問題がすべて解決するわけではなく、特に埋もれた事件の多くが弁護士にとって経済的にペイしない事件であろうことを考えれば、司法援助システムの社会基盤整備の充実は欠くことのできない前提条件ではあるが、それらの条件整備を待つのではなく、並行して、あるいは先んじて、まずは担い手となる法曹・弁護士の数を増やそう、それによって市民の理解と信頼を得て、司法援助システムの社会基盤整備を促そう、というのが、司法改革宣言の本来的な趣旨であった。

(2) 政界・経済界からの規制改革・自由競争の要請と日弁連への批難

しかしながら、1990年代半ばより政界・経済界を中心に巻き起こった規制改革の議論のなかで「日本の法曹人口が少ないのは毎年の司法試験合格者の数を不当に制限しているからで、法曹業界による参入規制であり、この規制を撤廃して法曹人口を大幅に増やし、自由競争によって質を高めユーザーに使いやすいものにすべき」という一方的な意見が、政界・経済界の一部で声高に主張され、これに反対する勢力として日弁連が批判の標的にされた。

加えて、日弁連が1994（平成6）年12月の臨時総会で、司法試験合格者について「合格者を相当程度増員すべき」としながら、「今後5年間は800名を限度とする」旨の関連決議をしたことが、マスコミ等から強く批判

された。日弁連は、翌年の1995（平成7）年11月の臨時総会で1年前の臨時総会決議を変更し、「1999年から合格者を1,000名とする」という決議を行ったが、時すでに遅く、同年11月に発表された法曹養成制度等改革協議会意見書では「中期的には合格者は1,500名程度」とされ、日弁連の意見は少数意見とされた。

そして、1999（平成11）年7月、内閣に「司法制度改革審議会」が設置され（法曹三者から各1名、学者5名、経済界2名、労働界2名、市民団体1名、作家1名の計13名。なお当初の構想は法曹三者が委員からはずされていた。）、法曹人口問題は法曹三者に各界代表者が加わって決定されることとなったのである（以上の経緯につき、第1部第3を参照）。

(3) 司法制度改革審議会における議論と経済界・政界の動き

司法制度改革審議会では、法曹人口について、1999（平成11）年11月の審議で「合格者3,000人」論が初めて出され、以後はこれを軸に議論されるようになった。

2000（平成12）年2月の審議では、弁護士会からの委員である中坊委員から「あるべき弁護士人口試算」のレポートで5～6万人という数字が示され、同年5月には自民党・司法制度調査会が「一定期間内にフランス並み（5万人）の法曹人口を目指すべき」と主張、同年7月には民主党が「法曹人口を10年後（2010年）に5万人にするべき（合格者は年間4,000～5,000人が必要）」と提言した。このように、5万人という数字については、徐々にコンセンサスができてきた。

一方、合格者数については3,000人論を主張する労働、消費者からの委員、中坊公平委員、佐藤幸治会長らと、2,000人に抑えるべきとする経団連、商工会議所からの委員、竹下守夫委員、最高裁、検察庁からの委員らで議論が続いたが、結局、2000（平成12）年8月、「フランス並の5～6万人の弁護士人口を目指すとすれば、年3,000人としても実現は2018年になる」として、「年3,000人の合格者で概ね一致」と公表するに至った。

(4) 日弁連の対応

このような状況の中で、2000（平成12）年8月29日のプレゼンテーションにおいて、当時の久保井一匡日弁連会長は、「3,000人という数字は日弁連にとって重い数字だが、審議会が国民各層・各界の意向を汲んで出した数字である以上、反対するわけにはいかない。積極的に取り組んでいく」との意見を表明した。

そして、日弁連は、わずかその2ヵ月後の2000（平成12）年11月1日の臨時総会において、「国民が必要とする数を、質を維持しながら確保するよう努める」との決議を圧倒的多数により採択した。

この決議は、法曹三者の協議を通じて合格者数を決定してきた従前の日弁連の姿勢を大きく転換したものであり、また「年間3,000人程度の新規法曹の確保を目指していく」とした司法制度改革審議会のとりまとめを、同会の最終意見に先んじて、日弁連の会員の総意としても支持することを意味した点において、社会的にも大きな注目を集め、以降、被疑者国選弁護制度、市民の司法参加、法律扶助制度の抜本的見直しと拡充による法テラスの創設など日弁連主導による様々な司法改革を実現する契機となり、弁護士の公益性、活動領域の拡大を位置づけ、弁護士自治に対する市民の理解を深めることとなったのである。

そして、司法制度改革審議会が2001（平成13）年6月の最終意見書において、法曹人口問題につき「法科大学院を含む新たな法曹養成制度の整備の状況等を見定めながら、平成22（2010）年頃には新司法試験の合格者数年間3,000人達成を目指すべきである」「このような法曹人口増加の経過により、おおむね平成30（2018）年頃までには、実働法曹人口は5万人規模に達することが見込まれる」と提言したことを受けて、日弁連は「同意見書の改革方針を支持し尊重する」旨の会長談話を公表した。

(5) 現在までの法曹人口の増員の状況

その後、それまで約1,000名だった司法試験合格者は、2002（平成14）年から約1,200人（2002〔平成4〕年1,183人、2003〔平成5〕年1,170人）、2004（平成16）年から約1,500人（2004〔平成6〕年1,483人、2005〔平成7〕年1,464人）に増加した。法科大学院が創設され、2006（平成18）年から新司法試験が開始されることによって、新旧司法試験の併存期間が始まり、2006（平成18）年の合格者は1,558人（新試験1,009人、旧試験549人）、2007（平成19）年は2,099人（新試験1,851人、旧試験248人）、2008（平成20）年は2,209人（新試験2,065人、旧試験144人）、2009（平成21）年は2,184人（新試験2,043人、旧試験141人）、2010（平成22）年は2,133人（新試験2,074人、旧試験59人）、2011（平成23）年は2,069人（新試験2,063人、旧試験6人）（注：旧試験は口述試験のみ）となった。旧試験終了後の2012（平

成24）年2,102人、2013（平成25）年2,049人であったが、2014（平成26）年1,810人、2015（平成27）年1,850人、2016（平成28）年1,583人、2017（平成29）年1,543人と、2014（平成26）年以降減少傾向となり、特に最近2年間は1,500人余りとなっている。

なお、この間、新旧司法試験合格者の修習期間が異なる関係で、司法修習修了者数は2007（平成19）年新旧60期が約2,300人、以降新旧61期から63期がそれぞれ約2,200人となった。

弁護士人口については、2002（平成14）年18,838人から2005（平成17）年21,185人、2010（平成22）年28,789人、2015（平成27）年36,415人に増加し、その後も2016（平成28）年37,680人、2017（平成29）年38,980人（いずれも3月31日現在）と増加しているが、司法試験合格者がピーク時より減少傾向であることに比例して、弁護士人口の増加のペースも低下している。

(6) アジア諸国の弁護士人口等

中国では1993（平成5）年から毎年司法試験が行われるようになったが、その後の急速な経済発展に合わせて20年足らずの間に20万人近い弁護士が誕生しており、その増加ペースは著しい。現在では毎年2万人前後の司法試験合格者を出している。もちろん、13億人という人口と比較すればまだ日本の弁護士人口よりも少ないかもしれないが、近い将来、人口比でも日本の弁護士数を上回る可能性がある。また、経済活動だけでなく、日本と異なる政治制度の中で、行政権に対する市民の権利保護に努めるような、人権擁護活動に熱心な弁護士も増えているようである。

また、韓国では日本と同様に1990年代から法曹養成や裁判制度についての司法改革の議論が続けられ、2009（平成21）年から3年制の法科大学院制度がスタートしている。韓国の法科大学院は、法学部を持つ大学約90校のうち、25校に限定して設置を許可し、総定員を2,000名とした。そして法科大学院を設置した大学は法学部を廃止し、法学部以外から3分の1以上、他大学から3分の1以上を入学させる制度として、必然的に多様な人材が法科大学院に集まるようにしている。そして、新司法試験合格者は司法修習を経ずに弁護士登録、または検察官任官し、その後に、その中から裁判官を選任することとなっている。新司法試験ではロースクール定員の70～80％を合格させる予定とのことである。一方、旧司法試験と司法修習の制度も2017（平成29）年まで存続予定である。

タイの弁護士は約5万人おり、国民は約7,000万人なので人口比でも日本より多い。相当高度な弁護士自治があるようだが、半数程度は弁護士業務を行っておらず、また首都バンコクに集中しているようである。

その他のアジア諸国でも、日弁連がJICAの協力を得てカンボジアの弁護士養成を支援したり、ベトナム、インドネシア、モンゴル、ラオスなどの司法制度の整備や信頼性向上を図る支援を行ったりしており、経済発展や経済のグローバル化に対応して、従来多くなかった弁護士を増やし、司法基盤を整備する過程にあると言える。

2 法曹人口増加にともなう課題

(1) 司法修習生及び新人弁護士たちの「質」について

このような司法試験合格者の増加に伴い、司法修習生の考試（いわゆる二回試験）において、2006（平成18）年の59期以降、100人前後の大量の不合格者が毎年出る事態となった。また、当時の最高裁の報告書によれば、法科大学院出身者が大部分となっている現在の司法研修所の修習生の現状について、「大多数は期待した成果を上げている」としながらも、一方で「実力にばらつきがあり下位層が増加している」「最低限の能力を修得しているとは認めがたい答案がある」「合格者数の増加と関係があるのではないか」と指摘されていた。

(2) 新しい法曹養成システムが成熟途上であることについて

法科大学院を中核とする新しい法曹養成制度は、法的知識偏重の旧司法試験制度の行き詰まりを打破し、併せて、法曹を大幅に増加させながら質を維持・向上させて多様な人材を育成するプロセス教育として導入されたが、「法曹の質」を担保する制度としては、未だ成熟途上にあると言わざるを得ない。各法科大学院によって指導体制・カリキュラムの内容等の差異が大きく、実務法曹としての基礎能力の修得もままならぬまま、各法科大学院の合格率にも大きな差が生じている。近年は法科大学院の受験者が減少し、定員割れの末に他校との統合や廃校、新規学生募集停止となる法科大学院も出てきており、必然的に淘汰が始まっている。

日弁連・弁護士会としても法科大学院の在り方を検

討しつつ、法科大学院制度の成熟を図っていくべきである。

(3) 法曹人口増員に対応するための司法基盤の整備
ア 新人弁護士の勤務先採用難とOJT問題

弁護士の法曹倫理を含む実務法曹としての能力は、法科大学院や司法研修所の教育のみで養われるものではなく、これまでは、勤務弁護士として、あるいは先輩弁護士との事件を通して経験により修得されてきた面が大きい（いわゆるオン・ザ・ジョブ・トレーニング〔OJT〕）。

司法試験合格者が2,000人を超えていた2007（平成19）年頃から、司法研修所を卒業しても法律事務所への採用が困難となり、やむを得ず最初から独立したり（即独）、他の弁護士事務所に席だけ置かせてもらう（ノキ弁）新人弁護士が少なからず存在するという指摘があった。

そして2010（平成22）年の新63期司法修習生の一括登録時には200人を超える未登録者が発生し、その後も毎年、一括登録時に400人を超える未登録者が発生していた（ただし、これらの未登録者は数ヶ月後には半数以下に減少している）。しかし、ここ数年は、司法試験合格者の減少傾向と、60期代の弁護士が新人を採用しはじめていることから、一括登録時の未登録者は減少傾向にある。

しかしながら、依然として、即独やノキ弁の新人弁護士もいると思われることから、日弁連や東弁では即独立をする新人弁護士のための技術支援としてのeラーニング研修や、支援チューター制度、支援メーリングリスト、クラス別研修などをはじめているが、最も効率の良いOJTである勤務弁護士としての経験を多くの新人弁護士たちが享受できるような、例えば現在一人事務所の会員が新たに新人の勤務弁護士を採れるようにするための方策を、日弁連（若手法曹サポートセンター）は現実問題として検討すべきである。

イ 裁判官・検察官の増員と適正配置

司法制度改革審議会意見書は、法曹人口増加について、弁護士だけでなく、裁判官・検察官についても大幅に増加させることを提唱していた。

ところが、2001（平成13）年から2009（平成21）年の増加状況は、弁護士新規登録者数が11,705人であるのに対し、裁判官は886人、検察官は770人となっている。国の司法予算の制約や、物的施設の収容能力等の問題、あるいは弁護士任官が予想以上に少ないという事情があるにせよ、このような状況では司法制度の実際の利用は進まないという極めて歪んだ司法環境になりかねない。したがって、裁判官や検察官そして職員のさらなる増員を図る必要がある。

ウ 国選弁護等報酬問題

被疑者国選事件の完全実施や、裁判員裁判への十分な対応体制の構築、そして少年事件全件付添人の完全実施のために相当数の弁護士が必要となるが、現在は弁護士数も増加し、これら制度への対応は概ね充足しつつあるとされている。しかし、現在の国選弁護報酬はまだまだ少額に過ぎ、少年付添における報酬もいまだ労力に比して少額である。刑事司法の充実を目指す今次の改革を担う多くの弁護士が十全な刑事弁護の職責を果たすためにも、日弁連は、さらなる国選弁護報酬や少年付添報酬の抜本的引き上げの運動を、これまで以上に精力的に政府及び関係諸機関に対して行なっていくべきである。

エ 法律扶助（リーガル・エイド）の脆弱さ

以前の財団法人法律扶助協会による法律扶助のシステムに比べれば、司法改革の一環としての日本司法支援センター（法テラス）創設、民事法律扶助予算の増大は、大きな進歩であった。しかしながら、現在の法律扶助の予算金額はまだまだ欧米諸国に比べて大幅に少なく、未だ市民が身近な法律問題についても容易に弁護士を利用するような段階には至っていない。

オ 市民・事業者等の潜在的法的需要に応えるための体制の整備について

市民や事業者・中小企業等の中に、まだまだ隠れた潜在的法的需要があることは、日弁連が行った法的ニーズ調査報告書中の中小企業アンケートや市民アンケートでも窺い知ることが出来る。

しかしながら、法曹人口が増え始めたこの10年間でもさほど民事訴訟の事件数は増加しておらず、そのような潜在的法的需要に我々弁護士が応えられていない実情がある。それら潜在的法的需要に応えるためには、弁護士の数を増加させることはもちろん必要であるが、それだけでは足らず、前述した法律扶助の範囲及び予算の飛躍的拡大以外にも、弁護士の側で、それらを顕在化させ、仕事として受けられる体制作りが必要である。

カ　企業・官公庁等の弁護士需要について

21世紀の弁護士像として、弁護士がこれまでの職域にとどまらず、企業や官公庁等にスタッフとして入り、その専門的知識を生かして活躍していくことが展望されている。

現状においては、企業・官公庁における組織内弁護士は、1,700人を超えている状況にあるが、さらなる活躍が期待される。

3　課題への対応について
(1)　日弁連の対応

法曹人口の大幅増加は、今回の司法改革をその人的基盤において支えるものであり、数多くの質の高い法曹を社会に送り出すことを通じて我が国社会に法の支配を確立するという改革理念の正当性は、今日においても何ら失われていないが、他方で、前述のような諸問題が発生し、急増化のひずみが顕在化したことも事実である。

ア　法曹人口問題に関する緊急提言等

そこで日弁連は、2008（平成20）年7月、「法曹人口問題に関する緊急提言」を公表して、「2010（平成20）年頃に合格者3,000人程度にするという数値目標にとらわれることなく、法曹の質に十分配慮した慎重かつ厳格な審議がなされるべきである」との表現で、当面の法曹人口増員についてのペースダウンを求める方針を明らかにした。

そして、同年3月、改めて「当面の法曹人口のあり方に関する提言」を公表した。その中で、「法曹人口5万人規模の態勢整備に向けて、引き続き最大限の努力を行う」としながら、「新たな法曹養成制度は未だ成熟の途上にあって、新規法曹の質の懸念が各方面から指摘されている」「司法の制度的基盤整備の状況など、司法を取り巻く環境の変化は、この間の弁護士人口増加の状況に比して、当初の想定に沿った進展に至っていない」として、2009（平成21）年度以降数年間は、司法試験合格者数について、現状の合格者数（2007〔平成19〕年度は新1,851人・旧248人の計2,099人、2008〔平成20〕年度は新2,065人・旧144人の計2,209人）を目安としつつ、慎重かつ厳格な合否判定によって決定されることが相当である」と提言している。

これらの提言の影響を受けたものかどうかはともかく、2009（平成21）年の新司法試験合格者が2,043人、2010（平成22）年が2,074人にとどまり、当初、司法試験委員会が目安としていた合格者数（2,500人～3,000人）を下回る結果となった。

イ　法曹人口政策会議による提言

日弁連は、「当面の法曹人口のあり方に関する提言」を前提に、2011（平成23）年6月に各地の弁護士会会長や各弁連推薦等の委員約140人で構成される法曹人口政策会議を組織し、司法試験合格者数についての具体的な提言を協議した。

そして、その中間取りまとめを受け、2011（平成23）年3月27日、日弁連は「当面の緊急対策として、司法試験合格者を現状よりさらに相当数削減」することを求める「法曹人口政策に関する緊急提言」を採択した（その後の2011〔平成23〕年新司法試験合格者は2,063人）。

法曹人口政策会議ではその後も最終提言に向けて議論を重ね、各弁護士会への意見照会、各地でのシンポジウムなども踏まえつつ2012（平成24）年2月に最終的な意見の取りまとめを行い、これに基づいて日弁連は同年3月15日、「法曹人口政策に関する提言」を公表した。この提言では、市民に信頼され、頼りがいのある司法を実現するために弁護士の質の確保が必要であるところ、新人弁護士の就職難、OJT不足が質の低下の懸念を招き、また法曹志望者の減少も引き起こしているので、「2010（平成22）年ころに司法試験合格者3,000人を目指す」との2002（平成14）年の閣議決定を見直し、法曹養成制度の成熟度、現実の法的需要、司法基盤の整備状況などとバランスの取れた弁護士増員ペースをとる必要があるとして、「司法試験合格者数をまず1,500人にまで減員し、更なる減員については法曹養成制度の成熟度や現実の法的需要、問題点の改善状況を検証しつつ対処していくべきである。」と具体的な数字を挙げた意見が示された。

ウ　検証と対応策の問題について

弁護士会は、法曹人口の大幅増加を通じた司法改革の推進という施策を、増加する弁護士の業務基盤を確保しつつ推進していくため、以下のとおり、適切な検証を踏まえた具体的対応を尽くす必要がある。

(ｱ)　弁護士人口増加の影響に関する検証

まず、法曹人口の大幅増加を通じた司法改革の推進という施策が、増加する弁護士の業務基盤を確保しつつ実現していくためには、法曹人口、とりわけ弁護士

人口増加による影響の実証的な検証が不可欠である。

この点、日弁連（法曹人口問題検討会議）は、2010（平成22）年3月5日、「適正な法曹人口は、何を基準としてこれを定めるべきか。その基準として考慮すべき対象と検討の方法」についての提言を行っているが、未だ日弁連内部に検証のための専門機関が設置されておらず、また、法曹養成や司法基盤に関する諸事情が変化する中では、検証がなされるまで行動を控えるのではなく、検証しつつ具体的な提言等を行うべきである。2012（平成24）年3月15日の法曹人口政策に関する提言も、このような趣旨でまとめられたものである。

(イ) 弁護士人口の増加と弁護士会としての制度的対応策

他方、弁護士人口の増加に伴い新人・若手を中心とした個々の弁護士に生じるおそれのある負の影響を最小限に抑制するとともに、増加する弁護士の質を適切に確保し、弁護士増加を司法アクセスの改善ひいては法の支配の確立に結びつけていくための弁護士会としての制度的な対応が必要である。

この点についても、日弁連の若手法曹サポートセンターが中心となって就職説明会の実施、就職担当窓口の設置、就職先未定者等に対する相談会の実施、全国採用問題担当者連絡協議会の実施、ひまわり求人求職ナビのバージョンアップ、経済団体や官公庁・自治体との採用拡大に関する協議や啓蒙活動の実施、即独弁護士を対象とした独立開業支援チューター制度の創設やeラーニングの実施など、様々な方策が実施に移されているが、これら諸制度の一層の充実・発展がはかられる必要がある。ことに即独弁護士に対応するOJTの充実は必須である。また、新たに導入された新人弁護士を対象としたクラス制研修も研修の充実と弁護士自治の見地から重要である。

また、いわゆる社会人経験者については、その能力にもかかわらず、その年齢が就職に不利に働く現状にあることから、社会人経験の能力が弁護士業務に付加価値を与える具体例を会員に広く広報するなどの取組みも有益であろう。

さらには、増加する弁護士と隣接法律職との関係をどのように整理するかは今後の課題であるが、これら隣接法律職の職務分野を基本的に弁護士が担っていく方向で業務を拡大し、他方で、隣接法律職資格と弁護士資格をどのように整理していくかを検討することは、法の支配の確立という観点からも重要な意味を有する。

このような認識に立ち、専門研修の一層の充実等、これを可能にする具体的な条件整備についても弁護士会として真摯に検討していく必要がある。弁護士会としては、諸外国や隣接法律職の実情等の調査を踏まえ、上記諸課題への対応に向けて全力を尽くす必要がある。

さらに、これら具体的方策とともに、弁護士会は、若手弁護士が将来に対する希望を持てるような、また、多くの有為な人材が弁護士を目指そうという志を持てるような、弁護士人口大幅増加後の弁護士・弁護士会の在り方を具体的に提示する不断の努力をすべきである。

(ウ) 若い世代の弁護士たちの育成・支援のための具体的方策の検討

(イ)で述べたような制度的対応策を施すとしても、その効果は一朝一夕に現れるものではなく、制度改革の狭間で、特に若い世代において、法曹として十分な経験や能力を取得できる機会に恵まれなかったり、経済的に苦境に陥ったりする弁護士たちも生じ得る。そのような若い世代に対しては、日弁連・弁護士会として、より直接的な育成・支援策を検討することも必要であろう。

議論されている課題としては、若い世代の会員の弁護士会費（日弁連を含む）のさらなる見直し、1人事務所で初めて勤務弁護士を受け入れる事務所への財政的支援、若手弁護士の複数事務所による共同雇用のビジネスモデルの作成、会員から募集・集積した事件・仕事の弁護士会による若手弁護士への配点等であり、これらについて前向きに検討・検証することも必要であろう。

この点、若手法曹サポートセンターでは、開業・業務支援、組織内弁護士の促進、さらには大規模事務所によらない若手の海外進出など、様々な試みが実施されており、大いに期待したい。

エ 2016（平成28）年の日弁連臨時総会決議

2016（平成28）年3月11日、日弁連は臨時総会を開催し、後述の、政府の法曹養成制度改革推進会議の2015（平成27）年6月30日発表をふまえて、「法曹養成制度改革の確実な実現のために力を合わせて取り組む決議」を採択した。

この決議は、まず、司法試験合格者数を早期に年間1,500人とすること、法科大学院の規模の適正化、予備試験の制度趣旨を踏まえた運用、司法修習生への給

付型経済的支援、が内容となっているが、総会の議論の中で、複数の若手会員から、司法試験合格者数を減少させなくて良い、という意見が出たことが印象的であった。

(2) 政府の対応
ア　法曹養成フォーラムによる「論点整理」

一方、政府は、2002（平成14）年3月になされた、2010（平成22）年までに司法試験合格者数年間3,000人を目指すとの閣議決定以来、2010（平成22）年が過ぎてもこの方針を原則論として堅持していたが、2011（平成23）年6月に設置された法曹養成フォーラムでは2012（平成24）年5月10日の「論点整理」において、法曹人口問題につき、「努力目標として、一定数の法曹人口の増加を視野に入れながら、様々な政策を考えていくことは必要であるが、一定の時期を限って合格者数の数値目標を設定することに無理がないか検討すべき。」とされた。

イ　法曹養成制度検討会議

政府は、法曹養成フォーラムの「論点整理」の内容を踏まえつつさらに検討を行う組織として、2011（平成24）年8月21日、各省庁、法曹、学者、有識者らによる法曹養成制度検討会議を設置して協議を続け、2013（平成25）年6月26日の最終取りまとめにおいては「数値目標を掲げることは現実性を欠く」とされ、ついに2013（平成25）年7月16日、政府は3,000人目標を正式に撤回した。

ウ　法曹養成制度改革推進会議

政府は法曹養成制度検討会議の取りまとめを受けて、2013（平成25）年9月17日、さらに法曹養成制度の改革を総合的かつ強力に実行するため、同様に、各省庁、法曹、学者、有識者らによる法曹養成制度改革推進会議を組織し、協議を重ねたうえで、2015（平成27）年6月30日、「法曹養成制度改革の更なる推進について」を発表した。

そのなかで、今後の法曹人口の在り方として、「新たに養成し、輩出される法曹の規模は、司法試験合格者数でいえば、質・量ともに豊かな法曹を養成するために導入された現行の法曹養成制度の下でこれまで直近でも1,800人程度の有為な人材が輩出されてきた現状を踏まえ、当面、これより規模が縮小するとしても、1,500人程度は輩出されるよう、必要な取り組みを進め、更にはこれにとどまることなく、関係者各々が最善を尽くし、社会の法的需要に応えるために、今後もより多くの質の高い法曹が輩出され、活躍する状況になることを目指すべきである。」として、引き続き法科大学院を中核とする法曹養成制度の改革を推進しつつも、当面の司法試験合格者数として「1,500人程度は輩出されるよう」という形で具体的な人数に言及した（詳細は第1部第3参照）。

そして、2014（平成26）年の司法試験合格者は1,810人、2015（平成27）年は1,850人であったが、2016（平成28）年は1,583人と、一気に267人減少し、2017（平成29）年も1,543人となり、1,500人に定着しつつあるように見受けられる。

(3) 弁連や各弁護士会の動向について

一方、前述したような現在の「ひずみ」の諸問題への懸念を背景に、2010（平成22）年以降、司法試験合格者の人数を具体的に主張する決議を行い、公表する弁護士会、弁連が出てきている。その決議の多くは合格者を1,000人にすべき、との内容である。そして、2016（平成28）年の合格者1,583人が判明した後、日弁連は、同年3月11日の臨時総会決議をふまえ、「この流れに沿って早期に1,500人にすることが期待される」との会長談話を発表したが、合格者を1,000人にすべきとの意見を出している複数の弁護士会からは、あらためて合格者を1,000人にすべきとの会長声明・意見書が出ている。

また、日弁連内に再び法曹人口政策会議のような法曹人口に関する検討機関を設置すべきとする意見も出てきている。

しかし「ひずみ」に関する諸問題はいずれも重要かつ深刻ではあるが、その解決策として、合格者1,000人というような「大幅な合格者数削減」という結論を、性急にしかも短期間に実現すべしと弁護士会が主張することは、司法改革の後退を対外的にイメージ付けることになるとともに、現実に司法改革の進展を遅らせることとなり、法科大学院や受験生たちに与える影響も大きく、市民の理解と共感は得られにくいと思われる。

(4) 法友会の対応について

法友会は、司法試験合格者数を現状維持又は漸減する方向性を打ち出してはいたものの、2011（平成23）年まで合格者の具体的な数を明示した意見を述べていなかった。これは、合格者数を何人にするべきかにつ

いて実証的な合理的根拠が見当たらないことが主な理由であった。

しかしながら、当面、弁護士の増員ペースを緩和させなければ新人弁護士の就職難、OJT不足から生じる弁護士の質の低下の懸念、さらには法曹志望者の減少などの「ひずみ」が増幅することは明白と思われる現状に鑑み、法曹人口政策に関する日弁連からの意見照会（2011〔平成23〕年12月）に対する東弁の意見のとりまとめを行う際、法友会でも議論の末、司法試験合格者1,500人を目指すとの意見を採択した。

そして、前述のとおり、日弁連は各弁護士会からの意見も踏まえて法曹人口政策に関する提言を行い、その後の2012（平成24）年の司法試験合格者は2,102人、2013（平成25）年は2,049人であったものの、2014（平成26）年1,810人、2015（平成27）年1,850人とやや減少し、前述のとおり、政府が設置した法曹養成フォーラムの論点整理、法曹養成制度検討会議の取りまとめを経て、法曹養成制度改革推進会議が2015（平成27）年6月30日に「法曹養成制度改革のさらなる推進について」を発表し、「これまで直近でも1,800人程度の有為な人材が輩出されてきた現状を踏まえ、当面、これより規模が縮小するとしても、1,500人は輩出されるよう」と、政府として「3,000人」以来はじめて具体的な司法試験合格者数に言及した。

そして、司法試験合格者は2016（平成28）年1,583人、2017（平成29）年1,543人と、はっきりとした減少傾向が見られた。

法友会としては、引き続き1,500人程度の定着を期待しつつ、従来からの主張である司法改革の理念に基づく司法基盤、特に民事司法基盤の一層の整備・拡大を推進していくべきであり、法曹養成制度改革推進会議の2015（平成27）年6月30日の意見のなかで司法試験合格者数に言及した部分だけを注目するのではなく、「更にはこれにとどまることなく、関係者各々が最善を尽くし、社会の法的需要に応えるために今後もより多くの質の高い法曹が輩出され、活躍する状況となることを目指すべきである。すなわち、引き続き法科大学院を中核とする法曹養成制度の改革を推進するとともに、法曹ないし法曹有資格者の活動領域の拡大や司法アクセスの容易化等に必要な取組を進め、より多くの有為な人材が法曹を志望し、多くの質の高い法曹が、前記司法制度改革の理念に沿って社会の様々な分野で活躍する状況になることを目指すべきである」としている点に注目しつつ、市民が必要とする弁護士の質と量を検討・検証し、これに到達するために必要充分な毎年の合格者数、法科大学院教育の向上による卒業者の「質」の確保、司法修習生の就職難とこれによるOJT不足から生じる新人弁護士の質の低下の懸念を回避するために適切な合格者数、などをバランスよく考慮し、必要に応じて提言しつつ、真に市民が利用しやすい、頼りがいのある司法の実現に向けて、今後も努力を続けていくべきである。

第4　法科大学院制度と司法試験制度の現状と課題

1　法科大学院を中核とする法曹養成制度の理念と概要

2004（平成16）年4月の法科大学院制度創設から13年を経過した現在、法科大学院を中核とする法曹養成制度は、一定の成果を生み出しつつも、様々な課題に直面している。以下では、法科大学院を中核とする法曹養成制度の理念と到達点を確認した上で、現在直面する課題と対応策を明らかにする。

(1) 法科大学院制度創設の理念

司法制度改革審議会意見書（以下「司改審意見書」という。）は、法曹を、「国民の社会生活上の医師」の役割を果たすべき存在と規定し、そのような質を備えた法曹を、国民が求める数、確保すべきとした。

そして、従来の司法試験という「点」のみによる選抜から、法学教育、司法試験、司法修習を有機的に連携させた「プロセス」としての法曹養成制度を新たに整備すべきとし、この新たな法曹養成制度の中核を成すものとして、法曹養成に特化した教育を行うプロフェッショナル・スクールとして法科大学院を創設すべきと提言した。法科大学院制度創設の理念は、ここに集約される。

(2) 法科大学院制度の特徴

法科大学院制度は、従来の法学教育制度に比して、次のような特徴を持った制度として創設された。

第1に、理論と実務の架橋を理念とした教育を行う点である。

第2に、少人数による双方向・多方向的な密度の濃い授業を行う点である。

第3に、弁護士を中心とする実務家教員を一定数配置するとともに、主としてこれら実務家教員によって担われる法律実務基礎科目群をカリキュラムに配置している点である。

第4に、他学部出身者、社会人経験者など多様なバックグラウンドをもった学生を受け入れるとともに、訴訟を中核とする紛争解決業務にとどまらない、多様な法的ニーズに応え得る法曹（「国民の社会生活上の医師」）の養成を目的に掲げた点である。

(3) 法科大学院のカリキュラム

法科大学院のカリキュラムは、93単位が修了までに必要な最低単位数とされている。科目は、基本六法と行政法の分野である「法律基本科目群」、法曹倫理、民事訴訟実務の基礎、刑事訴訟実務の基礎、法情報調査、法文書作成、ロイヤリング、模擬裁判、クリニック、エクスターンシップなどの「法律実務基礎科目群」、外国法、法社会学、法と経済学、政治学などの「基礎法学・隣接科目群」、知的財産法、労働法、少年法、IT法などの「展開・先端科目群」の4分野に分類されており、93単位のうち法律基本科目群に54単位、法律実務基礎科目群に10単位、基礎法学・隣接科目群に4単位、展開・先端科目群に25単位を配分することが事実上のガイドラインとして定められている。

(4) 司法試験の位置づけと概要

法科大学院制度創設後の司法試験の在り方について、司改審意見書は、「法科大学院教育をふまえたものに切り替える」としており、これを踏まえて司法試験の基本的在り方が検討された。

新司法試験実施に係る研究調査会報告書（2003〔平成15〕年12月11日）では、司法試験は法科大学院の教育課程履修を前提に実施するものであり、司法試験の科目と内容だけでは法曹に求められる能力を判定できないことに留意すべきとした。

司法試験は短答式、論文式が実施され、口述試験は実施されない。短答式は、2014（平成26）年まで、憲法・行政法、民法・商法・民事訴訟法、刑法・刑事訴訟法の7科目が実施されていたが、2015（平成27）年から、憲法、民法、刑法の3科目に削減された。論文式は上記7科目に選択科目が加わり、倒産法、租税法、経済法、知的財産法、労働法、環境法、国際関係法（公法系）、国際関係法（私法系）の8科目から1科目を選択する。

(5) 予備試験の位置づけと概要

司改審意見書は、「経済的事情や既に実社会で十分な経験を積んでいるなどの理由により法科大学院を経由しない者にも、法曹資格取得のための適切な途を確保すべきである」として予備試験制度の創設を提言した。予備試験は、法科大学院修了と同等の能力を判定する試験（司法試験法5条1項）と位置づけられているが、法科大学院というプロセスによって養成された能力と同等の能力を点（試験）によって判定するという原理的な矛盾を抱えている。予備試験の制度趣旨は司改審意見書のとおり明確であるが、受験資格は制限されず、法制上は誰でもが受験できる試験となっている。

予備試験は短答式、論文式、口述の各試験が実施される。短答式の科目は憲法、行政法、民法、刑法、商法、民事訴訟法、刑事訴訟法、一般教養の8科目、論文式は短答式科目に法律実務基礎科目が加わった9科目、口述試験は法律実務基礎科目1科目が実施される。

(6) 司法修習の位置づけ

法科大学院制度の創設に伴い、司法試験の位置づけが大きく変化したのに比べ、司法修習の変化は大きなものではなかった。もちろん、修習期間が1年4ヶ月から1年に短縮されたこと、前期集合修習が廃止され、新60期を除き、実務修習から修習が始まるようになったこと（ただし、68期から再び「導入修習」が実施されている。）、選択型実務修習が導入されたことなど、修習の内容には大きな変化が生じた。しかしこれらは、基本的には修習生の増加に伴う、いわばやむをえざる変更であり、法科大学院制度の下での司法修習の位置づけに関する自覚的な議論は乏しかったといえる。最高裁司法修習委員会は、新しい司法修習の在り方に関する検討結果として「議論のとりまとめ」（2004〔平成16〕年7月2日）を公表しており、ここでは法廷活動に限られない幅広い法的ニーズに対応する修習として、「法曹としての基本的なスキルとマインド」を養成する修習を行うとしたが、選択修習の一部カリキュラムなどを除き、現在の修習に同理念の積極的な具体化をみることは困難といえる。

2 法科大学院を中核とする法曹養成制度の成果と課題

以上のような内容をもって始まった法科大学院を中核とする法曹養成制度は、一定の成果を挙げる一方で、様々な課題に直面している。

(1) 成果

法科大学院を修了して法曹資格を取得した者の人数はすでに16,000人を超え、法曹全体の約4割に及んでいる。法科大学院修了法曹については、従来の法曹に比べて、多様なバックグラウンドを有している、コミュニケーション能力、プレゼンテーション能力、判例・文献の調査能力に優れているといった面において積極的な評価が得られている。実際、これらの特徴を活かして、従来の法曹に比べ、社会のより幅広い分野において多様な活躍を展開しているとの評価も見られる。

(2) 課題

このような成果の一方で、法科大学院を中核とする法曹養成制度に対しては、様々な問題点が指摘されている。

ア データにみる状況の推移

㋐ 司法試験

司法試験の合格者数と合格率（対受験者）は、既修者のみが受験した初年度である2006（平成18）年は1,009人、48.25％、未修者を含めた最初の年である2007（平成19）年は1,851人、40.18％であったが、2017（平成29）年は1,543人（内予備試験ルート290人）、25.86％となっている。

2017（平成29）年試験では、法科大学院修了者（1,253人）の合格が22.5％に対し、予備試験合格者（290人）の合格率は72.5％である。予備試験合格者の合格率は、2013（平成25）年をピークに徐々に低下していたが、昨年の61.5％に対して今年は10％以上も上昇しており、今後の推移を注視する必要がある。

ただし、これら予備試験ルートからの司法試験合格者のうち、半数近く（42.4％。2017〔平成29〕年では123人。）は出願時点で法科大学院在学生又は修了生であり、少なくとも1年半程度の法科大学院教育を経た者であることについては留意が必要である。

また、法科大学院修了合格者である1,253人のうち、既修者922人（73.6％）、未修者331人（26.4％）、既修者合格率が32.7％に対し、未修者合格率は12.1％となっており、両者には倍以上の差がある。

他方、募集停止校・廃止校を除いた法科大学院修了者の累積合格率（ある年度に法科大学院を修了して司法試験を受験した者のうち最終的に合格した者の割合）でみると、既修については修了3年目で約7割（67.6％）、未修は修了5年目で約5割（47.4％）に達しており、この間の統廃合・定員削減を含めた法科大学院改革が合格率の点において一定の成果をあげつつあるといえる。

㋑ 予備試験

2011（平成23）年から開始された予備試験は、2011（平成23）年受験者数6,477人、合格者数116人であったのが、2017（平成29）年には受験者数10,743人、合格者数444人となっている。

合格者のうち24歳以下の割合は2011（平成23）年に34.5％だったのが、2017（平成29）年には65.3％に、合格者のうち学部生と法科大学院在学生と法科大学院修了生（受験票に記載されるのは出願時データため、次年度5月の受験時には一学年が加わる。）だった者の割合は2011（平成23）年に55.2％だったのが2017（平成29）年には81.8％に、それぞれ大幅に上昇している。経済的事情等により法科大学院を経由しない人のための制度だった予備試験が、学部生と法科大学院生によって席巻され、制度趣旨とは明らかに異なった方向で運用されている。

㋒ 法科大学院

法科大学院の志願者総数を比較的正確に現していると推測される適性試験受験者数をみると、初年度の2003（平成15）年度に35,521人であった受験者が、2017（平成29）年度には3,086人にまで減少しており、そのうち入学有資格者（大学卒業等によって法科大学院の受験資格をもった受験者）は3,014人である（2003〔平成15〕年度は大学入試センター、2017〔平成29〕年度は適性試験管理委員会による数値）。ただし、受験者数は2015（平成27）年以降3,000人台で推移し、その減少幅は年々縮小しており、下げ止まりの傾向が生じている。

法科大学院の入学定員は、2005（平成17）年度から2007（平成19）年度に5,825人でピークを迎えた定員数が、その後の文科省の定員削減策の影響もあり、2017（平成29）年度には2,566人に減少した。2018（平成30）年度には2,330人にまで減少することが見込ま

れている。

実入学者数については、2006（平成18）年度に5,784人でピークを迎えた入学者数が、2017（平成29）年度には1,704人にまでに減少している。しかし、入試競争倍率（受験者の合格者に対する割合）が前年度の1.86倍から2.01倍に上昇し、入学選抜の厳格性を高めたにもかかわらず、入学者数の減少幅は前年（15.6％）に比べて8.2％と大きく低下しており、ここでも下げ止まりの傾向が明確になってきている。

また、この間、姫路獨協大学、神戸学院大学、大宮法科大学院大学、東北学院大学、駿河台大学、大阪学院大学、新潟大学、信州大学、香川大学、鹿児島大学、白鴎大学、東海大学、明治学院大学、愛知学院大学、龍谷大学が法科大学院を廃止、島根大学、大東文化大学、関東学院大学、久留米大学、広島修道大学、獨協大学、東洋大学、静岡大学、京都産業大学、熊本大学、山梨学院大学、神奈川大学、國學院大學、中京大学、成蹊大学、名城大学が学生募集を停止、北海学園大学、立教大学、桐蔭横浜大学、青山学院大学が学生募集停止を発表した。廃止した法科大学院と学生募集を停止又は停止の発表をした法科大学院をあわせると35校に及んでいる。

入学者のうちの社会人経験者の割合は、初年度である2004（平成16）年度には48.4％であったのが、2017（平成29）年度には20.0％に、他学部卒業者の割合は、2004（平成16）年度には34.5％であったのが、2017（平成29）年度には14.6％となっている。社会人経験者、他学部卒業者の割合は共に、ここ4～5年横ばいの傾向にある。

志願者数、学校数、定員・実入学者数、多様性など、いわばあらゆる面において縮小を続けてきた法科大学院であるが、近年、その縮小幅が小さくなってきており、底を打ちつつあるように見受けられる。その背景には、この間進められてきた改革に向けた取組や志望者増加の取組に加え、近時明確になってきている弁護士の就職状況の改善や、司法修習の経済的支援策に向けた取組の成果などが影響しているのではないかと推測される。未だ予断を許さない状況にあることは間違いないが、法科大学院の今後にほのかな光が見え始めているといえるかもしれない。

イ　養成される法曹の質をめぐる課題

新たな法曹養成制度によって養成された人材に対しては、法律基本科目の知識、理解が不十分な者、論理的表現能力が不十分な者が一部に存在するという指摘等に加え、法曹志望者の減少傾向が続くなか、今後法曹の質が低下していくのではないかと懸念する議論がなされてきた。

その原因については、法科大学院教育の質の格差のほか、法曹志望者の減少に伴う志望者の質の問題、司法試験合格者の増加に伴う養成対象人数の増加、修習期間の短縮と前期修習の廃止という各要因が関係しているとされ、その改善に向けて様々な努力が行われてきている。

法科大学院修了法曹が法曹全体の約4割を占めるなか、近時はこのような質をめぐる議論がされることが比較的少なくなってきたが、法曹の質の検証と質の向上に向けた法曹養成制度の改善は引き続き重要な課題である。

ウ　制度的な課題

司法試験の合格率の低迷、法律事務所の就職難と法曹の活動領域が未だ十分な拡大をみせていないこと、そのような状況の下で法曹資格取得までの時間的・経済的負担感が増大していること（また、司法修習の貸与制への転換によって負担感の増大に拍車をかけていること）などを原因として、この間、法曹志望者の減少が続いてきており、この点が現在の法曹養成制度の最大の課題とされている。

しかし、先にも述べたとおり、近時の司法試験累積合格率の状況、就職難の改善、活動領域拡大に向けた取組の前進、修習給付金制度の創設に結実した修習生の経済的支援に向けた取組、法曹志望者増加に向けた法曹界の取組の前進などによって、法曹志望者の減少には底打ち感が生じ始めてきており、今後の推移が注目される。

なお、法科大学院を修了しながら最終的に法曹資格を取得できない法務博士への対応も重要であり、留意が必要である。

3　法曹養成制度改革の取組み

法科大学院を中核とする法曹養成制度について改革を図るべき問題点が存するという認識は、創設初年度である2004（平成16）年の後半から、新司法試験の合格者数と合格率の問題をめぐって一部で指摘され始めていた。しかし、政府レベルにおいて改革に関する本

格的な検討が始まるのは、2008（平成20）年度に入ってからである。

(1) 日弁連における取組みの経緯

日弁連は、2009（平成21）年1月「新しい法曹養成制度の改善方策に関する提言」において初めて法曹養成制度全体に関する改革提言を行ったが、その後、2011（平成23）年3月「法曹養成制度の改善に関する緊急提言」、同年8月「法科大学院教育と司法修習との連携強化のための提言」、2012（平成24）年7月「法科大学院制度の改善に関する具体的提言」と、情勢に応じた制度全体にわたる提言を積み重ね、同提言に基づく取組みを続けきた。現在の日弁連の主な取組は、2012（平成24）年7月提言が基本となっている。

また、後述の法曹養成制度改革推進会議決定（「推進会議決定」という。）を踏まえ、日弁連執行部は、2015（平成27）年9月の理事会において、「新しい段階を迎えた法曹養成制度改革に全国の会員、弁護士会が力を合わせて取り組もう」との表題の下に方針を示し、法曹志望者数の回復等の、制度改革面にとどまらない課題に対しても、全国の弁護士会と連携して取り組んでいくことを明らかにした。そして、この方針を踏まえ、2016（平成28）年3月の臨時総会では、「法曹養成制度改革の確実な実現のために力を合わせて取り組む決議」が採択され、「法科大学院の規模を適正化し、教育の質を向上させ、法科大学院生の多様性の確保と経済的・時間的負担の軽減を図るとともに、予備試験について、経済的な事情等により法科大学院を経由しない者にも法曹資格取得の途を確保するとの制度趣旨を踏まえた運用とする」よう力を合わせて取り組むことなどが決議された。

(2) 政府における取組みの経緯

政府における本格的な提言は、2009（平成21）年4月、中教審法科大学院特別委員会が「法科大学院の質の向上のための改善方策について」を取りまとめたのがその最初である。

その後、法務、文科両副大臣主宰の下に設置された「法曹養成制度に関する検討ワーキングチーム」が2010（平成22）年7月に取りまとめた「法曹養成制度に関する検討ワーキングチームにおける検討結果（取りまとめ）」は、法科大学院を中核とする法曹養成制度について、全体を見通した改善方策の選択肢を取りまとめた最初の提言であった。同提言を受け、内閣官房長官、総務大臣、法務大臣、財務大臣、文部科学大臣、経済産業大臣の6大臣申し合わせに基づき設置された「法曹の養成に関するフォーラム」が、2012（平成24）年5月に「法曹の養成に関するフォーラム 論点整理（取りまとめ）」において改善方策に関するより具体的な論点整理を行い、同フォーラムに4名の委員を追加して閣議決定に基づき設置された「法曹養成制度検討会議」（検討会議）が、2013（平成25）年6月、「法曹養成制度検討会議取りまとめ」において、法曹養成制度全般に関する改革案を取りまとめた。ただし、同取りまとめが提案した改革案は、なお具体的な検討が必要な課題、今後の検討に委ねられた課題も少なくなかった。

そこで、法曹養成制度検討会議の取りまとめを受けて、2013（平成25）年9月、内閣官房長官を議長、法務、文科両大臣を副議長、財務、総務、経産各大臣を議員とする法曹養成制度改革推進会議が発足し、同会議の下に、事務局として法務省、最高裁、文部科学省、日弁連からの出向者によって構成された法曹養成制度改革推進室（推進室）、及び、公開の有識者会議である法曹養成制度改革顧問会議が設置された。また、それらとともに法務省の下には、法曹有資格者の活動領域の拡大に関する有識者懇談会が設置され、その下に、国・地方自治体・福祉等、企業、海外展開の分野を対象とした3分科会が設置された。

そして、2年近くに及ぶ検討を経て、2015（平成27）年6月30日、法曹養成制度改革推進会議は「法曹養成制度改革の更なる推進について」を決定し、法曹養成制度全般に関する改革提言を取りまとめるに至った。

その後、推進会議決定を踏まえた改革のフォローを含めた連絡協議の場として、同年12月14日に法務省、文部科学省、最高裁、日弁連の四者を基本メンバーとする法曹養成制度改革連絡協議会（以下「連絡協議会」という。）が後継組織として発足し、これまでに8回の協議会が開催されている（2017〔平成29〕年10月末日現在。）。

(3) 政府における改革の到達点

法科大学院及び司法試験・予備試験について、推進会議決定において提言された主な施策は、次のとおりである。

ア 法科大学院

(ｱ) 2015（平成27）年度から2018（平成30）年度まで

を法科大学院集中改革期間と位置付ける。

(イ) 2015（平成27）年度から実施している公的支援の見直し強化策及び裁判官・検察官の教員派遣見直し方策を継続的に実施する。

(ウ) 認証評価の厳格化に向けた運用を促進する。

(エ) 課題の深刻な法科大学院の改善が図られない場合、学校教育法第15条に基づき行政処分を実施するものとする。

(オ) 上記(エ)の処分を適切に実施できない場合、専門職大学院設置基準の見直しないし解釈の明確化を2018（平成30）年度までに検討する。

(カ) 法科大学院を修了した実務家教員等の積極的活用、未修者に対する教育課程の抜本的見直し、社会の様々な分野で活躍できる法曹の養成に有意義な先導的取組の支援を強化する。

(キ) 共通到達度確認試験の実施に向けた試行を行い、その対象を未修者から既修者に拡大する。司法試験の短答式免除との連関についても視野に入れて検討し、さらには適性試験や既修者認定試験との関係の在り方についても検討する。

(ク) 奨学金制度や授業料減免制度など、給付型支援を含めた経済的支援の充実を推進する。

(ケ) 早期卒業・飛び入学制度を活用し、学部3年終了後、既修者コースに進学できる仕組みの確立及び充実を推進する。

(コ) 地理的・時間的制約のある地方在住者や社会人等に対するICT（情報通信技術）を活用した法科大学院教育の本格的普及に向け、実証的な調査研究を行う。

イ 司法試験・予備試験

(ア) 予備試験について、結果の推移等や法科大学院修了との同等性等を引き続き検証し、その結果も踏まえつつ試験科目の見直しや運用改善を含め必要な方策を検討する。

(イ) 予備試験の合否判定について、法科大学院を中核とする法曹養成制度の理念を損ねない配慮を期待する。

(ウ) 法科大学院改革の進捗状況に合わせて、予備試験の趣旨に沿った者の受験を制約することなく、かつ、予備試験が法曹養成制度の理念を阻害しないよう必要な制度的措置を講ずることを検討する。

(エ) 司法試験の論文式試験における選択科目の廃止の是非を引き続き検討する。

4 これからの課題

(1) 法科大学院を中核とする法曹養成制度の維持発展を

法曹志望者に対して法曹養成を目的とした教育を基礎から施し、同教育を経た者を法曹とすることを原則とした現行制度は、法曹養成に特化した教育を行う制度であるという点において原理的な正当性を有するのみならず、法曹と比較されることの多い専門職である医師養成との対比においても、また、法曹養成制度の国際比較の点においても、維持されるべき制度である。

これに対し、一部には、法科大学院制度を廃止すべき、あるいは、法科大学院修了を原則的な司法試験受験資格とする現行制度を改め、法科大学院を修了しなくとも、誰もが司法試験を受験できるようにすべきであるとの議論も存在する。しかし、このような議論は、法曹養成制度の出発点を司法試験合格時点として、法学部教育によっては到達しない司法試験合格までの過程を、受験予備校による教育と自学自習という個人の努力に委ねていた旧司法試験制度の状況に回帰することを意味するものであり、支持し得ない。現行制度を維持しつつ、その問題点を解決するというのが改革のアプローチであるべきである。

以上のような基本的な立場に立って、法曹養成制度改革に関する今後の課題を整理する。

(2) 法曹志望者増加に向けて

ア 弁護士の魅力を伝え志願者増加に結びつける取組

法曹志望者増加に向けた取組は喫緊の課題である。若者に対して法曹の姿を示し、その社会的役割や活動の魅力を伝えることを通じて、法曹を志望してもらうための活動の強化が必要である。将来の進路を真摯に考える時期である高校2、3年生から大学1、2年生を主たるターゲットとして、授業や課外の講演、交流企画など、様々な機会を活用して弁護士の魅力を伝えること、社会人に対して、社会人経験を経て法曹を志し、弁護士となった者の情報を提供することなどの活動が重要である。

この点に関し、日弁連では担当委員会を中心に、法曹志望者増加に向けたパンフレットの発行、動画の制作、ウェブページの制作、全国で実施される「ロースクールへ行こう！★列島縦断★ロースクール説明会＆懇談会」（いわゆる「法科大学院キャラバン」。法科大学院協会主催）の共催団体としてその企画運営に関わ

るなどの取組を行っている。

また、このような取組を、日弁連・全弁護士会を挙げて行っていくべく、現在、法曹養成制度改革実現本部において日弁連と各弁護士会との連携の取組が行われている。日弁連では、法曹志望者確保に向けた取組の実践について各弁護士会に費用補助を行う制度を設けており、同制度を活用した各単位会での取組が活性化してきている。このような取組の一環として、2017（平成29）年3月には日弁連及び東京三会主催でシンポジウム「弁護士になりたい！って思ってるだけじゃ始まらない」が開催された。担当委員会の枠を超えた、弁護士会全体としての取組が必要である。

イ　適性試験について

法科大学院に入学するためには、適性試験の受験が事実上義務づけられてきた。しかし、事実上年1回の実施であることに加え、この間の志願者減少による財政難を背景に2015（平成27）年試験から受験会場が削減されたことが、法科大学院志望のハードルになっているとの意見、選抜方法としての有用性について疑問を呈する意見の存在などを背景として、中教審法科大学院特別委員会において検討が行われ、同委員会は2018（平成30）年6月実施の適性試験を最後に、適性試験の利用を各法科大学院の任意とすることを決定した。

適性試験の任意化は法曹志望者の増加を目的としたものではないというのが同委員会の立場ではあるが、任意化は、現実的には適性試験の廃止を意味する可能性が高いだけに、今後、この方針変更が法曹志望者の状況にどのような影響を及ぼすのかが注目される。

(3) 法科大学院

ア　改革の基本的な考え方

推進会議決定は2015（平成27）年度から2018（平成30）年度までの期間を法科大学院集中改革期間と位置づけているが、そこでは、合格率の向上と時間的・経済的負担の軽減に向けた取組がその主眼となる。他方で、他学部出身者、社会人経験者などの多様なバックグラウンドをもった人材を広く法曹界に迎え入れることや、司法試験では問うことのできない法曹に必要な多様な能力を修得させることに向けた取組を蔑ろにしては法科大学院創設の理念自体を放棄することとなる。改革に際してはこのような観点を踏まえる必要がある。

イ　統廃合・定員削減と質を確保した入学者の絞り込み

法科大学院修了者の司法試験合格率を向上させるには、法科大学院の規模を全体的にコンパクトなものにして、優秀な質を備えた教員と学生を集中させることが不可欠であるとして、この間、法科大学院の統廃合・定員削減と質を確保した入学者の絞り込みが進められてきた。

文科省の「法科大学院の組織見直しを促進するための公的支援の見直しの更なる強化について」（2013〔平成25〕年11月11日。以下「公的支援見直し策」という。）に基づく施策は、法科大学院に対する補助金削減を通じて統廃合と定員削減を促すことを中核とした政策であったが、この間の統廃合と定員削減に相当程度の効果をもたらしてきた。

また、推進会議決定に掲げられた司法試験合格率、定員充足率、入試競争倍率などの客観的指標を活用した認証評価の厳格化や、文部科学省による学校教育法第15条に基づく行政処分を背景とした取組も、同様に、法科大学院の統廃合・定員削減と質を確保した入学者の絞り込みを目的とした政策であった。

これらの施策を進めるなかで、ピーク時5,825人（2005〔平成17〕年～2007〔平成19〕年）だった法科大学院の入学者定員は、2017（平成29）年には2,566人に減少し、2018（平成30）年には2,330人に減少することが見込まれるまでになった。定員削減の目安について文科省からは2,500人という数字が示されていたが、すでに同数字を割り込むに至っている。

このような状況に加え、74校あった法科大学院は、廃止・募集停止・募集停止発表校を除くと半数近くの39校まで減少していること、2017（平成29）年には、立教大学、青山学院大学といった有力校が募集停止を発表するまでの状況に至っていることをも踏まえるならば、統廃合・定員削減に向けた取組は、ほぼその政策目的を達したと言ってよいと思われる。

ウ　教育の質の向上

(ア) 教育の質の向上の基本となるのは、教育現場を担う教員による、教育能力の向上と適切な教材作成に向けた不断の努力が基本となることはいうまでもない。この点について推進会議決定は、法科大学院を修了した実務家教員の積極的活用、法学未修者に対する法律基本科目の単位数増加などの取組に加え、法科大学院が共通して客観的かつ厳格に進級判定等を行う仕組と

して「共通到達度確認試験」という新しい試験制度を2018（平成30）年度を目途に実施すると提言している。これを受け、中教審法科大学院等特別委員会の下にワーキング・グループが設置され、同試験のシステムの構築に関する検討が行われている。

(イ) 同試験に関しては、2018（平成30）年3月に4回目の試行試験が実施されることになっているが、試験方法が短答式試験のみとされていることに加え、将来的に確認試験の結果に応じて司法試験短答式試験を免除することが展望されていることなどから、様々な問題点を抱えている。

法科大学院1年生から2年生に進級する際の確認試験は、未修者が既修者と共に学習するに足りる最低限の知識能力を有しているかを確認する試験として一定の意義が認められるとしても、2年生から3年生に進級する際の確認試験については問題が多い。

すなわち、各法科大学院の2年のカリキュラムは多様であり3年進級時の「共通到達度」を判定することは困難であることを考えるならば実施の意義自体が明確でなく、他方で法科大学院の進級判定等を行う仕組みとして適切に機能させつつ短答式試験免除と結びつけることができる見込みは現時点では全く立っていない。したがって、3年進級時の確認試験については、その実施の是非に関する慎重な検討が必要である。

(ウ) また、推進会議決定は、合格率向上に向けた取組のほか、社会のニーズに応えて様々な分野で活躍できる法曹の養成に向けた先導的な取組を支援すると提言し、各法科大学院の優れた取り組みを評価して補助金を増額するという「加算プログラム」の取組を支援することを明らかにしている。

2014（平成26）年度から始まったこの取組は、グローバル化への対応、地域への貢献、就職支援・職域拡大の推進、他大学との連携促進、教育システムの開発や教育プログラムの充実などの分野で優れた取組が採択されており、これらについては、司法試験合格率向上だけでない法科大学院の取組の促進に一定の役割を果たしていると評価できる。

他方、「加算プログラム」制度は、未修者教育の充実方策や、「3+2」コースの設置等による法学部との連携強化を高く評価したり、都市部と地方の法科大学院の連携・連合の加算率を高く評価するなど、司法試験合格率とは異なった物差しで法科大学院を評価するという同制度開始当初の趣旨のほか、政府が企図する法科大学院改革を促進するためのツールとして用いられている面もあり、近時は後者の色彩が強くなっている。法科大学院の予算総額の増加がない、いわば限られたパイのなかでの配分変更の仕組みであることも含め、同制度の意義と課題に関する検討が必要である。

エ　法学部と法科大学院との連携強化をめぐる議論について

前述の教育の質の向上と、次に述べる経済的・時間的負担の軽減の双方に関わる議論として、中教審では昨秋から法学部に「法曹コース」を設置することなどを内容とする法学部と法科大学院との連携強化をめぐる議論が進められており、これに対応して、日弁連においてもこの論点に関する検討が行われている。

中教審の議論の具体的方向性は未だ明確ではないが、2017（平成29）年10月の第82回法科大学院等特別委員会では、法曹志望が明確で優秀な学生を対象とした「法曹コース」を法学部に設置すること、「法曹コース」は3年卒業を前提としたコースとして設置し、同コースで3年卒業した自校学生を対象とする推薦枠を法科大学院既修コースに設け、「5年一貫コース」として運用するという内容を軸とした改革案が文科省から提示されている。

推進会議決定は、早期卒業・飛び入学制度によって学部3年生から法科大学院既修者コースに入学し、大学入学後5年間で法科大学院を修了できる仕組みを充実すべきと提言しており、この「5年一貫コース」構想は、同決定の具体化といえる。

なお、文科省は未修コースを廃止する意思はないとしているが、未修コースを原則とし、すべての法科大学院に未修コースの設置を義務づけている現在の制度的な建て付けを変更する可能性を示唆している。

法学部に「法曹コース」を設置することなどを内容とする法学部と法科大学院との連携強化の目的・機能については、①法学部における法曹志望者の増加をはかること、②法学部段階で法曹養成を視野においた法学教育を実施することで、学生の法的能力の向上ひいては司法試験合格率の向上をはかること、③優秀な学生の3年卒業を促進することで「学部3年＋法科大学院2年」の5年修了者を増加させて、法科大学院に行かずに予備試験ルートでの合格を目指す学生を法科大学院に誘導すること、④法学部生を原則として既修コース

に誘導することで、未修コースの性格を純粋未修者を対象とした本来のあり方に純化し、未修者教育の強化をはかることなど、いくつかの異なる観点からの議論が行われてきた。

しかし、上記文科省提案は、これらのうち③の点のみを目的としており、その他の点に関する言及はない。その他の点に関する検討を排除する趣旨ではないようではあるが、少なくとも文科省の主要な問題関心が③の点にあり、その他の点への関心が希薄であることが明確になりつつある。また、この「5年一貫コース」の規模感について文科省は明らかにしていないが、10校で定員100人程度を目途にこのような道を拡充すべき（2017〔平成29〕年法科大学院入学者において47人）とする従来方針を大幅に拡大する可能性も示唆している。

また、未修コースについては、受け入れ校を拠点化することなどが中教審の検討論点に掲げられているが、未修原則という現在の制度を維持するのかすら方向性は見えておらず、未修者に関する中教審の議論は低調である。

この法学部と法科大学院との連携強化をめぐる議論は、法科大学院改革をめぐる最後の議論になる可能性が高いだけに、今後の推移を注視する必要がある。この改革が法曹志望者の増加、法曹養成に向けた法学部・法科大学院教育の質的な充実、司法試験合格率の向上、予備試験ルートに流れる学生の法科大学院への誘導、未修者教育の質の向上といった観点からみて果たして効果を発揮し得るのか、また、この改革によって「多様なバックグラウンドを有する人材を多数法曹に受け入れる」（司改審意見書）という法科大学院制度の基本理念を損なうことにならないのか、学生の目線も踏まえた慎重な検討が求められる。

オ　経済的・時間的負担の軽減

㈠　奨学金・授業料免除制度の充実

経済的支援について推進会議決定は、法科大学院生に適用される各種奨学金の充実や授業料減免制度の充実を推進するとしているが、これら制度はいずれも大学生、大学院生全体に関するものであり、その充実に向けた地道な取組は欠かせないものの、法科大学院生に対する大幅な充実を短期的に図ることは容易ではない。

中教審法科大学院特別委員会「法科大学院教育の抜本的かつ総合的な改善・充実方策について（提言）」（2014〔平成26〕年10月9日）ではこの点について、「他の専門職業人養成における取組も参考にしつつ、関係機関との連携による法曹養成に特化した経済的支援の充実方策についても検討すべき」との提言を行っている。具体的な内容は明確ではないが、その可能性についても検討の必要がある。

なお、国立を含めて多くの法科大学院では、それぞれ独自の奨学金制度や授業料減免制度を有しており（法科大学院独自の給付型支援制度を設けている法科大学院は全体の86％）、その内容は制度創設当時に比して相当に充実が図られている。これらの情報を共有し積極的に発信していくことが求められる。

㈡　ICT（情報通信技術）の活用

推進会議決定は、地理的・時間的制約がある地方在住者や社会人等に対するICTを活用した法科大学院教育の実施について2018（平成30）年度を目途とした本格的普及に向けて実証的な調査研究を行うことを提言した。

この間、地方法科大学院の募集停止が相次ぎ、地方在住者が法曹資格を取得する道が狭められているなかにおいて、ICTを活用した法科大学院教育の実施は重要な課題である。この取組が順調に進められるならば、ある法科大学院を基幹校とし、募集停止した地方法科大学院のキャンパスを同基幹校のサテライトキャンパスにするなどして、地方在住者がその地方において法科大学院を修了するという可能性が拓かれるからである。また、ICTを活用した教育は、社会人が法科大学院において円滑に学習できる環境の整備にも繋がり得る。

推進会議決定をふまえ、文科省は「法科大学院教育におけるICT（情報通信技術）の活用に関する調査研究協力者会議」を設置して検討を重ね、2017（平成29）年2月、「法科大学院におけるICT通信技術）を活用した教育の在り方に関する検討結果」をとりまとめた。この「検討結果」では、「法科大学院が立地しない地域に居住する法曹志望者や時間的制約の多い有職社会人などが法科大学院教育を受けることを可能にすることで、法曹資格を取得するための途を確保する」ことを法科大学院におけるICTを活用した教育の目的の一つとして掲げている。

「検討結果」の具体的内容は、「法科大学院教育の質

の確保とICTを活用した教育の普及を両立させる観点から、メディア授業を実施する場合の法令上の要件について、その解釈を整理した」というレベルのものにとどまっているが、地方・夜間法科大学院の充実を主張してきた弁護士会としては、現状における現実的な方策として、この「検討結果」を出発点として、上記教育目的の具体化に向けた検討及び運動に積極的に取り組んでいく必要がある。

(4) 予備試験

推進会議決定は、予備試験について、その受験者及び合格者の大半が法科大学院在学中の者や大学在学中の者であり法科大学院教育に重大な影響を及ぼしていることが指摘されているなどとして、予備試験創設の趣旨と現在の利用状況が乖離していることを認めている。この点は、推進会議の前身ともいえる法曹養成制度検討会議において、予備試験について積極的に評価すべきとの立場と制限的にすべきとの立場の両論併記がなされるにとどまったことと比較すると、大きな変化である。

このような認識に基づき、推進会議決定では、法科大学院の改革を集中的に進める必要性に言及する一方で、予備試験の結果の推移や法科大学院修了との同等性などを引き続き検証するとともに、予備試験の科目見直しや運用改善を含めた方策を検討すること、予備試験の合格者数を現状よりも大きく増加させないこと（予備試験の合否判定に当たり法科大学院を中核とするプロセスとしての法曹養成制度の理念を損ねないよう配慮するという推進会議決定の記載はこの意味である。）、予備試験が法曹養成制度の理念を阻害することがないよう必要な制度的措置（具体的には何らかの受験資格制限が想定されていると思われる。）をとることを検討することなどが提言されている。

2017（平成29）年の司法試験結果をみると、予備試験ルートでの合格者は290人（前年比55人増）、合格率は72.5％（前年比11％増）、また、同年の予備試験結果をみると、合格者は444人（前年比39人増）となっている。いったん安定したかにみえた予備試験ルートからの参入は、再び増加傾向にある。

この間の日弁連による調査では、予備試験を受験する法学部生の大半はまず予備試験受験を目指して勉強し、予備試験に合格しなければ法科大学院に進んで法曹を目指すという受験行動をとっており、法科大学院を回避して予備試験専願で法曹を目指す受験生は未だごく一部にとどまっている（法務省が第4回法曹養成制度改革連絡協議会で公表した資料によると、大学4年で予備試験に出願し、翌年度に予備試験に合格した者の殆ど（2014〔平成26〕年は9割を超える者）が法科大学院に進学している。）。とはいえ、東京大学法学部生の一部にとどまっていた「予備試験専願」者は、少しずつ他大学にも拡がりをみせはじめている。

予備試験については、予備試験ルートを狭めることに対して政治筋に強い反対論が存することや、これを踏まえて法曹養成制度改革顧問会議の場で推進室から、現時点で受験資格制限を行うことは適切ではないとの意見が明示されていることなどを踏まえるならば、その在り方を変える議論を行うこと自体が容易ではない状況にある。

しかし、経済的事情や既に実社会で十分な経験を積んでいるなどの理由により法科大学院を経由しない者にも法曹資格取得のための途を確保するという予備試験の制度趣旨と現状との乖離をこれ以上拡大させないためには、前述の法科大学院改革を早期に進めるとともに、予備試験をめぐる数値や受験動向などの検証にとどまることなく、推進会議決定にも示された試験科目の見直しや、論文式試験の出題傾向、とりわけ法律実務基礎科目の出題内容、口述試験の在り方などの運用改善に向けた検討を行い、実施に移していくことが必要である。

(5) 司法試験

ア 論文式選択科目廃止について

推進会議決定は、司法試験について、論文式試験における選択科目の廃止を継続検討課題としているが、この点についてはすでに法曹養成制度改革顧問会議の場において検討され否定的な結論が事実上出されている。

イ 検証担当考査委員制度について

また、推進会議決定は、司法試験委員会において継続的な検証を可能とする体制を整備するとしたことから、これに期待するとしている。同体制は、司法試験考査委員の中に検証担当考査委員を設けて出題、成績評価、出題趣旨、採点実感等について科目横断的な検証を行うという体制（2015〔平成27〕年6月10日司法試験委員会決定）を指している。

同体制は、2016（平成28）年度から運用が開始され

たが、同年度の検討結果として、論文式試験の必須科目に関し、「出題における事例の分量及び設問の個数が増大しつつある」として、「受験生に過度に事務処理能力を求める」ことのないようにすべき等の内容を司法試験委員会に報告しており、司法試験の運用改善に向けた今後の積極的な役割が期待されている。

ウ　漏洩事件とワーキングチームによる再発防止策

2015（平成27）年9月、憲法考査委員による司法試験問題漏洩事件を受けて原因究明と再発防止を目的として司法試験委員会の下にワーキングチームが設置された。

同チームは、2016（平成28）年試験については暫定的措置として、問題作成を担当する考査委員については、法科大学院の現職教員を排除し、法科大学院教育経験者や学部教員など現に法科大学院教育に携わっていない教員を充てることとした。

その後、2016（平成28）年10月には「司法試験出題内容漏えい事案を踏まえた再発防止策及び平成29年以降の司法試験考査委員体制に関する提言」を取りまとめた。同提言は、法科大学院教育との有機的連携の下に行うこととされている司法試験の目的に沿った適切な問題を作成するためには、法科大学院の現職教員も問題作成を担当する考査委員に含めることが必要としつつ、その前提となる再発防止策として、司法試験委員の下に考査委員を推薦するための法曹三者や法科大学院関係者で構成される新たな組織を設けること、考査委員の再任回数を2回程度に制限すること、考査委員である教員が個別指導を閉鎖的スペースで行わないことや授業内容を録音すること等の各種対策を求めている。同提言に基づき、司法試験委員会の下に司法試験考査委員候補者選定等部会が設置されるなど、再発防止に向けた新たな体制が始動を始めている。

エ　司法試験改革の検討状況

現在の法曹養成制度をめぐる改革を真に実効性あるものにするには、法科大学院制度改革とともに、司法試験の改革が不可欠である。検証担当考査委員制度や漏洩事件再発防止策の適切な運用が必要であることはもちろんであるが、これらの対応によって法曹養成制度をめぐる困難な現状が大きく進展するものではない。

このような認識の下、日弁連法科大学院センターでは、司法試験改革に関する検討が進められており、2016（平成28）年12月の司法試験シンポジウムでは、検討チームの試案が公表されている。

同試案では、司法試験科目について短答式は憲法、民法、刑法の3科目という現行科目を維持しつつ、論文式に関しては科目削減案として、①民法、刑法の2科目案、②①＋憲法の3科目案、③②＋選択科目の4科目案の3案を提案する。また、試験内容については、現在のような複雑な事案ではなく、実務で普段遭遇するような事案への抜本的改革を提案する。

加えて、同試案は、試験実施時期を法科大学院修了前とする点に特徴を有する。具体的には、①3年次8月、②3年次9月、③2年次3月の3案を提示する。司法試験の負担を軽くし、また、実施時期を遅くとも3年次9月とすることによって、入学から司法試験受験までの時期は、主に法的思考力や基礎的な知識を身に着けるように努め、3年次後期において、臨床科目の他、将来を見据え、試験科目以外の自らが学びたい法律科目の履修を可能にするという考え方に基づく提案とされる。

また、試験実施時期を法科大学院修了前のこれらの時期にすることによって、4月からの司法修習開始が可能になり、現在、3月の法科大学院修了後、12月初旬の司法修習開始までの8ヶ月に及ぶいわゆるギャップ・タームを解消することができることも、この提案の特徴である。

ギャップ・ターム解消のための司法試験実施時期の前倒しは、法曹養成制度改革顧問会議において元東京高裁長官の吉戒修一委員から提唱されて議論をよんだが、政治筋においても提案が検討されるなど、様々な検討課題を抱えながらも有力な改革案の一つとされている。上記検討チーム試案については検討すべき点も少なくないが、法科大学院改革と一体となる司法試験改革案のたたき台として注目すべき内容を含んでいるといえる。

第5 司法修習制度の現状と課題

1 司法修習の現状

(1) 現在行われている司法修習の概要

現在行われている司法修習（以下、適宜「新司法修習」という場合もある。）は、修習期間が1年であり、導入修習3週間、分野別実務修習7か月半、選択型実務修習約6週間、集合修習約6週間の課程で構成されている。

この内、選択型実務修習と集合修習については、どちらを先に修習するかが実務修習地ごとに異なり、主に大規模な実務修習地（A班＝東京、立川、横浜、さいたま、千葉、大阪、京都、神戸、奈良、大津及び和歌山）については、集合修習→選択型実務修習の順番で、A班以外の実務修習地（B班）については、選択型実務修習→集合修習の順番で、それぞれ実施されている。

ちなみに、2016（平成28）年11月27日から修習が開始した第70期司法修習生の日程は、以下のとおりである。

○導入修習：2016（平成28）年12月2日～同月22日（実日数15日）
○分野別実務修習：2017（平成29）年1月4日～同年8月10日
・第1クール：2017（平成29）年1月4日～同年2月27日（実日数38日）
・第2クール：2017（平成29）年2月28日～同年4月23日（実日数38日）
・第3クール：2017（平成29）年4月24日～同年6月16日（実日数37日）
・第4クール：2017（平成29）年6月17日～同年8月10日（実日数38日）
○選択型実務修習及び集合修習
・A班集合修習：2017（平成29）年8月14日～同年9月25日（実日数30日）
・A班選択型実務修習：2017（平成29）年9月29日～同年11月15日（実日数32日）
・B班選択型実務修習：2017（平成29）年8月11日～同年9月29日（実日数34日）
・B班集合修習：2017（平成29）年10月3日～同年11月15日（実日数30日）
・自由研究日：2017（平成29）年11月16日

(2) 現在行われている修習制度へ至る経緯

2006（平成18）年秋から、法科大学院を修了し、新司法試験に合格した者に対する新司法修習が開始された。2012（平成24）年までは、この「新司法修習」と「現行司法修習」と呼称された従来型の修習（以下「旧司法修習」という。）が併行して実施されていたが、旧司法修習は2011（平成23）年4月採用の「現行第65期」で終了し、2012（平成24）年11月採用の66期以降は、新司法修習のみとなり、「新」の冠をとって「第○○期司法修習生」と呼ばれることになった。

(3) 新司法修習と旧司法修習の主な相違点

ア 修習期間

新司法修習の修習期間は、1年である（68期からの各実日数は、導入修習15日、分野別実務修習約38日×4、選択型実務修習約30日、集合修習30日）。

イ A班・B班の2班体制

新司法修習は、1年間の司法試験合格者数が3,000人程度となることを想定して設計され、その場合は、修習生全員を研修所に集合させることが物理的に不可能となることから、修習生をA班（東京・大阪等の修習地）とB班（A班以外の修習地）の2つに分けることとされた。そして、新61期以降から2班体制で実施されている。

前述したとおり、分野別実務修習後の選択型実務修習及び集合修習は、A班とB班をたすき掛けして入れ替えることにより行われている。

ウ クラス編成

新司法修習のクラスは、1～4箇所の実務修習地単位で編成されている。

1クラスの人数は、修習生の数が多かったときは80名近い時もあったが、司法試験合格者の減少に伴い、70期は65名程度に減少している。

エ 導入修習

新司法修習においては法曹養成に特化した法科大学院において実務導入教育を受けているとの前提から、司法研修所における前期修習は廃止され、新60期だけは前期修習を簡略化した導入研修（約1か月間）が実施されたものの、新61期からは直ちに分野別実務修習から修習を開始した。

しかしながら、分野別実務修習から始まる修習では、

特に修習の前半（第1クール及び第2クール）において分野別実務修習の実効性が上がらないとの声が多方面から上がった。そこで、68期からは、修習開始直後に司法研修所において全修習生に対して同時に3週間（実日数15日）の導入修習が実施されることとなった。

他方、司法研修所教官が実務修習地に赴いて講義をするという出張講義（派遣講義）が新61期以降実施されていたが、導入修習の実施にともない68期から廃止された。

オ 集合修習

集合修習は、実務修習を補完し、司法修習生全員に、実務の標準的な知識、技法の教育を受ける機会を与えるとともに、体系的で汎用性のある実務知識や技法を修得させることを旨として、司法研修所において行われる。

A班の修習生に対しては、8月から9月にかけて実施され、B班の修習生に対しては、10月から11月にかけて実施される。

カ 選択型実務修習

選択型実務修習は、配属庁会等において、司法修習生の主体的な選択により、分野別実務修習の成果の深化と補完を図り、又は各自が関心を持つ法曹の活動領域における知識・技法の修得を図ることを旨として実施される。

修習生は、弁護修習で配属された法律事務所をホームグラウンドとし、弁護士会、裁判所、検察庁において用意された個別修習プログラムや全国型プログラムの中から自ら修習したいプログラムを選択して修習計画を立てる。また、自ら修習先を開拓する自己開拓プログラムも認められている。

キ 司法修習生考試（以下「二回試験」という。）

二回試験は、司法修習生考試委員会（以下「考試委員会」という。）が所管し、修習期間の最後の1週間に5科目の筆記試験という形で実施される。

60期以降、追試制度は廃止され、二回試験に合格できなかった修習生は、その後に実施される二回試験を再度受験することになる。再受験をする場合は、5科目全ての科目を受験し、全ての科目に合格点をとることが必要であり、旧司法修習時代の不合格科目だけ追試で合格すれば合格できたことと異なることになった。

なお、2009（平成21）年度以降、二回試験の受験回数は連続する3回までに制限されることとなった。

不合格者の割合は、年によって異なるものの、最近は、やや減少傾向にあり、概ね2％程度である。

ク 給与

現行65期修習生までは、給与が支給されていたが（給費制）、2012（平成24）年11月採用の新65期修習生からは給費制が廃止され、司法修習生に対して、修習資金を貸与する制度（貸与制）に変更された。ちなみに、貸与金の基本額は月額23万円であった。

その後、2016（平成28）年12月19日、2017（平成29）年以降に採用される司法修習生に対して修習手当を支給することが閣議決定され、71期修習生からは、修習手当が支給されることになった。ちなみに、修習手当の基本給付額は月額13万5,000円である。

2 司法修習の課題

(1) A班・B班の2班体制による弊害＝1班体制にすべきである。

ア 前述したとおり、分野別実務修習後の選択型実務修習及び集合修習は、A班とB班をたすき掛けして入れ替えることにより行われており、8月・9月は、A班が司法研修所で集合修習を、B班が実務修習地で選択型実務修習をそれぞれ行い、10月・11月は、A班が実務修習地で選択型実務修習を、B班が司法研修所で集合修習をそれぞれ行っている。

A班の修習生は、集合修習の後に、選択型実務修習を受けるために一旦配属地へ戻らざるを得ないという不利益（住居費や交通費の負担増）を負わされている。また、集合修習が終わった後に選択型実務修習を行い、その後で二回試験を受けることになる。それゆえ、A班の修習生は、二回試験に備えて自習する時間を確保するために、選択型実務修習に臨む姿勢が消極的であったり、負担の軽いプログラムを選択するという傾向がある。

イ 修習は、能う限り公平に実施されなければならないものであり、2班体制を改めて1班体制にし、全修習生が実務修習地にて選択型実務修習を行い、その後に集合修習を実施し、二回試験を受けるようにすべきである。

現在の2班体制は、1年間に3,000人の司法修習生を受け入れることを予定して構想されたものであり（1,500人×2班）、司法試験合格者が1,500人程度となっている現在においては、1班体制（75名×20クラス）

を支障なく実施できるはずである。なお、導入修習は2班合同で実施されているものであり、司法研修所での修習中の修習生の宿舎の確保も可能であると見込まれる。

もともと司法修習制度は1班体制で実施されていたものであり、1班体制で実施出来るのであれば、1班体制で実施すべきである。2班体制に拘泥する理由は微塵も無い。前述したとおり、1班体制での実施が可能な状況となっている以上、可及的速やかに1班体制で実施すべきである。

ウ　なお、東弁が、日弁連に対し、2班体制を1班体制に改めるよう提言したことについては、後述する。

(2) 選択型実務修習における課題

ア　選択型実務修習については、修習地によって提供できるプログラムに差があったり、参加人数の上限があるため希望するプログラムを履修できる者とできない者がいるという問題があり、司法修習生間で不公平感があることは否めない。

また、各実務庁は、プログラムを策定するために多大な労力を注入しているにもかかわらず、これを受ける修習生の側では、負担感のある模擬裁判のようなプログラムを敬遠し、負担の少ない講義中心のプログラムや、見学中心の言わば物見遊山的なプログラムを好むという傾向がある。特に、この傾向は、前述したとおり、A班の修習生において顕著であり、A班の修習生の中には、ホームグランドにおける修習に多くの時間を割き、しかもホームグランドで二回試験に備えての勉強をしている修習生が多くいることが指摘されている。それ故、誠に遺憾ながら、せっかく各実務庁において多大な労力をかけて用意しても、希望者がいないために実施できないプログラムも存在するのであり、現在の選択型実務修習は、その実施にかける費用及び労力とその効果が見合っていないと言わざるを得ない。

イ　このような選択型実務修習の問題点に鑑みると、短い修習期間の中で選択型実務修習に時間をかけるよりも、分野別実務修習や集合修習により多くの期間を充てた方が教育効果が上がるのではないかと考えられる。

また、選択型実務修習を実施するとしても、前述したように1班体制にして全員が集合修習の前に各実務修習地で行うようにすべきであるし、期間も1か月程度（実日数20日程度）に短縮して実施する方が適当であると考えられる。

(3) 前期修習廃止による弊害→導入修習の実施による改善

ア　前述したとおり、新司法修習においては前期修習が廃止され、直ちに分野別実務修習から修習が開始されることになった。しかしながら、分野別実務修習から始まる修習では、特に修習の前半（第1クール及び第2クール）において分野別実務修習の実効性が上がらないことが当初から懸念され、また、現実に、新司法修習が開始されると上記のような弊害を訴える声が多方面から上がった。

司法研修所においても、その点に対する対応として、検察・民事弁護・刑事弁護の司法研修所教官が実務修習地に赴いて講義をするという「出張講義（派遣講義）」を修習開始の約1か月後である1月上旬に1日実施していたが、それでは不十分であり、より早く実務修習における心構え等を講義すべきであるとされ、修習開始の冒頭に民事弁護及び刑事弁護の元教官による講義を全国の修習生に対してライブ配信により同時に視聴させるという「弁護導入講義」が1日実施されることになり、新66期から実施されることになった。また、「出張講義（派遣講義）」についても、1月の実施に加え、4月にも1日実施されることになり、新64期から刑事弁護で実施され、66期から民事弁護及び刑事弁護で実施されることになった。

しかしながら、そのような対策では、分野別実務修習から修習が開始される場合の弊害を緩和・是正することが不十分であったため、導入教育の必要性が強く主張され、2014（平成26）年11月採用の68期修習生から「導入修習」が実施された。それにより、「出張講義（派遣講義）」及び「弁護導入講義」は廃止された。

イ　導入修習が実施されたことにより、修習生の法律実務に対する基本的な理解が進み、第1クールから分野別実務修習の実が上がると共に、分野別実務修習全般に対する修習生の心構えや意気込みが改善され、真剣に修習に取り組む修習生が増えたと評価されている。また、クラスの一体感も増し、修習生が纏まって真面目に修習に取り組む雰囲気を醸し出すことにも繋がっているように感じられるし、統一修習の利点である法曹三者の一体感を醸成することにも寄与していると考えられる。

導入修習が実施された成果は、大であると評価でき

る。
ウ　しかしながら、導入修習の実日数は15日間と短く、その期間に5教官室が目一杯のカリキュラムを詰め込んでいるため、受けた修習の内容を消化しきれず、疲労感だけが残るという修習生も少なからず存在する。

修習生にとって受けた修習内容が消化不良にならないよう、導入修習の期間を伸長することを検討すべきであるし、カリキュラムの内容もある程度余裕のあるカリキュラムにすることを検討すべきある。

(4) 分野別実務修習における課題
ア　期間の短さ

分野別実務修習は、実務家の個別的指導の下で実際の事件の取扱いを体験的に学び、「生きた事件」を通じて、法律実務家に必要な知識、技法、高い倫理観及び職業意識を身に付ける場であり、司法修習の中核となるべき課程である。

この分野別実務修習を充実させることこそが、司法修習を充実させることであると言っても過言ではない。

現在の分野別実務修習は、各クールが実日数概ね38日で行われているが、この日数では、同一事件を複数回経験する機会が限定され、「生きた事件」を継続して体験することが乏しくなっていると言わざるを得ない。

修習生に対してアンケートを採ると、期間の短さを指摘する修習生が多く存在する。

分野別実務修習の期間を伸長することを検討すべきである。

イ　「弁護実務修習ガイドライン」の実施状況及び配属先事務所の差異等による修習生の不公平感

分野別実務修習を充実させるため、「分野別実務修習における指導のガイドライン」が策定され、弁護修習においても、2014（平成26）年3月6日付けにて、「弁護実務修習ガイドライン」（以下「ガイドライン」という。）が日弁連会長から各単位会会長宛に送付された。ガイドラインに記載されている内容は、極めて多岐にわたり、短い分野別実務修習の期間に全てをこなすことはおよそ不可能な内容となっているが、ガイドラインを尊重し、多様な事件を通じてより多くの経験を積めるよう個別指導担当弁護士の努力が期待される。なお、司法研修所においては、修習生から提出される「実務修習結果簿」を分析し、ガイドラインの実施状況を検証している。

ところで、東弁には、毎年140名前後の修習生が配属され、その人数の個別指導担当弁護士を確保しなければならない。しかしながら、様々な事情から個別指導担当を引き受けてくれる弁護士の数が不足しており、毎年、司法修習委員会はその確保に四苦八苦しているのが実情である。また、個別指導担当弁護士の中には、指導に熱心に取り組み、様々な事件処理を体験させてくれる弁護士がいる反面、取扱い事件数が少ない弁護士、訴訟事件をほとんど扱わない弁護士、取扱い事件が極端に偏っている弁護士、修習生の指導に熱意のない弁護士もおり、配属先事務所の差異による修習生の不公平感が生じているのは否めない。

分野別実務修習は、司法修習の中核であるから、個別指導担当弁護士の層を厚くし、より良い指導がなされるよう、また、修習生間に不公平が生じないように工夫していくことが必要である。

(5) 二回試験の問題点
ア　紐で綴じられていない答案を不合格答案とする取扱いを改めるべきである

二回試験においては、応試者が、試験時間内に表紙と答案を一体として黒紐で綴じて提出しなければならず、黒紐で綴じられていない答案は、採点されない取扱いとなっており、それだけで不合格となる。そして、黒紐で綴じることが出来なかったために不合格となる応試者が生じることもある。これは、時間内に答案を作成できなかった場合よりも、表紙を付けずに答案を綴じてしまい、試験時間の終了間際にそのことに気づき、慌てて綴じ直したが間に合わず綴じられなかったという場合が多いようである。

しかしながら、答案を黒紐で綴じる能力は、実務法曹となる能力と何ら関係のない能力であり、黒紐で綴じられていないことを理由として不合格とする合理的な理由はない。

日弁連の司法修習委員会と司法研修所との協議の場で、この点を指摘する委員の発言があり、考試委員会においても改善策が講じられてはいるが、黒紐で綴じられていない答案を採点せずに不合格とする取扱いは改められていない。

このような取扱いを改めるよう、考試委員会に要請すべきである。

イ　追試復活の是非

前述したとおり、60期以降、追試制度は廃止され、

二回試験に合格できなかった修習生は、その後に実施される二回試験を再度受験することになる。

再度の受験は、翌年の二回試験であり、不合格者は法曹資格を得るために最短でも1年間待たされることになり、その間は、修習の機会を与えられることもない。

また、再受験をする場合は、5科目全ての科目を受験し、全ての科目に合格点をとることが必要であり、受験回数も連続する3回までと制限されている。3年間、異なる科目で二回試験に不合格となり、結局、司法試験に合格しながら、法曹資格を得られなかった者も存在する。

苦労して司法試験に合格して来た者に対する、二回試験不合格の不利益は過大であるとも考えられる。

59期以前のように、追試制度を復活させること、再受験の受験科目は不合格科目だけとすることを検討すべきである。

(6) 司法修習の問題を是正するための弁護士会の動き

ア 東弁は、司法修習制度のあり方に関し、2016（平成28）年3月24日、日弁連に対して「現行の司法修習制度のあり方に関する提言」と題する書面を提出し、①「現行の12か月の司法修習期間においては、2班制を1班制に改め、全修習生について同時期に、導入修習1か月、分野別実務修習8か月、選択型実務修習1か月、集合修習2か月を、この順序で実施すべきである。」、②「選択型実務修習については、今後3年程度の期間においてその効果について検証し、分野別実務修習への統合も含めて検討すべきである。」と提言した。

しかしながら、この提言書に対する日弁連の具体的な対応はない。

東弁としては、日弁連執行部に対し、この問題を正面から取り上げるよう働きかけるべきである。

イ また、現在行われている司法修習の期間は1年であるが、導入修習、分野別実務修習、集合修習の期間が十分確保されているとは言えず、残念ながら、司法修習生に対して、十分な修習が実施されているとは言えない。このことは、修習生からアンケートを採ると、修習期間が短すぎるという回答が多く寄せられるという現実から実証されていると言える。

制度全体の大きな問題であるが、修習期間を伸長することが検討されるべきである。

ウ 2班制を1班制に改めたり、選択型実務修習の在り方を見直したり、さらには修習期間を伸張する等の制度全体を大きく見直すためには、弁護士会の内部だけで検討していてもあまり意味をもたない。最高裁判所司法修習委員会の場において、日弁連代表の委員からの発言等により「弁護導入講義」が実現したことや教官室の要望により「出張講義（派遣講義）」が1日から2日に増えたこと、さらには、法曹養成制度改革推進会議での提言により司法試験合格者が1,500名程度へ減少されることになったこと等を想起し、法曹養成制度改革連絡協議会や最高裁判所司法修習委員会の場において、日弁連推薦の委員から積極的に発言をして貰い、制度全体として検討して貰うように働きかけるべきである。

(7) 終わりに（司法修習の理念と現状の乖離）

ア 現在の司法修習制度は、21世紀の司法を支えるにふさわしい質・量ともに豊かな法曹を養成するとの理念に基づき、法曹養成に特化した法科大学院による法学教育と司法試験との有機的な連携を前提とする「プロセス」としての法曹養成制度の一環としてスタートした。司法修習は、司法修習生の増加に実効的に対応するために、法科大学院での教育内容を踏まえ、実務修習を中核として位置付け、修習内容を適切に工夫して実施すべきものとされ、修習期間は1年とされた。

しかしながら、法科大学院における法律実務基礎教育の内容にばらつきがあり、司法修習（実務修習）に期待される充実した教育が実施できていない法科大学院も存在し、司法修習生の一部に、実務に関する基礎的な知識を欠いた者や、基本的な法律文書（訴状や答弁書など）を起案した経験がない者が少なからず存在する。このような事態となった原因としては、法科大学院が負担すべき実務導入教育の内容について、法科大学院関係者と司法修習に関係する法曹関係者の間での認識にギャップがあったこと、また、法科大学院側での共通の理解も不十分であったため、法科大学院によって実務基礎教育の内容に大きなばらつきが生じたことなどが考えられる。そのため、導入修習が実施されることになり、修習生全員に対して、実務修習に期待される最低限の能力を備えさせるべく改善が図られたのである。

イ 新しい法曹養成制度は法廷実務家に限られない幅広い法曹の活動に必要とされる、法的問題解決のための基本的な実務的知識・技法と法曹としての思考方法、

倫理観、心構え、見識等を修得することをまず第一の目標とするとの観点から、これまでの法廷実務を中心とした司法修習のあり方に再検討を求めるものである。

しかし、そもそも多様な法律家の養成という理念の下にあっても、法の支配の実現を担う専門家としての法律家が実体法及び法廷実務の基本を理解すべきは当然である。この基本が理解されていないならば、法廷以外の場面においても、法曹有資格者として活動することは困難であろう。また、法曹有資格者は、法廷実務を理解するがゆえに、法廷以外の場においても有用であるともいえるのである。修習期間が1年となり、その中核である分野別実務修習の実効性を高める必要があるとの問題意識が持たれ、上述したような対策が取られている現状に鑑みると、ある程度は法廷実務を中心とする教育とならざるを得ないのはやむを得ないことと思われる。限られた修習期間の中で、法廷実務の基本が十分に理解されていないにもかかわらず、修習対象を拡大し薄められた内容のカリキュラムを増やしても、司法修習の実を上げることはできないと思われるからである。

ウ 今更指摘するまでもなく、法曹は、三権の一つである司法権の現実の担い手として、その役割は重大であり、国家のインフラストラクチャの一部であるとも言える存在である。法曹を養成していくことは、国民の人権を擁護し、社会正義の実現に寄与する者を育てていくことに他ならない。

我々は、将来を見据え、法化社会の実現を図るためにも司法修習制度を充実させ、次代を担うより良い法曹を育てて行かなければならないものであるし、世界で類を見ない良い法曹養成制度である統一修習を堅持して行かなければならないものである。

3 給費制をめぐる動向

2004（平成16）年12月、裁判所法の改正により、司法修習生に対する給費制が廃止され、1年間の実施時期の後ろ倒しを経て、新65期からは貸与制が実施された。司法試験受験資格を得るために法科大学院を卒業しなければならず、その法科大学院での学費の重い負担を考えると、修習生に対する給費制から貸与制への変更は、司法修習生にはきわめて負担は重く、また、それがゆえに法曹実務家を目指す者の減少原因となっているとも考えられる。

日弁連、全国52の弁護士会、ビギナーズネットは2014（平成26）年12月から司法修習生への給費の実現と充実した司法修習に向けて、国会議員に働きかけを行っていった。特に日弁連では、2015（平成27）2月18日から2016（平成28）年4月26日にかけて4度にわたり衆議院第一議員会館にて「司法修習生への給費の実現と充実した司法修習に向けた院内意見交換会」を開催し、また、2016（平成28）年10月11日は日弁連主催で東弁他が共催し、「修習手当の創設を求める院内意見交換会」が開催され、400人を超える国会議員からメッセージを得るまでに至った。また、各弁護士会においては各地において「修習手当の創設を求める全国リレー市民集会」が開催された。なお、東弁では司法修習費用給費制維持緊急対策本部を設置して対応に当たっている。そして、これらの活動の結果、2016（平成28）年12月19日、法務省は、司法修習生の経済的支援策に関し、法曹三者での協議を踏まえ、2017（平成29）年度以降に採用される予定の司法修習生（第71期以降）に対する新たな給付制度を新設する制度方針を発表し、翌2017（平成29）年4月19日、上記の司法修習生に対する新たな給付型の経済的支援を行う「裁判所法の一部を改正する法律」が政府提案のとおり可決され、成立した。新設された修習給付金には、修習生に一律月額13万5,000円を支給する「基本給付金」のほか、修習先で賃貸住宅に住む場合の「住居給付金」、修習に伴う引っ越し費用の「移転給付金」の3種類が設けられた。なお、貸与制は、貸与額を見直した上で新制度と併用できるようになった。このように、修習給付金制度が新設されたことは大きな一歩ではあるが、従前の給与制に比して低額にとどまっている点で経済的支援としては改善の余地があるといえる。また、2011（平成23）年11月から2016（平成28）年11月までに司法修習生に採用されたいわゆる谷間世代の者の経済的負担が改正法施行後に司法修習生に採用された者に比して重くなるという指摘もある。

今後は、修習給付金が司法修習生への経済的支援としてより充実したものとなるように国会等に継続して働きかけをすることが必要である。また、谷間世代の経済的負担を軽減するような対策を日弁連あるいは単位弁護士会において配慮する施策を立案、実施することが肝要である。

第6 若手法曹をめぐる現状と課題

1 若手弁護士をめぐる現状と支援策

(1) 若手弁護士をめぐる現状

司法制度改革の一環として実施されている法曹人口の増大政策により、弁護士人口は毎年飛躍的に増加し、2000（平成12）年（弁護士白書によると17,126人）と比較すると約2万人増加して、2倍以上の38,898人（2017〔平成29〕年9月1日現在）に至っている。

弁護士人口の増大を背景に、ひまわり基金法律事務所や法テラス4号事務所（地域事務所）の展開などによって弁護士ゼロ地域の解消、被疑者国選弁護の拡大、国選付添人制度の実現、組織内弁護士の増加といった成果が実現し、2011（平成23）年3月に発生した東日本大震災後の対応として、法律相談や被災者の代理人としての活動を中心とする震災復興支援、原子力損害賠償紛争解決センター（原発ADRセンター）や、被災自治体の任期付公務員への人材輩出等を実現することができた。これらの成果及び活動の多くが若手弁護士によって担われている。

他方、社会の法的サービスに対する需要は、現状において弁護士人口の増加に見合うほどには増加せず、弁護士を取り巻く環境は年々厳しくなっている。また、新規登録弁護士の採用問題（司法修習生の就職問題）も恒常化し、就職難に加え、登録と同時に自宅等を事務所として開業する弁護士や新規登録弁護士同士で開業する例が顕著になり、既存の事務所への就職も就業条件が悪化しており、これに関連して事務所への就職から1年未満で独立開業する等のいわゆる即独・早期独立の問題も増加している。開業弁護士もまた、弁護士1人当たりの相談件数、裁判・調停の受任件数が全体的に減少しており、さらに法テラス利用の普及などもあり競争原理が働くなか、単価も低廉化する等、即時・早期に独立する弁護士のみならず、業務基盤の弱い若手弁護士の置かれた状況が、上の世代の弁護士に比べ厳しいものがあると窺われる。さらに、法科大学院の学費負担とともに、司法修習が給費制から貸与制へ移行したことにより、奨学金や貸与された資金の返済義務などの多額の債務を負って業務を開始する若手弁護士の数が増加している。貸与制がスタートした新65期は、返還据置期間の5年間が2017（平成29）年12月に満了となるため、2018（平成30）年から貸与された資金の返還が始まることとなっている。

以上の若手弁護士が置かれた現状は、このまま改善されなければ、遠くない将来における司法の担い手である若手弁護士が疲弊し、また、弁護士活動に対する夢の喪失を招くといった事態を生じさせる。また、さらなる法科大学院受験者数の減少に伴って法曹界に輩出される優秀な人材が減少していくことも危惧されるところである。法曹人口の増大政策は、日弁連の総意として受け入れられたものであって、現状の若手弁護士の苦境について、中堅、ベテラン弁護士はその改善に取り組む責任を認識し、痛みを分かち合い自らも具体的な労力や負担を厭わず、現在の状況を打破する実効性のある支援策を実施するとともに、中長期的に改善する施策を講じなければならない。

弁護士会は、このような視点をもって、後記のとおり、弁護士の活動領域の拡大、若手弁護士の業務基盤の確立等にも資する諸施策の採用、実施を拡充していくべきである。この点、東弁においては、2014（平成26）年9月に設置された「若手会員総合支援センター」にて、若手弁護士が中心となって具体的かつ効果的な支援策を検討・実施しており、今後も活動が期待される。

(2) 若手弁護士に対する支援策

ア 弁護士の就業等支援

2016（平成28）年12月の一括登録（69期）では、未登録者数（任官・任検を除く）が416人と2年連続で500人を下回っている（推計値）。しかし、司法試験合格者数が減員していることを踏まえれば、就職環境が改善傾向にあるとの評価を早計にはできない。

日弁連及び各弁護士会は、引き続き、法律事務所による若手弁護士採用の拡大を図るための積極的な施策を実施すべきである。

また、企業や国、地方公共団体への弁護士の就業拡大を実現するための対策を立案し、実行することも、組織内弁護士等の採用拡大としての機能をもつことから積極的に推進されるべきである。そのためには、弁護士の活躍が要請された場合に適時、適切な能力を有する弁護士が就業できる環境を整えなければならない。研修等によって適切な知見を獲得することができる制度を構築することはもちろん、法律事務所から組織内

への移籍前、及び組織内から法律事務所への復帰の際の支援体勢の構築検討も必要である。それとともに、任期付公務員等となる自治体内弁護士にあっては、自治体からの募集に対する人材の給源や退職後のライフプランの見通し等についての課題があり、公設事務所にその受け皿機能を附加することも含めての支援体勢の構築検討が望まれる。

イ　弁護士の活動領域の拡大

今後も弁護士人口の増加が見込まれるところではあるが、増加の如何にかかわらず、社会の各所が潜在的に抱えている法的問題を発見・解消していくため、弁護士・弁護士会はその活動領域を拡大する努力を継続的に行うべきであり、ひいては、若手弁護士の業務拡充に繋げていくべきである。これまでも活動領域の拡大に向けられた活動が一定程度行われてきたとはいえ、未だ十分なものであったと評価することはできない。

日弁連では、2013（平成25）年、法律サービス展開本部（自治体等連携センター、ひまわりキャリアサポートセンター、国際業務推進センターの3つのセンターから成る。）を設け、東弁でも、リーガルサービスジョイントセンター（弁護士活動領域拡大推進本部）を設け、それぞれ活動領域の拡大に向けた様々な活動に取り組んでおり、活動の継続と発展が望まれる。

活動領域拡大のためには、若手弁護士のみならず、知識経験ともに豊かなベテラン弁護士が自ら労苦を厭わず積極的に関与してニーズを発掘していくことが重要である。一方で、柔軟な発想と行動力に富む若手・中堅弁護士が気兼ねなく活動することのできる環境を整えることもまた重要である。

ウ　若手弁護士の活動機会の拡大

㋐　東京弁護士会の法律相談制度の活用による支援

東弁が関わっている法律相談制度について、若手支援という観点からは、若手弁護士のOJTの機会提供と業務基盤の一助となりうる側面を有していることを重視すべきである。既存のインターネットを利用したシステム（東京三会のネット予約や日弁連のひまわり相談ネット）の拡充や休日・夜間・電話相談の拡大のほか、積極的広報、他機関との連携やアウトリーチの実践など抜本的改革を行い相談件数の増加を図るとともに、中堅弁護士との共同担当といったOJT等による相談の質の確保に配慮しつつ、司法修習終了後10年以内の弁護士の優先担当枠を設定する等の制度についても東弁の関連委員会において早急に検討する必要がある。

㋑　東弁委員会活動についての支援

東弁委員会活動へ積極的な参加を希望する若手弁護士は少なくない。そのため、若手弁護士が希望する委員会においては、5～10年ごとの期別の委員構成率を調査し、若手弁護士の比率が低い場合には、委員会定員数の増加や実働していない長期継続委員の交替を図るなどの運用を検討する必要がある。また、委員会運営においては、積極的な若手弁護士の意欲が削がれることのないよう、若手弁護士に発言の機会が与えられ、若手弁護士の意見が委員会活動に反映させるような運用がなされなければならない。

㋒　管財人等の就任機会の増大による支援

若手弁護士にとって、破産管財人、民事再生委員、特別代理人、相続財産管理人等に選任されることは、貴重な経験になると同時に、重要な収入源ともなり得るものである。しかしながら、例えば、破産管財人選任に関しては、破産事件について一定の経験を要求されるなど、若手弁護士にとっての環境はむしろ厳しくなっている。そこで、弁護士会においては、これらの選任手続等の実態把握に努めた上で、裁判所に対し、若手弁護士の就任機会の拡大に資する新たな名簿（管財代理名簿を含む）の作成や登録者の公募制の導入を求める等して、就任機会の拡大を図ることが検討されるべきである。同時に、就任後の業務支援のため、弁護士会が研修制度やベテランによるサポート体制の充実を図るとともに、若手弁護士が先輩弁護士に対し共同受任（管財人代理を含む）を要請できる制度の創設など、業務の遂行に不安が生じないような対策を行うことが要請される。また、成年後見人等、他士業が進出している分野については、弁護士の就任拡大のため日弁連及び各弁護士会による裁判所への働きかけや市民向けの広報を行う必要がある。

㋓　OJTの機会の拡充

若手弁護士にとって、先輩弁護士とともに実際の事件処理に関与することは重要な意義を有するものであり、OJTの機会を拡充されることは若手弁護士に対する重要な支援策であるといえる。

この点、法友全期会では、法律相談センター委員会が主催する都内法律相談会において、若手弁護士と全期世代の指導担当弁護士とが二名一組で相談担当者になることで、若手弁護士のOJTの機会を確保している。

また、東弁では、蒲田法律相談センターにおいて、東弁の弁護士登録5年未満の会員が予約により利用できる共用執務室を設け、同執務室を利用する若手会員に対し、蒲田法律相談センターで行われる面接相談に同席すること、電話ガイドの内容を同席して聴取すること、事件担当弁護士と共同で事件を受任することが認められている。このような制度は、弁護士登録5年未満の会員にOJTの機会を提供するものであり、他の法律相談センターでも同様の制度を実施するなど、さらに推進されるべきである。

　なお、法友全期会は、若手弁護士向けに、全期世代の指導担当弁護士と共同受任して案件を遂行するメンターシップ制度を実施していたが、提供される案件が少ないことや上記都内法律相談会においてOJTの一定の効果をあげていることを踏まえ、2016（平成28）年3月より上記制度の規則の施行を停止した。法友全期会としては、今後定期的に行っている上記相談会の拡充を図るのみならず、若手弁護士のOJTの機会を確保するための使いやすい制度を立案し、機動的に実施していく取り組みが求められる。

(オ)　勤務弁護士の待遇の改善のための支援

　勤務弁護士の就業条件（給与や勤務時間など）が相当程度悪化していることが窺われることから、弁護士会は勤務弁護士の労働実態調査や情報収集に努め、勤務弁護士の待遇について問題例を周知し、経営弁護士に自発的な改善を促すなど、問題点の発見と改善のための対策を行う必要がある。

　また、勤務弁護士の待遇は、入所前に書面化されない場合や、口頭による説明にも曖昧な部分も多い。ついては、経営弁護士が勤務弁護士に対し、事前においては書面による待遇の提示、及び、入所の際においては待遇についての書面による合意をすることを励行する必要がある。

(カ)　継続教育の充実

　弁護士としての深い教養の保持と高い品性の陶冶に努め、市民に対してより質の高い法的サービスを提供すべく、司法修習終了・弁護士登録後の継続教育も一層充実されるべきである。

　上記の取組み（とりわけOJTの機会の確保、拡充）は、この継続教育の充実という観点からも強く要請されるものである。

　また、若手弁護士からは、研修制度の充実を求める声も強く上がっており、法友全期会では、業務委員会が中心となり、若手弁護士の様々なニーズに対応した研修制度の充実を図っている。

　この点、東弁の研修制度は相当に充実したものとなっているとはいえ、さらなる改善について絶えず検討されることが求められる。東弁では、2013（平成25）年1月から新規登録弁護士向けのクラス別研修制度が実施されている。各クラスは20名程度の新人弁護士と2名の先輩弁護士で編成されており、クラスごとで少人数・双方向型による研修が実施されるため、弁護士としてのスキルとマインドをより実効的に身につけることができる。また、クラス内で新人弁護士たちがそれぞれの立場で直面している実務的な疑問や課題等について、先輩弁護士とともに共有・議論することで、クラス別研修が新人弁護士にとって大きな成長の機会となり、新人弁護士相互の人間関係の醸成や弁護士会への帰属意識の向上に資することを期待することができる（なお、クラス別研修制度は、多数の新人弁護士の生の意見や問題意識を汲み取ることができる格好の場であり、若手弁護士に対する支援策を検討するにあたっては、同制度が有効に活用されるべきである）。

　さらに、いくつかの法科大学院においては若手弁護士を対象として、法科大学院の授業への参加を通じて、新しい法分野の知識を学ぶ「リカレント教育」が実施されており、これを弁護士会としても広く周知し後援していくことが望まれる。

(3)　**会費猶予制度と免除制度について**

ア　会費納入義務と5年目問題

　会費の支払いは、言うまでもなく弁護士会会員の基本的な義務である。従って、その義務を懈怠すれば、懲戒の対象になり得るものである。2016（平成28）年8月時点で、東京弁護士会の中で、6ヶ月分以下の会費滞納者は320名余（うち1ヶ月分滞納者は227名余）いる。

　ここで、登録5年目の若手会員に焦点を当てると、ロースクールの奨学金の返済開始が5年目から始まることが多い中で、司法修習生が貸与制の下でその返済も同時期に始まり、併せて個人生活でも独立や結婚など公私にわたる重要事項が集中することが予想される（いわゆる5年目問題）。

　また、5年目の若手に限らず、広くシニア、ミドルに眼を拡げて見ると、東京弁護士会において、会費滞納者は、その数もさることながら、滞納額が高額に上

っており、その期間も長期化しており、これを放置することは不祥事など問題を拡大するのではないかという懸念が持たれる一方、その滞納額は高額とまでは言えず、またその期間は短期に留まり、その時期を乗り越えさえすれば、会費を正常に支払うことが予想できる事象も少なくない。

以上のような問題意識を前提に東京弁護士会は2014（平成26）年度に会費WGを会長直属の諮問機関として立ち上げて、縷々検討を依頼して答申を得た。そこで、議論されたのが、主として会費猶予制度である。

イ　会費猶予制度と問題点

㋐　制度の意義

会費猶予制度とは、2015（平成27）年3月3日制定の東京弁護士会会則第27条第11項、12項の規定による会費減免の審査に係る基準及び手続に関する規則によるものであるが、

「経済的理由により〜筆者中略〜本会の会費を納付することが困難な弁護士会員については、本人の申出により、6ヶ月を上限として、〜筆者中略〜本会の会費の納付を猶予することができる。」

「会費納付の猶予期間は、本会が必要と認めた場合は、12ヶ月まで延長することができる。」

と定められている。

㋑　制度の必要性

この猶予制度は、経済的基盤の脆弱な会員が多数いることの認識を前提に、急な独立、相当期間かかる病気など短期的なキャッシュ不足により直ちに会費滞納者とすることを回避するために設けられた救済的措置である。この猶予制度には、猶予の要件や運用基準は定められていない。むしろ、個別事情に沿った例外的な措置とすると、定型的に要件や基準を設けること自体が難しいという事情がある。

そこで、いつまで猶予するのか、期間をおいてポツリポツリ会費納入があった場合の充当などその取扱い、その経理的追跡をいかに管理できるのか、など多くの課題も抱えたままであるが、他方、上記の5年目問題などの課題に対して、東京弁護士会として検討して何らかの対策を表明しなければならないとの考えから、会費WGの答申を参考に、詳細な仕組みと運用は将来に託す思いで会費猶予制度の制定に至ったものである。

㋒　制度の問題点

この点について、2015（平成27）年度、2016（平成28）年度においても、種々の検討がなされている。例えば、①1、2ヶ月分の滞納者が猶予申請した場合には大量申請があるかもしれないので広報しすぎることについての懸念、②6ヶ月滞納者が猶予申請をした場合に遡って猶予と扱うのなら7ヶ月目を猶予して、8ヶ月目からは会費を請求することになるが猶予者の申請理由に応えることになるのか、③病気が理由ならばその症状によっては猶予より免除制度が設けられるべきではないか、そうだとすると猶予と免除の両制度の整合性をいかにとるのか、④猶予は滞納を解消するものではないから、むしろ長期滞納者を創出することにならないか、⑤6ヶ月以上の会費滞納者は懲戒請求の対象になるが（会則29条）、綱紀・懲戒手続開始後に猶予申請があると手続遅延を発生させないか（実際には現状6ヶ月滞納事案では懲戒手続までは行われていない）などである。

ウ　会費免除制度

そこで、会費免除制度が有効に適用できないか、という検討が2016（平成28）年度理事者の下でなされた。

猶予ではなく、むしろ、免除してしまうというものであり、取扱いはすっきりしている。

その検討の中では、①会費減免審査委員会を創設して審議をして申請日の翌日から6ヶ月免除してしまうが、②一度免除を受けると向こう5年間は再申請はできない、③登録5年目までなら再申請要件は緩和するか、④資力要件として、6ヶ月間の売上が100万円以下あるいは1年間の売上が200万円以下などとするか、⑤審査資料として、確定申告書ないし非課税証明書や給与明細書など考えられるが、入会後まもない勤務歴のない会員はどうするか、などの諸課題がある。

以上のとおり、会費の猶予、免除については、制度論、諸制度との整合性、運用など解決すべき課題がなお残る。また、システム改修の費用も考えなければならない。

エ　結語

いずれにしても、5年目問題の救済については、各方面から周知を集めて対応すべきものと考えられ、議論は早急に深めるべきものと思われる。

2 新人弁護士と採用問題

(1) 新人弁護士の登録状況と採用問題

司法制度改革の一環として実施されている法曹人口の増大政策により、60期以降弁護士の新規登録者は急増し、毎年1,500～2,000名程度が司法修習を修了している。

新人弁護士が容易に就職できず、経済的条件も悪化していることは新聞等マスコミでも大きく取り上げられるようになっており、法曹界のみならず、世間一般からも一定の関心を引いている。それは、弁護士の採用問題、裏を返せば司法修習生の就職問題が、OJTによる訓練とスキルの伝承という弁護士の質の問題、弁護士のあり方、ひいては弁護士の利用者である国民の受ける法的サービスのあり方、国民の信頼に直結する重要な問題であると同時に、司法制度改革が目指した法曹人口の増大政策と、その前提としての新規合格者の増加政策について、裏付けとなる法曹界の受け入れ態勢やその容量に疑問が生じていること、さらにはその前提としての司法に対する需要について、想定との間に齟齬が生じていることを示しているからではないかと思われる。

(2) 新人弁護士採用問題の現状

新人弁護士の採用問題（司法修習生から見れば就職問題）に関しては、以下のような問題が生じている。

ア 採用先がない

新人弁護士の供給に需要が追いついておらず、修習終盤になっても就職先が決まらない傾向が続いてきた。

日弁連の調査によると、修習終了3ヶ月前の9月時点における就職先未定率は、新62期が約12％であったのが、新64期では約35％となった。

また、69期において、弁護士一括登録時に弁護士登録しなかった者が416名存在したことが判明しており、これは新63期の際の212人に比べて約2倍である。これら未登録者の中には、弁護士登録せずに大学関係や出身元企業に進む者も一定数存在するとは思われるものの、意に反する「就職浪人」が現実のものとなっている。

さらには弁護士登録した者の中でも、事務所内独立採算型弁護士（いわゆる「ノキ弁」）となる者、登録と同時に自宅等を事務所として開業する者（いわゆる「即独」）、さらには弁護士登録後早期に独立する者が増加し、もはやそれが当たり前の状態となっている。

一方、企業や自治体等の組織内弁護士についても、近年ようやく本格的な増加傾向がみられるものの、新人弁護士ではなく弁護士として一定の職務経験者を望む企業も多く、新人弁護士に対する企業側の需要は未だミスマッチといえる状態が続いている。

イ 就業条件の悪化

このような状況下で、新人弁護士の就業条件を見ても、初任給は低下傾向にある。日弁連の調査によれば、59期の段階では、年俸換算で500万円以下の層は7.6％に過ぎず、500万円超～600万円以下の層が35.2％、600万円超の層が57.2％を占めていたのに対し、60期以降の新人弁護士は次第に条件が悪化し現・新65期では480万円以下の層が54.5％と過半数を占めるようになり、従前の司法修習生の給費よりも明らかに低水準の300万円以下も8.7％存在し、さらに低い条件の者も散見されるなど、もはやワーキングプアと表現しても差し支えないような劣悪な条件での就業が現実のものとなりつつある。日弁連が行った68期の会員に対するアンケート調査の結果についても、年俸換算で480万円以下の層が63.6％と給与の低下傾向が続いている。

先述のノキ弁、即独弁護士のみならず、固定給はあっても、歩合給との併用との条件で勤務している半独立歩合給併用型とでも言うべき弁護士、あるいは相対的に低い固定給の下、個人事件の受任も許されず、厳しいノルマ等を課されて長時間の執務を強いられている弁護士も増加していると言われており、新人弁護士の経済的状況はますます厳しいものになっていると考えられる。

ウ ミスマッチ

就職先を見つけることが困難なため、自分の希望する職務内容や就業条件での就職ができず、あるいは弁護士登録後、当初聞いていた職務内容や就業条件と乖離した就業環境に置かれて、早期に事務所を辞める者、事務所を異動する者が増加傾向にあるとの指摘がある。事務所内の弁護士との人間関係、就業環境、就業状況との不適合、自分の目指す弁護士業務と実際の業務とのずれにより、雇用主弁護士とトラブルになる者、当初の志を失い、法曹としての廉潔性を失っていく者や、廃業せざるを得ない者などが増えるのではないかとの危惧がある。

エ OJTの機会の欠如

日弁連が行った65期・66期の会員に対するアンケー

ト調査でも、「日常的な事件処理の指導を受ける機会」が「ない」「無回答」との回答割合が15.5％に上っており、前記アンケートが自発的な回答者によるものに限られている（回収率27.4％）ことに鑑みれば、OJTの機会が欠如している新人会員は相当数に上っていると思われる。

オ　弁護士倫理や弁護士自治への悪影響の懸念

新人弁護士、勤務弁護士を取り巻く就業環境、経済状況の悪化やOJTの機会の欠如から、弁護士にとって必要な職業的倫理観、リスク管理の能力を身につけることができないまま、非弁提携や弁護士報酬等に関するトラブルの増加が懸念され、また直截に依頼者に対し、一定の水準に達した代理人活動、弁護活動を行うことができない者が増加する懸念が生じている。

また、委員会活動等への参加の機会、事務所の先輩弁護士や弁護士会等から指導を受ける機会が減少することに伴い、弁護士会等への帰属意識が薄れ、やがては弁護士自治に対する重大な危機が生じるとの指摘もある。

(3) **日弁連や単位会の取組みについて**

新人弁護士の採用問題に関しては、日弁連がひまわり求人求職ナビを開設しており、各弁護士会等においても、採用情報説明会などの取り組みが行われている。しかし、ひまわりナビにせよ、説明会にせよ、実際に採用を予定する事務所等の参加数が求職側の人数に比べて極端に少ないという事態が生じている。

求人／求職の需給バランスが崩れた結果、1名の新人を採用しようとする事務所に対しても、いったんひまわりナビに求人を登録するやいなや、100名単位での応募が殺到するという事態が知られている。そのために、実際に新人採用を考えている事務所も、公式に求人することを見合わせ、口コミ等でしか新人の募集を行わないというネット時代以前の状態に逆行している状況も生まれており、現状では日弁連も単位会も有効な解決策を提示できていない。

採用問題に関しては、需給バランスが崩れているという根本的な問題があるため、弁護士会側の対策には限界があることも事実であるが、弁護士の活動分野の拡大の観点からも、一般の法律事務所に加え、広く企業や自治体の組織内弁護士への採用の呼びかけを、より一層広げるべきである。

また、上述のように、近年の傾向として、司法修習修了直後までに就業先が見つからない者が増加しているが、彼らを単に未登録者のままにしてしまうと弁護士会側では状況の把握も困難になり、有効な対策も取り得なくなる。修習修了時点で就業先が未定であった者の多くが修了後6ヶ月程度の期間で就業先を得ている状況からすれば、弁護士会が、司法修習を修了後一定の期間在籍できるような受入事務所を開設するような施策も検討すべきである。

第7　弁護士へのアクセス拡充

1　弁護士へのアクセス保障の必要性と現状

(1) **弁護士過疎・偏在対策の経緯**

1964（昭和39）年の臨時司法制度調査会意見書は、「弁護士の大都市偏在化を緊急に是正しなければ、国民の法的水準向上はもとより、裁判の適正円滑な運営すら阻害されるおそれがある」と指摘していた。1993（平成5）年の日弁連弁護士業務対策シンポジウムにおいて、「弁護士ゼロ・ワンマップ」が公表された。1996（平成8）年の日弁連定期総会において、「弁護士過疎地域における法律相談体制の確立に関する宣言」（名古屋宣言）を採択し、すべての地方裁判所支部の管轄区域に法律相談センターを設置することを決めた。さらに1999（平成11）年に、日弁連は、東弁からの司法改革支援金1億円及び日弁連創立50周年記念事業特別基金からの繰入金等を財源とする「日弁連ひまわり基金」を創設し、同年12月の臨時総会において、弁護士過疎・偏在対策が本来的に公的資金による解決を志向すべきものであるとしつつ「自らの負担により活動を展開しなければならない」旨を決議し、その活動資金に充てるため、全弁護士から特別会費を徴収することとした。2000（平成12）年の定期総会において、「司法サービスの全国地域への展開に関する決議」を採択し、公設事務所・法律相談センターの設置にさらに取り組むことを決めた。

2006（平成18）年10月に開業した日本司法支援センターは、過疎地における法律事務所（司法過疎対応地

域事務所）の設置を始めた。2007（平成19）年12月の日弁連臨時総会において、弁護士偏在解消のための経済的支援に関する規程を採択し、2010（平成22）年4月にひまわり基金による弁護士定着支援制度を統合し、過疎地域・偏在地域への弁護士定着を促進するとともに、そうした弁護士を養成する拠点事務所の設置と支援に取り組むこととした。

しかしながら、2011（平成23）年の東日本大震災においては、被災者の多くが弁護士過疎地に居住しており、「いつでも、どこでも、だれでも良質な法的サービスを受けられる社会」が実現できていなかったこと、過疎対策の重要性が改めてクローズアップされた。

2012（平成24）年の日弁連定期総会において、「より身近で頼りがいのある司法サービスの提供に関する決議—真の司法過疎解消に向けて—」（大分決議）を採択して、地方裁判所支部単位に限らず、アクセスの不便性や具体的ニーズを考慮して必要性が高いと判断される地域に必要な法律事務所の設置を進め、日本司法支援センターや地方自治体等と連携しつつ、法律相談センターを始めとする法的サービスの提供態勢を更に整備していくべきことを確認した。

(2) 弁護士過疎の現状と原因

全国に存在する253ヶ所の地方裁判所の本庁及び支部のうち、その管轄地域に弁護士が0又は1人しかいない、いわゆるゼロ・ワン地域に関しては、2010（平成22）年1月時点でゼロ地域が解消し、2011（平成23）年12月18日にはワン地域もいったん解消した。その後も、ワン地域の発生とその解消が繰り返されており、2017年（平成29）年8月現在、再びワン地域が生じるに至っている。

過疎・偏在地域で弁護士が独力で開業しない原因は次のとおり考えられている。①経済活動や文化活動が充実している都市部の魅力、②配偶者や子、親との関係、教育環境、③事件の多様性、④需要の有無、⑤縁故の有無、⑥裁判所への距離といった理由があげられる。しかし、ひまわり基金事務所や法テラス地域事務所の経験からみて、かえって過疎・偏在地域の方が事件の種類も雑多であり、同地域での弁護士活動には十分な魅力があるとの指摘もなされている。

2 法律事務所の必要性と役割

(1) 法律相談センターの役割

過疎地における法律相談センターの役割として次の2点が考えられる。①弁護士常駐の法律事務所を開設するまでの間の法律支援の必要がある、②法律事務所の法律支援を補完するため、法律相談センターを開設・維持する必要がある。

法律事務所を開設するほどの需要が見込めるかどうか、その一方で法律相談センターという「ハコモノ」を開設した場合の費用対効果、これらを考慮しつつ市民の司法アクセスの拡大に努めなければならない。

(2) 日本司法支援センターの役割

総合法律支援法が制定され、2006（平成18）年4月から日本司法支援センター（以下「法テラス」という。）が開設され同年10月に業務を開始して、法テラス事務所の常勤スタッフ弁護士は法律扶助の必要な市民の相談や刑事弁護活動を行っている。法テラスでは同法30条1項7号（同法改正前は同4号）に規定する司法過疎対応地域事務所を2017（平成29）年8月1日までに34ヶ所設置した。さらに、一部地域ではスタッフ弁護士が巡回法律相談を実施している。実質的な法律援助過疎地の解消のために日弁連・弁護士会と法テラスとは連携・協力して、弁護士過疎地域の解消と市民の司法アクセス障害の解消のための取り組みを行うことが望まれる。

(3) 弁護士偏在解消のための開設資金援助や定着支援対策

すべての市区町村には必ず複数の法律事務所が必要である。日弁連の担当委員会では、当面、弁護士1人当たりの市民人口を3万人以内とする目標を掲げて対策を講じることとした。

偏在解消対策地区に赴任する弁護士を養成する事務所に対する支援策として、開設支援、拡張支援、養成費用支援という経済的支援策がある。また、偏在解消対策地区で開業する弁護士や弁護士法人に対する支援策として、定着等準備支援、独立開業支援、常駐従事務所開設支援、特別独立開業等支援という経済的支援策がある。

修習生の修習地の拡散、配属人数の増大は修習地での就職の拡大要因となっており、偏在解消地区での開業に結び付くことが期待される。

(4) ゼロ・ワン地域解消型法律事務所の課題

2017（平成29）年7月1日時点で、ひまわり基金事務所は累計117ヶ所開設され、そのうち弁護士が定着した事務所は66ヶ所である。この類型の事務所の課題として、以下の3点が挙げられる。

1点目として、赴任・交替する弁護士の確保と養成の問題がある。新規登録弁護士が増大するに伴い過疎地での法律支援の担い手となる新人弁護士は数多く誕生している。この流れを維持するように受験生や修習生に対する必要性の周知を欠かすことができない。同時に、新規登録弁護士に対し多種多様な法律事務を習得させる養成事務所と、ひまわり基金法律事務所や4号業務地域事務所から任期明けに帰還する弁護士を受け入れる法律事務所を確保しなければならない。

2点目として、事務所開設・運営資金の問題がある。過疎地に赴任を決断した弁護士には開設資金・運営資金についての不安がある。日弁連は2007（平成19）年12月にひまわり基金の設置期間を3年間延長する決議を行い、2009（平成21）年12月には特別会費を700円に、2012（平成24）年12月には600円に減額して継続して徴収することとした。過疎・偏在地域が解消しても運営資金援助の必要性はなくならないので、何らかの形式で特別会費の徴収は継続していく必要がある。

3点目として、ゼロ・ワン地域においては利益相反の問題がある。先んじて相談に訪れた市民は弁護士による支援を受けられるが、相手方は弁護士に委任しにくくなっている。この問題を解消するために複数事務所を実現しなければならない。

(5) 都市型公設事務所等拠点事務所の役割

都市部においては弁護士も法律事務所も多数存在するが、市民のアクセスが容易かというと必ずしもそうではない。都市型公設事務所が開設され、地域の市民の相談にあずかるだけでなく、過疎地に赴任する弁護士の養成と任期明け後の帰還受け入れ、被疑者・被告人国選弁護等刑事裁判への集中審理対応、任官弁護士のための受け入れ、判事補・検察官の他職経験の場、リーガルクリニックの実施を担うことなどが期待されている。

東京弁護士会は、これまで4ヶ所（池袋、北千住、渋谷、立川）での都市型公設事務所を開設した。上記目的にかなう機能の発揮・充実をさらに期待したい。

(6) 女性弁護士の偏在問題

弁護士の絶対数が確保されたとしても、残る問題として過疎地域における女性弁護士不足がある。2015（平成27）年1月1日時点で、地裁支部管内に女性弁護士がいない地域は全国に59ヶ所ある。アンケートによると、期間限定、所得保障、研修体制、出産育児時期における支援、セキュリティ面の充実などがあれば過疎地での業務に取り組む意欲が認められる。DV、離婚、子ども虐待、高齢者への虐待、性犯罪等に対して女性の視点が必要不可欠である。

また、地域の各種委員にも女性の参画が必要である。女性弁護士の偏在解消のために、女性弁護士や女性修習生の望む改善策と工夫を行う必要がある。

(7) 全会員による支援・人材の確保・経済的支援

若手弁護士が過疎解消型事務所に赴任して市民のアクセスを保障しようという意欲は旺盛である。経験豊富な弁護士はこうした若手弁護士に対して多様な支援に努め、これからもその意欲を減殺することなく発展させるための協力を惜しんではならない。

若手法曹の指導のために、都市型公設事務所や拠点事務所に常在する中堅以上の弁護士を確保することが重要な課題となっている。中堅以上の弁護士には、都市型公設事務所や拠点事務所に赴任することに、経済的な課題と任期明けの不安から躊躇する傾向が認められる。こうした課題の解決に取り組み、単位会を超えての人材確保に努めなければならない。

3　アウトリーチから司法ソーシャルワークへ

(1) さらなる司法アクセス改善の必要性

現在、我が国において、高齢者の占める割合は約27パーセントとなっている。その上、近時の厚生労働省研究班の報告においては、認知症高齢者が2012年時点で約462万人にも及ぶとの推計もなされている。そして、超高齢化社会を迎え、今後、認知症高齢者の人口、割合は増加していくものと見込まれる。

さらに、障がいをもつ人となると、身体障がい約392万2000人、知的障がい約74万1000人、精神障がい約392万4000人（いずれも2017〔平成29〕年版障害者白書の概数による）となっている。そのうえで、同白書は、この数値に関して、「複数の障害を併せ持つ者もいるため、単純な合計にはならないものの、国民のおよそ6.7％が何らかの障害を有していることになる」

とまとめている。

(2) アウトリーチとは

このような、認知症その他の精神障がい、知的障がい等をもつ当事者にとっては、司法アクセスが極めて困難ないし不可能となってしまっている現状がある。すなわち、このような当事者の多くは、以下のような要因によって、司法へのアクセスがほぼできない状況にある。

・被害意識がない、もしくは乏しい。
・意思疎通が困難である。
・物理的に移動できない、ないし移動困難である。
・弁護士が何をする人なのかを理解できない、ないし理解困難である。
・相談窓口に関する情報を得られない。
・精神障がい等によって誤解に基づいた支援拒否をしている。

このような当事者が司法アクセスできるようにするべく、近時、「アウトリーチ」の必要性が弁護士の間でも議論されるようになってきた。「アウトリーチ」とは、「被援助者が相談者のところへ来訪するのを待つのではなく、相談者の側から被援助者のところへ赴き、相談に乗ること」を言う。この単語は、古くからある福祉用語であり、福祉関係者の間ではかなり前から使われてきたものであるが、近時、日本司法支援センターの常勤弁護士が使い始めたのを契機として、弁護士会関係者の間でも広く使われるようになってきた。被災地支援分野や高齢者・障がい者分野などを中心として、弁護士の間でも、この「アウトリーチ」に相当する活動が広がってきているものといえる。

もっとも、「アウトリーチ」は、弁護士の職域拡大の側面のみを強調すると、他の関係者からの信頼を損ないかねない側面をもっている。とくに、高齢者・障がい者の案件にあっては、当事者が抱えている法的問題のみを切り取り、そこだけを強引に解決しようとすると、法的側面だけは解決したものの当事者のその後の地域生活にはまったく役立たない、ということが往々にして生じ得る。例えば、当事者の判断能力の低下が見られるために金銭管理がうまくできず、多重債務に至った案件において、自己破産や任意整理といった多重債務に対する処理をするだけでは不十分であるといえる。すなわち、それだけでは多重債務に至る根本原因を取り除くことができていないので、再び当事者が多重債務状態に陥ることを許してしまう。このような案件では、社会福祉協議会の日常生活自立支援事業や成年後見、保佐、補助といった各制度を活用するとともに、介護保険法や障害者総合支援法上の各種サービス利用にもつなげることによって、経済面でも安定した地域生活を実現させていく必要がある。また、その際には、弁護士のみならず、行政や福祉サービス提供事業者といった福祉関係諸機関とも十分に相談・協議を行い、協働していく必要がある。

このように、「アウトリーチ」は、当事者の法的ニーズ・問題にアクセスするだけではなく、当事者の法的問題を含んだ生活課題全般の解決を視野に入れながら実施していかなければならないものである。

(3) ソーシャルワークの一環としての「アウトリーチ」

「ソーシャルワーク」とは、社会福祉援助の実践や方法の全体をいい、福祉関係の行政機関やサービス提供事業者が日々行っている活動の多くが「ソーシャルワーク」に当たる。例えば、生活上の困難を抱えている当事者に対して、援助者が、様々な社会福祉サービスなどを活用し、当該当事者の主体的な生活を実現していく活動などがこれに当たる。

先に述べたとおり、弁護士が「アウトリーチ」をするに際しても、当事者の抱えている生活上の課題・問題がどのようなものであるのかを十分に把握し、当事者の生活の中で、法的問題がどのような位置を占めるものなのかを吟味した上で、適時・適切に法的問題解決を図っていく必要があるが、これは、ソーシャルワークの一環としての位置づけになるものといえる。

しかしながら、現在、弁護士がソーシャルワークに当たる活動を行っても報酬等が得られることは多くない。そのため、弁護士のソーシャルワーク的な活動を広げていくためには、民事法律扶助制度や社会保険制度の中で「司法ソーシャルワーク加算」などの報酬体系を新たに創設し、弁護士の間においても、ソーシャルワーク的な活動が広がっていくように制度構築をしていく必要もある。また、地方自治体などにおいて独自の予算付けを行い、弁護士のソーシャルワーク的活動に対して報酬を付与できるようにする取組みも推進していくべきである。

4 これまでの法律相談センターと今後のあり方

(1) 司法アクセスの確保と法律相談事業

ア 法律相談事業の目的

東弁は、これまで、市民の弁護士に対するアクセス障害を解消する目的で、法律相談センターを設置し、法律相談事業を運営してきた。なお、近時では、法律相談センターの存在意義として、このアクセス障害の解消に加えて、若手会員に対する指導の場として機能していること、さらには、相談担当の結果として会員に対する業務提供の場となっている側面がある。

東弁が提供する法律相談サービスの内容としては、一般相談、クレサラ相談、家庭相談のほかに、消費者問題、医療問題、労働問題等があり、事案の特殊性・機動的対応等の要請から適宜特別相談を実施し、また、高齢者・障害者総合支援センター（オアシス）、民事介入暴力センター、子どもの人権救済センター、外国人人権救済センター等でも法律相談・事件斡旋を行っている。

イ 日弁連の司法アクセス拡充の動きとの関係

一方、日弁連においても、日弁連公設事務所・法律相談センター委員会を中心として、弁護士過疎地域における常設法律相談所の開設を推進し、市民の法的需要に応えるべく活動してきた。

日弁連の弁護士過疎・偏在対策にかかる活動は、東京都内の大部分の相談事業には直接的に当てはまるものではないが、市民が司法に容易にアクセスできる社会の実現を目指すもので、東弁の活動と目的を同じくする。日弁連の動向には絶えず注目し、積極的に協力していく必要がある。

(2) 相談件数の激減と収支の赤字化

ア 最近の相談件数と収支の状況

東弁単独及び東京三会合同の法律相談事業で行われる法律相談の件数は、2007（平成19）年度をピークとして大きく減少してきた。法律相談事業会計が特別会計化された2008（平成20）年度から2015（平成27）年度までの東弁及び東京三会の法律相談センターにおける東弁会員による相談件数（多摩支部運営の八王子、立川、町田は除く）の推移は次のとおりであり、近時は下げ止まりの傾向は見られるものの、2014（平成26）年度には2008（平成20）年度の約半数となっている。

年度	件数	指数
2008（平成20）年度	21,245件	100.0
2009（平成21）年度	18,897件	88.9
2010（平成22）年度	16,373件	77.1
2011（平成23）年度	12,831件	60.4
2012（平成24）年度	11,617件	54.7
2013（平成25）年度	11,256件	53.0
2014（平成26）年度	10,976件	51.7
2015（平成27）年度	11,520件	54.2

（2008年度を100とした指数）

法律相談件数減少の原因としては、過払金返還請求を含む債務整理事件が減少したことの他に、弁護士数が大幅に増加したこと、インターネット等の手段による弁護士の業務広告が飛躍的に普及したことなどによって弁護士に対するアクセスが相当程度改善されたこと、インターネット検索で相当程度高度な法的知識を容易に得ることができるようになったことなどが考えられる。

法律相談の件数が大きく減少した結果、法律相談事業の収入源である法律相談料と負担金（納付金）が減少し、法律相談センター事業に関する東弁の収支は、2010年度から赤字となり、2013（平成25）年度は法律相談会計全体で約5400万円、法律相談センター事業では約6200万円の赤字、2014（平成26）年度は全体で約5900万円、センター事業では約7000万円の赤字を生じさせることとなった。なお、2015（平成27）年度には、負担金割合の引上効果や未納負担金の督促強化に加え、法律相談会計の繰り入れ内容の変更などによって、法律相談会計としては約770万円の黒字となっている。

もちろん、弁護士に対するアクセス障害の解消・緩和や、受任機会・OJT機会の提供といった法律相談事業の目的と機能に鑑みれば、多少の収支赤字となることはやむを得ないが、かかる多額の赤字の存在は、東弁の財政を悪化させるだけでなく、東弁の他の事業の実施に悪影響を及ぼしかねないことから、今後も大幅な赤字が生じないようにする必要がある。

イ 法律相談事業改革PTの設置と答申

上記の状況を踏まえ、東弁では、2014（平成26）年11月の臨時総会において、法律相談事業の改革に関する基本方針を定め、これに基づいて法律相談事業改革PTが設置され、法律相談事業の適正な運営を図るた

めの改善策を答申することとされた。

同PTでは、法律相談事業の社会的意義・存在価値の観点からは必ずしも黒字事業であり続けなければならないものではないが、現在の赤字額はあまりに多額であり、法律相談事業の意義や価値とのバランス上許容されうる赤字幅に抑えることが必要であるとの観点に立って、全ての法律相談センター及び実施されている法律相談の実情を調査し、今後採りうる支出の削減策及び収入の増加策並びに個別のセンターにおける問題点について議論が深められ、2015（平成27）年12月に法律相談事業の改善策に関する答申書が提出された。この答申書の内容を踏まえ、今後の法律相談センターについては、以下に述べるような具体的な相談件数・収入増加策及び支出軽減策が速やかに実行されなければならない。

(3) 今後の法律相談センターの在り方
ア 相談件数・収入増加策の実行
(ア) 相談料の減額ないし無料化

30分5,000円の相談料を減額ないし無料化すると、その結果として相談件数及び受任件数が大きく増加することが見込まれ、負担金も含めた収入全体の増加に結びつく可能性がある。全面無料化を実現した札幌弁護士会や、30分5,000円から2,000円への減額を実施した千葉県弁護士会では、いずれも相談件数が2倍から3倍程度まで増加したとの報告がある。他方で、相談業務の対価を否定することの理念的な疑念に加え、相談料収入の減少を補うだけの事件受任が確保できるのか、弁護士会での相談以外の相談業務への無料圧力になるのではないかなどの疑問も提起されている。東弁においては、2016（平成28）年1月から錦糸町法律相談センターを縮小移転し、東弁単独運営のセンターとした上で試験的に相談料を30分2,000円に減額しており、相談件数も現在のところ前年比で約1.3倍となっている。また、2015（平成27）年4月以降新宿センター・蒲田センターにおいて労働相談の無料化を期間限定で行っているところ、現時点において相談件数がほぼ倍増している。この実績も踏まえて相談料減額の効果を検証し、相談料の無料化の可否も含めて検討されるべきである。

(イ) 相談申込チャネルの拡充
① ネット予約

2015（平成27）年4月から東京三会共同運営型法律相談センターについてインターネット上での予約受付が開始され、10月からは東弁単独運営型センターでもネット予約が始まった。ただし、その予約率（予約件数全体のうちネット予約の件数が占める割合）は、当初は5％台であったものが徐々に増加し、近時は10％を超えるようになっている。相談申込者の利便性や人件費削減の観点からも、ネット予約の広報に更に注力すべきである。

② 電話相談

蒲田センターでは、開設当初より従来のテレフォンガイド（各種相談窓口への振り分け）から一歩踏み込んだ電話ガイド（実質的な電話相談）を実施しているが、その件数は年間1万件を超える状況にある。また、自治体等の外部機関・団体からも電話相談に関する問い合わせがある。そこで、2015（平成27）年12月から、北千住センターにて本格的に電話相談（弁護士PHONE）を実施しており、相談件数は月間1,300件を超える状況である。また、これを受けて2016（平成28）年4月から新宿センターにおいても従前のテレフォンガイドに替えて電話相談が実施されている。

他方で、電話相談には雑多かつ対応に苦慮する相談も多いことから相談担当者の負担は大きい上、受任率も極めて低率に止まっている。相談担当者には当初日当が支給されず、現在では支給されるようになったものの、面接相談等との対比でも低額である。電話相談担当者の確保の観点からも、相談担当者への更なる支援が検討されるべきである。

③ 外部機関・団体等との連携

2015（平成27）年度に実施された新宿区歌舞伎町でのぼったくり撲滅への協力により、警視庁との信頼関係が構築され、今後、警視庁に寄せられる相当数の相談を上記電話相談に誘導してもらうよう体制作りも含めて検討が進められている。また、自治体との連携拡大も重要な課題であるが、これも電話相談の拡充により進展をみる可能性がある。そのほかに、ショッピングモール等との連携による店舗内相談や、各種業界団体・協会等との連携も模索しており、現在いくつかのイオンショッピングモールで法律相談を実施している。

(ウ) 法律相談担当者の質の確保

近時の弁護士数の飛躍的増加に伴い、法律相談センターの相談担当の大部分を若手弁護士が担う状況とな

り、相談者からの苦情も増えていて相談担当者の質の確保が急務となっている。公平性の原則に配慮しつつ、次のような取り組みの実施を検討する必要があろう。

① 研修の充実・義務化

研修対象分野を拡充するとともに、法律知識だけでなくカウンセリング能力の向上等を養成する研修も行う。また、義務研修の対象を拡大する。

② 分野別及び専門相談の拡充

専門的分野の相談対応の拡充だけでなく、現在、一般相談の対象とされている分野（離婚問題など）についても精通した弁護士による対応を実施する。また、専門認定制度の創設も検討する必要があろう。

③ 若手弁護士と経験豊富な弁護士との共同相談・受任体制の構築

相談担当者には一定の経験年数を資格要件としつつ、若手弁護士との共同相談・受任体制を取ることで、若手弁護士に相談及び受任の機会提供を図ることが考えられる。

蒲田センターにおいては開設当初より若手弁護士の相談立会い及び共同受任の機会が付与される体制となっている（そのため、相談担当者には5年以上の弁護士経験が要件となっている）が、2016（平成28）年度には若手弁護士支援のため、錦糸町センター及び蒲田センターにおいて、若手弁護士と一定の経験のある弁護士の共同相談・受任体制が試行されており、2017（平成29）年度も継続して試行されている。

(エ) 負担金

2015（平成27）年4月から、100万円未満の弁護士報酬について負担金割合を当面の間10%から15%に増加させた。将来的には、さらに負担金割合を上げることも検討の対象となり得るが、相談担当者の負担とのバランスを考慮することが肝要である。なお、負担金については、東弁が把握できているだけでも2006（平成18）年度以降で約1億4000万円の未納がある（2015〔平成27〕年6月時点。但し、予定報酬額を基に算出したものであり、この金額そのものの未納額が存在するかは不明である）。この未納金の回収について確固たる姿勢で取り組む必要がある。

(オ) 戦略的広報

従前、各法律相談センターでは、リーフレットの作成、区の広報誌への掲載、駅広告など実施してきたが、費用対効果の測定と検証が十分とはいえない。そこで、2015（平成27）年度、東弁は、専門業者（電通）に対して実態調査から戦略的広報手段の提案までを依頼した。この結果を参考に、法律相談事業について、有効な広報を検討すべきである。

イ 支出軽減策の実行

(ア) 賃料及び人件費

各法律相談センターにおける近時の充足率（相談予定コマ数に対する相談実施コマ数の割合）が各センター50%に満たず、相談室が空室になっている状況にあり、過大な規模になってしまっているといわざるをえない。そこで、各法律相談センターの存在意義や特性を考慮した上で、縮小移転や廃止、又は空室の有効利用が検討されなければならない。なお、縮小移転の場合には最低でも1000万円程度の初期費用等が必要になると見込まれるため、費用対効果を十分に検討する必要があり、その結果によっては廃止を検討することも必要となる。また、縮小移転や廃止ができない場合には、空室の有効利用を検討すべきである。

(イ) 日当の減額ないし廃止

東弁では2013（平成25）年4月から法律相談センターにおける大半の相談の相談担当者への日当を午前4,000円、午後6,000円に減額した。また、蒲田センター及び錦糸町センターでは時限措置ではあるが日当が支給されていない。他方、一部の特別相談については、日当が減額されず午前8,000円、午後12,000円が維持されているものがある。従前の日当額を維持している一部の特別相談についても、会員間の公平の見地からも減額を含めて検討すべきである。

他方で、日当の減額・廃止は相談担当者に負担を強いるものであり、更なる減額や廃止については慎重な検討が必要である。

ウ 弁護士紹介制度

東弁は2007（平成19）年4月から弁護士紹介センターを立ち上げ、従前からの外部団体主催の法律相談への弁護士派遣や顧問弁護士紹介に加えて、事業者や公共団体等向けの紹介制度（特定部門紹介制度）と専門性の高い特定の分野について知識と経験のある弁護士を紹介する制度（特定分野紹介制度）を設けた。

しかし、特定部門・分野に限った弁護士紹介制度は市民に認知度が低く、市民の弁護士紹介のニーズとも必ずしも一致しているとは言えず、年間を通してまったく申込みがない部門・分野が多数存在する。両紹介

制度全体における申込件数は2013（平成25）年度で47件、2014（平成26）年度で24件（試行的に実施された一般相談分野における紹介件数を除く。）しかない状況である（なお、弁護士紹介センターの中小企業部門が2014〔平成26〕年度に設立された中小企業法律支援センターに、弁護士紹介センターが運営していた権利保護保険に対応するリーガル・アクセス・センター〔LAC〕が2016〔平成28〕年度に設立されたリーガル・アクセス・センター運営委員会に移管された。）。

このような状況を踏まえるならば、弁護士紹介制度については抜本的に見直さなければならない。考えられる方向性としては、次のようなものがあろう。

① 廃止

従前からの弁護士派遣や顧問弁護士紹介も含めて全て廃止する以外に、分野別紹介は現行の分野別及び専門相談の拡充によって対応し、弁護士派遣や顧問弁護士紹介については関連分野の委員会の所管とすることが考えられる。

② 縮小

弁護士派遣や顧問弁護士紹介のみを残して部門別・分野別紹介制度を廃止するか、一部の分野別紹介制度も残すことで紹介センターを縮小し、事務の効率化を図る。

③ 活性化

一般相談分野の弁護士紹介を本格実施するとともに、広報を強力に推し進めて認知度を向上させることで、活性化を図る。

特に、今後、電話相談や分野別及び専門相談の拡充が図られるならば、市民からみた紹介制度の存在意義がどこにあるのかについて十分に検討した上で、いずれの方向性に進めるかを決定しなければならない。

第8 弁護士と国際化の課題

1 国際化に関する現代的課題

(1) はじめに―国際化への基本的対応

従来、弁護士業務の国際化は国内の業務とかけ離れ、主に渉外弁護士の世界の問題であると認識されていた。しかし、今、世界では、外国の弁護士に対する市場の開放、隣接業種との提携の推進など弁護士業務の「自由化」の議論が盛んになされている。また、広告制限・弁護士報酬規制などの弁護士会の内部規則を撤廃し、法律サービス市場に競争原理を導入するべきであるという主張もされている。WTOのGATS交渉では、専門職のライセンス及び資格の自由化について討議され、同様の議論が米国やEUとの二国間交渉のなかでもされている。さらに、金融商品取引法や独占禁止法などの「法制度の急激な世界標準化」の流れも感じることができる。

こうした弁護士職に関連する世界における動きは、司法改革の議論の中で、そのまま我が国に影響を与えている。

2001（平成13）年6月12日に発表された司法制度改革審議会意見書でも、我が国の法曹も、弁護士が国際化時代の法的需要に十分対応するため、専門性の向上、執務体制の強化、国際交流の推進、法曹養成段階における国際化への要請への配慮等により、国際化への対応を強化すべきであり、また日本弁護士と外国法事務弁護士等との提携・協働を積極的に推進する見地から、特定共同事業の要件緩和等を行うべきであると述べられている。こうした意見は大いに傾聴に値するもので、弁護士は臆することなく国際化に乗り出すべきである。しかし、他方、グローバルスタンダードが特定の強国のスタンダードとならないように慎重に見極めるべきであり、我が国独自の文化や社会制度にも配慮したバランスのとれた国際化を目指すことが望まれる。

他方、弁護士の「コアバリュー（根源的価値）と直接相克する制度の導入」も実施されている。依頼者の秘密保持義務に関わるマネー・ローンダリング規制がその典型であり、現在の法律では弁護士に疑わしい取引の報告義務を課されてはいないが、今後、再度議論される可能性があり、今後の動向を注視する必要がある。さらに、英国では弁護士への苦情の増大を背景に「弁護士団体の自治への警鐘」となるようなクレメンティ報告が政府に提出され、2007（平成19）年には弁護士に対する苦情処理などの機能を弁護士会から独立の機関に移す法律サービス法が成立し、弁護士の懲戒

権を弁護士会から独立したリーガル・サービシーズ・ボード（LSB）に帰属させた。

こうした世界及び国内の動きを、間近に感じるときに、私たちが取り組むべきいくつかの課題が見えてくる。

第1に、弁護士業務の国際化に迅速に対応することである。国際社会において弁護士業務の自由化をめぐる流れは、WTO体制の下で急速に進展している。自由化の行き着くところ、相手国で与えられた資格を自動的に自国でも有効なものとして認めるという「相互承認」の原則がとられ、外国で得た弁護士資格を我が国において自動的に認めなければならないという事態になる可能性さえある。現在、WTO交渉はとん挫しているが、交渉が進展することになれば、我が国の弁護士制度・業務に大きな変革を迫ってくることが予測される。他方で、法律サービスはFTA等の二国間の貿易交渉の中でも取り上げられ、FTA交渉で後れをとっている我が国において、法律サービスの面でも却って国際競争力を減殺されてきつつある。我々はこのような問題に関し弁護士会全体として危機意識を持ち、情報を共有化する必要がある。日弁連では2011（平成23）年に中小企業海外展開ワーキンググループを立ち上げて海外に進出する中小企業に会員が助言する制度を立ち上げた。また、2012（平成24）年には関係省庁も参加している海外展開総合支援協議会を通じた弁護士の海外展開も検討を開始した。

第2に、弁護士の多様な国際活動の支援を強化することである。外務省などへの任期付公務員制度の推進、国際機関への就職の斡旋、法整備支援に関わる弁護士の育成などをさらに充実させていくことが必要である。世界の国々には、未だ法の支配（Rule of Law）が十分機能していない国や貧困問題から司法へのアクセスの実現にほど遠い国も多い。このような中で、日本の弁護士が積極的に国際協力や支援活動に参加し、現場でこれらの実現に貢献することが望まれる。

第3に、弁護士が法の支配に奉仕するプロフェッションとしての存在であることを再確認することである。社会の隅々まで弁護士のサービスが行き渡り、司法へのアクセスが容易になることを実現するために、さらに努力する必要がある。

第4に、情報の収集と効果のある施策を実行するために、外務省・法務省等とも連絡を密にし、弁護士の独自性等の観点から自由化の内容を合理的なものにする努力を展開し、米国法曹協会（ABA）、欧州弁護士会評議会（CCBE）、国際法曹協会（IBA）、ローエイシア等の内外の法曹団体とも協力をはかっていくべきである。

最後に、国際問題が国内問題に直接影響するという意識をもって、弁護士の自治を強化し、弁護士が社会からより信頼されるように努力することが必要である。例えば、事後規制の世の中にあって、弁護士の綱紀懲戒事案や紛議調停事案をどれだけ迅速かつ公正に処理することができるかが課題である。さらに、弁護士の専門化・多様化のニーズにどれだけ応えることができるか、弁護士会として取り組むべき施策を早急に構築し実施する必要がある。そして、日本司法支援センターを充実、発展させるなどして弁護士の公益活動を推進し、法の支配に奉仕する弁護士がより増えるための取組みも積極的に行う必要がある。

以下、関連する具体的な問題について述べる。

(2) 国際化による弁護士制度・業務への影響

ここでは、国際化のもたらす弁護士制度・業務への影響に関する問題点として、①世界貿易機構（WTO）等における自由職業サービスの国際的規制緩和の問題、②主に巨大国際会計事務所との提携を問題点とする異業種間共同事業（Multidisciplinary Practiceor Partnership、いわゆるMDP）の問題、及び③新事業体（Alternative Business Structure、いわゆるABS）の問題を取り上げて論じる。

① WTO等における国際的規制緩和

国境を越えたサービス業へのニーズが著しく増加したことから、1986（昭和61）年に始まったGATTウルグアイ・ラウンドでは、従来の関税等の物の取引に関する障壁の撤廃にとどまらず、弁護士業務を含むサービス関連業も自由化交渉の対象に追加し、サービス貿易を国際的な共通ルールで規律するための条約として、GATS（サービス貿易に関する一般協定）が1995（平成7）年1月に発効した。我が国が同年に外弁法を改正して強制的相互主義を任意的相互主義に改めたのは、最恵国待遇を基本とするGATSの原則に合致させるためであった。

サービス貿易を含む貿易を律する法的な拘束力を持つ新たな国際機関である世界貿易機構（WTO）の下で、弁護士業務はGATSに組み込まれ、その自由化交渉は

GATSを枠組みとして進められることになった。GATSは多国間条約であるので、WTO加盟国はGATSの改正など新たな協定が締結された場合にはその内容と異なる法令（例えば弁護士法や外弁法など）を改正すべき国際的な義務を負うことになる。このように、WTO体制は、従前のGATT体制と比してその法的重みを著しく増しているといわなければならない。

WTOの現在のラウンドは、2001（平成13）年11月にドーハで開催された閣僚会議で開始が宣言されたドーハ・ラウンドと呼ばれているが、そのドーハ・ラウンドではサービス貿易一般協定（GATS）によるリーガルサービス貿易を含むサービス貿易のいっそうの自由化を求めている。

WTOの自由職業サービス作業部会（WPPS）は、国際化が最も容易な会計サービスの分野から着手し、1997（平成9）年5月に「会計分野の相互承認協定又は取決めの指針」（資格の相互承認ガイドライン）を、1998（平成10）年には、「会計分野の国内規制に関する法律（多角的規律）」を採択した。この規律は現時点では法的拘束力はないが、新ラウンドの終結までに、自由職業サービス全般の規律とともにGATSの一部として法的拘束力のあるものにすることが合意されている。1999（平成11）年4月に開催されたWTOのサービス貿易理事会は、自由職業サービス全体の規律作成作業を急ぐため、自由職業サービス部会を発展的に解消し、新たに「国内規制作業部会（WPDR）」を設置した。同作業部会はサービス全体に関わる資格要件・手続、免許要件・手続、技術上の基準の規律などを作成する任務が与えられている。したがって、2000（平成12）年からのドーハ・ラウンド終了後には、我が国の弁護士を含む自由職業を拘束する自由職業サービスの国内規制に関する法律が作成される可能性が高い。

新ラウンドは、2005（平成17）年1月に終結する予定であったが、多くの国が反対したことから未だ終結しておらず、2006（平成18）年11月のAPEC首脳によるWTOに関する独立宣言で交渉再開を求めたことを契機に、ラミー事務局長がジュネーブにて事務レベルでの交渉再開を宣言したが、農業問題を中心に妥結にいたらず、現在も交渉中である。

② MDP―巨大国際会計事務所の法律業務への進出

巨大国際会計事務所が本来の会計監査や税務監査からコンサルティングへと範囲を広げ、MDPを通じて、法律サービスの分野に進出し、各国弁護士会にとって大きな脅威となっている。我が国では、弁理士、税理士、司法書士などの隣接業種との異業種提携の動きが見られるが、国際的には巨大国際会計事務所がその組織力・資金力・政治力・ネットワークなどを駆使して次々と弁護士事務所を買収しその傘下におさめ、MDPを通じて法律業務を行うという現象が起きた。

MDPの問題点は、①弁護士倫理上、弁護士は独立であるべきであるが、大資本を背景とした巨大国際会計事務所との共同化によりこの独立性が損なわれるおそれがあること、②会計事務所は、透明性の確保から一定の依頼者の業務について開示することを前提とした業務を行うのに対し、弁護士は依頼者の秘密を厳格に守らなければならない義務を負っていること、③会計事務所の利益相反基準が弁護士のそれより緩やかであり両者はなじまないこと等があげられており、いずれも重要な論点である。また、巨大国際会計事務所が法曹の市場に参入した場合、急激に多くの弁護士を雇用することが予想され、そうした弁護士の雇用市場への影響も懸念されるところである。

以上の問題を解決しない限り、MDPを認めることは原則としてできないと考える。ただし、実際に税理士、弁理士及び司法書士との事業の共同化を様々な形で行っている弁護士事務所があり、こうした現象には、その認められる範囲を限定するなどの処置が必要である。

もっとも、エンロンなどの一連の会計事務所の不祥事事件が起きて以降、MDPに対する規制緩和の動きは下火になっている。

③ ABS

ABSは、法律サービスについて他の事業体の資本参加（所有）を認めようとするものである。英国の法律サービス法は非法律家が法律事務所の25％までの所有を認め、2011（平成23）年後半には完全な所有の自由も認めようとしている。例えば、スーパーマーケットが法律事務所を所有して、各店舗で法律相談をすることが議論されている（テスコというスーパーマーケットが設置している）。このような法律事務所の所有の自由化は、オーストラリアでも解禁されている。

これに対して欧州の弁護士会（CCBE）は、弁護士の独立や守秘義務・利益相反などの点から否定的な見

解を発表しているが、そうした点については所有者の利益に優先するという制度を保障することで対応できるとする意見もある。法律事務所の所有の自由化の問題は、実際の事業を共同化するMDPと並んで、世界の弁護士会が考えなければならない問題である。

(3) 日弁連の対応

日弁連では、弁護士の国際化の問題は主に外国弁護士及び国際法律業務委員会を中心に議論されているが、2011（平成23）年度には、国際パートナーシップ（International Partnership）の是非を主に議論する国際法律業務の発展及び在り方に関する検討WGが設置されて弁護士が外国の法律事務所のパートナーになることができるか、外国の弁護士が日本の法律事務所のパートナーになることができるか、という論点を議論するとともに、これからの国際法律業務の在り方について議論を重ねている。

2 外国弁護士の国内業務問題

(1) 外弁法改正の経緯

2001（平成13）年6月に発表された司法改革審議会意見書で、「日本弁護士と外国法事務弁護士等との提携・共同を積極的に推進する見地から、例えば特定共同事業の要件緩和等を行うべきである」との意見が提起された。

これ以前にも、例えば2001（平成13）年3月30日に閣議決定された規制改革推進3カ年計画で、日本法及び外国法を含む包括的、総合的な法律サービスを国民・企業が受け得る環境を整備する観点から、外国法事務弁護士と弁護士との包括的・総合的な協力関係に基づく法律サービスがあらゆる事案について提供できるように検討することとされ、2002（平成14）年中に結論を出すこととなっていた。また、2001（平成13）年10月の日米規制改革および競争政策イニシアティブに基づく米国からの要望も、①外国弁護士と弁護士との提携の自由化、及び②外国弁護士による弁護士の雇用解禁に的を絞る内容となり、さらに同時期に出された欧州委員会からの対日規制改革優先提案でも上記①及び②を強く求める内容となった。こうした背景が、それまで司法制度改革審議会でそれほど議論されていなかった外弁問題が同審議会意見書に盛り込まれた由縁であると推測できる。

以上の状況下にあって、政府の司法改革推進本部における国際化検討会の議論も2002（平成14）年初頭から始まり、上記の①及び②の問題について精力的な議論がなされた。国際化検討会では、渉外的または総合的（M&A、プロジェクトファイナンス、証券化等）な法律サービスを、外弁の専門性を生かしてユーザーに使いやすくすべきであり、また雇用問題については共同事業の緩和は当然に外国法事務弁護士による雇用に結びつくという意見が強かった。日弁連は、当初特定共同事業（外国法事務弁護士事務所と弁護士の事務所を分離して共同化を認めた制度）を行うことのできる事業目的の緩和で臨もうとしたが、その意見が通ることはなく、また外弁による雇用禁止だけは確保しようとしたものの、実現することはなかった。

以上の審議の結果、外弁法の改正案が起案され、同改正案は2003（平成15）年7月18日に成立し、同月25日に公布された。主な改正点は、①特定共同事業以外の形態による弁護士・外国法事務弁護士の共同事業禁止（外弁法49条2項、49条の2）の解禁、②外国法事務弁護士による弁護士の雇用禁止（外弁法49条1項）の解禁、③外国法事務弁護士に許容された職務範囲を超えて法律事務をしてはならない（つまり日本法を扱ってはならない）という規制（外弁法4条）及び外国法事務弁護士による弁護士の業務に対する不当関与の禁止（外弁法49条の2第3項）の明文化である。

同改正法は、2005（平成17）年4月1日に施行され、前年11月の臨時総会で可決した日本弁護士連合会の会則・会規も施行された。改正法が成立する際には、外弁が弁護士との共同事業や弁護士の雇用により日本法などの職務外法律事務を取り扱うことがないように十分配慮すること、という付帯決議が衆参両院でなされており、これに対応する会規の改正が行われた。

これとは別に、弁護士法の改正に伴い、外弁にも公職などへの就任の届出制が認められ、2004（平成16）年4月から実施された。

また、外弁に対しても法人の設立（外弁法人）を認めようという議論が、米国を中心とした外国政府からの要請でなされ、その過程で外弁と弁護士が共同で社員となる混合法人についても日弁連で議論がなされた、2010（平成22）年3月18日の理事会で、それらを認める基本方針が採択された。このうち、2014（平成26）年の外弁法改正で外国法事務弁護士法人が導入されることとなった（混合法人も導入が議論されている）。

なお、2014（平成26）年12月5日開催の日弁連臨時総会において、外国法事務弁護士制度を創設する制度改正が承認された。

2016（平成28）年12月1日現在、日弁連に登録している外国法事務弁護士の数は413名である。東京の中堅法律事務所（50～100名）には上記の外国法共同事業の法律事務所が散見されるようになってきた。

(2) 今後の展望

巨大な資本力のある英米の弁護士事務所のさらなる進出を許容すれば、日本法の益々の英米法化を促進し、国選弁護等の公共的役割を担う日本の弁護士の育成にも問題を生じかねず、ひいては日本の法文化への悪影響も懸念されるところである。これに対して、外国の弁護士事務所のさらなる進出が日本の弁護士の国際競争力を強化するとの意見もある。他方で、英米を中心とした法律業務が我が国で拡大することは、弁護士業務の拡大・専門化の促進につながるとの意見もある。

このような状況の中で、日本法は日本の法曹資格を持っている者だけが携わることができるという資格制度の基本を前提としつつ、秩序ある国際化のもとで、我々弁護士は、本当の意味で我が国の司法作用の向上のための弁護士の国際化を考えなければならない。隣国韓国の弁護士会は国際化に精力的に取り組んでいるが、我が国も組織的にこの問題に取り組むべきである。

3 国際司法支援

(1) はじめに

1990年代の後半から、発展途上国を中心とする外国への我が国のODAとして、基本法の起草や法律家の養成といった司法の根幹に対する援助活動が行われてきた。

2008（平成20）年1月30日、首相官邸で開催された第13回海外経済協力会議の合意事項として「我が国法制度整備支援に関する基本的考え方」が策定・公表され、2009（平成21）年4月1日付けで基本方針が発表された。

このような動きの中で、日弁連は、我が国の法律家が海外で国際司法支援に積極的に参加する組織と制度を設計し、1995（平成7）年から活発な活動を展開してきた。

そして、2009（平成21）年3月18日、「日本弁護士連合会による国際司法支援活動の基本方針」が日弁連理事会において決議された。

(2) 日弁連による国際司法支援の基本方針

ア 基本理念

日弁連は、その国際司法支援活動の基本理念として、日本国憲法の基本理念である基本的人権の保障と恒久平和主義及び法の支配の実現を旨とする。

イ 基本方針

日弁連の国際司法支援活動実施に当たっては、上記基本理念の実現を目的とし、政治的不偏性と中立性に留意するとともに、活動プロセスにおいて、市民の自立支援・カウンターパートとの協働・フォローアップ評価の実施・参加する会員の安全に特に留意することとしている。

(3) 日弁連及び弁護士の法整備支援活動の経緯と展開

ア カンボジア王国

日弁連の司法支援活動において、カンボジア王国に関係する同活動が一番長い歴史を有している。また、その支援形態も、国際協力機構（JICA）のODAプロジェクトに参画するケース、日弁連独自にプロジェクトを提案して資金を得て実施するケースの2類型にわたる。また、その支援内容も、カンボジア王国の民法及び民事訴訟法の立法作業、裁判官、検察官、弁護士等の研修（トレーニング）、クメール語文献の資材供与等司法支援全般にわたる。したがって、カンボジア王国への司法支援活動は、日弁連にとって一つのモデルケースとなり得るものである。以下、具体的活動を簡潔に説明する。

(ア) JICAプロジェクトへの参画・協力

日弁連では、1996（平成8）年から2000（平成12）年までJICAが主催するカンボジア法律家に対する本邦での研修に講師を派遣し、研修旅行を行う等の協力をしてきた。

また、JICAは、1999（平成11）年3月からJICAの重要政策中枢支援・法制度整備支援プロジェクトを開始し、同国の民法及び民事訴訟法の起草、立法化、普及並びに人材育成に協力している。日弁連では、同プロジェクトの国内支援委員会及び事務局に会員を派遣するとともに、カンボジア司法省及び弁護士会に対し、これまで10名の会員がJICA長期専門家として赴任している。

(イ) 日弁連独自のプロジェクト―カンボジア王国弁護士会に対する協力活動

日弁連では、日弁連独自のNGOプロジェクトを企画・実施している。

2000（平成12）年度から始まったJICAの小規模パートナーシップ事業を申請し、その第1号として承認され、2001（平成13）年7月からプロジェクトが開始された。同プロジェクトは、カンボジア王国弁護士会をカウンターパートとして、弁護士継続教育セミナーの開催及び法律扶助制度の制度提案をおこなった。弁護士継続教育セミナーについては、当時JICAの重要政策中枢支援プロジェクトで起草中であった同国の民事訴訟法の案文を資料として、「民事訴訟における弁護士の役割」をテーマに合計4回のセミナーが実施された。また、同時期にカナダ弁護士会及びリヨン弁護士会がカンボジア王国弁護士の養成プロジェクトを企画していたことから、3弁護士会によるユニークなプロジェクトとなった。そして、法律扶助制度については、貧困層への司法サービスの機会保障（access to justice）の視点から、カンボジア王国における法律扶助制度の確立に向けた制度調査及び将来の提言を行なった。現地で東南アジアの弁護士を招聘し、国連人権高等弁務官の地域代表の参加も得て、アジア法律扶助会議を開催し、その結果、カンボジアの法律扶助制度に資金が拠出されるなど一定の成果を得ることができた。

さらに、日弁連は、2002（平成14）年9月から3年間の期間、JICAからの委託事業（開発パートナー事業）として「カンボジア王国弁護士会司法支援プロジェクト」を受託し、先の小規模パートナーシップ事業から引き続いてカンボジア王国弁護士会に対して支援を行なった。プロジェクトの上位目標は、「法の支配を担うカンボジア王国弁護士の養成」及び「法的サービスへのアクセスを向上させ法の支配を実現すること」とした。具体的な活動としては、①2002（平成14）年10月開講の弁護士養成校（正式名称は、「Center for Lawyers Training and Professional Improvement of the Kingdom of Cambodia」）への技術支援、②同校で行われるリーガルクリニックへの技術援助、③現在の弁護士に対する継続教育支援、④女性弁護士の養成を通じたジェンダー問題に対する技術支援の4つを柱とした。

さらに、日弁連のカンボジア弁護士会に対するそれまでの支援活動が評価され、2007（平成19）年12月からは、同支援が、新たにJICAの重要政策中枢支援法制度整備プロジェクトの一環として位置づけられ、2010（平成22）年6月まで、日弁連がJICAから委託を受けて、弁護士養成校を支援した。具体的には、弁護士に対する民法及び民事訴訟法セミナー（継続教育）並びに弁護士養成校におけるセミナーを短期専門家派遣により実施し、民法及び民事訴訟法の普及活動・人材育成支援を行なった。また、同プロジェクト専属の長期専門家として現地に駐在した会員1名を中心に民事訴訟法ワーキングチームが設置され、将来弁護士養成校の教官となることが期待される人材を育成した。

カンボジアでは、2002（平成14）年に弁護士養成校が開講するまで弁護士養成制度が存在せず継続的な新しい弁護士の登録がなかったところ、2002（平成14）年から2010（平成22）年まで日弁連がカンボジア王国弁護士会に対して弁護士養成校の支援を行った期間に、合計359名の新たなカンボジア弁護士を養成した。なお、このプロジェクトでは、3年間で延べ100人程度の弁護士を現地に派遣し、国際司法支援に携わる弁護士の育成にも貢献したといえる。その後も、弁護士養成校では毎年50名から60名の新規弁護士を養成しており、カンボジアでの法の支配の礎となっている。日弁連は、その後も毎年弁護士養成校で、弁護士倫理、国際取引法などの講義を担当している。

イ ベトナム社会主義共和国

ベトナムの法制度整備に関するJICAの重要中枢技術支援活動でも、同プロジェクトの国内支援委員会に委員を派遣し、またJICA現地長期専門家としてこれまで合計9名の弁護士が勤務している。さらに、同国でのJICA主催のセミナー及び本邦での研修に、多くの弁護士が講師として参加してきた。

ベトナムのプロジェクトも、民法などの立法支援と法曹養成に分かれる。2003（平成15）年末からは、日弁連も参加して法曹養成のプロジェクトも開始されている。また、2009（平成21）年6月に、ベトナム弁護士連合会（日弁連に匹敵する地方の単位会を統一する国の弁護士会、略称VBF）が設立され、その代表を日本に招聘して研修・交流を行い、その後毎年同弁護士会から研修員が訪日し、日弁連で単位弁護士会の運営などの研修を受けている。日弁連はVBFと2013（平成

25）年に友好協定を締結し、東弁も2017（平成29）年に友好協定を締結した。

ウ　ラオス

日弁連では、2000（平成12）年5月に同国に関する司法調査を実施した。その結果も踏まえて以下のような協力活動を実施している。

JICAの同国に対する国際司法支援プロジェクトに協力し、長期専門家としてこれまでに合計3名の会員が現地に派遣された。また、法務総合研究所からの要請によるラオスなどの研修に講師を派遣してきたが、現地の弁護士数は近年増加しつつあるもののいまだに約200名である。日弁連は、今後の同国の弁護士育成に協力できる方途を模索し、2011（平成23）年9月に調査団を派遣した。なお、2010（平成22）年4月より4年間の予定で新たにJICAプロジェクトとして「法律人材育成プロジェクト」が開始され、会員2名が長期専門家として赴任している。また、2012（平成24）年から、公益財団法人東芝国際交流財団の助成を受け、ラオス司法アクセス会議（2012〔平成24〕年9月）を開催したことを皮切りに、その後も毎年、司法アクセスの改善や弁護士養成制度の改善を目的に、現地セミナーや本邦研修などの活動を行っている。2016（平成28）年には、新たに設立された司法研修所の弁護教官の研修を日本で実施し、本年も弁護教官支援活動を継続している。

エ　モンゴル

モンゴルでは、JICAの弁護士会強化計画プロジェクトが4年間にわたり実施され、合計3名の会員がJICA長期専門家として、現地で勤務してきた。また、2007（平成19）年1月には同国で開催された国際人権条約セミナーに会員2名が講師として派遣された。2011（平成23）年から2015（平成27）年までは、調停をテーマに、JICAの本邦研修を日弁連が受託して実施し、同国での調停制度の導入に寄与した。さらに、2013（平成25）年からは、モンゴル弁護士会のメンバーに対する本邦研修（但し渡航費及び滞在にはモンゴル側が負担）をも実施している。

オ　インドネシア

インドネシアでは、2007（平成19）年からJICAの和解調停強化支援プロジェクトに会員1名が赴任して、現地の最高裁判所などのカウンターパートと和解調停規則の作成及び調停人の育成プロジェクトを実施し、現在は終了している。

カ　中国

中国のプロジェクトは2008（平成20）年に開始された。中国の民事訴訟法及び仲裁制度の改善について協力するプロジェクトで、日弁連からは委員を派遣し、また現地にもJICA長期専門家として会員1名が赴任している。

キ　ネパール

内戦を経たネパールに対し、JICAプロジェクトとして2009（平成21）年から民法起草支援が実施されているが、2010（平成22）年より会員1名が、2013（平成25）年からは同2名が、長期専門家として現地に赴任している。

ク　アジア弁護士会会長会議（POLA）

アジアにおける弁護士会の会長会議が毎年開かれ、本年で26回目を迎えた。第1回及び第10回の会議は日弁連が主催し、同会議の情報センターとしての役割を日弁連が担っている。同会議では、アジアで起こっている法曹界全体の問題について幅広く討議し、人的交流の場ともなっているが、日弁連が国際司法支援を実施する上での情報収集にも役立っている。

ケ　個別プロジェクト

日弁連では、2004（平成16）年から毎年海外技術者研修協会（AOTS）の本邦研修事業に応募して、特にアジアの途上国（上記の各国の他、ウズベキスタン、東ティモール、インドなど）から法曹を招聘して、競争法、国際仲裁、コーポレートガバナンスなどをテーマに研修を実施してきた。また、日弁連は、国際法曹協会（IBA）・シンガポール弁護士会・及びJICAとの共催により、2007（平成19）年10月にシンガポールで司法へのアクセスに重点を置いた途上国弁護士会能力強化支援プログラムを実施した。さらに、2008（平成20）年10月には、マレーシア弁護士会との共催で、マレーシアのクアラルンプールで、アジア途上国から弁護士を招聘して、「司法アクセスと弁護士会の役割」に関する国際会議を開催し、開催後は日弁連英文ホームページに、各国の司法アクセスに関する資料を掲載した。同会議は、日弁連も関与のもと、今後も継続的な開催が予定されている。その後、2010（平成22）年にブリスベンで第2回の「司法アクセスと弁護士会の役割」に関する国際会議が、2011（平成23）年には東京でJICAの枠組みでアジア司法アクセス会議が、2014

(平成26)年にはカンボジアで第3回「司法アクセスと弁護士の役割」に関する国際会議が開催された。

コ 日弁連会員による活動

さらに、日弁連の活動とは別に、日弁連の会員が国際司法支援活動に参加している例も多い。

例えば、日本国内でのアジア開発銀行セミナーなどに対する講師派遣の他、これまで日弁連の会員が、国際開発法研究所（IDLI）のマニラオフィスで職員として勤務したこともある。また、欧州復興開発銀行（EBRD）にはこれまで合計3名の会員がその法務部に勤務し、模範担保法の起草等に関与した。東ティモールに国連ボランティアの一員として長期滞在し、支援協力活動に従事している会員もいた。JICAのウズベキスタン破産法プロジェクトに現地で専門家として参加した会員もいた。また、カンボジアの総選挙の監視活動に参加した会員もいる。また、国際的なNGOや国内のNGOに参加して活躍している会員もいる。

サ 今後の展開

日弁連は、今後国際的な法曹団体や各国の法曹団体と国際司法支援の分野でも協力を拡大していくことを検討している。

日弁連は、International Bar Association（IBA）の団体会員として、これまで同団体の人権活動に幅広く参加してきた。2007（平成19）年には、紛争解決直後の国々に対する平和構築活動の一環としての国際司法支援活動を実施することを目的として、IBAが助力して設立されたInternational Legal Assistance Consortium（ILAC）の正式団体会員となり、2009（平成21）年3月には、国連民主主義基金からの助成資金により、イラクの弁護士に対する国際人権法・人道法のトレーニングプロジェクトをIBAと共に実施した。本年5月にはILACの年次総会が東京で開催され、紛争下にあるシリアの法曹に対する支援活動などが報告された。

(4) 日弁連による支援体制整備

日弁連では、上記のような活動の広がりに迅速に対応し、かつ有意で適任の人材を派遣できるように組織・人・資金面での基盤整備を行っている。また、アジア地域の弁護士会との交流を深め、国際司法支援の分野でも有効な協力活動を行う努力もしている。以下、詳述する。

ア 国際交流委員会国際司法支援センター（ILCC）

国際交流委員会では、部会としての国際司法支援センターを設置し、国際司法支援に機動的に対応できる組織作りを行っている。同委員会は、国際的な事項について日弁連執行部を補佐している国際室とも緊密に連携し、日弁連全体でのプロジェクトを実施している。

イ 日弁連国際司法支援活動弁護士登録制度

日弁連は、国際司法支援活動に参加する会員のプールとして、1999（平成11）年9月に「国際司法支援活動弁護士登録制度」（登録制度）を設立した。日弁連は、数々の会員の派遣に対する要請に応え、より良い支援活動を実施するために、日弁連が情報の基地（ハブ）となって国際司法支援活動に参加する会員間の情報の交流・交換の機会を提供できるように登録制度を設立したのである。国際司法支援活動に関して、国際機関、諸外国等から会員の推薦の依頼があった場合は、登録された会員に対してその情報を提供して希望者を募るか日弁連が登録者の中から適当な人材を推薦することになる。今後は、同制度の登録会員を増やすと共に、専門分野ごとの類型化などのより効率的なデータベース化を目指している。

ウ 国際司法支援に関する研修会

日弁連では、若手会員が国際司法支援活動の分野に参加する導入として、「次世代の国際司法支援を担う弁護士養成研修」と題する連続研修講座を2012（平成24）年と2015（平成27）年に行った。今後も、新たに参加する会員を増やすための研修等を予定している。

エ 国際協力活動基金

国際司法支援も活動資金がなければ充実した活動はできない。日弁連の活動は、会員からの会費によるのが原則であるが、国際司法支援活動については、先に述べたJICA開発パートナーシップ事業のように外部からの資金を利用できる場合がある。そのためには、事業の会計が一般会計とは切り離されて管理され、その処理が透明でなければならない。そこで、日弁連では、2001（平成13）年3月に「国際協力活動基金」を設置し、同基金のもとで国際司法支援活動資金が管理されている。

4 国際機関への参画

多様な領域への弁護士の参画、業務分野の拡大、国際化、法律専門家としての国際社会への貢献等の観点から、日本の弁護士が国際機関において法律専門家としての役割と活動を積極的に担っていくことが望まれ

る。

　こうした国際機関には、国連の諸機関及び専門機関（国連難民高等弁務官事務所〔UNHCR〕、国連開発計画〔UNDP〕、国連児童基金〔UNICEF〕、国際労働機関〔ILO〕、世界知的所有権機関〔WIPO〕等を含む）や、国際刑事裁判所（ICC）、ハーグ国際私法会議、世界貿易機関（WTO）、アジア開発銀行、欧州復興開発銀行、経済協力開発機構（OECD）等、多様な機関があり、弁護士が法律専門家として求められる職場やプロジェクトは多い。

　これまでにも日弁連の会員弁護士が、こうした国際機関に職員として勤務した例や、専門家としてプロジェクトに関わった例、インターンとしての経験を積んだ例はあるが、その数はまだ少ない。日弁連では、国際機関人事情報セミナーやホームページ上の情報提供コーナーを通じて、国際機関における法律関連職務や応募の資格、応募の手続き等に関する情報提供を行ってきたほか、国際機関での勤務を希望する弁護士のための外務省によるロースター（登録）制度を発足させ、また「国際機関就職支援リストサーブ」登録者に国際機関の人事情報その他関連情報をメール送信する取組みを行っている。さらに、国連難民高等弁務官事務所（UNHCR）、国際移住機関（IOM）、国際協力機構（JICA）、国際労働機関（ILO）、外務省が司法修習の選択修習の受け入れを行っている。

　国際機関への参画については、まだ実例が少ないが、法科大学院制度の下で多様な経歴を有する新しい法曹が増えてきていることや弁護士の業務の拡大についての意識が高まっている中で、関心を持つ弁護士、司法修習生、法科大学院生は少なくない。国際機関における勤務やプロジェクトへの参加は、弁護士の多様な職務形態の一つであると同時に、日本の弁護士の国際化、国際競争力の強化という観点からも極めて重要である。

　このような視点を共有する外務省や法務省との共催により、国際機関での勤務を含む国際分野での法曹としての活躍を目指す法律家のためのセミナーが2010（平成22）年から毎年実施されている。

　また、2014（平成26）年4月には、日弁連に国際業務推進センターが設置され、国際機関等における弁護士の任用促進、養成、弁護士への支援活動を行うことが同センターの活動の1つとして位置付けられた。2016（平成28）年には同センター内に国際公務キャリアサポート部会が設置され、国際公法連続講座が開催されて30名を超える会員が参加した。その実績を踏まえて国際公務のアドバイザー制度・メーリングリストが開設されて弁護士が国際機関で勤務することの支援をしている。

　今後は、これまでに日弁連が行ってきた活動の継続に加え、国際業務推進センターを中心に、さらに国際機関での勤務やインターンの経験がある弁護士のネットワーク化、外務省や法務省、大学との協力連携の強化等、日本の弁護士の国際機関への参画の拡大に向けた戦略的な取組みを模索し、推進していくことになる。

第2章 日本司法支援センター

第1 日本司法支援センター（愛称：法テラス）の設立

　2004（平成16）年通常国会において成立した「総合法律支援法」は、「民事、刑事を問わず、あまねく全国において、法による紛争の解決に必要な情報やサービスの提供が受けられる社会を実現すること」を基本理念に据え、国民に対する民事・刑事を問わずに総合的な、国による法律支援業務を定め、その中核組織として法テラスを置いた（同法1条）。これは、司法改革・扶助改革の到達点といえるものであって、法科大学院及び裁判員制度とともに平成の三大司法改革の一つとして位置づけられ、国民の日常生活に最も大きな影響を持つ改革である。

　総合法律支援法を受けて、法テラスが2006（平成18）年4月に設立され、同年10月から業務を開始し、2016（平成28）年に設立10周年を迎えた。

第2 法テラスの業務内容

　法テラスは、①情報提供（アクセスポイント）・連携、②民事法律扶助、③国選弁護人・国選付添人の選任、国選被害者参加弁護士の選定、④司法過疎対策、⑤犯罪被害者援助を主たる本来業務とし（同法30条1項）、そのほかに、業務方法書に定めるところにより、国、地方公共団体その他の営利を目的としない法人等からの委託を受けた業務を行うことができるものとされている（同条2項）。さらに、後述する総合法律支援法改正（2017〔平成29〕年1月24日施行予定）により、⑥大規模災害被災者援助（他に先行して2016〔平成28〕年7月1日施行）、⑦認知機能が十分でない特定援助対象者（高齢者・障害者）の援助、⑧特定侵害行為（DV、ストーカー、児童虐待）を現に受けている疑いのあると認められる者の援助が追加された。

第3 組織

1 組織形態

　法テラスは、独立司法法人ともいうべき法人であるが、独立行政法人通則法を準用するいわゆる準用法人といわれている。独立行政法人については、その改革の議論が行われているが、法テラスにはその議論があてはまらないものも多い。独立行政法人の見直しの動きがあるたびに、法テラスがその影響を受けることに鑑みると、同通則法の準用をしない形での総合法律支援法の改正も視野に入れた議論と運動を継続することが必要である。

2 具体的組織

(1) 本部

　法テラスは、東京に本部組織を設置し、理事長には2008（平成20）年4月から寺井一弘元日弁連事務総長が、2011（平成23）年4月からは梶谷剛元日弁連会長が、2014（平成26）年4月からは宮﨑誠元日弁連会長が、それぞれ就任している。また、常勤理事2名、非常勤理事2名のうち、常勤理事として、2017（平成29）年9月末で退任した田中晴雄元日弁連事務次長に代わり、同年10月から丸島俊介元日弁連事務総長が就任しているほか、事務局長、部長、課長職にも、複数名の弁護士が就任している。

　また「業務の運営に関し特に弁護士（中略）の職務に配慮して判断すべき事項について審議」する審査委員会が設置されることとなっており（同法29条）、同委員会委員の任命は理事長によってなされることとなるが、日弁連会長の推薦する弁護士2名が審査委員として任命されている（同条2項2号）。

(2) 地方事務所等

法テラスは、全国50カ所の地方裁判所本庁所在地に地方事務所を設置し、更に必要に応じて支部（扶助と国選の管理業務を行うフル規格）、出張所（扶助業務の管理業務を行う）が設置され、地方事務所の所長には、全ての地方事務所において弁護士が就任している。

(3) 地域事務所

法テラスには、弁護士過疎地にスタッフ弁護士を配置する法律事務所としての性格を有する地域事務所が設置されている。

法テラスが設置する地域事務所としては、法テラスが有償法律サービス提供業務（同法30条1項7号業務、2015〔平成27〕年改正法が施行されるまでは4号。以下は施行に併せて「7号」と表記する。）を行うことができる地域に設置される「司法過疎地域事務所」と、7号業務対象地域外において弁護士数の不足などの事情により、国選弁護事件や民事法律扶助事件に迅速・確実に対応することが困難な地域に設置される「扶助・国選対応地域事務所」（有償法律サービス業務の提供はできない）の2種類の地域事務所がある。

2016（平成28）年1月1日現在において、全国で50か所の地方事務所があり、そのうち39の地域事務所が存在し、内7号業務対応の司法過疎地域事務所が35ヶ所、国選・扶助対応地域事務所が4ヶ所設置されている。[*1]

あまねく全国において、法による紛争の解決に必要な情報やサービスの提供が受けられる社会を実現するという総合法律支援法の基本理念からしても、今後漸次地域事務所を日本各地に設置し、司法過疎の解消を図っていくことが望まれる。

一方、日弁連もひまわり基金による公設事務所の設置を継続しており、また、法テラスの運営が弁護士会等との連携の下でこれを補完することに意を用いなければならないとされている（同法32条3項）ことからも、ひまわり基金による公設事務所の設置活動は今後も継続されるべきものであり、両者の司法過疎対策が相俟って、速やかな司法過疎の解消がなされるよう、両者が連携・協力のもとで効率的な配置を行うことが必要である。

司法過疎問題への取り組みは、弁護士ゼロ地域が解消され、2011（平成23）年12月にワン地域も初めて解消された。その後、1箇所発生したワン地域は、2013（平成25）年11月に再び解消され、2014（平成26）年3月、再度ワン地域が生じ、2015（平成27）7月に解消され、同年9月に再々度ワン地域が生じ、2016（平成28）年3月に解消されたが、同年4月に再々々度ワン地域が生じ、2017（平成29）年9月現在もその状態が続いている。[*2] 引き続き、司法過疎解消にむけた取り組みが必要である。

また、地域事務所の設置は、常勤のスタッフ弁護士の配置が不可欠の前提となることから、地域事務所の設置・継続の為には、地域事務所の設置数に見合ったスタッフ弁護士の供給が必要となる。従って、法テラスにおける司法過疎対策実施の為にも、弁護士会はスタッフ弁護士の確保・供給の努力を怠ってはならない。

(4) 東日本大震災被災地臨時出張所

東日本大震災の被災地域には司法過疎地域が多く、被災された方々の法的ニーズに対応するため、被災地の弁護士会との協力のもとで被災地臨時出張所が設置されている。現在、岩手県内の被災沿岸地域に2ヶ所（大槌町・気仙町）、宮城県内の被災沿岸地域に3ヶ所（南三陸町、東松島市、山元町）、福島県内に2ヶ所（二本松市・双葉町）に設置されている。これらの出張所では、東日本大震災法律援助事業による法律相談や代理援助の取扱いを中心に業務が行われている。ただし、これまで延長されてきた東日本大震災の被災者に対する援助のための法テラスの業務の特例に関する法律（東日本大震災被災者特例法、2012〔平成24〕年3月29日法律第6号）が2018（平成30）年3月31日に失効する予定となっている。現在、東日本大震災負傷者特例法が再延長になるか協議中であるが、東日本大震災被災者特例法が再延長されるか否かとも関係して、今後の動静が注目される。

[*1] http://www.houterasu.or.jp/staff_bengoshi/staff_bengoshi_zenkoku_ichiran/

[*2] http://www.nichibenren.or.jp/library/ja/special_theme/data/zero_one_graph_2016_11.pdf

第4 今後の課題

1 組織・運営

(1) 理事等、地方事務所所長人事

法テラス本部には、現在弁護士から理事長1名、理事1名が就任している。また、全地方事務所（50ヶ所）の所長には全て弁護士が就任し法テラスの運営の適正化に貢献してきているところであるが、法的サービスの提供を実際に行えるのは第一に弁護士であることからすると、今後も、業務の適切な遂行の上ではこれらの役職者を弁護士から選出していかなければならない。

(2) 地方事務所の活用問題

現状の法テラスの運営においては、予算の配分、情報提供の方法、具体的業務の手法など効率性を追求する必要から本部を中心とした画一的な管理、運営の色彩が目立つものといえる。地域の状況を生かし、地域の利用者の視点に立脚したきめ細かい運営を指向するためには、地方事務所が自主性や独自性を発揮し得る余地を増やして、地方事務所を活用していくことが必要となる。

そのためには、地方事務所が独自の事業、企画、研修等を実施できるよう、地方事務所長に権限と予算を付与すべきであるとともに、地方事務所の活動が活性化できるよう、職員や地方事務所長、副所長、支部長、副支部長等の待遇改善も検討していくべきである。現状、法テラスもこうした処遇問題等についても改善に取り組んでいるところではあるが、現場のモチベーションを削ぐことのない形での改善がなされることが望まれる。

法テラスが2008（平成20）年2月に実施した認知度調査によれば、その認知度は24.3％にすぎなかったのに対し、2009（平成21）年調査37.3％、2010（平成22）年調査37.3％、そして2011（平成23）年調査では42.1％と、徐々に国民生活の中に浸透しつつある。しかしながら、「名前も知っているし、業務内容もある程度知っている」は、6.8％と低く、さらなる認知度向上が望まれる。

2 情報提供業務

(1) コールセンター（CC）の情報提供数

法テラスのコールセンター（以下「CC」という。）の情報提供数は、設立当初の2006（平成18）年度128,741件（半年間）、2007（平成19）年度220,727件、2008（平成20）年度287,897件、2009年度（平成21）年度401,841件に達し、累計数で1,000万件を超えた。ただ、2010（平成22）年度の情報提供数は東日本大震災の影響があったとはいえ370,124件と減少に転じ、2011（平成23）年度は339,334件、2012（平成24）年度は327,759件、2013（平成25）年度は313,488件、2014（平成26）年度は330,738件、2015（平成27）年度は318,520件、2016（平成28）年度は349,599件となっている。予算が削減されたことによる広報活動の減少の影響も指摘されているが、今後とも効果的な広報活動による浸透を継続して行うことが重要と考えられる。

(2) 仙台コールセンター

法テラスCCは、2011（平成23）年4月から仙台市青葉区に移転し、東日本大震災の影響で完全な移行は同年7月からとなったが、業者委託体制から直営体制に移行している。

(3) LA制度

従前CC内にテレフォンアドヴァイザー（TA）として2名の弁護士を常駐させて、オペレーター（OP）では対応困難な電話に対して5分を目安に弁護士が対応して情報提供業務を行ってきたが、CCの仙台移転に伴い、弁護士が直接電話に出るTA制度は廃止し、オペレーターからの質問に応える形の法律アドヴァイザー（LA）制度が導入されている。

LAには、常勤の弁護士と仙台弁護士会の協力を得て、同弁護士会の弁護士10名程度が非常勤で対応する体制で行われているが、東京CCで蓄積されたノウハウ等の伝達も含めてLA制度の充実発展が望まれる。

(4) 多言語対応

法テラスでは、2013（平成25）年3月から三者間通話システム等を利用した多言語対応（英語・中国語・ポルトガル語・スペイン語・タガログ語）による情報提供を開始した。周知活動とともに、多くの利用が望まれる。

(5) 震災関連電話相談

東日本大震災の発生を受けて、法テラスは、日弁連、各地弁護士会、司法書士会等との共催による震災関連電話相談を設け、被災者に対する情報提供を行った。

そして、2011（平成23）年11月1日からは被災者専用フリーダイヤルを設けて情報提供を行っている。

今回のような大規模災害等が発生した場合の緊急時対応の先例として、大きな意義を有するものであった。

(6) CCと地方事務所との連携

法テラスの開業当初から、CCにおける情報提供業務と地方事務所における情報提供業務の在り方、役割分担については、必ずしも統一的な認識が得られないまま、今日まできているところがあって、この点に関する議論を尽くしていく必要がある。当初からの制度設計として地方事務所の負担軽減としての「前捌き」機能をCCに担わせることは必要であるとしても、地域における細かな関係機関情報を有する地方事務所の情報をも活用した情報提供が可能となるよう、全国から電話を受けるCCと地方事務所と連携させて相互補完関係をもつ情報提供体制を構築していく必要がある。

(7) 弁護士会側の受け皿対応

弁護士会側においても、CCが紹介しやすい体制（専門相談の充実等）作りを推進するとともに、弁護士紹介制度の充実及び法テラスとの連携強化を進めるなどして、法テラスの情報提供業務との有機的連携関係を構築していく必要がある。

また、CCのデータベース刷新に伴い、新しいデータベースにおいて適正に検索可能な状態とするために、弁護士会での受け皿情報の刷新を行っていくことも検討されている。

3　民事法律扶助業務

(1) 民事法律扶助対応のさらなる充実

2012（平成24）年度の民事法律扶助法律相談援助実施件数は314,535件（前年度比12％増。震災法律援助42,981件を含む）、2013（平成25）年度は322,012件（前年度比2％増。震災法律援助48,418件を含む）、2014（平成26）年度は333,911件（前年度比4％増。震災法律援助51,542件を含む）、2015（平成27）年度は341,177件（前年度比2％増。震災法律援助54,575件を含む）、2016（平成28）年度は、351,215件（前年度比3％。震災法律援助52,995件を含む）である。2011（平成23）年度は280,194件、2010（平成22）年度は256,719件であった。

2012（平成24）年度の民事法律扶助代理援助開始決定件数は113,159件（前年度比約3％増。なお震災法律援助2,699件を含む）、2013（平成25）年度は111,376件（前年度比2％減。震災法律援助2,267件を含む）、2014（平成26）年度は108,998件（前年度比2％減。震災法律援助1,802件を含む）、2015（平成27）年度は113,477件（前年度比4％増。震災法律援助2,126件を含む）、2016（平成28）年度は112,931件（前年度比1％減。震災法律援助471件を含む）である。なお、2011（平成23）年度は103,751件、2010（平成22）年度は110,217件である。

これまで民事法律扶助予算の大幅増額をめざし、実現してきたところであるが、一方、ここ数年、多重債務事件の減少等もあって、民事法律扶助の代理援助件数は横ばい傾向となっている。家事事件・労働事件数の増加の中で民事法律扶助が十分利用されているのかの検討を含め、一層の利用促進を図っていく必要がある。

また全国的には、申込みから相談まで1〜2週間待たされたりする地方事務所があるなど、民事法律扶助の相談体制が未だ十分に整備されているとはいえない地域も存在することから、その体制整備を進めていくことも必要である。

(2) 民事法律扶助制度のさらなる改革の必要

2002（平成14）年の司法制度改革推進計画において、民事扶助制度については、「対象事件・対象者の範囲、利用者負担の在り方、運営主体の在り方等につき更に総合的・体系的な検討を加えた上で、一層充実することとし、本部設置期限までに、所要の措置を講ずる」ものとされていたにもかかわらず、対象事件・対象者の範囲、利用者負担の在り方の拡充がなされないまま、今日に至っている。

諸外国に例を見ない立替・償還制から給付制への見直しを始め、資力基準の緩和、対象事件範囲の拡大、さらには、民事法律扶助予算自体の増額等、事後規制社会化を迎えた社会的インフラとしての民事法律扶助制度の拡充の必要性は極めて高いものであり、「総合的・体系的」な検討を加える議論とともに、立法改正を視野に入れた運動展開が必要となる。

また、前述したように、「東日本大震災の被災者に対する援助のための法テラスの業務の特例に関する法律」（東日本大震災被災者援助特例法）が2012（平成24）年4月から施行され、被災者に対しては資力を問わず、また行政不服手続、ADR手続を含めた震災法

律援助が行われている。

　日弁連は法務省・法テラスとも協議を重ね、生活保護受給者に対する償還免除など、ここ数年大幅な運用改善を実現してきているところではある。

　しかしながら、運用改善のみでは改革に限界があることも事実であって、今後はさらに、利用者にとってもその担い手にとっても使いやすい民事法律扶助の実現に向けた、「総合的・体系的」な取り組みの努力を行っていくことが必要である。

(3) 東日本大震災法律援助

　東日本大震災被災者特例法の制定により、東日本大震災及び原子力発電所事故の被災者に対して、震災法律援助が行われている。これは、東日本大震災に際し、災害救助法が適用された区域に2012（平成24）年3月11日に居住していた方等を対象として、資力を問うことなく無料で法律相談を行い、震災に起因する案件については弁護士・司法書士の費用の立替えを行うものである。

　民事法律援助の代理援助は裁判手続に限定されているが、震災法律援助においては、原子力損害賠償紛争センターのADR申立てや行政不服手続の代理にも利用が可能である。

　被災者支援のためにも積極的な活用が望まれる。

　なお、2016（平成28）年4月14日以降発生した熊本地震に関しては、東日本大震災被災者特例法が適用される等という対応は取られておらず、同年7月1日以降は改正総合法律支援法に基づく無料相談等が行われている。

(4) 初回相談の無料化（初期相談）

　2010（平成22）年10月、法テラス内の検討PTから法テラス理事長宛に「『初期相談』制度を創設すべき」との「提言」がなされた。法テラスの初回法律相談の資力要件を基本的に撤廃しようというものである。

　法テラスがこのような問題提起を行った背景には、法テラスが2008（平成20）年秋に実施したニーズ調査（「法律扶助のニーズ及び法テラス利用状況に関する調査」）の結果によれば、法律扶助要件相談該当者の法律相談ニーズは年間58万件〜83万件と推定され、さらに、一般の法律相談228万件〜272万件と推計されるところ、現在の扶助相談実績は、年間約24万件程度にすぎず、一般の法律相談もこれに対応できずにニーズが潜在化している状況にあることがある。

　しかしながら、この構想の提示が唐突であったことと、その具体的な内容が必ずしも明らかでなかったために、弁護士会内において、さまざまな意見が出されることとなった。

　その後、東日本大震災が起こるなどしたためその検討は停止している状況にある。しかし、国民の法的ニーズに対して、国費を投入して、これに答えようという発想自体は、否定されるべきものではなくまた、制度設計いかんでは弁護士業務への新たな呼び水として活用出来る可能性もあり、検討には前向きに取り組むべきものである。

　ただし、法律相談センターの運営、弁護士の事件導入や法律相談の本質の問題にも関わるものであるから、こうしたことに支障を与えないように、慎重に議論をはかる必要があるとともに、財政支出を伴う、法律改正マターとなるものであるから、仮に推進することとなったとしても、財政投入規模の議論のなかで、制度が歪曲化されないよう注意をする必要もあると思われる。

　特に総合法律支援法が改正され、その中で高齢者・障害者、DV等被害者の法律相談において、資力を問わない法律相談実施が予定されている。ここでは、資力がある場合には相談料を負担してもらうことになっているが、これに限らず、資力を不問とする法律相談が実施されれば、市民の法的アクセスにとっては有用である。特に、高齢者・障害者等司法アクセスに障害のある者に関しては、資力はあっても法律相談場所まで赴くことができず法的サービスが受けられないということがあり、福祉機関の者の協力を得てまずは法律相談が実施されるようにするという制度設計自体は重要であると考えられる。ただ、改正総合法律支援法では、資力がある場合、高齢者・障がい者に費用負担を求める方針となっているが、もともと高齢者・障がい者という被援助対象者は自ら積極的に法律相談を受けようとしていない場合が多く、そのような被援助対象者が出張した弁護士への法律相談を受けながら、相談料を支払わないといった場合にいかに被援助対象者に費用負担を求めるか等、実務上の問題点が残っており、今後の運用により制度の改正も考えられる。

4　国選弁護関連業務

(1) 国選弁護報酬増額問題

　日弁連の調査によれば、全国の弁護士の平均的な費

用補償ライン（弁護士が弁護士業務を遂行する〔事務所維持経費を含む〕のに必要な時間単価。報酬の時間単価がこれ以下だと、費用が弁護士の持ち出しになるということである）は1時間8,313円とされているところ、国選弁護報酬の時間単価は、5,000円程度（国選付添人報酬の時間単価は4,000円程度）であって、費用補償ラインに遠く及ばない。

したがって、日弁連は、基礎報酬の増額を目標にして、さらなる取り組みを続けていかなければならない。

さらに、報酬算定基準が不合理であると会員からの不満が多い項目について、喫緊の改善が図られることが必要である。とりわけ、示談加算の算定方法が不合理であること、私的鑑定費用が支払われないこと、被疑者国選から被告人国選を継続受任した場合の減算があること、実質的一部無罪や公訴棄却に対する加算報酬がないこと、特別案件加算がないことなど、会員からの不満は多岐にわたるので、それらの改訂が急がれる。

(2) 国選弁護報酬算定センター

国選報酬の複雑化に伴い、各地方事務所での算定の困難さやミスの発生等が指摘されていた。そのため、法テラスでは、算定に関する知識豊富な職員による効率的でミスのない算定を行うため、国選弁護報酬算定センターを設置した。

算定センターに対しては弁護士会から刑事弁護への影響を懸念する声も出されていたが、刑事弁護に影響がない形での運営がされているか常に見守り、よりよい国選報酬の算定のために協力をすべきである。

5 司法過疎対策業務

(1) スタッフ弁護士の確保と配置

スタッフ弁護士は、2017（平成29）年10月1日現在、220名（うち養成中21名）である。しかし、弁護士会の中にはスタッフ配置不要の意見も根強くあり、また配置廃止の意見も聞かれるようになってきている。スタッフ弁護士の役割を検討、確認を行い、住民に対する法的サービスの確保の観点から、今後も必要な配置を行う必要がある。

また、スタッフ弁護士の質を確保する為の選抜、研修等の体制については、現在日弁連が実施している選考、推薦の体制や毎月年間を通して行う集合研修など今後も充実させてゆく必要があり、法テラス側にも研修費支出など一定の負担を求めてゆくことも検討されなければならない。

(2) スタッフ弁護士の処遇

スタッフ弁護士の給与、事務職員、備品購入、弁護士会費負担等については、スタッフ弁護士の初配属後徐々に改善されてきているところではあるが、多くの点でさらなる改善が求められているところであって、現場で奮闘しているスタッフ弁護士の意見を汲み上げ、きめ細かな対応を求めていく必要がある。

(3) スタッフ弁護士の役割

スタッフ弁護士の配置場所は、これまで①2009（平成21）年体制に備えて、刑事弁護態勢を整備する必要のある地域（地方事務所の本庁、支部、扶助国選対応地域）と、②過疎対策の必要のある実働弁護士ゼロ・ワン地域（いわゆる7号地域）であり、その役割が司法過疎地域におけるアクセス障害の解消であって、その基本的役割の重要性には変わりはない。

一方、日弁連のひまわり公設事務所の設置等の司法過疎対策と相まって、今後の司法過疎対策のグランドデザインの議論を深めるとともに、スタッフ弁護士の役割に対する基本的な位置づけを行っていく必要がある。

この観点から、日弁連と法テラスの共同で、2009（平成21）年から、スタッフ弁護士の役割検討会を設け、2010（平成22）年3月に、スタッフ弁護士の役割等に関する検討会意見書において、「スタッフ弁護士が、関係機関と連携しながら法的セーフティネットを構築し、それを活用した紛争の総合的解決を図っていくことを、その積極的役割として位置づけるべきである。」との結論が明らかにされている。ただし、役割を位置づけることが、直ちに法律で規定することにつながるわけではない。総合法律支援法改正の議論の中で、スタッフ弁護士の位置づけを法律で規定することが提案されているが、法テラスが国の機関ではなく準用法人であること、スタッフ弁護士が刑事弁護等で国（検察）と対峙する立場にあること等から、むしろ国の支配を受けることにつながり、その本来の職務に支障が出るおそれがある点には十分留意が必要である。

司法過疎対策としての役割とともに、必ずしも収支にとらわれないことや、関係機関との連携も取りやすいというスタッフ弁護士としての特性を活かして、これまで法的救済の光が届き辛かった案件に対する対応

やネットワーク構築といった司法ソーシャルワーク（SW）のための活動を積極的に位置づけて、スタッフ弁護士の存在意義を高めて行くことも推進していく必要がある。

法テラスでは、関係機関との連携を中心とした活動を行うパイロット事務所を東京に設置して検証を行うこととなっている。

また、スタッフ弁護士が総合法律支援のセーフティネットとしての役割を期待されており、総合法律支援法改正論議の1つのポイントとなっている。もちろん、これ自体は否定するものではないが、スタッフ弁護士のみならず、ジュディケア弁護士含め、全弁護士がセーフティネットとしての役割を分担する必要があり、この視点に欠けることは、ジュディケア弁護士の反発を招き、かえって総体としてのセーフティネットとしての役割低下につながりかねない。

スタッフ弁護士は、誕生当初は、ジュディケア弁護士のみならず弁護士全体の数的補完をする役割があった。ここでは、被疑者国選弁護、民事法律扶助、困難事件等の担い手としての役割等があった。これが、現在では、多様な機能的補完（質的補完ではない）として、公的な立場、組織性を生かした対応、収入に結びつかない事件対応、司法SWの担い手としての役割を有している。このようなスタッフ弁護士の役割を十分認識した上で、相互協力の上で、全弁護士が市民のセーフティネットとしての役割を果たしていくのが理想である都考えられる。

6 犯罪被害者支援業務

(1) コールセンターと地方事務所の連携

関係機関の地域的特性の強い犯罪被害者支援業務においては、地方事務所における関係機関とのネットワークを構築し、コールセンターで受けた案件を、地方事務所に回して、きめ細かい関係機関紹介を行う試みを行っている。こうした試みを全国的に展開し、さらに充実させていくことが求められている。

(2) 精通弁護士の紹介体制の充実

業務開始当初、とりあえず整えた精通弁護士の紹介体制も、ようやく人的に対応可能な状況となりつつあるが、今後は、犯罪被害の種別（例えば、DV、ストーカー、児童虐待等）に応じた専門弁護士を紹介できる体制を構築していくことが必要である。

(3) 被害者参加国選制度への対応

2008（平成20）年12月から、犯罪被害者の参加制度が実施され、同時に資力に乏しい（150万円以下）犯罪被害者参加人については、国の費用で、国選参加弁護士が付される制度が実施されている。

また、国選被害者参加制度は、犯罪被害者に対する弁護士の支援行為のうちの公判への出席、検察官権限への意見、情状証人質問、被告人質問、事実法律適用意見の5項目の法廷行為に限定された制度であるが、その前段階での国費による法的支援体制は整備されていない。

日弁連は、国費による犯罪被害者に対する法律相談を行うことを提言しているが、その実現に向けて積極的な運動を展開すべきである。

(4) DV・ストーカー等被害者保護の拡充

被害者保護のための拡充、さらに、DV・ストーカー等の被害者に関しては、民事法律扶助では民事の代理人活動に対する報酬の立替にしか利用できず、被害救済において不十分さが指摘されていた。

このような中で、改正総合法律支援法では、資力を問わない法律相談を受けられる制度が設けられたが、今後も法律相談だけでなく代理援助についても資力を問わないとすることができるか、また、いわゆるリベンジポルノのような事案についても支援できるか、等について積極的に検討すべきである。

7 法律援助事業

(1) 法律援助事業と法テラスへの委託

法律援助事業は、日弁連が行っている被疑者弁護援助、少年事件付添援助その他の人権77事業（犯罪被害者支援、外国人に対する人権救済、難民認定申請の援助、虐待された子ども等の法的援助、生活保護申請の同行支援、精神障害者・心神喪失者等への援助）である。

財源は、会員からの特別会費（刑事・少年関係月額4,200円、その他人権救済関係月額1,300円）及び贖罪寄付である。日弁連は、2007（平成19）年10月から総合法律支援法第30条2項に基づき、法テラスにその業務を委託している。

(2) 本来事業化への取組みと財源の確保

法律援助事業はいずれも人権救済の観点から公益性の高いものであり、本来公費を投入して法テラスの本

来事業とすべきものである。

被疑者国選弁護制度の対象範囲の拡大、全面的国選付添人制度の実現が急務である。国選付添人制度の拡充については、法制審が2013（平成25）年3月に、対象事件拡大を含む少年法改正案の答申をし、2014（平成26）年4月に、国選付添人制度の対象事件が長期3年を超える懲役・禁錮の罪の事件まで拡大する改正法が成立した。

さらにその他の人権事業についても、本来事業化へ向けたロードマップを基に着実に取組を行う必要がある。これらの事業については、援助活動の実績が少ない地域も多く、まずは全国での援助活動を充実させての実績作りが不可欠と考えられる。

そのためにも少なくとも年間5～8億円もしくはそれ以上の事業費及び事務費が必要と考えられる。

しかし、贖罪寄付は、単位会が受け入れた寄付の半額がこれら人権救済事業の財源として充てられているが、発足当時は年間寄付額4億円（法律援助事業の財源分2億円）を期待していたが、ここ数年は1億5,000万円（法律援助事業の財源分7,500万円）にとどまっている。

その他人権7事業については、特別会費1,300円により財源確保を行っている。

少年・刑事関係の特別会費及びその他人権7事業に関する特別会費の徴収期間は2014（平成26）年5月までの時限となっていた。しかし、事業存続の必要があることから、2013（平成25）年12月6日の日弁連臨時総会にて、徴収期限の延長（特別会費値下げも含む）が決まった。

(3) 援助事業の本来事業化

さらに、国民の法的アクセスを充実させるためには、これまで民事法律扶助の対象外であったり、対象となるかが不明確であったりしたものについて、積極的に扶助が利用できるように改めるべきである。

例えば、高齢者・障害者に関して、生活保護等の行政手続の代理申請等はこれまで民事法律扶助の対象外であったが、これらが対象となるように広げていくことが重要であり、積極的に意見を述べていく必要がある。また、親から虐待を受けた子どもの代理人活動には民事法律扶助制度が使えない点も問題である。給付制の導入により、行為能力に制限のある未成年者にも使える制度へと改める必要がある。

第3章 裁判官制度の現状と展望

第1 裁判官制度改革の成果と今後の課題

1 法曹一元の理念と司法制度改革審議会意見書

2001（平成13）年6月12日公表された司法制度改革審議会意見書（以下「意見書」という）は、我々が強く求めてきた法曹一元制度の提言には至らなかったが、国民の信頼を高めることによる司法基盤の強化を図るため、裁判官の任命制度や人事評価制度などの見直しを含め様々な裁判官制度の改革が提言された。そして、法曹一元との関係では、裁判官の給源、任用、人事に求める内実の第一歩が踏み出され、将来の法曹一元実現の可能性への手掛かりが与えられたものということができる。現在は、これら制度発足後10年以上が経過し、その運用が適切であるか不断の検証が求められているところである。

2 具体的課題の実現状況と今後の課題

(1) 下級裁判所裁判官指名諮問委員会制度の概要

ア 中央の委員会

裁判官の指名過程を透明化し、国民の意思を反映させるため、2003（平成15）年5月1日、下級裁判所裁判官指名諮問委員会規則が施行され、最高裁判所に下級裁判所裁判官指名諮問委員会（中央の委員会）が設置された。委員11名のうち法曹は5名（内弁護士は2名）で、過半数の6名が学識経験者であり、現在の委員長は田中成明（京都大学名誉教授、2012〔平成24〕年7月〜）である。中央の委員会は、最高裁から諮問を受け、各種任官希望者の適否について、任官の適否判断を行い、理由を付した意見をもって最高裁に答申する。

イ 地域委員会

8高裁ごとに地域委員会が設置され、その委員5名の構成は、法曹3名、法曹以外2名。ただし、東京地域委員会は2倍の規模で、第1分科会（東京三会）と、第2分科会（その他の関弁連所属単位会）に分かれている。地域委員会は、各地域の裁判所内外の情報を収集してこれを取り纏め、中央の委員会にその意見を付して報告するのがその責務である。

ウ 中央の委員会の審議結果

2009（平成21）年度以降は、再任類型は、4月再任と10月判事任官（53期以降）の2種類となっている。また、本制度設置後の最高裁の指名は、中央の委員会の審議結果と異なったことはない。

エ 委員会制度の意義と答申内容

当委員会制度により、(ｱ)最高裁事務総局の事実上の専権事項と見られていた指名過程の透明化と客観化が促進され、(ｲ)不当な新任・再任拒否をされる人事が困難となり、(ｳ)裁判官の質の確保が期待でき、(ｴ)裁判官人事評価全体の透明化との相乗効果が期待でき、(ｵ)外部情報によって民意の反映が可能となった。特に、裁判所の内部評価（所長などの人事評価権者の評価）と異なる弁護士からの外部評価も尊重されている。

以下は、2012（平成24）年以降の委員会議事録掲載の任官希望者数と不適者の答申結果である。

(2) 現在の課題

ア 2004（平成16）年4月の再任（判事任命）候補者

年度		2012年 平成24年		2013年 平成25年		2014年 平成26年		2015年 平成27年		2016年 平成28年		2017年 平成29年		合計
		数	議事	数	議事	数	議事	数	議事	数	議事	数	議事	
上半期再任等	候補者	101	50	117	55	122	60	120	65	121	71	184	71	765
	不適	2		4		2		2		2		2		14
下半期再任等	候補者	90	53	94	58	102	63	107	69	104	74	69	74	566
	不適	2		1		1		0		0		0		4
4月弁護士任官	候補者	7	50	2	5	3	60	3	65	8	71	6	71	31
	不適	2		1		1		2		5		4		15
10月弁護士任官	候補者	1	53	6	58	2	63	1	69	1	74		74	11
	不適	0		3		1		1		1				6
新任	候補者	94	56	97	61	101	66	91	72					461
	不適	2		1		1		0						3
合計	候補者	293		316		330		322		234		259		1862
	不適	9		10		5		5		8				34

＊議事欄は、下級裁判所裁判官指名諮問委員会の議事要旨の回数名

に関する指名諮問と答申が最初で、現在指名諮問が二度目となる再任期の裁判官も生まれている。2度目の指名諮問の際には、前回諮問時の審議資料の活用方法について新しいテーマとして検討されるべきである。

イ　委員会の運用に関する改善

審議内容を十分に国民に公開し、かつ、本制度の趣旨に明るい適任者が委員として選任されることを期すためにも議事要旨の匿名方式を顕名方式に改め、審議内容をできる限り具体的かつ早期に公表すべきである。また、十分な審議時間を確保し、候補者面接の実施、不適格の場合の具体的な理由開示が必要である。

ウ　外部情報収集の多様化・容易化

いわゆる外部情報の提供を量・質とも飛躍的に充実させるための活動や工夫である。たとえば、前任地照会などを一般化し、情報収集期間を3ヶ月程度は確保するなどの提案の実現がのぞまれる。

エ　地域委員会の積極的活用

地域委員会は、中央の委員会とは独自の権限に基づいて、独自の多様性をもった資料収集、調査活動等を行う権限を有しているが、形骸化の指摘もある。本制度の充実した運営は、地域委員会が独自かつ自発的な情報収集方法を実施しているか否かにかかっている。

(3) 裁判官人事評価制度

この制度は、裁判官の独立に配慮しつつ、人事評価権者（所属裁判所の長）による裁判官の人事評価の質を向上させるため、弁護士など外部からも評価情報を求める制度であり、2004（平成16）年4月1日に発足した。この人事評価情報は、前述した下級裁判所裁判官の指名諮問制度でも重要な情報源となるなど両制度は密接な関係を有している。現在、通年を通してこの人事評価制度に基づく情報提供を呼びかけている単位会が増えている。

(4) 地裁委員会・家裁委員会

裁判所運営について広く国民の意見等を反映させるため、2003（平成15）年8月1日、従前の家裁委員会を改組し、地裁・家裁それぞれに委員会が設置され、15人以内の委員の過半数は非法曹で構成されている。市民委員の主体性と多様性を尊重した運営が望まれる中、市民委員が委員長となりかつ活発な意見交換を行っている委員会もあり、知恵と意欲が委員会運営にも反映されるような取り組みが求められている。

(5) 判事補が他の法律専門職を経験する制度（他職経験制度）

2005（平成17）年4月から、意見書の提言に基づき、多様で豊かな知識・経験を備えた判事を確保するため、原則としてすべての判事補（任官10年以内の検察官についても同様）にその身分を離れて裁判官の職務以外の多様な法律専門家としての経験を積ませる制度が発足した。

関係機関からは、弁護士としての職務経験がその後の裁判官等の職務に役立っているとの高い評価を受けているが、2年間の「他職経験制度」の履行者が対象者の一部にとどまっており、しかも、「弁護士職務経験者数」は、2014（平成26）年度は判事補11名、検事8名、2015年度は判事補11名、検事7名、2016年度は判事補11名、検事7名、2017（平成29）年度は判事補10名、検事9名に留まっている。弁護士職務経験者の数が増えない原因には、その受入事務所数が2014（平成26）年度27事務所、2015（平成27）年度26事務所、2016（平成28）年度35事務所と限られていることにもその原因があり、経済的基盤の十分で無い中小事務所でも受け入れ可能な財政的措置や、その他の負担軽減策の検討が必要である。

(6) 最高裁判所裁判官の任命に際しての諮問委員会設置

かつて日弁連は、その任命手続の透明化・客観化に関する提言を重ねていたが、実現には至っていない。任命手続の不透明さは、最高裁裁判官の国民審査制度が国民に分かりにくい制度となっている原因の一つとの指摘もある。日弁連では、日弁連会長が会員の中から最高裁判所裁判官候補者を最高裁判所に推薦する際の諮問機関として推薦諮問委員会制度を設け、近年では、個人推薦制度などを取り入れている。そして、今後は、前記の任命諮問委員会の先駆けとしての意義を明確に持って、推薦委員会に学識経験者を含めてその透明化と民主化を徹底し、弁護士および弁護士会は、推薦枠といった弁護士会の利害を超えた適切な候補者の発掘と推薦に取り組むべきである。

(7) 簡易裁判所判事の任命手続の透明化

これについては、現在簡易裁判所判事選考委員会が設置されているが、裁判所法に基づいて適切な任命手続が採られるよう、その審議経過の透明化を図るべきである。

(8) 裁判官増員の必要性

　裁判官制度改革は、資質の高い裁判官を確保・養成し、もって司法判断の適正さを担保するための取組みである。ところが、その前提となる裁判官の人数は大きく不足し、そのために各種制度改革の支障をきたしている。大幅な裁判官増員は現在の緊急の課題である。

　例えば、最高裁が2013(平成25)年7月に公表した「裁判の迅速化に係る検証に関する報告書(第5回)」でも、多数の潜在的な法的紛争が存在していることが取り上げられ、法的紛争の複雑化多様化によって事案が先鋭化する傾向にあることや、また高齢化を中心とする社会の変容により遺産紛争が深刻化し複雑困難化を招いている結果、裁判所が果たす役割が益々大きくなっていくことが指摘されている。このような現代的な課題に沿って質と量を備えた裁判官を確保し併せてその執務環境を確保することは、司法判断の質を高めるための取組みとして最優先かつ緊急の課題である。

第2　弁護士任官推進の取組み

1　弁護士任官制度の今日的意義

　弁護士任官は、「法曹一元」を目指す上で、弁護士が裁判官の給源となるという重要な意義を有する。また、「法曹一元」が、長期的な課題であるとしても、現在の裁判所の構成が、大部分をキャリア裁判官が占め、弁護士出身者が2％にも満たないという状態であることから、給源が単一であることによる組織の弊害を取り除く意味でも、現制度を前提としても、より積極的に弁護士任官を推進する意義は大きいものがある。

　しかしながら、2003(平成15)年度に、10名が任官した後、その後の弁護士任官者は毎年一ケタ台であり、この10年間は年間1名から6名と低迷している。

　弁護士任官制度の意義を考えるならば、これまで少ないものの任官者を継続的に輩出してきた現在の到達点を踏まえ、弁護士人口増や、弁護士職務の多様化などを背景に、今一層、日弁連全体として、また東弁においては、法友会をはじめ組織的な活動を継続的に展開することが重要である。そのためにはまず現在事実上休止中である法友会としての組織的な活動を充実させることが必要である。

2　弁護士任官制度の経緯

　最高裁判所は、1988(昭和63)年に「判事採用選考要領」を作成して弁護士からの任官の道を開いた。そのことにより、1992(平成4)年度～1994(平成6)年度には年間6名から7名の任官者が生まれたが、1995(平成7)年度から2001(平成13)年度までは毎年2名～5名と低迷し、継続的な弁護士任官者数の増加には結びつかなかった。

　このような状況下で、2001(平成13)年6月、司法制度改革審議会意見書において、裁判官制度の改革の柱として、給源の多様化・多元化を掲げ、判事補の他職経験、特例判事補の解消と併せ、弁護士任官の推進を掲げた。意見書は「弁護士任官等を推進するため、最高裁判所と日弁連が、一致協力し、恒常的な体制を整備して協議・連携を進めることにより、継続的に実効性のある措置を講じて行くべきである。」としたが、この意見が現在の弁護士任官制度の出発点である。

　これを受け、2001(平成13)年12月、日弁連と最高裁は「弁護士任官等に関する協議のとりまとめ」を発表した。それをもとに日弁連と最高裁は、それぞれの立場で準備作業を進め、2003(平成15)年度より、新制度による弁護士任官制度が出発した。当時の日弁連の精力的な活動もあり、2003(平成15)年度は、20名の任官希望者があり、そのうち10名が任官した。また翌年は8名の任官者が生まれた。

　その結果、この制度を順調に発展させて行けば、司法制度改革で掲げた理念である「国民が求める裁判官像(その資質と能力)」に近づく裁判官が、給源の多様化と多元化で実現されて行くのではないか、ひいては法曹一元制度の基盤が整備されるのではないかとの期待が寄せられた。

3　弁護士任官の現状

　2003(平成15)年度10名を数えた弁護士任官者数のその後の推移をみると、翌2004(平成16)年度は8名と引き続きやや健闘したものの、2005(平成17)年度は4名と、期待する程度には達せず、その後2016(平

成28）年度までは平均約4名と停滞している。

10名、8名のピーク後の12年間の弁護士任官者数は計49名、弁護士任官者数の裁判官全体数に占める割合は1％台で2％に届かない。その意味では、給源の多様化・多元化により同質化を防ぐという裁判所の改革は、極めて限定的に留まっていると評価せざるを得ない。

4　日弁連・東弁の取組み

日弁連は2002（平成14）年11月、弁護士任官を第19回司法シンポジウムのテーマとして取り上げ日弁連の準備状況の進展を内外に示し、2004（平成16）年第43回定期総会では「弁護士任官を全会挙げて強力に進める決議」を宣言し、2005（平成17）年6月の第21回司法シンポジウムでは、再び弁護士任官問題を取り上げ、任官の推進をアピールした。また、全国各ブロック大会や全国担当者会議を開催し、任官推進の取組みを継続した。

東弁は、任官者の事件・事務所の引継ぎ等に関する支援のため2001（平成13）年10月公設事務所運営協力基金を設け、任官候補者や任官支援会員に対する貸付けを可能にしたほか、「弁護士任官等を目的とする公設事務所の設置及び運営に関する規則」を制定した。そして2002（平成14）年以降、順次、四つの公設事務所が開設され、公益目的の一つとして弁護士任官推進もその役割を担い運営されることとなった。

しかしこれらの取組みにもかかわらず、その後の状況は先に述べたとおりである。

5　法友会の取組み

法友会は、2000（平成12）年7月に弁護士任官を法曹一元の制度を実現するための基盤整備の一環と捉え、その推進を決議した。当時の状況は日弁連・東弁も含め、2003（平成15）年に始まった新制度を、法曹一元へのステップと捉え、その中長期的課題へと結びつくとの楽観的な期待感も一部に存した。しかしながら、法曹一元と現行の制度の間にはかなり大きな落差があり、現実には法曹一元は理念的な中長期的課題として捉えながら、まずは、現行制度による裁判所裁判官の給源の多様化・多元化を重視し、一歩でも前へと進めるための努力がまず求められるところであった。

法友会は、2004（平成16）年7月、「弁護士任官推進に関する宣言」を採択し、親密な人間関係のある会派の特性を生かして人材を発掘し、弁護士任官に取り組むべく「法友会弁護士任官推進本部」を設置した。この本部はその後活動を停止し、2008（平成16）年度の政策委員会で一時的に弁護士任官推進部会を設置したものの、現在は活動を休止しており、組織的に弁護士任官を推進する体制が整わないまま推移している。今後は、日弁連・東弁共に、現在の状況を一歩でも前進させる対策が必要である。

6　これまで提起された課題とその対応について

これまで、任官推進の諸策として、①公設事務所の活用等、②短期任官や専門分野の任官による柔軟な対応による推進、③任官手続きの簡素化、④最高裁の審査基準の明確化、等が提案され、そのうちのいくつかは実行されてきた。しかし、公設事務所の活用については任官前に準備のために一時的に登録して任官した者2名、退官者の受入れ2名に留まっている。また任官支援事務所の応募による支援策も未だ組織的に機能する施策とはなっていない。短期任官や専門分野の任官では、知財分野の裁判官の任官がみられたものの、他の分野も含めて複数規模という実績には至っていない。手続きの簡素化は、任官希望者の任官に向けた負担感の軽減という意味はあり得るが、任官希望者の適格性の問題もあり必要最小限度の手続きは必要であり、改善策は進んでいない。最高裁との協議を進めるとしても、具体的な改善策の検討なくしては困難と思われる。

最高裁の審査基準の明確化については、改善に向けて協議をすべきとの指摘が以前からなされている。東弁における弁護士任官推進委員会から関東弁護士会連合会の弁護士任官適格者選考委員会の推薦を経ても最高裁から不採用とされるものも少なくない。全国でも2004（平成16）年度から2014（平成26）年度までの間に、推薦をしたもののうち採用された者の比率は62.5％で、約3分の1以上が不採用となっている。このことは、心理的にも任官希望者の大きなハードルとなっているとも考えられ、審査の守秘との関係等の困難な事情もありうるとしても、審査基準をより開かれた形で明確化することが必要であり、最高裁、下級裁判所裁判官指名諮問委員会と改善の余地についての協議が必要と考えられるところである。

7 非常勤裁判官制度について

日弁連と最高裁は2001（平成13）年の協議のとりまとめ以降、非常勤裁判官制度の導入に関する協議を重ね、2002（平成14）年8月、「いわゆる非常勤裁判官制度の創設について」の合意をおこなった。そして2003（平成15）年、民事調停法と家事審判法の改正が行われ、2004（平成16）年、非常勤裁判官制度が発足した。この制度は、調停手続きをより一層充実・活性化することを目的とするとともに、弁護士任官を促進するための環境整備という目的をも併せ有するものであった。

そして、この制度の下に非常勤裁判官（民事・家事調停官）は制度発足後、2014（平成16）年度までに合計422名が任官した。うち東弁出身者は70名にのぼる。

8 弁護士任官を取り巻く状況の変化と運動の段階的発展にむけて

(1) 弁護士任官者の経験の蓄積

新制度の発足した2003（平成15）年度から2016（平成28）年度までに、弁護士任官者は67名にのぼる。全体から見ると少数とはいえ、この数は現在の一定の到達点として肯定的に捉えるべきである。

新制度の発足前年の任官者ではあるが、地裁の所長から高裁の部総括に就任した者をはじめ、裁判所内において、パイオニアとしての困難な役割を担いながら、第一線の訴訟の現場で活躍されてきた任官者の努力が蓄積されてきている。これらの任官者の中にはすでに退官し再度弁護士登録をして活躍する一方、後輩の弁護士任官者や希望者に対するアドバイザーとして活動されている方が一定数存在している状況である。これは弁護士任官の推進をはかる環境的な意味で10年前に比べておおきな前進と考えられる。

(2) 弁護士人口増と弁護士業務の多様化

また新制度が発足した14年前に比して、弁護士人口は飛躍的に増大した。また弁護士業務の広がりとともに弁護士の在り方自体が多様化してきている。弁護士のライフサイクルも、勤務弁護士→独立して事務所を構える→勤務弁護士を雇用し親弁となるという単純なものではなく、インハウスの弁護士として勤務する形態や、任期付公務員として一定期間勤務する弁護士、また法テラスの弁護士など、様々なライフサイクルが存在するようになっている。法曹の職業の選択肢が修習終了時に一生の判断とされることがやや弱まり、法曹になってからの職種や弁護士の在り方の流動性も高まりつつあると考えられる。このような中で未だ弁護士任官のハードルは高止まりしている感がないわけではないが、今後このような多様化が一層進むことによって任官希望者の増加が見込まれることになるのではないかと期待されるところである。

(3) 非常勤裁判官経験者の増加

さらに非常勤裁判官制度の定着が挙げられる。先に述べたように全国で444名の非常勤裁判官が誕生した。週一日、調停官として、裁判所で執務することにより経験を積むことで、常勤裁判官についての適性の判断や、心理的な障害も除去されていき、常勤裁判官を具体的な目標として目指すという環境も以前にまして整備されている。そこから現実に非常勤裁判官から常勤裁判官に任官した例も生まれており、今後非常勤裁判官の推薦、選抜にあたって考慮することもあり得るであろう。

以上のことから、長期の低迷期から脱する環境は徐々にではあるが整いつつあるのではないかと考えられる。これらの環境の変化に対応し、積極的に人材を発掘するための手立ての検討が重要である。

(4) 今後の課題、特に直近の取組みについて

上記の変化に対応する様々な組織的取組みが必要である。地道な努力により多様な人材を発掘する組織的方策の強化が必要である。法友会でも現在取り組んでいるアンケートからピックアップした名簿の作成と働き掛けを、より一層組織的に継続的に対応する体制とすることが必要である。2017（平成29）年度に期成会の企画に呼応する形で、法友・親和・期成の協力による、機会を逃さないイベントの開催等も考慮されるべきであろう。

第3部
弁護士業務改革と活動領域拡充に向けた現状と展望

第1 司法改革推進上の業務改革の意義と課題

1 司法改革推進上の業務改革の意義

　法友会の政策として、従来から弁護士の使命としての「基本的人権の擁護」及び「社会正義の実現」を掲げ、そのための具体的方策を考えてきた。しかし、2001（平成13）年6月に公表された司法制度改革審議会の意見書は、弁護士の使命を上記のものにとどめることなく、司法全体のあり方に関わる大きな問題としてとらえ、健全な司法を実現するための弁護士の業務改革を要請した。その後、司法制度改革推進本部（2001〔平成13〕年12月から2004〔平成16〕年11月まで）が設置され、現在までにその意見書の内容がその組織での具体的検討を経てほとんど実現されている。

　そこで、同審議会の意見書での弁護士業務に対する要請を以下にまとめ、最終的に司法制度改革推進本部でどのように実現がなされたのかをまとめた。今後とも弁護士、弁護士会、そして法友会としては、どのように制度の改革をするべきか、その是正を含め、検討すべきである。

2 審議会の要請とその実現

(1) 総論
① 法曹は、いわば「国民の社会生活上の医師」として、国民の置かれた具体的な生活状況ないしニーズに即した法的サービスを提供することを役割とすることが必要である。
② 司法制度改革の3本柱である「国民の期待に応える司法制度」「司法制度を支える法曹のあり方」「国民的基盤の確立」を実現するためには、主体としての弁護士がその改革を支えるべきであり、そのためにさらに弁護士の業務を含めた全般的な弁護士に関する改革がなされなくてはならない。

(2) 各論
① 弁護士の社会的責任の実践
〈意見書〉国民の社会生活、企業の経済活動におけるパートナーとなるべく資質・能力の向上、国民とのコミュニケーションの確保に努めなければならない。同時に、「信頼しうる正義の担い手」として通常の職務を超え、「公共性の空間」において正義の実現に責任を負うという社会的責任を自覚すべきである。そのため、プロボノ活動、国民の法的サービスへのアクセスの保障、公務（裁判官、検察官）への就任、後継者養成への関与などで貢献すべきである。
〈実現内容〉弁護士から裁判官への登用の増加、民事調停官・家事調停官の創設、日本司法支援センターの創設、行政における公務員募集など。

② 弁護士の活動領域の拡大
〈意見書〉当時の弁護士法30条での公務就任の制限、営業許可を届出制にし、自由化すべきであり、活動領域の拡大に伴う弁護士倫理のあり方を検討し、弁護士倫理の遵守を確保すべきである。
〈実現内容〉弁護士法30条の制限を届出制に改正、弁護士会における弁護士職務規程の新規創設など。

③ 弁護士へのアクセス拡充
〈意見書〉法律相談センターなどの設置の推進をし、弁護士へのアクセスを拡充すべきであり、地域の司法サービスを拡充する見地から、国又は地方公共団体の財政的負担を含めた制度運営を検討すべきである。
〈実現内容〉日本司法支援センターの創設、弁護士会の公設事務所の開設、法律相談センターの増設・専門化等の充実、保険による弁護士費用を実現化した「日弁連リーガル・アクセス・センター」の設置、国・自治体・民間会社等の組織内での弁護士の活動を容易にする制度設計など。

④ 弁護士報酬
〈意見書〉弁護士報酬は、透明化・合理化を進めるためにも、報酬情報の開示、報酬契約書の義務化、報酬説明義務などを徹底すべきである。
〈実現内容〉弁護士法から弁護士会の報酬規定の整備義務を削除し、報酬を自由化した。弁護士会の規定で、報酬契約書の義務化、報酬説明義務化、報酬情報の開示を定める。報酬情報としては、日弁連では、事案ごとの報酬アンケートの結果を公表し、報酬の目途として公表しているが、その役割に疑問が出されている。現状では、弁護士報酬をドイツのように法律で決めるということも念頭に置きつつ、どのように決めていくことが国民にとってよいのか、再度検討が始まっている段階である。

⑤ 弁護士の情報開示
〈意見書〉弁護士の専門分野、実績も広告対象として認めるよう検討し、弁護士の情報開示を一層進める

〈実現内容〉東弁会では、弁護士の情報提供制度が創設されたが、日弁連の「ひまわりサーチ」という名称で弁護士情報提供サービスが開始されたことにより、東弁独自の制度から日弁連の制度へと発展的に解消された。国民の要請の強い弁護士の専門分野情報に関しては、東弁で専門認定制度を創設すべきとの意見をまとめたが、日弁連では、研修制度等の整備が十分ではない現段階では時期尚早との結果となった。現在、日弁連をはじめとして専門研修が数多く実行されるようになっている。

⑥ 弁護士の執務体制の強化

〈意見書〉法律事務所の共同化・法人化、共同化・総合事務所化への推進、専門性強化のために研修の義務化、継続的教育を実行すべきである。

〈実現内容〉弁護士法の改正により、弁護士法人の設立が可能となった。専門性強化のための研修は、行政法関係、税務関係、知的所有権関係、労働関係等について東弁で開始され、日弁連でも開始されている。継続教育面では、東弁では倫理研修を義務化している。東弁でも日弁連でも、インターネットを通じたオンデマンド方式による研修ができるようになっており、昨年度からは有償であったネット研修が無料化されている。

⑦ 弁護士の国際化、外国法事務弁護士等との提携・共同

〈意見書〉国際化時代の法的需要への対応のため、専門性の向上、執務体制の強化、国際交流の推進、法曹養成段階での国際化への対応、外国法事務弁護士との特定共同事業の要件緩和、発展途上国への法整備支援の推進をすべきである。

〈実現内容〉弁護士法、外国弁護士特別措置法の改正により、弁護士と外国法事務弁護士との共同事業が解禁され、外国法共同事業を認め、その範囲での報酬分配を認め、外国法事務弁護士による日本の弁護士の雇傭を認めるなどの改正がなされた。

⑧ 隣接法律専門職種の活用

〈意見書〉司法書士、弁理士への一定の範囲での一定の能力担保措置を条件とし、訴訟代理権の付与、税理士の訴訟における意見陳述権、行政書士、社会保険労務士、土地家屋調査士などの隣接法律専門職種については、その専門性を活用する必要性、その実績が明らかになった段階での訴訟への関与の仕方を検討すべきである。

〈実現内容〉司法書士への簡裁訴訟代理権の付与、弁理士の弁護士との共同での代理権付与など。

⑨ ワンストップ・サービス

〈意見書〉ワンストップ・サービスの実現のため、弁護士と隣接法律専門職とが協働するための方策を講じるべきである。

〈実現内容〉協働できる事務所の設置を可能とする解釈は、もともと存在するが、各種の業種の特色による制限を踏まえた上で、弁護士特有の守秘義務、利益相反業務の禁止、非弁護士との報酬分配の禁止などの義務との整合性を保ちつつ協働化がどう進められるかの議論を進め、その協働化を進めることができるようになった。

⑩ 企業法務などの位置付け

〈意見書〉司法試験合格後、企業など民間で一定の実務経験を経た者に対しては、法曹資格を与えるための具体的条件を含めた制度整備をすべきである。

〈実現内容〉弁護士法の改正により、司法試験に合格した後、❶国会議員となった者、❷官として又は民間にあって一定の法律業務に携わっていた者に対して、日弁連の研修を経た上で、法務大臣の認定を受けることにより弁護士資格が認定される制度となった。

⑪ 特任検事・副検事・簡易裁判所判事の活用

〈意見書〉特任検事、副検事、簡易裁判所判事の経験者の専門性の活用の検討。特任検事への法曹資格付与のための制度整備をすべきである。

〈実現内容〉特任検事に対しては、弁護士法の改正により、司法試験の合格者ではないものの、日弁連の研修を受けることにより、法務大臣の認定で、弁護士資格が認定されることとなった。

3 政府のもとの有識者懇談会等における議論の状況

(1) 有識者懇談会等における議論の状況

2013（平成25）年7月16日、法曹養成制度関係閣議決定は、「閣僚会議の下で、各分野の有識者等で構成される有識者会議を設け、更なる活動領域の拡大を図る」こととし、これを受けて、同年9月24日、法務省のもと、法曹有資格者の活動領域の拡大に関する有識者懇談会（以下、「有識者懇談会」という。）が、座長

を大島正太郎氏とし、田島良昭氏、岡野貞彦氏、泉房穂氏を構成員として、設置された。[*1]

この有識者懇談会の設置は、2013（平成25）年6月26日に答申された、法曹養成制度検討会議取りまとめ（以下、「検討会議取りまとめ」という。）[*2]が、法曹有資格者の活動領域の「更なる拡大を図るため」「新たな検討体制の下、各分野の有識者等で構成される有識者会議を設け」ることを提言したことを受けて、決定されたものである。

検討会議取りまとめは、「司法制度改革審議会意見書が、『法の支配』を全国あまねく実現するため、弁護士の地域的偏在の是正が必要であるとともに、弁護士が、公的機関、企業、国際機関等社会の隅々に進出して多様な機能を発揮する必要があると指摘された」にもかかわらず、「その広がりはいまだ限定的といわざるを得ない状況にある」として、このような答申を行った。つまり、有識者懇談会は、2001（平成13）年に答申された司法制度改革審議会意見書の趣旨を前提としつつ、その後10年以上を経過した時点で、我が国の法曹の活動の範囲が同意見書が予定した段階に至っていない、との問題意識にもとづき、これを克服すべく、設置されたものといえる。

そして、2013（平成25）年10月11日には、有識者懇談会のもとに、座長を田島良昭氏として、国・地方自治体・福祉等の分野における法曹有資格者の活動領域の拡大に関する分科会（以下、「国・地方自治体・福祉等分科会」という。）[*3]が、座長を岡野貞彦氏として、企業における法曹有資格者の活動領域の拡大に関する分科会（以下、「企業分科会」という。）[*4]が、座長を大島正太郎氏として、法曹有資格者の海外展開に関する分科会（以下、「海外展開分科会」という。）[*5]が、それぞれ設置された。これら3つの分科会もまた、検討会議取りまとめが、「企業、国・地方自治体、福祉及び海外展開等の各分野別に分科会を置くべきである」としたことを受けて、設置されたものであった。

以上のような経緯や使命ゆえに、有識者懇談会及び上記各分科会は、以下のような特徴をもつといってよい。

① 法曹養成制度改革の議論の流れのなかで設置されたことにより、法曹養成制度改革の議論、具体的には、ほぼ同時期に設置された法曹養成制度改革推進会議の議論のスケジュールや内容と連動することが運命づけられ、その設置期限を、法曹養成制度改革推進会議に合わせ、2015（平成27）年7月と定められた。[*6]

② これまでの活動領域拡大に関する議論に実効的成果が乏しかったとの反省からか、分科会のもとでは、具体的な試行方策を進めることが期待された。[*7]

③ 法務省とともに、日弁連が、共催者として、分科会の事務遂行に責任を負うこととなった。

こうした特徴を有した有識者懇談会及び上記各分科会では、およそ1年半の間、それぞれに議論や取組が進められた。そして、2015（平成27）年2月9日の有識者懇談会（第5回）においては、それまでの各分科会での議論を踏まえた有識者懇談会としての取りまとめ骨子案が承認され、さらにこれを受け、同年4月には、3つの分科会において、分科会としての取りまとめ案が議論された。

こうした議論を経て、2015（平成27）年5月18日に開催された最終回の有識者懇談会では、各分科会の取りまとめが報告され、これをふまえた形で、同月25日

---

*1 法務大臣決定「法曹有資格者の活動領域の拡大に関する有識者懇談会の設置について」（2013〔平成25〕年9月24日）。

*2 法曹養成制度改革検討会議「取りまとめ」（2013〔平成25〕年6月26日）。

*3 法曹有資格者の活動領域の拡大に関する有識者懇談会決定「国・地方自治体・福祉等の分野における法曹有資格者の活動領域の拡大に関する分科会の設置について」（2013〔平成25〕年10月11日）参照。

*4 法曹有資格者の活動領域の拡大に関する有識者懇談会決定「企業における法曹有資格者の活動領域の拡大に関する分科会の設置について」（2013〔平成25〕年10月11日）参照。

*5 法曹有資格者の活動領域の拡大に関する有識者懇談会決定「法曹有資格者の海外展開に関する分科会の設置について」（2013〔平成25〕年10月11日）参照。

*6 法務省決定「法曹有資格者の活動領域の拡大に関する有識者懇談会の設置について」（2013〔平成25〕年9月24日）参照。

*7 法曹有資格者の活動領域の拡大に関する有識者懇談会決定「国・地方自治体・福祉等の分野における法曹有資格者の活動領域の拡大に関する分科会の設置について」（2013〔平成25〕年10月11日）、同「企業における法曹有資格者の活動領域の拡大に関する分科会の設置について」（2013〔平成25〕年10月11日）、同「法曹有資格者の海外展開に関する分科会の設置について」（2013〔平成25〕年10月11日）では、「試験的かつ実践的な取組を企画、立案、実施する」ものとされている。

付で有識者懇談会としての取りまとめ（以下、「取りまとめ」という。）が完成した。取りまとめは、法務省ホームページに公開されている（http://www.moj.go.jp/content/001146527.pdf）が、その概要を、3つの分科会に対応して述べれば、以下のとおりである。

国や自治体に任用され活動する弁護士の数は、地方自治体で常勤職員として勤務する法曹有資格者が、2015（平成27）年3月現在で、64の地方自治体において合計87名となるなど、増加傾向にある（なお、2016〔平成28〕年6月現在では、75の地方自治体において合計98名に増加）。これを前提としつつ、取りまとめは、「今後この分野における法曹有資格者の活動領域を一層拡大させるために」、日弁連が、「自治体や福祉の分野において弁護士の専門性を活用することの有用性や具体的な活用実績等を、セミナーやシンポジウム等を通じるなどして、実際に弁護士の活用を検討する自治体等との間で共有する取組」や、「自治体における政策法務や福祉の分野について、弁護士がこれらの分野で活動するに当たり必要とされる能力を涵養し、あるいは経験を共有するための研修等の取組を実施する」ものとし、他方、自治体や福祉機関の側においては、「それぞれの規模に応じ、政策の推進や業務の遂行のために法曹有資格者を活用する方策を検討・実施することが期待される」とした。

日本組織内弁護士協会の統計によると、企業内弁護士の数は、2014（平成26）年6月には619社において1,179名となっており、増加傾向にある（なお、2016〔平成28〕年6月現在では、847社において1,707名に増加）。取りまとめは、これを前提としつつ、「こうした企業の分野で法曹有資格者の活用を更に拡大するため」、例えば、日弁連が、「企業内弁護士を活用することの有用性や具体的な実績等について、企業への情報提供並びに企業間及び企業・弁護士間の情報共有の取組を全国各地に広げていくこと」「その採用の形態を含めた企業における弁護士等の活用の実態や、キャリアパスに関する情報を調査した上、各種の媒体を通じて、法科大学院を始めとする法曹養成を担う機関及び法曹有資格者との間で共有を図ること」が求められるとし、法科大学院においては、「企業法務に関する科目の設置、企業におけるエクスターンシップ、法曹有資格者の就職に関する企業との連携などに取り組むことが期待される」とした。

海外展開の分野における法曹有資格者の活動領域の拡大に関しても、これまで、日弁連において、日本貿易振興機構（ジェトロ）等の関係機関との連携の下、各地の弁護士会の協力を得て、海外展開に取り組む中小企業に対し、渉外法律業務に通じた日本の弁護士による法的支援を提供する取組（日弁連中小企業海外展開支援弁護士紹介制度）を行い、法務省において、東南アジアの国々において、現地の法執行の状況や、現地に進出した日本企業等や海外在留邦人が直面する法的ニーズにつき、弁護士に委託して調査を実施する取組などを行ってきた。これを前提としつつ、取りまとめは、今後、法曹有資格者の海外展開を一層進展させるために、例えば、日弁連は、「日本の企業等の海外展開支援を始めとする、国際的な法律業務に通じた弁護士へのアクセス改善のために、身近にいる弁護士や関係機関を窓口として、様々な国際的な法務の分野に対応能力のある弁護士に容易にアクセスできる仕組みの構築を検討し」、「法科大学院においては、法律英語に関する講座や、国際的なビジネス法務に関する講座等、国際的な能力を涵養するためのプログラムの提供に取り組むこと」が期待され、法務省においては、「内閣官房に設置され、法務省も構成員となっている『国際法務に係る日本企業支援等に関する関係省庁等連絡会議』の下で、日本の弁護士と領事機関及び現地の弁護士との連携構築並びに日本の弁護士への海外からのアクセス改善等、日本企業や在留邦人が海外において直面する法的側面を含む各種問題への対応支援に向けた関係機関の取組に必要な協力を行う」などとしている。

以上の取りまとめは、2015（平成27）年5月28日開催の第21回法曹養成制度改革顧問会議に報告され、同顧問会議での議論を経て、同年6月30日付けの法曹養成制度改革推進会議決定「法曹養成制度改革の更なる推進について」（首相官邸ホームページ法曹養成制度改革推進会議第3回会合開催状況 https://www.kantei.go.jp/jp/singi/hoso_kaikaku/dai3/siryou4.pdf等参照）の第1で言及された。

同推進会議決定においては、「法曹有資格者の活動領域の拡大に向けた取組を継続することが必要」とされ、法務省において、「法曹有資格者の専門性の活用の在り方に関する有益な情報が自治体、福祉機関、企業等の間で共有され、前記各分野における法曹有資格

者の活用に向けた動きが定着するよう、関係機関の協力を得て、そのための環境を整備する」ことや、日弁連及び各地の弁護士会において、「前記各分野における法曹有資格者の専門性を活用することの有用性や具体的な実績等を自治体、福祉機関、企業等との間で共有すること並びに関係機関と連携して、前記各分野において活動する弁護士を始めとする法曹有資格者の養成及び確保に向けた取組を推進すること」や、最高裁判所において、「司法修習生が前記各分野を法曹有資格者の活躍の場として認識する機会を得ることにも資するという観点から、実務修習（選択型実務修習）の内容の充実を図ること」が期待されている。

(2) 法曹養成制度連絡協議会等における協議の状況

同推進会議決定が出されたことをもって、法曹有資格者の活動領域の拡大を議論していた有識者懇談会や分科会のみならず、法曹養成制度改革について2013（平成25）年9月以来集中的な議論をしていた法曹養成制度改革推進室、法曹養成制度改革顧問会議はその任務を終えたが、同推進会議決定「第6 今後の検討について」に明記されたことを踏まえ、法務省及び文部科学省は、「法曹養成制度改革を速やかに、かつ、着実に推進し、法科大学院を中核とするプロセスとしての法曹養成制度の充実を図るため、両省が行うべき取組並びに関係機関・団体に期待される取組の進捗状況等を適時に把握するとともに、これらの取組を進めるに当たって必要な連絡協議を行うための体制」（法曹養成制度改革のための連絡協議体制）を定め、同推進会議決定における両省が行うべき取組を進めるため、政府内における必要な連携を図るべく、法務省大臣官房司法法制部及び文部科学省高等教育局の両部局からなる法曹養成制度改革連携チームを構成するとともに、2015（平成27）年12月14日から、最高裁判所及び日弁連の参集を得て、議事に応じて必要がある場合は関係府省庁その他の関係機関・団体にも出席を求めての法曹養成制度改革連絡協議会が開催されている。

活動領域拡大に向けた協議としては、2016（平成28）年末現在までに、同年3月18日開催の第3回、同年10月17日開催の第5回、2017（平成29）年5月19日開催の第7回法曹養成制度改革連絡協議会において取組の報告や意見交換がなされており、引き続き活動領域拡大に向けた取組の継続・発展に努めることが望まれる。

4 日弁連における活動領域拡大に向けた取組み

以上述べたとおり、有識者懇談会及び3つの分科会が設置され、そこでの議論が進められるのと時期を同じくして、2014（平成26）年2月、日弁連において、法律サービス展開本部の設置が承認され、同年2月29日には、同展開本部のキックオフ的な意義をもつ、シンポジウム「未来をひらく 弁護士のチャレンジ」が開催された。

この法律サービス展開本部には、国・地方自治体・福祉等における活動領域拡大に対応するものとして、自治体等連携センターが、企業における活動領域拡大に対応するものとしてひまわりキャリアサポートセンターが、海外展開に対応するものとして国際業務推進センターの各組織が立ち上げられ、既に言及したように、各センターにおいて、分科会の議論等に対応しつつ、それにとどまらない精力的な活動を進めてきている。

こうした日弁連の取り組みは、2015（平成27）年5月に有識者懇談会等が終了した後も、当然のことながら鋭意続けられている。

例えば、自治体等連携センターは、条例部会、福祉部会のほか、公金債権部会、外部監査・第三者委員会部会といった部会を立ち上げ、各分野に関する自治体等との連携の取り組みを進めるとともに、自治体向けのアンケート調査や、弁護士会の行政連携の体制について調査を行い、各地でシンポジウムを開催し、全国の弁護士会に対し、行政連携メニューの作成や連携体制の構築を求めるといった活動を進めてきた。さらに、国、自治体への職員としての弁護士の任用をさらに促進するため、各地で任期付公務員登用セミナーや求人説明会を開催するなどの活動も進めてきているところである。

ひまわりキャリアサポートセンターは、企業及び企業内弁護士へのヒヤリングを継続的に行っているほか、企業向けの弁護士採用に関する情報提供会の実施、司法修習予定者を対象とした就職活動ガイダンスの開催など、企業で活躍する弁護士の拡大を目指す取組を進めている。また、企業内弁護士向けの研修会や、女性企業内弁護士向けのキャリアアップセミナーを実施するなど、企業で活躍する弁護士を支援する試みを行っている。

国際業務推進センターは、国際室等と連携しながら、

留学を含む海外研修支援、各種研修会やセミナーの実施、国際機関登用推進などを通じた渉外対応力のある人材の育成、そのネットワーキングの構築といった取り組みについて情報共有を図りつつ、これを推進し、国際的な法律業務に進出する弁護士を拡大し、支援する試みを進めている。

5 東京弁護士会の活動領域拡大に向けた取組み

(1) 活動領域拡大に向けた取組みの現状

東京弁護士会は、弁護士の活動領域の拡大を推進させる目的で、2014（平成26）年9月、本部長を東京弁護士会会長とする弁護士活動領域拡大推進本部を発足させ、次のような活動に取り組んでいる。

ア　弁護士トライアル制度（お試し弁護士制度）

弁護士会が企業等と会員をマッチングし、法律事務所に籍を置く弁護士が、週のうち2～3日程度を企業内で執務する制度を設けることで、企業等に弁護士を雇用する有用性・必要性を知ってもらい、双方の心理的障害を取り除くことを目的とする制度である。

2015（平成27）年7月の制度発足以降、すでにこの制度を利用して、非常勤勤務の形態で弁護士を採用する自治体が現れているが、さらに利用促進を図るため、シンポジウム開催、制度利用に関心を有する企業、自治体、各種団体等に対する個別の説明などを行っている。

イ　在日外国人に対する法的サービスに関する調査

現在200万人いると言われる在日外国人に対する法的サービスが十分に提供されているかどうか、大使館、外国の在日商工会議所、外国人支援団体等を訪問調査し、不足する法的サービスの提供を検討している。現在、在日外国人から大使館や在日商工会議所等に対して多くの法的相談が寄せられていることから、大使館等との連携について検討しているところである。また、調査を行う中で要望があった団体において、在日外国人向けのセミナー（日本の司法制度や弁護士利用に関するセミナー）を開催している。

さらに、このような活動に取り組んできた過程で、在日外国政府関係機関からの要望もあり、海外から日本に進出してくる企業、及び日本から海外に進出する企業に対する法的サービス拡充を図るための連携を検討している。

ウ　法律相談業務に対するサポート

弁護士会が実施する法律相談の件数が減少していることから、相談会イベントの実施等を通じて、相談事業の認知度向上等のサポートを行っている。2015（平成27）年～2017（平成29）年には、東京ドームで開催されたイースタンリーグの試合のスポンサーになり、オーロラビジョンで弁護士会の広報ビデオを放映し、球場内通路で日弁連キャラクター（ジャフバくん）とともに弁護士会のパンフレットやグッズと合わせて無料法律相談チケットを配布するなどの広報活動を行った。

エ　少額債権サービシングに関する新方式の検討

従来はコスト倒れになるために個々の弁護士が受託できなかった少額債権の回収について、そのニーズを調査するために各種団体に対するアンケートを実施するとともに、採算性を高めるための一括受託等の方式を検討している。

オ　スマートフォンを通じた市民への情報発信

中小企業経営者向けの法律情報の発信、及び当会が提供している法律相談の情報提供をするためのスマートフォン用アプリケーション（名称「ポケ弁」）を開発し、リリースした。現在は、中小企業法律支援センターが中心となって、この「ポケ弁」を通じた情報発信を随時行っている。

カ　AI（人工知能）に関する法律問題

2016（平成28）年度に立ち上がったAI（人工知能）部会では、行政機関や民間団体等との意見交換や勉強会を通じてAI開発や利用普及の実態を調査するとともに、AIに関する法律問題の検討を行っている。また、2017（平成29）年6月に東京ビックサイトで開催されたAI・人工知能EXPOに出展し、AI開発・利用等に関する法的問題の啓発と弁護士会の取組み紹介などを行った。

キ　宇宙に関する法律問題

2016（平成28）年度に立ち上がった宇宙法部会では、宇宙法に関する研究、民間団体等との意見交換を通じて、今後の宇宙開発や宇宙空間の利用等に関する法律問題の検討を行っている。2017（平成29）年11月には宇宙ビジネスを取り巻く課題と未来と題するシンポジウムを開催している。

ク　第三者委員会の設置運営に関する諸問題

2016（平成28）年度に立ち上がった第三者委員会部会では、第三者委員会が一般社会から信頼され、企業

やステークホルダーにとって有用な組織として広く認知されるための方策を検討する活動を行っている。

ケ　終活に関する法律問題

2016（平成28）年度に立ち上がった終活部会では、終活（人生の終わりに向けて、前向きに準備する）にまつわる法的問題に対する支援のパッケージング等を検討している。また、終活や終活にまつわる法的問題を広く周知するために、落語を通じての広報や相談会の開催を検討している。

コ　プロボノ活動等に関する評価等の問題

2016（平成28）年度に立ち上がったプロボノ部会では、弁護士によるプロボノ活動が広く一般社会に認知されるためのプロボノ活動に対する顕彰制度のあり方や広報活動等の是非や手段等について検討を行っている。

サ　自治体連携

領域拡大推進本部の自治体連携センターでは、自治体連携プログラムを策定し、各自治体を訪問して同プログラムの周知活動を行い、自治体との連携を検討している。

児童相談所への弁護士配置問題については、ワーキンググループを設置し、弁護士を児童相談所へ派遣して、常勤弁護士の役割について調査研究し、2017（平成29）年10月には、常勤弁護士のいる児童相談所と子どもの権利保障と題するシンポジウムを開催している。

また、空家問題に関しては、専門家が対応するための相談窓口を東京三会で設置し、自治体関係者を招いてのシンポジウム、意見交換会、勉強会等の開催等の活動を行っている。

(2) 活動領域拡大に向けた今後の活動

弁護士活動領域拡大推進本部は、同本部と同時期に設立された東京弁護士会若手会員総合支援センターと連携し、情報を共有して活動している。弁護士の新しい活動領域を模索するにあたって若手会員の意見と活動力を得ることは必須であり、今後の活動も若手会員の力を結集して進めていく必要がある。また、活動領域拡大分野の調査や試行的な取り組みには、一定程度の支出が必要と見込まれることから、東京弁護士会が必要な予算を準備する必要がある。

弁護士会は、法的サービス利用者の期待に応え、法の支配を社会の隅々に行き渡らせるべく、こうした弁護士の活動領域拡大に向けた取組みを一層推進していくべきである。

第2　弁護士と法律事務の独占

1　弁護士の法律事務独占と非弁行為の禁止

弁護士は、基本的人権の擁護と社会正義の実現を使命とし、広く法律事務を取り扱うことをその職務とするものであり、そのために弁護士法は、厳格な資格要件を設け、かつ、その職務の誠実適正な遂行のために必要な規律に服すべきものと規定している。しかし、弁護士の資格を有することなくみだりに他人の法律事件に介入することを業とする例が存在し、それを放置するとすれば、当事者や関係人の利益を損ね、ひいては法律生活の公正円滑な営みを妨げ、法律秩序を害することにつながる。かような国民の公正円滑な法律生活を保持し、法律秩序を維持・確立する公的目的をもった規定が弁護士法72条以下の規定である。

(1) 非弁護士取締りの対象と非弁行為の具体例

ア　非弁護士の法律事務取扱又は周旋事案（弁護士法72条）

(ア) 要件

①弁護士又は弁護士法人でないものが、②法定の除外事由がないのに、③業として、④報酬を得る目的で、⑤一般の法律事件に関する法律事務の取り扱い又は一般の法律事務の取り扱いの周旋をする場合をいう。

※「業として、報酬を得る目的で」法律事務を取り扱うのが禁止されているところがポイント。

※法定の除外事由としては、以下のようなものがある。

①　弁理士は、弁理士法6条の場合と特定侵害訴訟についての訴訟代理権をもつ（弁理士法6条の2）。

②　司法書士は、簡易裁判所において請求額が140万円を超えない範囲の民事訴訟等の代理権をもつ（司法書士法3条1項6号）。

③　税理士は、租税に関する事項について補佐人として裁判所において陳述をすることができる。

④　行政書士については、2014（平成26）年6月に行政書士法が改正され、行政庁に対する審査請求、異議申立て、再審査請求等の不服申立て手続の代理権が与えられることになった（行政書士法1条の3）。

⑤　社会保険労務士については、2014（平成26）年11月の社会保険労務士法改正により、ADRにおいて紛争の価額120万円を上限とする単独代理権及び裁判所における補佐人としての陳述権が認められた。

⑥　債権回収会社（サービサー）は、法務大臣による厳格な規制のもと、債権の回収業務を行うことができる（債権管理回収業に関する特別措置法1条、11条1項）。

(イ)　罰則　2年以下の懲役又は300万円以下の罰金（弁護士法77条3号）。

(ウ)　趣旨　弁護士が、基本的人権の擁護と社会的正義の実現を使命とし、広く法律事務を行うことをその職務とするものであり、そのため、弁護士法には厳格な資格要件が設けられ、かつ、その職務の誠実適正な遂行のため必要な規律に服すべきものとされるなど、諸般の措置が講じられているところ、かかる資格を有さず、なんらの規律にも服しない者が、自己の利益のため、みだりに他人の法律事件に介入することを業とする行為を放置すれば、当事者その他の関係人らの利益を損ね、法律生活の公正かつ円滑な営みを妨げ、ひいては法律秩序を害することになるので、これを禁圧する必要があるとの趣旨に基づくものである（最判昭和46年7月14日判決・刑集25巻690頁参照）。

(エ)　具体例1　典型的なのが、債権管理組合・整理屋・NPO法人・探偵事務所・事件屋等による債権回収や非弁提携弁護士に対する事件の周旋である。

具体例2　「地上げ」土地建物の売買等を営む者が、多数の賃借人の存在するビルについて、ビルオーナーから、その賃借人らと交渉して、賃借人らの立ち退きの実現を図るという業務を、報酬を得る目的で業として、賃借人らに不安や不快感を与えるような振る舞いをしながら行った事案で、弁護士法72条違反の罪の成立を認めた（最高裁平成22年7月20日判決・刑集64巻5号793頁）。

具体例3　司法書士による本人訴訟支援　本人訴訟による約1,300万円の過払金返還請求の訴え提起が、その実質は司法書士による代理行為によるものであり、民事訴訟法54条1項本文、弁護士法72条に違反する違法なものであるとして、不適法却下された（富山地裁平成25年9月10日判決・判例時報2206号111頁）。

司法書士には、一定の要件のもと、簡易裁判所における請求額が140万円を超えない範囲の民事訴訟等の代理権が与えられる（司法書士法3条1項6号7号、同2項、裁判所法33条1項1号）が、これを超えるものについての権限はない。この裁判例は、司法書士の訴訟代理権や本人訴訟への助力の限界について判断したものとして注目されている。

具体例4　従来、多重債務者の債務整理についての司法書士の裁判外の和解権限について、受益説（弁済計画の変更によって得られる利益が140万円を超えない範囲で代理権があるとする説）と債権額説（債務整理の対象となる個別の債権の価額が140万円を超えない範囲で代理権があるとする説）の対立があったが、最高裁はいわゆる和歌山事件で、債権額説を採用することを明言した（最高裁平成28年6月27日第一小法廷判決、最高裁HP）。

もっとも、認定司法書士が140万円を超える過払金の返還請求権について委任者を代理して裁判外の和解契約を締結した場合の和解の効力については、その内容及び締結に至る経緯等に照らし、公序良俗違反の性質を帯びるに至るような特段の事情がない限り、無効にはならないとされた（最高裁平成29年7月24日第一小法廷判決、最高裁HP）。

イ　譲受債権回収事案（弁護士法73条）

(ア)　要件　①他人の権利を譲り受け、②訴訟、調停、和解その他の手段によってその権利の実行をすることを、③業とする場合。

※主体は非弁護士に限定されていない。

※債権回収会社（サービサー）については、法務大臣による厳格な規制のもと、弁護士法の特例として、譲り受けた債権の回収も認められている（債権管理回収業に関する特別措置法1条、11条1項）。

(イ)　罰則　2年以下の懲役又は300万円以下の罰金（弁護士法77条4号）。

(ウ)　趣旨　主として弁護士でない者が、権利の譲渡を受けることによって、みだりに訴訟を誘発したり、紛議を助長したりするほか、弁護士法72条本文の禁止を潜脱する行為をして、国民の法律生活上の利益に対する弊害が生ずることを防止する（最高裁平成14年1月22日判決・判例時報1775号49頁）。

ウ　非弁護士虚偽標示事案（弁護士法74条）
(ｱ)　**要件**（以下のいずれかに該当する場合）
①弁護士又は弁護士法人でないものが、弁護士又は法律事務所の標示又は記載をすること、
②弁護士又は弁護士法人でないものが、利益を得る目的で、法律相談その他法律事務を取り扱う旨の標示又は記載をすること、
③弁護士法人でないものが、その名称中に弁護士法人又はこれに類似する名称を用いること
(ｲ)　**罰則**　いずれも100万円以下の罰金（弁護士法77条の2）。
(ｳ)　**趣旨**　弁護士でない者による弁護士や法律事務所の名称を僭称する行為、法律相談等を取り扱う旨の標示・記載をする行為を禁止することによって、国民が正規の弁護士や法律相談と誤認混同して不測の損害や不利益を被ることを未然に防止する（髙中正彦『弁護士法概説（第2版）』〔三省堂、2003（平成15）年〕364頁）。
(ｴ)　**具体例**　弁護士でない者（NPO法人など）が、ウェブサイトで、「○○法律相談所」などと標示して法律相談受任の誘因をしているケースが典型的である。

(2) 非弁護士取締りの実情
ア　取締りの主体
　非弁護士の取締りは、各単位会が行っている。
　各単位会の対応はさまざまであり、東弁のように非弁護士取締委員会と非弁提携弁護士対策本部の双方を置いて役割分担をしている会、一つの委員会が非弁護士と非弁提携弁護士の双方を取り締まる会、独立の委員会を設置せず理事者が対応している会などさまざまである。

イ　日弁連の取組
　日弁連は、2005（平成17）年1月「法的サービス推進本部」を組織し、2007（平成19）年3月「業際・非弁問題等対策本部」に改組した。その後、「非弁提携問題対策委員会」を2011（平成23）年2月に統合し、「業際・非弁・非弁提携問題等対策本部」と改称して現在に至っている。業際・非弁・非弁提携弁護士対策本部では、①隣接士業等をめぐる法改正動向等の情報収集と業務範囲についての研究、②各単位会における非弁事例の紹介と検討、③非弁提携問題についての検討、④非弁取締活動に関するブロック別意見交換会の企画開催等の活動を行っている。

ウ　東弁の非弁護士取締委員会の活動概要
　当会の非弁護士取締委員会は、委員定数80人のところ、2017（平成29）年8月時点で69人の委員が委嘱を受け、10人前後の委員からなる6つの部会に分かれて非弁被疑事実の調査を行っている。通常、各事件には主査1名と副査1ないし2名が選任される。委員会の副委員長は、各部会長を兼任している。

年度	情報受付	前年度引継	調査開始	告発	厳重警告	警告	調査終了 措置しない（含誓約書）	調査終了 調査打切（含経過観察・調査不能）	調査終了 調査しない（含移送）	次年度引継
2014	54	42	18	0	0	2	10	16	1	31
2015	33	31	14	0	0	3	9	10	0	22
2016	41	22	29	1	0	1	15	6	1	29

2　隣接士業問題
(1) 隣接士業とは
　隣接士業について法定化されているものとしては総合法律支援法第10条第3項が「隣接法律専門職者、隣接法律専門職者団体」の責務を規定し、業務運営等についても同様の「隣接法律専門職種」との規定が存在する。そこで想定されているのは、司法書士、税理士、弁理士、土地家屋調査士、社会保険労務士、行政書士の6士業である。このほかに公認会計士、不動産鑑定士も、隣接士業に包含される場合もあるが、公認会計士、不動産鑑定士の業務は、「法律業務」（弁護士法3条1項）ではないから、ここでは隣接士業から除く。
　この6士業の人口は、
　司法書士　22,013人（2016〔平成28〕年4月1日現在）
　税理士　75,643人（2016〔平成28〕年3月末日現在）
　弁理士　10,871人（2016〔平成28〕年3月末日現在）
　土地家屋調査士　16,940人（2016〔平成28〕年4月1日現在）
　社会保険労務士　40,110人（2016〔平成28〕年3月末日現在）
　行政書士　45,441人（2016〔平成28〕年4月1日現在）
である。

(2) 隣接士業問題の発生
　弁護士とこれらの隣接士業の関係は、司法制度改革以前までは、弁護士人口が少ない中である程度のすみわけができていたため、大きな問題とはなっていなかった。
　この状況に変化を与えたのは、司法制度改革である。
　今次の司法改革は、二割司法といわれた弁護士過疎

の解消を目指し、法の支配を全国津々浦々に行きわたらせることを目的として行われた。

司法改革は、弁護士人口の増員と法科大学院を中核とする法曹養成制度の改革がその中核をなすものである。しかるに、2001（平成13）年6月に公表された司法制度改革審議会の意見書（以下「司改審意見書」という。）では、隣接士業からの要望があり（佐藤幸治ほか『司法制度改革』〔有斐閣2002（平成14）年〕288頁）、弁護士人口の大幅増員が達成されるまでの間の過渡的・応急措置であるとして、「当面の法的需要を充足させるための措置」（司改審意見書87頁）として隣接士業の権限拡大措置が盛り込まれた。これ以降、隣接士業による権限拡大要求に対応した権限拡大が進んでいくことになった。

以下、司法制度改革開始後の各士業の状況を検討する。

(3) 司法書士問題

司法制度改革で、認定司法書士には簡裁における140万円を超えない範囲での訴訟代理権が付与され裁判所の手続における代理権が認められた。

その後、弁護士は権限がありながら十分に責任を果たしていないこと、市民の利便性、ニーズに応えることなどを理由に司法書士会は、合意管轄による簡裁代理権、家事事件の代理権、試験合格者全員への簡裁代理権の付与等の権限拡大を求めている。

しかし、日弁連は、全国津々浦々115のひまわり公設事務所を開設（そのうち61事務所の所長が退任後に定着し、2事務所が目的終了により廃止されたため、2016（平成28）年10月1日現在の稼働数は54事務所）、2001（平成13）年当時64か所存在した弁護士ゼロ・ワン地域が2015（平成27）年10月1日現在でゼロ地域0か所、ワン地域1か所となったこと、弁護士人口の大幅増員（2001〔平成13〕年18,246人→2016〔平成28〕年37,680人）に鑑みれば、既にその批判は該当しないと考えられる。弁護士の増員達成までの間の過渡的・応急措置としてなされた権限拡大の例外措置をさらに増幅させることは、今次の司法改革の流れに逆行する要求である。

司法書士は、現在成年後見事務についても積極的に対応し、裁判所の後見人選任率は弁護士を超えている。さらに、相続・離婚事件など増加傾向にある事件についての代理権獲得については、弁護士会として明確な対応を取る必要がある。

(4) 行政書士問題

行政書士の本来業務は、他人の依頼を受け官公署に提出する書類を作成することであったが、2014（平成26）年6月に行政書士法が改正され、行政庁に対する審査請求、異議申立て、再審査請求の不服申立手続きの代理権が与えられることになった。これに基づいて2015（平成27）年12月、特定行政書士研修を修了した行政書士2,428名が特定行政書士に認定され、紛争性を有する事案における手続についても書類を作成し、その手続きの代理を業とすることとなった。

また、行政書士会は、2017（平成29）年度の事業計画で、聴聞又は弁明の機会付与に係る代理手続の制限の解除とADR代理権の付与を目指すことを明言している。

行政書士、行政書士会は、2001（平成13）年頃からホームページ等で自らを「街の法律家」と称し、積極的な宣伝活動をするようになった。これに対し、2007（平成19）年、「街の法律家」という名称を掲載したチラシ等から削除することを求めた日弁連の要請に対し、行政書士会は「当該用語は既に国民に浸透している」として、続用する旨を回答し、その後2017（平成29）年に至っても使用し続けている。

(5) 社会保険労務士法の改正と全国社会保険労務士会の権限拡大要求

2005（平成17）年、個別労働関係紛争について都道府県労働委員会が行うあっせんの手続、厚生労働大臣が指定する団体が行う紛争解決手続（紛争価額が60万円を超える事件は弁護士の共同受任が必要）の各代理、男女雇用機会均等法に基づき都道府県労働局が行う調停の手続の代理が、一定の能力担保研修と試験を終了した社会保険労務士に限るとの条件の下に認められるようになった。また、従来からあった労働争議への介入を禁止する規定が削除された。そこから、社会保険労務士が、労働争議に介入できる範囲が問題となった。

2014（平成26）年11月、社会保険労務士法が改正され、①個別労働紛争に関する民間紛争解決手続において、特定社会保険労務士が単独で紛争の当事者を代理することができる紛争の目的の価額の上限が120万円に引き上げられ、②事業における労務管理その他の労働に関する事項及び労働社会保険諸法令に基づく社会保険に関する事項について裁判所において、補佐人と

して、弁護士である訴訟代理人とともに出頭して陳述をすることができるようになった。

2016（平成28）年3月11日、厚生労働省労働基準局監督課長は、都道府県労働局長に対し、労働争議時において、社会保険労務士は、①争議行為の対策の検討、決定に参与することはできるが、②団体交渉における代理人としての折衝や交渉妥結のためのあっせん等の関与はできない旨の通知を発し、団体交渉における代理権を否定した。

全国社会保険労務士会連合会は、労働審判手続における代理権、個別労働関係紛争に関する簡裁訴訟代理権の付与を要望している。

(6) 土地家屋調査士法の改正

2005（平成17）年、筆界特定手続における単独代理権が付与された。また筆界特定をめぐる民間紛争解決手続について、一定の能力担保研修の修了と法務大臣の能力認定を受けた認定土地家屋調査士について、代理、相談業務が認められた。

(7) 弁理士法の改正

2005（平成17）年、日本知的財産仲裁センター、一般社団法人日本商事仲裁協会（JCAA）での工業所有権の紛争に関して、著作権についての代理業務が職務範囲に追加され、また、2007（平成19）年、弁理士が取り扱える特定不正競争行為の範囲が拡大された。また、引き続き2011（平成23）年、特許法の改正、商標法の改正など、知的財産権に関する関連諸法が改正されている。

(8) 隣接士業問題に対する今後の方針

上記の通り、隣接士業の法改正を求める権限拡大要求は極めて大きな政治的力となっている。また、法改正に先行して法律の拡大解釈等、運用による既成事実化により、権限の事実上の拡大も日々進行している。弁護士の法律事務の独占は事実上例外の範囲が拡大し、法曹ではない法的サービスの担い手とされる隣接士業により浸食されている。本来法曹が担うべきとされる裁判所における業務についても、司法書士の権限が認められる事態に立ち至っている。

しかしながら、これらは司法改革審議会意見書の立場からも、弁護士人口の増加が行われるまでの当面の措置であったのであるから、相当程度人口増が実現した現在、隣接士業の権限拡大を内容とする法改正は認められるべきではなく、また、当面の法的需要の充足という見地からすれば、この需要充足の達成度を検証し、場合により改正による措置の廃止も視野に入れて検討がなされなければならない。

この点について、意見書では、将来「各隣接専門職種の制度の趣旨や意義」「利用者の利便」「利用者の権利保護の要請」等の視点から、法的サービスの在り方を含めて総合的に検討することとされていた。

当時の「将来」が、既に「現在」の課題となり、当時の制度設計は見直されるべき時期にきている。ところが、当時は応急措置とされたはずの隣接士業の拡大された権限が、事実上後戻りのできない極めて困難な既成事実と化してしまっている。

この問題の総合的な検討は、我が国の「法の支配」をどの担い手によってどのように進めていくかという極めて重要な政策課題であるが、当面は、次のような対応が必要であろう。

ア　各隣接士業の権限拡大に向けた立法活動に対し、積極的な意見表明をし、現実的な対抗運動をすること。

これは、今までも続けてきた運動である。中でも行政書士法の改正に対する対応が重要である。

また他の諸立法については、国会情勢などに於いての判断で、改正による過渡的措置が一定期間継続せざるをえないとしても、国民・市民の権利・利益の保護の視点から、「信頼性の高い能力担保措置」の強化を求めていくべきである。

いずれにしろ、日弁連執行部は、日本弁護士政治連盟とも連携して、その実現にあたる必要がある。

イ　個別案件についての既成事実化に対する対応である。違法な非弁行為を覚知したときは、毅然とした対応を迅速に取りうる体制を準備する必要がある。

ウ　さらに直接的な対応ではないが、もっとも根本的なところに於いて重要な観点から、より広汎な弁護士業務を展開することが必要である。弁護士が国民のあらゆる法律的ニーズに応えるという立場に立って、例えば過疎地での弁護士業務の一層の充実、業務の新分野での対応、専門性の高い分野での対応等である。司法書士との競合分野でいえば、成年後見制度での受任体制の整備、不祥事対策、簡裁事件、少額事件への対応、税理士との関係でいえば、税務の専門性の高い弁護士による不服申立ての対応の強化、知財分野でいえば、知財の法律相談体制の一層の整備、社会保険労務士との関係でいえば、労働審判事件への取り組みの一

層の強化、行政書士関連では、入管問題に対応する弁護士の強化、行政不服審査申立てについて関与する弁護士の体制の強化などである。これらの諸分野での活動を一層強化することが、隣接士業の権限拡大の立法事実を消すことになることを十分に理解した活動が重要である。

エ　弁護士と隣接士業との役割分担・協働の視点も重要である。

　隣接士業は、これまでそれぞれの歴史の中で、様々な国民・市民の要望に応えてきた側面も有する。しかし、隣接士業が果たしてきた役割は、司法の担い手ではなく、各限定的な分野での有する専門性である。そのことを前提とすると、隣接士業に、限定的な訴訟代理権を付与するという方向性ではなく、弁護士と協働するなどの手法で、それぞれの業務の特殊性を生かしつつ、そのニーズに応えることが肝要である。むしろ隣接士業者が法改正による新権限について単独で業務を営むという視点ではなく、弁護士と協働してより多くのニーズに応えるという視点こそが重要というべきである。そのことにより非弁活動も防止することが可能となる。

　経費共同によるワンストップサービスの事務所あるいは隣接士業間での連携を可能とするネットワーク造りなど、いくつかの工夫が検討される。これらのネットワークは弁護士業務にとってもアクセスポイントとしての役割を果たし、弁護士からの登記や税務申告の依頼という面でも共存共栄が模索されるべきである。

3　ADRに関する問題

(1) ADR法の制定と制度見直しの動向

　2004（平成16）年12月、「裁判外紛争解決手続の利用の促進に関する法律」（ADR法）が制定された。同法は、ADRが第三者の専門的知見を反映して紛争の実情に即した迅速な解決を図る手続としての重要性をもつことに鑑み、基本理念と国等の責務を定め、民間紛争解決手続業務に関する認証制度や時効中断等に係る特例を規定している。

　ADR法は2007（平成19）年4月に施行されたが、同法の附則第2条では施行後5年を経過した場合は施行状態を検討し所要の措置を講ずると規定し、2012（平成24）年がその制度の見直しの時期となっていた。2011（平成23）年、ADR協会はワーキンググループを立ち上げ、2012（平成24）年4月に見直しに関する提言案を法務大臣に提出した。

　法務省は、2013（平成25）年2月に「ADR法に関する検討会」を設置して制度及び運用について議論し、その結果を2014（平成26）年3月、「ADR法に関する検討会報告書」として公表した。その内容は、いずれの論点も将来の課題として検討を要するとするものであり、具体的な法改正の内容に踏み込んだものではなかった。

　なお、注意すべきは、現在、民間紛争解決手続業務に関する認証要件の一つとして、弁護士の助言を受けることができるようにする措置を定めていることが必要とされているところ、これを緩和して弁護士の関与を不要とすべきであるとの意見があるとされていることである。このような制度改正論には反対してゆかなければならない。

(2) ADR手続代理

　2005（平成17）年4月、司法書士、弁理士、社会保険労務士、土地家屋調査士の4職種について、ADRにおける当事者の代理人としての活用を図るための法整備が行われた。なお、税理士、不動産鑑定士、行政書士について、ADR法施行後の手続実施者としての実績等が見極められた将来において再検討されることとなった。

　税理士、不動産鑑定士、行政書士に対する手続代理権付与問題については、これら関連団体が行うADR手続主宰者としての実績を十分に見極めなければならない。安易なADR手続代理権の付与は、紛争当事者たる国民にかえって有害となることもあることを銘記すべきである。

(3) 弁護士会ADRの課題

　東弁は、弁護士会ADRとして紛争解決センターを運営している（1994〔平成6〕年、あっせん仲裁センターとして設置され、2005（平成17）年に現在の名称に変更された）。弁護士会ADRは、そのADR法以前から存在するという歴史的経緯から、ADR法の認証を受けていないものであるところに特色がある。

　上記一般ADRに加え、専門ADRとして、東京三弁護士会医療ADRが2007（平成19）年から、東京三弁護士会金融ADRが2010（平成22）年から実施されている。さらに、大災害が発生した場合に申立手続簡素化や手数料減免を図る災害時ADRも2016（平成28）年

2月に「災害時ADRに関する細則」が施行された。

2014（平成26）年4月からは、「国際的な子の奪取の民事上の側面に関する条約の実施に関する法律」（ハーグ条約実施法）に基づく特別なあっせん手続として、国際家事ADRが開始された。

東弁紛争解決センターの2016（平成28）年度の受理件数は、一般53件、金融10件、医療38件、国際家事2件の合計103件である。

弁護士会ADRは、有用な制度であるにもかかわらず、事件数が少ないのが問題点であり、今後一層、広報等の利用促進策を工夫する必要がある。

4 サービサー問題

(1) サービサー法の成立、施行

民間サービサー制度の創設を内容とする債権管理回収業に関する特別措置法（以下「サービサー法」という。）は1998（平成10）年に成立し、翌1999（平成11）年2月施行された。

サービサーが行う債権回収業は、「弁護士以外のものが委託を受けて法律事件に関する特定金銭債権の管理及び回収を行う営業又は他人から譲り受けて訴訟、調停、和解その他の手段によって管理及び回収を行う営業をいう」（同2条2項）とされ、弁護士法72条、73条の禁止の例外が容認された。

(2) サービサー法の改正

2001（平成13）年、サービサー法改正により、取扱い債権の範囲が、銀行等の金融機関の貸付債権等に限定されていたのを、貸金業者の有する貸金債権、資産流動化法上の特定資産である金銭債権、法的倒産手続中の者が有する金銭債権等に大幅に拡張された。また、従来は利息制限法の制限を超える利息・賠償額の支払約束のある債権の履行要求が禁止されていたのが、制限利息に引き直せば、元利金を含めて請求することが許容された。

(3) サービサー法再改正問題

業界団体である全国サービサー協会（2009〔平成21〕年4月に一般社団法人化）は、2004（平成16）年、取扱い債権拡大等法改正を求める要望書を法務省等に提出した。法務省は2006（平成18）年度の臨時国会に協会の要望を反映した改正案を上程する方向で準備を進めたが、民主党の反対で廃案となった。

その後も、同協会は、取扱い債権の飛躍的拡大を求めてロビー活動を継続している。

これに対し、日弁連では、サービサー法の改正動向が、業際・非弁・非弁提携弁護士対策本部の議題に常時掲げられている。サービサー法の再改正問題は、弁護士制度の根幹を揺るがしかねない大問題であるから、法改正の動きが具体化したときには、弁護士会としても直ちに対応しなければならない。

5 非弁提携問題

非弁活動は、弁護士や弁護士法人でない者が法律事務を行うことを禁じたものであるが、弁護士がこのような非弁活動を行う者と結託することを禁止し、非弁活動が助長されることがないように、非弁行為と提携することが禁止されている（弁護士法27条）。

弁護士法27条は、弁護士や弁護士法人が、非弁活動を行う者から事件の周旋を受け、又はこれらの者に自己の名義を利用させることを固く禁止している。しかし、非弁提携問題は相変わらず後を絶たず、弁護士会としては国民の適正な権利擁護を実現するとともに、社会的正義を実現しつつ、国民・市民が法律生活における公正円滑な営みができるよう努力を重ねるとともに、こうした非弁提携の根絶に向けてさらに注力しなければならない。

6 弁護士報酬支払いのクレジットカード利用と懲戒問題

(1) 経緯

1992（平成4）年当時の日弁連会長名で、「弁護士がクレジットカード会社と加盟店契約を締結することについての見解」と題し、カード利用に関しては自粛すべきであるとの要請が単位会会長宛てに出されている。これは、当時はそのカード利用料金が、そのカード利用額の1割を超えるなどの率であったために、主として弁護士報酬の一部を金融会社が取得することが非弁提携を禁じた弁護士法に違反するおそれがあったからである。これ以降、ほとんどの弁護士はこの自粛要請を守ってきているが、社会の変化により、その是非をめぐり議論が再燃してきたものである。

(2) 日弁連弁護士業務改革委員会でのカード支払いを認める決議

クレジットカードの利用が社会に浸透して、その後、自治体、公共料金、医療機関、他士業の報酬等の支払

いもカードでできる時代となり、利用者の利便性の観点から非弁提携禁止の意義が再検討を求められてきた。2002（平成14）年に第一東京弁護士会がカード利用を認めるべきとの意見書を出したことを皮切りに、その後の検討により、特に、インターネットでの法律相談は、過疎地の依頼者に質の高い相談を容易にしており、その相談費用はカード決済以外には考えがたく、カード利用の必要性を明らかにした。業務改革委員会では、問題点を検討した上で、カード会社との協議を重ねながら、カード手数料を3％以内とするとの約束をとりつけ、2006（平成18）年6月に弁護士会は弁護士のカード利用を否定できない旨の意見書を提出した。

(3) 現在の日弁連の意見

上記の業務改革委員会の意見書をもとに日弁連内での議論がなされ、消費者委員会の強い反対に一定の配慮をしつつ、日弁連は、2009（平成21）年3月30日に「弁護士報酬等のクレジットカード決済の問題点について（要請）」という文書を全会員宛てに出した。その意味するところは、原則としては、カード会社と契約してカードを弁護士報酬支払のための道具として使うことは許されるということを表明したものである。しかし、反対論にも考慮し、次の3つの例の事例の場合などには、懲戒処分もあり得るので、注意をすべきということを明記したのである。

① カード会社がカード会員に対して加盟店としての一般的な紹介を超え、積極的に弁護士を紹介する場合
② 依頼を受けた法律事務に関して弁護士と依頼者間での紛争が生じ、依頼者がカード会社への支払いを停止又は拒絶したり、立替金返還を要求したりする場合に、法律事務の内容をカード会社に開示する場合
③ 任意整理、法的整理等の依頼を受けた場合に、依頼者が当該カード会社に対する立替金の支払いができなくなることが見込まれるにもかかわらず、当該事件の報酬をカードの利用により決済させた場合

日弁連では、これらの懲戒とならないための注意点を記載したガイドラインを設定している。したがって、今後はこのガイドラインに沿った運用に注意をした上で、現代では必要不可欠な支払手段となったカードの弁護士報酬への利用も積極的に利用し、利用者の利便性の向上と弁護士業務の健全性の調和を図っていくべきである。

7 総合的法律・経済関係事務所

弁護士が、司法書士、税理士、弁理士等の隣接業種と協働して業務を遂行することは、業際分野の処理能力の向上等に有用であり、その協働を一歩進めた隣接業種との共同事務所は、ワンストップ・サービスとして依頼者の側からみても有用である。

また、政府は、「現行法上も、弁護士、公認会計士、税理士、弁理士等の専門資格者が一つの事務所を共用し、一定の協力関係の下に依頼者のニーズに応じたサービスを提供することは基本的に可能である」としている。この見解は、1997（平成9）年の日弁連の第10回弁護士業務対策シンポジウムでの結論と同様、経費共同事務所は認め、弁護士法72条・27条の関係で、隣接業種との収入共同事務所は認めていないというのが一般的な理解である。

現在の問題は、さらに進んで収入共同事務所を立法論として認めるか否かという点である。ワンストップ・サービスの問題だけであれば、経費共同でも対応できるのであるが、より効率性・統一性の高い経営形態である収入共同＝パートナーシップを敢えて認めない理由は薄い。

しかし、近年、巨大会計事務所の弁護士雇用を利用した様々な違法問題、コンプライアンスが守られない状況が出てくるに従い、共同事務所における倫理規範の確立等については、最重要課題として議論が尽くされなければならないであろう。

弁護士が仕事をする上で守らなくてはならない最大の点は、弁護士法1条の基本的人権の擁護と社会正義の実現である。この内容は弁護士の義務であり、かつ弁護士の権利であることが最大限尊重されなければならない。共同事務所においても同様に、このような義務と権利が意識されなければならない。現実の問題として、弁護士以外の職種において、このような義務と権利が確保される状況又はシステムになっているかは、疑問なしとは言えず、このような現実の問題を放置したまま他業種との収入共同事務所の構築はあり得ない。弁護士の国民からの信頼の基礎は何かを再度考え、他業種との協働の問題を、より現実的なものとするために、整備すべき課題を再検討すべき時期に来ているものと思われる。

現実に問題となるのは、弁護士の守秘義務、弁護士の利益相反紛争の受任禁止、非弁護士との報酬分配禁

止というそれぞれの義務が事務所全体として守れるのかという疑問が払拭できないという点である。

特に、現在イギリスを中心として非弁護士が弁護士事務所に出資をするという形態の法律事務所（Alternative Business Structure、いわゆるABS）が認められることとなり、世界の弁護士会の意見が是認・反対を含めて混乱を極めている。イギリスでは、この方向での事務所が進んでおり、例えばスーパーマーケット事業者が法律事務所に出資し、チェーン店での法律相談所を実現するなどが行われるに至っている（第2部第1章第8・1項(2)③参照）。

また、仮に日本でも収入共同を認める場合があるとすれば、それによる影響を検討し、新たな規制が必要か必要でないのか、必要とした場合どのような規制が必要かを検討しなければならないであろう。例えば、外国法事務弁護士と同様な手法による非弁護士との特定共同事業という方法も考えられるが、その場合の隣接業種の範囲なども慎重に検討する必要があるであろう。

このような外国法事務弁護士との協働のあり方、他業種との協働のあり方の問題点は共通しているのであり、単なる協働化への技術的な問題点のみを議論するのではなく、協働化問題に潜む弁護士倫理の希薄化と弁護士の本質を侵害される危険性をどのように回避し、その回避を担保できるシステム作りができるかが問題とされなければならない。

東京弁護士会業務改革委員会では、2006（平成18）年に隣接士業との共同事務所経営に関するガイドラインを作成した。その内容は、基本的には、行政機関から監督される士業と行政機関から独立した監督機関を持つ弁護士との倫理感、行動様式、国民に対する義務の在り方の違いを明確にしたものであり、弁護士が隣接士業を雇用する場合には全て弁護士への責任として処理されるが故に問題とならないが、弁護士の雇用によらない場合には問題が生じる場合が多いことを指摘し、その回避方法を論じている。この問題の根本は、司法権に関する職務内容を基本とする弁護士と、原則として行政に関する手続代理を行う行政補助職との目的の違いにある。司法権の独立にはそれなりの理由があるように、行政庁の監督下にある士業が司法権に属する業務を行うことが制度として妥当なのかどうかという判断によるものであろう。現在、世界的に、企業及び個人の行動様式の倫理性が求められている時代において、その助言者としての弁護士の独立性の問題が議論され、弁護士倫理が問題となっている現段階では、総合的・経済関係事務所問題は当面の間、弁護士の経営による事務所として進めることを原則と考えるべきであろう。

第3 その他の領域への進出

1 会社法上の社外取締役等への進出
(1) 現状と問題の所在課題
ア 社外取締役制度の現状を取り巻く現状

社外取締役については、従前より会社法に規定が置かれてはいたものの、設置義務は特になく、各社の判断に任されていた。

2014（平成26）年会社法改正（2014〔平成26〕年6月20日成立、2015〔平成27〕年5月1日施行。以下「改正会社法」）においては、企業統治の強化、とりわけ企業収益の向上を図るためのモニタリングシステムの導入につき、社外（独立）取締役の設置を義務付けるか、監査役を置かず社外取締役が中心となる監査等委員会設置会社制度を創設するかが議論された。その結果、監査役会設置会社における社外取締役の設置義務は見送られたものの、それに代わり、上場会社の場合、「社外取締役を置くことが相当でない理由」を株主総会参考書類に記載するとともに、株主総会で説明し、事業報告に記載することが会社法上必要となったことから、上場会社においては、事実上社外取締役を設置せざるを得ない状況になった。

また、改正会社法を議論した法制審議会での附帯決議を受けて、東京証券取引所は、「上場会社は、取締役である独立役員を少なくとも1名以上確保するよう努めなければならない」ことを内容とする有価証券上場規程の改正を行い、2014（平成26）年2月10日から実施している。

さらに、東京証券取引所は、「コーポレートガバナンス・コード」を上場規程として定め（2015〔平成

27〕年6月1日施行）、独立性の高い社外取締役を「少なくとも2人以上選任すべきだ」と明記し、独立社外取締役の複数化、多様性確保を求めている。

改正会社法の成立においては、附則25条において、施行2年経過後、改めて「社外取締役を置くことの義務付け等」を検討することを内容とする、いわゆる見直し条項を定めたことから、これを受けて2017年（平成29年）4月から始まった法制審議会会社法制（企業統治等関係）部会において、会社法に基づく社外取締役設置の義務付けの議論が再開された（具体的には、第5回会議〔2017（平成29）年9月6日開催〕で議論された模様である）。

イ 社外監査役

1993（平成5）年の商法改正において、監査役の機能を充実強化すべく、任期を1年伸張するとともに大会社にあっては社外監査役の選任が義務づけられ、2001（平成13）年の改正では、任期は4年とされ、大会社においては資格要件が厳格化された社外監査役を半数以上とすることが義務づけられた。

新会社法においても、監査役会設置会社（監査役会を置くことを定めた会社、又は監査役会を置かなければならない会社（大会社かつ公開会社で、監査等委員会設置会社及び指名委員会等設置会社を除くもの）については、2001（平成13）年の改正法施行後の商法特例法を踏襲している商法を踏襲しており、監査役会の半数以上は社外監査役である必要がある。

ウ 指名委員会等設置会社

2014（平成26）年会社法改正により、監査等委員会設置会社制度が新設された関係で、従来の委員会設置会社、つまり、定款に基づき監査委員会（取締役ないし執行役の職務の執行の監査、会計監査人の選任・解任等）、報酬委員会（取締役・執行役の報酬の決定、報酬額等の決定）、指名委員会（取締役の選任及び解任に関する議案等の決定）、及び1人以上の執行役を設置している会社は、指名委員会等設置会社と名称が改められた。各委員会は取締役3人以上で構成され、そのうち、過半数は社外取締役でなければならないため、指名委員会等設置会社の場合、少なくとも2名の社外取締役が必要である。

エ 監査等委員会設置会社

この制度は、2014（平成26）年会社法改正により新たに創設された機関設計の制度であり、監査役会に代わって過半数の社外取締役を含む取締役3名以上で構成される監査等委員会が、取締役の職務執行の組織的監査を担うという制度である。監査役会設置会社と指名委員会等設置会社の中間的性格を帯びた第三の機関設計として、上場会社の間で急速に広まりつつある形態である。

この制度を採用する場合も、3名以上の取締役で構成される監査等委員会の過半数が社外取締役でなければならないため、少なくとも2名の社外取締役が必要である。

オ 展望及び課題

2014（平成26）年会社法改正では、社外取締役の設置義務は見送られたものの、その議論は既に再開されており、また、上場会社においては、東京証券取引所の規程の改定を通じて、社外取締役の設置が促進されている状況にある。

東京証券取引所が2017（平成29）年9月6日に発表した「東証上場会社における社外取締役の選任状況及び社外取締役を置くことが相当でない理由の開示状況について」によれば、2名以上の社外取締役を選任する上場会社（市場第一部）の比率は、2013（平成25）年の30.6％に対して、2016（平成28）年は84.9％、2017年は91.9％と急上昇している。また、2017（平成29）年において、上場会社（市場第一部）の1社あたりの社外取締役の人数は平均2.57人とあり、各社2名以上の社外取締役を選任している状況が窺われる。

また、東京証券取引所の「東証コーポレート・ガバナンス白書2017」によれば、社外取締役における弁護士等の法律専門家の人数は、独立社外取締役に関してではあるが、以下の通りとなっている。

2012年	16.1%	168名
2014年	13.8%	317名
2016年	13.1%	986名

以上を前提とすると、今後も益々社外取締役に対する需要は高まっていくことが予想され、従来弁護士が選任される機会のあった社外監査役に加え、社外取締役もまた、弁護士の活躍の場となることが、我々弁護士の立場からは期待できる状況にある。

また、近年、企業経営ないし企業活動においては、その適正化ないし社会的責任（CSR）、法令遵守（コンプライアンス）に対する要請はますます強まってき

ているといえる（第5部第2章第10参照）。弁護士たる社外取締役ないし社外監査役は、そのような場面で有用な役割を果たしうると考えられるが、残念ながら、そのことが社会全体の一般的な認識となっているとはなお言い難い実情にある。また、企業の側からも、弁護士資格のある社外取締役を捜しているが、どこに適任者がいるのか、また、誰にコンタクトしていいのかが分からないといった声も聞かれる。

従って、弁護士が社外取締役又は社外監査役として果たし得る役割を広く知って貰うための広報活動が必要であるとともに、候補者となりうる弁護士と企業とを繋ぐ仕組みを構築する必要があると考えられる。

(2) 弁護士会の取組み

日弁連においては、この間、企業活動における不祥事を踏まえ、2001（平成13）年11月開催の業務改革シンポジウム（広島）を始め、CSRに関する研究に継続的に取り組んできており、企業活動への関与の方策を探るべく検討している。弁護士の職責上、社外取締役、社外監査役等として有効に機能すべき能力を備えているとの考えの下、多くの企業に有為の人材を供給すべく、商工会議所、経団連等の経済団体との間における懇談を開催してきている。さらに、2015（平成27）年9月には、経済同友会及び日本商工会議所の後援の下、コーポレート・ガバナンスとダイバーシティをテーマとするシンポジウムを開催し、現在、7つの弁護士会で実施されている女性社外役員候補者名簿の提供事業について案内するとともに、女性弁護士がコーポレートガバナンス・コードの実現にどのように寄与できるかについても基調報告がなされた。

また単位会レベルでは、上記で言及したように、東弁等7つの弁護士会において、男女共同参画の観点から、社外役員候補者になることを希望する女性弁護士会員の名簿を作成し、これを希望する企業に提供している。

弁護士は、社会生活上の医師としての役割を果たすべきものとされており、企業活動に対しても、社外取締役、社外監査役としてこれまで以上に積極的に関与していくべきである。弁護士会としては、これまでの実績を検証しつつ、多くの弁護士が社外取締役や社外監査役として参画できるような仕組み作り（弁護士である社外役員の存在意義に関する広報活動やマッチングの仕組み作り）も含めて、弁護士会としてより積極的な施策を講じることが必要である。

2 日弁連中小企業法律支援センター

(1) 設置の経緯

日弁連が、中小企業の弁護士の利用実態を把握するため、2006（平成18）年12月から2007（平成19）年5月にかけて全国の中小企業に対するアンケート調査を行った。

その結果、回答した中小企業のほぼ半分（47.7％）には弁護士の利用経験がなく、その理由のほとんど（弁護士利用経験がないと答えた中小企業のうち74.8％）は「弁護士に相談すべき事項がない」ということであった。ところが、中小企業が法的問題を抱えていないのかと言えば、そうではなく「法的問題を抱えている」と回答した中小企業は約80％、しかも、約60％は「複数の問題を抱えている」ということであった。にもかかわらず、弁護士に相談しなかった理由は「弁護士の問題とは思わなかった」が最も多い（46.5％）。そして、法的課題の解決方法としては、「弁護士以外の専門家に相談」が38.9％、「社内で解決」が31.0％であり、相談相手の「弁護士以外の専門家」としては、税理士が56.6％と圧倒的に多く、社会保険労務士が31.0％、司法書士が24.8％と続く。さらに、「弁護士の利用経験がある」と回答した中小企業においても、法的手続（裁判など）以外で弁護士を利用したことがある比率は、わずかに約25％にとどまっている。

結局、中小企業にとっては、弁護士は「裁判等の法的手続を行う専門家」ではあるが、それ以外の日常的な法的問題への対処のための相談相手とは認識されておらず、実際、そのような形での利用もされていない、というのが実情であり、他士業（特に、税理士）がその受け皿となっていることが浮き彫りとなった（なお、上記調査結果を踏まえ、第2回の調査が2016年〔平成28年〕に実施されている。詳しくは後述する）。

(2) 全体像

我が国の経済の基盤を形成する重要な存在である中小企業の大半が法的問題を抱えているにもかかわらず、弁護士による法的サービスを、量的にも質的にも十分に受けているとはいえないのであるが、これは、法律実務の専門家である弁護士の存在意義そのものが問われているといっても過言ではない。かかる事態を解消することを目的に、これまでに実施した各委員会にお

ける議論や活動の成果を踏まえて、①中小企業のニーズに応えることを徹底的に追求、②中小企業の弁護士に対するアクセス障碍の解消、③弁護士の中小企業の法律問題への対応能力、実践的なスキルの向上、④組織的かつ全国的な対応ができる体制の整備の4つを活動の基本方針として、日弁連中小企業法律支援センターが設置された。そして、現在、①広報部会、②企画・開発部会、③ひまわりほっとダイヤル運営部会、④事業再生プロジェクトチーム、⑤海外展開支援チーム、⑥ニーズ調査報告書検討チーム及び⑦創業支援・事業承継プロジェクトチームが設置され、それぞれ活発に活動を行っている。同センターの具体的な活動内容としては以下に述べるとおりである。

(3) ひまわりほっとダイヤルの運営

日弁連中小企業法律支援センター（通称「ひまわり中小企業センター」）では、2010（平成22）年4月1日から、中小企業から弁護士へのアクセス改善のために、全国共通の電話番号により相談を受け付ける「ひまわりほっとダイヤル」の運用を開始した。「ひまわりほっとダイヤル」全国共通電話番号「0570-001-240（おおい、ちゅうしょう）」に電話をすると、地域の弁護士会の専用窓口で電話を受け、折り返しの電話で弁護士との面談予約などができるというサービスである。さらに、2012（平成24）年2月からホームページ上でのオンライン申込の受付も開始した。「ひまわりほっとダイヤル」の利用件数は全体的には増加しており、2010（平成22）年度は通話数9,532件、相談実施件数5,017件であったところ、2016（平成287）年度の通話数は10,909件、相談実施件数は5,638件であった。また、「ひまわりほっとダイヤル」開設時（2010〔平成22〕年4月）から2017年（平成29）年7月までの総通話数は78,338件、総相談件数は393,005件であった。ひまわりほっとダイヤルの設置・運営は、中小企業のアクセス障碍解消の一助となっていることが窺われる。また、「ひまわりほっとダイヤル」は一部の弁護士会を除き、初回相談最初の30分の相談料を無料としており、中小零細事業者のセーフティネットとしての役割も果たしている。

相談実施の結果であるが、相談のみで終了が75.70％、受任が5.92％、継続相談が16.3％である（2010〔平成22〕年6月～2017〔平成29〕年7月）。

「ひまわりほっとダイヤル」は発足から7年が経過し、制度の見直しの時期に来ていると思われる。実際、ひまわりほっとダイヤルの受付窓口となっている各弁護士会の事務局を対象にアンケートを行っていたところ、制度の使い勝手の悪さ等、現行システムへの問題点が明らかになった。そこでセンターでは「ひまわりほっとダイヤル運営部会」を立ち上げ、今後のシステム改善等についての検討を開始した。

(4) 広報活動

ひまわり中小企業センターでは、ひまわりほっとダイヤルの事業展開に応じてチラシを作成し、各地の弁護士会、中小企業支援団体のナショナルセンター等に配布している。また、同センターでは、日弁連のウェブサイト内に同センターのホームページを立ち上げ、中小企業支援にかかわる情報提供を行っている。また上記ホームページを活用すべくリスティング広告及びFacebookを利用し、一定の効果を上げている。その他、雑誌への記事及び広告掲載や商工会議所の会報へのチラシ同梱、ラジオ番組のミニコーナーへの出演及びラジオ広告等、新たな広告媒体の開拓を試みている。

(5) 中小企業向け及び弁護士向けの各DVDの制作

ひまわり中小企業センターでは、中小企業向けDVD「中小企業経営者のみなさんへ　弁護士はあなたのサポーターです」の制作を行い、中小企業経営者に弁護士業務についての理解を深めるよう努め、それと同時に、相談に当たる弁護士側の意識改革のために、弁護士向けのDVDも制作し、その上映を行っている。

(6) 全国一斉無料相談会・講演会

中小企業のアクセス障害解消に向けて、一年に一度、全国的に一斉無料相談会及び一部の単位会ではシンポジウムや講演会等の企画も併せて行っている。

(7) 中小企業関連団体との意見交換会

ひまわり中小企業センターでは、2010（平成22）年9月以降、各地の弁護士会との共催により、当該地域の中小企業関連団体の方を招いて、2017（平成29）年9月までに20ヶ所以上において意見交換会を実施している。それを通して、中小企業関連団体の方々に弁護士業務の理解を深めてもらうことができ、各地の弁護士会との連携促進の一助となっている。

(8) 中小企業のニーズに応えられる弁護士の育成

ひまわり中小企業センターが中小企業への法的サービス供給を推進するに際しては、その担い手である弁護士が中小企業の要望に的確に応えられるよう、同セ

ンターでは、中小企業関連業務に関するeラーニングのコンテンツの制作及び特別研修の開催も行っている。

(9) 中小企業の海外展開支援活動

前述のように中小企業の海外展開のニーズの高まりとともに、同センターでは、国際支援部会を設置したが、それとともに、日弁連内では、同センターの他、外国弁護士及び国際法律業務委員会、日弁連知的財産センター、日弁連研修センター、若手法曹サポートセンター等の日弁連内の関連委員会から人を得て中小企業海外展開支援ワーキンググループが設けられ、日弁連は、2012（平成24）年5月には、JETRO及び東京商工会議所との間で、中小企業の海外展開支援に関して連携協働する旨の協定を締結し、現在に至るまで日弁連中小企業海外展開支援弁護士制度を展開している。

(10) 中小企業庁及び支援諸団体との連携

日弁連は、中小企業庁との間での連携を強化し、ひまわり中小企業センター委員と中企庁担当者との間で定期協議を開催し、情報交換を行っている。

支援団体との関係では、2011（平成23）年4月27日付けで、日弁連と日本政策金融公庫との間で、中小企業支援等の支援に関する覚書を締結している。

(11) 特定調停スキームの策定と事業再生キャラバン

日弁連は、裁判所の特定調停の手続を用いた事業再生支援を提案、最高裁判所とも協議を重ね「特定調停スキーム」を策定した（2013〔平成25〕年12月より運用開始）。特定調停スキームの周知及び普及のため、地域の経済産業局や金融機関と共同して、各地で特定調停スキーム活用セミナー（通称「事業再生キャラバン」）を開催している。

(12) 創業支援

少子高齢化による中小企業数の減少は、日本経済全体の衰退を招きかねない深刻な問題である。そこで、ひまわり中小企業センターは、事業再生（前述）や事業承継（後述）により「今ある中小企業の減少をくい止める」一方で「新たな中小企業の誕生を助ける」ことも重要であるとの認識から、創業支援に力を入れている。

具体的には、第19回（2015〔平成27〕年開催）弁護士業務改革シンポジウムで創業支援を取り上げた外、2016年（平成28年）にはセンター内に創業・事業承継プロジェクトチームを立ち上げ、日本政策投資銀行（DBJ）との共催で女性起業家向けの法律セミナーを開催したり、日本政策金融公庫のメールマガジンに記事を連載したりといった活動を行っている。

(13) 事業承継

日本の中小企業の経営者は高齢化に直面しており、中小企業約380万社のうち約240万社の経営者が今後5年以内に70歳以上となるにもかかわらず、その中で約120万社が現時点で後継者が決まっていないという深刻な現実がある（後掲第20回日弁連弁護士業務改革シンポジウム第8分科会における中小企業庁の報告より）。かかる後継者がいない中小企業の中には業績が好調なものが相当数あり（後継者難のため廃業を予定している中小企業のうち、約3割が同業他社より良い業績を上げていると考えている）、このような企業の事業承継支援が喫緊の課題である。

そこでひまわり中小企業センターでは、中小企業の事業承継を法律面から支援すべく、前述の創業・事業承継プロジェクトチームを立ち上げた外、後述のとおり第20回（2017〔平成29〕年開催）の弁護士業務改革シンポジウムの分科会テーマとして事業承継を取り上げた。

今後はより具体的な支援を行うべく、関係諸団体と連携しつつ活動を行っていく予定である。

(14) シンポジウムの開催

ひまわり中小企業センターでは、中小企業庁などの関係省庁及び中小企業支援団体等を招いて、ひまわりほっとダイヤルの周知のためのシンポジウム、2012（平成24）年10月「中小企業金融円滑化法出口戦略に関するシンポジウム」を初めとした事業再生関連のシンポジウムを複数開催した。

また、第17回（2011〔平成25〕年開催）、第18回（2013〔平成25〕年開催）、第19回（2015〔平成27〕年開催）及び第20回（2017〔平成29〕年開催）の弁護士業務改革シンポジウムに参加し、それぞれ中小企業支援ネットワーク構築、海外展開支援、創業支援及び事業承継をテーマに研究発表を行った。

(15) 第2回アンケート（ニーズ調査）の実施

(1)で述べたとおり、ひまわり中小企業センターの設置の契機になったのは2006（平成18）年12月から2007（平成19）年5月にかけて実施した中小企業に対するアンケート調査であったが、アンケート実施から約10年が経過し、中小企業を取り巻く状況及び弁護士側の状況も大きく変化していると考えられる。そこで、現在

中小企業が弁護士についてどのように認識しているかを知るために、2016（平成28）年7月から、第2回のアンケート調査（「企業における弁護士の活用に関するアンケート」）を実施した。

その結果、前回調査時と比べ弁護士数は約6割増加しているにもかかわらず、未だ55.7％の企業が弁護士を利用しておらず、その理由として86.3％の企業が「特に弁護士に相談すべき事項がない」ということを挙げていた。前回調査と質問項目が一部異なるため単純な比較はできないが、同様の回答をした企業は前回調査では74.8％であり、何らかの問題が発生した経営者の相談先として弁護士が選択されていない、すなわち「中小企業経営者が、弁護士を裁判以外の日常的な相談相手と考えていない」という傾向が未だ解消されていないことが明らかとなった。

(16)「中小企業・小規模事業者に対する法的支援を更に積極的に推進する宣言」

これまでに紹介したような諸取組を総括し、さらに今後の日弁連及び各弁護士会による中小企業・小規模事業者への法的支援を充実させるため、ひまわり中小企業センターは、2017（平成29）年5月26日の日弁連臨時総会において「中小企業・小規模事業者に対する法的支援を更に積極的に推進する宣言」を提案し、同日採択された。

(17) 今後の課題

ひまわり中小企業センターは、「弁護士は裁判になった時に頼めばよい」と考えている中小企業事業者に弁護士の有用性を知ってもらうことにより、弁護士が中小企業事業者の経営・法務についての日常的な相談相手となることを目指している。センター発足から約7年が経ち、「ひまわりほっとダイヤル」や各種セミナーや意見交換会、支援諸団体との連携を通じて、徐々に中小企業支援者としての弁護士の存在が周知されつつあるという手応えを感じつつはあるが、まだまだ弁護士が中小企業事業者の日常的な相談相手となっているとは言いがたく、さらなる努力が必要である。

今後は、これまでの活動を継続・発展させていくとともに、中小企業にとって重要でありながらこれまであまり弁護士が取り組んでこなかった分野、具体的には創業支援及び事業承継の分野にも積極的に取り組んでいくことを考えている。これらの分野については、前述の弁護士業務改革シンポジウムへの参加等を通じ

少しずつ取り組みを始めているところではあるが、本格的な活動はこれからである。

ひまわり中小企業センターは、最近は熱意のある若手弁護士の参加も増え、日弁連の中でも非常に活気のある委員会となっている。法友会においても、ひまわり中小企業センターの活動を参考に中小企業への法的サービス拡充のための施策が期待されるところである。

3 東京弁護士会中小企業法律支援センター
(1) 設立の経緯

東弁では、これまで業務改革委員会において、日弁連が企画する中小企業に関する全国一斉無料相談会や中小企業海外展開支援に関する弁護士紹介制度等の実施を担い、また、法律相談センターの乙名簿を利用してひまわりほっとダイヤルによる相談業務を行ってきた。

しかし、これらは、いずれも日弁連が企画する中小企業支援施策を単位会としていわば受動的に実施していたものであり、また、金融円滑化法の期限経過後の緊急対応を迫られる中、東弁としてより能動的・積極的に中小企業支援に取り組むべく、2014（平成26）年2月10日、業務改革委員会から派生する形で、東京弁護士会中小企業法律支援センター（以下「中小センター」という。）が設立された。

具体的な設立趣意は以下のとおりである。

① いわゆる金融円滑化法の期限経過後における中小企業への事業再生・経営革新のための支援は喫緊の課題であり、また、日本経済の原動力を担う中小企業への継続的かつ専門的な法的支援は、中小企業に活力を与え、ひいては日本経済全体に良好な波及効果をもたらす重要な課題である。

② これまで比較的小規模な事業者においては、法律事務を含む経営支援を税理士等に依頼していたのが実情であるが、弁護士数が増大した今日、弁護士が中小企業事業者の身近な存在として法的支援を行うことは、法の支配を社会の隅々まで行きわたらせる目的に叶うものである。

③ 弁護士が中小企業事業者の身近な存在として法的支援を行うには、それぞれの法的ニーズに即した専門的技能を提供できる体制を構築するとともに、中小企業事業者に寄り添いつつ、混沌とした悩みの中から法的ニーズを汲み上げていくためのアウトリーチ活動が

必要である。

④ 日弁連が実施するひまわりほっとダイヤルや中小企業海外展開支援弁護士紹介制度、中小企業に関する全国一斉無料相談会及びシンポジウム等を有効に機能させるには、中小企業事業者支援に特化した専門機関が必要であり、そのほか、例えば経済産業省が取り組む中小企業・小規模事業者ビジネス創造等支援事業の専門家派遣への対応、中小企業庁が実施する下請かけこみ寺（相談・ADR業務）の受託、商工会議所が取り組む消費税転嫁対策支援への協力などの役割を十全に果たすには、中小企業事業者の支援を目的とした専門機関が必要である。

⑤ そこで、弁護士が中小企業事業者の身近な存在として、利用者に寄り添いながら、ニーズを汲み上げるためのアウトリーチ活動を行うとともに、経営革新等支援機関として認定された弁護士を中心とした弁護士による中小企業の再生支援（事業再生支援）、起業、会社統治・企業統合、海外展開・国際取引、知的所有権、反社会的勢力の排除、労使問題等の中小企業の成長及び発展にかかわる各分野の法的支援（事業成長支援）、中小企業の経営が世代を超えて持続可能となるような事業承継に関する法的支援（事業承継支援）、中小企業の健全な自己統治が可能となるような組織内弁護士経験者等を中心としたコンプライアンス・内部統制に関する支援（コンプライアンス・内部統制支援）等を行うため、東京弁護士会中小企業法律支援センターを設立する。

なお、中小センターでは、その設立時に、東京三弁護士会の共催で中小企業支援体制構築のための「中小企業支援サミット」を開催し、中小企業支援団体、他士業を含め200名を超える中小企業支援に関わる出席関係者に対し、中小センターの設立及び活動内容を発表した。

(2) 中小センターの組織

中小センターでは、その活動内容に応じて、①アウトリーチ部会、②連携検討部会、③広報部会、④名簿・研修部会を置き、それぞれが活発に活動している。具体的な活動内容については後述する。

(3) 中小センターの仕組み・活動実績

ア　コンシェルジュ弁護士の配置

中小センターでは、ひまわりほっとダイヤルからの受電のほかに、中小センター専用電話回線（03-3581-8977）を設け、弁護士紹介業務を行っている。その大きな特徴は、コンシェルジュ弁護士と呼ぶ配点担当弁護士を配置していることである。

相談者が電話をかけるとコンシェルジュ弁護士が直接電話に出て（正確にいうと、午後2時から4時まではコンシェルジュ弁護士が弁護士会館内で待機し直接電話に出るが、それ以外の時間帯ではまず事務局が電話に出て、コンシェルジュ弁護士が相談者にかけ直すことにしている）、事案の概要をヒヤリングし、法律問題が含まれているかどうか、どの分野に精通する弁護士を紹介すればよいかを判断している。コンシェルジュ弁護士の電話対応は無料である。

これまでひまわりほっとダイヤルでは相談者にFAXを返信してもらうことにより事案の概要を把握していたが、その手間のため相談に至らないケースも多く存在し、また、事務局では事案を的確に把握することに限界があるという課題があったが、コンシェルジュ弁護士を配置することにより、これらの課題の解決に寄与している。

なお、コンシェルジュ弁護士は、中小センターの委員の中で構成しているところ、名簿・研修部会においてコンシェルジュ経験交流会を実施し、常により良い制度への改善を試みている。

中小企業センターの地道なアウトリーチ活動やコンシェルジュ弁護士の努力の結果、専用電話回線による相談も増えてきており、2014（平成26）年4月1日から2017（平成29）年9月30日までの中小センターへの総相談件数3,158件のうち、約27％の871件が中小センターの専用電話回線経由となっている。

中小センターの広報部会において、同年11月に東弁の委員会ブログに中小センターのページを開設し、今後は外部業者に委託し専用のホームページも開設した。

イ　精通弁護士紹介態勢の整備

中小企業が抱える法的問題は複雑かつ専門的であり、相談する際にはその分野に精通した弁護士に依頼したいというニーズが存在する。そのニーズに的確に対応するため、中小センターでは、各分野に精通する弁護士を登録した精通弁護士名簿を整備している。具体的には、①海外展開・国際取引、②知的財産、③事業再生、④労働の各分野であり、法律研究部または専門委員会から精通する弁護士を登録してもらっている。また、⑤その他法的支援担当名簿として登録希望者を公

募の上専門分野を5つまで申告してもらい、申告された分野を参考に名簿を編成している。名簿・研修部会においては、2015（平成27）年度から「中小企業法律支援ゼネラリスト養成講座」と題して中小企業に関わる分野の中から年間12回の研修講座を開設し、名簿登録者の能力向上に取り組んでいる。

ウ　スマートフォン用無料アプリ「ポケ弁」のリリース

また、中小センターでは、中小事業者が気軽に法律知識を身につけ、また弁護士に親しみを持てるようにするため、スマートフォン用無料アプリ「ポケ弁」（「ポケット弁護士」の意味）を開発、2016（平成28）年7月20日にリリースした。同アプリでは、中小企業の経営者や法務担当者向けに、最新の法律情報やトラブル予防に役立つコンテンツ等を提供している。同アプリは、2017（平成29）年5月31日時点で5,000ダウンロードを記録している。

エ　アウトリーチ活動の実践

中小事業者の中には、自らが抱えている法的課題が弁護士に相談すべき法律問題と認識していないことが多くあるため、弁護士側から積極的にアプローチして中小企業に寄り添い、その中から法的課題を抽出して、経営戦略を意識した実践的な解決を図る活動が必要となる。これをアウトリーチ活動と呼んでいる。

中小センターでは、アウトリーチ部会がこれを実践しており、これまで業務改革委員会において接点のあった中小企業関連団体とのさらなる関係強化や接点が薄かった中小企業関連団体との関係の模索と強化を行っている。具体的には、①新銀行東京との中小企業支援に関する覚書の締結、②日本政策金融公庫主催のセミナー・ワークショップ・相談会への弁護士派遣（東京三弁護士会共催）、③昭和信用金庫主催のセミナー・ワークショップへの弁護士派遣（東京三弁護士会共催）、④東京商工会議所が設置する東京都事業引継支援センターとの連携、⑤自由民主党との中小企業支援に関する意見交換会、⑥台東区産業振興事業団との覚書締結、セミナー・ワークショップへの弁護士派遣（東京三弁護士共催）⑦足立成和信金のセミナー・ワークショップへの弁護士派遣（東京三弁護士会共催）⑧東京都中小企業振興公社と連携についての意見交換の実施、⑨2017年（平成29年）1月に発足した東京都の創業支援施設である「TOKYO創業ステーション」主催の専門家相談会「エキスパートナイト」への相談員派遣（東京三弁護士会共催）及び上記施設における弁護士会と東京都の連携を目的とした協定書の締結等、多岐に亘る活動を行った。

オ　各団体との積極的な協力・連携関係の構築

また、連携検討部会において、アウトリーチ活動の一環として、税理士、公認会計士、社会保険労務士、中小企業診断士等の他士業との連携構築と強化を行っている。

中小センターでは、前述した中小サミットのほかに、平成26年度夏期合同研究の全体討議を引き受け、「未来へつなぐ中小企業の絆」と題して、事業承継をテーマに研究発表を行った。いずれの企画もパネルディスカッションに税理士、社会保険労務士、中小企業診断士等に参加してもらい、他士業との連携により、中小企業支援に多角的に取り組むことの重要性を啓発した。

(4) 今後の課題

中小センターは、2014（平成26）年2月に立ち上げた組織であり、まだ試行錯誤を繰り返している段階である。しかし、積極的なアウトリーチ活動により着実に中小企業の需要を喚起しており、また、懇切丁寧なコンシェルジュ弁護士の電話窓口対応により、中小企業のニーズに的確に応える努力を続けている。

もっとも、コンシェルジュ弁護士の過大な負担、抜本的な精通弁護士名簿の整備、担当弁護士の能力向上、さらなるアウトリーチ活動、他士業との連携強化など、まだまだやるべき課題は多い。

法友会においても中小企業のニーズに的確に応えるための施策の推進が求められる。

4　行政分野への取組み

弁護士は、社会の様々な分野で法の支配を確立すべく努力し、そのために必要な活動をすることを求められている。そのことは、必然的に弁護士の活動領域の拡大をもたらす。近時、国会や行政（国、地方自治体）及び企業との関係において、外部監査人や社外取締役の他、政策秘書や組織内弁護士（インハウスロイヤー）等の新たな需要が出現していること等もその例である。

弁護士会としては、今後、活動領域の飛躍的拡大に向けて、より一層積極的な施策を講ずるべきである。

(1) 国会と弁護士

ア　政治資金監査

2008（平成20）年1月、政治資金法の一部改正により、

国会議員の政治資金の監査の制度（主として支出と証憑との突合）が発足し、同年4月に施行された。監査人として弁護士が予定されている（その他公認会計士と税理士）。これは、希望者が応募して研修を受け、登録される制度である。

日弁連は、制度を広報するとともに、監査契約書（当該国会議員との間で締結）や監査報告書の雛形を作成して会員の参考に供している。

しかし、2016（平成28）年7月22日現在における、政治資金監査人の登録者数4,753人のうち、弁護士の登録者は、288人に過ぎない（6％）。

イ　政策秘書

また、近時の国会情勢により、大量の政策秘書が必要な状況が出現した。弁護士は、そのような職に就く者として適任である。党派を問わず、多くの弁護士が政策秘書として活躍できるよう環境を整備し、引き続き有用な人材を送り出すべく積極的な施策を講じるべきである。

日弁連は、2016（平成28）年中に「国会議員政策担当秘書説明会」を開催するなどの活動をしており、政策秘書として活躍している会員は、60期代を中心に10名を越える状況となっている。

(2) 行政と弁護士

ア　弁護士の役割

近年の行政改革、地方分権改革は、行政に携わる者の法務に関する意識改革を強く迫ることとなった。社会の成熟とともに、行政の透明性やコンプライアンスが強く求められ、行政の職員とは異なるマインドを持った法律専門家たる弁護士の役割、有効性が再認識される状況となったのである。

特に、自治体においては、従来から弁護士が行っていた分野（訴訟対応・法律相談）だけではなく、今後は、条例等の制定・審査等の政策法務分野、債権管理・回収、包括外部監査等の新たな分野に対しても、法曹有資格者の人材と能力を十分に活用すべきである。

中でも、債権回収分野では、弁護士の活用が必須である。なぜなら、「普通地方公共団体の長は、」債務名義のある債権以外の債権について「訴訟手続により履行を請求すること」を義務づけられているからである（地方自治法施行令172条の2）。このように、自力執行権のない債権（私債権・非強制徴収公債権）について、大量の未収債権を抱える自治体にとってみれば、債権回収の場面で弁護士を積極的に活用することが不可避である。

イ　任期付公務員

2000（平成12）年、任期付（最長5年）公務員の制度が発足した。前述のとおり、弁護士は限定された範囲で公務員になることができたが、実際に許可を得て公務員となった例は少なかった（金融庁、外務省、公正取引委員会等）。しかし、上記任期付公務員制度の発足と2004（平成16）年4月の公職就任の制限の撤廃により、国の機関に在籍する弁護士の数は飛躍的に増大し、また、地方自治体の公務員となって活動する弁護士も、出現するようになった。

公務員となった多くの弁護士の現場での活動に対する評価は高く、また、近時の政治情勢を反映して、弁護士を任期付公務員として募集する機関は増大している。

(3) 国家公務員と弁護士

2015（平成27）年10月現在、法曹有資格者が、在職（任期付・任期無し・非常勤を含む）している国の機関は24以上に及び（衆議院法制局、参議院法制局、裁判官弾劾裁判所、裁判官訴追委員会、内閣官房・国家安全保障会議、復興庁、内閣府、公正取引委員会、金融庁、消費者庁、総務省、公害等調整委員会、法務省、外務省、文部科学省、経済産業省、資源エネルギー庁、中小企業庁、特許庁、観光庁、原子力規制委員会）、その人数は、357名にのぼっている。

特に、東日本大震災を機に設立された原子力紛争解決センターでは、195名を越える弁護士が仲介委員や調査官となって、多数の損害賠償事件の解決にあたっている。

なお、法務省の調査（2015〔平成27〕年10月実施）に対する回答があった118名のうち、採用時の弁護士としての経験年数5年以下が81名と全体の81％を占めている。また、2013（平成25）年度以降に採用された者は108名である。

(4) 地方自治体と弁護士

ア　地方分権改革と弁護士

㋐　地方分権改革

従来行政は、国、都道府県と基礎的自治体である市区町村が、いわば上下関係で位置付けられていた。しかし、1999（平成11）年の地方自治法の改正（機関委任事務の廃止等）を幕開として、住民自治と団体自治

の徹底ないし拡充を目的とした地方分権改革に着手され今日に至っている。地方分権改革は、行政の上下関係を断ち切り、自治体に対し、国や都道府県と対等の立場で、自らの判断と責任において政策判断をなし、遂行することを求めるものである。自治体が行う事務ないし活動領域は、福祉、教育、医療、産業振興等、住民の生活に直結するあらゆる領域にわたっている。そしてそれらは、すべて法令に根拠を有するものでなければならず（法律による行政）、このことは、全ての領域における法的判断を自らの負担と責任において行わなければならないことを意味する。

(イ) 司法制度改革

歴史的に司法の容量が低く抑えられてきた中で、弁護士（会）の多くは自治体の活動に関心を示さず、また、自治体においても弁護士を活用するという発想のないまま経過してきた。

しかし、近年の行政需要の増大や住民の権利意識の高度化という時代的・社会的背景の中で、自治体の活動は、より一層、住民自治の体現と透明性を有するものであることが求められている。そこでは、日々直面する法的な問題、それに伴う適切な施策が決定的に重要なテーマとなり、必然的に法律専門家の関与が要求される事態をもたらしていると言え、弁護士及び弁護士会は、自治体に対する取組を飛躍的に強化すべきである。

中でも、法令は、普通地方公共団体の長に対し、自力執行権のない債権については訴訟手続によって履行を請求することを義務づけ、さらに、債務名義のある債権については、強制執行手続をとることを義務づけているのであって、この場面における行政需要が膨大にあることは疑う余地がない（地方自治法施行令172条の2）。

(ウ) 法曹有資格者を常勤職員として採用している自治体

このような地方分権改革及び司法制度改革の中にあって、2017（平成29）年8月1日現在、法曹有資格者を常勤職員として採用している自治体は、105自治体に及び、150名が在籍している（うち116名は任期付職員）。

イ 弁護士・弁護士会の取組み

(ア) 日弁連の取組

日弁連は、業務改革シンポジウム（2001〔平成13〕年広島、2003〔平成15〕年鹿児島、2005〔平成17〕年札幌、2009〔平成19〕年松山、2011〔平成23〕年横浜、2013〔平成25〕年神戸、2015〔平成27〕年岡山）その他、弁護士と自治体との関係構築を目指して活動してきた。

平成27年の業務改革シンポジウムでは、「自治体との新たな関係構築に向けて〜実践例と今後の展望〜」と銘打った分科会を設け、外部弁護士と自治体との連携による公金債権管理、条例制定支援、包括外部監査、福祉分野におけるモデル事業等への取り組みの紹介などを発表した他、同年7月には、地方自治体における弁護士の役割に関するシンポジウムを宮城で開催し、東北地方の自治体職員向けに地方自治体における「債権管理回収」に関する研修を開催するなどの実績を積んでいる。

(イ) 東弁の取組み

東弁は、2007（平成19）年、自治体との連携を目指して自治体等法務研究部を発足させ、改正行政不服審査法で新たに導入された審理員候補者の推薦、条例の策定改正、債権の管理回収、eメール相談、自治体職員向け研修の開催、夏期合研への参加等の活動を展開している。

加えて、東弁は、2015（平成27）年、弁護士領域拡大推進本部を立ち上げ、その下に、自治体連携センターを設置した上で（センターの構成部会は、広報部会、空き屋部会、国・自治体福祉等部会）、「自治体の皆様のためにできること」をまとめた自治体連携プログラム（第2版）を発行するなどして自治体との連携強化のための組織作りを行った。

また、弁護士会の取組みではないが、教育現場の職員から直接担当弁護士に電話相談できる仕組み（スクールロイヤー）を発足させるなどの取組みもみられる。

(ウ) 弁護士による取組み

日弁連の松山における自治体との関わりに関する弁護士向けアンケート（回答数は全弁護士の5.7％）によれば、自治体への関わりについては、審議会や委員会委員、研修講師、顧問弁護士、訴訟事件の受任（顧問弁護士以外）、任期付公務員、一般行政職等の回答があった。

近時、自治体に関与している弁護士は着実に増大していると言えるが、アンケートへの回答率をみても、まだまだ、関心の薄いことが窺われる。

ウ　これからの取組み

(ア)　自治体と弁護士・任期付公務員

前述した地方分権改革の下、自治体の法務能力の向上は喫緊の課題である。特に、2016（平成28）年4月から施行された改正行政不服審査法において、新たに導入された審理員制度（及び第三者機関）を実施するにあたって、法律専門家は不可欠である。

このような制度の推移の中で、法律専門家たる弁護士（あるいは、法曹有資格者）は、自治体の活動の有効な助言者ないしスタッフとして機能することは疑いの余地はない。そこには各種の形態があるものの、弁護士（法曹有資格者）は、法律専門家としての素養を有する人材として、自治体のあらゆる事務に関与すること、また、内部の職員として他の職員とともに機能することが不可欠と言える。

実際に、弁護士が、任期付や特別職として審理員候補者となっている団体（国・都道府県・市区町村・一部事務組合等）は、2016（平成28）年12月末日時点で、246団体あり、全候補者における弁護士の割合は69％に及んでいる（一般財団法人行政管理研究センター調べ）

(イ)　人材の育成・自治体

これまで自治体は、主として内部で人材を養成してきた。多くの職員はよくその要請に応えてきていると思われるが、それらの人材は、さらなるグレードアップが図られる必要がある。例えば、法的問題の中には憲法にまで遡って論議し検討しなければならない場合もあると思われ、そのためのスキルは不可欠のことと思われる。そのための研修も有益と思われるが、例えば、法務を担うべき職員を、一定期間法律事務所に派遣して在籍させるという仕組みなどが考えられてよいのではないかとも思われる。

(ウ)　人材の育成・弁護士会

これまで、弁護士会の中で自治体との関係について組織的に取り組んでいる単位会はごく少数であった。しかし、東弁に自治体等法務研究部が発足し、若手会員が多く参加し旺盛な活動をするようになった結果、東京三会においても、同様の研究部が発足し、多摩支部にも自治体の法務を専門的に研究する部が発足するに至っている。

(エ)　議会活動と弁護士

地方議会の権能ないし権限については、今次の地方自治法の抜本改正の対象で、2011（平成23）年4月30日、地方自治法の一部改正が行われたところである。行政が透明性を持って、民主的なルールの下で遂行されるためには議会が充分機能することが必要である。そしてそのためには、中立的な立場で議会スタッフとして弁護士が関与し、議会をサポートする仕組みが考えられてよい。

これに関しては、大阪弁護士会が先駆的に行っている、議会事務局に対して、顧問的立場として活動する弁護士を推薦する取組みを参考にすべきである。

(5) 日弁連の取組みと今後の展望

日弁連は、この間、若手法曹サポートセンター及び業務改革委員会を中心に、国の機関、地方自治体など、行政・立法分野への弁護士の進出に向けて取り組んできている。

法律による行政の下、行政機関の活動はすなわち法務そのものであり、とりわけ自治体の扱う事務とその活動領域は広大で、したがって、弁護士（会）がサポートすべき分野も広大である。

弁護士（会）としては、今後、行政の需要に応えることができる人材を養成するなど、行政と広範かつ密接な関係を構築するための施策を積極的に推進していくことが必要である。

このような中、日弁連は、2014（平成26）年2月、法律サービス展開本部を設置し、その下に、国・自治体・福祉等の分野において弁護士による法律サービスの一層の展開・促進を図るべく、自治体等連携センターを設置した。自治体等連携センターには、条例部会、福祉部会の他、公金債権部会、外部監査・第三者委員会部会といった部会が立ち上がっており、各分野に関する自治体等との連携の取り組みを進めるとともに、自治体向けのアンケート調査や、弁護士会の行政連携の体制について調査を行い、各地でシンポジウムを開催するといった活動を行っている。さらに、国、自治体への職員としての弁護士の任用を促進するため、各地で任期付公務員登用セミナーや求人説明会を開催するなどの活動も進めている。

実際に、公金債権部会では、内閣府の公共サービス改革（市場化テスト）と協力して、全国各地で、公金債権の回収業務の現状と今後の取組や公金の債権管理回収業務に関する法令と実務、債権回収業務の取組の実例に関する研修を多数回開催した他、自治体職員の

方及び弁護士を対象として、公金債権の放棄・減免に関するセミナーを昨年度に引き続き開催している（2016〔平成28〕年は2月15日に東京と大阪で、12月26日に大阪で開催）。

5 信託の活用
(1) 新信託法の意義と施行後の実情
ア　改正信託法の意義

2007（平成19）年9月30日、85年ぶりに抜本的に改正された新信託法が施行され、後継ぎ遺贈型受益者連続信託の有効性を前提とする規定が設けられたり、遺言に代替する遺言代用信託についての規定が設けられる等、従来言及されながら実際に利用されることは稀だった資産承継についての信託の活用可能性が浮上した。また、新信託法は、自己信託、目的信託等、新しい制度を導入し、多様な社会経済のニーズに応えようとしており、改正により信託の利用可能性が拡大した。

イ　法改正後の動き

しかし、法改正を経ても資産承継・財産管理についての信託の活用はなかなか進まなかった。

これは、①弁護士その他の専門家の研究・実践努力の不足、②税制等関連領域での信託の扱いについての不明点が多かったこと、などによっていた。

その後、地道に研究を重ねた司法書士界の努力（一般社団法人民事信託推進センター・民事信託士協会等の組織作りと研究・研修）、実践例を積み重ねた公証人からの情報発信などにより、信託活用の機運が高まり、日弁連においても2013（平成25）年の第18回業務改革シンポジウム（神戸）において、「第6分科会「高齢社会における民事信託の積極的活用」〜弁護士業務と民事信託の可能性〜」に各方面の専門家を招いて弁護士における信託活用の可能性を模索することとなった。

ウ　その後の動き

その後信託活用が大きく進んだのは、2015（平成27）年の相続税の増税からである。基礎控除引き下げにより課税されるケースが増え、「相続税対策」に注目が集まり、高齢期における積極的対策に家族信託を活用する提案がなされ、大きく普及し始めた。この流れには、反面で、昨今の成年後見制度の機能不全が影響している。成年後見人による相続税対策を一切認めない裁判所の姿勢は、資産を保有する層からは不満の対象となり、また、親族のみならず専門家の後見人も資産横領等の不祥事を起こし、それを有効に防止できない成年後見制度を見限り、それに代えて家族信託での資産管理を目指す動きなどが、近時の家族信託増加の大きな原因となっている。成年後見制度についても改善の努力が積み重ねられており、このような「後見逃れ」を動機とする信託の利用については、十分な注意が必要である。

(2) 隣接業種等の動きと弁護士界の動き

司法書士界においては、日司連を母体とする上記の2団体の活動が地道に続けられていたほか、近時はそれと離れて信託を業務開拓のツールとして、ハウスメーカーなどと提携した活発な営業活動を行う勢力も生まれている。2016（平成28）年からは、地方銀行等の金融機関が、相当額の報酬を受けながら家族信託のコンサルティングを行う活動が始まり、マイナス金利下で融資業務以外の活路を渇望する金融機関にこの種業務への参入圧力が高まっている。これについては、果たして銀行法で許容される業務というべきか、弁護士会としては注意すべきである。

弁護士会においては、新信託法施行時から、NPO法人遺言相続リーガルネットワークを設立し、東京弁護士会の法律研究部に遺言相続部を創設するなど、調査研究・人材育成の基盤作りを行い、日弁連では、前記神戸業革シンポ後、継続して信託勉強会にて研究を重ね、2017（平成29）年6月、「信託センター」を設置して弁護士による信託法活用に向けた調査研究・専門知識の普及に着手したところであるが、いまだその動きは十分とは言えず、また、実践例の数においてはまだ他業種等に及ばない実情にある。

(3) 法友会の動き

法友会においても信託活用に向けた機運が急速に高まっている。

2017（平成29）年3月、前記東京弁護士会遺言信託部の有志メンバーが民事信託に関する本格的な書籍を上梓し、同年9月、同書籍の編著者である法友会所属弁護士を講師として研修会を開催したところ、多数の会員が参加し、熱心に研修に取り組んだところである。

(4) 弁護士における信託への関わりの重要性

新信託法の制定時、国会衆参両院の法務委員会において、福祉信託での弁護士等の専門家の受託可能性を

検討すべき附帯決議がなされた。現行の信託業法においては、一定額の純資産を有する株式会社で、免許等を得た信託会社しか信託の受託はできない。信託会社への金融庁の監督は極めて厳しく、これに対応するコストの負担は、福祉信託等には適合していない。

この法改正への動きも引き続き推進するとともに、現実的には家族内で受託する家族信託の設計、監督に弁護士が積極的に関与し、更にその弁護士を育成・監督・援助する役割を弁護士会が積極的に担っていくべきである。

先行する他業種等の努力を侮るべきではないが、民事家事の紛争に全面的に関わることのできる唯一の専門職である弁護士こそ、この業務の先頭に立つべきであり、それは国民に対する責任ともいうべきである。

資産承継のいくつかの事例では、遺言等の従来の方策では対処が不能で、信託活用の切実な事例が現に存在しており、施行後10年以上も経た法制度を知らずに助言ができないということは、もはや許されるものではない。

弁護士会、法友会での機運は急速に盛り上がりつつあり、いまこそこの種業務を積極的に推進していくべきである。

第4　組織内弁護士について

1　組織内弁護士の現状と課題

(1) 組織内弁護士人口の急増

企業内弁護士の人口は2015（平成27）年6月末時点において1,442人となった。これに加えて、2015（平成27）年12月時点で、75の自治体に106名の法曹有資格者が採用され、また国の行政機関等で常勤・非常勤職員として勤務する弁護士も相当数存在する。結果、組織内弁護士の人口を上回る単位会は、東京三会と大阪弁護士会のほか、愛知県弁護士会（1,782名）の5会のみである。

組織内弁護士の現状について、注目すべきは、組織内弁護士の多様性の拡大であり、それと表裏をなすものとして組織内弁護士内における人口分布のアンバランスである。

企業内弁護士につき、日本組織内弁護士協会では2001（平成13）年から人口を公表しているが、それによると、2001（平成13）年においては合計61名のうち、弁護士経験5年以上の弁護士が全体の80％（44名）、10年以上の弁護士が55％（31名）を占めていた。これが2014（平成26）年になると弁護士経験5年以内の弁護士が66％（693名）、うち3年以内で46％（453名）となっている。一方で、企業内弁護士を複数雇用する企業の内訳を見ると、当初は外資系企業がほとんどだったが、現在は日系企業が中心となっている。

この推移は、2000年代初頭は、外資系企業が法律事務所で経験を積んだ弁護士を法務部門総括者としてのジェネラル・カウンセルあるいはこれに準ずる高位のポジションで採用していたのに対して、近年は日系企業が新卒者を採用することが増加したことを意味する。「ジェネラル・カウンセル」級と新卒採用者では同じ組織内弁護士でも、全く別の業務といえるほど業務内容が異なっている。

一方、ここ1～2年の間に上記と異なる傾向も現れている。一つは、まだごく少数ではあるが、日系企業においてもシニアな弁護士をジェネラル・カウンセル等として迎える例が現れ（ただし、当該弁護士は日本資格者であるとは限らない。）、もう一つは、5年から10年程度、法律事務所において経験を積んだ弁護士が企業内に転職する例が目立ち始めたことである。

(2) 組織内弁護士の意義と問題の確認の必要性

組織内弁護士の意義および価値、リスクおよび陥穽を踏まえて組織内弁護士を更に浸透させることが喫緊の課題であるが、以下の3つの観点から考えることができる。

ア　組織内弁護士の業務の重要性の観点

我が国のほか欧米の実情から判断しても、組織内弁護士には法律事務所の弁護士業務では代替しえない独自の価値・意義がある。それは、組織の内部に存在することによる法的問題／機会（Risk and Opportunities）の早期かつ正確な発見、当該組織の実情に応じたより的確な解決策の提供、そして、組織の意思決定過程そのものに関与することによる組織の行動への直接的な影響力の行使ということに集約できる。単なる「アドバイザー」はなく、組織を適法に機能させると

いう「結果」を創り出していくことは、まさに「法の支配」の実現であり、弁護士会としても積極的に評価し、推進していくべきである。このような組織内法務のあり方は、欧米では「グローバル・スタンダード」として確立しており、近時、日系企業においても「チーフ・リーガル・オフィサー」等に弁護士を迎える動きが出てきている。

ただ、現実の問題として、これらの高度の機能は研修所新卒の弁護士で果たし得るものではない。したがって、組織内の業務に関する経験を積んだ弁護士を養成し、企業その他の組織へ送り込む方策を考えるべきである。

また、上記の組織内弁護士の意義は、そのまま組織内弁護士のリスクを内在する。往々にして「客観的」な法的判断が困難な状況の中で組織内で判断を行い、かつ、「法の支配」を実現させることが職責であるため、時に組織内弁護士は困難な立場に遭遇する。

このような組織内弁護士特有の課題は、先行する欧米の実情を踏まえて、具体的かつ現実に即した形で問題を特定し、弁護士会において倫理課題を含めた対応策を示していくことが組織内弁護士の健全な発展のために必要不可欠である。

イ　若手弁護士のキャリア形成の観点

一方で、前述のとおり、最近の大多数の組織内弁護士は司法研修所新卒で就職している。そして、その弁護士が当該団体初の弁護士であることがむしろ普通となってきており、そのような場合、組織内弁護士側も、採用した組織側も、当該組織内弁護士の期待値について正確な理解を欠いていることが多い。

組織内弁護士のリスクの一つとして、組織内においては、当該組織内の日常業務にともすれば忙殺され、広く深く法律専門家としての知識・技能を深める機会を得ることが往々にして難しいということが指摘される。

そのリスクは研修所新卒弁護士について顕著である。新卒の組織内弁護士には経験の積み重ねがなく、その能力には一定の限界がある。かかる限界について十分な認識がない場合、本来不可能な期待を持たれてしまうというリスクがある。実際にも期待と現実のミスマッチの事例はそこここで発生している。

また、若手の組織内弁護士にとって懸念になりうるのは、前述のとおり、法律事務所で一定の経験を積んだ弁護士が中途採用されるという近時の動きである。これは一方では組織が弁護士の現実に有する専門能力・経験に注目したということであって、それ自体は積極的に評価できる。しかし、それは他方において、新卒で入社した者の昇進の道が頭打ちになるということにもなりかねない。

新人を組織に送り込もうとするのであれば、そのようなリスク・限界についても、弁護士、組織双方に正しく理解させ、覚悟を持たせる必要がある。さもなければ、5年後10年後にキャリアの破綻した弁護士を大量に生むことになりかねず、そのようなことになれば、就職先としてすら意義を失ってしまう。

ウ　組織内弁護士が目指すべき姿

組織内弁護士としてのキャリアに関しては、長期的な視野に立ち、若手組織内弁護士たちが目指すべき「目標」を掲げる必要がある。

長期的なキャリア・パスといっても固定したものを考える必要はなく、様々な多様な形がありうる。その中にあって、組織内弁護士としての一つの究極の姿は、欧米企業で確立しているところの「ジェネラル・カウンセル」であることは異論を見ないところであろう。日本でも、法務の重要性・意義について発言する経営者も現れ始めた。その意義を研究し、社会全体に認識を広めていくことが望まれるというべきである。

(3) 弁護士会の問題点

さて、組織内弁護士の健全な発展のために行うべきことは、これまでに検討したように数多い。これに対して、弁護士会の対応は十分とは言えない。むしろ、状況に対応する主導権を失いつつあるというのが現実と言わざるを得ない。

日本組織内弁護士協会が組織内弁護士の過半を会員とし、活動を活発化させている。日本の弁護士資格者に限定しなければ、他にもいくつかの企業内弁護士の団体が活動している。国際的には、会員数4万余を擁する世界最大の企業内弁護士団体であるAssociation of Corporate Counsel（ACC）やアジアを中心とするIn-House Counsel Worldwide、さらに国際法曹協会（IBA）、ローエイシア、環太平洋法律家協会（IPBA）等の団体の組織内弁護士関係の委員会等との交流も模索されている。今や、弁護士会の外の様々なところで、組織内弁護士の発展を図るべく、さまざまな活動が行われている。

一方で、弁護士会の活動はいまだに「就職対策」に過度に偏っている。新卒弁護士を「企業法務の即戦力」などと謳って企業に採用を働きかけるという、行うべきこととは正反対のことが行われている状況である。本要綱が主張するような根本的な活動はわずかである。それらの活動も、その担い手のほとんどは日本組織内弁護士協会の会員であって、弁護士会独自での活動をする能力はきわめて限定されているというのが現実である。

今、弁護士会が適切な対応を行わなければ、弁護士会が関与できないまま、組織内弁護士に関する現実が進行してしまうことになろう。弁護士業務の重要な一翼を担い、人数も急増中の組織内弁護士業務の発展について、弁護士会が当事者能力を失うとすれば、強制加入団体として法の支配の一翼を担うべき弁護士会として重大な事態に直面し、究極的には弁護士集団の統一性が失われ、弁護士自治すら危殆に陥ることになろう。

組織内弁護士業務に弁護士の業務独占はない。必要な能力・資質・経験があれば、どこの国の資格者であっても資格者でなくともジェネラル・カウンセルとなることができる。そのような状況下で、研修所新卒の弁護士に対して「目標」を与えないまま、漫然と組織に就職させるということが続くのであれば、最悪の場合、日系企業であっても法務のトップは海外でグローバル・スタンダードの法務部において経験を積んだ外国人や外国資格者で、日本の弁護士の多くはその下で使われるということになりかねない。現に日系企業で外国資格者や外国人をチーフ・リーガル・オフィサーとして採用した事例が現れてきている。これでは、一部を除いた日本の組織内弁護士はグローバル・スタンダードに追いつくことなく、「ガラパゴス化」してしまう。

失われかけた主導権を取り戻し、組織内弁護士業務を弁護士業務の重要な要素とするために、また、組織内弁護士を同じプロフェッションの「仲間」としてともに活動していくために、弁護士会は喫緊の課題として、組織内弁護士の研究および研修活動に取り組むべきである。

2 「任期付公務員」について
(1) 総論

任期付公務員とは、国家公務員については「一般職の任期付職員の採用及び給与の特例に関する法律」第3条第1項、地方公務員については「地方公共団体の一般職の任期付職員の採用に関する法律」第3条第1項及びこれに基づき各自治体が定める条例に基づいて、任期を定めて採用された職員をいう。

行政の高度化、多様化、国際化などが進展する中で、これらの変化に的確に対応し、国民の期待する行政を遂行していくためには、行政を担う公務員について、部内育成だけでは得られない有為な部外の人材を活用していくことが求められていることから、公務に有用な専門的な知識経験等を有する者を任期を定めて採用することを可能とした制度である。特に自治体においては、地方分権改革後、地域の特性に応じた独自の法解釈や独自の条例の制定が必要となる場面が増え、この制度を利用して法の専門家である弁護士を採用することを望む自治体が増えている。

司法制度改革においては、「法の支配を社会の隅々に」を理念に、弁護士が社会の様々な分野で活躍することが期待されている。法友会の政策としても、弁護士の中央省庁等及び自治体公務員への採用を促進することが望ましいと言える。

しかしながら、弁護士が任期付公務員に就任する場合に障害となり得る問題が存在する。

(2) 問題及びその解消策
ア 公益活動について

日弁連では、弁護士職務基本規程第8条で公益活動を努力義務として規定している。各単位弁護士会では、公益活動を義務付けている会が数会ある（東弁は会則第26条の2で義務付けている。）。

公務員には職務専念義務がある（国家公務員法第101条、地方公務員法第35条）。公益活動のうち国選弁護や法律相談等依頼者を抱えるものについては、この職務専念義務に抵触するおそれがあり、実際にも公務とこれらの業務を両立させることは困難である。公益活動を義務付けている会においては明文の例外規定による免除等で対処可能であるが、義務付けていない会においては、明文の例外規定がなく、逆に「事実上の公益活動義務付け」という事態が生じ得、任期付公務員就任への事実上の障害となることがある。

公益活動の中でも弁護士会の委員会活動については、公務と内容的に抵触が生じない委員会に参加すること、委員会を18時以降や土曜日に開くこと等により任期付公務員にも参加が可能となる場合もあるが、勤務地と弁護士会館との距離により参加が困難な場合もあり、また他の委員や会場の事情等により委員会側の対応が難しい場合もある。

そこで、公益活動については、公務員の特殊性を踏まえ、しかるべき配慮（免除、公益活動等負担金の支払等の代替措置等）が検討されるべきである（東弁では会務活動等に関する会規第3条第2項第5号で免除している。）。

イ　研修について

日弁連では、倫理研修を義務化し（倫理研修規則第2条）、新規登録弁護士研修はガイドラインで各弁護士会に義務化を要請しており、これを受けて、弁護士会によっては新規登録弁護士研修について義務化している。しかし、任期付公務員の場合、公務を離れてこれらを受講することが困難な場合もある。

倫理研修については、弁護士として最低限身に付けるべき規律を学ぶものであり、受講することを原則とすべきである。もっとも、公務の都合上受講が難しい場合は、一定期間猶予する等の柔軟な対応がとられることが望ましい（東京弁護士会では一般倫理研修については土曜日に受講することが可能となっている。）。他方で、任期付公務員に就任する弁護士及び中央省庁等・自治体においても、弁護士の倫理研修の重要性を理解し、公務と受講との適切な調整を図る配慮と努力が求められる。

新規登録弁護士研修のうち国選弁護やクレサラ相談等依頼者を抱える業務を含むものについては、職務専念義務との関係でも研修受講が困難である。公務員の特殊事情を踏まえ、柔軟な対応（免除・猶予等）を検討すべきである。

ウ　会費について

法の支配の拡充という観点からは、本来、弁護士登録を維持したまま公務に就任するのが望ましい。しかしながら、任期付公務員の場合、弁護士登録を維持しなければできない仕事はなく、また収入減となることが少なからずあるため、会費負担を回避すべく弁護士登録を抹消した上で就任するケースが相当数ある。そこで、弁護士登録を維持したままでの就任を促進するため、日本弁護士連合会会則第95条の4を改正して日弁連会費減額規定を設けるべきか否かが問題となる。

この点、日弁連の財源は会員の会費に拠っており、会費納付は会員の義務の根幹であることから、安易に減額を認めるべきではない。しかし、弁護士の活動分野を広げるという観点から、弁護士資格を有したまま任期付公務員に就任することを、今まさに促進すべき時である。

そこで、一律に会費減額を否定あるいは肯定すべきではなく、一定の場合には、減額の余地を認めるべきである。例えば、就任する公務の内容、公務就任に至る経緯・動機、公務就任中の給与の額（就任前の収入と就任後の収入との格差）等、諸々の事情を総合的に検討し、会費を減額する余地を設けることが望ましい。

なお、東弁においては、2013（平成25）年11月28日の臨時総会で会則を改正するとともに、その後の常議員会において「東京弁護士会会則第27条第6項に規定する会費減免審査に係る基準及び手続に関する規則」を制定し、任期付公務員で職務専念義務により弁護士業務に従事することができない場合は、会費を半額に減額する旨規定した。

(3) 任期付公務員採用促進のための取組み

ア　対中央省庁等

未だ任期付公務員として弁護士を採用していない中央省庁等について（あるいは採用済みであってもそれ以外の部署について）、弁護士が活躍できる場を検討した上で、当該新規箇所に対して弁護士の有用性を周知すべく必要な施策を実施すべきである。また、関係省庁（人事院、総務省、法務省、文部科学省等）との協議会等を通じ、総合的に任期付公務員採用促進を検討すべきである。

イ　対自治体

自治体に弁護士活用の利点を理解してもらうべくパンフレットを作成し配布する等の取組みにより、弁護士を採用する自治体は増加しており、2017（平成29）年8月時点で、法曹有資格者を採用している自治体は105、採用されている法曹有資格者は150人に上る（日弁連調べ）。

さらなる拡大のためには、弁護士採用を検討している自治体が実際に弁護士を採用している自治体からその有用性を聞く場を設ける等、弁護士の活用に関する自治体の理解を得ることが必要であると同時に、ウに

述べるように公募があった際に応募する弁護士を確保する努力も必要である。

ウ　対会員

特に自治体においては、弁護士採用を望んではいるが、公募しても応募する弁護士がいないのではないかという不安があり採用に踏み切れないとの声がある。したがって、対会員の取組みを進めることが対自治体の取組みにもなる。

任期付公務員制度のさらなる周知、採用情報の効果的な提供、任期付公務員として中央省庁等・自治体に勤務することに興味・関心のある人材をプールする制度の整備、募集のあった際に人材を確保し応募を促進する仕組みの構築等に加え、応募を検討している弁護士の不安を解消することが必要である。

応募を検討している弁護士にとって一番の不安は、どのような環境でどのような仕事をすることになるのか見えないことであると考えられる。特に立法にかかわった経験のある弁護士は少数であることから、立法過程やその中で弁護士に期待されている仕事が何であるのかについて知る機会を設けるべきである。また、どのような相談が多く、どのような文献等を活用して対応しているのか等、経験者の話を聞く機会を設けることも効果的であると考える。さらに、採用後も任期付公務員として勤務する他の弁護士や勤務経験者と情報交換ができるネットワークがあることも周知すべきである。日弁連では、条例策定等の任期付公務員として必要な知識を得るための研修を実施し、自治体の勤務経験者等を対象とした経験交流会を定期的に実施している。この経験交流会に応募を検討している弁護士も参加できるようにする等、中央省庁等・自治体の勤務経験者と勤務希望者との交流の場を設けることも検討されるべきである。

また、応募を検討する弁護士にとって、任期終了後の見通しが立たないこともまた応募を躊躇する理由の一つであると考えられる。日弁連では、中央省庁等・自治体に任用されることを希望する弁護士及び任期を終了した弁護士を支援する事務所の登録制度を設けている。この制度のさらなる周知や実際に機能しているのか否かの検証等を行うべきである。

第5　弁護士専門認定制度の意義と課題

1　その必要性と今日的課題

弁護士を利用する国民からの意見として、紛争を抱えている事件をどの弁護士がやってくれるのか、その事件に関して専門家としての弁護士がいるのか、個々の弁護士はどのような分野を専門としているのかなど、あまりにも弁護士に関する情報が少なく、アクセスできないという不満が聞かれる。

この不満の内容には、2つの意味が込められているものと考えられる。1つは、まさに特定の分野における専門家としての弁護士を知りたいという需要である。もう1つは、専門家ではなくても、紛争を抱えている問題について取り扱ってくれる弁護士がいるかどうかを知りたいという需要である。前者が、専門認定制度の必要性につながるものであり、後者が、取り扱い業務の内容についての情報提供の必要性である。

東弁では、主としてこの後者の要望に応じるべく、2000（平成12）年10月1日から弁護士情報提供制度を発足させている。この制度は、現在、日弁連が全国の弁護士の情報を提供する「弁護士情報提供サービスひまわりサーチ」というネット検索システムに吸収されている。弁護士情報の提供という面では、取扱分野に対する国民の需要に応えようとしたものである。

弁護士専門認定制度は、以上の必要性とともに、広告問題とも密接に関係している。広告が自由化されても、現状では特定分野での専門家という広告内容が限定的にしか認められないからである。広告も、国民に対する重要な情報源であることを考えると、弁護士会の広報だけではなく、個々の弁護士がその専門分野についての広告をできるようにすべき時がきていると考えられる。特に、先進国の中でこうした制度がないのは日本だけである点も国際的な状況としては考慮しなければならないであろう。

2　外国の実情

米国ではベイツ判決以後広告が自由化されたが、そこで「○○専門家」という表示が氾濫し、このような

広告から利用者が惑わされることのないよう、弁護士会が中心となって、専門家表示に一定の要件を定めるようになった。この要件を満足させるものとして、専門認定制度が定着していったのである。現在、各州がその専門認定資格を任意団体又は弁護士会で定めるが、その認定要件の内容は、一定の研修への参加、実務経験、取り扱い事件の集中度等となっている。特に特徴的なのは、消費者の保護のための制度として、この制度が発展していったという経緯である。

ドイツでは、労働裁判所、行政裁判所、社会保障関連の裁判所等の特別裁判所の発達とともに、それに対応できる弁護士を専門家として認定し、労働法、租税法、社会保障法、行政法、家族法、刑事法、倒産法の分野として認定するようになっている。しかし、現代では、さらに細かい分類に移行しようとしている。アメリカと異なり、スペシャリストという意味付けが基本である。その認定機関は、任意団体の弁護士協会である。また、この専門弁護士制度の発足と共に、特に多く扱っている事件の表示を認めることとなり、専門弁護士制度と共にこのような表示が国民の弁護士利用の際の情報提供となっている。

イギリスでは、法律扶助の発達により、税金によって法律事務を行う者（法律扶助事件担当者）は、一定の資格を要するということで、分野によりローソサエティが認定する一定の資格を要する。分野として、人身傷害、医療過誤、都市計画、支払い不能、精神衛生、子の監護、家族法の分野がある。

フランスでは、1991（平成3）年11月27日のデクレにより専門家の呼称が認められ、身分法、刑事法、不動産法、農事法、環境法、公法、知的財産法、商事法、会社法、租税法、社会法、経済法、執行法、EC共同体法、国際関係法の分野がある。いずれも4年の実務経験の後に試験を受けるというもので、各法律分野の支配的な人物が、その分野を支配するという動機が強いと批判されている。

3 医師における専門性との類似性

日本の医師に対する専門性についても、上記の弁護士に対する需要と同様なものがある。

開業医においては、従来から皮膚科、産婦人科、小児科などの広告などが各医師の判断により自由になされてきていた。いわば、医師における取り扱い業務の広告が自由になされていたことを意味するものである。

しかし、近年になり、医師にも専門性が求められるようになり、各分野での学会を中心として「認定医」制度が採られるようになってきている。この認定の要件は、各学会により異なるが、多くは、特定分野での実務研修と試験が要件とされている。その意味で医師の世界でも、一部を除いて統一的な専門認定制度はできていないのであるが、統一的な信頼性のある専門認定のシステムを作ろうとする状況は存在し、そのような方向に向けての議論がなされているようである。

4 弁護士会での議論の推移

東弁の業務改革委員会は、東弁での仮案として2001（平成13）年に「法律研究部に3年在籍して5人以上の部員の承認を得たもの又は弁護士情報提供システムの要経験分野に登録して3年を経験して、同じ分野で5人以上の承認を得たもの」に専門認定するとの検討案を作成し、2002（平成14）年には、第2次試案として、「原則5年の経験年数、事件数、研修の履行等を条件とした専門認定制度」を提案した。

どのような分野が、専門分野として需要があるかに関しては、東弁の研究部の存在及び東弁が弁護士の情報提供制度において「要経験分野」として情報提供していた分野が参考となる。

次の問題として、どのような認定基準で行うかであるが、医師の世界での要件、外国の制度などから考えられるものとして、①実務経験年数、②専門分野での経験、③継続研修、④同僚評価、⑤試験、⑥面接、⑦調査書等がある。

日本では経験年数等の量評価は難しく、継続研修によるものは容易で効果的であり、同僚評価や試験は誰がやるかという困難な問題がある。

この問題は、日弁連業務改革委員会でのプロジェクトチームでも「普通の弁護士がやる分野は、差別化反対」という意見があるために、会内のとりまとめが難しい状況にあるが、全国の単位会の意見を集約し、2005（平成17）年9月に次の通りの答申書を提出している。

【弁護士の専門性の強化方策と「専門認定制度」の検討及び弁護士会による弁護士情報の公開開示の方策に対する答申】

弁護士の専門性の強化方策と「専門認定制度」の検

討及び弁護士会による弁護士情報の公開開示の方策につき、以下の通り答申する。
1　弁護士の専門性の強化方策としての「弁護士専門認定制度」の導入は、時期尚早と考える。
2　市民、社会の専門性の要求に応え、更に将来の専門認定制度創設のために「専門登録制度」の導入について具体的な検討をすべきである。
3　弁護士個人の広告による専門性表示に関しては、弁護士広告が自由化になり15年以上経過しても低調である現状に鑑み、従前のガイドラインは維持するものの、専門登録制度、専門研修制度の進捗状況を勘案して、将来における緩和の方向を検討すべきである。
4　弁護士会広報としての弁護士情報の提供につき、大半の弁護士会が名簿情報程度にとどまっている現状は不十分であるので、取扱業務、得意分野等の情報提供を積極的に推し進めるべきである。
5　更に、日弁連は各単位会に対し、市民に対する弁護士情報の提供をより一層促進する為に、以下のアクションプログラムを提案する。
　1年目　全国の単位会がホームページにより弁護士情報の提供を行う。
　2年目　会員の5割が取扱分野を登録するように働きかける（但し、大単位会は3割。）。
　3年目　取扱分野の登録は、単位会の8割を目標とする（大単位会については5割。）。
　その後、専門分野登録や専門研修受講認定などの専門分野に関する諸制度を立ち上げる。

5　日弁連での現在の議論状況

　弁護士業務改革委員会において、2011（平成23）年10月に専門分野登録制度の推進のため、その運営主体、研修の実施方法、若手弁護士の支援方法、弁護士会の責任などの検討課題を将来的に確認するためにも、パイロット分野を設定し、制度の推進をすべく提言している。しかし、日弁連理事会において、「時期尚早」との結論となり、現時点では、日弁連で「専門」性を付与する制度は、当面できないということとなった。
　しかし、国民の要望を放置することもできないことから、現在、日弁連業務改革委員会で再度検討を始めるべきという方向性での議論が進んでいる。

第6　弁護士研修制度の拡充

1　研修の必要性と弁護士会の役割

　弁護士は法律専門職として高い識見を持ち、すべての法律分野に精通していなければならない。そして、多様化する社会のニーズに応えていくためには、弁護士自身の不断の研鑽が不可欠である。また、弁護士の増員に伴い弁護士の質の低下が指摘されている中で、研修制度の重要性は増していると考えられる。
　上記の要請を充足するため、弁護士会は弁護士研修制度を整備・拡充して会員の研鑽を援助し、新しい時代にふさわしい弁護士を育成する義務があると解されるところ、東弁では以下の研修プログラムを運営している。

2　新規登録弁護士研修

　東弁においては、新規登録会員に対して、新規登録弁護士研修として、国選弁護、当番弁護、法律相談の実務研修と少人数討論方式による倫理研修が実施されてきたが、2000（平成12）年10月からは日弁連の「新規登録弁護士研修ガイドライン」に基づき、会則上義務化された新規登録弁護士研修が実施されている。
　因みに、東弁において2017（平成29）年10月現在実施されている新規登録弁護士研修は、研修期間を登録から1年間として（但し、会務研修を除く）、新規登録弁護士集合研修、クラス別研修、法律相談研修、倫理研修及び会務研修（東弁の委員会に所属し活動を行う）となっている。
　なお、東弁においては、新規登録弁護士研修を充実させるべく、2008（平成20）年1月より、契約書の作成方法等、基礎的な内容の新規登録会員向け基礎講座の企画・実施を行ったが、2013（平成25）年1月より、クラス制による研修が導入されるに至っている。
　このように東弁においては種々の研修メニューを検討しているものの、新規登録会員数の急速な増大に伴い、研修場所の確保、実務型研修（刑事弁護、法律相談等）にあっては事件の確保、指導担当弁護士の確保等が困難となっている（刑事弁護研修は義務研修では

なくなっている）等の事情があり、これらの点は検討が必要な課題である。

さらに、いわゆる「即独弁護士」などOJTが必ずしも充分でないと思われる環境にある弁護士に対し、いかなる研修のフォローが可能なのかは引き続き検討する必要があろう。

3 継続的弁護士研修

(1) 倫理研修

会則上の義務となった倫理研修は、期別小グループによる討論形式により実施され、一定の成果を上げているが、さらに会員の高度の倫理感を培うために、倫理事例の研究と研修資料の作成蓄積に努めるなど、よりよい倫理研修をめざす具体的施策を進めるべきである。

弁護士倫理は弁護士の存在基盤をなすものであり、弁護士が弁護士業務を行う上で不可欠なものである。かかる認識に基づき、すでに倫理研修は義務化されているが、弁護士倫理の重要性に照らすと、研修義務の懈怠に対しては、重い制裁を科すべきである。

また、メーリングリストで行われていた共同受任者間の特定の事件に関する情報交換が外部から閲覧可能な状況になっていたこと等、インターネット環境における情報流失による守秘義務違反等、新たな問題が発生している。かかる弁護士を取り巻く環境の変化に対応できるよう倫理研修の内容をいかにリニューアルして行くかも検討されるべきであろう。

(2) スキルアップ研修

ア 一般研修

東弁は、前期・後期に原則として各6回程度ずつ（1回2時間）、弁護士研修講座を開催しており、実務に直結するテーマを幅広く取り上げている。

イ 専門研修

法的問題や紛争がよりグローバル化、多様化、複雑化、専門化することは間違いない。これに伴い、従来は扱わなかった分野に関する知識の習得や、離婚、相続、交通事故等一般の弁護士が取り扱う分野においても法改正に伴う最新の情報を取得する等の研修の充実は重大な課題である。

東弁は、2001（平成13）年から、専門弁護士養成連続講座（6回程度の連続講座となっている。）を開催している。これまで、工業所有権訴訟、会社法改正、不動産取引、行政法、医療過誤法、交通事故、相続等に関する講義を行い、いずれも多数の参加者の参加を得て好評である。今後、他の分野についても専門講座を開催していくべきであろう。

ウ その他

上記の専門研修の外に「中小企業法律支援ゼネラリスト養成講座」として中小企業からの相談への対応のための連続講座も開催されており好評である。

(3) 研修義務化について

一定数の一般研修や専門研修の受講義務を課すべきとの考え方があり、すでにその実施を開始した単位会もある。

確かに、弁護士増員時代を迎え、弁護士の知識、スキルを一定のレベルに保つことは不可欠であり、研修義務化はこの要請に応える可能性を有している。しかし、弁護士業務はますます多様化することが予想されるところ、各弁護士に対して研修義務を課すためには、その前提として、必要かつ十分な研修メニューを用意することが不可欠であり、自らの業務に関係ない研修の受講を強制され、これを拒絶したら懲戒されるといった事態を回避しなければならない。

研修義務化の導入に当たっては、かかる観点等にも留意し、導入及びその内容を検討すべきである。

(4) 今後の研修方法について

ア 研修形式の工夫

講義方式、倫理研修やクラス別研修におけるバズセッション方式のほか、少人数・ゼミ形式で事例を研究したり、起案提出・添削するといった方式も検討すべきである。また、OJTとして指導担当弁護士に付いて特定分野の訴訟に代理人として加えてもらい、実践で専門技能を身につける方式等も検討に値する。

イ インターネット等の活用

講義を電磁的記録化し、何時でもどこでも視聴できる態勢（ライブ配信、オンデマンド配信等）を一層充実させるべきである。

この点、日弁連は、新規登録弁護士の増大時代にも対応できる研修充実策として、2008（平成20）年3月より、パソコン等にて受講可能なeラーニング研修を開始し、漸次プログラムを拡充し、2016（平成28）年より無料化されている。東弁においても、研修映像をインターネット配信し、パソコン等で研修を視聴できる「東弁ネット研修」を開始すると共に配信停止され

ていた過去のプログラムの一部をライブラリー化し、これを東弁ネット研修として視聴可能としている。東弁でのサービスは有料であるが、今後は無料化も検討されるべきものと解される。

eラーニングは、講義自体の電磁的記録化を前提に構成することが求められ、使い回しを予定することから、著作権等の処理、コンテンツ充実方法、効率的な配信方法等課題があるものの、上記の新規登録弁護士の飛躍的な増員による研修場所確保の困難、研修講座の増加に伴う講師の確保の困難などの問題の可及的な解消を図り、研修を充実させるためのツールの一つとして今後さらに検討発展させていく必要があろう。

(5) 研修の運営面に関する工夫

より充実した専門研修とするために、今までの研修テーマ・出席人数等を分析しているところ、広く会員の意見を募って、的確なテーマを選択した上で、会内外から優れた講師を招聘するようにすべきである。

また、日弁連法務研究財団の実施する専門家養成コースへの参加を積極的に奨励する等して、学者・研究者・隣接専門職・企業法務従事者との交流を深めて、会員各自専門分野におけるスキルの向上に努めるべきである。

さらに東弁と、日弁連あるいは他の単位会との研修の共同開催も、研修場所の効率的な運用や講師の確保の点から有用と考えられる。

4 クラス別研修制度

東弁は、2012（平成24）年12月20日以降入会の新規登録弁護士（主に修習65期）を対象とした研修として新たにクラス別研修制度（以下「クラス制」という。）を導入した。クラス制を正式な新規登録弁護士の義務研修として導入するのは全国で最初の試みとなっている（義務研修であるため履修をしない場合、法律相談その他の名簿への不掲載等の不利益措置が取られる場合がある）。

このクラス制は、約20人を1クラスとして、一方的な講義ではなくゼミ形式で弁護士としての依頼者等への基本的な対応、離婚、相続等の基本的な事件の処理につき研修するものであり、併せて同期間の懇親を図り横のつながりを構築すること等を目的とする。世話人の負担は大きいものの、受講者からは概ね好評である。

導入後3年経過に伴う見直しを行いカリキュラムの一部変更等を行っている。2017（平成29）年10月現在のクラス別研修の概要等は次のとおりである。

(1) クラス制の目的

多人数での講義形式ではなく少人数でのゼミ形式により、基礎的な実務スキルとマインド（弁護士の使命）の滋養を図ると共に、新規登録弁護士同士が知り合う機会を設定し、同期同士の情報交換や弁護士会の活動により親しみやすくすることを目的としている。

(2) クラス制の概要

ア 人数等

1クラス約20名として登録順に編成する。

この人数は、ゼミ形式として発言がし易いこと、また、2013（平成25）年当時の新規登録弁護士数を約400名と想定し、確保されるべき世話人の数、教室数その他の諸要素を勘案して設定されている。なお、多摩地区会員を別途にクラス編成すること、企業内弁護士を別途にクラス編成すること等も検討されたが、むしろクラス内に多様な弁護士が存在することが重要であること、事務手続等を勘案し機械的に登録順に編成することとされている（その後にクラス別研修に参加した者のからのアンケート等の結果によっても多様な環境の弁護士の存在が支持されている）。

イ 世話人

担任（登録5年目〜10年目）、副担任（登録11年目以上）により構成される。

世話人には1回2万円が会から支払われる。担任を5年目から10年目としたのは、ある程度の経験があり、しかし、あまりに新規登録弁護士と離れた期としないことで新規登録弁護士との世代間ギャップが生じないこと、発言の容易さ等に配慮している。

世話人の選任は、委員会からの推薦、各会派からの推薦によっている。

ウ 回数

全7回とされている。

当初開始の13クラスについては1回目から3回目までを毎月行い、その後2ヶ月毎となっている。これはクラス内での懇親を図るため最初の3回は連続させ、その後は世話人の負担を考慮して2ヶ月毎とされている。

また、7回中3回の出席が義務付けられている。出席義務が3回とされたのは規則・細則との関係もあるが、研修が夜であることから企業内弁護士、子育て中の会

員につき、あまり多数回の義務研修として未履修となることを回避するという理由もある。ちなみに出席義務を履行しない場合には新規登録弁護士研修が未履修ということになる。この場合、会長名義での履行の勧告が為され、勧告にもかかわらず履修をしない場合法律相談センターの名簿への不掲載等の不利益を受ける可能性が生じることとなる。

エ　テーマ

毎回1テーマとして、テーマは以下のとおりである。

第1回　民事事件の相談から解決まで［1］
第2回　民事事件の相談から解決まで［2］
第3回　労働事件（労働審判を含む）
第4回　離婚事件（職権探知主義、子供への配慮、戸籍謄本・住民票の取得方法、見方）
第5回　交通事故事件（交通事故事件に対する対処方法）
第6回　相続事件（事件解決のプロセス、調停の進め方、戸籍の集め方）
第7回　借地借家事件（賃料不払いによる明渡請求事件を例に、内容証明・仮処分・訴訟・和解・強制執行という一連の手続）

オ　形式

座学型ではなくゼミ形式とされている。

少人数によるゼミ形式とすることにより基本的な事件の処理についての理解を深めることを企図された。

カ　進行方法

世話人がペアとなってクラスを進行する。また、世話人から、毎回、事件処理等に関する体験談を話すようにし（経験交流）、生きた事件処理を学べるようにされている。

キ　資料の配付等

当日東弁の職員が配布する等ではなく、全てメール配信とし、受講者各自が持参する方法としている。また、義務研修であったことから出欠の管理が必要であるところ、担任が出席の管理を行っている。なお、基本的に各クラス毎の自主運営方式であり、運営は世話人に任されている。

ク　懇親会

第1回目には各クラスともに懇親会を開催し、1人当たり5,000円を会負担とした。

第2回目以降は懇親会の開催は自由とされた（この懇親会費は世話人の負担ではなく各自負担とした。）。

なお、2014（平成26）年度以降第2回目以降の懇親会についても参加者の確保の観点、世話人の負担軽減の観点から一部会負担とする運用がなされている（年度によって会負担の状況は異なる）。

ケ　全体としての運営

弁護士研修センター運営委員会が担当するが、クラス制を支える組織として、クラス別研修制度バックアップ協議会（後述のとおり協議会として2016〔平成28〕年10月現在は存在していないため、以下「旧バックアップ協議会」という。）が組織されていた。旧バックアップ協議会においては、会長、副会長、司法研修所教官経験者、弁護士研修センター委員、弁護士研修センター嘱託等で構成されており、同協議会においてテキスト作成、世話人の手配、具体的な運営の細部の決定等を行っていた。しかし、2016（平成28）年度に役割を終えたものとして消滅とし、2016（平成28）年10月現在は弁護士研修センター運営委員会において運営することとなっている。

(3)　**検討事項**

2013（平成25）年4月17日、世話人の交流会が開催された。また、2013（平成25）年度クラス制終了後に世話人及び受講者にアンケートを実施した。さらに2015（平成27）年度からクラス制の既習者による交流会が開催され（同年度に65期と66期、2016（平成28）年度に67期・68期の交流会が開催され、2017（平成29）年度にも69期の交流会が予定されている）、クラス制の在り方についてのグループ別の討論会と懇親会が行われている。上記交流会、上記アンケート及び旧バックアップ協議会等の中で話し合われた検討事項として以下の事項等が挙げられる。

ア　義務とするべきかどうか。また、その義務としての出席回数

義務化には反対意見があり相応の理由を有している。しかし、義務研修としないと出席が確保できない側面があることは否定できないところと思われる。そして、義務としての出席回数を4回とすること（少なくとも半分以上の出席義務を課すこと。）については賛成意見も多い。ただし、義務としての出席回数3回をさらに増加させることについては、未履修の場合の義務研修不履行を原因とする不利益措置の可能性との関係があり（未履修の場合には未履修者にクラス別研修を次年度履修してもらう必要が発生し事務局の管理が煩雑

となる）、新規登録弁護士にも色々な事情がある会員がいるであろうこと、さらに規則・細則の改正も必要であること等から、直ちに増加させることは困難であると共にさらなる検討が必要であろう。

イ　クラス制の実施回数

受講した新規登録弁護士あるいは世話人から、クラスの回数7回をさらに増加した方がよいのではないかとの意見も出ている。確かに回数を増加させることにより講義内容の充実を図ることはできる。しかし、世話人の負担、教室の確保、クラスが順次編成されるところ原則として1年間でこれを終了させること等の諸事情を考えると、回数の増加は困難な面があることは否定できない。この点も今後の検討課題である。

ウ　世話人の確保

世話人を継続的に確保することは難しい。しかし、充実したクラス制の実現にはやる気のある世話人の確保は不可欠である。安定的な世話人の確保は今後の大きな課題である。

エ　開始時刻

当初制度スタート時は開始時刻を午後6時からとしていたが、勤務弁護士の都合や多摩支部の会員の参加の便宜を考え、現在の開始時刻は午後6時30分からとなっている。この点は今後も検討が必要と言えよう。

オ　懇親会のあり方

第2回目以降の懇親会は各クラスの自主運営に委ねられている。クラス制度開始時の世話人への説明においては、クラス終了後の積極的な懇親会への勧誘、世話人による全額費用負担は回避するようにお願いがされていた。これは懇親会参加を義務としないことを前提として世話人に就任してもらっていること、にもかかわらずクラス間に懇親会開催の格差が生じ、事実上世話人に懇親会の開催・費用負担を強制するような事態が発生すると、就任した世話人を困惑させるし、究極的に世話人の確保が困難となる事態が発生することを危惧したものである。

他方、クラス制開始後に、世話人からは新規登録弁護士同士の情報交換の場、新規登録弁護士の世話人への相談の場等としてクラス終了後の懇親会は重要であり、また、新規登録弁護士の会費負担の軽減の必要もあり、世話人のクラス終了後の懇親会への参加、会費の負担は不可避な面があることも指摘された。

どのようにバランスを取るのか難しく今後の検討が必要な事項となっている。

なお、かかる観点を考慮し、上記のとおり会の負担を増加し開催を容易にするべく措置が図られてきている。

カ　クラス編成のタイミング

昨今の情勢として会への登録が漸次的である（12月の一斉登録の後も相当数が年明けにも登録して来る）。この登録に合わせて順次クラスを編成することとなるが、なかなか人数が集まらない等困難な面がある。これからもこの傾向は変わらないであろうと予想されるところ、効率的なクラス編成の方法を模索することが必要となっている。

(4) 総括

以上、課題は種々存在するものの、受講した新規登録弁護士からは大変好評のようである。クラスによってはクラスがない月にも食事会等の企画を行い自主的に懇親を図っているところもあるようであり、現在の司法修習において同期同士の繋がりを形成しにくい中にあって、同期間の情報交換と懇親を深める場としては予想以上に有効に機能していた模様である。また、クラス終了後の懇親会にあっては世話人に所属事務所の異動、所属事務所での仕事等についての相談がされる等、相談相手として世話人の存在も大変貴重であると解される。

クラス制は新規登録弁護士の基本的な弁護士のスキルの習得の場として、また、同期相互間の懇親を図り情報交換する場として有効と解される。OJTとまでは行かないものの若手サポートとしての面も見過ごせないものがあり、今後も課題を検討しつつ継続していくことが望ましいと解される。

（参考文献：LIBRA Vol.13 No.4〔2013/4〕「東京弁護士会の若手支援制度」中「Ⅱ　クラス制（1）クラス制の概略①65期　2012年副会長白井裕子」及びLIBRA Vol.17 No.1〔2017/1〕を参照。なお、それらの同記事中に世話人と受講者の感想が掲載されているので参照されたい。）

第7　弁護士への業務妨害とその対策

1　弁護士業務妨害をめぐる最近の情勢

2010（平成22）年、前野義広弁護士（神奈川）、津谷裕貴弁護士（秋田）が、いずれも業務に関連して殺害されるという最悪の事件が発生した。坂本堤弁護士一家殺害事件、渡辺興安弁護士殺害事件、岡村弁護士夫人殺害事件、女性事務員殺害事件（大阪、2007〔平成19〕年）など、弁護士・家族・事務員などの「命」に関わる重大かつ悪質な業務妨害事件が続発している。

日弁連は、弁護士業務妨害対策委員会において、各単位会に向け、業務妨害対策のための組織作りや活動の基本モデルを作り、さらに全会員向けに対策マニュアルとして、2016（平成28）年6月、「弁護士業務妨害対策マニュアル（五訂版）」を発行している。

東弁では、1998（平成10）年4月、弁護士業務妨害対策特別委員会を発足させ、同時に「弁護士業務妨害対策センター」をスタートさせた。

2　弁護士業務妨害対策センターの活動状況

(1) アンケートによる実態調査

1997（平成9）年に実施された東弁全会員のアンケートによって、弁護士に対する業務妨害はすでに多数発生しており、決して特殊なことではなく、誰にでも起き得ること、その妨害の形態が多種多様であることなどが明らかとなった。のみならず、1997（平成9）年の時点では弁護士会として対策が皆無に近かったことも浮き彫りにされた。

それら妨害行為にあった弁護士が採った具体的対策としては、警察への通報・刑事告訴・仮処分申請等が一般的であり、複数弁護士での対応等も一定の効果が認められている。その反面、弁護士会は全く頼りにならない存在であった。

(2) 積極的対策

以上のような実態への反省から、近年は各地で弁護士会による具体的対策が講じられつつある。単位会によっては、派遣弁護士制度や、弁護士会として仮処分の申立てをする、弁護士会の名前で警告を発する等、弁護士会が主体的に動くケースが見られるようになってきた。

そのような情勢を踏まえ、東弁では、1998（平成10）年4月に「弁護士業務妨害対策特別委員会」（以下「委員会」という。）を発足し、「弁護士業務妨害対策センター」（以下「センター」という。）を設置した。これは、弁護士業務妨害を個々の弁護士個人の問題として押しつけるのではなく、弁護士会が動いて、業務妨害を受けている会員に寄り添って活動してこそ効果的かつ抜本的対策になるのだとの共通認識から、より積極的に弁護士会自体が動けるシステムを作るべきであると判断されたものである。

(3) センターの設置と運用

ア　組織

委員会委員、及び一般会員から募集し受任候補者名簿に登録された支援委員によって構成される。

イ　活動の流れ

(ア) 弁護士会事務局に窓口（業務課）を設置し、被害を受けている（おそれのある）弁護士からの支援要請を受け付ける。

(イ) 担当委員が事情聴取をし、委員会に報告する。委員会で支援の必要性及び方法について検討する。ただし、緊急を要する場合には、委員会には事後報告とし、正副委員長の協議により迅速な支援対応ができるようにする。

(ウ) センターが行う支援の内容としては、①対策ノウハウの提供、②支援弁護士の派遣、③委員会委員ないし支援委員有志の名で妨害者に通告・勧告・警告、④仮処分その他の法的手続、⑤警察その他関係機関との連携、⑥広報などがある。

(エ) 支援活動の費用負担は原則として、支援要請弁護士の負担とする。東弁では、2015（平成27）年に規則等を改正し、支援要請弁護士に対する費用の支給や立替え、立替金の償還免除の制度を整備拡充した。支援制度及びセンターを周知し、より利用しやすいものとする必要がある。

(4) 研究活動

業務妨害の中でも、暴力団や右翼団体など民事介入暴力と共通するものについては、ノウハウもほぼ固まっている。委員会では、様々な業務妨害に対応すべく、オリエンテーション、シンポジウム、他会との経験交流会等を行い、妨害対策のノウハウの習得や情報交換をしている。

また事務所襲撃型の業務妨害では、弁護士だけでな

く、事務員も被害者になる可能性があるので、事務所のセキュリティ（常時施錠など）・弁護士と事務員との連携・事務員の対処法等の研究及び情報提供もしている。

近年、インターネット上で誹謗中傷等を行う業務妨害が増加しており、その対応の必要に迫られていた。そこで2016（平成28）年4月、インターネットに詳しい弁護士が中心となって委員会内にインターネット業務妨害対策PT（プロジェクトチーム）を結成し、インターネットによる業務妨害に対応できる体制を整えた。

さらに当時、第一東京弁護士会の会員がインターネットによる悪質な業務妨害を受け、甚大な被害を被っていたことから、各単位会の情報及び対策ノウハウを結集し、東京三弁護士会が協力して一体となって対応すべきではないかということになり、2016（平成28）年5月、東京三弁護士会の業務妨害対策委員会の有志で東京三会インターネット業務妨害対策PTを立ち上げた。この東京三会インターネット業務妨害対策PTは、東京三弁護士会が一体となって日弁連・裁判所・国会等に働きかけることもその活動内容としている。

(5)「ハンドブック」の作成配布

業務妨害対策特別委員会では、2002（平成14）年3月、様々な妨害形態を分類し、分析して、それぞれに適切な対策ノウハウをまとめた「弁護士業務妨害対策ハンドブック―弁護士が狙われる時代に―」を作成し、東弁全会員に配布した。2007（平成19）年に改訂版、2011（平成23）年には二訂増補版を発行した。さらに、2016（平成28）年には、法律事務所のセキュリティ対策に特化した「常時施錠から始まる事務所のセキュリティハンドブック―事務所襲撃型妨害に備える―」を発行した。

(6) 広報活動

委員会は、2002（平成14）10月から東弁広報誌「LI-BRA」の「弁護士が狙われる時代－弁護士業務妨害への対応」というコーナーにおいて、隔月で業務妨害対策のノウハウや情報等に関する原稿を載せている。

(7) 支援要請の実情

被害を受けている弁護士からセンターに対する支援要請は、増加傾向にある。事件の相手方や依頼者からの脅迫行為、つきまとい、嫌がらせ、インターネットでの誹謗中傷、不当な高額賠償請求、濫訴的懲戒請求等々、その妨害形態は多様化している。

しかし、実際の妨害の件数に比して、支援要請に及ぶのはその一部であり、被害を受けながらも堪え忍ぶか、自ら対処している案件も少なくないものと推察される。

3 業務妨害根絶に向けて

以上のように、弁護士業務妨害対策システムは、整備されつつあるが、今後もより一層利用しやすい制度とするための努力が必要である。

法友会としても、東弁の活動を全面的にバックアップしていかなければならない。例えば、支援委員への積極的登録、情報提供等々である。

最大単位会たる東弁としては全国に範を示すべく、積極的かつ具体的に活動を推進していかなければならない。日弁連のバックアップ、東京地裁における仮処分決定の蓄積、警察庁・警視庁との連携、マスコミによる広報宣伝等々、東弁の果たすべき役割は極めて大きい。

卑劣な業務妨害を根絶し、正当な弁護士業務を守り、ひいては我々弁護士が人権擁護と社会正義の実現という使命を全うすることができるようにするために、東弁全体が一丸となり断固として戦うという姿勢を世に示していかなければならない。

第8 権利保護保険（通称「弁護士保険」）

1 権利保護保険の内容と必要性

権利保護保険とは、市民が法的な紛争に遭遇した場合に、それを解決するために必要な費用を保険金として支払うというものである。したがって、この保険の利用者は保険料を支払うことが必要であるが、現実に法的な紛争に巻き込まれたときに必要となる費用と比べて低廉な保険料支払いで賄える点に長所がある。

弁護士へのアクセス障害の大きな理由は、弁護士費

用であり、この問題を解決しなければ司法へのアクセスそのものの保障がないも同然である。この問題を解決する一つの方法として、この保険の必要性が肯定される。

2　外国及び国内の状況

この保険を検討した日弁連業務改革委員会の検討グループが参考としたドイツ、イギリス等の保険を見ても、その国の紛争解決方法に合わせた保険制度でなくては利用しやすいものとはならないことが理解できる。ドイツでの普及は世帯数40％程度、イギリスでの普及は人口の60％程度で、そのような保険の普及が司法による紛争解決に道を開いていることが理解される。

日本国内においては、従来から自動車損害賠償保険の内容の一つとして、被害者の弁護士費用を保険金として支払う損害保険が存在している。しかし、最近このような交通事故以外の法分野に関しての弁護士費用をまかなう保険が複数発売されるようになってきている。日弁連LACは、このような多分野での普及活動とともに、中小企業向け弁護士保険の研究をしてきたが、その情報が保険会社各社に普及している状況もあり、今後個人だけではなく中小企業に対する広がりを期待し、個人だけではなく、法人も法的な需要を満足させられるシステムを作るべきである。

3　日弁連の動き

日弁連としては、以上の通りの国内の状況を考え損害保険会社との協議を続けた結果、権利保護保険という保険商品が販売されることとなり、その商品の弁護士紹介を担う制度を日弁連がつくることとなった。1999（平成11）年11月に日弁連理事会で制度創設の承認を経て、2000（平成12）年7月には日弁連と損害保険会社との協定書の締結が初めてなされ、同時に日弁連内に「日弁連リーガル・アクセス・センター」（通称日弁連LAC）が設置された。現在は、このセンターが制度の発展維持と保険会社との協議を続けている。

現在、この保険は特に少額事件の紛争解決における弁護士の利用に役に立っているという状況である。

4　制度の現状

2017（平成29）年9月段階で、日弁連と協定している損害保険会社等は13社、共済組合連合会3つで合計が16の協定会社となっている。その取扱にかかる保険の販売実績と弁護士紹介依頼件数は正比例して伸びている。

2017（平成29）年度は、4月から8月までの5ヶ月間ですでに弁護士紹介案件が、17,181件となっており、昨年度が1年で34,754件であった件数よりは、増加するだろうと予想されている。

なお、日弁連がプリベント少額短期保険株式会社との間で、「弁護士保険（権利保護保険）の制度運営に関する協定書」を締結したことに伴い、同社が2013（平成25）年5月から販売する単独型の弁護士費用保険「Mikata」において同社が導入する「初期相談」（電話で概括的な相談と法制度の情報提供並びに法律相談機関及び弁護士斡旋紹介制度等の広報活動を行うこと）について、東弁も、「東京弁護士会初期相談制度運営規則」を制定した上、同社との間で業務委託契約を締結し、2015（平成27）年1月から、弁護士を担当者として配置し、試行によりこれを実施することとなった。現状では、東京（午後担当）と大阪（午前担当）で1ヶ月約240件前後の初期相談があり、1ヶ月あたり30件前後の弁護士紹介がなされている。

更に、2015（平成27）年11月から、損害保険ジャパン日本興亜株式会社から「弁護のちから」と呼称される多分野における弁護士保険の販売が始まり、この保険に関しても日弁連との間で追加の弁護士紹介の協定書が結ばれている。

5　この制度の問題点と育成

一般的な法的紛争解決費用に関する保険は日本でも初めてであり、弁護士としても、社会に生じる紛争解決のためには将来的な発展を応援すべきである。しかし、この制度は、弁護士会が関与することを含め初めての試みである点を多く含み、制度の持つ問題点も意識した上での発展でなくてはならず、問題点を議論しておく必要性は大きい。この制度の問題点を意識しつつ、国民にとって利便性のあるものとして育て上げていくよう、弁護士会としても、積極的にその普及に協力していくべきである。

① 弁護士会での報酬規定が廃止されたために、この保険制度の安定には、この制度のための報酬基準を決める必要性があるところ、現在、旧日弁連報酬基準を基礎として保険金支払いに限定はされるが、円滑な保

険金支払いについて基準が決められている。依頼された弁護士がこの点を理解した上で事件処理をすることが重要である。特に、保険金として支払われる弁護士報酬の額の妥当性は、問題となり得るのであり、保険会社と日弁連との協議を続ける必要性の一つがここに存在する。

訴額基準では弁護士報酬が安過ぎるという欠点があった少額事件関係は、時間制報酬制度による報酬請求により原則60万円まで請求できる制度となり、国民の少額事件における泣き寝入り防止に役立つことが期待されている。例えば、訴額が10万円の事件でも弁護士報酬は必要であれば60万円まで保険金として支払われるということである。ただ、ほとんどの弁護士が時間制弁護士報酬制度に慣れていないための問題点が現出している。

② 権利保護保険の内容はあくまで保険会社の商品開発の問題であり、全体として保険会社の開発姿勢に依拠しなくてはならない。このことは、解決費用としてどのような事件の費用に限定されるかは全て保険約款の内容の問題となることを意味し、その保険の内容が、国民にとって利便性のあるものとなるか否かは、保険会社間での自由競争原理での発展を望まざるを得ない。現在多くの法分野の紛争を対象とする保険商品が出ており、この保険により国民と司法との距離が近くなることは間違いない。そこで、今後は、どこまで対象法分野を広げた保険が発売されるかが大きな問題となろう。

③ 日弁連と損保会社等との協定書は、弁護士会が「適正な弁護士」を紹介する努力義務を負っている。弁護士会として、弁護士の供給体制を整えるためには多くの解決しなければならない問題が山積している。弁護士過疎地域での弁護士紹介、弁護士報酬請求の適正さの維持、不適切弁護活動に対する弁護士会の指導監督のあり方、は今後各弁護士会が特に気をつけて行かなければならないことであり、難しい。この弁護士の供給体制は、今後の弁護士の業務拡大にもつながることを意識すべきである。

④ 東弁のこの制度に対する姿勢は、規則でその紹介を受ける弁護士人数を制限している点、弁護士紹介だけでも法律相談センターと同じ率の納付金がある点など、制度の普及に対する障害となりかねない問題点があり、さらに今後の改善を検討していくべきである。

⑤ 保険事故か否かを判断するのは、保険会社であり、その判断の妥当性を担保する手段がどのように採られるかが問題である。

⑥ 保険商品の内容、販売方法、運営方法については、日弁連も協議に加わることが予定されているが、この協議の実効性を確保するための方策を常に考えていくべきである。

⑦ 保険で支払われる解決費用に、今後拡大することが予想される裁判外紛争処理機関での費用がどの範囲で含まれるかが問題である。その費用が含まれるような体制づくりに持って行くべきであろう。

第9 弁護士広告の自由化と適正化

1 広告の自由化と不適切な広告に対する規制

2000（平成12）年3月24日、日弁連は、それまで原則禁止であった「弁護士の業務の広告に関する規程」を廃止し、広告を原則自由とする「弁護士の業務広告に関する規程」（以下「規程」という。）を会規として採択し、同規程は、同年10月1日から施行された。

この規程では、それまで限定列挙されていた広告できる事項及び使用できる広告媒体について特段の規定は置かないこととなったが、依頼者である市民への広告による弊害を防ぐべきとの考えから、一定の類型の広告について禁止規定が置かれている。

具体的には、①事実に合致しない広告、②誤導又は誤認のおそれのある広告、③誇大又は過度な期待を抱かせる広告、④困惑させ、又は過度な不安をあおる広告、⑤特定の弁護士・外国法事務弁護士・法律事務所又は外国法事務弁護士事務所と比較した広告、⑥法令に違反する広告又は日弁連若しくは所属弁護士会の会則、会規に違反する広告、⑦弁護士の品位又は信用を損なうおそれのある広告、の7種類である（④は、2008〔平成20〕年12月、特定商取引に関する法律改正に伴い追加された。）。

これらの規制は市民への広告による弊害防止の観点

から設けられているものではあるが、抽象的な文言もあり、結果として弁護士の広告に対する萎縮効果をもたらし、弁護士の広告の活性化を阻害しているのではないか、弁護士各自の業務拡大への工夫の範囲を狭めているのではないかとの意見があった。

また、2000(平成12)年に規程と同時に「弁護士及び弁護士法人並びに外国特別会員の業務広告に関する運用指針」(以下「運用指針」という。)が定められたが、例えば、「専門分野」の表示については、国民が強くその情報提供を望んでいる事項としながら、何を基準として専門分野と認めるかの判定が困難であるとして、「現状ではその表示を控えるのが望ましい」と指摘するにとどまっていた。

また、規程では、表示できない広告事項として、①訴訟の勝訴率、②顧問先又は依頼者、③受任中の事件、④過去に取扱い又は関与した事件を広告に表示することを禁止している。この内②～④については依頼者の書面による同意がある場合には許される。なお、依頼者が特定されない場合でかつ依頼者の利益を損なうおそれがない場合には、同意がなくとも広告に表示をすることは許されていた(運用指針第4)。

このほか、規程は、①訪問又は電話による広告、②特定の事件の勧誘広告(ただし公益上の必要がある場合には許される)、③有価物等供与を禁止している。

しかし、これらの規制によって、過度に弁護士の業務拡大のための工夫が制限されていないかを改めて検討を行い、見直しを行う必要性が指摘されていた。

2 弁護士及び弁護士法人並びに外国特別会員の業務広告に関する指針

規程及び運用指針により運用がなされてきた10年間の研究・議論の成果を運用指針に反映させ、弊害を防止しながらも、市民が望んで情報提供を求めている専門分野を弁護士が積極的に表示できるようにする方向での運用方針の見直しが求められていた。

そこで、2012(平成24)年3月15日開催の理事会において、運用指針が、「弁護士及び弁護士法人並びに外国特別会員の業務広告に関する指針」(以下「新指針」という。)に全面改正された。

先に述べた「専門分野」の表示については、運用指針同様、「表示を控えるのが望ましい」との結論に変更はない。ただし、広告中に使用した場合、文脈によって問題となり得る用語の具体例として、「信頼性抜群」、「顧客満足度」その他実証不能な優位性を示す用語などが明示された。なお、新指針では、電話、電子メールその他の通信手段により受任する場合の広告記載事項についても定められた。

3 弁護士業務広告の実態

いわゆる広告の自由化以降、まず、債務整理系事務所がマス広告を行った。これは、①マス広告の対象は不特定で、初期投資及びランニングコストもかかるため、債務整理のような潜在クライアント数の多いものに使わないと効率が悪いことと、②マス広告の対象は多数であるため、債務整理のような定型・大量処理できる業務以外で使うと効率が悪いことが理由と考えられる。

東京地区の事務所による全国的なマス広告は、各地の単位会との軋轢を生む元となっているが、今後の健全なバランスのとれた発達を望みたい。その他、検索ワード連動のリスティング広告も、今では相当数の事務所が行っているようである。

インターネット広告について、ホームページを作成している法律事務所は多いが、かつては既存の顧客への情報提供のために作成している場合が中心と考えられていたところ、状況は年々変化しており現在では、広告宣伝手段として利用することも増えている。

近時インターネット広告は、ニュースサイトなどへのバナー広告、検索サイトにおけるリスティング広告、ツイッターやフェイスブックなどSNSを利用した広告など多様化しており、従来型のホームページとは異なる形態の広告も増加している。この点、現行の日弁連の指針は、インターネット広告については、従来型のホームページ、電子メール等のみを念頭に置いたものである。インターネット広告については、2015(平成27)年1月、日弁連に「インターネットを利用した弁護士等の広告の在り方検討ワーキンググループ」が設置され、2016(平成28)年4月からは、その後継として「インターネットを利用した弁護士等の情報提供に関する諸課題検討ワーキンググループ」が設置され議論が行われている。新しい形態のインターネット広告に対応した指針の改正が期待されるところである。

また、ホームページにおけるキャンペーンの表示が景品表示法に違反し規程にも抵触するとして懲戒処分

が下された事例、東日本大震災の際に他の弁護士会管内で許可なくビラを配る行為が問題となった事例など、不適切な事案も散見される。この点に問題意識を持つ弁護士が相当数おり、近時、東京弁護士会消費者問題等特別委員会において、「弁護士による消費者被害を止めるチーム」というPTが立ち上がった。

さらに、近時は、広告業者がホームページを作成して顧客を集めるとして弁護士に多額の広告費を請求する事例、広告業者がホームページを運営して顧客を集めるとともに弁護士事務所に事務員も派遣し事務所の運営を支配するという非弁提携に当たり得る事例なども問題となっている。

4 これからの弁護士広告の在り方

2000（平成12）年以降、ホームページを持つ事務所の数は飛躍的に増え、交通機関での広告やマス広告を行う事務所、リスティング広告などインターネットを活用した広告を行う事務所も増えてきている。また、弁護士事務所の広告コンサルティングを行う業者も相当数あるようである。このように、徐々にではあるが、弁護士の業務広告は着実に拡大していくものと思われる。このことが、市民への弁護士情報の提供という観点から、好ましい面があることは間違いない。一方、不適正な広告も散見されるところ、広告規制の内容を知らない会員も多数存在する。弁護士広告の適正化は、消費者問題に止まらず弁護士自治にもかかわる問題であり、若手弁護士を中心に広告規制の周知徹底にも務める必要がある。

弁護士会としては、若手支援策の一環として、研修等を通じて効果的な広告方法について伝えるとともに、広告を行うに当たり注意すべきポイントを周知していくべきである。

今後も、弊害防止を考慮しつつも業務広告のさらなる活性化と適正化の観点からも議論を重ね、規程や指針を適宜見直して必要な改訂を行うべきである。そして、規程や指針を策定するのが日弁連であるとしても、個別の案件に関する調査権限及び必要な措置をとる権限をもつのは各単位会であるから、近時、先にも指摘したようにインターネット広告を始めとして弁護士業務広告の媒体が多様化しているところ、各単位会が日弁連と協力しながら、各地方の実情に応じて、個別具体的に弁護士による広告の適否を判断していくこととなる（規程12条）。

多くの弁護士はまだ広告をすることに慣れていないが、市民の求める情報を発信して身近な存在となり、弁護士の業務拡大を図っていくため、引き続き弁護士広告の活性化と弁護士業務の発展に繋げる取組みを行うべきである。

第10 弁護士情報提供制度

1 弁護士会の広報としての役割

市民が、弁護士にアクセスをする際に、弁護士に関する情報がなくては、どのような弁護士に連絡をしたらよいのかも分からない。その意味で、個々の弁護士についての情報提供は、基本的人権を擁護し、社会正義を実現するために有益なものであり、市民に対する弁護士の責務である。

しかし、それを個々の弁護士自身の情報提供や広告のみに頼ることは極めて困難である。かつては、弁護士の情報を開示するための小冊子や本を作るなどしている弁護士会も存在した。東弁においても、弁護士の情報開示方法について検討を重ねてきたが、特に東京においては、地方単位会と比べると多数の弁護士が存在するため、こうした小冊子の作成費用も莫大となることが問題とされた。また、業務改革委員会において、実験的にFAXによる情報提供制度を立ち上げるという試みも行われていた。

そして、2000（平成12）年10月1日には、東弁ウェブサイト（http://www.toben.or.jp/）に、東弁所属の全弁護士の名前と事務所を明示し、取扱分野の情報提供を了解した弁護士に関しては取扱分野も明示した情報提供制度が掲載されることとなった。この制度は、市民の好評を得た。好評の理由は、従来は自分の頼みたい事件の分野の弁護士に関する情報が全くなかったのに、一般分野35分野、要経験分野22分野（この登録には、一定の経験要件が存在する）を検索すると必要な弁護士の情報（写真や地図、関わった判例等）が分かるからであった。

しかし、日弁連においても、同様の問題意識から、全国の弁護士の情報提供をどのように行うべきかを検討した結果、2006（平成18）年12月から「ひまわりサーチ」という名称で弁護士情報提供サービスが開始されたため、「ひまわりサーチ」に一本化するという観点から、2011（平成23）年3月28日、東弁独自の情報提供制度は廃止されている。

2 個々の弁護士にとっての位置づけ

かつての多くの弁護士は、知人を介して頼まれる事件を分野も問わず受任していたため、専門特化の必要もなく、むしろ、どの分野でも対処できる態勢をとることが必要とされてきていたものと思われる。

しかし、ある特定分野の事件を集中して受任し、短期間にその分野の専門特化した地位を築いて事務所を維持するという考え方もあり、社会の複雑化に伴って、市民の側からも、専門特化した弁護士に対する需要が高まっていることが感じられる。専門特化を目指す弁護士にとっては、この弁護士情報制度を活用することが考えられる。

その意味で、情報提供制度は弁護士会としての広報でありながらも、各弁護士の広告的な側面も否定できないのであり、その面の効果もあると考えられる。ただ、弁護士会という公共的な立場からの広報と各個人のための広告との区別は、主体の違いや責任の所在の観点などから明確にすべきであり、その本質的な違いを常に意識し、弁護士会の広報が各弁護士の広告にならないよう注意をすべきである。

弁護士会の広報としての情報提供制度を通じて、個々の弁護士自らの取扱分野についての情報公開が、市民に対する弁護士の責務であるとの考えに発端があることを個々の弁護士に浸透させるべきである。

3 今後の課題

弁護士が取扱分野等の情報提供に消極的な理由は、かつては見ず知らずの人からアクセスされることを嫌う傾向、現在の事件数で手一杯であり事件の相談があっても受けられない、というものであったが、最近では、業務確保の観点から、特に登録間もない弁護士を中心にこれらの抵抗感は減少しているものと考えられる。

現状で取扱業務の情報提供が少ない理由として、取扱業務を特定のものに限定した場合に十分な収益が得られるかが不透明なことや、まだ特定の取扱業務に限定している弁護士が多くなく、その情報提供も十分ではないために、自らその情報提供を行わなくとも立ち後れることがないことが考えられる。また、経験が浅いために取扱業務として掲げることをためらう弁護士もいると思われる。

一方、取扱分野等の情報提供は、自己申告に基づかざるを得ない面があり、登録間もない弁護士が業務確保のために経験のない専門的分野を取扱分野として登録するという問題も生じ得る。

こうした弁護士に関する情報は市民が強く求めていることでもあり、弁護士会は、需要の多い分野や専門性の高い分野について研修等を通じて、より多くの会員が当該分野を専門分野とできるように支援をすべきである。その上で、例えば、いくつかの研修を指定して、あえて望まない場合を除き研修受講生について取扱業務が自動的に登録されるようにする等、取扱業務として登録しやすい環境を整備すべきである。また、日弁連の「ひまわりサーチ」への東弁会員の登録が極端に少ない状況にあるため、当面、その登録数の増加に取り組むべきである。

さらに、近時は、民間の業者による登録した弁護士の情報をウェブサイト上で提供するサービスが発達してきている。今後は、こうした民間の業者によるサイトと弁護士会による弁護士情報の提供制度をいかに棲み分けるかという問題も生じてくるものと思われる。

第4部
刑事司法の現状と課題

第1 刑事司法改革の視点

1 憲法・刑事訴訟法の理念から乖離した運用

　刑事司法の改革を考える上で重要なことは、日本の刑事司法の現実を、憲法、国際人権法そして刑事訴訟法の理念を尺度として、リアルに認識することである。

　日本国憲法は、旧憲法下の刑事司法における人権侵害の深刻な実態に対する反省に基づき、31条から40条に至る世界にも類例をみない審問権・伝聞証拠排除原則（37条）、黙秘権（38条）、自白排除法則（38条）などの規定を置いている。

　この憲法制定とともに、刑事訴訟法は全面的に改正され、詳細な刑事人権保障規定が置かれた。刑事手続における憲法的原則は、適正手続・強制処分法定主義（31条）、令状主義（33条、35条）、弁護人の援助を受ける権利（34条、37条）等であり、被疑者・被告人は、厳格な要件の下で初めて身体を拘束され、弁護人による援助の下で、検察官と対等の当事者として、公開の法廷における活発な訴訟活動を通じて、裁判所によって有罪・無罪を決せられることとなった。要するに、現行刑事訴訟法は、憲法上の刑事人権保障規定を具体化して、捜査・公判を通じて適正手続を重視し、被疑者・被告人の人権保障を強化したのである。「無実の1人が苦しむよりも、有罪の10人が逃れるほうがよい」との格言があるが、そのためのシステムを構築しようとしたのである。

　ところが、憲法制定後の我が国の刑事訴訟法の運用の実態は、憲法や刑事訴訟法の理念から著しく乖離する状況が続いてきた。すなわち、被疑者は原則的に身体拘束されて、強大な捜査権限を有する捜査機関による取調べの対象とされ、密室での自白の獲得を中心とする捜査が行われて、調書の名の下に多数の書類が作成された上（自白中心主義）、検察官の訴追裁量によって起訴・不起訴の選別がなされる。公判段階でも犯罪事実を争えば、長期にわたって身体拘束をされ続け、事実を認めないと身体の自由は回復されない（人質司法）。そして、有罪・無罪はすでに起訴前に決していて、公判は単に捜査書類の追認ないしは引き継ぎの場と化し、公判審理は著しく形骸化してしまった（調書裁判）。まさに、検察官の立場の圧倒的な強大さは、旧刑事訴訟法下の手続と同様の「糾問主義的検察官司法」となって現出した。

2 出発点としての死刑再審無罪4事件と改革の方向性

　1983（昭和58）年から1989（平成元）年にかけて死刑が確定していた4事件について再審無罪判決が相次いで言い渡され、いずれもが誤判であることが明らかになった。これらは、刑事司法のシステムそのものに誤判・冤罪を生み出す構造が存在していたことを示唆するものであった。それゆえに、平野龍一博士は、1985（昭和60）年、このような刑事手続の状態を、「我が国の刑事裁判はかなり絶望的である」と表現された。

　弁護士会としては、当番弁護士制度を創設するなど、かような事態の打開のために努力してきたが、2007（平成19）年の富山氷見事件、鹿児島志布志事件、2010（平成22）年足利事件、2011（平成23）年布川事件、2010（平成22）年厚生労働省元局長事件が起きている。また、同事件に関連して、大阪地検の主任特捜部検事が証拠改ざんを行い、特捜部長・同副部長まで証拠隠滅罪に問われる事件が発生した。同年には、いわゆる東電OL殺害事件で、再審を認める決定が東京高裁で出され、同年11月に再審無罪が確定する等、誤判・冤罪を生み出す構造的欠陥は解消されていないばかりか、検察への信頼が地に落ちる未曾有の事件が発生している。

　2014（平成26）年3月、死刑判決が確定していた袴田事件で再審開始決定（死刑及び拘置の執行停止）が出たことは特筆すべきであり、今後その帰趨を注目したい。

　このような我が国刑事司法の改革する必要性及びその方向性については、国際人権（自由権）規約委員会の度重なる勧告が極めて的確に指摘しているところである。すなわち、この勧告は、被疑者・被告人の身体拘束の適正化を図ること（人質司法の改革）、密室における自白中心の捜査を改善して手続の公正化・透明化を図ること（自白中心主義の改善、取調べ捜査過程の可視化、弁護人の取調立会権）、証拠開示を実現して公判の活性化を図ること（公判審理の形骸化の改善）等の勧告をしている。

　新たな時代の捜査・公判手続の第一の課題は、20世紀の負の遺産ともいうべき、身体拘束を利用して自白を採取することを目的とした捜査システムとこれに依存した公判システム（自白中心主義）の克服であり、

冤罪を生まないシステムを確立することである。

3 今次司法制度改革以降の刑事司法改革について

今次司法制度改革によって、2004（平成16）年5月、裁判員法及び刑事被疑者に対する国選弁護制度等を認める刑事訴訟法改正法が成立した。

2005（平成17）年11月には、公判前整理手続に関する改正刑事訴訟法が施行され、その結果、証拠開示請求（類型証拠開示請求、主張関連証拠開示請求）が権利として認められ、実務として定着している。

また、2006（平成18）年5月には、法務大臣より、検察庁における取調べの一部につき録音・録画の試行が行われることが発表され、2009（平成21）年度からは、一部の警察署においても、被疑者取調べの一部の録音・録画の試行が行われることとなった。そして、大阪地検特捜部の不祥事をきっかけに、特捜部の事件での取調べの全過程の可視化の試行が行われることとなった。

裁判員対象事件と検察官独自捜査事件について原則として取り調べの全過程の録音・録画の義務付けや、司法取引の導入、通信傍受の拡大を柱とした改正刑事訴訟法などが2016（平成28）年5月、衆院本会議で可決、成立した。取調べの可視化問題は大きく前進したといえるが十分なものではなく、引き続き、全面的な取調べの可視化実現に向けての運動を継続すべきである。また、可視化の対象事件が限定された一方で、捜査手法が大幅に拡充されることになり、「冤罪（えんざい）防止策が不十分」との批判が出ている（詳細は第4部第2参照）。

改正刑事訴訟法を踏まえ、人質司法の打破、取調べの可視化、自白中心主義の改善、公判審理の形骸化の改善のための作業を行うに当たっては、弁護士会に課せられた役割は大きいものと考える。弁護士会では、引き続き国民を巻き込んだ運動を起こすなどして、よりよい刑事司法改革を実現できるように全力を傾注する必要がある。

第2 刑事訴訟法の改正

1 平成28年刑事訴訟法改正の経緯

2016（平成28）年5月24日、第190回国会において刑事訴訟法等の一部が改正され、同年6月3日に公布された。

今回の刑事訴訟法改正は、日弁連や東弁がこれまで求めてきた取調べの可視化について一部法制化されるなど大きく評価できるものであるが、他方で、可視化の範囲が限定的であることや通信傍受法の改正、日本型司法取引の導入など、課題点も多く残されている。

(1) 「検察の在り方検討会議」

2010（平成22）年10月6日、当時の民主党政権下の柳田法務大臣の主導の下、法務省は「国民の皆様に納得していただけるような改革策を講じ、検察の再生を果たすため」法務大臣の私的諮問機関として多くの外部有識者からなる「検察の在り方検討会議」を設置した。

これは、2010（平成22）年9月の厚生労働省元局長の虚偽有印公文書作成等被告事件に対する無罪判決及び同事件の主任検察官によるフロッピーディスクのデータ改ざん事件をきっかけに設置されたものであり、2011（平成23）年3月、「検察の在り方検討会議」は、「検察の再生に向けて」と題する全員一致の提言を行い、この提言は江田五月法務大臣に提出された。その提言は、検察の倫理、人事・教育、組織とチェック体制、検察における捜査・公判の4つの事項についてそれぞれ検察の在り方を提言するものであるが、その提言中、「検察における捜査・公判の在り方」については、「被疑者の取調べの録音・録画は検察の運用と法制度の整備を通じて今後より一層その範囲を拡大すべき」とされていた。

(2) 法制審議会「新時代の刑事司法制度特別部会」

江田五月法務大臣は「検察の在り方検討会議」の提言を受けて、2011（平成23）年5月18日、法制審議会に対して、「近年の刑事手続をめぐる諸事情に鑑み、時代に即した新たな刑事司法制度を構築するため、取調べ及び供述調書に過度に依存した捜査・公判のあり方の見直しや、被疑者の取調べ状況を録音・録画の方法により記録する制度の導入など」法整備のあり方に

ついて諮問し、法制審議会は諮問について調査・審議を行うため、2011（平成23）年6月6日、「新時代の刑事司法制度特別部会」（以下「特別部会」という）を設置した。

「特別部会」は、有識者委員7名を含め委員26人、幹事14人、関係官2名の合計42名という大会議体であったが、作業部会を設けながら約3年に及ぶ審議を行い、2014（平成26）年7月9日の特別部会会議で「新たな刑事司法制度の構築についての調査審議の結果」が答申案とされ、2014（平成26）年9月18日の法制審議会総会で全会一致で原案どおり採択されて直ちに法務大臣へ答申された。

(3) 国会での審議

法務大臣への答申に沿って立法化作業が行われ、2015（平成27）年3月13日、「刑事訴訟法等の一部を改正する法律案」として国会に提出された。同法律案は、衆議院での審議を経て2015（平成27）年8月7日に一部を修正の上で賛成多数で可決され、一部修正された法律案は参議院に送付された。2015（平成27）年の通常国会では参議院での審議が行われないまま会期末を迎えたため継続審議となり、2016（平成28）年1月に召集された通常国会において、同年5月20日参議院でも賛成多数で可決された。もっとも、会期をまたいだ審議であったことから、参議院が先議の衆議院にこの法律案を送付し、同年同月24日の衆議院での再可決によって正式に成立した。

2　改正法の概要

主な改正点は大きく分けて9項目であり、それぞれの概要は以下のとおりである。

① 取調べの録音・録画制度の導入

原則として、裁判員裁判対象事件と検察官独自捜査事件を対象とした取調べの全過程の録音・録画の義務づけ。

② 合意制度等の導入

証拠収集等への協力及び訴追に関する合意制度（いわゆる日本型司法取引制度）及び刑事免責制度の導入。

③ 通信傍受の合理化・効率化

対象犯罪の拡大と暗号技術の活用による傍受の導入等。

④ 身体拘束に関する判断の在り方についての規程の新設

裁量保釈の判断にあたっての考慮事情の明確化。

⑤ 弁護人による援助の充実化

被疑者国選弁護制度の対象者を勾留状が発せられた被疑者全件への拡充及び弁護人選任に係る事項の教示の拡充。

⑥ 証拠開示制度の拡充

証拠の一覧表の交付手続の導入、公判前整理手続の請求権の付与及び類型証拠開示の対象の拡大。

⑦ 犯罪被害者及び証人を保護するための方策の拡充

ビデオリンク方式による証人尋問の拡充、証人等の氏名・住居の開示に係る措置の導入及び公開の法廷における証人の氏名等の秘匿措置の導入。

⑧ 公判廷に顕出される証拠が真性なものであることを担保するための方策等

証人の不出頭等の罪の法定刑の引き上げ、証人の勾引要件の緩和、犯人蔵匿等の罪の法定刑の引き上げ。

⑨ 自白事件の簡易迅速な処理のための方策

3　今後の課題

(1) 被疑者・被告人の権利拡充のための更なる法制度の改革

2016（平成28）年改正刑事訴訟法は、取調全過程の録音・録画の法制化を実現し、被疑者国選弁護制度が勾留全件に拡大されたことのほか、証拠の一覧表の交付手続の導入や公判前整理手続の請求権の付与、類型証拠開示の対象の拡大といった証拠開示制度の拡充、裁量保釈の判断にあたっての考慮事情の明確化など、被疑者・被告人の立場にたった新たな法制度の構築や改革がなされたことは高く評価しうる。

しかしながら、その一方で、取調べの録音・録画に関しては、その対象事件が裁判員裁判対象事件と検察独自捜査事件に限られており、また例外事由の運用次第では録音・録画の適用場面が極めて限定されかねないという問題がある。また、証拠開示制度も全面証拠開示には至っていない。

そして、捜査機関側からの提案として、「通信傍受の合理化・効率化」や「証拠収集等への協力及び訴追に関する合意制度（日本型司法取引制度等の導入）」なども改正の対象となってしまった。「通信傍受の合理化・効率化」については、これまで組織犯罪4類型に限定されていた通信傍受の対象犯罪が、組織性の要件が付加されはしたものの、殺人、略取誘拐、詐欺等な

どの一般犯罪に拡大されると共に、警察施設などの傍受については通信事業者による立会い等が不要とされており、傍受の乱用に対する歯止めがなくなることに対する懸念が示されている。

さらに、「証拠収集等への協力及び訴追に関する合意制度（日本型司法取引制度）等の導入」に関しても、対象事件が一定の財政経済関係犯罪及び薬物銃器犯罪など特定犯罪に限られるものの、導入された制度が、「捜査公判協力型」であり（訴追機関に他人の犯罪を明らかにするための協力をしたことに対し、検察官が刑の減刑又は免責の行為をする制度）あり、捜査側と協力者との協議の過程や供述の過程の録音・録画がなされず事後的な検証手段が存しないことなどのため、えん罪を生む懸念は払拭できない。

これらの問題点をふまえて、衆議院法務委員会及び参議院法務委員会でも施行にあたり配慮をすべき事項を列挙して附帯決議がなされており、改正刑訴法による制度の運用には弁護士会も十分注意を払う必要がある。そして、改正法附則9条2項で「～政府は、この法律の施行後三年を経過した場合において、この法律による改正後の規定の施行の状況について検討を加え、必要があると認めるときは、その結果に基づいて所要の措置を講ずるものとする。」とし、特に取調の可視化については改正法附則9条1項で「～この法律の施行後三年を経過した場合において、取調べの録音・録画等の実施状況を勘案し、取調べの録音・録画等に伴って捜査上の支障その他の弊害が生じる場合があること等に留意しつつ、取調べの録音・録画等に関する制度の在り方について検討を加え、必要があると認めるときは、その結果に基づいて所要の措置を講ずるものとする。」とされている。

弁護士会は、3年後の見直しに向けて各制度の運用状況を検証し、制度の改善を求め、不十分な点については制度の拡張、逆に弊害が大きい場合には廃止を要求していく必要がある。

(2) 刑事弁護の実践の必要

平成28年刑事訴訟法改正により設けられた各制度を被疑者・被告人の権利保障へと結びつけるには、個々の弁護士がこれらの制度に精通し、効果的に制度を活用しなければならない。そのために、弁護士会は研修を充実し、新たな制度を個々の刑事弁護活動の実践につなげる必要がある。特に日本版司法取引制度及び刑事免責制度はこれまでにない新たな制度であり、2018（平成30）年6月までに施行されることとなっているため、早急に対応が必要である。

そして、2016（平成28）年刑事訴訟法改正によって設けられた各制度の監視や検証を弁護実践を通じて行い、3年後の見直しに役立てることも必要である。

(3) 今回の改正に盛り込まれなかった課題

2016（平成28）年刑事訴訟法改正は刑事司法改革を一歩進めたものではあるものの、無辜を処罰せず、えん罪を生まない刑事司法制度の構築にまではまだ至っていない。取調べの全面的可視化の実現や全面証拠開示など、今回の刑事訴訟法改正で新たに設けられた制度をより進めることのほか、弁護人の取調べ立会いや起訴前保釈制度など今回の改正で盛り込まれなかった制度についても、弁護士会は継続して制度化に向けた努力をすべきである。

（2016〔平成28〕年改正刑事訴訟法の各項目に関する個別の課題等については、第4部第4、第5、第6等の各項目参照）

第3 裁判員裁判導入の成果と課題

1 裁判員裁判導入の意義

(1) 裁判員制度の開始までの経緯と検証

裁判員制度は、広く一般の国民から無作為に抽出された者が、裁判官とともに責任を分担しつつ協働し、裁判内容（有罪・無罪の決定及び刑の量定）に主体的、実質的に関与するという制度である。

我が国にこのような制度を導入することについては、2001（平成13）年6月に出された司法制度改革審議会意見書で提言がなされ、その後、内閣に設置された司法制度改革推進本部の「裁判員制度・刑事検討会」において、2002（平成14）年6月から具体的制度設計についての本格的な議論が開始された。そして、2004（平成16）年5月21日、「裁判員の参加する刑事裁判に関する法律」（裁判員法）として可決・成立し、2008（平

成20）年4月18日、「裁判員の参加する刑事裁判に関する法律」の施行期日を定める政令が公布され、2009（平成21）年5月21日、裁判員制度が始まった。

裁判員法附則9条では、法の施行3年経過後に「所要の措置を講ずるもの」と規定されており、日弁連は、3年が経過するのに先立ち、2012（平成24）年3月、「裁判員法施行3年後の検証を踏まえた裁判員裁判に関する改革について」と題する提言を行った。

ここでは、①公訴事実等に争いのある事件についての裁判員裁判対象事件の拡大、②公判前整理手続における証拠開示規定の改正、③被告人側に公判前整理手続に付することの請求権を認める法律改正、④公訴事実等に争いのある事件における公判手続きを二分する規定の新設、⑤裁判員及び補充裁判員に対する説明に関する規定の改正、⑥裁判員裁判における評決要件の改正を提案した。

また、裁判員等の心理的負担を軽減させるための措置に関する規定及び心理的負担軽減に資する事項の説明に関する規定の新設を提言した。

さらに、死刑の量刑判断について全員一致制の導入、少年法の理念に則った規定の新設、裁判員制度の運用に関する調査研究のための守秘義務適用除外規定の新設、裁判員制度の施行状況を検討し、法制度上あるいは運用上必要と認める措置を提案する新しい検証機関の設置などを提言してきた。

しかしながら、法務省に設置された「裁判員制度に関する検討会」（以下「検討会」という）においては、日弁連のこれら提言はいずれも採用されず、現行の制度をほとんど変更することなく、2015（平成27）年6月に、①審理期間が著しく長期又は公判期日が著しく多数で、裁判員の選任等が困難な事案を対象事件から除外する規定（3条の2）、②重大な災害で被害を受け、生活再建のための用務を行う必要があることを辞退事由とする規定（16条8号）、③著しく異常かつ激甚な非常災害で交通が途絶した地域において裁判員候補者の呼出しをしないことができるとする規定（27条の2、97条5項）、④選任手続等における被害者特定事項の保護規定（33条の2第1項、3項）、を新設する改正が行われたにとどまった。

(2) 意義

この裁判員制度は、司法改革の重要な柱であった。裁判員法1条によれば、この制度は「司法に対する国民の理解の増進とその信頼の向上に資する」とされている。裁判員制度の導入は、司法に国民の健全な社会常識を反映させ、かつ、国民に対し、司法の分野における「客体」から「主体」へと意識の変革をもたらすという意味で、我が国の民主主義をより実質化するものとして大きな意義がある。

すなわち、司法の分野においても、国民がその運営に参加し関与するようになれば、司法に対する国民の理解が進み、裁判の過程が国民にわかりやすくなる。その結果、司法はより強固な国民的基盤を得ることになると期待されているのであり、日弁連は裁判員法を「司法に健全な社会常識を反映させる意義を有するに止まらず、我が国の民主主義をより実質化するものとして、歴史的な意義を有するものである」と評価している。

また、裁判員制度の導入により、刑事司法の抱えている諸問題を解決し、直接主義・口頭主義の実質化、調書裁判の打破と自白調書偏重主義の克服、連日的開廷による集中的審理の実現等を可能にし、刑事訴訟法の基本原則に立ち返った本来あるべき刑事裁判の姿を取り戻すことも期待されている。

2 裁判員裁判の現況と成果

(1) 裁判員裁判の現況

（以下、最高裁判所発表の制度施行から2017（平成29）年7月末までの統計〔速報〕による）

制度施行から2017（平成29）年7月末日までの8年2か月間の裁判員裁判対象事件の新受人員は、全国で11,118人（東京地裁本庁で1,002人）であり、裁判員裁判の終局人員は、全国で10,311人（東京地裁本庁で912人）である。新受人員を罪名別でみると、強盗致傷が2,823人で最も多く、以下殺人2,633人、現住建造物等放火1,191人、傷害致死1,055人、覚せい剤取締法違反917人、（準）強制わいせつ致死傷912人、（準）強制性交等致死傷877人の順になっている。

また、この間に裁判員裁判において選定された裁判員候補者は99万4,383人である。このうち、調査票の回答により辞退が認められた方などを除いた70万5,056人に対して呼び出し状が送付され、質問票の回答により辞退が認められるなどして、さらに30万9,382人の裁判員候補者の呼び出しが取り消され、残りの39万5,674人に選任手続期日への出席が求められ

た。このうち28万9,725人が選任手続期日に出席し（出席率73.2％）、5万8,196人が裁判員に選任され、1万9,798人が補充裁判員に選任された。辞退が認められた割合は61.7％であった。辞退率は、制度が始まった2009（平成21）年の53％から上昇が続いている。

裁判員裁判の平均審理期間（受理から終結まで）は9.0月であり、このうち公判前整理手続に要した期間が6.8月となっている。公判期日を開いた回数は平均4.4回（自白事件3.7回、否認事件5.3回）であり、実質審理期間（第1回公判から終局まで）は平均7.6日（自白事件5.3日、否認事件10.4日）となり、制度が始まった当初より少しずつ長期化する傾向にある。

(2) 裁判員裁判導入の成果

裁判員裁判導入から7年3か月を経過した段階で、裁判員裁判による終局人員は9,000人を超えているが、大きな混乱はなく、概ね順調に推移しているものと評価しうる。

2009（平成21）年5月21日から2013（平成25）年12月までの裁判員経験者のアンケートでは、良い経験と感じたと回答した人が95.3％であったところ、2016（平成28）年1月から同年12月までの同アンケートでは96.7％に増加し、引き続き肯定的な結果となっている。審理の内容についてわかりやすかったと回答したのは66.5％で、制度施行後低下傾向が続いていたが、ここ数年改善されてきている。但し、検察官と弁護人の法廷での説明のわかりやすさを比較すると、わかりやすかったとの回答は、検察官が66.8％に対して、弁護人は38.0％、わかりにくかったとの回答は、検察官が4.5％に対して、弁護人が16.7％との結果が出ており、改善する必要があろう。また、裁判員裁判の導入により、従来なされてきた供述調書の取り調べを基本とする審理から、人証中心の審理へと変化し、冒頭陳述、論告、弁論等も書面に頼らない方法へと変化しており、直接主義・口頭主義という本来あるべき刑事訴訟の審理がなされるようになっているといえる。そして、裁判所主催で実施されている裁判員経験者との意見交換会などによれば、裁判員は無罪推定の原則に従った判断をしようとする姿勢が伺われ、従前の裁判官裁判との違いが感じられる。

さらに、手錠・腰縄を解錠したのち、裁判員と裁判官が入廷する、被告人の着席位置を弁護人の隣にする、服装も相応な服装で出廷することを認めるなどの運用もなされるようになってきているなど、裁判員裁判の導入による刑事裁判の改善が実現しており、今後もかかる方向性を推し進めるべきである。

3 裁判員制度の課題

(1) 部分判決制度

部分判決制度は、事実認定のみを行う裁判員と事実認定及び量刑判断を行う裁判員との差異が生じ、最後に判決を言い渡す裁判体の裁判員の負担が重くなることや、部分判決では有罪と判断されたが、最後の事件では無罪との結論に達した場合、最後の裁判体は部分判決で有罪とされた件についての量刑判断を行わなければならないといった点、さらに、一般情状の立証をどの裁判体の段階で行うのかなどといった問題点が指摘されており、運営のあり方については、今後十分に検討をする必要があろう。

(2) 裁判員選任手続

裁判員選任手続については、裁判員候補者として呼出を受けた者が「思想信条」を理由として裁判員を辞退できるかにつき、2008（平成20）年1月に定められた裁判員の辞退事由についての政令では、「精神上……の重大な不利益が生ずると認めるに足りる相当の理由があること」と規定されている。しかし、この規定によれば、「精神上の重大な不利益が生ずると認めるに足りる相当の理由」の有無は個々の裁判官の判断によることになり、かつ、その基準が不明確であることから、選任段階で混乱が生ずるおそれがある。

また、裁判員への事前の質問票では、事件関係者との関係の有無や、事件を報道等で知っているか、近親者が同種事件の被害にあったことがあるか、などといった事項につき回答を求めるだけであり、選任手続期日における質問でも、質問票への回答の正確性、予定審理期間のスケジュールの確認、公正な裁判ができない事情があるかどうか、といった点についてだけ質問を行うことが想定されている。これでは、検察官や弁護人が不選任の請求を行う際の判断材料が極めて乏しく、裁判員候補者の外見と直感で判断せざるを得ないことになりかねない。また、特に性犯罪事件では、被害者のプライバシーを守る工夫が必要であり、この点についても検討が必要である。

これら選任手続の問題点を検討し、今後も適切な制度運営がなされるよう働きかけていく必要がある。

(3) 説示や評議のあり方

　裁判員法39条は、「裁判長は、裁判員及び補充裁判員に対し、最高裁判所規則の定めるところにより、裁判員及び補充裁判員の権限、義務その他必要な事項を説明するものとする」と規定しており、裁判所はその説明案を公表し、裁判員選任時には概ねその説明案に沿った説明がなされている。

　無罪推定の原則、合理的疑いを容れない程度の立証といった基本原則に基づかない刑事裁判がもし行われるようなことがあれば、被告人の適正な裁判を受ける権利が侵害されるのみならず、裁判員裁判も十分機能しないおそれがある。裁判所に対し、裁判員選任時以外にも証拠調べ開始時、評議開始時などに重ねて基本原則について説明をするなどして十分裁判員が理解した上で審理、評議に臨めるように説明の徹底を求めるべきであり、弁護人としても、事案によっては弁論などにおいて、具体的に立証の程度などに言及する必要がある。

　また、評議の内容については、裁判員に守秘義務が課されているために公表されておらず「ブラックボックス」となっていたが、2013（平成25）年から毎年、東京三会裁判員制度協議会は、典型的な事案を題材とし、裁判員役を一般市民の中から選び、現職の裁判官3名の参加を得て模擬裁判・評議を実施している。現実の裁判員裁判におけると同様の評議の進め方を確認する貴重な機会であり、今後も継続して行うべきである。評議が適切になされているか否かは、裁判員裁判がその目的に合致した制度となり運用がなされているかに大きく関わるものであり、常に検証しなければならないものと考えられる。

　さらに、裁判員の守秘義務を、検証目的の場合には解除するなどの方法により、検証の支障にならないようにすべきである。

(4) 被告人の防御権の観点

ア　身体拘束からの解放

　裁判員制度において連日的開廷を可能ならしめるためには、公判前整理手続において被告人と弁護人が十分に打ち合わせを行って方針を立て、証拠収集等を行う必要が生ずる。この被告人の防御権を十分に保障するためには、被告人と弁護人が自由に打ち合わせを行えることが不可欠であり、保釈の原則化など勾留制度運用の改革が必要である。

　裁判員制度の導入は、公判手続のあり方、証拠開示、取調べの可視化、被告人の身体拘束からの解放など、現在の刑事裁判そのものを大きく変容させる要素を含んでおり、これを機に刑事裁判全体の改革につなげていくことが重要である。

イ　接見交通権の実質的保障

　人質司法の打破は、裁判員裁判に特有の問題ではなく全ての刑事事件について実現されるべきであるが、裁判員裁判では、対象事件が重大事件に限られていることから、被告人は身体を拘束されている可能性が高い。そして、裁判員裁判で連日的開廷が実施されることを考慮すれば、裁判所における公判の前後や休廷時間における接見が重要となり、夜間・休日の接見も拡充される必要がある。これを受けて東京拘置所における夜間接見の開始、検察庁における電話接見の開始等の制度改革が進められているが、我々弁護士・弁護士会は、その活用をするとともに、さらなる改善に取り組むことが必要である。

ウ　その他

　法廷における服装、着席位置、刑務官の位置などが裁判員に多大な影響を与え、事実認定や量刑に影響を与えることは否定できない。法廷における服装、着席位置、刑務官の位置などについては一定の改善が見られたが、裁判員に対して被告人に不利益な印象を与えることのないように、今後も継続して改善を求めていくべきである。

　また、裁判員裁判は一般市民が判断できるようわかりやすいものでなければならず、裁判員の負担を軽減する必要性のあることも否定できない。しかし、あまりにその点ばかり強調して被告人の防御を軽視してはならず、公判期日の短縮や証拠の厳選により被告人の防御が犠牲になることがあってはならない。裁判員裁判においても、この点を留意し、被告人の防御権を強く意識して審理に臨むべきである。

(5) 公判審理

　2013（平成25）年5月、強盗殺人事件の裁判員裁判で裁判員をつとめ死刑判決にかかわった女性が、検察官から書証として提出された殺害現場のカラー写真を見たり、被害者が助けを求め通報した音声を聞いたことが原因となり急性ストレス障害を発症したとして国家賠償を求める訴訟を提起した。検察官請求証拠の必要性に対するチェックは、刑事弁護の観点から、まず

弁護人においてなされるが、この事件を契機として、裁判所では、裁判員の心理的な負担を考慮して、公判において取り調べる証拠について、立証趣旨との関係で書証の必要性を慎重に吟味する運用がなされるようになった。

裁判員裁判においては、凄惨な証拠に接すること等による裁判員の精神的負担に配慮した訴訟活動が求められ、この点をも意識した公判審理の実現に取り組むことが必要である。

(6) 裁判員が参加しやすい環境の整備と市民向けの広報

この制度は、広く国民が参加し、国民全体で支えるものとする必要があり、そのためには、国民が裁判員として参加しやすいように職場などの労働環境を整えるとともに、託児所・介護制度等の充実も図らなければならない。

そして、国民が、司法は自らのものであり主体的に担うものであるという自覚を持って参加するよう裁判員制度に関する理解を深めるため、情報提供や広報活動も積極的に行うことが重要である。裁判員裁判に参加した裁判員の意見は参加して良かったとするものが多くを占めているが、一般国民の裁判員への参加意欲は必ずしも高いものとはいえない。裁判員に守秘義務が課されているため、その経験を社会で共有することができないという根本的な問題はあるが、まずは我々弁護士・弁護士会が、引き続き裁判員裁判に対する広報を行う必要性は高いといえる。

特に近時、選任手続期日への出席率の低下が顕著であることが指摘されている。選任手続期日に出席を求められた裁判員候補者の選任手続期日への出席率が、導入当初の2009（平成21）年は83.9パーセントであったが、年を経過するごとに低下し、2015（平成27）年は67.5パーセント、2016（平成28）年は64.8パーセント、そして2017（平成29）年は7月末までの統計で63.4パーセントと大きく低下している。高齢、病気等の理由により選任手続期日への出席を求める前の段階で辞退が認められた候補者数を含めると、最初に選定された裁判員候補者のうち選定手続に出席した候補者の出席率は23.4パーセントまで低下している（2009〔平成21〕年は40.3パーセント）。裁判員制度は市民の参加に支えられて初めて成り立つ制度であり、このまま出席率の低下が続けば制度の存続も危うくなりかねない。市民の参加を促すための啓蒙、広報活動をさらに強化し、市民の参加を妨げる要因を除去するほか、裁判員となることへの市民の不安を取り除く努力を今後も継続することが必要である。2016（平成28）年5月に福岡地裁小倉支部に係属していた殺人未遂被告事件において、被告人の知人暴力団員が裁判員に対し「よろしく」と声をかけた事件があった。裁判員になることへの不安をなくすため、このような事件が起きないように公判審理係属中に裁判所で他者と接触する機会をできるだけ少なくするようにするなど再発防止策を確立することも必要である。

また、犯罪報道によって裁判員に予断を生じさせるおそれがあることも懸念されており、犯罪報道のあり方についての提言、具体的な犯罪報道に対する意見表明、積極的に被告人の立場からの報道を求めるなどの活動も広報活動の一環として必要である。

(7) 少年逆送事件
ア 問題の所在

裁判員法は、少年被告人の事件も対象としている。ところが、そのために生じ得る現実的な問題点について、裁判員制度導入を検討した政府の司法制度改革推進本部裁判員制度・刑事検討会では、議論がされなかった。

しかし、裁判員制度の運用次第では少年法改正手続を経ずして少年法が「改正」されるおそれがある。すなわち、本来、少年の刑事裁判に関しては少年法上、審理のあり方・処分の内容に関して科学主義が定められ（少年法第50条、9条）、これを受けて、証拠調べに関し「家庭裁判所の取り調べた証拠は、つとめてこれを取り調べるようにしなければならない」（刑事訴訟規則第277条）という規定が置かれており、この規定にいう「家庭裁判所の取り調べた証拠」の中でとりわけ重要なのが社会記録である。これらの規定は、刑事訴訟法の特則としての位置を占めているが、裁判員制度の運用次第では、これらの規定が死文化しかねないという懸念があった。

そのため、少年被告人を裁判員制度の下で裁くのであれば、いくつかの規定整備（法律レベルと規則レベルと両方考えられる。）と、運用についての法曹三者の合意が必要であった。

そこで、日弁連は、2008（平成20）年12月19日に「裁判員制度の下での少年逆送事件の審理のあり方に関する意見書」を発表するとともに、論点整理を行い、最

高裁に対して、制度開始前の一定の合意に向けた協議の申し入れを行ったが、最高裁は、正式な「協議」の実施は拒否し、単なる意見交換を実施することができただけであった。そして、その意見交換の中で、最高裁は、日弁連が提示したさまざまな問題点について、あくまでも個別の裁判体の判断であるとの姿勢を崩さず、何らの合意をすることはできないまま、裁判員制度が開始した。

イ　審判の変容のおそれとその現実化

　裁判員制度が、逆送されなかった大多数の少年保護事件の審判を変容させるおそれがあることも懸念された。

　すなわち、家裁での調査結果（社会記録）が、刑事公判において提出され、直接主義・口頭主義にしたがって証拠調べが行われた場合には、調査対象者の高度なプライバシーが公になるおそれがあり、そのおそれがあるとなると、今後他の事件の調査において、学校・児童相談所を含め、関係者が調査に非協力的になることなどが懸念される。

　そして、それらの懸念を未然に防止するために、家裁が調査のやり方を変え、幅広い調査をしなくなる、あるいは調査はしても調査票への記載をしない（あくまでも調査官の手控えとして事実上裁判官が情報を入手する。）など、社会記録のあり方が変容することが危惧される。それは、ひいては少年審判のあり方を変容させることになってしまうのである。

　この危険が、現実化しているという危惧を抱かざるを得ないような、いくつかの動きが裁判所側にあったので、日弁連は、2009（平成21）年5月7日に「少年審判における社会調査のあり方に関する意見書」を発表して警鐘を鳴らした。

ウ　少年法の理念を守る裁判員裁判のあり方の模索

　以上のとおり、①刑事訴訟手続の中で少年法の理念を貫徹すること、②審判手続の中で少年法の理念を貫徹すること、という2つの要請を満たしつつ、裁判員制度の理念を実現するための方策が検討されなければならない。

　すなわち、社会記録等の高度にプライバシーを含んだ情報を、公開法廷で明らかにすることなく、どのように主張したり証拠として提示したりしていくのかという問題である。その詳細については、2014（平成26）年度版政策要綱150頁参照。

エ　今後の取組み

　本来、少年法の理念を全うしながら少年の裁判員裁判を実施するには、成人事件とは異なるさまざまな問題が解決されなければならなかった。そのためには、立法的手当も必要である。その手当なくして、少年被告人を裁判員裁判の下で裁くことは、本来は避けられなければならなかった。

　しかし、日弁連からの問題提起に対して、何らの問題解決がされないまま裁判員制度が始まってしまった以上、その中で、完璧とは言えないまでも可及的に少年の権利擁護を図ることができるか否かは、個々の弁護人の訴訟活動にかかっているということになる。そのため、日弁連では「付添人・弁護人を担当するにあたってQ&A」を作成して全国に配布した。

　しかし、制度上の問題を抱える中で実施される少年の裁判員裁判においては、個々の弁護人の努力ではいかんともし難い点が多々ある。これまでに全国から日弁連に寄せられた情報からは、当初懸念されたとおり、社会記録の取扱いが大きく変わり、科学主義の理念を表す少年法50条、9条、刑事訴訟規則277条がないがしろにされた運用が散見される。また、少年のプライバシー保護にも意を払われていない訴訟指揮も見受けられるところである。やはり、個々の弁護人の努力だけでは、少年法の理念を守ることが難しくなっていることが明らかである。

　そこで、日弁連は、2012（平成24）年1月、「少年逆送事件の裁判員裁判に関する意見書」を取りまとめ、少年法の理念に則った審理方法が貫徹されるよう弁護人の請求による公開の停止や少年の一時退廷を認めることができる旨の規定の新設、科学主義の理念の明記、少年法の理念や科刑上の特則等の少年事件固有の規定について公開の法廷で説示する旨の規定の新設などを提言し、裁判員法の3年後の見直しにおいて、今度こそ少年事件の問題を置き去りにすることなく、改正がなされることを目指した。そして、法務省が設置した「検討会」において、一応、少年逆送事件についても議論がされたが、制度改正の必要性について理解を得るに至らなかった。

　日弁連・弁護士会としては、今後も、裁判員裁判に限らず、少年逆送事件の刑事裁判の在り方について、抜本的な見直しの提言をしていくべきである。

　一方で、現行法下でなしうる弁護活動の質を向上さ

せるためには、ノウハウを蓄積することが重要である。そのために、日弁連では、各地の逆送事件の事例検討を行い、日弁連付添人経験交流集会や夏合宿を通じて、会員に対して情報提供しているところであり、全国どこでも、いざ事件が起きたときに最良の弁護活動が提供できるような努力を、各弁護士会でも進めることが必要である。

(8) 外国人事件

裁判員対象事件で被疑者・被告人が外国人の場合、特に以下の点を注意すべきである。

① まず、裁判員裁判では、わかりやすい法廷活動が当事者に求められている。そして、審理は連日的開廷による集中審理が予定されているので、裁判員は法廷で見て聞いたことによって、最終的な評議まで行うことになる。そこで、現在は書面中心に行われている裁判が、直接主義・口頭主義によることとなる。必要的に行われる冒頭陳述(裁判員法49条、刑訴法316条の30)や弁論も書面を従前の読み上げる方法から、口頭による説得が多くなろうとしている。そうなると、要通訳事件では、あらかじめ書面を法廷通訳人に送付しておいて準備をしておいてもらうという現在の実務運用は、修正を余儀なくされる。法廷での逐語訳による通訳を原則とすべきである。また、通訳人の集中力持続にも限界があるので、複数体制を原則とすべきであるし、報酬も労力に応じたものにする必要がある。

② 2008(平成20)年4月以後、検察庁は裁判員対象事件のうち、自白調書を証拠請求する予定の事件について取調べの一部録画をする運用をすることとし、2008(平成20)年夏以後、各警察署においても試行されている。そこで、通訳人の能力に問題があったり、誤訳の可能性がある場合に、取調べ状況のDVDを類型証拠開示請求(刑訴法316条の15第1項7号)により開示させることによって、これらを検証することが可能になった。現在では、取調べ全過程が録画されているものではないので、問題となっている供述調書が作成された場面そのものが録画されていない場合もあるが、通訳人の能力を判定する極めて有力な資料となりうることは間違いない。必ず、開示請求をすべきである。

③ 法廷通訳に誤訳があるかどうかは、後日検証することができない。誤訳があるのであれば、その場その場で指摘しなければ修正不可能である。また、裁判員裁判では、申入れさえあれば、被告人が弁護人と並んで座ることが認められている。そこで、公判の進行に応じてコミュニケーションを取るためにも、法廷通訳とは別に、弁護人席に通訳人を配置することが必要である。そのために、弁護人席に補助者として通訳人が同席することを認めさせる必要がある。また、国選弁護事件では、その通訳人に対する報酬を支出するための制度作りが必要である。

(9) 被害者参加と弁護活動への影響

刑事訴訟法の第二編に「第三節 被害者参加」として、刑訴法316条の33から同39までの規定が新設され、刑事裁判に被害者等が参加することが認められる被害者参加制度が、2008(平成20)年12月1日から施行され、2009(平成21)年5月21日から施行された裁判員裁判においては、全ての事件についてこの制度が適用されている。

被害者参加制度は、これまで、刑事裁判に直接関わることがなかった被害者及びその遺族らが、刑事裁判に直接出席して、立証活動を行ったり、弁論としての意見陳述をすることを認める制度である。

日弁連は、2007(平成19)年6月20日に発表した「被害者の参加制度新設に関する会長声明」において、「被害者参加制度は、犯罪被害者等が自ら、被告人や証人に問いただすこと、さらには求刑をも可能とするものである。犯罪被害者等の心情を被告人に伝える手段として、既に認められている意見陳述制度に加えて、さらに、犯罪被害者等による尋問や求刑ができる制度を認めることは、客観的な証拠に基づき真実を明らかにし、被告人に対して適正な量刑を判断するという刑事訴訟の機能を損なうおそれがある。こうした懸念は、一般市民が参加し2009(平成21)年から施行される裁判員裁判において、より深刻なものとなる。」と述べており、裁判員制度への影響に対する懸念を表明していたところである。

被害者参加制度の運用によって、被告人・弁護人の防御権が侵害されることのないように適切かつ慎重な運用がなされることが必要である。

(10) 量刑データベースの創設への取組み

ア 量刑評議とデータベース

裁判員裁判では、一方で量刑に市民の感覚を反映させることが期待されているが、他方、刑の公平性の確

保という理念も軽視できない。裁判所では、行為責任を基本として量刑評議が進められており、かつ、ほとんどの事件で最高裁判所が作成した量刑データベースが用いられている。

そこで、弁護人としても、裁判員に対して説得力のある弁護活動を行うためには、量刑データベースが不可欠となった。

イ 弁護人のための量刑データベースの必要性と活用方法

最高裁判所は、裁判員裁判対象事件に関しては、被疑者段階から弁護人に対し、各裁判所において最高裁判所が作成した量刑データベースの利用を認めている。しかし、最高裁判所の量刑データベースからは、判決文にアクセスできない。そのため検索項目の細分化における評価の誤りの危険がある。

また、最高裁判所のデータベースには、「被害者の落ち度」、「被告人の反省」等の検索項目があるが、これを入力する担当裁判体の「評価」が入り、弁護人として原判決記載の具体的な事実摘示を読むことなしには正確な判断ができないおそれがある。

さらに、裁判員裁判において、最高裁判所の量刑データベースを用いるにあたり、「量刑の大枠」の条件設定の仕方そのものが争点となる事案も出ており、弁護人として、「量刑の大枠」を打ち破って裁判員が人間らしい市民の視線で量刑を考えることができるような弁護を展開するためには、被告人・弁護人の立場にたって作成された日弁連の量刑データベースを活用して、より工夫された説得力のある量刑主張が必要となっている。

ウ 役割分担と弁護技術の向上

運用を開始した日弁連の量刑データベースは、参加する各単位会が判決の収集・匿名処理（マスキング）・要旨作成を担い、日弁連は業者を通じてデータベースを管理して契約単位会の会員の利用に供し、判決文の管理・保管・送付の事務を行うというものである。

現在、日弁連は、愛知県弁護士会の協力を得て作成した要旨作成の基準に基づき、各地で要旨作成のための勉強会を実施している。副次的な効果ではあるが、継続すれば、担当弁護士の刑事弁護の知識や能力の向上が飛躍的に向上することが報告されている。

エ 東京弁護士会の役割

東京弁護士会では、すでに刑事弁護委員会に量刑データベース部会を立ち上げて、要旨作成の態勢を構築しているが、裁判員裁判の判決文の収集や匿名処理（マスキング）についての指導など制度定着に向けて着実な展開が求められている。

(11) 一審裁判員裁判事件の控訴審の問題

裁判員制度を導入する際、控訴審を従来どおり3人の職業裁判官だけで構成した場合、控訴審において裁判員が加わって行った原審の事実認定や量刑判断を変更することが裁判員制度の趣旨と調和するのかとの疑問から、控訴審に特別の規定を設けるべきとの意見もあった。これに対しては、一審判決を尊重し、控訴審は事後審として原判決の認定に論理則・経験則に違反する誤りがあるかどうかの判断に徹すれば問題ないとする意見があり、結局、裁判員法では特別な規定を設けなかった。そして、この後者の考え方は、最高裁2012（平成24）年2月13日判決で確認された。

ところが、その後、大分地裁が言い渡した一審無罪判決に対する控訴事件において、福岡高裁は延べ50人を超える証人尋問を実施した上で、原審判決は論理則・経験則等に違反するとして逆転有罪を言い渡した（2013〔平成25〕年9月20日判決）。このような事例に鑑みると、控訴審のあり方について明文の規定なしに運用のみで事後審に徹するということには限界があり、例えば裁判員裁判の無罪判決に対しては検察官控訴を制限したり、上訴理由の特則を設けるなどの立法的な解決を含めた改善が検討されるべきである。

(12) その他の裁判員制度自体の問題点

ア 裁判員対象事件について

裁判員法では、「死刑又は無期の懲役若しくは禁固にあたる罪にかかる事件、裁判所法第26条第2項第2号に掲げる事件であって、故意の犯罪行為により被害者を死亡させた罪にかかるもの」について基本的に裁判員対象事件とされているが、覚せい剤事犯、性犯罪事件、少年逆送事件などを裁判員対象事件とすべきか否かについて、様々な観点から議論がされている。また、むしろ裁判員対象事件を拡大すべきとの意見のほか、逆に否認事件に絞るべきとの意見もある。裁判員対象事件については、様々な意見があり得るところであって、それらの様々な意見を十分検討した上で、一定の結論を出すべきである。

イ 公判前整理手続について

公判前整理手続については、公判担当裁判官と別の

裁判官が担当すべきであるとの担当裁判官の問題、全面証拠開示あるいは証拠一覧表開示を導入すべきとの問題、立証制限規定の問題、被告人側の予定主張義務の撤廃の問題など、様々な問題提起がされており、被告人の権利保障の観点から、改善すべき点がある。

なお、裁判員裁判開始後、公判前整理手続が長期化しているとの問題点が指摘されている。公判前整理手続が徒に長期化することは被告人の身体拘束期間が長くなるなど適切ではない面もあるが、公判前整理手続を短縮化することは、被告人の防御権の保障に支障を与える可能性もあり、必ずしも短縮すれば良いという問題ではない。身体拘束の長期化については保釈の弾力的運用で対処すべきである。

ウ 裁判員裁判における量刑の問題

裁判員が量刑を判断するのは困難であるとして量刑を裁判員の判断対象からはずすべきとの意見もあるが、量刑にこそ社会常識を反映させるべきであるとの意見もある。裁判員裁判は、職業裁判官の判断よりも厳罰化の傾向にあるとの指摘もあるが、職業裁判官による判断よりも軽い量刑がなされたと考えられる事件も少なからずある。しかしながら、量刑についての評議は適切になされなければならず、必要以上の厳罰化は避けなければならない。弁護人は、一般市民感覚に則して裁判員に理解を得られるように情状事実を主張すべきである。

また、被害感情等の純然たる量刑証拠が犯罪事実の存否の判断に影響を与えないために、犯罪事実の存否に関する判断の手続と量刑の判断の手続を明確に分けるべきとの見解もあり（手続二分論）、具体的事件によっては、弁護活動のために手続きを二分するのが有益な場合もあることから、運用、制度化両面から検討すべきである。

エ その他の制度上の問題点

そのほか、いままで述べた点以外にも、被告人の選択権を認めるべきか、死刑求刑事件の審理のあり方、評決のあり方（過半数とするのが適切か）など様々な検討課題がある。これらについても検討を加えるべきであるが、その際、国民の司法参加の観点、被告人の権利保障の観点等様々な観点から検討を加える必要がある。

4 今後の弁護士・弁護士会の活動

(1) 裁判員裁判の改善にむけた検討

裁判員法附則9条において、法の施行後3年を経過した時点で、検討を加え、必要があるときは、「所要の措置を講ずるものとする」とされ、法務省に設置された「裁判員制度に関する検討会」において検討が行われたが、前述のように、日弁連の提言は多数意見とはならず、2015（平成27）年6月の法改正は、審理期間が著しく長期にわたる事件の除外や災害時に裁判員候補者の呼び出しのあり方などといった細部の修正に止まった。

しかしながら、裁判員制度には前述のような課題が残されており、絶えず見直しを図ってゆく必要がある。日弁連・弁護士会としては、今後、さらなる裁判員裁判の実践を踏まえた検証を行い、引き続き粘り強く制度の改善を求めて提言等の活動をしていくべきである。

(2) 弁護士会内の研修体制

裁判員制度においては、公判審理のあり方の変容にともなって、我々弁護士の弁護活動も、これまでのものとは異なったものが要求されるようになった。

裁判所が実施している裁判員経験者を対象としたアンケートによれば、法廷での訴訟活動のわかりやすさについて、弁護人の説明が検察官の説明よりわかりにくいという結果がでている。例えば、早口や声が聞き取りにくいなど話し方に問題があるとの指摘は、検察官に対するものの2倍以上であった。従前であれば裁判官が弁護人の意図をくみ取ってくれたことでも、裁判員には理解されないことがある。弁護士及び弁護士会は、新しい裁判員裁判に対応した弁護活動のあり方について十分な検討を行うとともに、その検討結果を早期に一般の会員に対して伝えて、多くの弁護士が裁判員制度を熟知し、この制度に適応した弁護技術を習得して裁判員裁判における弁護活動を担えるよう今後も継続的に取り組む必要がある。また、広報との関係でいえば、広く国民にこの制度を理解してもらうため、一般国民に直接接する我々が裁判員制度についての情報発信をできる態勢にあることも必要であり、このためにも研修は重要である。

東京弁護士会では、各種の裁判員裁判のための専門講座や裁判員裁判対応弁護士養成講座、また、裁判員裁判を経験した弁護人を呼んだ経験交流会も定期的に行っているが、今後もこれらの講座や交流会を継続的

に行うべきである。そして、実際に裁判員裁判が始まった現状のもとでは、裁判員裁判の検証の成果を踏まえた、最新の情報に基づくものとすべきである。

(3) 裁判員裁判に対応する弁護体制の構築

裁判員裁判においては、連日的開廷が実施され、弁護人が1人だけで弁護活動を行うことが困難となり、複数人で弁護団を組む必要性が高い。

また、裁判員裁判は従来型の刑事裁判とは異なる弁護活動も要求されることから、弁護団に裁判員裁判に習熟した弁護人が入る必要がある。また、裁判員裁判の場合には基本的に複数の弁護人が就くべきであり、国選弁護人の場合には全件について複数選任の申出を行うべきである。

東京弁護士会では、2010（平成22）年3月から、裁判員裁判対象事件に特化した裁判員裁判弁護人名簿を整備し、裁判員裁判に対応できる弁護士を捜査段階から配点できるようにすることとしているが、複数選任の場合における2人目の弁護人も裁判員裁判に習熟した弁護人が選任されることが望ましく、2015（平成27）年9月に規則を一部改正し、追加の国選弁護人候補者も、同名簿に登載されている者、第一東京弁護士会又は第二東京弁護士会の裁判員裁判サポート名簿に登載されている者又は刑事弁護委員会が推薦する者のいずれかでなければならないとした。

弁護士会としては、今後もこのような裁判員裁判に対応する弁護体制を充実させる取り組みを継続すべきである。

第4 公判前整理手続と証拠開示

1 公判前整理手続の概要

制度の詳細や弁護の手法は専門書に譲る。また、以下では特に限定しない限り、公判前整理手続と期日間整理手続とを併せて述べる。

(1) 公判前整理手続に付するにあたっての請求権

公判前整理手続の目的は、充実した公判の審理を継続的、計画的かつ迅速に行うための審理計画を立てるところにある（刑訴法316条の2参照）。「充実した公判審理」のためには、予め争点を整理し、争点に集中した証拠調べを実施することが必要であり、そのために主張をかみ合わせ、どの証拠を取り調べ、当該証拠調べにどの程度の時間を費やすべきかを決め、審理予定を策定する。

裁判員裁判対象事件以外の事件も、公判前整理手続に付されることがありうる。2016（平成28）年改正法により弁護人からの請求権が新設されたことを受け、同手続によるメリットが大きいと判断した場合には、弁護人から裁判所に対して同手続に付することを積極的に請求すべきである。

(2) 公判前整理手続の進行

公判前整理手続の長期化が顕著であるという指摘がなされている。この問題について弁護人の立場から検討すべきポイントは、審理の長期化は、被告人や証人等の記憶の減退等充実した審理を阻害する要因でもあるという点にある。弁護人としてもいたずらに引き伸ばしを画策することが相当ではないことは当然のことであるし、審理期間を度外視することも相当ではない。しかし、単純に「手続きにかかる期間の長さ」を問題とする裁判所に対しては、適切な期間について説得によって確保していく努力も必要である。

なお、裁判所からは身体拘束の長期化が説かれることがある。しかしこの点は保釈等の活用が十分になされていない現状にこそ、その問題の本質があるというべきであるし、手続きにかかる期間について裁判所にその必要性を十分に理解させることによって、保釈認容や未決勾留期間算入への反映等により対策が取られるべきであろう。拘束長期化を理由として、例えば類型証拠開示前に予定主張提出の期限を定めようとするような裁判所の訴訟指揮には軽々に従うべきではない。

2 現時点の運用状況

(1) 第1回打合せ期日の早期化

東京地裁では、検察官からの証明予定事実記載書の提出及び請求証拠の開示を、起訴日から2週間経過した日までになされる運用を定着させている。この運用を前提として、起訴日から1週間程度のうちに打合せ期日を入れ、その席上で公訴事実に対する意見等弁護側の対応を問うている。具体的には、公訴事実につい

ての認否はもとより、弁護側が問題意識をもっている争点等について問われ、弁護側からの回答をもとにして、検察側の証明予定事実記載書の記載について濃淡をつけ、また証拠開示の準備や任意開示証拠の選定等の準備にメリハリをつけようというものである。

もちろん、拙速な意見や主張の開示は行うべきではない（その意味から特に公訴事実に対する意見を明かせる場合は限られるであろう。）。しかしながら、可能な範囲で弁護側の問題意識を明らかにすることで防禦の充実につながることがあり、形式的な対応が相当ではない場合もあり得る。あくまでも当該事件において、よりよい弁護のために必要であれば、明らかにできる範囲で明らかにしていくことも柔軟に検討すべきである。

(2) 東京地裁における運用の評価

上記の運用は、裁判所として争点の整理を早期に行うことを進める観点から、試行錯誤を繰り返した上でのことと考えられる。拙速な審理に応じる必要がないことはもちろんであるが、無用に長い時間をかけることも相当ではない。

審理の長期化が被告人のデメリットとなり得るという観点から、東京地裁の運用は、充実した審理（その前提となる適切な争点・証拠の整理）に資するものとして一定の評価ができよう。

むろん、今後もこのような運用が、裁判所側の便宜のために行われ被告人の権利をないがしろにすることのないよう、注視していかなければならない。

3 証拠開示の概要と問題点

(1) 証拠開示の目的

公判前整理手続における証拠開示請求権は、訴訟指揮権に基づく証拠開示命令とは異なり、極めて広範な証拠につき、その開示を求めることに権利性が付与されたものである。

これによって、弁護人は、検察官請求証拠の証明力を判断し、それに対する証拠意見や弾劾の方針を固めて、適切な弁護方針を策定することになる。すなわち、証拠開示請求権は、計画審理のもとで十分な防御権を行使するために不可欠の制度なのであって、弁護人としては、可能な限り幅広い証拠の開示を請求しなければならない（なお、この要請は公訴事実に争いのない事件であっても、何ら異なることはない。）。

(2) 類型証拠開示

類型証拠開示の眼目は、とにかく幅広に開示を受けること、原典（特に証拠物）へのアクセスを目指すこと、にあると考える。その意味からも、今回の改正法で導入された証拠の一覧表交付は積極的に利用する必要がある。同交付請求（法316条の14第2項）は、必要性等の要件が定められていない一方、弁護人等から請求がなければ交付されることはない。したがって弁護人としては請求証拠の開示がなされるに伴って速やかに交付を請求すべきである。

早期の段階で幅広の開示を受けることは、弁護方針を策定していく上で必須である。弁護人としては、決して開示請求の対象を自ら狭めてはならない。

次に、原典へのアクセスが極めて重要である。例えば、携帯電話の通話履歴を見やすい形式でまとめた捜査報告書の開示を受けることにとどまらず、捜査機関が目にした通話記録そのものの開示を求めていかねばならない。捜査機関の手が入る前の証拠にアクセスしなければ、証拠の信用性判断などできようはずもないことを肝に銘ずべきである。

(3) 主張関連証拠開示

主張関連証拠開示請求は、弁護人の予定主張が明らかにした段階で行う。予定主張との関連性が要件とされることから、類型証拠開示に比べ対象が限定的になるという側面が否めない。その意味からも類型証拠開示の重要性を指摘することができる。

(4) 証拠開示請求に対する裁判所の裁定

弁護側の開示請求に検察側が応じない場合には、裁判所に裁定を求めることができる（刑訴法316条の26）。

裁定決定に対して不服がある場合には、決定から3日以内に即時抗告を申し立てることができ、さらに、即時抗告の決定に対して不服がある場合には、5日以内に特別抗告を申し立てることができる。

4 任意開示の活用

(1) 一定の類型該当証拠の早期開示

裁判所からの働きかけもあり、東京地検では、請求証拠の開示と同時ないしその直後に、一定の類型該当性が明らかな証拠を任意開示という形で開示される運用がなされている。具体的には、5号ロ、7号、8号が多いようである。それ以外にも、前述の第1回打合せ期日において弁護側が問題意識を示せた場合には、そ

れに関連する証拠が任意に開示される例もある。

この場合注意すべきは、その後に行うべき類型証拠開示においても、重ねて同号についても開示請求をすべきであるということである。任意開示はあくまでも任意開示であって、これらの類型に該当する他の証拠が、開示された証拠以外に存在しないことを意味しない。刑訴法316条の15に基づく請求をしてこそ、刑訴規則217条の24に基づく不開示理由の告知を求められるのであるから、他の証拠の不存在は確認しておかなければならない。なお、東京地裁以外では、公判前整理手続においても「任意開示」のみで対応する運用がなされている庁もあるとのことであるが、この観点から相当ではないというべきである。

(2) 裁判員対象事件以外の事件における任意開示

公判前整理手続が施行されてしばらく後より、裁判員対象事件以外であって、公判前整理手続や期日間整理手続に付されていない事件についても、弁護人の要請に応じて、任意開示を行う例が多くなっている。

実際には、類型証拠開示請求や主張関連証拠開示請求に準じた形式で書面を作成し、開示を要求することになる。否認事件であれば当然、自白事件であったとしても、何らかの有利な情状事実を見出すこともあり、積極的に活用していくべきである。また、否認事件等で公判前整理手続や期日間整理手続を求めていく場合、その前提として任意開示を求め、それでもなお十分な開示が得られないことを論拠として、これら手続に付すことを求めていくこともある。

5 今後の課題
(1) 手続・運用に習熟すること

裁判員裁判においては、裁判員の心に響く弁護活動を行う大前提として、公判前整理手続において適切な弁護方針を策定することが重要である。したがって、裁判員裁判を担う弁護士が、まずこの手続に習熟しなければならない。非対象事件においても、公判前整理手続の利用を積極的に検討することも必要である。そのために、我々弁護士会としては、その運用実態を把握するとともに、証拠開示に関する裁定決定例の集積・研究を進めなければならない。

(2) 立法過程への提言

上述のとおり、一定の立法化がなされた。今後はそれをいかに適切に運用していくかという観点が重要である。また同時に、改正法も100%満足ができるものではない。証拠は、国庫をもって収集した「公共財」とでも呼ぶべきものであり、本来は全面開示が当然と言わなければならない。また、他方で刑事事件の証拠はそれ自体極めてプライバシー性の高いものであることを十分に認識し、その取り扱いには厳重を期さなければならない。その扱いを前提として、弁護士会としては証拠の全面開示を法制化すべく運動を継続していかなければならない。

他方、再審事件における証拠開示については、実現されることはなかった。再審段階に至った後の証拠開示で冤罪が晴らされた件が多いことに鑑みれば、再審事件における証拠開示もその必要性において変わるところはないはずである。この点の法制化に向けた運動も継続していかなければならない。

我々実務家は、適切な刑事司法を実現していくべく、今後も不断の努力を重ねていかねばならない。

第5 人質司法の打破と冤罪防止

1 勾留・保釈に関する憲法・国際人権法上の5原則

勾留・保釈に関する憲法・国際人権法上の原則として、

①無罪推定の原則（憲法31条が保障していると解されるし、国際人権〔自由権〕規約14条2項が直接規定している。）

②身体不拘束の原則（同規約9条3項）

③比例原則（憲法34条が定める「正当な理由」を満たすためには、達成されるべき目的〔裁判権・刑罰執行権〕とそのために取られる手段〔勾留〕との間に、合理的な比例関係が存在する必要がある。）

④最終手段としての拘束の原則（「社会内処遇措置のための国際連合最低基準規則〔東京ルール〕」。1990

〔平成2〕年国連総会で採択。同規則は、公判前抑留の代替措置が法律上規定されることを前提にしている。）
⑤身体拘束の合理性を争う手段の保障の原則（人権〔自由権〕規約9条4項）

を挙げることができる。

2 人質司法の実態

(1) 日弁連の意見・提言

日弁連は、2007（平成19）年9月、「勾留・保釈制度改革に関する意見書」及び「勾留・保釈制度改革に関する緊急提言」を公表し、さらに、この2つの意見書と一体となるものとして、2009（平成21）年7月、「出頭等確保措置導入についての提言」を公表した。

この3つの意見書は、「人質司法」を脱却するために、短期的課題として、次の5点の実現を求めるものであった。
①起訴前保釈制度の創設
②刑訴法89条1号の改正（権利保釈の対象外犯罪の限定）
③同法89条4号の改正（削除または権利保釈除外事由の厳格化）
④同法89条5号の改正（同前）
⑤出頭等確保措置の創設（従前「未決勾留の代替制度」と呼ばれていた制度であり、勾留と「在宅」の間の中間的な形態として、行動の自由に対する一定の制限を課す制度である。）

(2) 日弁連の新たな意見書

日弁連は、法制審議会の特別部会に対応するため、会内議論を深め、2012（平成24）年9月13日付けで、「新たな刑事司法制度の構築に関する意見書（その3）」を公表した。

これは、前記（1）の従前の日弁連の提言・意見を踏まえつつ、以下を内容とする新たな意見書である。

ア　勾留及び保釈制度の改善

(ｱ)　勾留又は保釈に関する裁判においては、被疑者又は被告人の防御権を踏まえ、被疑者又は被告人が嫌疑を否認したこと、取調べ若しくは供述を拒んだこと、又は検察官請求証拠について同意をしないことを被告人に不利益に考慮してはならないものとする。

(ｲ)　勾留又は保釈に関する裁判においては、犯罪の軽重及び被疑者又は被告人が釈放されないことによって生ずる防御上又は社会生活上の不利益の程度を考慮しなければならないものとする。

イ　住居等制限命令制度の創設

これは、従前の出頭等確保措置を見直したものであり、裁判所が、被告人（被疑者）に対し、2ヶ月以内の期間を定めて、住居の制限、被害者その他事件の審判に必要な知識を有すると認められる者若しくはその親族への接触の禁止、特定の場所への立入りの禁止その他罪証の隠滅又は逃亡を防止するために必要な命令（住居等制限命令）をすることができるものとし、被告人（被疑者）が住居等制限命令に違反したとき、または、住居等制限命令を受けてもこれに従わず、罪証を隠滅すると疑うに足りる相当な理由があるとき若しくは逃亡すると疑うに足りる相当な理由があるときは、これを勾留することができるものとする制度である。

ウ　その他刑事訴訟法の改正

(ｱ)　刑訴法89条4号を削除し、「被告人が罪証を隠滅すると疑うに足りる相当な理由があるとき」を権利保釈の除外事由としないものとする。

(ｲ)　刑訴法61条の規定により被告人（被疑者）に対し被告事件（被疑事件）を告げ、これに関する陳述を聴く場合において、被告人（被疑者）に弁護人があるときは、これに立ち会う機会を与えなければならないものとする。

(ｳ)　刑訴法207条1項ただし書を削除し、公訴提起前に保釈をすることができるものとする。

(ｴ)　刑法429条2項を削除し、裁判官がした勾留決定に対して、犯罪の嫌疑がないことを理由として準抗告をすることができることを明確にする。

(3) 保釈保証保険制度等の導入

日弁連法務研究財団は、韓国の保釈保証保険制度を研究するとともに、我が国への同様の制度導入につき検討し、①全国弁護士協同組合連合会（全弁協）を保証機関とし、②損害保険会社とも連携して事業の継続性・安定性を維持し、③保証料率を保釈保証金の2％程度とすることなどを骨子とする「保釈保証制度」導入を提言する研究報告書を取りまとめた。この保釈保証制度は、権利としての保釈について、ひいては被告人としての防御権の行使について、貧富の差による差別の解消を図るものである。被疑者国選弁護制度と同様の発想に基づくものと言える。

これを受けて、日弁連は2011（平成23）年1月20日

付「保釈保証制度に関する提言」を行った。

その後、全国弁護士協同組合連合会を保証機関とし、保釈のための保証書（刑事訴訟法94条3項）を発行する事業（保釈保証書発行事業）が、2013（平成25）年から開始され、全国の単位協同組合で実施されている。

これは、弁護士協同組合の組合員である弁護士が、保証する金額の2％に相当する手数料を支払うとともに、保証する金額の10％に相当する自己負担金を預けることにより、全国弁護士協同組合連合会が保証書を発行し、弁護士はそれを利用して保釈を実現することができるというものであり、今後は、資力がない被告人についても保釈請求が容易に可能となるものであり、弁護士会は会員にこの制度を周知して、保釈率が向上するように働きかけをすべきである。

2016（平成28）年度（2016〔平成28〕年4月から翌年3月末まで）においては、全国で927件の申し込みがあり、うち保証書発行は596件となっている。

(4) 勾留を争い、保釈請求を励行する運動の展開

勾留、保釈の運用の改善については、何よりも刑事弁護の現場での積極的な弁護活動が不可欠である。現行の勾留、保釈制度の運用への弁護人の諦めが、低い勾留請求却下率と保釈率をもたらした副次的な原因であったことも否定できない。運用・制度の改革、そして保釈保証制度の導入など保釈請求を容易にする環境の整備に努めつつ、具体的な事件において、弁護人は、勾留を争う活動や保釈請求等を積極的かつ果敢に実践する必要があり、日弁連及び弁護士会は、そのような運動の提起とそれに対する支援や情報提供を、随時、具体的に行っていくべきである。

近年、勾留請求却下率（検察官が勾留請求した被疑者人員に占める裁判官が勾留請求を却下した人員の比率）が上昇し、全国統計で2002（平成14）年は0.1パーセントであった勾留請求却下率が、2016（平成28）年には3.3パーセントにまで上昇している。保釈率（その年中に保釈を許可された人員の当該年に勾留状が発付された人員に対する割合）も2003（平成15）年は12.6パーセントであったが2011（平成23）年に20パーセントを超え、2016（平成28）年は約30パーセントとなっている。これらは大きな成果であるといえるが、人質司法の打破を実現したとまでは言い難い。これからも勾留を争い、保釈請求を励行していく弁護活動の実践と日弁連及び弁護士会の運動は手を緩めること無く継続して続けていくべきである。

(5) 2016（平成28）年刑事訴訟法改正

2011（平成23）年5月に、法制審議会が設置した「新時代の刑事司法制度特別部会」やその作業分科会で、被疑者、被告人の身体拘束の問題についても検討が加えられたが、勾留や保釈の運用に関する委員の認識に隔たりが大きく、2016（平成28年）5月に成立した改正刑事訴訟法では、裁量保釈の判断に当たっての考慮事情が明文化されるにとどまった。

裁量保釈の判断に当たっての考慮事情として新たに加えられたのは、「保釈された場合に被告人が逃亡し又は罪証を隠滅するおそれの程度のほか、身体の拘束の継続により被告人が受ける健康上、経済上、社会生活上又は防御の準備上の不利益の程度その他の事情」との記載であり、これまでの実務においても検討されていた事情ではあるが、明文化されたことによりこれらの事情がより強く意識され、具体的事情を弁護人が主張することにより裁量保釈が広く認められるようになっていくことが期待される。

また、保釈に関しては、衆議院及び参議院の法務委員会で、「保釈に係る判断に当たっては、被告人が公訴事実を認める旨の供述等をしたにこと又は黙秘していることのほか、検察官請求証拠について刑事訴訟法第326条の同意をしないことについて、これらを過度に評価して、不当に不利益な扱いをすることとならないよう留意するなど、本法の趣旨に沿った運用がなされるよう周知に努めること」を法施行にあたり格段の配慮をすべき事項の一つとする附帯決議がなされた。

以上のような刑事訴訟法の改正や法施行にあたる附帯決議をふまえて、弁護士会は、より一層人質司法の打破に向けた活動を今後も継続して行うべきである。

第6　接見交通権の確立

1　接見交通権をめぐる闘い

　憲法34条、37条が保障している被疑者・被告人の弁護人選任権とは、弁護人の援助を受ける権利にほかならない。被疑者・被告人には、まさに援助が必要なその時にこそ、弁護人の実質的な援助が与えられなければならない。

　この弁護人の援助を受ける権利の中核的権利である接見交通権については、いわゆる一般的指定制度によって組織的・継続的な接見妨害がなされてきたが、日弁連は、早くからこの問題に取り組み、国賠訴訟の全国での積極的提起とその勝訴判決を背景として、法務省との直接協議によって、「面会切符制」の廃止など一定の改善を実現した。

　しかし、他方で、最高裁は、浅井・若松の両事件判決において、「取調べ予定」を理由に接見指定ができるとするなど現状追認に終始し、さらに、1999（平成11）年3月24日の安藤・斎藤事件大法廷判決において、「接見交通権の行使と捜査権の行使との間に合理的な調整を図らなければならない」などの理由で、刑訴法39条3項違憲論を退けるに至っている。

2　違憲論の再構築へ向けて

　国連の規約人権委員会は、日本政府の第4回定期報告書につき、1998（平成10）年11月、「最終見解」を採択し、「刑事訴訟法39条3項のもとでは弁護人へのアクセスが厳しく制限され」ていることを指摘し、これを直ちに改革するよう勧告したが、大法廷判決はこの勧告に逆行する内容に終始したのである。

　被疑者には、取調中であったり、取調べの予定がある場合にこそ、弁護人の援助が必要なのであって、我が国の現状は、未だ憲法、国際人権法の保障する弁護人の援助を受ける権利とはかけ離れた状況にある。

　違憲論を再構築するとともに、「捜査の必要」を理由に接見制限を認める刑訴法39条3項自体を削除する法改正を求めて運動を再展開する必要がある。

3　法友会の取組み

　また、接見交通権を確立するためには、妨害行為を看過することなく、国賠訴訟を積極的に提起すべきである。法友会は、会員が3日間にわたり接見することができなかった事案や取調中でもないにもかかわらず接見指定された事案について、法友会の会員を中心に約150名の弁護団を組織し、1997（平成9）年4月、国を被告として国賠訴訟を提起し（伯母・児玉接見国賠訴訟）、間近で確実な捜査の必要がある場合であっても検察官に接見申出をした弁護人との間で「調整義務」があり、この調整義務違反があるとして賠償を命ずる判決（一審・2000〔平成12〕年12月25日、控訴審・2002〔平成14〕年3月27日）を得るなどのめざましい成果を上げている。

　司法制度改革の前哨戦とも言うべき一般的指定書（面会切符制）を廃止させるための闘いも、接見妨害に対する闘いも、若手会員にとっては、いまや、過去の歴史の中に埋もれつつある。我々は、弁護士・弁護士会がいかに闘い、活路を見出してきたのかを、特に若手会員に伝えていく必要があろう。それこそが、弁護士自治を守り、継続していくための礎ともいうべきである。

4　検察庁通達の活用

　最高検察庁は、2008（平成20）年4月3日に「検察における取調べ適正確保方策について」と題する文書を公表し、同年5月1日にそれを具体化する「取調べの適正を確保するための逮捕・勾留中の被疑者と弁護人等との間の接見に関する一層の配慮について（依命通達）」（最高検企第206号）を発したことは注目に値する。

　この通達は、「2　検察官の取調べ中に被疑者から弁護人等と接見したい旨の申出があった場合の措置について」において、（被疑者から）「当該申出があった旨を直ちに弁護人等に連絡することとされたい」とし、「3　検察官が取調べ中の被疑者又は取調べのために検察庁に押送された被疑者について弁護人等から接見の申出があった場合の対応について」において、「(1)申出があった時点において現に取調べ中でない場合には、直ちに接見の機会を与えるよう配慮することとされたい。(2)申出があった時点において現に取調べ中の場合であっても、できる限り早期に接見の機会を与えるようにし、遅くとも、直近の食事又は休憩の際に接見の機会を与えるように配慮することとされたい」としている（なお、同年5月1日付の「取調べに当たっての一層の

配慮について〔依命通達〕」では、「少なくとも4時間ごとに休憩時間をとるよう努める」ことが明記されている。）。

そして、接見の申出及びこれに対してとった措置を記録にとどめ、当該書面を、事件記録に編綴することとされており、当該書面が証拠開示の対象にもなることが明記されている。

この通達は、いわゆる内田第2次国賠事件についての最高裁2000（平成12）年6月13日第三小法廷判決（民集54巻5号1635頁）が示した内容を通達で一般化したという点において、従来よりも迅速に接見を認めようとするものであり、弁護人においては、この通達を熟知して活用すべきである（これらの通達は日弁連の会員用ホームページにおいて公開されている。）。

5 今後の課題

裁判員制度との関係では、連日的開廷となるために、拘置所における休日・夜間接見の保障、裁判所構内接見の拡充が不可欠であり、被疑者国選弁護制度実施との関係では電話接見の導入が不可欠である（電話による外部交通及び一部の夜間接見はすでに試行されている。）。

また、被疑者・被告人との接見について、弁護人による録音・録画の自由化が図られねばならない。従来この問題は、主として接見内容の記録の一方法として捉えられてきたが、責任能力が争われる事件においては、被疑者の逮捕当初の供述態度・内容を記録して証拠化することの重要性が認識されつつあり、実践例もあらわれてきている。

ところが、実務の取扱いは、通達（1963〔昭和38〕年4月4日法務省矯正甲第279号）により、書類の授受に準ずるものとされており、「弁護人が右録音テープを持ち帰る場合には、当該テープ等を再生のうえ内容を検査し、未決拘禁の本質的目的に反する内容の部分また戒護に支障を生ずる恐れのある部分は消去すべきである」とされている。この通達は、証拠保全に制限を加え、秘密交通権を侵害するものであり、違法であり廃止されねばならない。

日弁連は、2011（平成23）年1月20日、「面会室内における写真撮影（録画を含む）及び録音についての意見書」において、「弁護士が弁護人、弁護人となろうとする者若しくは付添人として、被疑者、被告人若しくは観護措置を受けた少年と接見若しくは面会を行う際に、面会室内において写真撮影（録画を含む）及び録音を行うことは憲法・刑事訴訟法上保障された弁護活動の一環であって、接見・秘密交通権で保障されており、制限なく認められるものであり、刑事施設、留置施設若しくは鑑別所が、制限することや検査することは認められない。よって、刑事施設、留置施設若しくは鑑別所における、上記行為の制限及び検査を撤廃し、また上記行為を禁止する旨の掲示物を直ちに撤去することを求める。」との意見を公表している。

ところが、近時、拘置所側は、弁護人が接見する際の写真撮影や録音を認めない態度を示し、拘置所によっては、携帯電話等を預けない限り接見を認めない措置をとるところも現れており、これに対して、現在、全国で3件の国家賠償請求が提起されている。

このうち、東京拘置所面会室で、弁護人が被告人と面会中に、鑑定請求に関する証拠とするために被告人をデジタルカメラで撮影したため、拘置所職員が画像の消去及び接見中は撮影をしないように求めたが、弁護人が拒否したために接見が打ち切られた事案について、東京地方裁判所の2014（平成26）年11月7日判決は、「本件撮影行為のように、専ら証拠保全として行われた写真撮影行為は、『接見』に含まれると解することはできない」との極めて不当な判断をしていたものの、撮影行為を理由に接見を一時停止又は終了させることは違法であるとして、国に対して10万円の支払を命じたが、被告国が控訴して、東京高等裁判所の2015（平成27）年7月9日判決は、「被告人が弁護人等により写真撮影やビデオ撮影されたり、弁護人が面会時の様子や結果を音声や画像等に記録することは（接見には）本来的には含まれない」などと判示して、原告側の請求を全て棄却する不当な判決をした（東京弁護士会会長の2015〔平成27〕年7月15日付「接見室での写真撮影に関する東京高裁判決に対する会長談話」）。

しかしながら、最高裁判所も、2016（平成28）年6月22日に上告を棄却する決定をした。これについても、東京弁護士会は、即日「極めて不当な決定」との会長談話を発表している。

これ以外にも、小倉拘置支所において、弁護人が面会室内で撮影した写真の消去を拘置所職員から強要されたとして国家賠償請求訴訟が提起されたが、福岡地裁小倉支部は2015（平成27）年2月26日に弁護人敗訴

の判決を出し、控訴審の福岡高裁も2017（平成29）年10月13日、弁護人の控訴を棄却し一審の判断を支持した（上告済み）。

また、佐賀少年刑務所において、弁護人が面会室内で撮影した写真の消去を拘置所職員から強要されたとして提起した国家賠償請求訴訟についても、一審の佐賀地裁は請求を棄却し、控訴審の福岡高裁も2017（平成29）年7月20日、控訴を棄却して一審の判断を支持するに至っている（現在上告審が係属中）。

日弁連は、2011（平成23）年1月20日付の前記意見書と同趣旨の「面会室内における写真撮影（録画を含む）及び録音についての申入書」をとりまとめて、2013（平成25）年9月2日に法務大臣に対して申入れを行い、翌3日には警察庁長官及び国家公務委員長に対して申入れを行っている。

日弁連及び弁護士会は、今後も、この問題に真剣に取り組み、弁護人が防禦活動の一環として行う写真撮影や録音が刑事施設の妨害を受けることがないように、法務省や刑事施設と協議を行う必要がある。そして、会員に対して、適切な情報を提供し、会員の弁護活動が萎縮することがないように支援することが求められている。

接見交通権を確立し、実効性あるものにするために、日弁連及び弁護士会は、従来からの取組みをさらに強化していくとともに、弁護人は接見交通権を確立するための活動を展開する必要がある。

第7 国選弁護制度の課題

1 被疑者国選における弁護人の弁護活動

充実した被疑者弁護活動を行うには、被疑事実、被疑者の主張、被疑者の置かれている状況を正しく把握しなければならない。これらを把握する手段は、いうまでもなく接見である。被疑者弁護人は、事件の特質に応じて、必要な回数、時間の接見をしなければならない。特に、初回接見は迅速に行われる必要がある。

(1) 弁護士側の接見態勢

被疑者、被告人からのクレームの大半は、接見不足に起因している。当番弁護士や被疑者国選の待機日には、その日のうちに接見に行けるスケジューリングをしておかなければならない。理想を言えば、1日中、いつでも出動できる執務態勢としておき（裁判期日や打ち合わせを入れない）、要請があったら直ちに接見に赴く。そこまでは困難であっても、夕方から夜にかけて、接見に行ける時間を確保しておかなければならない。そして、当日中に接見に行き、必要な初期アドバイスを終わらせるべきである。どうしても、その日に接見に行けないなら、翌日の朝ないし午前中とできうる限り早く出動しなければならない。

そして、当番弁護士として出動したなら、可能な限り受任する。資力がなければ、被疑者国選か被疑者弁護援助制度を利用する。弁護人に選任されたら、事件の内容に応じて、必要な回数の接見を行う。こうした地道で誠実な姿勢が被疑者国選弁護制度の発展を支える原動力となる。

(2) 被疑者弁護における接見

法テラスへの終結報告書には接見期日、回数を記載することとなっている。この報告書を検討すると、初回接見が数日遅れる事例や、そもそも被疑者段階で接見を一度もしていない事例（被疑者国選報酬はゼロになる。）が散見される。もっとも、接見がゼロ回という事例は、その理由を子細に見ると、少年被疑者の場合で選任直後に家裁送致され、接見の機会がなかったなど、合理的な理由がある場合がほとんどである。接見が遅れるのも、すでに当番弁護士で初回接見があった事案などの理由もある。しかしながら、弁護士会としては、初回接見（なるべく早く行くこと。）の重要性を啓発し、必要な回数の接見が確保されるよう研修と広報が必要である。

2 国選弁護制度の正しい運用について（岡山での水増し請求の反省を踏まえて）

被疑者弁護活動の報酬は、弁護人からの請求に基づき算定されて支払われる。

この請求が正確に行われるよう支援センターは、2009（平成21）年8月3日から警察署での接見、2010（平成22）年2月から拘置所、刑務所、少年鑑別所での接見の際に、複写式の接見申込書を利用して、接見したことの疎明資料とし、接見回数を正しく報告するシス

テムを開始した。

さらに、2011（平成23）年10月から被告人国選報酬の基礎となる公判時間について、書記官から法テラスに対し公判の開始・終了時刻を記載した報告（公判連絡メモ制度）がなされ、弁護人の報酬請求の際の報告書の適正さを事前にチェックし、齟齬があれば、弁護人に照会し、被告人国選報酬の適正さを制度的に保障する制度が発足した。10分程度の相違を問題にするものではないが、弁護士各人は、公判開始時刻と終了時刻を正しく記載し、公判の開始が遅れた場合にはその事情等も含めて、報告書作成の際に誤謬がないよう記載しなければならないし、弁護士会としては、会員に正確な請求を促進しなければならない。

我々弁護士は、国選弁護報酬の水増し報酬請求問題（いわゆる岡山問題）で、当該弁護士が、弁護士会においては業務停止2年の懲戒処分、刑事手続においては、起訴され、一審では有罪判決（詐欺罪で懲役1年6月・執行猶予5年）が言い渡された事実を忘れてはならない（2012〔平成24〕年6月上告棄却、確定）。

3　当番弁護士活動の成果としての被疑者国選弁護制度

被疑者国選弁護制度は、戦後の新刑事訴訟法制定の過程において、すでに実現すべき課題として捉えられていた。その後、現行憲法の解釈論としても位置づけられ、日弁連をはじめ多くの先人が長年にわたってその導入を強く訴えてきた。これを実現することは、我々法曹に課せられた責務であるとの認識が拡がり、弁護士会は、1992（平成4）年、当番弁護士制度を全国で展開し、以後実績を積み重ね、制度を定着・発展させてきた。

この当番弁護士制度には、国民世論の大きな支援が寄せられ、それが原動力となって、刑訴法が改正された。2006（平成18）年10月、いわゆる法定合議事件に見合う事件につき被疑者国選弁護制度が導入されるに至った。そして、その対象事件の範囲は、2009（平成21）年5月21日以降、いわゆる必要的弁護事件に拡大された。その件数は、年間約8万件前後に達している。

さらに冒頭で述べたとおり、今般可決・成立した改正刑訴法では、被疑者国選弁護制度の対象を「被疑者に対して勾留状が発せられている場合」すべてに拡大することとされた。

我々はこのことを、当番弁護士活動を含むこれまでの運動の輝かしい成果として率直に評価すべきである。そして、我々は、そのことに自信と誇りを持ちながら、ここに留まることなく、被疑者の人権擁護の拡充のため、被疑者弁護制度を共に担い、そして制度拡充を実現していく責務がある。

4　日本司法支援センターの業務と弁護士会の役割

前記の刑訴法改正と併せて、総合法律支援法が成立し、日本司法支援センター（法テラス）が2006（平成18）年4月に設立され、その業務が同年10月から開始された。

同法は、国選弁護関係では、「迅速かつ確実に国選弁護人の選任が行われる態勢の確保」（同法5条）を図ることを目的としている。そのために、法テラスは、以下の業務を行う。

①弁護士と、国選弁護人契約を締結し、国選弁護人の候補者を確保する。
②裁判所等からの求めに応じて、国選弁護人契約弁護士の中から、国選弁護人の候補を指名し、裁判所等に通知する。
③法律事務取扱規程を定めて、国選弁護人の業務の基準を定め、それに違反した場合の措置を行う。
④国選弁護人の報酬の算定と支払いを行う。

このような法テラスの業務に関し、弁護士会は、「連携の確保及び強化」（同法7条）をなすとともに、法テラスに対し支援（同法10条）をなすべきものと位置付けられている。

弁護士会は、それ以上に、これら法テラスの業務によって、国選弁護活動の自主性、独立性が侵されることがないように不断に監視し続けなければならない。なお、法テラス設立時のこの観点の議論を知らない弁護士が増えていることに注意を要する。それら若手弁護士の、この点に関する意識が希薄化している現状を踏まえつつ、「監視が必要である」との意識を醸成していかなければならない。

5　国選弁護人契約締結、国選弁護人候補指名についての弁護士会関与

弁護士会として弁護活動の自主性・独立性を確保し

ていくためには、法テラスが国選弁護契約を締結する弁護士を恣意的に選別してはならないし、指名通知する国選弁護人候補について、法テラスは弁護士会の推薦を尊重するという運用を確立する必要がある。

かような観点から、例えば東京では、東京三弁護士会は、法テラス東京地方事務所及び東京地裁・高裁・最高裁等との間で、国選弁護人の指名基準等につき精力的な協議を行い、以下の合意に達した。

① 一般国選弁護人契約の締結については、弁護士会がその推薦する会員についてのみ申込のとりまとめを行い、東京地方事務所は弁護士会の意見を尊重する。
② 国選弁護人候補者の指名・通知用名簿については、東京三弁護士会が作成し、東京地方事務所はこれを尊重して指名・通知をする。
③ 指名・通知用名簿での指名が困難ないわゆる特別案件事件等については、東京地方事務所が別途東京三弁護士会に対し推薦を求めて対処する。

この合意に基づき、現にそのように運用されており、今後ともこのような方式を維持していかねばならない。

6 「法律事務取扱規程」の制定と弁護士会関与

弁護士会が定める弁護士職務基本規定は、国選弁護を含む弁護活動一般を規律する。法テラスとの契約に基づく国選弁護活動も、形式も、実質も、同じ規律でなければならない。

これを踏まえ、法律事務取扱規程においては、弁護士職務基本規程をベースに、一般的な倫理規定や受任に関する規定など契約弁護士等に対する適用になじまないものを除く23項目の基準が制定された。

また、法テラスが定める「契約弁護士等がその契約に違反した場合の措置に関する事項」につき、例えば、東京三弁護士会と東京地方事務所との協定では、東京地方事務所が契約弁護士の所属する弁護士会に事実の調査を委嘱し、意見を求め、東京地方事務所は、東京三弁護士会の調査結果及び意見を尊重することが合意され遵守されている。

7 国選弁護人報酬の算定基準について

国選弁護人報酬の算定基準については、報酬制度の改革等によって充実した弁護活動の提供が確保される仕組みを創るという視点が重要である。

弁護活動に対する介入は、直接的な介入のみならず、報酬決定を通じての介入もあり得る。そして、かつての国選弁護報酬は、低額であるのみならず、定額であった。いかに熱心な活動が行われても、また、いかに手抜きであろうとも報酬に反映することは少なかった。それが実際には手抜き方向でのコントロールが働いていたことをリアルに認識する必要がある。適正な報酬が支払われることなくしては、弁護活動の自主性・独立性は損なわれ、充実した弁護活動の提供が確保されないのである。

日弁連は、労力に応じた報酬、明確な算定基準、報酬の増額を目標に取り組み、裁判員裁判の弁護報酬の創設も含めて、2010（平成22）年までに6度の改訂を実現してきた。しかし、国選弁護報酬の額が一般事件の基礎報酬を中心に「低額」であることは、根本的には克服できていない。

国選弁護報酬が、法律事務所の経営維持の観点から適正と言える金額に増額すること（つまり、ボランティア活動ではなく、業務と評価できるまで高めること。）が、優れた国選弁護人候補者を継続して確保するための前提であることを忘れてはならない。

会員各自に対しては、問題事例を数多く報告することにより、改善への後押しをお願いしたい。

8 当番弁護士制度・被疑者弁護援助制度の存続と次の展開

(1) 当番弁護士制度の存続

改正刑訴法31条の2は、全ての被告人・被疑者を対象に、弁護士会に対する私選弁護人の「選任申出」制度を創設した。さらに、同法36条の3及び37条の3は、資力が基準額以上の国選弁護対象事件の被疑者及び任意的弁護事件の被告人は、予め「選任申出」を行っておくことを、国選弁護人選任請求を行うための要件としている。

これを踏まえ、当番弁護士制度は、改正刑訴法の「弁護士会に対する弁護人選任申出」に対応する役割をも担う制度として位置付け直され、存続させることとされた。

(2) 刑事被疑者弁護援助制度の存続

2009（平成21）年5月21日に被疑者国選の対象事件が拡大されたことの反射的効果として、刑事被疑者弁護援助制度（以下「被疑者援助制度」という。）の必

要性は相対的に小さくなったと言うことができる。しかし、被疑者国選制度は、逮捕段階には使えない、法定刑の制限がある、という限界があり、その不十分な部分を補っていく必要がある（改正法が2018〔平成30〕年6月に施行されれば法定刑の制限はなくなる）。つまりは、身体拘束を受けた全ての被疑者に対して国選弁護制度が認められるまで、被疑者援助制度はその役割を終えることはない。

そのため、財団法人法律扶助協会によって運用されてきた被疑者援助制度については、法律扶助協会解散後も、日弁連の財源負担により法テラスへの一括委託方式で存続させることとなった。

(3) 当番弁護士、被疑者弁護援助制度の財源

法テラス発足以前は、当番弁護士等緊急財政基金（以下「当番基金」という。)、法律扶助協会の自主財産及び贖罪寄付等が財源となっていた。当番基金の財源となる日弁連の特別会費については、2009（平成21）年5月、被疑者国選の第2段階がスタートすることで、当番基金の目的の大きな部分が達成されたと評価可能なこと、被疑者国選の拡大の裏面として被疑者援助事件が減少すると想定されることから、当番基金は、廃止された。その代わり、以後は、少年保護事件付添援助制度の利用が拡大すると想定されていたことから、新たに、少年保護事件に対する予算措置を主軸にした「少年・刑事特別基金」が創設された。当番基金のノウハウを受け継ぎ、少年保護事件付添援助制度を中心に、当番弁護士制度、被疑者弁護援助制度の財源として、支えていくことになった。

被疑者国選の拡大に伴い、裏返しとして、被疑者援助制度の利用件数は減少すると予測されていたが、現実には、減少幅が小さい。利用件数は、実質増となっている。この事実は、被疑者段階での弁護人の必要性が認識され、浸透していることを意味するものと評価できる。

(4) 第3段階そして第4段階の国選弁護制度へ

我々は、被疑者国選の実現を、弁護士及び弁護士会の努力の成果と評価するとともに、増大した毎年8万件の被疑者国選事件、さらには第3段階として身体拘束事件全件年間11万件への拡大を担い、その先に第4段階として、逮捕段階からの国費による弁護制度の確立を目指す段階にある。日弁連の国選弁護本部・国選弁護シンポジウム実行委員会では、施行に備えた全国の単位会における個々の扱いをいかに平準化するかという検討作業が始まっている。第4段階の制度設計については、2012（平成24）年12月岡山で開催された第12回国選弁護シンポジウムにおいて、第11回よりも踏み込んだ検討結果が報告された。さらにはこれを受け、2013（平成25）年9月には、日弁連国選弁護本部において、「逮捕段階の公的弁護制度（当番弁護士型）試案」を取りまとめた。同試案においては、被疑者からの要請を受けた弁護士が、24時間以内に接見に向かうこととし、当該接見にかかる費用に対して国費を投入するというものである。

9 弁護の質の向上（被疑者、被告人とのアクセスの拡充を中心に）

弁護活動の出発点は、被疑者、被告人の主張に耳を傾けることにある。接見の重要性を再認識する必要がある。とくに事件が、まだ流動的である被疑者段階での接見は重要性が高い。必要にして十分な接見を実現するためには、その為の設備や手続が整備されるとともに、弁護人側にも、接見の重要性に対する認識を深め、接見のための時間を確保することも求めていかなければならない。

(1) 接見室の増設

弁護人が警察等に赴いたところ、一般接見や、他の弁護人の接見と重なってしまい、長時間待たされることが少なくない。複数の接見室を備えている警察署は少ない。接見室の増設が望まれる。

他方、弁護士会は代用監獄の廃止を求めており、警察の接見室の増設を求めることには原理的には疑問の余地がある。さはさりながら、目の前の被疑者、被告人とのアクセスを充実させるためにやむを得ないものとして、日弁連を通じて警察庁に接見室の増設を申し入れている。

これに対して、警察からは「予算の問題等があり、警察署の増改築等の機会に逐次対応する」との回答がなされるのみで、実際の増設は進んでいない。さらに増設を求めて活動をするべきである。

(2) 東京拘置所での夜間・休日接見

拘置所での接見は、原則として平日昼間しか認められず、弁護活動に支障を生じることもあった。2007（平成19）年6月1日より、公判期日等の5日前から、夜間や休日に接見が可能となった（現在では夜間接見は公

判期日等の5日前、土曜日午前の接見は公判期日等の2週間前という運用である。）。また、2009（平成21）年7月27日より、面会受付時間が午後4時50分までと、延長された。より一層の拡大が望まれる。

なお、八王子拘置支所が、立川拘置所に移転し、収容人数も格段に増えた。今後の運用を見届ける必要がある。

(3) テレビ電話によるアクセス

東京では、2008（平成20）年4月16日から、東京拘置所との間でのテレビ電話による外部交通が「試行」されている。弁護士は、東京地検記録閲覧室（15階）又は、法テラス東京事務所から、東京拘置所に収容された未決の被拘禁者とテレビ電話で連絡をとることができる。立川拘置所とのテレビ電話も試行が開始された。

ただし、これは正規の接見ではない。拘置所側では個室が用意されるが、弁護士側での秘密は保持されない。弁護方針に関する打合せ等は、テレビ電話によることなく、現実の対面による接見をすることが望まれる。

また、予約制であること、時間が20分に制限されていること、弁護人側のアクセスポイントが限定されていることなど、必ずしも使い勝手の良いものではない。一層の改善が望まれる。

(4) ファックスによるアクセス

日弁連と法務省は、刑事施設の未決拘禁者から弁護人へのアクセス方法として、ファックス連絡について申し合わせ、条件が整った弁護士会から実施することとされている。

すでに、2008（平成20）年5月15日現在で、高知弁護士会をはじめ8弁護士会で実施されている。東京でも、2009（平成21）年10月から実施されている。

しかしながら、法務省と申し合わせたファックス連絡は、刑事施設から弁護士会にファックス送信され、弁護士会から各弁護士に転送する方法のため、迂遠であること、弁護士からの返信は週1回に限られていることなど、利便性・即時性に欠ける。実施状況を踏まえつつ、法務省と再調整を図ることも含めて、検討していく必要がある。

10 今後の課題

(1) 対応態勢について

2009（平成21）年から開始された第2段階では、被疑者国選弁護事件数は年間8万件前後で推移している。これに不足なく対応し、第3段階への拡大で年間11万件の被疑者国選弁護事件数へ対応していくには、日弁連規模で考えたときには弁護士偏在の解消が望まれる。国選弁護を担う弁護士数の確保のためには、国選弁護報酬基準の抜本的改革、契約弁護士（ジュディケア弁護士）の裾野拡大、スタッフ弁護士の確保、等が求められる。その他、国選弁護活動を効率よく行うための整備として、全国で8ヶ所しかない電話によるアクセスの全国的実施、拘置所における夜間・休日の接見の全面的実現などの課題につき、精力的に取り組んでいく必要がある。

(2) 国選弁護人割当制度の改革

東京三会独自の課題としては、東京三弁護士会が作成した国選弁護人名簿により、法テラス東京地方事務所がなす指名打診の方式をどうするのかという課題がある。

これらの指名方法が、どのように運用されるのか、迅速な指名通知に支障はないか、事件ごとに適切な弁護士を指名できているか、その他、弁護活動の自主性、独立性に対する問題はないか等について、弁護士会は継続的に検証を続けていかなければならない。

また、裁判員裁判が始まって、裁判員裁判用の名簿の充実を図るため、東京弁護士会では、2011（平成23）年より裁判員裁判を担当する国選弁護人の指名方法も改訂された。また、控訴審・上告審で弁護の充実を図るため、一審が裁判員事件であったものについては、裁判員裁判を担当する弁護人用の名簿から選出する等の工夫が行われている。さらなる指名方法の改善が求められるところである。

(3) 継続受任問題

東京高裁では、一審からの継続受任を原則として認めない方針に転換した部もあり、被疑者段階からの蓄積を活かして充実した弁護をしようとする努力を無にするような扱いは、継続受任を制度化した立法の経緯にも反するものである。

(4) 触法障がい者への対応

大阪で始まったいわゆる触法障がい者対応弁護人名簿を参考に、東京三会でも障がい者が被疑者となった

事件について対応することができる専用の名簿を作成し、2014（平成26）年4月からその運用が開始されている。いわゆる触法障がい者問題は、逮捕・勾留段階、公判段階だけの問題ではない。専門的な福祉機関との連携を図りつつ、障がいを有する人の人権を適切に擁護する体制をとらなければならない。特に、その障がいや再犯率に目を奪われて、障がい者に対する予防拘禁的な取扱いになることが決してないよう自覚をもって取り組みを深めていく必要がある。

(5) 国選弁護における専門家助力を得るための資金援助制度

前項で述べた触法障がい者の刑事事件を十分に対応するために、社会福祉士との連携などが適切に模索されなければならない。また、責任能力や法医学上の問題が生起した際には、医師や学者からの支援が必要となる。

しかしながら、専門家としての関与を求める以上、これらの活動に対しても、正当な報酬が支払われなければならない。しかしながら、従来はそれに関する資金的手当は何らなされていなかった。

東京弁護士会では、より実質的な弁護活動に資する観点から、会としてこれらの事件の一部ではあるが、このような専門家からの援助を得るための資金を援助する制度を立ち上げた。

その範囲は限られているものの、これによって、よりいっそう充実した活動を行うことが期待されている一方、本来は国選弁護に関する費用である以上、国費によって支弁されるべきものである。今後も、より充実した弁護活動に資するための費用を得ることができるよう、活動を継続していかねばならない。

(6) 逮捕段階の国選弁護制度創設へ

今回の改正においても、逮捕段階における国選弁護制度の創設は見送られた。身体拘束を受けた全ての人に弁護人を付するという目標を目指し、今後も継続的に運動を展開していかなければならない。

制度として検討した場合の課題は、①法制化によって全国的に統一的な扱いが可能か、②逮捕段階における国選選任権限をどの機関が行うべきか、③勾留前に選任するだけの必要性があるのか、という点であろう。①について、当番弁護士派遣について全国の単位会において独自の方式を採っているが、ある程度の統一化を検討しなければならない。各会において地域的特性等に根ざした運用が行われてきたという経緯に鑑みても容易なことではないが、現在、日弁連の国選弁護本部において作業が継続されている。②については弁護士会プロパーの問題ではないため、裁判所や検察庁と具体的な方策に向けた協議を行う必要があろう。③については、まず当番弁護士として派遣された会員各自が速やかな接見を行い、その必要性を明らかにする努力が必須である。

国選弁護制度拡大によってこれまでの弁護士会の取り組みが一定の形を見たことについては、すでに述べたように評価されるべきである。しかし、我々はこの段階にとどまらず、さらに被疑者・被告人の権利が十分に護られるよう、努力を継続していかなければならない。

第8 未決拘禁制度の抜本的改革

1 拘禁二法案反対運動の経緯とその後の状況

日弁連は監獄法改正問題に早くから取り組み、1982（昭和57）年4月、国会に提出された刑事施設法案、留置施設法案（いわゆる拘禁二法案）に対して、冤罪の温床である代用監獄を恒久化させ、「管理運営上の支障」を理由に弁護人との接見交通を制限し、規律秩序と保安の強化を進めるものであるとして、「拘禁二法案対策本部」を設置して全会的な反対運動を展開し、三度にわたって同法案が廃案となる事態をもたらした。

その後、2001（平成13）年から2002（平成14）年にかけて、名古屋刑務所で、刑務官らが受刑者を制圧し、革手錠を使用して保護房に収容したところ、受刑者が死傷した事件が3件発生していたことが発覚した。この刑務官の受刑者に対する暴行致死事件発覚を契機として、法務省は、2003（平成15）年4月、行刑改革会議を設置し、同年12月には、受刑者処遇に関する改革案が同会議の意見書に取りまとめられた。

2 被拘禁者処遇法の成立・施行と今後の課題

これを受けて、政府は、受刑者処遇のみならず、未

決、代用監獄をも含めた法案を、次期通常国会に提出するとの意向を示し、日弁連の申し入れにより、日弁連、法務省、警察庁の三者による協議会が設置され、協議が行われた。

その結果、受刑者処遇と代用監獄制度のあり方を含む未決拘禁者等に関する部分を分離して、先に受刑者処遇に関する法改正を行うことで日弁連、法務省、警察庁の三者が合意し、2005（平成17）年5月18日、監獄法の一部を改正する「刑事施設及び受刑者の処遇等に関する法律」（受刑者処遇法）が成立し、2006（平成18）年5月24日から施行されている。

これにより、受刑者の処遇について、監獄法制定以来100年ぶりに一定の改善が図られることになった。

受刑者処遇法が成立した後、日弁連の要求を受けて、法務省と警察庁は、2005（平成17）年12月6日から2006（平成18）年2月2日まで、「未決拘禁者の処遇等に関する有識者会議」を設置して議論を行い、同有識者会議では、「未決拘禁者の処遇等に関する提言」がまとめられた。

それを踏まえて、2006（平成18）年3月、国会に「刑事施設及び受刑者の処遇等に関する法律の一部を改正する法律案」が上程され（受刑者処遇法の改正という形式を取っている）、同年6月22日、同法案が成立し（以下「被拘禁者処遇法」という。）、未決拘禁者及び死刑確定者の処遇等について、監獄法制定以来100年ぶりに一定の改善が図られることになった。

被拘禁者処遇法は、2007（平成19）年6月1日に「刑事収容施設及び被収容者等の処遇に関する法律」として施行された。

同法は、留置施設視察委員会の設置を定め、拘置所における弁護人の夜間・休日接見への道も開き、死刑確定者の処遇について「心情の安定」を理由とする外部交通の相手方の制限を取り払うなど一定の改善が図られた。

しかしながら、同法は、いわゆる「代用監獄」問題の解決を先送りする内容となっている。

具体的には、「都道府県警察に、留置施設を設置する。」（同法14条1項）として警察留置施設の設置根拠を規定するとともに、被逮捕者及び被勾留者を「刑事施設に収容することに代えて、留置施設に留置することができる」（同法15条1項）と規定して、「代用監獄」である留置施設への代替収容を認めており、「代用監獄」制度の現状を追認する内容となっている。

3 被拘禁者処遇法の課題

現在においても、捜査機関の管理下で被疑者の身体拘束を行う「代用監獄」が取調べに利用され、自白の強要がなされて、冤罪や人権侵害が繰り返し惹起されている。2007（平成19）年に明らかとなった富山氷見事件においても、冤罪であるにもかかわらず、「代用監獄」における取調べで虚偽自白がなされ、その自白に基づいて実刑判決を受けて服役までするに至っている。

「代用監獄」制度は、捜査と拘禁の分離を求める国際人権基準に違反し、国内外から厳しい批判に晒されてきており、廃止されるべきものである。

国連の拷問禁止委員会は、2007（平成19）年5月18日、日本政府報告書に対する最終見解の中で、「当委員会は、代用監獄制度の広範かつ組織的な利用について深刻に懸念する。逮捕された者が裁判所の前に出頭した以後も、起訴に至るまで長期間拘束されるため、拘禁及び取調べに関する不十分な手続保障と相俟って、彼らの権利侵害の可能性が高まり、無罪推定の原則、黙秘権、被疑者の防御権などの事実上の無視につながりうることになっている」と指摘し、「代用監獄」を中心とする我が国の未決拘禁制度を厳しく批判した。

国連の国際人権（自由権）規約委員会は、2008（平成20）年10月31日、国連の市民的及び政治的権利に関する国際規約の実施状況に関する第5回日本政府報告書に対する総括所見を発表したが、その中で、代用監獄制度の廃止を勧告するだけでなく、刑事施設視察委員会、留置施設視察委員会及び刑事施設の被収容者の不服審査に関する調査検討会の制度について独立性と権限を強化すること、死刑確定者を例外なく独居拘禁とする体制を緩和すること、保護房拘禁の最長時間を制限し事前の医師の診察を必要とすること、分類上の判断に基づいて審査の申請のできない独居拘禁を継続しないように勧告している。

未決被拘禁者処遇法の成立にあたって、衆議院及び参議院の両院の法務委員会の附帯決議は、代用監獄に収容する例を漸減することの「実現に向けて、関係当局は更なる努力を怠らないこと」とされたが、これを文言だけに終わらせないようにしなければならない。

4 未決拘禁制度の抜本的改革に向けて

　被拘禁者処遇法附則41条は、「政府は、施行日から5年以内に、この法律の施行の状況について検討を加え、必要があると認めるときは、その結果に基づいて所要の措置を講ずるものとする。」との見直し規定を定めている。

　日弁連は、2006（平成18）年5月26日に開催された第57回定時総会において、「引き続き未決拘禁制度の抜本的改革と代用監獄の廃止を求め、刑事司法の総合的改革に取り組む決議」を行い、「代用監獄」制度の廃止とともに、未決拘禁制度の抜本的改革を含む刑事司法手続の総合的改革に取り組む決意を表明している。

　また、日弁連は、2009（平成21）年11月6日、第52回人権擁護大会において、「取調べの可視化を求める宣言—刑事訴訟法施行60年と裁判員制度の実施をふまえて」を採択し、代用監獄制度の廃止等とともに取調べの可視化を求める宣言を採択している。

　さらに、日弁連は、2010（平成22）年11月17日、「刑事被収容者処遇法『5年後見直し』に向けての改革提言」をまとめ、その中で、被拘禁者処遇法に対する具体的な改正提言をまとめている。

　ところが、法務省は、5年後見直しに当たって、何らの法改正を提案せず、一部の法務省令改正を行うだけにとどめた。しかも、改正された法務省令の中には、受刑者に外部通勤作業を行わせる場合又は外出・外泊を許す場合に、受刑者に位置把握装置（GPS機能付きの携帯電話と手首か足首に巻く小型装置）を装着等することを条件とする内容も含まれている（2011〔平成23〕年5月24日付東京弁護士会「外出する受刑者に位置把握装置の装着等を義務付ける刑事施設及び被収容者の処遇に関する規則改正に反対する会長声明」）。

　日弁連は、2012（平成24）年6月14日付「新たな刑事司法構築のための意見書（1）」において、刑事訴訟法の総則において、無罪推定原則及び身体不拘束原則を明文で規定すべきであることを求めるとともに、同年9月13日付「新たな刑事司法構築のための意見書（3）」では、勾留に代替する手段として、住居等制限命令制度を創設するなど勾留及び保釈制度の改善を提案している（詳細は第4部5「人質司法の打破と冤罪防止」を参照）。

　日弁連は、法務省において2013（平成25）年7月25日から開催されている「矯正医療の在り方に関する有識者検討会」に対する意見として、同年8月22日、「刑事施設医療の抜本的改革のための提言」をした。同有識者検討会は、2014（平成26）年1月21日、「矯正医療の在り方に関する報告書」をまとめ、法務省は、その提言を受けて、2015（平成27）年3月、通常国会に「矯正医官の兼業及び勤務時間の特例等に関する法律案」を提出し、同年8月27日に成立した。同法は、矯正医官について、その能力の維持向上の機会を付与すること等により、その人材を継続的かつ安定的に供給するために、兼業の許可等に関する国家公務員法の特例を設ける等の措置を定めるものである。

　日弁連及び弁護士会は、今後も、法務省や警察庁に働きかけ、未決拘禁制度の抜本的改革と「代用監獄」の廃止を目指して、国民をも巻き込んだ強力な運動を組織し展開していくべきである。

第9　共謀罪の創設とその問題点

1　共謀罪の提案に至る経緯と組織犯罪処罰法改正案の成立

　政府は、2000（平成12）年12月、国連越境組織犯罪防止条約（United Nations Convention against Transnational Organized Crime）に署名している。同条約は、越境的な組織犯罪が近年急速に複雑化・深刻化してきたことを背景として、これに効果的に対処するためには、各国が自国の刑事司法制度を整備し、強化するのみならず、国際社会全体が協力して取り組むことが不可欠であるとの認識を踏まえて、越境的な組織犯罪を防止し、これと戦うための協力を促進する国際的な法的枠組みを規定している。2003（平成15）年5月には、国会において同条約を批准することが承認されている。

　政府は、2003年以降、共謀罪の創設を含む組織犯罪処罰法の改正案を国会に3度上程したが、いずれも市民からの反対や野党の抵抗にあって廃案になっており、長らく国会に上程されなかった。

ところが、政府は、共謀罪の創設を含む組織犯罪処罰法の改正案を、2017（平成29）年3月21日に閣議決定して、国会に上程した。その後、衆議院法務委員会での審議を経て衆議院で可決し、その後、参議院に送られて参議院法務委員会で審議されたが、同年6月15日、参議院本会議において、参議院法務委員会での採決を省略して「中間報告」を行った後、与党と維新の党の多数により可決・成立した。同年6月21日に公布され、同年7月11日に施行された。

2　共謀罪の問題点

政府が提案していた共謀罪の構成要件は、「組織的な犯罪集団」の関与を求めておらず、単に「団体」と規定するだけであるために、共謀罪が適用される団体が極めて曖昧である上に、共謀しただけで直ちに犯罪が成立するとされていることから、その構成要件は広汎かつ不明確であり、刑法の人権保障機能の観点から到底容認することはできない。

近代刑法においては、法益侵害の結果を発生させた既遂犯を処罰するのが原則であり、実行に着手したが結果が発生しなかった未遂犯は例外的に処罰され、法益が重大な場合にさらに例外的に予備罪が処罰されることになっている。

ところが、政府が提案した組織犯罪処罰法改正案は、同条約が「重大犯罪」として長期4年以上の全ての犯罪と定義し、共謀罪を全ての「重大犯罪」について立法化することを締約国に義務化していることを受けて、かつての法案では長期4年以上の全ての犯罪（当時で619、現在では676の犯罪）について、277の罪を対象犯罪として別表で規定し、それぞれについて共謀罪を新設する立法事実を検討することなく、一律かつ自動的に共謀罪を新設するものである。我が国は、他の国と比べると、同じ罪種でも、殺人について謀殺・故殺のように構成要件と刑罰が別々に規定されておらず、また、窃盗や詐欺などでも手口によって構成要件と刑罰が別々に規定されていない。そのため、極めて広い法定刑を定めているために、例えば窃盗（法定刑は10年以下の懲役）も「重大犯罪」として共謀罪が新設されることになってしまうという我が国独自の法制のために共謀罪を新設する対象犯罪が極めて多くなっている。

そのため、現行法上、予備罪・準備罪は約50、共謀罪・陰謀罪は26あるが、これと比較して、それ以前に成立する共謀罪が277も新設される結果、現行法の体系を崩すことになってしまう。

今回の法案では、①対象となる団体を組織的犯罪集団に限定し、②行為を「共謀」から「計画」に改め、③計画だけでは処罰されず、資金又は物品の手配や関係場所の下見などの準備行為が行われて初めて処罰できることとされ、政府はかつての法案とは異なっていることを強調するとともに、2020年の東京オリンピックのためのテロ対策であることを前面に掲げた（法案に使われていない「テロ等準備罪」と呼称した）。

しかしながら、国会審議において、①については、継続的な結合体全体の活動実態等から見て社会通念に従って客観的に決めるとされており、対外的に環境保護や人権保護を標榜している団体であってもそれが隠れ蓑であるとか名目に過ぎず、実態として構成員の結合関係の基礎が一定の重大な犯罪を実行することにある場合には「組織的犯罪集団」に当たりうると説明されており、そうだとすると、普通の市民運動団体、労働組合、会社組織でも、「組織的犯罪集団」に当たりうることとなるから何の限定にもならない。②についても、ほぼ同様の概念であり、「計画」と言い換えたら厳格に解釈されることにはならない。③については、「準備行為」は予備行為における客観的な危険性がなくても良いと解されることから、例えば、ATMでお金を下ろす行為のような日常的な行為でも良いということになるし、第1次的には警察などの捜査機関の判断によることになるから、計画をした者の日常的な行為を捉えて、準備行為が恣意的に認定されるおそれを否定することができないなどの問題がある。

国会審議においては、これらの懸念や疑問を払拭することなく、採決が強行されてしまっている。

3　法案をめぐるこれまでの日弁連及び弁護士会の活動と今後求められる活動

日弁連は、かねてから共謀罪法案に反対しており、かつての政府案に対して、2度反対の意見書を公表していた（2006〔平成18〕年9月14日付「共謀罪新設に関する意見書」、2012〔平成24〕年4月12日付「共謀罪の創設に反対する意見書」）。

日弁連は、2014（平成26）年3月に、共謀罪法案対策本部を設置し、全国の弁護士会で反対の会長声明を

出したり、会内学習会や市民集会などの実施を進めてきた。

今回の法案提出を前に、日弁連は、2017（平成29）年2月17日付「いわゆる共謀罪法案の国会上程に反対する意見書」を公表している。

今回の法案が国会に上程された後も、同年5月23日付「いわゆる共謀罪の創設を含む組織的犯罪処罰法改正案の衆議院での採決に対する会長声明」、同年6月15日付「いわゆる共謀罪の創設を含む改正組織的犯罪処罰法の成立に関する会長声明」をそれぞれ発出している。また、東京弁護士会を含む全ての弁護士会において、反対の会長声明等をあげている。

しかしながら、残念ながら、通常国会において改正組織犯罪処罰法は成立し、既に施行されている。

今後は、同法が恣意的に運用されて、市民が不当にプライバシー等を侵害されることがないように注視して、日弁連や全国の弁護士会は、市民と協力して、成立した同法の廃止に向けた取組みを行う必要がある。

第10 検察審査会への取組み

1 検察審査会法の改正とその施行

司法制度改革審議会意見書（2001〔平成13〕年6月12日）は「刑事司法制度の改革」の一つとして、「公訴権の在り方に民意をより直截に反映させていくことも重要である。」として「検察審査会の組織、権限、手続の在り方や起訴、訴訟追行の主体等について十分な検討を行った上で、検察審査会の一定の議決に対して法的拘束力を付与する制度を導入すべきである。」との提言を行っていた。

これを受けて、司法制度改革推進本部の裁判員制度・刑事検討会において検討がなされ、検察審査会法の改正案が2004（平成16）年3月に第159回国会に提出され、同年5月21日に参議院で可決されて成立し、同月28日に公布され、それから5年以内に施行されることになった。改正検察審査会法は、裁判員の関与する刑事裁判に関する法律と同じく、2009（平成21）年5月21日から施行されている。

なお、検察審査会法は、2007（平成19）年5月17日、検察審査員及び補充員の選定手続等の整備や不利益取扱いの禁止規定の新設等の改正案が成立し、この改正案は同年5月30日に公布とともに施行されている。

2 改正検察審査会法の概要

弁護士との関係で重要な改正は、次の3点である。

(1) 検察審査会の議決に基づき公訴が提起される制度及び指定弁護士制度の新設

公訴権行使により直截な民意を反映させ、公訴権行使をより一層適正なものとし、ひいては司法に対する国民の理解と信頼を深める趣旨で導入された制度である。

検察審査会が、第一段階の審査において起訴議決をしたのに対し、検察官が、当該事件について、再度不起訴処分をしたとき又は一定の期間（原則として3か月）内に公訴を提起しなかったときは、当該検察審査会は第二段階の審査を開始しなければならず、その審査において、改めて起訴を相当と認めるときは、8人以上の多数により、起訴をすべき旨の議決（起訴議決）をする。起訴議決があると、裁判所は検察官の職務を行う弁護士を指定し（これを「指定弁護士」という。）、この指定弁護士が、起訴議決に基づいて公訴を提起し、その維持に当たることになる。

公務員の職権濫用等の罪について告訴又は告発した者が、検察官による不起訴等の処分に不服がある場合に、裁判所に審判に付することを請求することができ、裁判所が審判に付する旨の決定をした場合は、対象たる公務員につき公訴が提起されたものとみなされ、裁判所はその事件について公訴の維持にあたる者を弁護士の中から指定して、公判維持等の検察官の職務を行わせることになっている（刑訴法266条2号、267条、268条1項）。

改正検察審査会法による起訴議決がなされる場合と付審判事件とでは、前者は犯罪の種類に限定がなく、裁判所から指定される指定弁護士が公訴の提起を行う（起訴状を作成して地方裁判所に提出する。）という点が異なっている。

(2) 検察審査会が法的な助言を得るための審査補助員制度の新設

検察審査会の権限が強化されることに伴い、検察審

査会の審査が一層充実し、適正なものとなるよう、検察審査会が法的な助言を得るために審査補助員を弁護士の中から委嘱することができる制度が新設された。

　検察審査会は、審査を行うに当たり、法律に関する専門的な知見を補う必要がある場合には、弁護士の中から事件ごとに1人、審査補助員を委嘱することができる（任意的委嘱）。但し、起訴議決を行う第2段階の審査には、審査補助員は必ず委嘱しなければならないことになっている（必要的委嘱）。

　審査補助員は、検察審査会長の指揮監督の下、①当該事件に関係する法令及びその解釈を説明すること、②当該事件の事実上及び法律上の問題点を整理し、並びに当該問題点に関する証拠を整理すること、③当該事件の審査に関して法的見地から必要な助言を行うという各職務を行うことになっている。

　日弁連と法務省、最高裁との協議により、審査補助員の委嘱に際しては、弁護士会への推薦依頼を受けて、弁護士会が適任の弁護士を審査補助員として推薦することになっている。

(3) 検察審査会数の見直しと統廃合

　改正前は、検察審査会の数は200を下ってはならず、かつ、各地方裁判所の管轄区域内に少なくとも1箇所置かなければならないとされていたが、都市部の検察審査会と地方の検察審査会とでは事件数に著しい差が生じており、一部の大都市では審査期間が長期になっていることなどの理由から、それぞれの検察審査会の取り扱う事件数が適正なものとなるよう、この規定が撤廃された。

　2008（平成20）年1月21日、最高裁判所は、全国の検察審査会のうち事件受理数の少ない50会を廃止して近隣の審査会と統合する一方、多忙な大都市に計14会増設する統廃合を決定した。東京では、これまで東京地裁本庁に2会があったが、本庁に6会、支部に1会が置かれる形で大幅に増設された。

3　弁護士会に期待されている役割

　これまで弁護士は、検察審査会とは全く無縁の存在であったが、改正検察審査会法においては、審査補助員及び指定弁護士という形で検察審査会の審理やその活動に大きく関わることが予定されている。

　都市部で事件数も多く、7会に増設された東京地区においては、東京三会が協力して、ある程度の数の審査補助員及び指定弁護士を推薦できる名簿及び態勢が既に作られているが、今後も、新人弁護士に対する研修等を実施して、検察審査会や裁判所から推薦要請があればすぐに対応できる態勢を整備することが早急に求められている。

　検察審査会への関与は、弁護士にとって全く新たな分野であるが、市民の弁護士に対する信頼を勝ち得る場として極めて重要であるから、弁護士会としては、会内での広報や研修に全力で取り組み、推薦態勢を確立していくべきである。

　すなわち、検察審査会から審査補助員、裁判所から指定弁護士の推薦依頼があれば、弁護士会としては、これらの推薦依頼に速やかに応えられるように、一定の数の候補者を募って推薦名簿を作成し、審査補助員や指定弁護士のための研修を実施するなどして（日弁連は、2017〔平成29〕年1月に改訂「改正検察審査会法対応・審査補助員・指定弁護士のためのマニュアル」を作成・配布している。）、改正検察審査会法が予定し期待している適任の弁護士を養成し、推薦する態勢を早急に作ることが求められている。

　東京においても、民主党の小沢一郎元幹事長の政治資金規正法違反事件、福島第一原発事故に関する業務上過失致死傷事件が、検察審査会で審査され、審査補助員として弁護士が選任され、その審理に関与している（いずれも起訴議決がなされた。）。

　これまでに、全国で9件（神戸2件、沖縄2件、東京2件、徳島1件、鹿児島1件、長野1件）が検察審査会の起訴相当決議に基づいて、指定弁護士が選任され、強制起訴がなされている（東京の1件は2016〔平成28〕年2月に起訴された。）。

　現行法上、指定弁護士の報酬は、後払いである上に、審級毎に19万円以上120万円以下とされていたが、日弁連は、法務省に対して報酬の上限を引き上げるように働きかけていたところ、2015（平成27）年12月1日、検察官の職務を行う弁護士に給すべき手当の額を定める政令1条の改正が閣議決定され、50万円以上315万円以下（上訴審及びその後の審級については、19万円以上315万円以下）に引き上げられ、2016（平成28）年1月以降に審理が終了した事件の当該審級に関する手当について適用されることになっている。

　また、審査補助員の選任の在り方についても透明性が要請されている。

東京弁護士会は、元々、「審査補助員候補者及び指定弁護士候補者推薦等に関する規則」(2009〔平成21〕年4月9日制定) 7条3項において、「会長は、審査補助員候補者又は指定弁護士候補者の推薦依頼を受けた場合は、原則として、候補者推薦名簿の中から、適切と思われる弁護士会員を合理的な方法をもって選択して推薦するものとする。」としていたが、「合理的な方法」について特に定めがなかった。そこで新たに、「審査補助員候補者及び指定弁護士候補者推薦等の手続に関する細則」(2013〔平成25〕年8月5日制定) を設けて、同2条において、「検察審査会に対し推薦する審査補助員候補者及び裁判所に対し推薦する指定弁護士候補者(以下「候補者」という。)は、刑事弁護委員会担当副会長が刑事弁護委員会、当該事件について意見を徴することが相当と思われる委員会の委員長等の意見を聴く等して、原則として、規則第7条第1項に規定する名簿の中から適切と思われる本会に所属する弁護士会員(以下「弁護士会員」という。)を選考し、会長に報告する。」(同1項)、「会長は、前項の規定により報告を受けた弁護士会員について、副会長の意見を聴いた上で、候補者としての適否を検討する。」(同2項)、「会長は、前項の規定により検討した結果、適当と判断した弁護士会員に対して、被疑者、被疑事実及びその関係者との利害関係並びに面識等を照会したうえで、当該弁護士会員を候補者として推薦する。」と規定して、「合理的な方法」を明確化した。

検察審査会の推薦依頼に対して、審査補助員に適任の候補者を推薦することは弁護士会の責務というべきであり、その推薦に当たっては、外部から見た公平さが要求されているというべきであるから、今般の東京弁護士会が設けた細則はその点で評価すべきであり、今後の適切な運用が強く期待される。

このように、弁護士会においては、適任の審査補助員や指定弁護士を推薦するとともに、その選任過程について公正さを確保するような仕組みを作るとともに、今後も研修を実施して、候補者の育成に注力するとともに、審査補助員の日当が極端に安いし、指定弁護士については報酬が増額されたが、まだまだ、大事件については不十分であることから、これを物心両面から支援する態勢を作るよう努力すべきである。

4 日弁連の提言

以上の観点から、日弁連は、2016 (平成28) 年9月15日、「検察審査会制度の運用改善及び制度改革を求める意見書」をとりまとめ、国に対し、以下の運用改善及び制度改革を提言した。

【運用改善について】

(1) 被疑者が求めた場合には、必ず意見陳述ができるようにし、その方法は口頭だけでなく書面による陳述の利用ができるようにすべきである。

(2) 後記 (2) の制度改革がなされるまでの間、犯罪被害者やその遺族を含む審査申立人の口頭の意見陳述を認める運用が更に拡充されるべきである。

(3) 検察審査会は、法的な知見が重要であったり、証拠評価等に困難を伴うことが見込まれるケースにおいては審査補助員を委嘱するようにすべきである。

(4) 審査補助員の手当については、検察審査会議への出席だけでなく、それ以外の活動を含めて支払うべきである。

(5) 検察審査会議の外形的事実のうち、開催日時、審議時間及び審議対象については、議決日以降において、行政情報として積極的に国民に対して公開すべきであるとともに、それ以外の審査員の男女別、年齢構成等については、検察審査員の検察審査会議における自由闊達な議論の保障という趣旨に反しない限り、公開すべきである。

【制度改革について】

(1) 検察審査会に審査の申立てがなされたときは、被疑者に審査申立てがあったことを通知する制度を新設するとともに、被疑者に対し、口頭又は書面による意見陳述権や弁護人選任権を保障すべきである。

(2) 犯罪被害者及びその遺族を含む審査申立人が口頭の意見陳述をすることを、権利として保障すべきである。

(3) 審査補助員を複数選任できる制度とすべきである。

(4) 審査補助員に支給される手当の基準額を増額すべきである。

(5) 指定弁護士が、検察事務官及び司法警察職員に対する捜査の指揮を直接できるようにすべきである。

(6) 指定弁護士の手当の上限を撤廃すべきであり、その支払方法や支払時期についても検討されるべきである。

今後は、上記意見書に基づき、一刻も早く、報酬の

増額を含む審査補助員や指定弁護士の待遇の改善を求める活動を行うとともに、検察審査会の運用や制度改善に関する提言を行い、弁護士が審査補助員や指定弁護士になることを躊躇することがない制度が実現にするよう努力すべきである。

第11 新たな刑罰（一部執行猶予制度等の導入）

1 一部執行猶予制度等の導入について

2013（平成25）年6月13日、国会で「刑法等の一部を改正する法律案」と「薬物使用等の罪を犯した者に対する刑の一部の執行猶予に関する法律案」が成立し、2016（平成28）年6月1日から施行されている。

前者は、刑の一部の執行を猶予する制度と更生保護法を改正して、特別遵守事項に社会的活動を一定の時間行うことを追加すること等を内容とするものである。

刑の一部執行猶予は、犯罪者が刑の一部の執行を受けた後、残りの刑の執行を一定期間猶予する旨の判決を宣告することができることとする制度である（執行猶予期間中に保護観察を付すことが可能とされる。）。

特別遵守事項の追加は、特別遵守事項の類型に、新たに、「善良な社会の一員としての意識の涵養及び規範意識の向上に資する地域社会の利益の増進に寄与する社会的活動を一定の時間行うこと。」を追加するものである（従来、「社会奉仕命令」といわれたものを、保護観察の特別遵守事項として取り入れたものである。）。

後者は、薬物使用等の罪を犯した者が、再び犯罪を起こすことを防ぐために、薬物使用等の罪を犯した者に対する刑の一部執行猶予について刑法の特則を定めるものである。

ちなみに、一部執行猶予については、最高裁判所のまとめによると、2016（平成28）年6月から2017（平成29）年5月末までに一部執行猶予が言い渡された被告の罪名別の主な内訳は、覚せい剤取締法違反1,422人、窃盗51人、大麻取締法違反34人、麻薬取締法違反7人（複数の罪を犯した場合は最も重い罪で集計）とされており、覚せい剤取締法違反で実刑判決を受ける被告は、ここ数年年間約5,800人であり、同法違反では実刑判決を受けた者のうちの約4分の1に一部執行猶予が適用されたことになると指摘されている（毎日新聞2017〔平成29〕年6月29日付朝刊）。

2 一部執行猶予制度のメリットと課題について

実務的に見て、実刑か執行猶予かはよく争われるところであり、そのいずれかしか選択肢がないという現状では、必ずしも適切な処遇を選択することができないという限界があるので、その中間的な刑を設けることは処遇選択のメニューを増やすものとして意義があると考えられる。

刑の一部執行猶予制度は、一部実刑を受ける被告人に対し、判決の時から、ある程度長期間の執行猶予期間を設定して社会内処遇を受けることを予定することができるので、刑の一部の執行を受けた後の社会内処遇を手厚くすることができるというメリットがあると考えられる。

この制度の対象となる者として、具体的には、道路交通法違反の罪などの比較的軽い罪を繰り返し、何度か罰金刑を科せられた後、執行猶予判決を受けたが、その後再び罪を犯して初めて実刑になる場合等が想定されている。

また、執行猶予期間中に、比較的軽い罪を犯した場合、現行法上は、執行猶予に付された懲役刑と再犯について言い渡された懲役刑を合算して服役することになるが、執行猶予を言い渡された懲役刑の期間は、通常検察官の求刑通りの懲役刑が言い渡されることが多いことから、この一部執行猶予制度が利用できれば、合算により相当長期に及ぶことが予想される服役期間を短くすることができると考えられる。

したがって、この制度が、機動的かつ弾力的に運用されることによって、適切な処遇選択を可能にするという点で評価することができる。

この制度の課題としては、判決時に、担当する裁判官が、この制度に則った判決を言い渡すことになっているが、諸外国の判決前調査のような情状に関する資料を職権で調査する制度がない我が国において、果たして裁判官が適切に実刑の期間を定めることが可能か

という問題がある。

特に、弁護人の側から、情状に関する資料をより多く提出するなどの協力がなければこの制度の適用が受けにくくなることが予想され、また、刑の執行の開始から受刑中を含めて、社会との連携が保たれるように、できる限り、予め環境整備をしておくことなども求められることになると考えられる。

被告人の更生のためには、この制度が適切に活用される必要があり、弁護人の弁護活動においては、この点を意識した弁護活動がなされる必要がある。

なお、この制度により、実刑を終えた受刑者がその後の執行猶予期間中に保護観察を受ける場合に備えて、保護観察官や保護司について、増員を含めて充実させる必要がある。

中間的な刑であって社会内処遇をより充実させるというこの制度の趣旨を踏まえて、重罰化されることがないような運用がなされることが強く期待されていると考えられるところであり、その運用に当たっては、実刑相当事案について一部執行猶予を検討することとされている。

3　保護観察の特別遵守事項の追加について

法制審議会の「被収容人員適正化方策に関する部会」においては、当初、社会奉仕命令を不起訴の条件とすることや執行猶予の条件とすることが検討されたが、結局、社会奉仕命令は導入されず、保護観察の特別遵守事項として社会的活動を追加することになったものである。

すでに、社会内処遇としての社会奉仕命令が導入されている近隣の韓国や台湾では、不起訴の条件や執行猶予の遵守事項としてこの制度が導入されているために、被疑者や被告人において社会的活動をしようとするインセンティブが働きやすいのに対して、保護観察の特別遵守事項とするのではその点はあまり期待できず、むしろ、保護観察による負担を重くするのではないかと危惧される面がある。

ただ、保護観察の特別遵守事項として、一定の者に対して、社会的活動を課すことが適当と考えられる場合にそれを認めることは、保護観察処遇の選択肢を広げるものとして評価することはできる。

具体的な実施方法は、今後検討されることになるが、その際には、社会内処遇措置のための国連最低基準規則（いわゆる東京ルール）に従って実施される必要があると考えられる。

例えば、東京ルールの中には、「対象者が遵守すべき条件は、実践的であり、明確であり、かつ可能な限り少なくなければならない。」、「処遇は、適切な訓練を受け、実務的な経験を積んだ専門家によって実施される必要がある。」、「違反が自動的に拘禁処分を課すことになってはならない。」などの指摘がなされており、社会的活動の運用のあり方として、これらを踏まえて検討される必要がある。

4　薬物使用等の罪を犯した者に対する刑の一部執行猶予制度について

これは、刑法による一部執行猶予制度について、特に薬物使用者について、累犯者であっても適用される点と、執行猶予期間中は必要的に保護観察が付されるという点が異なっている。

薬物使用者は、薬物への親和性が高く、常習性を有する者が多いという特殊性に鑑み、施設内処遇ではなく、社会内処遇によって、その傾向を改善することが一般的に有用であると考えられたことによるものである。

すでに、薬物使用者については、現行法上、刑事施設においては、刑事収容施設及び被収容者等の処遇に関する法律に基づいて、特別改善指導の一環として、薬物依存離脱指導がなされているし、仮釈放後の保護観察について、保護観察所が薬物離脱のための処遇を行い、2008（平成20）年6月から「覚せい剤事犯者処遇プログラム」の受講を特別遵守事項として義務付けて実施されているところであり、これらと相俟って、この制度が良い方向で運用されることが期待される。

薬物依存に関する外部専門家によって構成される「薬物地域支援研究会」は、2014（平成26）年9月、「薬物依存のある刑務所出所者等の支援に関する当面の対策」が提言として取りまとめられ、薬物依存からの回復に向けた指導やプログラムに関する刑事司法機関内における一層の情報共有、連携強化を図ること等が提言している。

この制度の課題としては、一部執行猶予制度が適用されて実刑を終えた受刑者に対する保護観察中の薬物依存離脱のためには、多くの保護観察官や保護司の配置が必要になるとともに、より専門性を有した保護観

察官の養成が必要となると考えられる点である。

これについては、特別の保護観察官の創設を検討するとか、日常的に執行猶予を受けた者と接する保護司についても、薬物使用者に対応する専門的知識を身につけた保護司を養成する必要があると考えられる。

薬物使用者に対して、刑事施設から保護観察に至るまでの処遇を一貫して有効なものとし、より適切な処遇を行うためには、刑事施設と保護観察所が実施している処遇プログラムを有機的に連携させるとともに、情報交換等を日常的に行うことなどが求められると考えられる。

保護観察中の遵守事項違反については、一部執行猶予を「取り消すことができる」とされる。現在の全部執行猶予の場合には、「遵守すべき事項を遵守せず、その情状が重いとき」に取り消すことができるとされているのに対して、一部執行猶予の場合には、「情状が重いとき」との文言が入っていないため、軽微な遵守事項違反を理由に一部執行猶予が取り消されて実刑を科される可能性がある。しかしながら、社会内処遇を充実させるというこの制度の趣旨からすれば、この文言の有無によって著しい差が生じることは相当ではなく、保護観察対象者に対して、より強く遵守事項の遵守を促すというメッセージを示したものと見るべきであり、裁量的な取消事由であることから、保護観察中の遵守事項違反による一部執行猶予の取消は慎重になされるべきであると考えられる。

5 日弁連及び弁護士会の対応について

日弁連及び弁護士会は、その成果も踏まえつつ、以上に述べた新たな制度について、弁護人になる会員が被告人の更生に資する弁護活動を行うことに役立たせるために、この制度を周知させるとともに、研修等を実施するとともに（実際、全国で研修が実施されたが、今後も新入会員等に対して実施すべきである）、弁護活動ができるようサポートすべきである。

第12 性犯罪等の規定整備

1 改正作業のこれまでの経過

(1) はじめに

性犯罪の罰則については、1907（明治40）年の現行刑法制定以来、1958（昭和33）年の刑法改正により集団強姦罪等が非親告罪化され、2004（平成16）年の刑法改正により法定刑の引上げ等の改正が行われてきたが、構成要件等は、基本的に制定当時のものが維持されてきた。

しかし、現行法の性犯罪の罰則は、現在の性犯罪の実態に即したものではないのではないか、国際水準から取り残されたものではないかなど、様々な指摘がなされるようになっている。例えば、2004（平成16）年刑法改正や2010（平成22）年刑法及び刑事訴訟法改正における衆参両議院の法務委員会における附帯決議において、性犯罪の罰則の在り方について更に検討することが求められ、また、2010（平成22）年12月17日に閣議決定された第3次男女共同参画基本計画において、女性に対するあらゆる暴力の根絶に向けた施策の一環として、強姦罪の見直し（非親告罪化、性交同意年齢の引上げ、構成要件の見直し等）等の性犯罪に関する罰則の在り方を検討することとされた。

(2) 法務省「性犯罪の罰則に関する検討会」による審議の状況

これらの指摘を受け、法務省として性犯罪の罰則の在り方について検討するに当たり、有識者から幅広く意見を聴くため、2014（平成26）年10月、法務大臣の指示により「性犯罪の罰則に関する検討会」が設置された。

同検討会は、全12回の会議を開催して検討を行い、2015（平成27）年8月、取りまとめ報告書を公表したが、その検討結果としては、強姦罪等を非親告罪化すること、肛門性交等を強姦罪と同等に処罰すること、地位・関係性を利用した性的行為に関する罰則を設けること、強姦罪等の法定刑の下限を引き上げること、強姦犯人が強盗を犯した場合も強盗強姦罪と同じ法定刑で処罰する規定を設けることについて、法改正を要するという意見が多数であった。

(3) 法制審議会刑事法（性犯罪関係）部会による審議の状況

法務省は、同検討会における検討結果等を踏まえて、

性犯罪被害の実態に即した対処をするための罰則の整備を行う必要があると考え、2015（平成27）年10月、法制審議会に対し、刑法改正に関する諮問を行った。これに基づき法制審議会内に刑事法（性犯罪関係）部会が設置され、法務省が同検討会における検討結果等を踏まえて作成した要綱（骨子）について検討を行うこととされた。

同部会は、全7回の会議が開催されたが、2016（平成28）年6月16日の第7回会議において、当初の要綱（骨子）を一部修正した上で、要綱（骨子）の第一から第七までを一括して採決し、賛成14名、反対1名の賛成多数で可決された。

その後、この要綱（骨子）は、2016（平成28）年9月12日、法制審議会第177回会議において採択され、法務大臣に答申された。この答申に沿って改正法案が作成され、2017（平成29）年3月7日に閣議決定され、国会に提出された。

(4) 国会による審議の状況

改正法案は、2017（平成29）年6月8日、衆議院での修正議決を経て、同月16日、参議院で可決、成立した。その後、改正法は、同月23日に公布され、同年7月13日に施行された。なお、衆議院での修正案を受けて、改正法には施行後3年を目途とする見直し規定が設けられた。

2 改正法の概要について

改正法は、①構成要件の見直し（対象行為の拡大）、②法定刑の下限の引上げ、③監護者という処罰類型の新設、④性犯罪の非親告罪化、⑤集団強姦罪等の廃止、⑥強姦強盗罪の新設を内容とするものであるが、ここでは、①から③について概要を説明する。

(1) 強制性交等罪について

「第百七十七条　十三歳以上の者に対し、暴行又は脅迫を用いて性交、肛門性交又は口腔性交（以下「性交等」という。）をした者は、強制性交等の罪とし、五年以上の有期懲役に処するものとする。十三歳未満の者に対し、性交等をした者も、同様とする。」

ア　対象行為の拡大

旧第177条の強姦罪は、「女子」に対する「姦淫行為」に限定されていたが、改正法は、その対象となる行為を拡張して、その客体を「女子」に限定しないこととした。また、被害者の膣内に陰茎を入れることに加え、被害者の肛門内または口腔内に陰茎を入れること、更に行為者または第三者の膣内、肛門内または口腔内に被害者の陰茎を入れる行為も同様に処罰することとして、罪名も強姦罪から強制性交等罪へと変更された。

この点、いわゆる肛門性交と口腔性交は、旧規定では強制わいせつ罪（第176条）に該当するとされてきたが、陰茎の体腔内への挿入という濃厚な身体的接触を伴う性交渉を強いるものである点では、姦淫と同等の悪質性、重大性があると考えられるため、姦淫と同様に加重処罰の対象とすることが適当であり、また、このような行為によって身体的、精神的に重大な苦痛を伴う被害を受けることは被害者の性別によって差はないという考えによるものである。

イ　法定刑の引上げ

旧第177条の法定刑は「3年以上の有期懲役」とされているが、改正法では、これを「5年以上の有期懲役」に引き上げようとするものである。また、この改正に伴い、強制性交等致傷罪（新第181条第2項）の法定刑を「6年以上の懲役」に引き上げることとした。

最近における性犯罪の法定刑に関する様々な指摘や現在の量刑状況に鑑みると、強姦罪の悪質性、重大性に対する現在の社会一般の評価は、強盗罪、現住建造物等放火の罪に対する評価を下回るものではないと考えられるため、強姦罪の法定刑の下限をこれらの罪と同様に懲役5年に引き上げることとされた。

(2) 監護者わいせつ罪及び監護者性交等罪の新設について

「第百七十九条　十八歳未満の者に対し、その者を現に監護する者であることによる影響力があることに乗じてわいせつな行為をした者は、刑法第百七十六条の例による。

2　十八歳未満の者に対し、その者を現に監護する者であることによる影響力があることに乗じて性交等をした者は、第百七十七条の例による。」

ア　立法趣旨

新第179条は、現に監護する者であることによる影響力があることに乗じたわいせつな行為又は性交等に係る罪を新設するものである。

現実に発生している事案の中に、強姦罪や強制わいせつ罪と同じように性的自由ないし性的自己決定権を侵害しており、同等の悪質性、当罰性がある事案だと思われるにもかかわらず、旧規定の強姦罪や強制わい

せつ罪等では処罰できていないものがある。その典型例としては、実親や養親等の監護者による18歳未満の者に対する性交等が継続的に繰り返され、監護者と性交等をすることが常態化していて、事件として日時場所などが特定できる性交等の場面だけを見ると、暴行や脅迫を用いることなく、抗拒不能にも当たらない状態で性交等が行われているという事案が挙げられる。改正法は、このような事案をその実態に即して、強制性交等罪や強制わいせつ罪と同様の法定刑で処罰しようとするものである。

依存・被依存ないし保護・被保護の関係にある監護者の影響力がある状況下で性交等が行われた場合、18歳未満の者が監護者と性交等に応じたとしても、それは精神的に未熟で判断能力に乏しい18歳未満の者に対して監護者の影響力が作用してなされたものであって、自由な意思決定ということはできないという考えに基づくものである。

イ 「18歳未満の者」

改正法では、本罪の被害者となるのは、18歳未満の者である。

一般に18歳未満の者は、精神的に未熟である上、監護者に精神的・経済的に依存していることから、このような者に対し、監護者が影響力を利用して性交等を行った場合には、自由な意思決定によるものとはいえないと考えられるためである。また、児童福祉法や「児童買春、児童ポルノに係る行為等の規制及び処罰並びに児童の保護等に関する法律」等において、年少者の社会生活上の実態を踏まえて18歳未満の者を保護の対象とされた。

ウ 「現に監護する者」

改正法では、本罪の主体となるのは、「現に監護する者」である。

この点、「監護する」とは、民法に親権の効力として定められているところと同様に、「監督し、保護すること」をいうものであるが、法律上の監護権に基づくものでなくても、事実上、現に18歳未満の者を監督し、保護する関係にあれば「現に監護する者」に該当し得るが、民法上の「監護」がそもそも親子関係を基本とする概念であることから、「現に監護する者」と言えるためには、親子関係と同視し得る程度に、居住場所、生活費用、人格形成等の生活全般にわたって、依存・被依存ないし保護・被保護の関係が認められ、かつ、その関係に継続性が認められることが必要であると考えられている。

エ 「影響力があることに乗じて」の要件

改正法では、「影響力があることに乗じて」行われたわいせつ行為及び性交等を処罰対象としている。

この点、「影響力があることに乗じて」とは、必ずしも積極的・明示的な作為であることを要するものではなく、黙示や挙動による利用もあり得るとされている。この点については、監護者であれば影響力はほぼあるということになり、立証責任の事実上の転換になるのではないか、処罰範囲が広がってしまうのではないかという趣旨の指摘もなされている。

3 日弁連での取組み

日弁連では、2015（平成27）年8月7日、「『性犯罪の罰則に関する検討会』取りまとめ報告書に関する会長談話」を出し、行刑の在り方、被害者支援の在り方、司法制度における両性の平等の実現等についての多角的な検討の成果と刑事法の基本原則を踏まえつつ、今後とも、性犯罪をめぐる課題に真摯に取り組んでいく考えであるとの意見を表明したほか、法制審議会刑事法（性犯罪関係）部会に参加した2名の委員及び1名の幹事のバックアップ会議を設置し、その活動をサポートした。

また、日弁連理事会において、合計5回の審理・討論を経て、2016（平成28）年9月15日、「性犯罪の罰則整備に関する意見書」を採択した。同意見書の意見の趣旨は、①現行刑法第177条の「姦淫」に該当する以外の行為類型（肛門性交及び口腔性交）について、法定刑の下限を懲役5年とするべきではなく、現行刑法第177条と同様に懲役3年に止めるべきであること、②監護者であることによる影響力があることに乗じたわいせつな行為または性交等に係る罪を新設するのであれば、被監護者の意思に反する行為のみを処罰対象とし、そのことが文言上も明確にされるべきであることの2点である。

このうち、①の点は、刑法第177条の「姦淫」に該当する以外の行為類型（肛門性交及び口腔性交）について、現行刑法では強制わいせつ罪（法定刑の下限は懲役6月）に該当するとされてきたものが、強姦の罪に該当することになる点において重罰化されるだけでなく、さらにその法定刑の下限が懲役5年になるとい

う点において二重の意味での重罰化になることを問題とするものである。

また、②の点は、要綱（骨子）の規定では、自由意思に基づく性交が処罰対象にならないことが明確ではないことを問題とするものであり、相手方が監護者であるからといって直ちに真摯な同意がないとみなすことはできないのではないかとするものである。

同意見書を巡っては、日弁連理事会において、賛成・反対の両立場から活発な意見交換が行われた。同意見書については、刑法第177条の強姦の罪について、法定刑の下限を懲役5年に引き上げること自体について反対する意見や、「被監護者の意思に反する行為のみを処罰対象とし、そのことが文言上も明確にされるべきである」としている点について、監護者に対して意思に反していることを示すことが困難であるという児童虐待の実態を考慮すべきであり、支配・被支配の関係の中に性的自由や自由意思といったものを持ち出すべきではないとする反対意見もあったが、最終的には賛成58名、反対19名、棄権6名の賛成多数で承認された。

4 今後の課題

改正法では、「影響力があることに乗じた」場合を処罰することとされるが、性交当事者が監護者と被監護者であれば、一般的には「影響力があることに乗じた」ものと推認されることにもなりかねない。その意味において、「影響力があることに乗じた」という要件は、処罰範囲を十分に限定するものとして機能しない可能性が高い。改正法の施行後は、「影響力」という外形に現れないものについて、どのように防御活動を行うのかという点に苦労するという事態も想定されるところであり、処罰範囲の適正化についての検討が今後とも必要である。

また、他方において、性犯罪・性暴力を防止のための各種取組や性犯罪被害者の精神的・身体的負担を軽減するためのワンストップ支援センターの拡充等、今後も取り組むべき課題は多い。

第13 刑事弁護と福祉手続の連携

1 高齢者・障害者の刑事問題が取り上げられる経過

知的障害等をもった被疑者・被告人への対応が強く意識されたのは、2003（平成15）年に発刊された山本譲司元参議院議員の「獄窓記」において、刑務所内に知的障害を持った方が多くいるという衝撃的な事実が明らかにされたことが発端であった。これに対応する必要性を感じ、先駆的な取り組みを行ったのが、長崎県の社会福祉法人である南高愛隣会であった。まず、南高愛隣会は、厚生労働省の厚生労働科学研究として、2006（平成18）年から2008（平成20）年にかけて「罪を犯した障害者の地域生活支援に関する研究」で、実態調査を行った。

この結果、2006（平成18）年度の新受刑者33,032人のうちIQ69以下の新受刑者が7,563人（22.9％）であり、IQ79以下の新受刑者が15,064人（45.6％）であることや、同年度の受刑者を対象としたサンプル調査の結果、27,024名のうち410名（1.5％）が、知的障害者又はそれを疑われる者であることが明らかとなった。

この調査で明らかになったのは、司法と福祉の狭間で福祉的支援に繋がることのないまま、刑務所生活を繰り返さざるを得なくなってしまった障害者がおり、そのような障害者にとっては刑務所が「最後のセーフティーネット」になってしまっているということであった。このことから、現実にこのような障害者を福祉的支援に繋げていく試行的な取組みが開始されることとなった。

なお、ここでいう「高齢者・障害者」とは、コミュニケーション能力に障害があることなどから社会的に生きづらさを感じている者を指す。

2 高齢者・障害者の刑事問題に取り組む理念・財政的意義

(1) 憲法上の理念

日本国憲法13条は、「すべて国民は、個人として尊重される。生命、自由及び幸福追求に対する国民の権利については、公共の福祉に反しない限り、立法その他の国政の上で、最大の尊重を必要とする。」と定め、

同25条は、「すべて国民は、健康で文化的な最低限度の生活を営む権利を有する。」と定める。

福祉の支援がなければ生活をすることができない高齢者・障害者が、福祉支援体制の不備の故に福祉の支援が及ばないために犯罪を繰り返す状況に陥っているのであれば、それは、国家がそのような高齢者・障害者の個人の尊厳を貶めていると同じである。

(2) 財政的意義

障害者の再犯を防ぐことは、年間受刑者一人当たり3,000,000円の費用が必要であるとされているが、障害者が社会内で生活保護を受給して生活した方が財政的には負担が軽いと言われている（慶応大学商学部中島隆信教授「刑務所の経済学」〔PHP研究所、2011年〕）。

また、障害者も当然ながら、労働を通して、自己を実現するという勤労の権利を有している。障害者が、かかる権利を行使することができるようになるならば、財政的にも大きな意義を有することとなる。

以上のように、罪に問われた高齢者・障害者を支援することには、財政的意義も認められるのである。

(3) 弁護士の具体的な支援の在り方について―入口支援と出口支援

ア 高齢者・障害者が支援を必要とする理由

(ア) 刑事手続における支援の必要性

高齢者・障害者は、障害を有しない者に比して、刑事手続において有効に防御権を行使することができない場合が多い。例えば、

① そもそも弁護人選任権や黙秘権といった抽象的な権利の意味が理解できない、

② 捜査官に迎合しやすく、誘導により事実と異なる供述をさせられてしまう可能性が高い、供述調書を読み聞かせされてもその内容が十分に理解されていない、

③ 取調べが取調室という密室で行われることにより、これらの危険性はより一層高まる

のである。

(イ) 刑務所出所後の支援の必要性

高齢者・障害者には、出所後には福祉的な支援を受けなければ個人単独で生活することが困難なものも多い。このような高齢者・障害者が単独で福祉の支援を受けるにも手続の複雑さなどから支援に繋がれない場合も多い。

イ 出口支援

南高愛隣会の取組みの中、一つの制度として結実したのが、厚生労働省の事業として行われるようになった「地域生活定着支援センター」であった。同センターは、高齢や障害等の理由で特別な支援が必要な矯正施設からの退所者に対し、出所後のサービス利用事業所の調整をはじめ、地域生活に適応させるための福祉的支援を行うものとされている。同センターは、数年をかけて47都道府県、48か所に設置をされるに至っている。

このような刑務所等の矯正施設からの出所時の支援については、「出口支援」と呼ばれるようになった。

ウ 入口支援

(ア) 入口支援とは

さらに、南高愛隣会は、出口支援だけでは不十分であり、裁判段階（罪に問われ刑が確定するまでを含む）から福祉が関わっていかなければ十分な支援は困難であると考え、裁判段階での支援も模索するようになる。これが「入口支援」と呼ばれる。この入口支援については、毎年その形を少しずつ変えてはいるが、大きくは裁判段階において、福祉的支援の必要性や具体的な福祉的支援の在り方を調査、判定し、それを更生支援計画書等として証拠化し、裁判所に提出をするという枠組みである。

大阪弁護士会では、この南高愛隣会の流れとは別に2011（平成23）年度から冒頭に述べたとおり、罪に問われた知的障害者等に対応するための名簿を作成し運用を開始した。大阪弁護士会は、充実した研修を実施するとともに、社会福祉士との連携を強め、被疑者・被告人との接見同行や更生支援計画の作成等の取組みを行っている。

その後、横浜弁護士会、東京三弁護士会、千葉県弁護士会でも同様の取組みが開始され、全国各地で徐々に同様の取り組みが広がってきている。

(イ) 東京における取組み

東京における独自の取組みとして、東京社会福祉士会、東京精神保健福祉士協会、東京臨床心理士会、精神科医と東京三弁護士会との団体としての連携が挙げられる。これらのメンバーによって、定期的に協議が続けられている。2015（平成27）年度から、この協議会の取り組みの一つの結果として、東京三弁護士会が、東京社会福祉士会や東京精神保健福祉士協会にソーシ

ャルワーカーの派遣を依頼した場合、これらの団体が協会としてソーシャルワーカーを紹介・派遣してくれるという制度を試行として立ち上げた。このような試行が成功すれば、個人的な取組みが団体としての取り組みとなることによって、より幅の広い、永続的な活動として位置づけられることとなる。

東京三弁護士会は、このような活動に対して、2015（平成27）年度から独自の費用援助制度を設けるに至っているが、後述のとおりその費用の拡充は今後の課題である。

㈦ 障害の特性に応じた対応を

以上のように、弁護士が、福祉と繋がる以外にも、当然ながら、障害の特性に応じて、公判において、刑事責任能力、訴訟能力を争う、自白の任意性・信用性を争う、情状鑑定を請求することが求められる。

(4) 今後の取組み

ア 弁護士会内の横断的な連携の必要

この問題は、刑事弁護、高齢者・障害者福祉等多岐にわたる問題にかかわる。そこで、弁護士会においても、刑事弁護、刑事法制、刑事拘禁等の刑事関係の委員会のみならず、高齢者・障害者関係委員会、子どもの権利に関する委員会等が横断的に連携する必要があり、弁護士会は、この問題に関して弁護士会内で横断的な連携を図る必要がある。東京弁護士会は、2013（平成25）年3月に「地域生活定着支援センターとの連携に関する協議会」を立ち上げ、この問題に取り組み始めた。その後、東京三弁護士会が一致して、この問題の取組みを行うべきであるとの流れができ、2013（平成25）年11月には、東京三弁護士会障害者等刑事問題検討協議会を立ち上げ、これらの委員会の横断的な連携を実現している。

イ 個々の弁護士の研修等を通じたこの問題の理解

具体的な事案の取組みにあたっては、当然、個々の弁護士の理解が必要不可欠である。東京三弁護士会障害者等刑事問題検討協議会では、かかる問題について、「障害者刑事弁護マニュアル」を作成し、研修会の企画を積極的に実施しており、これを継続していく必要がある。

ウ 関係各機関との連携の必要

また、問題が多岐にわたる以上、弁護士会内の取組みだけでは十分ではなく、社会全体における総合的な取組みが必要である。裁判所、検察庁、警察に障害者への配慮を求めることはもちろんのこと、社会復帰する際の受入れ体制を整えるためには、福祉事務所を含む自治体、刑務所、少年院、保護観察所、地域生活定着支援センター、社会福祉法人等々との連携も必要であり、ひいては社会全体の理解が必要不可欠である。

東京三弁護士会刑事問題検討協議会では、現在、東京社会福祉士会や東京精神保健福祉士協会との間で連携の在り方を継続的に協議し、社会福祉士の接見同行等の試みを開始しようとしているところである。また、各関係機関との継続的な協議が行える体制を築こうとしているところである。

なお、司法と福祉の連携は、必ずしも罪に問われた高齢者・障害者に限って重要というわけではない。被疑者・被告人・受刑者に障害がなくとも、困窮などの問題から更生のために福祉的支援を必要とする場合には、司法と福祉が連携していかなければならない事案もあると思われる。

エ 福祉関係者の費用の問題

以上のように、現在、司法と福祉は連携を深めようとしているが、最も大きな障壁となるのは、国選弁護活動などにおける医療・心理・福祉関係者の費用の問題である。これらの費用（例えば、更生支援計画の作成料等）に関しては、医師の作成する診断書以外は、国選弁護費用から支出されることはない。そこで、東京三弁護士会では、各弁護士会で独自にこれらの費用を援助する制度を設けている。

第5部
民事・商事・行政事件の法制度改革の現状と課題

第1章　新たな民事司法改革のグランドデザイン

第1　司法制度改革から10年で何が変わったか

　2001（平成13）年6月発表の司法制度改革審議会意見書は、日本の国の形が、事前規制・調整型社会から事後監視・救済型社会へ変わってゆくことを想定して司法の機能と役割の強化を提唱した。国際化が飛躍的に進み司法の役割も強調された。そのためには司法の容量を拡大し、「法の支配」を隅々まで浸透させて司法が国民にとって利用しやすく、頼りがいのあるものにすることとした。

　2001（平成13）年12月から3年間にわたり政府に司法制度改革推進本部が設置され、24本の司法改革関連の法整備がなされたが、その中でも法科大学院により法曹の質を維持して数を増やしたこと、法テラスを創設して司法を利用者の身近にしたこと、裁判員制度により国民の司法参加を可能にしたこと、という大きな改革が実現した。特に裁判員裁判により刑事事件がより国民に身近になった。

　しかし、民事・家事・行政の裁判分野をはじめ裁判所の司法基盤や法律扶助改革を初めとするアクセス費用などの司法分野では改革は部分的であり、手つかずの積み残し課題が多く残されたままになっている。

　法曹人口は2010（平成22）年頃には司法試験合格者数を年間3,000人とするとされ、その後徐々に増加したが、政府は2015（平成27）年には年間1,500人に下方修正し、2017（平成29年）の司法試験合格者数は1,543人となっている。弁護士人口は10年で13,000人と大幅に増えたものの、裁判官は600人程度しか増えず、法曹需要は低迷し、弁護士の就職難、法曹志望者が激減するという大きなひずみを抱えている。

　昨今、わが国司法の抱える難題は単に長期化したデフレ不況による経済の低迷といった経済的背景もさることながら、司法制度とりわけ民事分野の制度改革、弁護士の活動領域の拡充が不十分であることに原因があるのではないか。

第2　今、なぜ民事司法改革か

1　民事裁判制度の利用しやすさと利用満足度

　司法制度改革審議会はその意見書（2001〔平成13〕年6月12日）において各種提言を行うにあたって、国民に利用しやすい民事司法制度の在り方を検討する基本的な資料とすべく、2000（平成12）年、民事訴訟制度研究会（代表菅原郁夫早稲田大学教授）を通じ、民事司法の利用者調査を実施した。その後審議会意見書に基づき様々な改革が実行されたが、利用者にそれらがどう評価されたかを検証し、継続して制度改革に反映させる目的でその後も2回（2006〔平成18〕年、2011〔平成23〕年）利用者調査が実施された。

　そのアンケート中で、民事司法の「①利用しやすさ」と「②満足度」についての利用者の意識調査を行っているが、各調査年度の肯定的割合の変遷を示すと下記のとおりである。

　これをみると①②ともに司法制度改革前より司法制

	利用しやすさ（肯定的回答）	満足度（同）
2000年度調査	22.4%	18.6%
2006年度調査	23.6%	24.1%
2011年度調査	22.3%	20.7%

（民事訴訟利用者調査結果より）

（注）2000年→司法制度改革前
　　　2006年→司法制度改革の諸立法制定直後
　　　2011年→司法制度改革審議会意見書発表10年経過

度改革推進本部による改革諸立法制定直後やや上昇したものの、2011（平成23）年には下がるか（①）、若しくは改革前に近い数字（②）になっている。

　利用者の意識は訴訟結果に左右されることはあるとしても2割程度しか民事司法を評価しておらず、司法改革開始前に言われた利用者の司法アクセスについて「2割司法」の実態は利用しやすさや満足度といった内

容面でも改善されていないことが見て取れる。

2　民事訴訟件数は、国際比較でも極端に少ない

わが国の民事裁判の件数は各国と比較しても極めて少なく、人口比でアメリカの8分の1、イギリス・フランスの4分の1、ドイツ・韓国の3分の1である。訴訟件数と相関関係にあるのがリーガルコスト（弁護士や裁判所等に支払う法的費用）といわれる。アメリカではGDPの1.4％がリーガルコストといわれる。これを日本で見ると、日本の実質GDPは2015（平成27）年で532兆5,290億円なので1.4％は7.4兆円となる。弁護士の2010年度調査の収入平均値（3,304万円）に弁護士数（30,525人）をかけると1兆0,085億円（GDP比0.19％）であり、アメリカの8分の1弱の数値になる。イギリスの2012年の弁護士収入が250ポンド（約4兆円）であり、日本は約4分の1である。このようにわが国のリーガルコストの規模も海外に比べて極めて少ないのが実情である。

私達は日本の訴訟社会化を目指すものではないが、訴訟件数が外国に比べて極端に少ないだけでなく、国民のリーガルコストもやはり諸外国との比較でも極端に少ないという事実は日本社会には紛争が少ないゆえに訴訟件数も少ないという合理的推測を越えて、訴訟制度に紛争解決機能上の欠陥があり、利用者の利用をためらわせる原因があるのではないかと考えさせられる。

3　最近10年間日本の訴訟は、過払いを除き横ばいか、やや減少している

民事通常事件の全地裁新受件数（括弧内は過払金請求を除いた件数）は、2003（平成15）年度が157,833件（114,417件）であったが、2014（平成26）年度142,487件（90,548件）となっていて過払金等金銭事件を除くとやや減少している。ところで、本人訴訟についてみると、弁護士が大幅に増加したが実質的紛争のある本人訴訟の実数に変化がない。具体的には2005（平成17）年から弁護士人口は一貫して増加し2011（平成23）年までに43.9％増加したにも拘わらず、双方弁護士が付いている事件はその期間に9.9％しか増えておらず、本人訴訟の件数は横ばいである（司法研修所「本人訴訟に関する実証的研究」5頁参照）。

弁護士選任率についてみると、地裁通常民事訴訟事件の弁護士選任率は2001（平成13）年度78.9％であったが、2011（平成23）年度は77.4％とむしろ減少している。

4　司法予算（裁判所予算）0.3～0.4％と低額のままであり、また、裁判官の数も増えていない

2014（平成26）年度の裁判所予算は3,110億円であり、国家予算に占める割合は0.324％に過ぎない。法テラス予算が裁判所予算から法務省予算に移行したとはいえ国家予算に占める裁判所予算の割合は年々減少傾向にある。

また裁判を起こす側の弁護士の数はここ10年で約13,000人と大幅に増えたにもかかわらずそれを受ける立場の裁判官の数は600人弱しか増えておらず早急に是正しなければならない状況もある。

5　訴訟件数が増えないのは、文化的原因（日本人の訴訟嫌い）ではなく、制度的原因にある（現在の通説的見解）

川島武宜『日本人の法意識』（岩波新書、1967〔昭和42〕年）は、わが国において訴訟が少ないのは日本人の訴訟嫌いという文化的な原因にあるとする。その中で「訴訟には費用と時間がかかるということは、わが国で訴訟が少ないということを説明する十分の理由とは考えられない」とし、「私には、むしろ現代の裁判制度と日本人の法意識のずれということの方が、この問題にとってはるかに重要であるように思われる」としている。

更に、「権利義務が明確・確定的でないということによって当事者の友好的な或いは協同体的な関係が成立しまた維持されている……訴訟はいわゆる黒白を明らかにすることによって、この友好的な協同体的な関係の基礎を破壊する。だから、伝統的な法意識にとっては、訴訟を起こすということは、相手方に対する公然たる挑戦であり、喧嘩を吹っかけることを意味する」として訴訟がわが国で少ない要因として日本人の伝統的な法意識を挙げている（川島・前掲書137～140頁参照）。

これに対して、ジョン・ヘイリー（加藤新太郎訳）「裁判嫌いの神話」（判例時報902号14頁、同907号13頁、

1978〔昭和53〕年、1979〔昭和54〕年）では、訴訟は意識面より制度面が重要な要素とし、訴訟を提起しやすくするための条件として、①権利義務に関して十分な情報があること、②司法アクセス（裁判官や弁護士の数、管轄や訴えの利益の制限、申立手数料、訴訟費用の担保）が適正であること、③訴訟の結果として十分な権利救済があることの三要素を挙げ、日本ではこれらが不十分とする。近時の件数が増加した過払金訴訟で見れば最高裁判例で利息制限法違反の利息は元本充当後、不当利得として返還請求出来ることが新聞、TVで大々的に報道・広告され、市民に十分な情報が与えられ（①）、これを取り扱う弁護士・司法書士の広告が新聞・TVでもなされ、確実に回収出来ることから弁護士も着手金なしで事件を受任して、利用者のアクセスも容易になっている（②）、更に判決を得ればサラ金各社は任意に払い、しかも判決にならないで和解により速やかに支払う業者も多く権利救済もできている（③）。要するにジョン・ヘイリーの言うように①～③の条件がそろえば法需要は顕在化し、訴訟件数は増加する。

菅原郁夫「日本人の訴訟観 訴訟経験と訴訟観」（2005〔平成17〕年）では、日本人は訴訟嫌いかという問題設定を行い、訴訟利用経験者では訴訟を始めるにあたって躊躇したものより、躊躇しなかった者の方が多いことをデータで示す。また訴訟未経験者では離婚などでは多くが躊躇を感じている（82.4％）が、他人との契約問題（52.3％）、交通事故の損害賠償問題（29.4％）ではそう多くは躊躇していない。親族問題について訴訟をさけるのは日本だけではないので交通事故など訴訟を敬遠する傾向はさほど大きくないとする。日本人は川島理論とは異なりむしろ権利の実現をはかり、白黒をはっきりさせることが訴訟の内外を通じて期待されていたとし、さらに訴訟経験者、未経験者を通じて公正な解決への欲求が強く、訴訟が少ないのは文化的原因でなく制度的原因にあるとする結論を導いている（ジュリスト2005〔平成17〕年9月15日号 NO.1297）。

上記の視点から、わが国の民事司法の現状を分析すれば民事司法の利用者にとってわが国の現状は解決されるべき法的需要はあるにもかかわらず、制度や裁判所基盤の壁に阻まれて顕在化せず、利用者にとって公正な解決手段が確保されていない状況があるといえる。ここに今民事司法改革に着手すべき大きな理由が存在する。

第3 日弁連での取組み

1 日弁連定時総会での民事司法改革推進決議（2011〔平成23〕年5月）と民事司法改革推進本部（2011〔平成23〕年6月）の設立

日弁連は2011（平成23）年5月27日の定時総会において次の3点を内容とする「民事司法改革と基盤整備の推進に関する決議」を行うと共に、同年6月、日弁連に民事司法改革推進本部を設置した。

(1) 民事司法改革諸課題について

政府関係諸機関に対し、強力な改革推進の取組を求めるとともに、これらの改革実施に必要とされる司法予算の大幅な拡大を求める。

① 裁判官、裁判所職員等の人的基盤整備、裁判所支部の充実及び裁判所の物的基盤整備を推進すること。

② 誰にでも身近で利用しやすい民事司法とするために、民事法律扶助制度の拡充、提訴手数料の低額化及び定額化、弁護士費用保険（権利保護保険）の拡充を図ること。

③ 市民の権利を保障し頼りがいのある民事司法とするために、民事訴訟・行政訴訟における証拠及び情報収集手続の拡充、多数の被害者の権利行使を糾合する集団訴訟制度等の導入、原告適格等訴えの要件の緩和や団体訴訟等新たな訴訟制度の創設を含む行政訴訟制度の改革の推進、また、判決履行確保のための諸制度の改革の検討、簡易迅速な訴訟及び審判手続の導入の検討、裁判等への市民参加の検討、損害賠償制度等民事実体法の改善改革の検討を進めること。さらに、裁判外紛争解決手続（ADR）の拡充及び活性化を図ること。

(2) 諸課題の検討と提言

上記諸課題を推進するため、当連合会内に整備される新たな取組体制のもと、各弁護士会や市民団体等外

部の意見を聴きながら鋭意検討を進め、それぞれの検討状況に応じて、適時に提言を行う。

(3) 弁護士の意識改革、業務態勢の改革などの取組み

あわせて、上記のような民事司法改革に対応するため弁護士自身の意識改革、業務態勢の改革に努めるほか、法曹養成や研修を含めた弁護士の能力の向上に取り組む。

2 民事司法改革グランドデザイン（2012〔平成24〕年3月）

日弁連に設置された民事司法改革推進本部は、約9ヶ月の議論を経て、民事、家事、行政、消費者、労働、基盤整備の各分野に関わる委員会からの意見を集約してグランドデザインを策定した。その後1年を経て2013（平成25）年その改訂版を策定している。

第4 東弁での取組み

1 民事司法改革実現本部の創設

東京弁護士会は、2013（平成25）年6月の常議員会において民事関連委員会及び研究部計17の委員会等と会長推薦から構成される委員による民事司法改革実現本部を設置した。同本部は、民事司法改革の現状と諸課題を会員に周知すること、検討中や未着手の課題について意見の集約を行うこと、諸課題を継続的に検討しその取組結果及び改善策を提言し、その実現のための活動を企画・実行することを目的としている。このような民事司法改革実現を視野に入れた本部組織を立ち上げたのは東京弁護士会が最初であり今後の活動が注目される。

同本部は、民事司法実情調査部会・権利保護保険部会・仕分け部会の3部会を設けて活動してきたが、民事実情調査部会は東京弁護士会を中心とする東京三弁護士会が弁護士に対して実施したアンケート結果が集約され2014（平成26）年11月末には報告書が出されることになって目的を達成したこと、仕分け部会については、民事司法を利用しやすくする懇談会最終報告書に指摘された課題を抽出して、最高裁判所との民事司法改革に関する協議のテーマとして適切かどうかの検討資料として活用されたが、同年9月から日弁連と最高裁との協議が開始されることになったことからやはりその目的を達成した。そこでこの2つの部会を発展的解消して、最高裁との協議が開始されてことに伴い部会を次の5部会に再編した。

① 基盤整備部会
② 証拠収集調査部会
③ 判決・執行部会
④ 子どもの手続き部会
⑤ 権利保護保険部会

なお、⑤権利保護保険部会は、日弁連においてプリベント少額短期保険株式会社との間で権利保護保険制度に関する協定を締結することになったことに伴い同社が実施する「初期相談」（相談の内容が法律上の紛争に該当するかどうかにか関し回答し、併せて法制度に関する簡潔な情報提供並びに法律相談機関及び弁護士斡旋紹介制度等の広報活動を行うこと）を実施することとし、東弁は現在2015（平成27）年1月から同社から受託して試行を行っている。また、同部会では2015（平成27）年10月から損保ジャパン日本興和株式会社が本格的な権利保護保険を我が国において販売し、12月1日から運用開始することに伴いこの保険利用者の相談、事件受任に対応する弁護士の体制整備を行うため独自の組織作りが求められている。

2 第26回司法シンポジウム・プレシンポの開催

2014（平成26）年9月20日、日弁連で司法シンポジウムが開催されるにあたり東弁を含む東京三弁護士会及び日弁連は、民事司法を利用しやすくする懇談会との共催で同年6月20日よみうりホールにおいて「いま司法は国民の期待にこたえているか」をテーマに730名の市民、弁護士らが参加して民事司法改革の必要性についてシンポを開催し、刑事司法改革に比べて遅れている民事司法改革の必要性を訴えた。

第5 「民事司法を利用しやすくする懇談会」の発足(2013〔平成25〕年1月24日)

1 設立目的とメンバー～各界からなる民間懇談会

2013（平成25）年1月24日民事司法を利用しやすくする懇談会が発足した。この懇談会（以下、「民事司法懇」という。）には研究者（憲法、民法、商法、民事訴訟法、行政法、法社会学）はじめ、経済団体、労働団体、消費者団体、及び法曹関係者等34名が参加している。民事司法懇は各委員が、「民事・家事・商事部会」、「行政部会」、「労働部会」、「消費者部会」、「基盤整備・アクセス費用部会」を構成して議論し、報告書を取りまとめる作業を行った。

その間、日弁連の民事司法改革グランドデザイン、最高裁判所の迅速化検証検討報告書、本人訴訟に関する実証的研究、民事訴訟利用者調査結果等の調査・分析を行い、日弁連との共催で2013（平成25）年3月16日利用者の声を聞く「民事司法改革オープンミーティング」を実施した。そのような検討を経て、先の司法制度改革が、利用しやすく、頼りがいのある、公正な民事司法を目指したものの、積み残し課題が多く残されていることや経済活動の更なる国際化や経済格差の拡大、経済再生の必要性など新たな展開が求める課題も有ると指摘する。そして、公共インフラとしての民事司法制度の整備・拡充は国が行うべき喫緊の課題としている。なお、この民事司法懇の事務局は委託されて日弁連が担っている。

2 中間報告書（同6月29日）

民事司法懇は2013（平成25）年6月29日中間報告書を発表した。この中で提言実現の方法として①運用、②従前の法改正（法制審を経ての立法や議員立法）、③新たな検討組織の3通りの選択肢を示した。

3 最終報告書（同10月30日）

続いて2013（平成25）年10月30日最終報告書を発表した。最終報告では改革は待ったなしであるとし、国と民間の協同で大がかりな事業として、政府に改革の道筋をつける強力な検討組織を設置することを求めている。また、民事司法懇は、今後も委員と各出身母体が提言実現のために適宜必要な行動をとるとしている。なお、最終報告書の全文は「民事司法を利用しやすくする懇談会」のHPで公開している。

第6 重要な改革課題

民事司法改革の重要課題は多岐に亘る。従って、各論として諸課題について内容を紹介することは紙面の関係からも適切でないが特に重要と考えられる課題について下記に列挙する。なお、諸課題の内容は日弁連の民事司法改革グランドデザインとその添付の資料編（DVDとして全て収録されている）や前述の民事司法懇の最終報告書の全文（HPで公開中）を参照されたい。

①司法へのアクセス
Ⅰ 費用～提訴手数料の低・定額化、法律扶助での利用者負担の在り方（償還制から負担付給付制へ）、権利保護保険の拡充、弁護士費用のわかりやすさ
Ⅱ 解決手段の多様さ～ADR、民事調停の充実・活性化、集合訴訟の実現

②証拠収集手続きの拡充～弁護士照会制度と文書提出命令の改正
③執行制度の改革～財産開示手続き、第三者への財産照会制度
④判決の適性～損害賠償制度の改革
⑤家事事件の改革～家事事件手続法による子どもの手続き代理人費用の国費化
⑥行政訴訟事件の改革
⑦労働事件の改革～労働審判事件の2支部（立川、小倉）以外への拡充
⑧消費者被害の救済～集合訴訟、違法収益はく奪制度
⑨裁判所の基盤整備～裁判官の増員、支部機能の充実
⑩国際化への対応～弁護士依頼者間の秘密特権

第7 日弁連と最高裁との民事司法に関する協議の開始

1 民事司法改革課題に取り組む基本方針

民事司法改革を今後どのようなプロセスで実現するかが、我々弁護士と日弁連及び各地弁護士会に課された課題である。前述の民事司法懇の最終報告書の提言のとおり政府に新たな検討組織を設置されて提言が実現して行くことが望ましい。しかし、民事司法懇の提言を受けて日弁連においては最高裁からの働きかけもあり直ちに政府に新たな検討組織を設ける前に運用や従来の法改正プロセスで実現できるものについてはまず民事裁判を運営する裁判所との間で協議を先行させて実現を図るべきという執行部方針の下、2014（平成26）年3月19日開催の理事会において民事司法改革に取り組む基本方針が決議された。

それによると、①司法アクセスの拡充、②審理の充実、③判決・執行制度の実効性の確保、④行政訴訟制度の拡充、⑤基盤整備の拡充について運用、従来の法改正プロセス（法制審議会等）、政府の新検討組織の3つの方法で実現を目指すべきであるが改革課題を分類、整理し（3つの出口）、適切な方法で実現することを目指すとされた。また、新検討組織については、根拠法令、組織体制、権限、取り上げるべきテーマと順序、検討期間、事務局の派遣体制などについて、単位弁護士会及び関連委員会を含め会内議論を行い、そのうえで改めて新検討組織の設置に向けた働きかけを行うことを決定することになっている。

2 最高裁との協議スキーム

上記の方針が決議された後、日弁連は最高裁と予備折衝を行い運用と従来の法改正プロセスで実現できる課題の内、議論の成熟度が一定程度に達していると日弁連・最高裁が合意した課題について意見交換が行われた結果、協議を行うことが合意され、2014（平成26）年9月から協議が開始された。

協議は、日弁連副会長と最高裁事務総局の局長等で構成される「親会」のもとに4つのテーマに沿って、部会が設置され、それぞれ活発な協議が行われた。

部会はテーマごとにおかれた（「基盤整備」部会、「証拠収集手段の拡充」部会、「判決・執行制度の拡充」部会、「子どもの手続代理人制度の充実」部会）。協議の結果、たとえば、基盤整備部会関係についても、労働審判の支部の拡充（静岡地裁浜松支部、長野地裁松本支部、広島地裁福山支部の3支部、2017〔平成29〕年4月から実施）、非常駐支部である松江地家裁出雲支部での常駐化、静岡地家裁掛川支部、神戸地家裁柏原支部など計5カ所での裁判官の填補回数の増加（2016〔平成28〕年4月から実施）に結実した。判決・執行部会関係については、財産開示、第三者照会制度等につき、2015（平成27）年、この点を含む研究会が法務省に設置され、2016（平成28）年9月12日の法制審への諮問（裁判所を通じ、債権者が債務者の預貯金口座を特定できる制度の導入などを中心とする）につながった。また、子ども手続き部会関係についても、「子ども手続代理人の役割と同制度の利用が有用な事案の類型」について、合意が成立し、日弁連は各弁護士会へ、最高裁は、事務総局から各地家庭裁判所へ文書が発出された。また、証拠収集手段の拡充部会についても所要の成果を収めた。現在は、新たな協議の開始に向けた活動が進められている。

第8 今後の課題

民事司法改革は途半ばであるが、今まで以上のスピード感をもって取り組むべきである。特に、司法アクセスのうち、基盤整備の観点からは、全非常駐支部の常駐化、開廷日の拡大、合議事件取扱い支部の拡大、家裁支部の新設等がなお重要である。証拠の収集の観点からは、文書提出義務の範囲（秘密保持命令を含む）、当事者照会、弁護士法23条の2照会の見直しが引き続き重要である（日弁連の2012〔平成24〕年2月16日付「文書提出命令及び当事者照会制度改正に関する民事訴訟法改正要綱試案」参照）。また、子どもの手続代理人につき、報酬の公費負担（日弁連の2012〔平成24〕年9月13日付意見書参照）についてさらに活動を進めるべきである。

第9 裁判のIT化

1 裁判のIT化の現状と日弁連の活動

　裁判のIT化（e裁判）は、大別、①e-Filing（裁判書類を紙ではなく電子ファイルで提出、保管する）、②e-Court（裁判期日をテレビ会議等で行う）、③e-Case Management（裁判記録をデータベースで管理・共有する）の要素から構成され、コスト削減、場所的格差解消、裁判迅速化、手続の透明性向上、裁判情報の高度利用実現化などのメリットがあると考えられる。

　韓国、シンガポール、アメリカなど諸外国では、裁判のIT化が積極的に導入され、それ以外の国でも検討が進められている。しかし、我が国では、諸外国と比較し、裁判におけるIT利用は極めて限定的なものに止まっている。民事訴訟法上は、2004（平成15）年改正の際、オンラインによる申立て等の規定を新設していたが（同法132条の10等）、現実には督促手続オンラインシステムが導入された程度に止まっている。裁判所も、海外調査を行うなど一部で調査研究が行われていたとはいえ、全体的にはITの導入検討につき積極的な姿勢であったとは言い難かった。

　日弁連では、弁護士業務改革委員会内のIT検討PTメンバーが裁判のIT化の調査研究を続けていた。近年では、2015（平成27）年4月にシンガポール、2017（平成29）年4月に韓国に海外視察をしたり、2015（平成27）年10月に岡山で開催された業務改革シンポジウムの分科会で諸外国の状況報告を行うなど地道な活動をしていたが、現実化に向けた気運には恵まれていなかった。

2 裁判のIT化に向けた政府の動き

　ところで、政府は、2015（平成23）年6月に閣議決定した「日本再興戦略 -JAPAN is BACK-」において、「企業が活動しやすい国とするためには、エネルギー・環境制約の解消等を通じて産業基盤の強化を図るとともに、日本や都市の競争力を更に高めることが必要である」との認識の下、「第一歩として、2020年までに、世界銀行のビジネス環境ランキングで日本が現在の先進国15位から3位以内に入ること、世界の都市総合力ランキングで東京が現在の4位から3位以内に入ることを目指し、大胆な事業環境整備を進める」との目標を掲げていた。

　ところが、日本の順位はむしろ年々低下してしまい（OECD加盟国中、15位（2013〔平成25〕年・2014〔平成26〕年）→19位（2015〔平成27〕年）→24位（2016〔平成28〕年）→26位（2017〔平成29〕年））、分野別比較では、信用供与、少数投資家保護、法人設立等とともに、契約執行（裁判所手続）の分野においてOECD平均を下回っていた。事業者にとっての事業環境という視点から、行政のみならず司法（裁判所）のあり方も評価を受ける結果、裁判所が政府の成長戦略の足枷となっている姿が、数字的に明らかとなった。特に、事件管理と裁判の自動化の項目が低評価であり、裁判のIT化が進んでいなかったことがその主要因であった。

　このような事情を背景に、政府は、2017（平成29）年6月の閣議決定（未来投資戦略2017）で、「迅速かつ効率的な裁判の実現を図るため、諸外国の状況も踏まえ、裁判における手続保障や情報セキュリティ面を含む総合的な観点から、関係機関等の協力を得て利用者目線で裁判に係る手続等のIT化を推進する方策について速やかに検討し、本年度中に結論を得る」として、事業環境改善に資する取組分野の1つに裁判のIT化を取扱う方針を明確にした。そして、同閣議決定を踏まえ、同年10月、日本経済再生本部の下に「裁判手続等のIT化検討会」が設置され、訴状・答弁書・証拠資料等のインターネットからの24時間いつでも提出可能となるシステムや、テレビ会議システムを利用しての双方当事者・代理人が出廷せずに審理する法廷の在り方等、民事裁判のIT化に向けた検討が開始されるに至った。

3 今後の展望

　今後は、上記会合を舞台に裁判のIT化の具体的な検討が進むことが期待される。検討の際には、事業者目線として依頼者のみならず代理人たる弁護士の利便性向上等を目指すことが期待される。

　弁護士会としても、法曹実務家団体の立場から、秘密保持やなりすましの課題等を含め、実務的観点から広い視点で最高裁判所とも十分な協議をし、裁判所の制度的、技術的その他種々の問題意識を汲み取りつつ積極的かつ建設的な提言を行うなどして、年度内に結

論を得る目標達成にも協力していく一方、具体的な実務的準備にも着手するなど裁判のIT化進展に資する活動を展開することが望まれる。ITに精通した裁判所職員の養成ないし採用の抜本的拡大も急務になると想像される。

また、(導入の先後はともかくとして)倒産・成年後見などを含めた全分野的な導入が推進されるべきであり、判決文の公開拡大・迅速化(匿名化技術の導入)を視野に入れた制度設計の検討も期待される。

なお、当面は民事裁判のIT化を中心的に検討していく模様であるが、刑事手続についても、IT化により事前開示や保釈申請の負担軽減、謄写費用の経費削減など種々のメリットを見込むことができ、近い将来における導入検討が期待される。

第2章　民事・商事諸制度の現状と課題

第1　民事訴訟の充実と迅速化及び民事司法改革

1　改正法の定着

1996（平成8）年に改正された現行民事訴訟法の運用が定着し、旧法での運用はすでに過去のものとなった。

現在は、訴訟の争点を整理し、必要な証拠を厳選し、集中証拠調べが行われるようになった。

2　審理の充実

充実した審理のためには事前準備が重要である。弁護士が事案の筋を把握し、争点を見出し、その争点についての証拠を固め、訴訟進行に対する見通しをしっかりと立てることが必要となる。このことによって、時には依頼者の望む結果が得られないこともある。しかし、いたずらに紛争を長引かせることは望ましくないのであり、どのように依頼者を説得するのかも重要な弁護士の役割でもある（現在は、不必要な提訴に対する損害賠償請求や懲戒請求も起こされやすくなっており、事前の弁護士の調査の重要性は上がっているということもできる。）。

提訴前の手続きとして、提訴前予告通知や、それに伴い利用できる提訴前の証拠収集も十分に検討すべきであるが、積極的に活用されてはいないようである。訴訟類型によっては有効な手段となりうるので、日頃からの十分な研究が必要であろう。

訴訟が開始された後も、当事者照会などで相手方からの情報収集が可能であるが、この制度も活用した上で、重要な争点について主張立証を尽くす努力が求められる。

そして、争点整理を今まで以上に活発化し、争点整理手続きで明らかになった争点に絞った集中証拠調べを行うことを、さらに進めるべきである。特に、争点整理手続きでは、必要十分にして要領のよい書面によって準備された口頭議論と適切な心証開示等によって、要件事実論を踏まえた間接事実レベルまで深められた争点に関する共通認識を三者で形成すべきである。なお、必要以上に証人の数が絞られたり、必要な検証等の手続がなされないというようなことにならないよう、弁護士としては十分注意をする必要がある。

3　計画審理

計画審理に当たっては、弁護士が十分な訴訟活動ができるようスケジュールをしっかりと検討し、可能な審理計画であるかをチェックする必要がある。

ともすると裁判所は、弁護士が複数の事件を抱え特定の事件に集中することが困難であるという事実を忘れがちである。充実した審理のための審理計画が逆に不十分な訴訟追行につながってはならない。

4　文書提出命令等の情報・証拠の開示・収集の制度

文書提出命令については、さまざまな事案の集積もあり、日弁連も2012（平成24）年2月16日に「文書提出命令及び当事者照会制度改正に関する民事訴訟法改正要綱試案」を発表している。我々は、当事者照会制度の実効化、文書提出命令制度の拡充、秘密保持命令制度の拡充を、引き続き目指すべきである。

5　弁護士会照会制度の運用の厳正化と同制度の実効化

弁護士会照会の受付件数は年々増加していて、2011（平成23）年は、全国で11万9283件となっており、重要な情報収集手段として活用されている。2008（平成20）年2月29日、日弁連より「司法制度改革における証拠収集手続拡充のための弁護士法第23条の2の改正に関する意見書」が発表されている。

我々は、引き続き取り組みを行っていくべきである。

6　裁判の迅速化

2003（平成15）年7月に裁判迅速化法が施行され、最高裁は7回にわたり「裁判の迅速化に係る検証に関する報告書」を発表した。その中でも、第4回の2011（平成23）年7月8日付報告書では裁判の長期化要因を検討し、さまざまな施策についての報告がなされている。最高裁自身が裁判官等裁判所の人的な対応力の問題に

触れているなど、従前の報告書に比して進んだ形の報告を行っている。同報告書では、弁護士強制の問題や、書面提出の締め切りを厳守するための方策などにも触れており、弁護士実務にとっても重要な内容を含んでいる。また、第5回報告書では、社会的要因について報告をしている。このような検証を通じて、迅速化法が基盤整備法としての意義を有することが確認されていたところである。日弁連や弁護士会でも同様の実証的な取り組みを行うべきであろう。

7 判決履行制度

判決が、履行においてその実効性が図られなければならないことはいうまでもない。特に、財産開示手続は、申立件数、開示率等からみてその利用は低調と言わざるを得ない。日弁連が行った第26回司法シンポジウムでの弁護士アンケートの結果でも、多くの弁護士が改善を望んでいるところである。同制度の拡充及び第三者に対する財産照会制度の創設等の判決履行制度の改革を行うべきである。最高裁との上記の民事司法改革に関する協議が終了し、現在、法制審に諮問がなされている。その際、2013（平成25）年6月21日、日弁連意見「財産開示制度の改正及び第三者照会制度創設に向けた提言」を充分参考にされるべきである。また、その他の立法課題についても積極的に取り組んでいくべきである。

なお、判決・執行制度の拡充については、最高裁との上記の民事司法改革に関する協議が終了した。主たる担い手である弁護士の視点を十分踏まえた立法化が期待されている。

第2　家事事件手続法

1　非訟事件手続法の改正と家事事件手続法の制定

家事審判・調停の手続は訴訟とは異なる非訟手続であるところ、旧家事審判法の第7条は、特別の定めがない限り、非訟事件手続法を準用するとしていた。非訟事件手続法は、明治時代に制定された古色蒼然とした古いものであった。ただ、家事の分野以外では借地非訟、会社非訟、労働審判等、分野ごとに特別法ができており（借地借家法、会社法、労働審判法）、非訟事件手続法をそのまま準用する場面も少なくなっていた。とはいえ、非訟事件手続の一般法として、全面的な改正の必要性がいわれていた。今や非訟事件においても手続保障を整備する必要があるという見解が通説になってきたからである。

そこで、非訟事件手続法の見直しと家事審判法の見直しがセットになって、立法作業が進められることになり、法制審議会の非訟事件手続法・家事審判法部会で議論がされ、2011（平成23）年5月19日に、国会で非訟事件手続法の改正と家事事件手続法の制定が可決成立し、2013（平成25）年1月1日から施行された。

2　家事事件手続法制定の経緯

家事審判及び家事調停を規律する法律は、長らくの間、戦後間もなくである1948（昭和23）年1月1日から施行された家事審判法であった。

家事審判法は、1946（昭和21）年制定の日本国憲法が家族に関する法制度について、「個人の尊厳と両性の本質的平等」に立脚して制定することを義務付けたことを受けて制定されたものである。すなわち、家事審判法は「個人の尊厳と両性の本質的平等」を指導理念として、「家庭の平和と健全な親族共同体の維持」を目的として制定されたのであり、家父長的「家」制度に基づく価値観からの脱却を目指した「革命的」なものであった。

ただし、戦後の混乱期に急いで作られたため、手続法として備えるべき規定が不備であったうえ、職権探知主義をとることから、裁判所の後見的役割や広い裁量（合目的的裁量判断）の必要性が強調され、当事者の手続保障は軽視された法律であった。

裁判官の裁量の幅が大きいということは、個別の事情の差が大きい家事事件において妥当な結論に導く効果も期待される一方、結果が見通せず、手続運営のばらつきが当事者に不公平感を与えることにもなりかねない。

しかも、家庭に関する紛争が著しく増加した一方、ライフスタイルや家族のあり方をめぐる価値観も多様

化し、当初の指導理念だけでは、当事者の納得を得られなくなってきた。そして、個人の権利意識の高まりとともに、裁判所の判断過程を透明化することが求められてきた。

さらに、家事審判法では主体性が認められておらず、あくまでも事件の客体として位置づけられていた子ども（未成年者）であるが、我が国も1994（平成6）年に批准した子どもの権利条約の理念からして、子どもは権利の主体として位置づけられるべきであるという意識が広がってきた。社会のあらゆる場面で、子どもの人生に関わる事項を決めるときには、子どもが手続に主体的に関わることが認められて然るべきという意識が、少しずつではあるが高まってきたのである。そして、言うまでもなく、家事事件は子どもの人生をも大きく左右するものであり、したがって、子どももその成熟度に応じて手続に関与し、意見表明権の保障が認められるべきであるという考えが支持されるようになった。

そこで、かつて革命的と言われた家事審判法も、戦後60年を経て、時代に合わせた改正をすることになったのである。

3 理念・特徴

家事事件手続法の理念としては、①手続保障の強化、②子どもの意思の尊重・意見表明権の強化、③利用者にとっての利便性の向上、が挙げられる。

形式面では、④基本的手続事項が明確化され、⑤法律事項と規則事項が整理された。

なお、個人の尊厳と両性の本質的平等は、家事事件手続法にも当然承継されているが、現在では当然のことであり、上位法である憲法に明記されていることから、家事審判法第1条そのものに該当する規定は置かれていない。

①手続保障の強化

審判手続における「当事者」の地位の明示、参加手続の整備、記録の閲覧・謄写権の保障、証拠調べ申立権の保障、事実の調査の通知の規定など。

②子どもの意思の尊重・意見表明権の強化

未成年者が手続行為能力を有する事件類型の定め、裁判所の子の意思の把握・意思考慮義務、15歳以上の子の必要的意見聴取の範囲の拡大、子どもの手続代理人の選任など。

③利用者にとっての利便性の向上

審判手続における合意管轄の新設、電話会議システムの導入、審判申立て前の保全処分の一部導入など。

④基本的手続事項の明確化

申立て、手続の期日、事実の調査及び証拠調べ、審判等の手続の流れに沿って規律を明文化した。

⑤法律事項と規則事項の整理

民事訴訟法など他の手続法と同様、手続の基本事項を法律事項、細則を規則事項とする区分となった。

4 課題

(1) 適切な運用

法律制定後施行までに1年半以上の期間があったことから、日弁連と最高裁、各地の家裁と弁護士会とでは、法律施行後の具体的な運用面について、協議を続けた。

申立書や事情説明書の記載内容も、手続の透明性とともに、むやみに対立をあおるべきではないという家事事件の特徴、とりわけ家事調停事件の特徴を踏まえ、実務の経験に即した協議がされ、一定の運用方針の下で、新法施行後の手続が始まった。

今後、よりよい手続運用となるよう、個々の弁護士の個別の事件における努力とともに、日弁連・弁護士会としても、定期的に、最高裁や家裁と運用面での協議を行い、市民にとってよりよい司法サービスが提供できるようにしなければならない。

とりわけ、法律の理念の1つである子どもの意思の尊重・意見表明権の強化に関し、子どもの手続代理人の選任事例がいまだ少ないことは大きな課題である。また、利用が少ないことの大きな障害となっている費用の点も法的手当が必要な課題であり、日弁連としては2012（平成24）年9月に「子どもの手続代理人の報酬の公費化を求める意見書」を発表しているところである（詳細は、第8部第1章第1の8項参照）。しかし、法務省や法テラスとの間での協議では、子どもの手続代理人報酬の公費化の見通しは全く立っていない。

一方、2014（平成26）年9月から始まった民事司法改革に関する最高裁・日弁連協議の中で、子どもの手続代理人制度の充実部会が開催されることとなった（第5部第1章第7参照）。そして、部会で議論を重ねた成果を2015（平成27）年8月に、「子どもの手続代理人の役割と同制度の利用が有用な事案の類型」という文

書にとりまとめ、日弁連事務総長名義で各地の弁護士会に送付し、これを最高裁も全国の家裁に周知した。しかし、いまだ目に見える変化はなく、今後も、各地の家裁と弁護士会との間で協議をして運用の改善を目指す努力が求められる。

とはいえ、費用の問題が改善しないと、裁判所も国選代理人選任を躊躇するという実情も否定できないことから、日弁連では、法律援助基金の支出に関する規則を改正し、2017（平成29）年9月1日より、法テラス委託援助事業である子どもに対する法律援助の対象に、子どもの手続代理人報酬を含めることにした。これは、あくまでも子どもの手続代理人の報酬は国費で賄われるべきであるという目標へ向けた運動の一環であるから、援助制度を利用して国選代理人選任実績を上げる現場の運用努力とともに、法務省に対して、子どもの手続代理人報酬の公費化を求める働きかけを継続していかなければならない。

(2) 家裁調査官の体制の充実

なお、我が国の家庭裁判所の特徴は、家裁調査官の存在である。

近時、家事事件において、家裁調査官の役割が増え、最高裁も、少年事件よりも家事事件に調査官を多く配置するようになっている。それでもまだ、子どもの親権・監護権や面会交流をめぐって当事者が激しく対立することが増えている中で、子どもの最善の利益を実現するために調査官調査の果たすべき役割は大きいことから、今後も人的体制の充実が図られる必要がある（一方で少年事件調査の軽視があってはならないので、全体としての人数確保が必要であろう）。

(3) 当事者の利用しやすさ

また、新法の下でも、家事調停における本人出頭原則が維持された。しかし、平日の日中しか期日が入らない調停に出頭することは、とりわけ、不安定な雇用条件で就労し、一人親として子どもを育てていく覚悟で調停に臨んでいる者（多くは女性）にとって、負担は大きい。

運用上、手続代理人が選任されている場合には本人出頭原則を柔軟にするか（これまでもある程度は柔軟にされているが、裁判官の裁量によってばらつきがある）、本人出頭を強く求めるのであれば、夜間調停、休日調停を実施するなど、利用者の利便性向上に向けた努力が裁判所側に求められる。

(4) 事件処理体制の整備

家事事件新受件総数は毎年増加しており、1997（平成9）年からの増加が特に大きく、同年の44万9,164件から毎年増加を続け、2016（平成28）年には102万2,754件と過去最高となった。

このように、家事事件は毎年増大しているが、家庭裁判所の事件処理等の体制の整備はこれに対応しておらず、期日が入りにくいなど社会のニーズに応えきれていない状況が生じている。また、子どもの親権や監護・面会交流をめぐる事件が増加している中で、面会交流場面の観察や試行的面会に利用する児童室が不足しているために、速やかな調査が行われないことも問題である。家庭裁判所の物的・人的設備の整備・充実が急務となっている。

第3 国際民事紛争解決制度

1 訴訟と仲裁

経済活動のみならず市民生活のグローバル化が進むとともに、国際的な紛争も益々増加している。そのような国際的紛争のうち、商事紛争を解決する効果的手段として、国際商事仲裁の制度が発展充実し、国際商事調停も次第に活用されて今日に至っている。しかし、国際調停には結果に強制力がなく、また、仲裁は当事者の合意が前提であって、特に中小企業にとってはアクセスしやすい仲裁機関のインフラが国内になければ、仲裁を利用しようと思っても利用できない。そこで、後に述べる仲裁インフラの整備とともに、国境を超えた民事裁判手続を利用しやすくする制度の確立が、国際的民事紛争の解決に不可欠である。

我が国をみるに、2012（平成24）年4月1日施行の改正民事訴訟法において、国際民事訴訟管轄の規定が新設され、労働契約と消費者契約については特則が設けられた。しかし、送達手続や証拠調べについての国際民事訴訟手続についてはハーグ条約、一部の国との二国間条約等で個別に対応しており、法的安定性と予見可能性に乏しい実情が続いている。

2 ハーグ国際私法会議における管轄合意に関する条約策定と国内法整備

こうした中で、国際私法の統一を目的としてオランダ政府が呼びかけて設立されたハーグ国際私法会議において、「民事及び商事に関する国際裁判管轄権並びに判決の承認及び執行に関する条約案」が検討・討議されたが、加盟国間の意見がまとまらず、各国の合意が得られる分野から交渉を進めていくこととなり、裁判所の選択合意に関して、2005（平成17）年の外交会議で「管轄合意に関する条約」が採択された。その後、こうしたハーグ会議での審議を参考として、上記のとおり国際裁判管轄に関する民事訴訟法改正が2012（平成24）年4月1日に施行された。

今後は、さらに国際紛争の迅速的確な解決を実現するための制度的基盤として、国際送達、証拠調べ、外国判決執行の相互保障等の側面についても国際基準での立法化と国際共助の前進を図ることが求められる。

3 ハーグ条約（国際的な子の奪取の民事上の側面に関する条約）

近年、国際結婚の増加に伴い、外国における結婚生活の破綻により日本人親が他方親の同意を得ずに子どもを日本に連れ帰り、子の返還や子との面会を求めても拒否されるという問題が深刻化している。こうした国境を越えた不法な子の連れ去りについては、「国際的な子の奪取の民事上の側面に関する条約」（ハーグ条約）が、子どもを連れ去り前の常居所地国に迅速に戻すべきことや、そのための国家間の協力などについて定めている。

ハーグ条約は、国境を越える子の不法な連れ去りについて、子の監護の問題については子の常居所地国が管轄を有することを前提とし、子をいったん常居所地国に迅速に返還した上で、子の常居所地国の裁判所の決定に委ねるものであり、合理的で有用な条約であるとの評価がある一方、条約の機械的・画一的運用により、他方親から子どもへの虐待やドメスティック・バイオレンスによる逃避的な帰国の場合に、子どもを常居所地国に返還することが子の利益に反することとなる可能性などについての懸念が指摘され、日弁連内においても議論が分かれた。

しかし、常居所地国の他方親の下に戻されると子どもが虐待を受けるおそれがあるような場合については、国内法で定めた返還拒否事由に基づき、我が国の裁判所の判断により適切な対応が取られることが期待できる。そのため日弁連は、2011（平成23）年2月18日「国際的な子の奪取の民事上の側面に関する条約（ハーグ条約）の締結に際し、とるべき措置に関する意見書」を発表し、ハーグ条約が子どもの権利条約に定める「子どもの最善の利益」にかなうように適切に実施・運用されることを確保するために必要な事項を定めた国内担保法を制定することを提言した。

その後、政府においてハーグ条約締結に向けた実施法案の整備等が進められ、2013（平成25）年4月1日にはハーグ条約の締結が国会で承認され、同年6月には同条約の実施を国内で担保するための「国際的な子の奪取の民事上の側面に関する条約の実施に関する法律」（以下「実施法」という。）も国会で成立した。2014（平成26）年4月1日にはハーグ条約が発効し、実施法も施行となった。

実施法上、ハーグ条約事件では外務省による当事者への援助が行われ、日本に住所を有していない外国人も民事法律扶助の利用が可能とされている。この援助の一環として、日弁連では、実施法の施行と同時に2014年（平成26年）4月1日から、外務省を通じた弁護士紹介を開始しており、現在での国内全ての弁護士会において紹介対応を可能としている。また、弁護士費用の他、高額になりかねない通訳人費用についても、民事法律扶助制度の利用が可能となっている。

他方で、弁護士会としては、ハーグ条約締結後の体制整備として、ハーグ条約の事案を適切に扱うことのできる弁護士の研修・養成に力を注ぐことが求められる。とくに、子どもの手続代理人が大きな役割を果たすことも期待されるので、その担い手の確保が必要である。弁護士会で、代理人活動に関する研修、任意的解決のためのあっせん仲裁機関の紹介事業に対応できるような機関（単位会のあっせん仲裁機関）を強化する必要がある。

第4 裁判外紛争解決機関（ADR）

1 ADRの必要性

　裁判外の紛争解決手段（ADR）には、社会で生起する様々な紛争につき、事案の性格や当事者の事情に応じた多様な紛争解決方法を提供することにより、司法を国民に近いものとし、紛争の深刻化を防止する上で大きな意義がある。厳格な裁判手続と異なり、利用者の自主性を活かした解決、プライバシーや営業秘密を保持した非公開での解決、簡易・迅速で廉価な解決、多様な分野の専門家の知見を活かしたきめ細かな解決、法律上の権利義務の存否にとどまらない実情に沿った解決を図ることなど、柔軟な対応が可能となる。紛争に巻き込まれた市民に対して柔軟性のある解決手段を提供することにより法の支配を貫徹することがADRの存在意義である。

2 ADR利用促進法の制定

　2004（平成16）年12月1日、ADR基本法ともいうべき「裁判外紛争解決手続の利用の促進に関する法律」（以下「ADR基本法」という。）が公布され、2007（平成19）年4月1日に施行された。この法律は、第1章・総則、第2章・認証紛争解決手続の業務（法務大臣の認証、基準、欠格事由など）、第3章・認証紛争解決手続の利用に係る特例（時効の中断、訴訟手続の中止、調停前置に関する特則）、第4章・雑則、第5章・罰則、附則によって構成されている。

　また、ADR基本法で時効中断、訴訟手続の中止、調停の前置に関する特則などの法的効果が与えられることになった。

3 ADRと弁護士法72条

　ADR基本法制定後は、様々なADR機関が創設された。しかも、弁護士が主宰者とならない形態も法律上は可能である。

　しかし、それらのADR機関が市民の法的権利を十分に擁護するものであるかなど検討する必要がある。

　また、主宰者の他に、隣接専門職種について、ADR手続代理権をどのように認めるかの問題があるが、これについては個別の各士業法で立法的解決が図られた。

4 ADR機関の評価

　ADR機関として、日本海運集会所の仲裁（TOMAC）、日本商事仲裁協会（JCAA）、日本商品先物取引協会・相談センター、日本知的財産仲裁センター、独立行政法人国民生活センター、家電製品PLセンター、境界問題相談センター、建設工事紛争審査会、公益財団法人交通事故紛争処理センターなど、多くのADR機関がADRを実施しているが、その程度において様々である。

　弁護士会には、2016（平成28）年9月現在、全国で36（33弁護士会）の紛争解決センターが設置されている。2015（平成27）年度の受理件数は952件であり、2011年（平成23年）の1,370件をピークとして減少傾向にある。解決事件は、ほとんどが和解・あっせんによるもので、仲裁によるものはわずかである。東京三弁護士会で実施されている医療ADRは、医療過誤などの専門性のあるADRを積極的に実施し、評価されている。

　今後は、我が国の市民生活及び中小企業を含めた経済活動のグローバル化が進む現状を踏まえて、国際家事相続案件や中小企業の海外展開案件に携わる弁護士が関係先各国の弁護士と容易に連携しうるように、弁護士会間の友好協定に加えて個々の弁護士間の国際的ネットワーキングを促進すること、また、国内における国際仲裁及び国際調停手続へのアクセスを容易にするため、新たなセンター等の施設整備や人材育成を促すなど、物的及び人的な拡充を図ることなどが、重要な課題である。

5 原子力損害賠償紛争解決センター

　2011（平成23）年3月11日に発生した東日本大震災の際に東京電力株式会社の福島第一、第二原子力発電所での事故による被害者に対して、迅速に、円滑かつ公正に紛争を解決するために、原子力損害の賠償に関する法律に基づき、文部科学省の原子力損害賠償紛争審査会のもとに原子力損害賠償紛争解決センターが設置された。センターでは、被害者の申立てにより、弁護士などの仲介委員らが原子力損害の賠償に係る紛争について和解の仲介手続を実施するものであり、数万人と言われる被害者の救済手続として期待されてきた。

上記審査会では、紛争解決の指針として原子力損害の範囲の判定などに関する中間指針を同年8月5日に公表した。申立ての受付は同年9月1日から開始され、すでに5年以上経過しているが、多数の被害者に対する賠償手続をどのように迅速に解決出来るか、自主避難者への損害賠償など中間指針に記載のない被害者への損害賠償をどうするか、などの課題が残る。

原子力損害賠償紛争解決センターの現状と課題についての詳細は第7部第6参照。

第5 仲裁法

1 仲裁法制定

仲裁法は、2003（平成15）年8月1日に公布され、2004（平成16）年3月1日に施行された。社会の複雑化・多様化、国際化が進展する中で、紛争について多様な解決制度を整備する必要があるという認識の下、特に、共通の手続や価値観のない国際紛争にあっては、特定の国家の裁判所による訴訟ではなく仲裁による紛争解決のほうがより実効性のある迅速な解決手段でありながら、旧仲裁法は、現代の社会経済状況に適合しないばかりでなく、各国で採用されている国連国際商取引法委員会（アンシトラル）のモデル法とも内容的にかけ離れていたため、新たな仲裁法が制定されるに至った。

2 仲裁法の構成・概要等

仲裁法は、総則、仲裁合意、仲裁人、仲裁廷の特別の権限、仲裁手続の開始及び仲裁手続における審理、仲裁判断の終了、仲裁判断の取消し、仲裁判断の承認及び執行決定、雑則、罰則の10章55条及び附則22条で構成されており、特に、①仲裁合意については、明確化のため書面によるものとしつつ、通信手段の発達を踏まえて、電子メールによることも認めたこと、②仲裁人選定と権限確定の手続を公正迅速化したこと、③仲裁判断書の記載、取消事由、執行許可等についても国際的標準に従って整備したことが特筆される。

ところで、この仲裁法にあっては、当分の間、①消費者と事業者との間に成立した仲裁合意は消費者が解除できること、②個別労働関係紛争を対象とした仲裁合意は無効とするという重要な規定が附則に置かれているが、個別労働関係紛争については、労働検討会で早急に結論を出すことを前提に暫定的無効とされたものの、その後、すでに労働審判など裁判よりも迅速で柔軟な手続が法定化され実施されている反面、労働契約法（2008〔平成20〕年3月1日施行）でも仲裁による解決の可否については定めがない。したがって未だ仲裁法附則の暫定的規定に依拠している不安定な状況であり、これを早急に確定是正することが望まれる。

3 これからの課題

仲裁法の制定を契機として、これまで我が国の紛争解決制度として利用されることがほとんどなかった仲裁制度が改めて脚光を浴びることになり、この制度が活用されることが期待される。

他方、消費者との関係で議論されたように、業者が設営する仲裁機関等で適正な仲裁判断がなされるかという問題を含んでいることも事実である。

そこで、今まで（あっせん）仲裁センター（紛争解決センターの名称を用いる弁護士会もある）を開設して迅速な紛争解決を行ってきた弁護士会では、仲裁制度の有用性を市民に認識してもらうために仲裁について広報するとともに、未設置の弁護士会では、市民が利用しやすいように仲裁センターの開設を促進する必要があると考える。

また、仲裁の専門性を高めるための組織作りが必要であり、弁護士を中心として設立された公益社団法人日本仲裁人協会の活動が期待されるところである。

さらに、前述のとおり、市民生活及び中小企業を含めた経済活動のグローバル化が進む中で、国内における国際仲裁及び国際調停手続を活性化し、市民や企業による紛争解決へのアクセスを容易にするために、国際仲裁センター等の物的施設の整備、仲裁法制とソフトローを含めた実務指針の整備、国際仲裁機関の拡充、実務家の養成など物的及び人的インフラ整備を図ることが課題である。この旨は、日弁連が2017（平成29）年2月に公表した「日本における国際仲裁機能を強化することに関する意見書」においても、政府への施策

提案として具体化されている。

第6 知的財産権にかかる紛争解決制度の改革

1 知的財産権紛争の動向

知的財産権関係民事事件の新受件数（全国地裁第一審）は、2005（平成17）年には579件であったところ、2010（平成22）年には631件、2015（平成27）年には533件と、増減がありつつもおおむね横ばい傾向といえる。同事件の平均審理期間（全国地裁第一審）は、2005（平成17）年には13.5月であったところ、2010（平成22）年には14.8月、2015（平成27）年には14.2月と、横ばい傾向である。

また、知財高裁（2005〔平成17〕年3月までは東京高裁）における審決取消訴訟の新受件数は、2005（平成17）年には589件であったところ、2010（平成22）年には413件、2015（平成27）年には263件と減少傾向にある。同事件の平均審理期間は、2005（平成17）年には9.4月であったところ、2010（平成22）年には7.2月、2015（平成27）年には8.7月とおおむね横ばい傾向である。

2 近時の実体法改正の動向

(1) 特許法（2014〔平成26〕年改正、2015〔平成27〕年改正）

2014（平成26）年改正では、特許から6か月以内に何人も書面にて特許異議の申立てができる制度が創設された一方、特許無効審判は利害関係人に限り請求できるものとされた。また、災害等のやむを得ない事由が生じた場合に特許料の納付等の手続期間を延長することができる救済措置が拡充された。

2015（平成27）年改正では、職務発明制度の見直しにより職務発明にかかる特許を受ける権利を当初から法人帰属とすることが可能となるとともに、特許料の引き下げ、特許法条約に対応した手続規定・救済規定等の導入等がなされた。

(2) 商標法（2014〔平成26〕年改正、2015〔平成27〕年改正）

2014（平成26）年改正では、それまで認められていなかった①色彩のみからなる商標、②音商標、③動き商標、④ホログラム商標、⑤位置商標が保護の対象とされるなどした。

2015（平成27）年改正では、登録料の引き下げやシンガポール条約に対応した手続規定・救済規定等の導入がなされた。

(3) 不正競争防止法（2015〔平成27〕年改正）

2015（平成27）年改正では、営業秘密の保護を拡大するため、刑事処罰の範囲の拡大と罰則の強化、損害賠償請求等における立証責任の転換や差止請求の除斥期間の延長等がなされた。

(4) 著作権法（2012〔平成24〕年改正、2014〔平成26〕年改正）

2012（平成24）年改正では、著作物等の利用を円滑化するため、付随対象著作物としての利用、許諾を得るための検討過程での利用等、著作権者の許諾なく著作物を利用できる場合が規定された。一方、著作権等の保護を強化する観点から、DVD等に用いられている暗号型の技術的保護手段を回避することが規制されるとともに、違法ダウンロードに刑事罰が科されることとなった。

2014（平成26）年改正では、デジタル化・ネットワーク化の進展にともなう電子書籍の増加を背景として、電子書籍に対応した出版権の整備がなされた。また、視聴覚的実演に関する北京条約の採択にともない実演家の権利の保護が強化された。

(5) 2016〔平成28〕年改正（環太平洋パートナーシップ協定の締結に伴う関係法律の整備に関する法律の一部を改正する法律による改正）

上記（1）から（4）のうち、特許法、商標法及び著作権法については、2016〔平成28〕年改正も成立しているものの、環太平洋パートナーシップ協定（TPP）の発効日より施行するものとされており、いまだTPPが発効するか否か不透明な状況のため割愛する。

3 紛争解決制度の充実に向けて

(1) 日弁連知的財産センター

日弁連知的財産センターは、知的財産権の確立・普及等を進め、より良い知的財産制度の発展を図るとと

もに、弁護士である会員が知的財産業務に関与するための施策を企画する等の活動に取り組むことを目的として設置されたものであり、知的財産権に関する制度及び政策提言等に関する活動や、知的財産権の確立・普及及び人材育成等に関する活動を行っている。

近時では、2017（平成29）年3月16日付け「文化審議会著作権分科会法制・基本問題小委員会中間まとめ」に対する意見書、同日付け「適切かつ公平な証拠収集手続の実現」に関する意見書、同年2月24日付け「商標審査基準」改訂案に対する意見書等を発表するなどしているが、実務を担う弁護士の立場から、こうした積極的な意見発信を行っていくことは重要である。

また、日弁連知的財産センターでは、日弁連特別研修会や知的財産訴訟に関する講演会を毎年実施しており、知的財産業務に精通する弁護士の育成を行っているが、知的財産権にかかる紛争の解決を適切かつ迅速に行うためには、弁護士一人一人の実力を向上させることが必要不可欠であるといえ、こうした研修等を通じて絶えず研鑽を続けることができるよう態勢を整える必要がある。

(2) 日本知的財産仲裁センター

日本知的財産仲裁センターは、日弁連と日本弁理士会とが1998（平成10）年3月に「工業所有権仲裁センター」という名称で設立したADRであり、東京本部のほか、関西及び名古屋の2支部と、北海道、東北、中国、四国及び九州の5支所とがあり、全ての高裁所在地に設置されている。特許権等に関する訴え等の管轄（民事訴訟法6条）の規定により、一定の知的財産権に関する紛争については東京地裁又は大阪地裁の専属管轄となるが、同センターの支部・支所は、これらの地裁に提訴することが困難な当事者に、訴訟に代わる紛争解決手段を提供するものといえる。

同センターは、相談、調停、仲裁等の業務を行うとともに、特許発明の技術的範囲に属するかどうかや特許に無効事由があるかどうかを判断する判定サービス（センター判定）も提供している。

なお、同センターに申し立てられた調停又は仲裁事件は、2008（平成20）年以降は年間10件未満で推移しており、さらなる認知度の向上や利用促進のための方策を検討・実施する必要がある。

第7　債権法改正

1　改正作業のこれまでの経過

(1) 法制審議会民法（債権関係）部会による審議の状況

2009（平成21）年10月28日、法務大臣から法制審議会に対し民法（債権関係）の改正に関する諮問がなされ、これに基づき法制審議会内に民法（債権関係）部会（以下「法制審部会」という。）が設置され、2015（平成27）年2月10日までの5年有余の間、99回の部会審議及び18回の分科会審議がなされている。

法制審部会の審議は、まず、中間論点整理案の検討を行うことから開始された（第1ステージ）。続けて中間試案策定のための検討を行い（第2ステージ）、最終的に要綱案の策定（第3ステージ）をもって審議を終えた。2011（平成23）年4月12日の第26回会議において「民法（債権関係）の改正に関する中間的な論点整理」（以下「中間論点整理」という。）が、2013（平成25）年2月26日の第71回会議において「民法（債権関係）の改正に関する中間試案」（以下「中間試案」という。）が、それぞれ部会決定されている。

第3ステージに関しては、2014（平成26）年8月26日の第96回会議に「民法（債権関係）の改正に関する要綱仮案」（以下「要綱仮案」という。）をまず部会決定したうえで、さらに約款に関する規律等の審議を続け、2015（平成27）年2月10日の第99回会議において「民法（債権関係）の改正に関する要綱案」（以下「要綱案」という。）を決定した。これを受けて、同月24日の法制審議会総会において「民法（債権関係）の改正に関する要綱」（以下「要綱」という。）が決定されている。

(2) 国会における法案の審議、成立過程

要綱に基づき法案が作成され、2015（平成27）年3月31日、第189回通常国会に「民法の一部を改正する法律案」（以下「法案」という。）が提出されたが、実質的な審議に入ることなく、衆議院において閉会中審査となり、ようやく2016（平成28）年9月26日に開会された第192回臨時国会において審議が開始された。衆議院法務委員会で約30時間の実質審議が行われたものの、再び閉会中審査となった。最終的に、2017（平

成29）年1月20日に開会された第193回通常国会において審議を終了し、同年5月26日に法案が成立、同年6月2日に公布された。また、関係法令について必要となる改正を行うために、「民法の一部を改正する法律の施行に伴う関係法律の整備等に関する法律案」（以下「整備法」という。）も法案成立と同時に可決成立し、公布されている。

(3) 今後の施行の予定

成立した「民法の一部を改正する法律」（以下、「改正法」という。）の附則1条によれば、公布の日から起算して3年を超えない範囲内において政令で定める日から施行する。」と規定されている。したがって、2020（平成32）年上半期には施行される見込みである。

(4) 法友会や弁護士会等のこれまでの取組み

ア　法友会・法友全期会の取組み

法友会は、2009（平成21）年8月には債権法改正問題についての合宿を行うなどして意見集約に務めてきた。また、2011（平成23）年7月には、中間論点整理に関するパブリック・コメントの手続に際し、法友会としての意見を東京弁護士会宛に提出している。

また、法友全期会も積極的に調査、研究活動を行い、その成果を著作（『民法改正を知っていますか?』民事法研究会・2009〔平成21〕年、『債権法改正を考える―弁護士からの提言』民事法研究会・2011〔平成23〕年、『弁護士が弁護士のために説く債権法改正』第一法規・2014〔平成26〕年、改訂版が2016〔平成28〕年、事例編が2017〔平成29〕年）として発刊するなどしている。

イ　東京弁護士会の取組み

東京弁護士会は、これまでにも法制審議会での審議に関する意見書を作成したり、会長声明を発表したりするなどしている。2011（平成23）年7月には、中間論点整理に関するパブリック・コメントの手続に際し、東京弁護士会としての意見書を法務省宛に提出している。この意見書は、（『「民法（債権関係）の改正に関する中間的な論点整理」に対する意見書』信山社・2011〔平成23〕年）として出版、市販されている。さらに、2013（平成25）年5月30日には、中間試案に関するパブリック・コメントの手続に際し、東京弁護士会としての意見書を法務省に提出している。また、改正法成立後には、東京弁護士会法制委員会民事部会の編集により、『事例にみる契約ルールの改正ポイント（新日本法規出版・2017〔平成29〕年）を発刊している。

ウ　日弁連の取組み

日弁連では、司法制度調査会民事部会において継続的な検討を行い、法制審部会が設置された段階で、法制審民法部会バックアップ会議を設置し、法制審部会での弁護士委員・幹事の活動をサポートした。このバックアップ会議のメンバーによる検討の成果は、改正法成立後に発刊された、「実務解説改正債権法」（弘文堂・2017〔平成29〕年）に結実している。

さらに、日弁連は、中間論点整理および中間試案に関する各パブリック・コメントの手続に際して、各単位会に対する意見照会の結果を踏まえ、それぞれ日弁連意見書を法務省に提出している。要綱成立直後の2015（平成27）年3月19日には、「民法（債権関係）の改正に関する要綱に対する意見書」を作成し、発表している。このほかにも、「保証制度の抜本的改正を求める意見書」（2012〔平成24〕年1月20日策定）や、「保証人保護の方策の拡充に関する意見書」（2014〔平成26〕年2月20日策定）などの個人保証のあり方に関する意見書を法務省に提出し、重要な提言を行っている。

なお、要綱決定後も会員向けの債権法改正に関する研修会を各地で適宜、行っている。さらには、法案の審議が遅れていたなかで、2016（平成28）年9月30日、「民法の一部を改正する法律案及び同整備法案についての本年の臨時国会での成立を求める会長声明」を発表している。

エ　公益財団法人日弁連法務研究財団の取組み

公益財団法人日弁連法務研究財団は、2013（平成25）年5月13日の東京・関東地区を初回として、中間試案およびその弁護士実務への影響を研究し、より一層、実務を踏まえた検討がなされることを目的として全国研修を実施した。

さらに、2016（平成28）年5月からは、新たに「債権法改正十番勝負」と題する連続研修会を開始し、全国の高裁所在地において研修を行っている。2017（平成29）年9月現在で合計7回を数えている。

2　改正法に対する評価

(1) 全体的評価

日弁連は、改正法の内容について、「保証人保護の拡充や約款ルールの新設を見ても明らかなように、利害の対立する複数の契約当事者間の適正な利益調整を図り、かつ、健全な取引社会を実現するために、必要

かつ合理的な改正提案であると評価でき、当連合会は本改正法案に賛成する。」との意見を表明している（上記2015〔平成27〕年3月19日付「民法（債権関係）の改正に関する要綱に対する意見書」）。ただし、未だ不十分な点、取り上げられなかった論点もあることを指摘し、今後の法理の具体化・精緻化、あるいはさらなる改正作業の必要性を併せ指摘している。

また、日弁連は、重要な改正項目として、①保証人保護、②定型約款の明文化、③消滅時効の簡明化・統一化、④債権譲渡の活用、⑤契約に関する重要ルールの改正を取り上げている。改正法における改正項目は200を超えているが、この5点が重要であることについては概ねの理解が得られている。

(2) 保証人保護

日弁連は、2003（平成15）年8月に策定した統一消費者信用法要綱案で、消費者信用取引によって生じた債務について与信業者が消費者との間で保証契約を締結することを禁止し、事業者信用取引による債務の保証の場合でも消費者との保証契約締結には一定の制限を設けるべきことを既に提案していた。この提案をさらに推し進め、2012（平成24）年1月20日策定の、「保証制度の抜本的改正を求める意見書」においても、日弁連として自然人の保証（個人保証）の原則的禁止を提言した。法制審部会においても、弁護士会の提案を受ける形で、少なくとも事業者向け融資（事業者の事業に係る金融債務）については経営者等の一定の者を除き個人保証は原則的に禁止し、これに反する保証は無効とするという考え方が検討され、中間試案では、個人保証の制限、各段階での情報提供義務その他の保証人保護の方策の拡充について引き続き検討するとされた（中間試案第17の6）。改正法は、このうちの情報提供義務について一定の規律を設けている（契約締結時の情報提供義務について改正法465条の10、主たる債務の履行状況に関する情報提供義務について改正法458条の2、主たる債務者が期限の利益を喪失した場合における情報提供義務として改正法458条の3）。これに対し、個人保証の原則的禁止に関しては、中小企業における事業資金融資を困難とするとの強い意見が法制審部会で示された結果、原則的禁止は断念され、事業に係る債務についての保証契約に関して公正証書による保証意思の表示を義務付けるという規律となった（改正法465条の6以下）。これについては、例外規定（改正法465条の9）が設けられるなどの注意すべき点も存するが、保証が軽率になされることへの対策としては一定の効果があると思料される。この点は、弁護士会が多年にわたり取り組んできた保証人保護の拡充に繋がる改正であり、一定の前進と評価しうる。そのうえで今後、更なる保護の拡充に向けて努力する必要がある。

さらに、改正法では、現在の貸金等根保証の規律を保証人が個人である根保証一般にも、一定の限度で拡大することを提案しており（改正法465条の2以下）、この点も重要である。

(3) 定型約款について

民法の現代化という観点からは、約款取引について何らかの法的規律を改正法に導入することは不可避と判断された。しかしながら、法制審部会における審議はその規律の内容をめぐって最後まで難航し、最後の会議である2015（平成27）年2月10日の第99回会議でようやく議論の一致をみた改正項目である。

改正法は、まず多様な約款取引のうち、定型的な取引及び定型的な約款のみを今回の改正の対象とすることを明らかにする（定型取引と定型約款に関する定義規定を設ける）。そのうえで、この定型取引を行う合意（定型取引合意）をした場合において、当事者が定型約款を契約の内容とする旨の合意をしたとき、あるいは定型約款準備者が予めその定型約款を契約内容とする旨を相手方に表示していたときには、その定型約款の個別条項についても合意したものとみなされると規定する（改正法548条の2第1項）。そのうえで、みなし合意から除外される場合として、相手方の権利を制限し、又は相手方の義務を加重する条項であって、その定型取引の態様及びその実情並びに取引上の社会通念に照らして民法第1条第2項に規定する基本原則に反して、相手方の利益を一方的に害すると認められるものについては、合意をしなかったものとみなすと規定している（改正法548条の2第2項）。改正法にはその他にも定型約款の内容表示に関する規律（改正法548条の3）及び変更に関する規律（改正法548条の4）が設けられている。

(4) 消滅時効法制

消滅時効法制については、時効の起算点、時効期間、時効障害事由について抜本的な改正がなされている。改正法166条は、債権は、①債権者が権利を行使する

ことができることを知った時から5年間行使しないとき、②権利を行使することができる時から10年間行使しないとき、のいずれかによって時効消滅することを規定する。②は客観的起算点と10年の時効期間を組み合わせたもので従来通りの規律である。これに①の主観的起算点と5年という短期の時効期間を組み合わせた規律を新たに設けた点が改正法の特色である。これにより、商事時効との差異は希薄化されるので、今回の改正に合わせ商事時効に関する商法522条の規定は削除される（整備法）。また、必ずしも合理性がないとされていた改正前民法170条から174条までの短期消滅時効に関する規定も、今回の改正法により削除された。その結果、時効期間についてはシンプルな規律となり、分かりやすい内容となっている。

　時効障害事由については、従来の「中断」は「更新」に、「停止」は「完成猶予」に改められる。そのうえで、更新と完成猶予の関係性をより緊密なものとし、それぞれの事由を整理している。また、新たな完成猶予事由として、協議を行う旨の合意による時効の完成猶予の規定（改正法150条）が新設されている。実務に有益な規定と思料される。

(5) 債権譲渡に関する改正

　債権譲渡法制については当初、対抗要件を抜本的に改正すること等が試みられたが、法制審部会での議論が纏まらず、最終的には小規模の改正にとどめられている。しかし、その中においても、改正法が、当事者が債権の譲渡を禁止し、又は制限する旨の意思表示をしても債権の譲渡の効力は妨げられないと規律したこと（改正法466条2項）や、異議なき承諾に抗弁権の喪失の効果を結びつけていたこれまでの規律を改めたこと（改正法468条1項）、さらには、将来債権譲渡について新たに規律を設けたこと（同第466条の6）については注意が必要である。

(6) 契約に関する重要ルールの改正

　以上の他にも、重要な契約ルールが変更される。これまで契約法の基本ルールとされてきた原始的不能ドグマ（存在しない物を引き渡す契約は意味がないので無効であるとの理解）は改正法412条の2第2項によって否定される。また、特定物ドグマ（特定物の引渡しについては、「その物」しか存在しない以上、たとえ、引き渡した物に瑕疵があっても履行として完了し債務不履行にならないとの理解）についても、改正法483条は契約に基づく引渡債務については原則、これを否定する。改正法の下では、特定物売買のあり方が大きく変更されることになる。これに合わせて、改正前民法570条の瑕疵担保責任も、契約不適合責任として規律の内容が一新されている。また、債務不履行責任の要件である帰責事由について、債務者の故意・過失と考える従来的理解も改正法415条では改められ、契約内容を実現できないことに関するリスク負担の意味に理解される。解除の要件に関しては、帰責事由そのものが不要とされている（改正法541条・542条）。契約は守られなければならないという契約の拘束力を重視した改正であり、今後は、そのような新しい契約感に慣れる必要がある。

3 残された問題点

(1) 現代型暴利行為や惹起型錯誤の明文化の断念

　今回の改正において、現代社会における暴利行為の内容を改めて検討し、これを明文化することが試みられた（中間試案第1・2(2)）。しかし、適切な要件化が難しく引き続き公序良俗違反に関する規定の解釈に委ねるべきとの意見が有力となり、最終的に明文化が断念された。また、いわゆる動機の錯誤の明文化に関して、今回の改正では、「その事情が法律行為の基礎とされていることが表示されたときに限り」、取消しが可能と定められた（改正法95条）。しかし、法制審部会の審議では、この他にも、「相手方の行為によって当該錯誤が生じたとき」にも取消しを認める案が検討されていた。いわゆる惹起型の動機の錯誤であるが、明文化賛成論と慎重論が対立し、長期間の議論の末に結局、意見の一致がみられず立法化が断念された経緯がある。

　これらの断念された規律は、現代の取引社会において市民の生活の平穏を維持するための重要な規律となるものである。したがって、今回の改正において明文化が断念されたとしても、その重要性を看過してはならず、これらの法理を意識した解釈論を展開するなどの努力が必要である。

(2) 契約の基本原則に関する規定の新設

　上記の他にも、中間試案段階では、契約に関する基本原則に関して一定の内容を民法に規定することが提案されていた。付随義務及び保護義務に関する規定の明文化（中間試案第26の3）や、一定の契約において

は格差の存在を考慮すべきという規律の新設等である（同第26の4）。信義則の具体化、実質化の要請は21世紀を担う民法の重要な使命であり、また、法友会及び東京弁護士会が力説してきた「格差社会の是正」に資するものとして極めて重要である。しかしながら、その後の法制審部会においてコンセンサスを得ることができず、これらの規定は改正法においては、結局、明文化が見送られている。この点については、不十分な内容となっていると言わざるを得ない。今後のさらなる検討が必要である。

(3) 個人保証の保護のさらなる充実の必要性

個人保証の保護の規定について、今回の改正において一定の規律が盛り込まれたことは前述のとおりであるが、その内容については必ずしも十分なものではない。公正証書による保証意思の表示という方法論自体、保証契約の情誼性という観点から考えた際には疑問が残るし、また、適用除外が許容される場合として、主たる債務者が行う事業に現に従事する配偶者が含まれている（改正法465条の9第3項）ことにも問題がある。個人保証人の保護については、より充実した規律を設ける必要がある。

以上の諸論点のほかにも重要な検討課題が数多く存在している。民法は私たち法律実務家が日常的に使用する法律である。その民法が1896（明治29）年の成立以来、約120年ぶりに抜本的に改正された。今後は、その解釈、運用を適切に行っていく必要があり、法律実務家の役割がいよいよ重要となる。私たちはことの重大性をよく認識し、改正内容に関して今後、さらなる研鑽に務めていく必要がある。

第8 相続法改正

1 改正作業のこれまでの経過

法務大臣は、2015（平成27）年2月の諮問第100号（以下「諮問」という）において「高齢化社会の進展や家族の在り方に関する国民意識の変化等の社会情勢に鑑み、配偶者の死亡により残された他方配偶者の生活への配慮等の観点から、相続に関する規律を見直す必要があると思われる」と指摘した。

この背景について、西希代子「配偶者相続権」（水野紀子編著『相続法の立法的課題』有斐閣57頁）は、「きっかけとなったのは、嫡出でない子の相続分を嫡出子の相続分の2分の1と定める民法900条4号ただし書前段を違憲とした最高裁平成25年9月4日大法廷決定（民集67巻6号1320頁。以下『最高裁決定』という）である。最高裁決定後、内閣は直ちにこの条項部分を削除する法案を提出したが、その際、与党の一部国会議員から、家族制度や婚姻制度の否定につながる、法律婚を尊重する国民意識が損なわれるなどの批判が相次ぎ、法務省が生存配偶者（法律婚配偶者）を保護するため相続法制の見直しを検討することを条件として、かろうじて法改正が実現したという経緯がある」という。これは、法律婚保護の強化が、改正における重要課題であることを意味する。

諮問を受けて、2015（平成27）年4月から2017（平成29）年7月までに法制審議会民法（相続関係）部会（以下「部会」という）において検討が行われた。そして、2016（平成28）年7月12日から9月30日まで「民法（相続関係）等の改正に関する中間試案」（以下「中間試案」という）について意見募集（パブリックコメント）が実施された。その後、要綱案たたき台（2）（以下「たたき台（2）」という）が作成され、その一部である「民法（相続関係）等の改正に関する追加試案」（たたき台（2）の第2の1ないし4、及び、第4の1。以下「追加試案」という）について、2017（平成29）年8月1日から9月22日まで意見募集（パブリックコメント）が実施され、日弁連のほか、東弁・二弁・大阪弁等が意見書を提出した。

たたき台（2）の概要は以下のとおりであり、法律婚保護の強化だけではなく、様々な提案がなされている。多様な家族の在り方があることに配慮し、法律婚保護の強化だけではなく、改正の必要性の有無（及び有としたときの具体的内容）について幅広く検討する方向性は、適切なものである。

第1 配偶者の居住権を保護するための方策

1 短期居住権の新設

配偶者が、相続開始の時に遺産に属する建物に居住していた場合には、遺産分割が終了するまでの間、無償でその建物を使用することができるようにする。

2 長期居住権の新設

配偶者が、居住建物を対象として、終身又は一定期間、配偶者にその使用を認めることを内容とする法定の権利を創設し、遺産分割等における選択肢の一つとして、配偶者に長期居住権を取得させることができるようにする。

第2 遺産分割に関する見直し等

1 配偶者保護のための方策（持戻し免除の意思表示の推定規定）

婚姻期間が20年以上である夫婦の一方が他の一方に対し、居住用不動産の全部又は一部を遺贈又は贈与したときに、民法903条3項（持戻し免除）の意思表示があったと推定する。

2 仮払い制度等の創設・要件化

家事事件手続法200条の保全処分の要件を緩和することとともに、一定の要件を満たすときは家庭裁判所の判断を経ないで預貯金の払戻しを認める。

3 一部分割

4 相続開始後の共同相続人による財産処分

追加試案では、共同相続人の一人が遺産の分割前に遺産に関する財産を処分したときの規律として【甲案】遺産としてなお存在するものとする考え方（遺産分割案）と、【乙案】他の共同相続人が償金を請求できるものとする考え方（償金請求案）が提案された。

第3 遺言制度に関する見直し

1 自筆証書遺言の方式緩和

財産の特定に関する事項については、自書でなくてもよいものとする。

2 自筆証書遺言の保管制度の創設（遺言保管機関を設ける）

3 遺贈の担保責任

4 遺言執行者の権限の明確化等

第4 遺留分制度に関する見直し

1 遺留分減殺請求権の効力及び法的性質の見直し

遺留分権利者の権利行使によって、遺贈又は贈与の目的物について当然に共有状態（物権的効果）が生ずることとされている現行の規律を改め、遺留分権利者の権利行使により、原則として金銭債権が発生することとする。

2 遺留分の算定方法の見直し

3 遺留分侵害額の算定における債務の取扱いに関する見直し

第5 相続の効力等（権利及び義務の承継等）に関する見直し

1 権利の承継に関する規律

2 義務の承継に関する規律

3 遺言執行者がある場合における相続人の行為の効力等

第6 相続人以外の者の貢献を考慮するための方策

相続人以外の者が、被相続人の療養看護等を行った場合には、一定の要件のもとで、相続人に対して金銭請求をすることができるようにする。

2 パブリックコメントの結果の概要

2017（平成29）年10月17日に部会は調査審議を再開し、追加試案に関するパブリックコメントを受けた今後の検討の方向性について検討した。

追加試案のうち、たたき台（2）第2の1（持戻し免除の意思表示の推定規定）及び同第2の3（一部分割）については賛成が多かったため、方向性は維持される。

これに対し、たたき台（2）第2の2（仮払い制度等の創設・要件化）、同第2の4（相続開始後の共同相続人による財産処分）、及び、第4の1（遺留分減殺請求権の効力及び法的性質の見直し）については反対意見を考慮し、新たな提案について検討されている。

3 今後の重要課題

相続法制の見直しは、国民生活に大きな影響を及ぼすものであるから、様々な場面を具体的に想定し、適切な内容としていくことが必要である。未だ議論は流動的な状況であるから、今後の部会における調査審議等に応じて、慎重な検討を継続しなければならない。

以下では、現時点において深刻な意見の対立があり、かつ、弁護士業務にも大きな影響を与えるものとして、①配偶者の居住権を長期的に保護するための方策、②

配偶者保護のための方策、③相続開始後の共同相続人による財産処分、④遺留分減殺請求権の効力及び法的性質の見直し、及び、⑤相続人以外の者の貢献を考慮するための方策について検討する。

(1) 配偶者の居住権を長期的に保護するための方策

たたき台（2）の第1は、「特に、相続人である配偶者が高齢者である場合には、住み慣れた居住建物を離れて新たな生活を立ち上げることは精神的にも肉体的にも大きな負担となると考えられることから、高齢化社会の進展に伴い、配偶者の居住権を保護する必要性は高まっているものと考えられる」こと（中間試案の補足説明2頁）、及び、「高齢化社会の進展に伴い、相続開始時点で配偶者がすでに高齢となっている事案が増加しているが、平均寿命の伸長に伴い、そのような場合でも、その配偶者がその後長期間にわたって生活を継続することも少なくない」こと（中間試案の補足説明8頁）を背景としている。

このような事情からすれば、高齢配偶者の居住権を確保するために、長期居住権を新設することには一定の合理性がある。中間試案に対するパブリックコメントでは賛否が拮抗したところ、反対意見には長期居住権の財産評価方法等の具体的内容が不明確であることを理由とするものが相当数あった。その問題点は未だ解決されていないところであり、日弁連・東弁等は、追加試案に関する意見書にあえて長期居住権に関する提案に問題があることを指摘した。今後は、①長期居住権の有無や価額、買取請求権等に関して新たな紛争が生ずるおそれがあること、②不動産流通が阻害されるおそれがあることなどを意識しつつ、要件・効果について適切に定めることの可否を具体的に検討していくべきである。

(2) 配偶者保護のための方策

中間試案は、配偶者の相続分の見直しの方向性を示したが、パブリックコメントでは反対意見が多かったこともあり、追加試案では、まったく異なる提案（持戻し免除の意思表示の推定規定）がされた。この方向性は適切であるが、「高齢配偶者の生活保障」という目的に照らして合理的な規律となるよう要件・効果を丁寧に検討する必要がある。

(3) 相続開始後の共同相続人による財産処分

遺産分割時に現実に存在する財産を分配するという遺産分割の伝統的な考え方によるときは、共同相続人の一人が遺産分割前に遺産の一部を処分した場合、当該処分をした者とそれ以外の者との最終的な取得額が処分されなかったときと異なるという不公平が生じる。最大決2016（平成28）年12月19日（民集70巻8号2121頁）が預貯金債権は遺産分割の対象となると判断したことにより、この不公平が問題となる場面が増えることは、追加試案の補足説明31頁以下の指摘するとおりである。そのための対応策として、追加試案の【甲案】は遺産としてなお存在するものとする考え方（遺産分割案）であり、基本的に賛成できる。ただし、実務への影響が極めて大きいと考えられるから、遺産分割調停の進行が停滞しないかなど、現実的な視点から丁寧に検討すべきである。

(4) 遺留分減殺請求権の効力及び法的性質の見直し

たたき台（2）の第4は、「明治民法が採用していた家督相続制度の下では、遺留分制度は家産の維持を目的とする制度であり、家督を相続する遺留分権利者に遺贈又は贈与の目的財産の所有権等を帰属させる必要があったため、物権的効果を認める必要性は高かったが、現行の遺留分制度は、遺留分権利者の生活保障や遺産の形成に貢献した遺留分権利者の潜在的持分の清算等を目的とする制度になっており、その目的を達成するために、必ずしも物権的効果まで認める必要性はなく、遺留分権利者に遺留分侵害額に相当する価値を返還させることで十分ではないかとの指摘もされている」こと（中間試案の補足説明56頁）を背景としている。

遺留分減殺請求権について物権的効力を廃止し、これを金銭債権化することに賛成する。このことによって、減殺後の共有物分割を巡る争いが生じなくなり、相続紛争の早期解決が期待できる。これは、当事者の意思にかなう場合が多いと思われる。また、遺留分権利者にどうしてもその物を相続したいという希望があったときに物権的効力を認めても、共有（そして共有物分割請求権）という形でしか認められないのであるから、金銭債権化しても、価値的に大きな不利益変更を被るわけではない。中間試案のパブリックコメントにおいても「原則金銭債権とする点については、これに賛成する意見が多数を占めた」とされている。

問題は、例外を認めるべきか否か（認める場合にはその要件）にある。追加試案では、「金銭債務の全部又は一部の支払に変えて、受遺者又は受贈者が現物給

付することができる」という規律が提案されているが、物権的効力を否定する以上は、例外としても、受遺者の意向のみによる現物返還を強制しないというのが一貫しており、簡明ではないかと思われる。日弁連の意見書では「金銭債権化だけで足りる」とされており、この場合でも、当事者間において代物弁済で処理するのは一般法理に従って行うことは可能である。ただし、どうしても受遺者の意向を酌むべき場合があるという指摘にも一定の合理性があるから、例外を定めることの要否、仮に必要であるときにはその要件について、具体的事例を想定しつつ丁寧に検討すべきである。また、手続法の改正の要否についても、あわせて検討すべきである。

(5) 相続人以外の者の貢献を考慮するための方策

たたき台(2)の第6は、「被相続人の生前には親族としての愛情や義務感に基づき無償で自発的に療養看護等の寄与行為をしていた場合でも、被相続人が死亡した場合にその相続の場面で、療養看護等を全く行わなかった相続人が遺産の分割を受ける一方で、実際に療養看護等に努めた者が相続人でないという理由でその分配に与れないことについては、不公平感を覚える者が多いとの指摘がされている」ことを背景としている(中間試案の補足説明80頁)。

中間試案に対するパブリックコメントでは賛否が拮抗していたが、たたき台(2)は、「療養看護その他の労務の提供をし、これにより被相続人の財産の維持又は増加について特別の著しい寄与をした者」が各相続人に対して金銭請求できるものとする規律を提案している。

相続法制は国民生活に与える影響が極めて大きいところであるため、その改正にあたっては国民的なコンセンサスを得ることが必要不可欠である。その意味では、賛成意見にも理由があることを意識すべきである。しかし、一方で、無償で自発的に寄与行為をすることが前提であれば、契約その他の法的手段によって救済されないことが素直な帰結であるうえ、権利者を増やすことによって紛争が長期化・複雑化するおそれもある。部会資料7の12頁には「無償で近親者が療養看護等をすることについてインセンティブを与えることにつながり、あるいはそのようなメッセージを社会に発することになり得るが、このような方向性が高齢化社会を迎えた我が国において目指すべき姿といえるのか」という指摘がある。その問題点は未だ解決されていないところであり、日弁連・東弁等は、追加試案に関する意見書にあえて、相続人以外の者の貢献を考慮する提案に問題があることを指摘した。今後は、このような見地を総合し、相続が生じたことを契機として、相続人ではない者に新たな権利を認めることの適否(また、適切であるとした場合の要件)について慎重に検討すべきである。

第9 会社法改正と企業統治の改革

1 法制審議会での審議開始

法制審議会会社法制(企業統治等関係)部会での新たな会社法改正の審議が2017(平成29)年4月26日から始まった。同部会での審議は、商事法務研究会下の会社法研究会が1年余の審議を経て同年3月2日取りまとめた報告書に基づいて開始された。

2015年(平成27年)5月1日施行の改正会社法(以下「改正法」という)の附則第25条において、社外取締役の選任に関する規律について、施行後2年を経過した時点で見直し、必要に応じて、社外取締役の設置の義務づけ等の措置を行うものとされている。法制審においても、会社法研究会同様に、この点を含めて、取締役、取締役会及び株主総会に関連した企業統治に関する事項を中心に検討が進められている。

現在、英国のEU離脱問題とトランプ旋風が世界の政治経済の大きな不安定要因となっている。そこには、グローバル化により安い製品や安い賃金で働く移民の流入により産業や職を奪われたと感じる人々の不満がある。さらに、岩井克人教授は、株主主権論に批判的な立場から、さらに株主主権論に基づく英米におけるインセンティブ報酬制度による取締役報酬の高騰により、格差が拡大したことが、2つの不安定要因の背景にある旨を指摘している。企業統治のあり方は、企業家だけの問題ではなく社会問題でもあるとの視点から取り組んでいく必要がある。

2 主な検討事項

(1) 株主総会資料の電子提供制度

招集通知の添付資料を原則としてWeb上での提供で足りるようにすべきかが検討されている。これは原則として是とすべきであり、例外として紙での交付を求められた場合の対応についてどのように規定するかが問われている。

(2) 株主提案権の「濫用的行使」の有無と規制の必要

株主提案権の濫用的行使に対する立法措置が必要かが検討されている。しかし、濫用的行使といわれる事例は少なく、むしろ、現状では、企業不祥事に端を発して株主提案権が行使される場合が少なくない。安易に株主提案権の行使を規制することは、取締役の規律を弱め、コンプライアンスが弛緩するおそれがある。

(3) 取締役の報酬、会社補償及びD&O保険(役員賠償責任保険)・責任限定

取締役がリスクをとって、より積極的な活動をすることを目的として、取締役の報酬をより中長期の視点から成果主義的なものとし、他方、取締役の責任が問われた場合における取締役の負担を軽減するための方策が検討されている。

前者は、具体的には、個別の取締役の報酬額や算定方法についての開示事項の充実、ストックオプション報酬あるいは株式報酬(リストリクテッド・ストック等)についての規律の見直しが検討されている。後者は、会社補償およびD&O保険の規定を会社法に設ける必要性の有無、設けるとした場合の対象と要件が検討され、また、業務執行取締役等についても責任限定契約の締結を可能とするべきか、一部の役員への責任限定や一部免除の他の役員への効果について、検討されている。また、開示に関しては、研究者から積極的な意見が、保険会社からは消極的な意見が寄せられている。

取締役が株主への配当さえ増やせば、それに応じて多額の報酬を受け取ることができ、さらに、取締役がリスクをとりやすくするために責任軽減の範囲を広げるという方向性には、社会の公器としての会社のあり方として、限界があることを認識して議論すべきであろう。

(4) 新たな社債管理制度

社債管理者を置かない社債を対象としたより簡素な社債管理制度を設ける必要があるか、新たな管理機関の資格要件をどのように定めるか、その他全員の同意がある場合の社債権者集会の規律や債権者保護手続における社債権者の異議陳述権の行使方法について検討がなされている。

(5) 社外取締役の選任の義務付等

ア 上場企業における複数の社外取締役の選任が進んでいる中で、有価証券報告書の提出を義務付けられている会社について、社外取締役の選任を会社法で義務付ける必要があるかが検討されている。当初の目的は達したといえるものの、どこまでモニタリングモデルを進めるのが妥当なのかという議論にかかわってくると考えられる。

イ 社外取締役がMBOに関与した場合「会社の業務を執行」したことになるのか否かも問題とされている。当たらないとする見解もあるが、一律に当たらないとすることには無理があろう。

ウ 取締役会の決議事項である「重要な業務執行」の範囲を明確化する必要があるかどうか、監査役会設置会社においても、モニタリングモデルの採用を容易にするために、一定の要件の下に「重要な業務執行」について執行役への委任を認めることの可否が検討されている。

コンプライアンス体制が十分に機能しない中で、経営者に重要な業務執行を大幅に委任すれば、不祥事が増加することに繋がるおそれがあり、慎重な対応が必要であろう。

(6) 代表訴訟における和解の規律

代表訴訟(責任追及等の訴え)において、株式会社として和解するための手続に関する規律及び当該和解について株式会社を代表する者に関する規律について検討されている。

第10　弁護士による企業の内部統制システム構築・CSR活動推進の支援等

1　内部統制システムの強化拡充

　2015(平成27)年6月から「コーポレートガバナンス・コード」が東京証券取引所上場企業に適用となり、これら企業では、内部統制システムを中心としたコーポレート・ガバナンス体制の構築とその実効性確保に取り組んでいる。経営の健全化や透明化に向けた取り組みは大会社のみにとどまっていてはならず、広く日本の企業社会全体に浸透していくことが望まれる。

　コーポレート・ガバナンスの構築・強化には、多くは監査法人及び系列コンサルティング業者が助言等を行っている。しかし、内部統制システム、コーポレート・ガバナンスはリーガルマターであって、弁護士も活躍すべき分野である。

　日弁連では、これまでも内部統制システムにかかわるガイドライン、ガイダンスの公表などを行っているが、この分野に対する研究を強化し、さらに弁護士がこの分野で活躍できるよう研修等も強化すべきである。

　日弁連は、内部統制システムの強化拡充に関してリードし、企業コンプライアンスに貢献し、法の支配を拡げ、弁護士の業務拡大に繋げるべきである。

2　企業の社会的責任（CSR）

　CSR（Corporate Social Responsibility）とは、コンプライアンスを当然の前提とした上で、自然環境及び社会の持続可能性を確保すべく、企業が、業務として、企業の各ステークホルダー（利害関係者）の期待にどのように応えるかを自主的に考え、行動することによってこそ、信頼を勝ち得て企業価値を高め、企業の持続可能性も保たれるという考え方である。この考え方は、もともと欧州における失業問題、移民問題、企業による環境破壊に端を発して発展したものである。そのメインテーマは労働問題、人権問題、環境問題に関わることから、本来的に法律家が活躍するフィールドである。

　現在、多くの企業が、CSR報告書を作成し公表している。我が国では、環境保護の取組みが先行していたが、人権、労働、消費者の権利、企業統治、公正競争などの社会的項目の重みが増している。これらの社会的項目は、我々弁護士が得意とする分野である。それと同時に、ガイドライン、指標、基準など法的拘束力のない社会規範である、いわゆるソフトローの活用も法律家の新しい分野となる。以上のとおり、企業のCSR推進は、弁護士の新たな活動フィールドになるはずである。

　日弁連は、CSR推進のために2008（平成20）年3月に「企業の社会的責任（CSR）ガイドライン2007年度版」（改定2009年度版）を公表した。また、ガイドラインの公表にとどまらずこの成果を運動として展開するため、2009（平成21）年10月、弁護士主体の日本CSR普及協会が設立され、弁護士ならではの視点のもと、企業の社会的責任（CSR）の確立とその普及、啓発などを目的に積極的な活動を展開してきている。2016・2017（平成28・29）年には、有期労働契約の無期転換制度、改正土壌汚染対策法・廃棄物処理法その他公正競争、内部統制に関するセミナーを行うなどの活動を行っている。日弁連は、今後も、これらの活動をバックアップし、連携を強化して、弁護士のこの分野での活動を支援していくべきである。

3　企業等不祥事と第三者委員会

　企業等不祥事において、CSRの観点から、ステークホルダーに対する説明責任を果たすために、不祥事の原因究明及び再発防止等を目的として、独立性を有する第三者委員会の設置を求められることが多い。日弁連では、2010（平成22）年7月、「企業等不祥事における第三者委員会ガイドライン」（改訂2010〔平成22〕年12月17日）を公表している。日弁連のガイドラインについては、多くの第三者委員会による報告書で、このガイドラインに基づいて調査を行っていることが付記されるようになっているなど、社会からの評価も高い。

　大阪弁護士会では第三者委員会委員推薦制度が設けられているが、東京弁護士会でも同様の制度の構築が望まれる。

　今後、弁護士は、第三者委員会の設置と活動が適切になされることを進めることにより、日本における企業活動を適正なものとすることを推進するべきであり、今後も取り組みを活発に進めるべきである。

4 ビジネスと人権に関する指導原則

2011（平成23）年6月の国際連合の人権理事会において「ビジネスと人権に関する指導原則:国際連合『保護、尊重及び救済』枠組実施のために」（以下「指導原則」という。）が採択された。日弁連は、指導原則に基づき、2015（平成27）年1月に企業が人権を尊重する責任を果たすための「人権デュー・ディリジェンスのためのガイダンス」（手引き）を公表した。このガイダンス（手引き）により、企業及び企業への助言等を行う弁護士が、指導原則に基づき、人権リスクを評価し、負の影響を回避・軽減するための内部統制システムを構築する際の手引きとして機能することが期待される。

これらに関連して、日弁連は、日本政府に対する「ビジネスと人権に関する国別行動計画に含めるべき優先事項に関する意見書」（2017年〔平成29年〕7月）を公表している。

5 海外贈賄の防止とCSR

2015（平成27）年7月、経済産業省の外国公務員贈賄防止指針が改訂された。また、中小企業庁の「中小企業のための海外リスクマネジメントガイドブック」（2016〔平成28〕年3月）においても、海外の贈収賄が重要なリスクとして挙げられている。

日弁連では、これら企業を支援する弁護士のために、「海外贈賄防止ガイダンス（手引）」を取りまとめている（2016〔平成28〕年7月）。

企業にとって、海外での贈賄防止は、法令遵守、CSRの点からも、不可欠な取組課題となっている。弁護士は、日弁連によるガイダンスを活用し、企業に対し、海外での贈賄防止を積極的に助言し、この問題に取り組むべきである。

第11 労働法制の改革

1 はじめに

2017（平成29）年9月28日、本原稿の依頼を受けた時点では予想できなかった衆議院の解散が行われ、さらには新党の結成、野党の再編等が起こり、2017（平成29）年秋の臨時国会での成立が見込まれていた労働基準法等の改正も先行き不透明となっている。しかし、政権交代等がない限り、安倍首相の肝いりで策定された「働き方改革実行計画」（2017〔平成29〕年3月28日付　働き方改革実行実現会議決定）に沿った労働法制の改革が行われるものと思われる。そこで、厚生労働省が、2017（平成29）年9月8日に、労働政策審議会（会長　樋口美雄　慶応義塾大学商学部教授）に諮問した「働き方改革を推進するための関係法律の整備に関する法律案要綱（以下、「法律案要綱」という）」に沿って、今後実施されるであろう労働法制の改革等について、概略ではあるが、触れることとする。なお、法律要綱案にはかなり詳細な規定があるが、「注」部分を除いては、すべて法律として規定される予定との情報を得ている。今後の流れとしては、労働政策審議会から厚生労働大臣への答申を踏まえて、厚生労働省では、法律案を作成し、次期国会への提出の準備を進めるとのことである。

2 罰則付き時間外労働の上限規制の導入など長時間労働の是正（労基法改正）

我が国は欧州諸国と比較して労働時間が長く、この20年間フルタイム労働者の労働時間はほぼ横ばいで推移している。仕事と子育てや介護との両立、ワークライフバランスを確保するために、長時間労働の是正が検討されている。その背景には、日本のGDPが2016（平成28）年は世界第3位であるにもかかわらず、その生産性の悪さが問題となり国際競争力低下の要因として指摘されていることに対応し、長時間労働を是正し、労働の質を向上させることによって生産性向上を実現する狙いもある。

具体的には、労働基準法36条所定のいわゆる36協定でも超えることができない、罰則付きの時間外労働の限度を定める労働基準法の改正が検討されている。すなわち、時間外労働の上限について、月45時間、年360時間を原則とし、臨時的な特別な事情がある場合でも年720時間、単月100時間未満（休日労働を含む）、複数月平均80時間（休日労働を含む）を限度とするものである。

3 高度プロフェッショナル制度（高プロ）の創設（労基法改正）

労働基準法で労働時間については1日8時間、週40時間以内と法定されている（法定労働時間）。この法定労働時間を超えて働く場合には残業代の支払いが義務づけられているが、労働基準法の改正によって導入が検討されている高度プロフェッショナル制度では、ホワイトカラーを対象に年収1,075万円以上の高い収入がある専門的な職業を、労働時間の規制や残業代、休日・深夜の割増賃金の支払い対象から除外するとされている。具体的には、法律案では、「高度の専門的知識等を必要とし、その性質上従事した時間と従事して得た成果との関連性が通常高くないと認められる業務」に就き、かつ、1,075万円以上の年収があるものが対象となる。想定されている対象としては、金融ディーラーや研究開発職といった「働いた時間と成果の関連性が高くない仕事」が挙げられている。しかし、実務界（労働者側）からは、今後、業務乃至年収要件が緩和され、規制除外の対象が拡大されていくのではないかという懸念の声もある。この高度プロフェッショナル制度に関して、容認する方針を示した連合が、傘下の労組から反対を受けて態度を一変し、撤回を表明したことは記憶に新しい。

なお、第1次安倍内閣においても、労働ビッグバンの一環としてホワイトカラーエグゼンプションが議論されていたが、今回導入が検討されている高度プロフェッショナル制度の内容は類似ではあっても、同一ではない。

4 その他

(1) 月60時間を超える時間外業務に関する猶予措置の撤廃（労基法改正）

現行法上、月60時間を超える時間外業務に係る割増賃金率（50％）について、中小企業に関する猶予措置が規定されているが、3年後にこの猶予措置を撤廃する。

(2) 同一労働同一賃金など非正規雇用の処遇改善

現在、全雇用者の4割を占める非正規雇用労働者の処遇改善策の一つとして同一労働同一賃金制度の導入が検討されている。これについては、一部に誤解もあるようであるが、正規雇用労働者（無期雇用フルタイム労働者）と非正規雇用労働者（有期雇用労働者、パートタイム労働者、派遣労働者）間の不合理な待遇格差の解消を目指すものであり、合理的な待遇格差は許容するものである。また、立法に先行して何が不合理な待遇差なのかを具体的に明示する「ガイドライン案」が出ているところに特色があるが、立法に伴いこれがそのままガイドラインとなるのかは、未だ流動的な部分もあるようである。

なお、同一労働同一賃金に関して注目を集めた「長澤運輸事件」は、東京高裁で原判決取消・請求棄却という判決が下され、現在上告及び上告受理申立て中とのことである。

(3) 賃金

最後に、労働法制の改革自体ではないが、賃金の点について触れたい。

我が国経済の景気回復は4年10か月にわたり、「いざなぎ景気」越えと報道され、数字上は景気が上向き、企業収益も過去最高となっている。これに伴って労働需給が数十年ぶりの水準に到達し、売り手市場となっている一方、経済成長率や賃金の伸びは低い水準にとどまっており、労働者が受け取る賃金の上昇は十分とは言えない。

このため、政府は最低賃金については、年率3％程度を目途として、名目GDP成長率にも配慮しつつこれを引き上げ、全国加重平均が1,000円になることを目指している。実際に、東京都の最低賃金は2017（平成29）年10月1日付をもって、従前の932円から958円に引き上げられている。

最低賃金は都道府県別に定められ、また、随時変動するものなので、最低賃金が問題となる案件では、タイムリーなフォローが必要である。

第12 独占禁止法制の改革

1 改正法の概要

改正法の概要を簡単に説明すると下記のとおりである。

(1) 審判制度の廃止・排除措置命令等に係る訴訟手続の整備

① 審判制度の廃止

ⅰ　公正取引委員会が行う審判制度を廃止する（旧法第52条～第68条他）。

ⅱ　実質的証拠法則を廃止する（旧法第80条）。

ⅲ　新証拠提出制限を廃止する（旧法第81条）。

ここに新証拠提出制限とは、公正取引委員会が審判手続において正当な理由なく当該証拠を採用しなかった場合等に限り、被処分者は裁判所に対して新たな証拠の申出をすることができることを意味する。

② 排除措置命令に等に係る訴訟手続の整備

ⅰ　第一審機能を地方裁判所に（改正法第85条）

審判制度の廃止に伴い、公正取引委員会の行政処分（排除措置命令等）に対する不服審査（抗告訴訟）については、その第一審機能を裁判所に委ねることとする。

ⅱ　裁判所における専門性の確保（東京地裁への管轄集中）（改正法第85条）

独占禁止法違反事件は、複雑な経済事案を対象とし、法律と経済の融合した分野における専門性の高いものであるという特色があることを踏まえ、公正取引委員会の行政処分（排除措置命令等）に係る抗告訴訟については、東京地方裁判所の専属管轄とし、判断の合一性を確保するとともに裁判所における専門的知見の蓄積を図ることとする。

ⅲ　裁判所における慎重な審理の確保（改正法第86条、第87条）

東京地方裁判所（第一審）においては、排除措置命令等に係る抗告訴訟については、3人の裁判官の合議体により審理及び裁判を行うこととする。また、5人の裁判官の合議体により審理及び裁判を行うこともできることとする。

東京高等裁判所（控訴審）においては、5人の裁判官の合議体により審理及び裁判を行うことができることとする。

(2) 排除措置命令等に係る意見聴取手続の整備

① 指定職員が主宰する意見聴取手続の制度を整備（改正法第49条以下）

ⅰ　意見聴取手続の主宰者（改正法第53条）

意見聴取は、公正取引委員会は事件ごとに指定するその職員（指定職員：手続管理官）が主宰することとする。

ⅱ　審査官等による説明（改正法第54条第1項）

指定職員は、審査官その他の当該事件の調査に関する事務に従事した職員に、予定される排除措置命令の内容等（予定される排除措置命令の内容、公正取引委員会の認定した事実、法令の適用、主要な証拠）を、意見聴取の期日に出頭した当事者（排除措置命令の名あて人となるべき者）に対して説明させなければならないこととする。

ⅲ　代理人の選任（改正法第51条）

当事者は、意見聴取手続に当たり、代理人を選任することができる。

ⅳ　意見聴取の期日における意見申述、審査官等に対する質問（改正法第54条第2項）

当事者は、意見聴取の期日に出頭して、意見を述べ、及び証拠を提出し、並びに指定職員の許可を得て審査官等に対して質問を発することができることとする（当事者は、期日への出頭に代えて、陳述書及び証拠を提出することもできる）。

ⅴ　指定職員による調書・報告書の作成（改正法第58条、第60条）

指定職員は、意見聴取の期日における当事者の意見陳述等の経過を記載した調書、当該意見聴取に係る事件の論点を整理して記載した報告書を作成し、公正取引委員会に提出することとする。公正取引委員会は、排除措置命令に係る議決をするときは、指定職員から提出された調書及び報告書を十分に参酌しなければならないこととする。

② 公正取引委員会の認定した事実を立証する証拠の閲覧・謄写（改正法第52条）

ⅰ　閲覧

当事者は、意見聴取の通知を受けた時から意見聴取が終結するまでの間、意見聴取に係る事件について公正取引委員会の認定した事実を立証する証拠の閲覧を求めることができるものとする。

ⅱ　謄写

当事者は、閲覧の対象となる証拠のうち、自社が提出した物証及び自社従業員の供述調書については、謄写を求めることができるものとする。

ⅲ　課徴金納付命令・競争回復措置命令についての準用（改正法第62条第4項、第64条第4項）

排除措置命令に係るⅰ及びⅱの手続は、課徴金納付

命令及び独占状態に係る競争回復措置命令について準用することとする。

2 日弁連の意見

日弁連は、2010（平成22）年2月5日、公取委の行政処分前の手続における手続保障を十全なものとし、また、充実した取消訴訟の審理を確保する観点から、当該手続については、一定の手続保障を前提として迅速かつ実効的な処分がなされることを確保すべきである、などとした意見書を、また、同年4月23日には、調書等の閲覧謄写のあり方などにつき法案の修正を求める意見書を、それぞれ公表した。しかし、必ずしもこれらが改正法に反映されたとはいい難い。

3 法改正後の動向

改正法の附則（第16条）では、「政府は、公正取引委員会が事件について必要な調査を行う手続について、我が国における他の行政手続との整合性を確保しつつ、事件関係人が十分な防御を行うことを確保する観点から検討を行い、この法律の公布後一年を目途に結論を得て、必要があると認めるときは、所要の措置を講ずるものとする。」とされたが、これを受け、政府は、弁護士を含む委員らにより、2014（平成26）年2月以降、「独占禁止法審査手続についての懇談会」を開催し、協議を重ねている。同懇談会は、同年6月12日、ヒアリング結果等を踏まえた「独占禁止法審査手続に関する論点整理」（ただし、文責は、内閣府大臣官房独占禁止法審査手続検討室）を公表した（その内容は内閣府のHP〔http://www8.cao.go.jp/chosei/dokkin/pub-comm/s-02.pdf〕参照）。

これに対し、日弁連は、同年7月17日付で、事件関係人の防御権の確保が基本的視点として明記されるべきところ、①依頼者に対する弁護士の法的助言の秘密保持措置が講じられるべきである、②供述の聴取に際しては弁護士の立会が許諾されるべきであり、また、聴取過程の録画等による可視化も図られてしかるべきである、③被疑事業者に資料謄写の権利を認めるべきであり、供述調書の写しも遅滞なく供述者に交付されるべきである…等々を内容とする意見書を公表した。

前記懇談会は、審査手続きのあり方について報告書をとりまとめ（2014〔平成26〕年12月）、公正取引委員会は、「独占禁止法審査手続に関する指針」を公表した（2015〔平成27〕年12月）。

その後、公正取引委員会は、課徴金制度の在り方について「独占禁止法研究会」を開催し、同研究会は、2016（平成28）年2月以降、15回の会合を重ね、2017（平成29）年4月25日に報告書を公表した。同報告書では課徴金制度を柔軟に運用するとともに調査協力のインセンティブを高める制度を提言している。他方で、新制度のもとでも手続保障については十分に取り入れられることがなく、最大の論点となった弁護士依頼者間秘匿特権についてはむしろ実態解明に支障がある可能性があるとしてその制度に対する否定的見解が述べられている。今後は、当該研究会報告書を踏まえて2018（平成30）年にも法改正がなされる予定である。今後も、適正手続の保障が独占禁止法にかかわる調査、審査の過程でも十分貫徹されるよう、われわれは不断に監視と発言を続ける必要がある。

第13 民事執行法の改正の現状と課題

1 民事執行法の改正について

現行の民事執行法は、2003（平成15）年及び2004（平成16）年に社会・経済情勢の変化への対応と権利実現の実効性を高める観点などから大幅な改正が行われた。その後、15年近く運用がされてきたが、2016（平成28）年9月の法制審議会において、法務大臣より、民事執行法制の見直しに関する諮問がなされたのを機に、法制審において民事執行法部会が設置され、議論が進められてきた。現在、以下の項目についての改正を内容とする中間試案がとりまとめられたところである。

2 債務者財産の開示制度の実効性の向上

(1) 財産開示手続の実施要件等の見直し

ア 中間試案の概要

現行法では、手続申立てに必要とされる債務名義からは、仮執行宣言付判決、支払督促及び執行証書は除かれているところ、これを拡大して金銭債権についての強制執行申立てに必要な債務名義であれば、その種

類を問わず、財産開示手続の申立てを可能とする案となっている。

また、手続において、開示義務者が正当な理由なく期日に出頭しなかったり、出頭、宣誓をしても虚偽の陳述をした場合などの手続違背の場合、現行法では、30万円以下の過料という制裁が設けられている（民事執行法206条1項）が、これを強化するという案となっている。

イ　中間試案についての考え方

財産開示制度は、2003（平成15）年改正より導入された制度であるが、実効的に運用されているとは言い難い状況で、弁護士の反応も手続の利用について消極的な意見が多く、今一つといったところである。実際、申立て件数も2010（平成22）年に1200件を超えたのを最後に徐々に減少し、2014（平成26）年は929件となっているとのことである。

私人である債権者にとって、相手方債務者の財産情報を得ることは必ずしも容易ではない。このため、せっかく苦労して債務名義を取得したにも関わらずその権利実現が十分に図れないと、司法制度に対する国民の信頼も低下しかねない。債権者の権利実現を十分なものとすべく、このような執行法改正にも積極的に提言をしていくべきと考えられる。

(2) 第三者から債務者財産に関する情報を取得する制度の新設

ア　中間試案の概要

債権者からの申立てにより、執行裁判所が債務者以外の第三者に対し、債務者財産に関する情報の提供を求める制度を新設する案が出されている。

具体的な内容として、金融機関から債務者の預貯金に関する情報（預貯金の有無、額、種類、取扱店舗）を取得するもの、一定の公的機関から、債務者の給与債権に関する情報（勤務先の名称、所在地）を取得できるようにするもの、となっている。

申立てに必要な債務名義の種類その他の実施要件は、基本的に財産開示と同じとされている。

本手続と財産開示手続との先後関係も示されているが、財産開示の前置を必要とする甲案とこれを要しないとする乙案が示されている。

過去の一定期間内に本手続で同一の第三者から情報取得した場合でも、再実施は制限されない。

この他、情報提供を求められた第三者が回答に要する費用請求ができるとすること、情報提供を受けた債権者は、当該情報の目的外利用を禁じられ、違反者に対する罰則を設けるとの規定などが盛り込まれている。

イ　中間試案についての考え方

債権者にとって、権利実現のための執行の場面において、債務者財産を覚知し、実行性のある強制執行を実現するのは現状では容易ではないと言わざるを得ない。預金債権などは、差押えによる実効的な回収につながる財産であるところ、2011（平成23）年の最高裁決定により差押えのためには金融機関の支店特定が必要とされたが、現実にはその把握は必ずしも容易ではない。この点、弁護士法23条照会の手続によって回答する金融機関も現在は複数存在するが、債権者の側から見た場合、費用の面等からこれを積極的に活用できる債権者ばかりとも限らない。

債権者の権利実現のためには、これを可能とする手段は複数用意され、債権者はこれを適宜選択して利用できることが望ましいと考えられ、このような第三者照会の制度についても積極的に議論、検討がなされるべく提言をしていく必要がある。

3　不動産競売における暴力団員の買受け防止の方策

暴力団員（暴力団員による不当な行為の防止等に関する法律第2条第6号に規定する者）等の買受けを制限し、執行裁判所にはこれに該当する者への売却不許可決定をしなければならないとしている。また、執行裁判所は原則として売却不許可決定のための警察照会をするものとし、買受けの申し出をしようとする者についても、自己が暴力団員等でないことなどを宣誓の上陳述することとし、虚偽陳述には制裁が科せられることとなっている。

現在、官民を挙げて暴力団排除の取組みが推進されており、このような手続導入を通じ暴力団への不動産供給源を断つという意義があり、このような制度の導入には積極的な議論がなされるべきである。

4　子の引渡しの強制執行に関する規律の明確化

子の引渡しの強制執行においては、直接的な強制執行の規律を明確化（執行官が主体となることなど）することとされ、直接的な強制執行の申立てにあたって

は、間接強制を前置するものとし、直接的な強制執行の実施にあたっては、子が債務者と共にいることを原則とすることなどを定めている。

今まで明文の規定のないところであり、子の引渡しを命ずる裁判の実効性確保の観点から制度の整備を進めるべきであるが、子の福祉への配慮の観点、ハーグ条約実施法との異同も踏まえた検討、議論がなされるべきである。

5 その他の改正事項

取立権の不行使の場合について、差押債権者は、取立権が発生した日から2年を経過した時は、執行裁判所に対し、取立届または支払いを受けていない旨の届出をしなければならず、当該届出義務が生じた日から2週間を経過しても当該届出をしないときは、執行裁判所は、差押命令を取り消すことができるとする案などが出されている。

また、現行法（152条1項各号）の差押禁止債権の範囲を見直すこと、取立権の発生時期の見直しについて引き続き検討するものとされている。

第14 民事訴訟法の改正課題

1 現行民事訴訟法をめぐる状況

現行の民事訴訟法は、1996（平成8）年に改正され、その後数度の部分的な改正を経ているが、いずれも当面の必要に対応するものとしてであり、全体的な見直しは行われていない。

1996（平成8）年改正以降、民事訴訟を取り巻く社会の法環境や法意識の変化の速度は当時と大きく異なってきており、実務家からも抜本的な改正を求める声が上がっているところである。

2 早期開示制度

前回の民事訴訟法改正においては、迅速な審理実現のために当事者照会制度、弁論準備手続等が導入され、また文書提出義務の一般化も図られた。

改正後、最高裁は裁判の迅速化についての検証を行った。そして、最高裁が2011（平成23）年に公表した「裁判の迅速化に係る検証に関する報告書（第4回）」の施策編において、民事訴訟事件における審理の長期化傾向につき実証的な裏付け作業を行い、証拠収集に関連する要因の1つとして証拠収集の困難性を挙げている。そして、これに基づき、証拠収集方法を期限内に提出させる制度の導入について検討を進めることを述べている。

これに関し、例えば民事訴訟法改正研究会が、訴訟に関連する文書につき早期開示義務の法定、その履行としての文書目録の交付、当事者の申立てにより裁判所が文書目録の交付期限を設定する、義務違反についての制裁を設けることなどを内容とする、早期開示制度の導入を提言している（ジュリスト増刊「民事訴訟法の改正課題」）。

訴訟の迅速化は市民が訴訟を利用しやすくすることにもつながり、ひいては司法制度に対する市民の信頼を高める。英米法にも早期開示に関する制度が存しており、こうした制度も参考にしつつ、より議論を深め実効的な制度提言をしていくべきである。

3 争点整理手続終了後の失権効

現行法では、旧法における準備手続が必ずしも奏功しなかった点に鑑み、167条等において争点整理手続後に攻撃防御方法を提出した当事者は、相手方の求めがあるときは、争点整理の終了前に提出ができなかった理由を説明しなければならないものと定めている。

これにより、現在民事訴訟の第一審手続の平均的な審理期間が旧法下と比較して大幅に短縮されており、一定の成果を上げたものと評価されている。

その一方で現行法施行後10年を経過すると、弁論準備手続の形骸化事例や攻撃防御方法の適時提出が徹底されず、争点整理手続終了後に重要な書証が提出される例も散見されるといった指摘もされている。

こうした状況に鑑み、民事訴訟の審理の充実・促進を図るため、争点整理手続終了に伴う失権効や攻撃防御方法の提出期間裁定の制度を導入すべきとの提言もなされる（民事訴訟法改正研究会、前記ジュリスト増刊）ようになっている。

迅速で効率的な審理を進めるためには、攻撃防御方法が適時に提出される必要があり、そのために現行法では争点整理手続等の制度を設け一定の成果を上げている。その一方でこれを形骸化させかねない状況も見られることから、審理の迅速化、効率化をより実現すべく、失権効の導入も含めより実効的な制度の検討がされるべきであり、そのための提言が求められる。

4 当事者照会

当事者照会の制度は、証拠の偏在が見られるような訴訟において、当事者が相手方の支配領域に属する証拠へのアクセスを可能とし、当事者主導による迅速・適正な争点整理を目指すものとして平成8年改正法において新設された制度である。

しかしながら、このような制度の導入にもかかわらず、その利用は低調といわれる。その理由として、この制度は証拠の偏在の見られる訴訟類型（いわゆる現代型訴訟など）では効果的であるが、通常訴訟においてはあまり必要とはいえず、必要な場合は求釈明で足りるとか、裁判所の関与、制裁の欠如などが指摘される。

このような問題点が指摘される当事者照会については、照会の相手方の回答義務を明示し、他方で回答拒絶事由を定めるとともに申立てにより回答拒絶につき裁判所に裁定を求めることができるとして、回答拒絶事由の有無につき裁判所の関与を認め、回答義務に違反した相手方に対する制裁を設けることなどを内容とする改正案の提案（民事訴訟法改正研究会、前記ジュリスト増刊）もなされている。日弁連も2012（平成24）年に「文書提出命令及び当事者照会制度改正に関する民事訴訟法改正要綱試案」において同様の改正提案をしているが、裁判所の関与の方法に違いがある。

当事者照会の実効性を高め、民事訴訟をより利用しやすく真実解明力を高める観点からは、より強力な制度とする必要があると考えられる。他方でプライバシー、守秘義務等正当に保護されるべき利益もあることから、この点にも配慮した形での議論検討を進めることが望まれる。

5 文書提出義務

民事訴訟法220条の文書提出命令における文書提出義務については、1996（平成8）年改正で私文書については一般義務化が図られ、公務文書についても2001（平成13）年改正により、公文書私文書を問わず一般義務化されるとともに公務秘密文書等新たな除外文書が加えられた。

しかし、このような改正の一方、220条は1号ないし3号と4号の関係が問題になっていたり、文書提出義務の除外事由につき、申立人の側に除外事由不存在の証明責任を負わせるような体裁となっているなどの問題が残されていた。

この点、実務、学説では、文書の内容を知る所持者側に除外事由の立証を求めるようになっているものの、かかる運用を明文化することが証拠の偏在に対処し当事者間の衡平を図るために設けられた文書提出命令の本来の趣旨にも資すると考えられる。

この点を踏まえ、また、文書提出義務の範囲の拡充を図り、文書提出命令をより実効性ある制度とすべく、前記の日弁連の要綱試案あるいは民事訴訟法改正研究会の提言が発表されている。証拠の偏在の是正は衡平で充実した審理につながるものであり、このような文書提出命令の規定の改正はより推進されるべきである。他方でプライバシー、守秘義務等保護されるべき利益もあるため、それらへの考慮もしつつ、より議論検討を進めていくべきである。

第3章 行政に対する司法制度の諸改革

第1 行政手続の民主化

1 行政の透明化と市民参加

　行政は一義的には立法府（国会）においてコントロールされる。そして、行政は、立法府のコントロールの下にあることによって、民主的正当性を獲得する。

　しかしながら、現代における行政の役割は法律の執行に限定されるわけではなく、より積極的な役割を果たすことが期待されている。すなわち、環境、医療・衛生、社会福祉、消費者保護等の政策分野における行政の役割は大きく、さらには、東日本大震災の復興対策、年金・保険改革等高齢化社会対策、エネルギー・食糧問題などの広範かつ大量の政策課題が存している。一方において、財政的な制約等により総花的な政策を実施していくことは困難であり、一つの政策の選択・実施は、国内において様々な利害関係を生じさせることになる。したがって、行政においては、行政主体自体がその信頼を獲得・回復し、かつ政策決定とその遂行に関し、市民との議論と説得による行政の民主化が必要となる。

　以上から、市民自身が課題の設定、政策立案、政策実施、政策評価の各段階において意見表明をし、関与していくシステムが不可欠なのであり、その前提として市民が政策の全過程において、充分な情報にアクセスでき、自由かつ公正な機会における意見の表明の場が不可欠である。したがって、弁護士及び弁護士会としては、既存の法制度の意義と問題点を把握しつつ、創造的にその活用を図るためにも、行政訴訟、その他不服審査手続やパブリックコメント等の事前手続において、国民の議論を提供する形で積極的に関与し、かつこれらの法制度を充実・発展させるための活動をすることが要請される。

2 行政手続法の施行状況

　行政手続法は、行政運営における公正の確保と透明性の向上を図り、国民の権利利益の保護に資することを目的とし、1994（平成6）年10月1日、施行された。

　その内容は、行政活動のうち、申請に対する処分（許認可等）、不利益処分、行政指導、届出を対象とするもののほか、2007（平成19）年度からは政令、省令、その他官庁が定める基準、規則等に関する意見公募手続き（パブリックコメント）が定められている。

　行政手続法の実施状況（以下の数値は、総務省による2014〔平成26〕年3月31日現在の調査による）は、2012（平成24）年度及び2013（平成25）年度の2か年に新設された処分のうち、申請に対する処分に関する審査基準の設定は80.0％、標準処理日数の設定は53.0％、不利益処分に関する処分基準の設定は76.0％である。一方、意見公募手続き（パブリックコメント）については、2013年（平成25）年度中、実施件数が722件、全体の90.4％に当たる653件で意見提出期間が30日以上確保され、意見考慮期間（意見提出期間から政令等が公布されるまでの期間）は、5日以上が97.6％、うち31日以上が44.9％であった。また、意見提出数は合計23,760件で、1件当たり平均33件（ただし、「なし」が217件あり、501以上の意見提出は7件あった）、結果公表が公示されたものは、原文の公示が220件、要約の公示が316件であり、提出意見が反映された（政令等が修正された）ものが115件（意見提出されたものの22.8％）であった。さらに、政策課題等法定事項ではない任意の意見募集も449件が実施されており、意見提出数は26,292件、意見により当初の案が修正されたものは38.4％となっている。

　以上に鑑みると、行政手続法は、全体的に見れば、安定的な運用がなされていると見られなくはないところである。しかしながら、個別の行政処分に係る審査基準設定状況等は水準の低下が見られ、意見聴取手続きも件数としては減少が見られることから、行政手続法の適正な執行を注視する必要がある。

　なお、パブリックコメントにおいては、政省令とは異なり法律は実施する義務はないが、2014（平成26）年の特定秘密保護法案（反対意見が79％であったにもかかわらず、これを踏まえた議論や検討も十分に行われたと言えない状況で拙速に法律が成立したとの非難はなされた）や2016（平成28）年の成人年齢を18歳に引き下げる民法改正法案については実施されたが、

2016（平成28）年の安全保障関連法案や2017（平成29）年の「共謀罪」の趣旨を含む組織犯罪処罰法改正法案に関しては実施されていない。これらに鑑みると、パブリックコメント募集の実施の有無、実施された場合の公表や政策への反映が恣意的に行われ、形骸化しているのではないかとの危惧を持たざるを得ないのであって、国民の意見や英知を反映させることによる行政の民主化のため、さらに、実効性のある制度の充実を図る方向での制度設計の検討も必要である。

なお、2015（平成27）年4月1日からは、国民が法令違反の事実を発見したときには行政機関に対し処分や行政指導を求める制度（行政手続法36条の3）や行政指導を受けた事業者等が当該行政指導を違法と考える場合には行政指導の中止を求める制度（同法36条の2）が実施された。行政の民主的コントロールや早期の是正・適正化に資する制度であり、市民の立場からも十分に活用されなければならない。

第2 行政訴訟改革

1 はじめに

「法の支配」の理念が貫徹されるためには、行政手続の民主化とともに、行政主体（国、公共団体等）と国民との間に生じた様々な不都合に関し、国民が積極的にかかわり、これを是正していくため、行政訴訟制度を改革しなければならない。すなわち、行政訴訟制度の改革を行い、民主制の理念の徹底化を追求することにより、「法の支配」の理念が貫徹されることになるのである。こうした方向性の最後の砦ともいうべきわが国の行政事件訴訟法を、国民の権利を実効的に救済する制度へと改革していくには、法律の更なる整備とともに、行政訴訟の担い手である法曹の資質・意識の改善が図られなければならない。

2 行政事件訴訟法の改正と改正後の運用

2004（平成16）年6月、行政事件訴訟法（以下「行訴法」という）が42年ぶりに改正された。当該改正では、国民の救済範囲の拡大（原告適格の拡大、義務付け訴訟の法定、当事者訴訟としての確認訴訟の活用など）、訴訟における審理の充実、促進（裁判所の釈明処分として資料の提出制度など）、行政訴訟を利用しやすくするための方策の策定（抗告訴訟における被告適格の簡明化、国家を被告とする抗告訴訟について、管轄裁判所を、原告住所地を管轄する高裁・所在地の地裁に拡大、出訴期間を6ヶ月に延長、処分に当たっての被告、出訴期間、審査請求前置、裁決主張についての教示）、本案判決前における仮の救済制度新設など、国民の権利の実効的権利救済の観点において、一定の前進があった。

これまでは、行政訴訟を提起しても、第1回期日に至るまで被告たる行政庁側からどのような答弁がされるのか、いわゆる門前払いになるのではないか、と原告側が戦々恐々としていた実情からみれば、国民の権利の実効的権利救済の観点において、一定の前進があったと評価することは十分可能である。

改正後の裁判所の動きを観察すると、改正法の趣旨に沿った判決を下しているケースが見受けられる。

例えば、最高裁判決については、改正法の趣旨に沿った判決として、以下の四件のケースが一般的に挙げられる。第一に、在外投票違憲判決（2005〔平成17〕年9月14日）は投票権という明確な権利に関するものではあるが、確認訴訟の可能性を広げた改正法の趣旨に沿った判決であった。第二に、小田急事件大法廷判決（2005〔平成17〕年12月7日）は原告適格についてもんじゅ判決（2002〔平成4〕年9月22日）以来の判断枠組みを維持しつつも、行訴法第9条2項の解釈を通じて広く関係法令を参照するとともに、個別的利益を比較的緩やかに認定し、原告適格を拡大した。第三に、遠州鉄道上島駅周辺の区画整理事業計画の処分性に関する最高裁判決（2008〔平成20〕年9月10日）は、「計画の決定は一般的抽象的な『青写真』にすぎず、訴えの対象にはならない」と判示したいわゆる「青写真判決」（1966〔昭和41〕年2月23日）を42年ぶりに判例変更し、事業計画段階での取消しの可能性を認めた。第四に、訴えの利益に関する最高裁判決（2015〔平成27〕年3月3日）は、先行の処分を受けたことを理由として後行の処分に係る量定を加重する旨の不利益な取扱いの定めがある場合には、上記先行の処分に当たる

処分を受けた者は、将来において上記後行の処分に当たる処分の対象となり得るときは、上記先行の処分に当たる処分の効果が期間の経過によりなくなった後においても、当該処分基準の定めにより上記の不利益な取扱いを受けるべき期間内はなお当該処分の取消しによって回復すべき法律上の利益を有するものと解するのが相当である、という判断を示し、訴えの利益について広く認めたものと評価できる。

また、下級審判決においても、例えば障害児である子について就園不許可処分を受けた保護者により申し立てられた町立幼稚園への就園許可について仮の義務付けを認容し確定した（徳島地判2005〔平成17〕年6月7日判例自治270号48頁）。このように、厳格かつ限定的な解釈を裁判所が実際に行うか否かが懸念された「償うことの出来ない損害を避けるため緊急の必要があること」という仮の義務付け（行訴法37条の5第1項）の要件について、極めて常識的な判断を徳島地方裁判所が行った。この裁判例は改正行訴法の趣旨を裁判所が十分に受け止めたと評価可能な画期的決定であったと評価できる。更には広島地判2009（平成21）年10月1日の差止認容例（判時2060号3頁）などの下級審裁判例が存在する。

かつて、下級審レベルで「重大な損害」要件を不相当に厳格に解釈する傾向があった（大阪地判2006〔平成18〕年2月22日判タ1221号238頁など）。しかし、最高裁判決（2012〔平成24〕年2月9日）は、職務命令違反を理由とする懲戒処分差止訴訟につき、命令違反を理由として懲戒処分が反復継続的かつ累積加重的になされていくことにより生ずる損害は、処分後の取消訴訟により容易に抹消されないとして、訴えの適法性を認めた。この流れを受けて、裁判所の下す判決については、事後救済が原則であるといった観念を捨て、違法であることが明らかである限り、事前救済を充実させる判決が主流になっていくことが望ましい。

次に、近時の最高裁判例の問題点について検討する。第一に、「青写真判決」（1966〔昭和41〕年2月23日）の変更を行った最高裁判決（2008〔平成20〕年9月10日）による処分概念の拡張は、事業計画段階での処分性・取消の可能性が認められる半面、出訴期間徒過や取消訴訟の排他的管轄が問題とされる事案も現われる可能性があるため、国民の権利の実効的な救済の観点から問題が生じる可能性がかえって増大する危険性がある

と指摘されている。第二に、医療法（改正前）7条に基づく開設許可のされた病院の付近において医療施設を開設し医療行為をする医療法人等は、同許可の取消訴訟の原告適格を有しないとする最高裁判決（2007〔平成19〕年10月19日）についても、原告適格の範囲が不当に狭められているのではないかという議論の余地があろう。

そもそも、行訴法の訴訟要件の存在は、その不当に厳格な解釈と相まって、行政を民主的に是正していくという理念への反作用として働いているのであり、処分性、原告適格、訴えの利益といった訴訟要件の存在そのものを再吟味する必要があるのではないだろうか。

そのため、上記改正の際、2004（平成16）年5月14日衆議院法務委員会の附帯決議において決議されたものの、条文には取り込まれなかった「権利救済の実効性、法の明確性、当事者の対等性を基本として審理すべし」とする条項について、行訴法に追加するよう図られなければならない。

そして、新たな行政訴訟制度が改正法の趣旨に沿った運用がされるよう、国民及び弁護士はチェックを怠ってはならない。

3 積み残し課題に関する改革の具体的方策
(1) はじめに

上記のとおり、2004（平成16）年の行政事件訴訟法の改正は、時間的制約の下で行われた最低限の第一次改革に過ぎない。たしかに、多数の論点がこの改正の対象にはならなかった。しかし、それは「改正をする必要がない」というわけではない。例えば、裁量処分（法第30条）については、義務付け訴訟の規定（法第37条の2第5項）にそのまま援用されているが改正の必要がないと判断されて残されたというわけではない。

今後も引き続き国民の権利利益を救済する観点から行政事件訴訟法の改正を行う必要がある。

(2) 行政訴訟制度改革について

具体的には、訴訟制度についてのさらなる改革としては、訴訟対象の拡大、行政訴訟の管轄の拡大（支部への拡大、国を当事者とする裁判の地方への管轄拡大など）、訴え提起手数料の合理化（同一処分を争う場合には、原告数にかかわらず訴え提起の手数料を同額とする、税務訴訟では最高裁まで含めると数百万円の印紙額が当り前といった現状を是正する、むしろ抗告

訴訟の訴額は算定不能とする等)、弁護士報酬の片面的敗訴者負担制度の導入（行政訴訟の公益性に鑑み勝訴原告の弁護士費用を行政側敗訴の場合にのみ負担させる制度）、職権証拠調べの公費負担、上訴・抗告期間の延長、民事訴訟との関係の整理、団体訴訟制度の導入（環境保全、消費者保護分野等において公益性を有する団体に訴権を付与する制度）、納税者訴訟の導入（国レベルの公金支出をチェックする制度）、行政訴訟に国民の健全な常識を反映させる陪・参審制ないし裁判員制度の導入等が検討されるべきであろう。

また、行政計画及び行政立法の処分性については最高裁判決が例外的に認めたケースも存在する一方、行政計画及び行政立法が極めて多種多様であるため、適切な司法審査の在り方を検討する必要がある。

(3) 行政訴訟以外の解決法について

社会的紛争の解決を訴訟（司法ルート）に委ねることの社会的コストは大きく、事前の適正手続による解決が望ましい。その意味で、2016（平成28）年4月に施行された行政不服審査法の改正の成果の検証をすべきである。2014（平成26）年に行政手続法の改正がなされ、2015（平成27）年4月から施行されたとはいえ、その整備（行政立法、行政計画、公共事業手続、行政契約等）は未だ遅れており、行政型ADRの整備・改革、行政訴訟改革を真に実現するための個別行政実体法の改正等が検討されるべきであろう。

第3　行政不服審査法

1　改正法の施行

行政不服審査法は、1962（昭和37）年の制定以来、実質的な法改正がなされないまま50年近くが経過し、この間の国民の権利利益や行政の公平性・透明性をめぐる意識の大きな変化を受け、時代の変化に即した見直しの必要性が高まっていた。

そこで、公平性の向上、使いやすさの向上、国民の救済手段の充実・拡大の観点から、時代に即した見直しが必要であるという認識のもと、総務省において、2008（平成17）年秋から改正の取り組みが開始され、以後、衆議院解散による廃案（2010〔平成20〕年）などの経緯を経て、2014（平成26）年6月、改正法が成立し、2016（平成28）年4月1日、同法は施行された。

2　提言

改正法について、単に手続き的な規定の遵守にとどまらず、法改正の趣旨に沿った、実質的にも公平かつ簡易迅速な制度と評価されるべく運営されることが強く期待されるべきであり、その担い手として、弁護士の果たすべき役割は大きい。

以下、改正法で実現された点を説明するとともに今後に向けた提言をする。

まず、審理の公正・中立の観点では、審理員制度が導入され、職員のうち処分に関与しない者（審理員）が審理を担当することとした（9条）。併せて、審査庁は、裁決について、有識者からなる第三者機関（行政不服審査会等）に諮問しなければならないとした（43条）。

本来、処分庁と国民の間における紛争を公平公正に解決するためには、第三者的立場にある機関による判断が必要となるはずである。本改正では、第三者機関による審査制度は実現されなかったものの、中立的立場の審理員と第三者的立場の諮問機関（行政不服審査会等）の導入を実現した点は評価できよう。

そして、審理の公正・中立という目的を実現すべく、行政法分野に専門性を有する弁護士が、これら審理員ないし第三者機関（行政不服審査会等）のメンバーとして、新制度の運営に直接関与していくことが期待されているといえよう。新制度の担い手として、弁護士が積極的に関与し、また、その供給源にならなければならない（なお、審理員候補者の属性として、大半は、各行政機関ないし地方自治体等の正規採用職員が占めているとの報告も見受けられる（「新たな行政不服審査制度の運用に関する調査研究報告書(平成29年3月)」((一財)行政管理研究センター)））。

次に、使いやすさの向上の観点では、不服申立ての手続が審査請求に一本化された（4条）。改正前は、処分庁への異議申立てと上級行政庁への審査請求という二本立てでかつ手続内容が異なっていたため、わかりづらく使いにくかったところ、本改正で手続が一本化

した点は、弁護士会もこれを求めてきたところであり、評価できよう。

　もっとも、不服申立期間について、行政事件訴訟法に合わせ6か月とするように求めてきたにもかかわらず、3か月の延長に留まった点（18条1項）、不服申立適格について、抗告訴訟の原告適格より広く認められるべきで、行政活動の根拠法規によって法律上保護される利益を有する者のみならず、事実上保護される利益を有する者や一定の団体にも、広く適格を認めるべきと求めてきたにもかかわらず、結果として、改正に至らなかった点は必ずしも十分な前進とはいえない。

　改正法では、附則で施行後5年を経過した後に施行状況を検討し、必要があれば見直しがなされると規定されている。

　改正法の目的（審理の公正性の向上、使いやすさの向上等）が、その運用において実現しているかのチェックを怠ることなく、さらには、改正法において残された課題、施行後の問題点等を蓄積し、今後の見直しのための提言を継続していく必要がある。

第6部
憲法と平和をめぐる現状と課題
憲法施行70年における立憲主義の危機と憲法改正の動き

第1 憲法をめぐる近年の政治情勢

2014（平成26）年7月、安倍政権はこれまで政府解釈でも違憲とされてきた集団的自衛権行使等を合憲として容認する解釈改憲を行い、翌2015（平成27）年9月、政府及び与党は、国民世論に強い慎重論がある中で、法案制定において求められる手続に多くの問題を残して「安全保障関連法」の成立を強行した。

2016（平成28）年7月には参議院議員選挙が実施されたが、憲法問題が争点とされないまま、衆参両院において与党が3分の2以上の議席数を占める結果となった。

翌2017（平成29）年5月3日、憲法施行70年目の憲法記念日には安倍首相が自由民主党総裁として「憲法9条1項・2項を残しつつ、自衛隊を明文で書き込む」という憲法改正構想を表明し、これを受けて同年7月には自由民主党憲法改正推進本部で後述するような加憲条文案が提示されている。

そして、同年9月末には衆議院が解散されて憲法改正を主要な争点とする総選挙が実施され、憲法改正に積極的な政党が多数を占める結果となっている。与党である自由民主党は、この選挙において上記「自衛隊加憲」のみならず、「国家緊急権の創設」や「高等教育の無償化」等の憲法改正を選挙公約としており、今後、そのような憲法改正の動きが具体的に現実化することが強く予測されている。

憲法をめぐる問題としては、すでに2013（平成25）年に強行採決によって成立している特定秘密保護法の問題や、ヘイトスピーチ、一票の格差問題などの問題が山積しているが、2017（平成29）年にはさらに内心の自由の侵害が懸念される共謀罪法（「テロ等準備罪法」と称されている）も成立しており、上記の安全保障関連法の成立や自衛隊加憲を始めとする憲法改正の動きも含めて、憲法の基本原理である基本的人権の尊重と恒久平和主義が脅かされる政治状況が年々強まって来ている。

第2 憲法問題に対する弁護士及び弁護士会の基本的立場

憲法に関する各問題は、個々の弁護士の思想信条にも関わるものであり、また政党間で争われるケースも多いことから、「強制加入団体である弁護士会で、思想信条的に意見の分かれる問題について方針を決めるべきではない。」「政治的な問題について弁護士会は中立であるべきで、意見を言うべきではない。」という意見もある。特に、「安全保障と憲法」の問題に関しては、「高度の政治性を有する」との理由で、弁護士会のみならず任意団体である法友会が特定の意見を表明すること自体にも消極的な意見がある。

しかしながら、弁護士法第1条は弁護士の使命を「基本的人権の擁護と社会正義の実現」と定め、その使命に基づいて「法律制度の改善に努力」する義務を弁護士に課している。そして、その使命を果たすために、我々には弁護士自治が認められているのであり、政治権力の行う立法・行政上の行為について常にチェックし、基本的人権や社会正義の観点から懸念される問題があれば、主権者たる国民にそのリスクを知らせ、権力機関にその是正を求めるのは、我々弁護士及び弁護士会の使命と言うべきである。

9条をはじめとする憲法問題についても、その「政治性」を理由に弁護士及び弁護士会が意見を言わないとすれば、政治権力による立憲主義侵犯及び憲法違反行為をチェックすることはおよそ困難となってしまう。その意味において、我々は、あくまで基本的人権の擁護・社会正義の実現の観点から、憲法問題についても、懸念されるリスクについて法理論的に検討・指摘し、問題提起をすべきであろう（もちろん個々の会員の意思や意見を拘束するものではない）。

具体的には、日本国憲法をめぐる改憲論やその他の諸問題に対しては、憲法の基本理念（基本的人権尊重、国民主権、恒久平和主義）を擁護する立場から、

① 「個人の基本的人権を保障するために権力を制限する」という立憲主義の理念が堅持され、国民主権・基本的人権の尊重・恒久平和主義など日本国憲法の基本原理が尊重されるべきこと、

② 憲法前文に平和的生存権を謳い、9条に「戦争を放棄し、戦力を保持せず、交戦権を否認」する

旨を規定したこと（恒久平和主義の原則）は、過去の軍国主義の歴史と先の大戦の惨禍への深い反省に立つものであって、この憲法前文と9条が、戦後70年余の間、我が国の戦争を防ぎ平和を確保するために重要な役割を果たしてきたこと、
③　現在の国際情勢では軍事力の行使や威嚇が世界的な潮流になっている中で、今日においても憲法9条の精神が平和への指針として世界に誇り得る先駆的かつ現実的な意義を有していること、

等の認識を基本とした上で、現実的な解決や対応策を検討すべきである。

第3　安全保障関連法に関する問題

1　安全保障をめぐる今日までの憲法解釈の経緯

(1) 自衛隊の誕生から冷戦時代（個別的自衛権の容認）

我が国は、1950（昭和25）年の朝鮮動乱の際に、駐留米軍の参戦により手薄になった我が国の安全保障を補うという趣旨で警察予備隊が設立され、それが1952（昭和27）年の保安隊を経て、1954（昭和29）年に自衛隊として実力組織を維持するに至った。

このような組織を持つこと自体が、徹底した恒久平和主義のもと戦争放棄・武力行使禁止・戦力不保持を規定する憲法9条に反するのではないかという批判もあるが、国民の多数は、災害救助における自衛隊の貢献などを評価して、自衛隊が違憲の存在であるとは考えていない。

ただし、政府も、（個別的）自衛権は認められるとしつつも、その発動としての武力行使には制約があるとの立場から、1972（昭和47）年の田中内閣の答弁において、「憲法は第9条において戦争を放棄し戦力の保持を禁止しているが、他方で、前文において平和的生存権を確認し、第13条において生命・自由及び幸福追求に対する権利が国政上で最大限尊重すべきことと定められており、自国の平和と安全を維持しその存立を全うするために必要な自衛の措置（個別的自衛権）は認められる。」との見解を示し、具体的な発動要件【旧三要件】について、

「①わが国に対する急迫不正の侵害すなわち武力攻撃が発生したこと、

②これを排除するために他の適当な手段がないこと、

③必要最小限度の実力行使にとどまるべきこと、

という全ての要件が必要である」としたうえで、「集団的自衛権の行使は憲法9条に反し認められない」として、前文や9条との整合性が配慮されており、この解釈についても　歴代内閣は40年以上にわたり維持し続けてきた。

(2) 冷戦終結後の政策の転換と米国との協調

ア　湾岸戦争を契機とする自衛隊海外派遣

冷戦終結の翌年である1990（平成2）年、イラクによるクウェート侵攻（湾岸戦争）が発生した。その際、我が国は、これまでの政府見解を維持する立場から、自衛隊の海外での活動は、「専守防衛」ではないからできないとし、代わりに130億ドルを超える資金提供で貢献することとした。ところが、そのほとんど全てがアメリカ軍の戦費として使用されたためか（但し、当時は提供資金の使途は周知されていなかった）、イラク撃退の後、クウェート政府の感謝対象国の中に我が国の名前は含まれていなかった。そのため、「金銭的貢献では足りない、人的貢献が必要だ」という内外の強い圧力を受けることとなった。

これを受けて政府は、翌1991（平成3）年、自衛隊に初めての海外活動としてペルシャ湾での機雷掃海活動にあたらせ、1992（平成4）年、「国際連合平和維持活動等に対する協力に関する法律」（通称PKO法）を制定し、我が国の自衛隊がPKO（第2次国連カンボジア停戦監視団）に参加する形で海外に派遣された。

これ以降自衛隊の海外派遣が常態化し、2006（平成9）年の自衛隊法改正により、自衛隊の海外活動が本来的任務に格上げされた。

イ　ガイドライン改定による「周辺事態」防衛（自衛隊の活動範囲の拡大へ）

そして、このような状況のもとで、1997（平成9）年「日米防衛協力の指針（1978〔昭和53〕年ガイドラインの改訂）」が策定された。これにより、防衛施策が「旧ソ連の侵攻」を想定したものから「朝鮮半島有事」を想定した自衛隊と米軍の「周辺事態」の協働態

勢に変化し、自衛隊の活動のあり方の重要な変化となった。

また、この合意を国内法化する立法措置として、1999（平成11）年に「周辺事態法」など、いわゆる新ガイドライン関連法が成立し施行され、その後も、次々と自衛隊の海外派遣、米軍との協働関係を定める法制が整備された。

ウ　さらなる自衛隊の活動範囲の拡大（「グローバル」な海外派遣）

さらに、2005（平成17）年10月に発表された日米合意文書「日米同盟：未来のための変革と再編」により、米軍と自衛隊の一体化の実現、「周辺事態」の拡大、実質的に全世界規模（グローバル）の日米両国の協働態勢が想定された。この合意は、日米同盟の強化のためには集団的自衛権の行使を必要とするとの認識を含むものであった。そのような中で、2006（平成18）年12月に、防衛庁を防衛省に格上げする防衛省設置法が公布された。

エ　さらなる要請と歯止め

このように、米国による日米同盟のグローバル化の要請のもとで、集団的自衛権行使の容認が繰り返し求められてきたが、それでもなお歴代政権は、1972（昭和47）年の田中内閣の政府答弁の枠組みを維持し、「集団的自衛権を行使することは、憲法上許されない」との解釈を堅持した。

(3) 歯止めの突破と安全保障関連法の成立

ところが、2012（平成24）年、第二次安倍政権が誕生するや、このような制約は一気に取り払われ、安全保障をめぐる政府の姿勢は劇的に転換した。

ア　歯止め突破への布石

まず、2013（平成25）年10月の日米のいわゆる「2プラス2」（日米安全保障協議委員会）の共同声明において、日米同盟の戦略的な構想を取りまとめ、とりわけ我が国の安全保障政策に関する問題について、大幅な見直しが確認された。これらは、CSIS（戦略国際問題研究所）」のいわゆる「アーミテージ報告書（アーミテージ・ナイレポート）」の内容とも重なりあうものである。

イ　官邸主導の組織整備

その後、我が国ではこれらに歩調を合わせて、まず2013（平成25）年暮れに国家安全保障会議設置法が改正され、国家安全保障会議の中に新たに外交・防衛・安全保障に関する基本方針と重要事項を審議する「4大臣会合」が司令塔として設置され、（アメリカのNSCを模して「日本版NSC」と呼ばれている）また内閣官房に50名規模の「国家安全保障局」を設置し、各省庁の情報を集中させることとした。これは、「平時から有事までの重要な外交・軍事の政策」を官邸主導で決定しようとするものであるが、保障局内の班には、十数名の制服自衛官も加わることとなった。

ウ　防衛関連分野の情報秘匿へ

同じく2013（平成25）年の暮れに、特定秘密保護法も自民党と公明党の強行採決により成立した（詳細は別項）。

この法律は、保護対象である特定秘密の概念が極めてあいまいであり、メディアの取材の自由の制限の恐れとも相まって、国家の重要な政策決定の基礎となる情報が隠蔽される恐れ（「知る権利」の侵害）があり、特に安全保障関連情報が秘密指定されることによって、国民だけでなく、その代表者である国会議員でさえ、これらの情報を十分に知りえない事態が生ずることとなり、安保関連法や国家緊急権との関係で、実力行使の要件の充足に関する判断に重大な支障をきたすこととなる。すなわち、極めて重要なこの分野における民主的コントロールが機能不全に陥ることを意味するものである（ほかにもこの法律には多くの問題があることは、別項の通り）。

エ　疑義のある諮問

また、2014（平成26）年5月13日に、「安全保障の法的基盤の再構築に関する懇談会」（安保法制懇）が、我が国を取り巻く安全保障環境が変化したこと、憲法の文理上集団的自衛権の行使が制限されることを示す文言がないこと等を理由の骨子として、憲法解釈上集団的自衛権の行使は認められるとする報告書を安倍首相に提出した。

しかし、この組織は、単なる首相の私的諮問機関でしかなく、しかもその構成員全員が集団的自衛権行使を容認するメンバーであったこと、憲法学の専門家が一人もいなかったことに照らしても、偏向のない公正な諮問機関とは程遠く、「結論ありき」の諮問と報告書でしかないと言わざるを得ない。

オ　意図的な内閣法制局長官人事

他方、安倍政権は内閣法制局長官人事についても、集団的自衛権行使容認論者である外務省出身者を長官

に任命するという人事を実行した。新長官はその就任会見において、約40年にわたって維持されてきた「集団的自衛権の行使はできない」という内閣法制局の憲法解釈の見直しを示唆し、新聞報道によると、実質的には、わずか1日の検討で解釈変更が行われたとされている。

カ　歯止めの突破（解釈改憲・安保関連法の成立）

そして、2014（平成26）年7月1日、安倍内閣はついに、国民の間に強い反対や懸念の声が数多くあるにもかかわらず、歴代内閣の「憲法第9条の下で許容される『自衛の措置』の要件」【旧三要件】を変更し、【新三要件】のもとで、集団的自衛権の行使を容認する旨の閣議決定を行った（いわゆる「解釈改憲」）。

さらに、2015（平成27）年5月、安倍内閣は、前記の閣議決定を受けて、集団的自衛権の一部容認や自衛隊の活動の時的・地域的制限を解除したうえで、活動内容を大幅に拡大したいわゆる「安全保障関連法」案を国会に提出し、参議院特別委員会での強行採決を経て、2015（平成27）年9月19日未明に成立させたのである。

2　安全保障関連法の要旨と憲法上の問題点

(1) 安保関連法の要旨

前述のとおり、安倍内閣は、2015（平成27）年5月、「我が国を取り巻く安全保障環境の変化」を理由に法改正の必要性を訴え、「我が国及び国際社会の平和及び安全のための切れ目のない体制の整備」の名の下で、10本の法律の改正と1本の新法からなる「安保関連法案」を国会に提出した。その要旨は以下の通りである。

ア　集団的自衛権行使の一部容認（存立危機事態）

武力出動について、「存立危機事態」の名の下で、「①わが国と密接な関係にある他国に対する武力攻撃が発生し、これによりわが国の存立が脅かされ、国民の生命、自由及び幸福追求の権利が根底から覆される明白な危険がある場合において、②これを排除し、わが国の存立を全うし、国民を守るために他に適当な手段がないときに、③必要最小限度の実力を行使することは許容される。」という自衛隊法の改正による【新三要件】のもとで、集団的自衛権行使を一部容認した。

イ　海外での後方支援（兵站）

重要影響事態、国際平和共同対処事態の名の下で、いわゆる「周辺事態法」の改正「重要影響事態法」と国際平和支援法の新設により、米軍や他国軍の支援地域を我が国周辺から「地球規模」に拡大した。

ウ　PKO活動の拡大（武器使用）

国際平和維持活動の名目でPKO協力法を改正し、PKOにあたらない活動も認め、さらに駆け付け警護を認め、任務遂行のための現場の判断での武器使用を認めた。

エ　いわゆる米艦防護等

ほかに、自衛隊法の改正により、米艦等の武器防護ができることや船舶検査活動の拡大、米軍以外の他国軍も港湾・飛行場等の使用ができることとするなどの改正がなされている。

(2) 安保関連法の憲法上の問題点

ア　立憲主義違反

前述したように、従前の政府の憲法解釈は、憲法前文や9条の趣旨から憲法が自衛の措置を無制限に認めているとは解されないことを踏まえた上で、①武力攻撃の発生、②補充性（他に適当な手段がないこと）、③必要最小限度性という3つの要件【旧三要件】を全て満たした場合に、例外的に実力行使（個別的自衛権発動）が可能であるとしたうえで、「集団的自衛権の行使は憲法上認められない」と明言し（1972（昭和47）年の田中内閣）、歴代内閣は、この立場を40年以上にわたり堅持してきた。

ところが、安保関連法においては、【旧三要件】の大前提ともいうべき第一要件が大きく変更され、「わが国と密接な関係にある他国に対する武力攻撃が発生し、これによりわが国の存立が脅かされ、国民の生命、自由及び幸福追求の権利が根底から覆される明白な危険がある場合」には武力行使を認めるものとして、集団的自衛権行使を一部容認する劇的転換が図られている（いわゆる【新三要件】による存立危機事態）。

そもそも、【旧三要件】は、「武力行使を禁じた9条の例外」としての「個別的自衛権」の行使が認められるための厳格要件として、極めて厳しい限定を課したものである。しかし、今回の【新三要件】は、この文言の形式を利用しつつ、9条の武力行使禁止の例外をこれまでの「専守防衛」を超えた新たな場面に大きく広げるものであり、歴代政権が遵守してきた9条解釈の限界を明らかに超えるものであるといわざるをえない。

そもそも、違憲の法律を成立させるということは、

憲法に違反する法律によって憲法を事実上改変するに等しい。そして、国家の三権のうちの二権である内閣や国会が憲法規範の侵害に積極的に関与したということは、憲法を支える根本理念である立憲主義を蔑にするものと言わざるをえない。

我々は、憲法の基本理念（基本的人権尊重、国民主権、恒久平和主義）を守る立場から、立憲主義や憲法の重大な危機において、原点に立ち帰って毅然と対応し、直ちに憲法違反の法律を廃止するよう求めるものである。

イ 個別の問題点

安保関連法が憲法に違反する問題点としては、主に以下の点があげられる。

㋐ 「存立危機事態」のあいまいな要件の判断権が首相に委ねられていること

集団的自衛権行使の「存立危機事態」の判断の基準である「わが国と密接な関係にある他国」「わが国の存立が脅かされ」「国民の生命、自由及び幸福追求の権利が根底から覆される明白な危険」等の要件自体が極めてあいまいであり、またこれらの要件を満たしているかどうかの判断権者についても、政府は「最終的には総理大臣が自らの責任のもとで総合的に判断して決める」と説明しており、これでは例外を認める基準としてはあまりにも不明確・無限定であるといわざるを得ない。

その結果、憲法9条が厳格に武力行使を禁じているにもかかわらず、その例外がなし崩し的に広く認められる恐れがあり、この意味においても、この規定は同条の趣旨に反し、違憲である。

㋑ 後方支援の活動範囲が無限定であり活動自体も武力行使と一体的

また、「重要影響事態」や「国際平和共同対処事態」における海外での他国軍隊に対する後方支援についても、時的・地理的制限の撤廃により常時・グローバルな活動が認められ、しかも「現に戦闘が行われていない地域」（周辺事態法における「現に戦闘行為が行われておらず、活動期間を通じて戦闘行為が行われることがないと認められる地域」から拡大）という形で、より危険な地域における活動が認められた点で、紛争への巻き込まれの危険性が高い。

また、他国軍隊への後方支援の活動内容として、弾薬も含む物資の輸送・提供や発進準備中の戦闘機への給油も可とされている点からすれば、もはや純然たる「兵站」活動であり、紛争相手国から見れば戦闘活動の一環でしかなく、それらの行為はもはや「武力行使と一体化」するものと評価せざるを得ない。したがって、これらの行為は実質的に武力行使に当たり、憲法9条に反するものである。

㋒ PKO活動任務の拡大と紛争当事者化

さらに、PKO協力法改正により駆け付け警護等を認めた点は、本来PKO活動にあたらない武器使用を含む活動を自衛隊の任務とした上で、現場の判断で、他国のPKO活動等に携わる人員を第三者の攻撃から武器を使用して守るというものであり、自己を守るための武器使用を超えるものとなっている点、及び少なくとも現地の争いに積極的にかかわることとなり、相手方や規模によっては、双方の実力行使が単なる軽微なものにとどまらず、紛争に発展する危険性がないとは言えない。これらの点において、やはり9条の趣旨に反するものと言わざるを得ず、認めることは困難である。

なお、2016（平成28）年11月に派遣に関する決定が予定されている南スーダンPKOは、この駆け付け警護等の任務を課せられる可能性があるが、そもそも、南スーダンは停戦合意が破られており、首都ジュバ及びその周辺は、紛争地域であると言われているため、PKO5原則を満たさない疑いが強い。そうであるなら、新たな任務を帯びて派遣することが許されないというより、そもそも自衛隊を現地から撤退させるべきではないかと思われる。

その後、政府は同年12月、自衛隊を南スーダンに派遣したものの、翌2017（平成27）年5月には完全撤退させるにさせるに至った。このことからも、そもそも「駆けつけ警護」任務下での派遣という既成事実をつくるためでしかなく、2016（平成28）年7月の首都ジュバでの「戦闘状態」の際に、すでに派遣の前提が失われていたというべきではないか。

㋓ 武器防護任務の紛争当事者化の危険性

その他の活動のうち、特に米艦等の防護は、国会の承認を必要としない現場の判断でできるものとされているが、攻撃されている米艦を防護するための活動は、必然的に実力行使を伴うはずであるから、戦闘状態に巻き込まれることが確実であり、実質的に集団的自衛権の行使を別の形で認めたに等しいものである。

ウ 違憲の法律の相互作用の問題

　以上のような憲法上の問題がある安保関連法であるが、他の違憲の法律である「特定秘密保護法」が、安全保障関連情報を秘密指定しているため、安保関連法による自衛隊の出動に関して、その要件の充足について適切な判断ができない恐れがあることに注意しなければならない。

　すなわち、この法律のために、国民のみならず国会も、これらの要件の判断に必要な基礎的情報が十分に得られないこととなり、行政権に対する民主的な統制が機能不全に陥っているのである。このように、違憲の法律や制度が相互に絡み合うことによって、相乗的に立憲主義の脆弱化が進み、権力の濫用の危険性を高めているのであり、我々は、このような深刻な現状を認識しなければならない。

3　弁護士会の意見

(1) 解釈改憲（2014〔平成26〕年7月1日閣議決定）までの弁護士会の対応

　以上述べてきたとおり、我が国は、湾岸戦争以降第二次安倍内閣に至るまで次第に法制度やこれに伴う自衛隊の海外出動に関する制限を緩和してきたものであるが、このような流れの中で、日弁連、各単位弁護士会は、その都度、憲法の基本原理である基本的人権尊重主義、国民主権、平和主義の原則に立脚してこれらに抵触する疑いが強いものであるとして、あるいは廃案を求め、あるいは慎重な審議を求めてきた。

ア　まず、1999（平成14）年の周辺事態法から有事関連立法などへの動きについては、地理的限定の撤廃や他国軍への支援活動は武力行使と一体の活動となること等を指摘し、また「周辺事態」や「武力攻撃事態」・「武力攻撃予測事態」という曖昧な概念の下に首相の権限が強化される危険性などを指摘した。

イ　次に、テロ対策特措法、イラク特措法に基づく自衛隊の海外派遣のときは、日弁連は、自衛隊の派遣先がイラク特措法の禁じる「戦闘地域」であることも指摘し、繰り返しイラクからの撤退を求めてきた。また、有事法制関連7法案・3条約に対しては、平時においても有事法制の名の下に憲法が保障する人権が規制され、国民主権がないがしろにされないよう、憲法の視点から今後も引き続き厳しく検証していく決意である旨の会長声明を発表している（なお、2008〔平成20〕年4月17日の名古屋高裁判決は、航空自衛隊機が、多国籍軍を首都バグダッドに輸送した事実を認定し、「憲法9条1項に違反する活動〔武力行使一体化〕との評価を受けざるを得ない」旨認定している）。

ウ　さらに、海上自衛隊のソマリア沖への派遣について、日弁連は「自衛隊のソマリア沖への派遣に反対する会長声明」を出し（2009〔平成21〕年3月4日付）、加えて、海賊対処法及びこれに基づく自衛隊の海外派遣についても、日弁連や東弁は同法の制定に反対する旨の会長声明を出している（日弁連会長声明は2009〔平成21〕年5月7日、東弁会長声明は同年6月18日付）。

エ　近時の国家安全保障会議（日本版NSC）設置法の改正についても、東弁は2013（平成25）年11月7日、反対する旨の会長声明を出している。そして、集団的自衛権行使容認に向けて準備された国家安全保障基本法案について、東弁は、2013（平成25）年9月18日国会提出に強く反対する旨の会長声明を出しており、日弁連も、2013（平成25）年3月14日に、すでに「集団的自衛権行使の容認及び国家安全保障基本法案の国会提出に反対する意見書」を発表し、同年5月31日の日弁連総会においても、同様の決議を採択した。

(2) 解釈改憲以降

ア　市民シンポジウム、会長声明等による反対の意思表示

　安倍内閣が、2014（平成26）年7月1日、集団的自衛権行使の一部容認等を内容とする閣議決定を行ったことに対し、東弁も日弁連も、すでに述べた通り、これに反対する会長声明を発しており、市民や学者を招いたシンポジウムも全国で多数回開催された。

　東弁においては、安保関連法案の違憲性や立憲主義違反を広く訴えるために、東京三会の共催により、有楽町駅前の街頭宣伝活動や市民シンポジウムなどを何度も行った（「安保法案反対うちわ」を配布するなどの工夫も重ねてきた）。

　また、有楽町駅前では、女性弁護士による安保法制に反対する街頭宣伝活動も行われ、多くのメディアで報道された。

イ　存命の歴代東弁会長全員の連名による声明と記者会見

　中でも2015（平成27）年7月15日には、存命の歴代会長全員の名の下で、「これまでの東弁からの再三の批判や警鐘にもかかわらず、政府はこれまで憲法をな

し崩し的に改変するような法律や施策をいくつも行い、今回はついに解釈変更と法律をもって憲法の基本理念（恒久平和主義）を蔑ろにする安保関連法案を強引に推し進めているもので、立憲主義及び国民主権に反し憲法9条に明確に違反するものとして、われわれは到底これを見過ごすことはできない」という声明を発表し、記者会見も行ったことは画期的な行動であった。

ウ　オール法曹と学者の会の連携

さらに2015（平成27）年8月26日には、日弁連と学者の会の共催で、弁護士会館に法曹と学者300人が集い共同記者会見を実施するという前例のない抗議活動を行い、元内閣法制局長官、元最高裁判所長官などの参加と意見表明もなされて、オール法曹と学者の初めての画期的な合同集会としてメディアが広く報道し、新たな反対行動の高まりを生んだ。

エ　法案成立後

そして、9月19日の法案成立の後、東弁は、直ちに「選挙の際の争点とせず、国民の大多数も反対している状況下において、政府及び与党が衆議院に引き続き参議院でも本法案の採決を強行し、憲法9条・立憲主義・国民主権に違反する法律を成立させたことは、憲政史上の汚点であり、到底許されることではなく、強く抗議する」旨の会長声明を発した。もちろん、日弁連も直ちに、同様の抗議と法の廃止を求める会長声明を発している。

さらに、毎月有楽町交通会館前で、東京三会、日弁連・関弁連が共催して、安保法制廃止に向けた街頭宣伝活動を続けている。

オ　法友会の活動

もちろん法友会も、2014（平成26）年7月の旅行総会において、討議結果に基づく一部修正の上で集団的自衛権に反対する決議を採択した。

2015（平成27）年7月には、同じく旅行総会で、慶応大学名誉教授の小林節氏を招いて安保関連法制に関するパネルディスカッションを行った。

また、同年11月には、早稲田大学教授の長谷部恭男氏を招いて安保法制に関するシンポジウムを親和会・期成会と連携して、初めて三会派の共催で開催するなど、このテーマを重く受け止めている。

4　まとめ

(1)　違憲の解釈や立法に反対する動きのまとめ

安倍内閣の「解釈改憲」閣議決定のあと、反対運動は全国で始まり、地方自治体の中にさえも、反対決議をした議会も少なくない。

市民運動は、これまで別々に活動していた3つの市民団体が連帯して「総がかり行動実行委員会」を作り、2015（平成27）年5月3日（憲法記念日）に横浜みなとみらい会場で開催された3万人の集会で口火を切り、同年8月30日の全国一斉の反対行動では、主催者側発表で国会周辺に13万人もの多数の市民が反対行動に集めるなどして市民運動を牽引してきた。

実際、市民の意識は、法案成立前の世論調査によると、6割以上が法案に反対し、8割以上が当国会での法案成立は時期尚早であるとしていた。

しかしながら安倍内閣は、このような反対の声を無視する形で、参議院特別委員会での強行採決を経て9月19日未明に本法律を可決・成立させたものである。かかる事態は、憲法と立憲主義の重大な危機であると受け止めざるをえない。

このような状況の中で、弁護士会は、憲法に対する不当な侵害について、シンポジウムを開催して市民を啓発し、全国で、市民と連帯してともに反対の意思を表示するという活動を続けてきたものである。

(2)　我々の取組み

くしくも戦後70年の節目を迎えた2015（平成27）年は、立憲主義と恒久平和主義が大きな危機に瀕する大きな転換の年となった。先の大戦は、アジアで約1900万人、我が国で約310万人の命が犠牲になったと言われているが、このことは戦争が最大の人権侵害であることを端的に物語るものである。

しかし、70年の歳月を経た現在は、戦争開始の決定にかかわり、戦争を遂行した世代だけでなく、単に何の責任もないまま戦争の犠牲となった世代の証言者も鬼籍に入りつつある。それゆえ、我々は、今こそ、国内外の多くの人々に苦難を強いた戦争の歴史的事実を風化させることなく受け継ぎ、かかる愚かな国策を阻止しえなかった過去の歴史を教訓として生かすとともに、これらをしっかりと次世代に伝えるべきである。

もちろん、憲法理論上の問題とはいえ、安保関連法に関する個々の会員の意見は必ずしも一致したものではないし、我が国が戦後70年間一貫して戦争と直接か

かわることなく平和主義国家として存続し得たことは、平和憲法の存在に加え、日米安保体制の下で、在日米軍の圧倒的な軍事力による防衛態勢や、最大の核保有国であるアメリカの核抑止力による支えがあったことを無視しうるものではない。このような事実も含めて、我が国の平和憲法の将来に向けたあり方について現実的な議論をすることが、立憲主義の危機に直面している現在、一層必要なことであろう。

とはいえ、人類の歴史と世界の現状に照らしても、軍事力によっては決して永続的な平和が得られないことは明らかであり、我が国は、憲法の恒久平和主義の理念のもとで、ヨハン・ガルトゥングのいう真の意味での「積極的平和主義」（貧困、抑圧、差別などの構造的暴力のない状態を目指す立場）を目指し、軍事力によらない平和的方法による国際的な安全保障実現のために、今こそリーダーシップを発揮していくべきである。

そしてそのためには、まず我々自身が、法と正義の担い手たる法曹の一翼を担う存在として、人類が幾多の犠牲と年月を費やして確立した英知である立憲主義を再生強化する方策を講じなければならない。これは、違憲の安保法制が存続し、憲法9条を改正する動きが加速する今日の状況において、ますます重要な課題となっているといわなければならない。

第4　憲法改正問題（総論及びこれまでの動き）

すでに述べた通り、本年（平成29〔2017〕年）10月、憲法改正が争点となった総選挙の結果、憲法改正を公約として掲げた政党の議員が国会の3分の2を占めることとなり、憲法改正の発議にむけた国会審議が具体的な政治日程となるに至った。

憲法改正については、本来は、真にその必要性があるかという立法事実を厳正に問うべきであるが、現状は、この点に関する慎重な議論がなされないまま、すでに改正が所与の前提とされている。

しかしながら、硬性憲法であることは、本来改正は十分に慎重を期すべきものとされていることを意味するのであり、通常の法律の改正における立法事実に比してもなお厳正な改正の必要性が示されなければならない。そのため、まずは、真に憲法を改正しなければ解決できないほどに現状と憲法の個別条項に乖離が生じているかを徹底して審議しなければならないはずである。

1　基本的問題の整理

(1) 日本国憲法の基本原理の再確認

日本国憲法の基本原理の「国民主権」、「基本的人権の尊重」、「平和主義」のうち、平和主義は、過去の軍国主義の歴史と先の大戦の惨禍への深い反省に立って、憲法前文に「平和的生存権」を謳い、9条において「戦争を放棄し、戦力を保持せず、交戦権を否認した」ことにより、単なるパリ不戦条約や国連規約の焼き直しとは異なる徹底した「恒久平和主義」である。

そして、これらの基本原理を支えているのは「個人の尊重」と「法の支配」であり、このような原理や理念を確保するために、国家権力を制限することを本質とする憲法が、立憲主義的憲法であるとされる（「人権尊重理念を核心的価値として、硬性憲法によってこれを担保し、〔三権を分立し〕立法〔や行政〕による侵害を裁判的手続きで排除するもの」と定義される〔樋口陽一「憲法Ⅰ」【青林書院】〕）が、以上の諸原理を採用する日本国憲法は、優れて立憲主義的憲法であると言える。

(2) 憲法改正と基本原理

憲法は、改正手続によって改正されるものであり、日本国憲法も、96条において、改正手続の要件を厳格に定めており、硬性憲法としての特徴を備えている。

改正手続に従う限り、どのような改正も可能かという問題については、同一性を欠く改正はできないとの考え方が主流である。そして、同一性を欠くか否かは、憲法の根本規範にあたる基本原理を変更するものであるか否かがその判断基準となるとされる（改正限界説）。

この点、日本国憲法においては、すでに何度も述べた通り、「国民主権」、「基本的人権の尊重」、「恒久平和主義」を基本原理としているので、これを大きく変更する改正はできないと解すべきである（改正規定自体の改正の可否については、諸説ある）。

2 各界の動き

(1) 政界の動き（自民党の「憲法改正草案」について）

憲法改正については、各政党に様々な意見があるが、自民党の2012（平成24）年の改正草案は、その体裁が整っていること、政権政党としての影響力が大きいこと等から、注視する必要がある。

しかし、その内容は、前文に、「国と郷土を誇りと気概を持って守り」などと謳い、本文において天皇を元首と定め、日の丸・君が代が国旗国歌である旨の明記と、国民のこれに対する尊重義務を規定し、国防軍の保持と自衛目的以外の活動及び海外派兵を可能とする9条の2を創設し、「公益及び公の秩序」によって人権制限を強化して表現の自由・結社の自由を制限する一方、政教分離は緩和し、緊急事態に関する規定を置き、憲法改正手続を緩和する等を骨子とするものであり、日本国憲法の基本原理を大きく後退させるものとなっている。

この草案に対しては、憲法としての同一性を欠いている（「改正の限界」を超えている）として強い批判的意見もあるが、自民党自身も、近時、この草案を撤回する意向を示している。

しかしながら、この草案こそ、自民党が目指す憲法改正の方向性を端的に指し示すものであり、一旦棚上げ撤回されたとしても、真の意図を体現するものとして、常にその存在を意識し続けなければならないであろう。そして、草案よりも緩和された内容の改正案が出されたとしても、草案との対比によって批判を鈍磨させることなく、憲法の基本原理を擁護する立場からの厳しい批判を怠ってはならない。

(2) その他の動き

ア 財界の改憲論議

財界は改憲に積極的である。経済同友会、日本商工会議所、日本経済団体連合会（以下「経団連」という。）は、従前から改憲に向けた意見を述べている。

これらは、「自然に家族を愛し、地域と国を大切にし、伝統と文化を誇りに思う」ことを基本とし、これらを教育に反映することを求めたり、武器輸出三原則を拡大緩和し、集団的自衛権行使を容認し、9条第2項（戦力の不保持）と96条（憲法改正要件）の改正を主張するなど、自民党改正草案に類似している。

イ 新聞社の改憲論

読売新聞社は、1994（平成6）年以降、第1次改正試案、第2次改正試案、「憲法改正2004年試案」を公表している。その内容は、全面改正論であり、自民党の憲法調査会や新憲法起草委員会の議論にも影響を与えたと言われている。

また、日本経済新聞は、2000（平成12）年5月3日の記事で、「福祉国家」を根拠づけた25条の見直し、経済活動に対する国家の規制を根拠づける22条、29条の「公共の福祉」条項の削除を主張している。

朝日新聞や毎日新聞、その他の新聞においては、おおむね改憲には慎重である。

ウ 市民の動き

市民や文化人の間には、改憲を目指す方向の「『21世紀の日本と憲法』有識者懇談会」（民間憲法臨調）、「日本国を立ち直らせるには、まず日本国らしい歴史と文化を織り込んだ日本独自の憲法を作らねばならない」と主張する「日本会議」などの動きがある。

他方、護憲を強調して日本と世界の平和な未来のために日本国憲法を守る努力を今すぐ始めることを訴える「9条の会」のような動きがある。

2013（平成25）年5月には、96条先行改正論に対抗して、政権の暴走を止め憲法の基本原理を容易に変更することに反対する「96条の会」が発足した。

さらに2014（平成26）年7月、安倍内閣のいわゆる「解釈改憲」の閣議決定に反対する多数の学者ら（憲法学に限らず、政治学、経済学、社会学、人文科学等の多くの学者や理系の学者、経済人等）を呼びかけ人とする「立憲デモクラシーの会」が発足した。

また、先に触れた、3つの団体の連帯による「総がかり行動実行委員会」（2015〔平成27〕年2月）も、解釈改憲に反対する市民運動を牽引している。

3 憲法改正論に対する検討

(1) 改憲論の特徴

ところで、現在主張されている改憲論のほとんどは、「国民主権、基本的人権の尊重、恒久平和主義」という日本国憲法の基本原理を一応は維持するとしている。

しかしながら、自民党改正草案をはじめとする現在の改憲論の主張の特徴をつぶさに検討すると、実際にはこれを越えて、財界の改正案に象徴されるように、9条2項の改正（ないしは無意義化）と96条の改正を求めているものが多く、さらに、愛国心を強調するなどして、実質的には「個人」をかなり後退させ、日本国

憲法の基本原理やその根底にある理念を損なう方向に大きく変容させるものである疑いがある。

特に自民党草案は、前文冒頭が「日本国民」ではなく「日本国」で始まり、しかも「天皇を戴く国家」と規定し、本文において、天皇を「元首」とし、天皇の憲法尊重擁護義務を外し、逆に国民に憲法尊重義務を課しており、これは後述の通り立憲主義を誤解しているものといわざるを得ないし、国民主権原理を大きく後退させたものである。

また、人権相互の調整原理と解釈されている「公共の福祉」に代えて「公益及び公の秩序」と規定し、人権相互の調整の場合だけではない人権制約を認めようとすることが、「基本的人権の尊重」を後退させることであることも明らかである。

さらに、国防軍となった軍隊が、自衛権の行使の他に、国連決議がなくとも「国際的に協議して行われる活動」のために出動できると規定している点において、いわゆる「フルスペックの集団的自衛権」を認めたものというべきであるから、徹底した「恒久平和主義」を完全に変容させているとの批判を免れない（自民党は、この草案を棚上げにすると言い始めているが、この草案が自民党の真意を表すものであることは明らかであろう）。

なお、改憲論の多くが、我が国の歴史・伝統・文化を憲法に明記しようとしている点も特徴的であるが、そこにいう「我が国の歴史・伝統・文化」の中身が問われなければならない。仮にこれが戦前の大日本帝国憲法下における歴史・伝統・文化であるとすれば、過去の軍国主義や戦争の教訓が全く顧みられていないと言わざるを得ないし、個人の矮小化と共同体の肥大化の傾向を持つことは、「個人の尊重」原理に反するといえる。

(2) 立憲主義と改憲論

自民党憲法改正草案のQ&Aによると、立憲主義と国民の義務について、「立憲主義は国民に義務を課すことを否定するものではない」として、両者があたかも矛盾しないかにごとく説明している。このことは、改正草案が立憲主義的傾向から離脱するものであることを隠蔽するだけでなく、国民を誤導するものであって、自民党草案における日本国憲法の基本理念の形骸化が単なる杞憂でないことを示すものといえよう。

我々は、立憲主義が、近代市民社会以来幾多の試練を乗り越えて形成されてきた憲法を支える根本原理であり、人類の歴史的英知であることを再確認し、これを後退させる改正論に対しては、毅然と批判するものである。

(3) 弁護士会の基本的な立場

弁護士の中にも、憲法改正問題については、多様な意見があり、さらに検討を深めて行くべき課題である。しかしながら、すでに述べた通り、憲法の基本原理を損ない、立憲主義に反する改憲論については、弁護士と弁護士会の責務としてこれを批判し、国民に広く理論的な提言を行うべきである。

なお、弁護士会は、これまでに何度も全国各地で人権大会を開催し、人権大会宣言を行ってきたが、その内容は、憲法の基本原理の尊重・擁護を宣言するものであり、憲法改正に関する直接の言及はないが、基本原理を尊重すべきことを強調する立場に立つ以上、これを軽視するような安易な改正を許さないという意味合いを持つものと言えよう。

2005（平成17）年11月に鳥取市で開催された第48回人権擁護大会においては、「立憲主義の堅持と日本国憲法の基本原理の尊重を求める宣言」を採択し、

2008（平成20）年10月に富山市で開催された第51回人権擁護大会においては、「平和的生存権及び日本国憲法9条の今日的意義を確認する宣言」を採択し、

2013（平成25）年10月3日広島市で行われた第56回人権擁護大会においては、「なぜ、今『国防軍』なのか－日本国憲法における安全保障と人権保障を考える－」をテーマとするシンポジウムを行い、「恒久平和主義・基本的人権の意義を確認し、『国防軍』の創設に反対する決議」を出席者874名中反対1名棄権1名という圧倒的な賛成によって採択した。

これらの宣言は、いずれも、日本国憲法の基本原理である恒久平和主義を堅持すべきことを強調しているのであり、その意味で、この原理を後退させる改憲論に対しては、厳しく批判する立場に立つものと考えられる。

(4) まとめ

我々は、憲法の基本原理を軽視する安易な改憲論を許さず、立憲主義や憲法の基本原理の重要性を訴え続けていく必要がある。そして、これに反する改憲論に対しては、毅然とした理論的批判と活動を展開してゆかなければならない。

特に、恒久平和主義を軽視する改憲論に対しては、戦争は最大の人権侵害行為であることを踏まえて、「…今、我が国に求められているのは、何よりも日本国憲法が目指す個人の尊重を根本とした立憲主義に基づく基本的人権の保障であり、軍事力によらない平和的方法による国際的な安全保障実現のためのリーダーシップの発揮である。」とする広島人権大会宣言の趣旨に則った反対意見を表明するものである。

第5　緊急事態条項（国家緊急権）

1　国家緊急権（緊急事態条項）をめぐる議論の背景・経緯

自民党は2017（平成29）年6月に憲法改正を目指す内容として、自衛隊明記をはじめ、教育無償化、緊急事態対応、参院「合区」解消の4項目を挙げ、同年10月の選挙公約にも挙げた。

大災害への対応、災害時における衆議院議員の不在という事態を避けるためとして改正を求めているのが、緊急事態条項（国家緊急権）である。

一般に、国家緊急権とは、「戦争・内乱・恐慌・大規模な自然災害など、平時の統治機構をもって対処できない非常事態において、国家の存立を維持するために、立憲的な憲法秩序を一時停止して非常措置をとる権限を指す」といわれる。そしてその内実は、行政権への権力の集中と人権の強度の制限をその中核とするものである。

我が国では、2011（平成23）年3月11日の東日本大震災とその後の原発事故による混乱状況を契機として、その年の4月28日に超党派の改憲派国会議員で作る新憲法制定議員同盟が政府の震災対応を批判して「（緊急事態条項がない）現行憲法の欠陥が明らかになった」との決議が採択されている。

そして、その翌年（2012〔平成24〕年）の4月27日に発表された自由民主党の憲法改正草案においては、「第9章　緊急事態」として「内閣総理大臣は、我が国に対する外部からの武力攻撃、内乱等による社会秩序の混乱、地震等による大規模な自然災害その他法律で定める緊急事態において、…緊急事態の宣言を発することができる（草案第98条1項）」「緊急事態の宣言が発せられたときは、…内閣は法律と同一の効力を有する政令を制定することができる（草案第99条1項）」「何人も…公の機関の指示に従わなければならない（草案第99条3項）」等との国家緊急権を認める規定が定められている。

そして、近年では、世界中で起こる無差別テロの恐怖や、我が国の近隣国の軍事的脅威等を理由に、その対応策としての緊急事態条項（国家緊急権）の有用性を主張する意見も声高に主張されるようになってきている。関連して、緊急時に任期満了等によって衆議院議員が不在となる事態を避けるとして、衆議院議員の任期延長も主張されている。

2　国家緊急権の性質とその歴史、世界の状況

「戦争・内乱・恐慌・大規模な自然災害など、平時の統治機構をもって対処できない非常事態において、国家の存立を維持するため」という謳い文句は、そのような非常事態に恐怖感を抱きやすい一般市民からすれば、ともすれば共感を持ちやすい側面がある。

さらに、国家緊急権と立憲主義の関係についても、そもそも国家の非常事態において、憲法秩序を回復させるために存在する制度であることを強調するなら、立憲主義でさえ、国家緊急権の庇護の下にあるとさえいわれている（諸外国がこの制度を維持する主たる理由とされている）。

しかしながら、国家緊急権の内実は、行政権への権力集中によって法律によらずに人権を強度に制限できるものであり、一時的であったとしても立憲主義的憲法秩序を停止するものであるため、強度の人権侵害を伴う危険性が極めて高い。

裁判所の令状なしでの捜索・差押や身体拘束、一方的な表現の自由の抑制、財産権や居住の自由等の過度の制限等、国家権力が集中された権限を濫用する傾向があることは否めず、憲法自身が人権制約を認め行政に対する制限規範性を後退させることになるので、ひとたび濫用されれば容易には民主的統制（司法統制を含む）によって回復できず、極めて危険な制度であるといえる。

実際、歴史的にも、当時最も民主的といわれたドイ

ツのワイマール憲法下において、大統領非常権限が濫用され、民族及び国家の防衛や反逆の防止の名目でナチスが政敵を弾圧し、さらに全権委任法の制定によってヒットラーの独裁政権が誕生し、優れた憲法秩序が破壊されたことは公知の事実である（ナチスの「手口」といわれる）。

また、ワイマール憲法の経験を経た後においても、1961年フランス第5共和制下で、ドゴール大統領によって、アルジェリア独立に反対する軍の反乱を鎮圧するため非常事態措置権が行使されている。その際、反乱自体は1週間経たずに鎮圧されたにもかかわらず、非常事態措置権は以後約5ヶ月にわたって維持適用され、その結果、身体の自由・表現の自由が侵害され続けた。デモ隊と警察官との衝突事件の際には警察官によって「あらゆる種類の暴力行為」が行われたともいわれている。

もっとも、このような濫用の歴史があるにもかかわらず、ドイツ・フランス・イタリアなどの国々では、立憲主義国家でありながら、明文で憲法に緊急事態条項が存在する。また、明文規定を置かずにコモンローのもとでのマーシャルローの法理で認めるイギリスやアメリカの例もある。これは、すでに述べたとおり、「立憲民主制が脅かされる国家の非常事態の場合には、立憲民主制を保全するため、一時的に国家に権力を集中させる必要がある」という論理に基づくものであるが、例外的措置とはいえ、権力の行使が常に濫用の危険を伴うことに鑑みれば、「憲法規範により国家権力を抑制・制限し、個人の基本的人権を守る」という立憲主義の理念とはやはり相反する関係にあり、重大な緊張関係に立つといわざるを得ない。

上記の国々においても、濫用の歴史を踏まえ、緊急事態条項を憲法規範の中に認めることの是非には多くの議論があったが、第二次大戦後の東西冷戦状態の中で、政治の現実としてこれを維持してきたという経緯がある。そのような中で認められてきた緊急事態条項には、その濫用の危険性を意識した様々な抑制手段が講じられている。緊急事態の継続期間を短期間に制限したり、議会の関与・裁判所の審査権を保障したりしていることや、ドイツのように国家の緊急権に対して国民の抵抗権を保障する例もあり、人権の侵害をできる限り抑制するための権限の限定と濫用の防止の制度が存在している。

しかし、こうした抑制手段があるにもかかわらず、先のドゴールの例のように濫用事例は生じてくるのであって（実際、発動実例は全て濫用事例である）、真にその濫用の危険を封殺する手法が存在するのかは、国家緊急権の行使が身体の自由・表現の自由の制約に繋がるものであるだけに、極めて困難なものであるといえる。また、一方、ドイツの様な極めて厳格な規制の下では国家緊急権の発動自体が困難であるともいわれ、そうであるならば、そのような緊急事態条項を置く必要もないともいえる。

3 日本国憲法に緊急事態条項を創設することの是非

明治憲法（大日本帝国憲法）においては、戦争・内乱等の非常事態に対処するために軍や天皇に全ての権限を移管する戒厳・非常大権や、立法・財政上の例外的措置の緊急勅令・緊急財政処分といった緊急事態条項が存在していたが、日本国憲法においては、このような国家緊急権を認める緊急事態条項は定められていない。その理由については諸説があるが、1946（昭和21）年7月2日の当時の衆議院帝国憲法改正案委員会における金森憲法担当大臣の答弁では「緊急事態条項は国民の意思をある期間有力に無視し得る制度でもあり、民主政治の根本原則を尊重するか否かの問題である」旨述べて、日本国憲法においては消極に解すべきであるとの政府見解が示されているが、明治憲法下における国家緊急権の濫用が重大な人権侵害と悲惨な戦禍を招いた苦い経験を踏まえ、あえてそれらの規定を置かなかったものと見るのが自然である。

すなわち、日本国憲法は、「政府の行為によって再び戦争の惨禍が起ることのないようにすることを決意し、ここに主権が国民にあることを宣言し、この憲法を確定する」と宣言し、国家権力を憲法の制限規範に服せしめ、個人の尊重と人権保障を徹底することを根幹とするものであり、戦争を放棄した憲法9条の恒久平和主義ともあいまって、徹底した立憲主義をその理念とするものである。これに対し、国家緊急権は、非常時の例外的措置とはいえ、常に濫用の危険をはらみ、濫用を防止するシステムの構築も困難なことに鑑みれば、やはり日本国憲法が立脚する立憲主義の理念とは相反し、重大な緊張関係に立つといわざるを得ない。

以上のとおり、日本国憲法は、日本のみならず各国

において国家緊急権が濫用されてきた歴史的経緯と、濫用を防止するシステムが実際上困難な現状を踏まえ、基本的人権の尊重と恒久平和主義のための徹底した立憲主義を貫くために、あえて国家緊急権（緊急事態条項）を規定しなかったものと解するべきであり、したがって現時点で日本国憲法に国家緊急権（緊急事態条項）を新たに創設することは認められるべきではないと考える。

なお、自由民主党の憲法改正草案の緊急事態条項は、事前又は事後の国会の承認規定こそ置いているものの、それ以上の具体的な抑制手段の記述はなく、その意味でもおよそ認められないものである。

4　国家緊急権の立法事実

また、日本国憲法においては、国家緊急権（緊急事態条項）を憲法の中に必要とするような立法事実もまた存在していない。

(1) 大規模な自然災害時における必要性

第一に、今回の議論の契機となった東日本大震災のような大規模な自然災害の場合における必要性であるが、災害時の対応については、災害対策基本法、災害救助法その他の法律の規定があり、その適切な運用によって十分に対応は可能であるし、必要であれば、立憲主義に反しない限度において、新たな法律をもって対応することも、十分可能である。

むしろこれまで周到な準備や訓練がなされていなかったことにこそ問題があるというべきであろう。実際、被災自治体の調査結果によれば、ほとんどの自治体が、国に権限を集中させても、現地の状況やニーズの把握が迅速にできるわけではないため、むしろ自治体の長の権限の強化の方が有効であり、緊急事態条項の憲法編入に反対すると回答している。

このように、災害対策を名目とする緊急事態条項は、その必要性がないだけでなく、一旦これを名目として制定されると、災害以外の場合に安易に利用される恐れがあり、その危険性ゆえに創設を阻止すべきである。

(2) 大掛かりなテロや内乱状態での必要性

第二に、大掛かりなテロや内乱状態の場合であるが、その対策は重要であるものの、基本的には警察権によって対処されるべきものであり、現行憲法下であっても、既存の制度や必要性により新たな立法で対処すべきである。また、いかに未然に防止するかが肝要であって、発生後は人命救助や多発防止が求められるものの、憲法上の国家緊急権による人権制約まで認めることは、自ら政府よりの抑圧・弾圧を招きかねず、極めて危険である。

(3) 他国から武力攻撃を受けた場合の必要性

第三に、他国から武力攻撃を受けた場合の対処としての国家緊急権の必要性を説く意見もあるが、そもそも情報収集と外交努力によってそのような事態を防ぐことこそが恒久平和主義と基本的人権保障を根幹とする日本国憲法の求めるところであるし、仮に個別的自衛権の発動が必要な場合があったとしても、そのような事態において広大な権限を時の権力に委ねることは、濫用のおそれがますます強まり、制御困難な事態を招きかねず、安易に国家緊急権による国民統制を認めるべきではない。

9条において戦争を放棄し、交戦権を否認している以上、いわゆる「戦時国家緊急権」は認められないと解すべきである。

5　結論——日弁連意見書等

以上述べてきたとおり、我が国の根幹の理念である「恒久平和主義」及び「基本的人権の尊重」を守るために、日本国憲法は国家権力を抑制するための立憲主義を徹底して貫いているものであり、これと重大な緊張関係に立つ国家緊急権（緊急事態条項）を日本国憲法の中に創設することは、その濫用を防止することが困難な状況に鑑みれば、日本国憲法の標榜する立憲主義と矛盾しかねず、基本的人権の保障を危機に晒すものとして、認められない。

また、国家緊急権が緊急事態の名の下に濫用や独裁の道具とされてきた歴史的事実に鑑みれば、このような法制度を憲法秩序の中に組み入れることは、断じて避けるべきである。

加えて、大規模な自然災害対策やテロ・内乱等への対応においても、現行法の活用及び法整備によって十分対応は可能であり、そのことを理由とする国家緊急権の必要性も認められない。したがって、我々は、日本国憲法に国家緊急権（緊急事態条項）を創設するための憲法改正には強く反対するものである。

なお、安保関連法に関する部分でも述べたとおり、厳格な要件を定めても、特定秘密保護法による安全保障情報の秘密指定によって、発動要権を満たすか否か

の判断が極めて困難となる関係にあるため、民主的コントロールが機能しがたいため、濫用の恐れが高いことを忘れてはならない。

かかる観点から、法友会は、2016（平成28）年7月9日の旅行総会において、「日本国憲法に国家緊急権（緊急事態条項）を創設するための憲法改正に反対する決議」を採択し、関係機関に対し執行している。

日弁連も2017（平成29）年2月17日、「緊急事態条項（国家緊急権）は、深刻な人権侵害を伴い、ひとたび行使されれば立憲主義が損なわれ回復が困難となるおそれがあるところ、その一例である自由民主党の日本国憲法改正草案第9章が定める緊急事態条項は、戦争、内乱等、大規模自然災害その他の法律で定める緊急事態に対処するため、内閣に法律と同一の効力を有する政令制定権、内閣総理大臣に財政上処分権及び地方自治体の長に対する指示権を与え、何人にも国その他公の機関の指示に従うべき義務を定め、衆議院の解散権を制限し、両議院の任期及び選挙期日に特例を設けること（以下「対処措置」という。）を認めている。

しかし、戦争・内乱等・大規模自然災害に対処するために対処措置を講じる必要性は認められず、また、同草案の緊急事態条項には事前・事後の国会承認、緊急事態宣言の継続期間や解除に関する定め、基本的人権を最大限尊重すべきことなどが規定されているが、これらによっては内閣及び内閣総理大臣の権限濫用を防ぐことはできない。よって、当連合会は、同草案を含め、日本国憲法を改正し、戦争、内乱等、大規模自然災害に対処するため同草案が定めるような対処措置を内容とする緊急事態条項（国家緊急権）を創設することに反対する。」という意見書を公表している。また同意見書は、衆議院議員任期延長に関して、「衆議院議員の任期満了が到来した場合に対応するために任期延長を認めることは、内閣の権限濫用のおそれがあり、国民主権の原理に照らして弊害もあることから、憲法上任期の特例の規定を設けるべきではない。緊急事態に対しては、あくまでも民主政治を徹底することにより対応すべきとの日本国憲法制定当時の考え方によれば、繰延投票（公職選挙法57条）により選挙を実施することにより衆議院議員不在の状況を可及的速やかに回復し、国会（特別会）を召集することで対応すべきである。」としている。

第6　9条維持・自衛隊加憲問題

1　自衛隊の憲法への明文化の動き

2017（平成29）年5月3日、安倍首相は自由民主党総裁として「憲法9条1項・2項を残しつつ、自衛隊を明文で書き込む」という憲法9条に関する憲法改正構想を公表し、これを受けて同年7月には自由民主党憲法改正推進本部で以下のような加憲条文案が提示されている。

> 「9条の2　前条の規定は、我が国を防衛するための必要最小限の実力組織として自衛隊を設けることを妨げるものと解釈してはならない。
> 2　内閣総理大臣は、内閣を代表して自衛隊の最高の指揮監督権を有し、自衛隊は、その行動について国会の承認その他の民主的統制に服する。」

そして、自民党筋からは、「今回の憲法改正は、自衛隊の合憲性に関する神学論争にだけピリオドを打つもので、集団的自衛権を含め自衛権行使がどこまで認められるのかという神学論争は、そのまま残る。」という解説も聞こえてきている。

日弁連では、これまで「自衛隊について憲法上どう考えるか」に関しては、会内に様々な考え方もあることから、明確な意見を示してこなかった。しかし、前述したように今日の政治情勢は国会による憲法改正の発議が出来得る状況にあり、その中で上記の自衛隊加憲問題が提示された以上、この問題について弁護士会がどのような立場で、どのような対応をすべきかが、あらためて問われている。

現段階では正式な改正案が国会や国民に提示されているわけではないので、日弁連や我々が先走って拙速に改正論議に加わることは慎重であるべきだが、予想される改正案を見極めながら、今から議論と研究を積み重ねていくことは必要である。

日弁連から各単位会に、この問題について日弁連・

憲法問題対策本部で議論・検討した内容をまとめた「会内討議資料」が送られてきており、東京弁護士会及び法友会としても会員間でこの問題について議論し、認識を深める必要がある。

2 「自衛隊を憲法に明文化する」ことの意味と問題点

(1) 加憲される「自衛隊」とは、どのような権限と役割を持つ存在か？

世論調査等によれば、災害時の自衛隊の活躍や北朝鮮・中国脅威論から、自衛隊の存在自体に対しては国民の8割以上が必要性の認識を持っていると言われているが、他方、自衛隊の活動が広がり過ぎることは危険という認識もまた、多くの国民の声でもある。そのような中で、自衛隊の「存在」の合憲性を憲法に明文化してはっきりさせるだけという上記の自民党改憲案は、大衆には受け入れ易い。

しかし他方、果たして自衛隊の「存在」と「権限」は切り離して考えることができるものなのか、現に安全保障関連法が存在している現状で自衛隊を憲法に規定することは、安全保障関連法を完全に合憲化することになるのでは、という疑問が呈されている。

今回自民党より示されている前述の「9条の2」案は、確かに自衛隊の存在を規定するだけで、「我が国を防衛するための必要最小限の実力」として自衛隊が何が出来るかは規定しておらず、9条1項2項が残る以上、自ずとその権限・活動範囲の解釈に制限はかかるとは言えよう。しかし、いったん「9条の2」という形で9条1項2項の例外規定として憲法上に規定されてしまえば、時の政府の恣意的な解釈で今以上に自衛隊の活動範囲が広げられていく危険も、否定できない。

そもそも自衛隊とは、どのようなことまでが期待され、どのようなことまでが出来る存在であるべきなのか、そのことが自衛隊を憲法に規定することでどのような影響を受けるのか、我々はそのことを人権保障と安全保障の両方の観点から、考えていかなければならない。

(2) 今、自衛隊を憲法に規定する意味と必要性があるのか？

この問題は、自衛隊と憲法の関係についての考え方によって、いろいろと意見が分かれ得る。

・「そもそも自衛隊の存在そのものが憲法9条1項2項に反する」という考え方からは、自衛隊規定の加憲などあり得ない、ということになろう。

・「個別的自衛権の下での自衛隊という存在自体は認められる（合憲）」という考え方においては、合憲なのだから敢えて憲法に規定する必要はないという考え方と、それでも自衛隊違憲論を言う人たちがいる以上憲法に規定すべきだという考え方があろう。もっとも、上記の自衛隊の存在自体は合憲と考える人の中にも、「自衛隊の現在の装備は現実には個別的自衛権の範囲を超えた軍隊である」として、そのような現状で自衛隊を憲法に規定することには反対という考え方もある。

・他方、「現在の国際情勢（北朝鮮や中国の軍事的脅威論）において、我が国を防衛するために必要な装備・行動や権限は自衛隊に認められるべきであり、そのために必要なら9条も含めた改憲も必要」という考え方もあるが、その立場においても、

① 「国防に必要な行為を自衛隊が行うためには、少なくとも9条2項の改正が必要」とする立場

② 「9条は維持したままでも、憲法に自衛隊の存在について授権規定さえ置けば、法律や国会の承認に基づき、議院内閣制の下で政府が国防の観点から必要と判断したことを自衛隊が行うことは認められる」とする立場

③ 「9条1項2項とは別に自衛隊を憲法に規定する場合は、自衛隊が具体的に行いうる行為について、憲法で更に項目立てをして厳格に規定し、立憲主義の民主的コントロールに服させるべき」とする立場

といった考え方に分かれると思われる。

そもそも、現時点で、政治レベルで9条維持・自衛隊加憲問題が問われていることの意味をどう考えるのか、我々は法律家として、また基本的人権擁護を使命とする弁護士として、検討して行かなければならない。

(3) 自衛隊が別個の規定で加憲されることで、9条1項2項の解釈はどのような影響を受けるのか？

9条1項2項を変えずに「9条の2」として自衛隊規定を加憲した場合、その「9条の2」は9条1項2項との関係では「例外規定」という形になる。もっとも、原則規定が残る以上、例外規定はあくまで限定的でなければならないはずであるが、現在の「9条の2」案では自衛隊を「我が国を防衛するための必要最小限の実力」と規定するだけであり、9条2項の「戦力不保持」や「交

戦権否認」の規範力が自衛隊にどこまで及ぶのかが問題となろう。

9条2項の「戦力不保持」「交戦権否認」の規範が「9条の2」の自衛隊にも及ぶのであれば、自衛隊は「戦力」であってはならず、また交戦権がない以上は武力行使も自国の領域内での専守防衛のためのみ可能ということになるが、どこまでが防衛力でどこからが戦力なのか、専守防衛のための武力行使とはどこまでが許されるのかが、解釈論として問題となろう。また、世界有数と言われる現在の自衛隊の装備が果たして「戦力」と言えないのかについては、疑義のあるところであろう。

むしろ、「9条の2」は9条2項の例外規定であるから自衛隊は戦力であっても構わない、我が国の防衛のために必要なら相手国領域での武力行使（交戦権）も可能という解釈もあり得るところである。しかしそれでは、自衛隊という名の「軍隊」を持つということと変わらず、9条の2の趣旨は事実上空文化してしまうことになりかねず、解釈論として許されるかは疑問である。

(4) 日本国憲法に「国防」「安全保障」という規範を規定することの是非

9条1項2項は残したまま憲法に「9条の2」として自衛隊を規定することは、日本国憲法の中に「国防」あるいは「安全保障」という規範、時には基本的人権の制限規範ともなり得る新たな規範を盛り込むことを意味する。

日本国憲法は、その前文が「政府の行為によって再び戦争の惨禍が起ることのないよう決意し」「平和を愛する諸国民の公正と信義に信頼して、われらの安全と生存を保持しようとした」と述べるように、政府や軍部の権力の暴走により軍事力が行使され戦争が再び起ることを避けるために、徹底した「権力への不信」を前提に、憲法規範で権力を拘束すると共に、憲法上に「国防」「安全保障」という概念を置かなかった。それは、近代以降の戦争のほとんどが「自国及び自国民の利益を守るため」という自衛の論理で始められていることに鑑み、そもそも自国の政治権力に軍事力を持たせないという形で、自衛という名目であろうと権力の暴走による戦争を起させない、という日本国国民の決意の表れであったと言えよう。

もっとも、権力の暴走は他国でも起り得るのであり、他国の権力の暴走により戦争が起り、我が国の平和と国民の人権が危険に晒されることもあり得る。現実に、北朝鮮のミサイルが我が国の上空を飛び、太平洋上における中国の軍事的脅威も言われる中で、多くの国民が漠然とした不安を抱えていることも事実であり、「国防」「安全保障」という概念が憲法になくて良いのか、という問題提起も、一般国民の賛同を得やすい状況となりつつある。

しかしながら、「国防」「安全保障」という概念を「自衛隊」という形で新たに憲法に規定した場合、それはこれまでの憲法に存在しなかった新たな人権制限規範を憲法に認めることとなり、単に9条の例外として自衛隊を規定するに留まらず、いろいろな箇所に様々な影響を及ぼすことになりかねない。また、前述の自国権力の暴走による戦争の危険性にも繋がることとなり、このジレンマをどう克服すべきかが、今回の自衛隊加憲問題で問われている。

(5) 9条を変えずに自衛隊を加憲した場合、自衛隊への統制機能はどうなるのか？

現在、自衛隊は現実として法律によって存在しているが、それは憲法9条の規範の中で存在し、9条の統制を受けている。それが、憲法の中に9条の例外規定として「9条の2」が置かれた場合、前述したように9条2項の規範が及び得るのかという疑問があり、そうであればこそ自衛隊は憲法に規定せず、あくまで法律の範囲で存在させるべきだという考え方がある。それは、独立国家として自衛権を持つのは当然としても、その自衛権の在り方は各国の憲法によって規定されるものであり、我が国においては憲法9条という規範の下で許される範囲で法律によって存在し得る、という考え方である。

しかし、9条の規範が及ぶと言っても、その9条の解釈自体が時の政権の判断で変更され、その変更された解釈の下で新たな法律によって自衛隊が動かされていくとすれば、実際には自衛隊の存在や行動が時の権力の恣意的な考え方によって御されることにもなりかねない（安全保障関連法の解釈改憲）。

そこで、むしろ憲法の中に自衛隊を明確に規定し、ただし抽象的に存在だけを規定するのではなく、その行動規範を具体的に憲法の中で制限するべきだという考え方も出てくる。ある意味、立憲主義の考え方に沿うものであり、ドイツの憲法（ボン基本法）などが参考になろう。

しかし、現実問題として、我が国の政治状況において、そのような形で自衛隊の存在のみならず権限や行動規範まで憲法で規定するというような憲法改正が行われるとは到底思われず、むしろそのような提案は政治による恣意的な憲法改正に利用されるだけだという批判もある。

いずれにしても、自衛隊を憲法上の存在として認めようとするなら、その統制機能もまた十分に検討されなければならず、そのことの議論なくしての自衛隊加憲の憲法改正のみを行うことは、危険であると言わざるを得ない。

(6) 自衛隊の存在のみを抽象的な表現で9条とは別に憲法に規定することは、立憲主義の観点から問題はないのか？

自民党の現在の「9条の2」案では、自衛隊を単に「我が国を防衛するための必要最小限度の実力組織」として抽象的に定義するだけであり、このままでは「防衛」や「必要最小限度」や「実力」の解釈は、時の政治権力によっていかようにも恣意的になされ得ることになる。このような、「自衛隊のなし得る行為」の解釈について時の政治権力に大幅な解釈の余地を与えるような9条例外規定を敢えて加憲することは、事実上憲法9条を空文化させてしまうことになりかねず、憲法を政治権力の拘束規範とする立憲主義の理念に反する規定であると言わざるを得ない。

もっとも、上記のような反対意見に対しては、「規定の仕方が抽象的という形で争うと、ではどう具体的に規定すれば良いのかという議論になり、結局は改憲論に巻き込まれていく恐れが強い。」という批判もある。

第7 憲法改正手続法の問題点

1 憲法改正手続法の施行に至る経緯と問題点

前記のとおり、日本国憲法の改正手続に関する法律が公布・施行され、憲法審査会が活動している。

日弁連、各弁護士会は、国民主権などの憲法の基本原理を尊重する見地から、またこれを確保する立憲主義の内容をなす硬性憲法の趣旨からも、憲法改正手続法については、国民投票法案と呼ばれた法案段階から、最低投票率の定めがないことをはじめ、本来自由な国民の議論がなされるべき国民投票運動に萎縮効果を与えるような多くの制約が課されること、資金の多寡により影響を受けないようなテレビ・ラジオ・新聞利用のルール作りが不十分であること等、多くの問題あることを指摘してきた。

このような慎重な議論を要する問題が山積しているにもかかわらず、これらの重大な問題点が解消されないまま、同法が可決成立された。しかし、参議院特別委員会において、最低投票率制度の意義・是非について検討することを含む18項目にもわたる附帯決議がなされたことからも、同法が十分な審議を経ていないものであることは明らかである。

日弁連は、2011（平成23）年10月27日、「憲法審査会が始動した今日、憲法改正の審議の前にまずなすべきことは、こうした問題点についての抜本的見直しである。当連合会は、あらためて憲法改正手続法の抜本的見直しを強く求めるものである。」との会長声明を出し、東京弁護士会も、2011（平成23）年11月8日、「あらためて憲法改正手続法の抜本的見直しを求め、これがなされないままに憲法改正の審議がなされることに強く反対する。」旨の会長声明を出した。

そして2014（平成26）年4月13日、憲法改正の是非を問う投票年齢を当面20歳以上とし、4年後に18歳に自動的に引き下げることを内容とする改正国民投票法案が成立したが、先の付帯決議について全て解決したものではなく、多くの課題を残している。

2 今後の対応

憲法改正手続法は、憲法改正権者は国民であるという視点からみて、きわめて問題であり、同法の下において憲法改正手続が進められたならば、真に国民の意思が反映されないままに憲法改正がなされるおそれがあると言わざるを得ない。

したがって、我々は、改めて同法についての抜本的な見直しがなされることを強く要請するとともに、その抜本的改正がなされるまでは、憲法改正のための審議がなされないことを求め、そのための活動をしてい

かなければならない。

第8 日の丸・君が代について

1 国旗・国歌法について

1999（平成11）年に施行された国旗・国歌法については、国である以上、国旗や国歌が定められるのは当然で、日の丸を国旗とし、君が代を国歌とすることは国民の間に慣行として定着しているという肯定的意見がある一方、①政府は君が代の「君」は象徴天皇を指すとしており、これは国民主権主義と相容れない、②日の丸や君が代はかつての軍国主義の象徴であり、アジア諸国の反発を招いている、③日の丸・君が代の法制化は、学校における国旗掲揚や国歌斉唱を強制することの法的基盤を与えるものであり、思想・良心の自由を侵害するものである、といった批判もある。

国旗・国歌の法制化の是非については、議論が分かれるが、基本的人権の擁護を使命とする我々としては、それが強制力を伴って国民の思想・良心の自由を侵害するような運用がなされないように注視し提言していくべきである。

2 自民党改正草案での日の丸・君が代

自民党憲法改正草案第3条では、日章旗を国旗、君が代を国歌と明記し、2項において国民に尊重義務を課している。

憲法自らが国旗・国家を定め、これに対しての尊重義務を規定してしまえば、もはや思想・良心の自由の例外として、生活すべての場面において強制される事態が生じてしまう。我々は、基本的人権の例外を認めるような規定については看過できないということを指摘していくべきである。

3 公立学校における国旗・国歌問題

(1) 学校行事における国旗・国歌の強制について

国旗・国歌法の成立により、学校行事における国旗・国歌の強制が可能という前提での運用がされるようになり、現在、公立学校の入学式、卒業式等の学校行事においては、国歌斉唱時に国旗に向かって起立しなかったこと、ピアノ伴奏をしなかったこと等を理由として、教職員に懲戒処分がされるという事態が多発している。

日弁連・各地の弁護士会は、公立の学校現場の現状に鑑み、思想・良心の自由等の観点から、教育委員会に対し、不利益処分ないし不利益取扱いをもって、教職員や児童・生徒に対し、国旗に向かっての起立等を強制しないよう提言してきた。

(2) 最高裁判決とこれに対する日弁連会長声明

都立高等学校の教職員が、卒業式等の式典において国旗に向かって起立し国歌を斉唱することを命ずる校長の職務命令に従わなかったことを理由として、定年後の再雇用が拒否された事案に関し、最高裁第二小法廷は2011（平成23）年5月30日に、同第一小法廷は同年6月6日に、同第三小法廷は同年6月14日に、いずれも、上記職務命令につき、「上告人ら自身の歴史観ないし世界観及びこれに由来する社会生活上ないし教育上の信念等」に対する「間接的な制約となる面がある」ことを認めつつも、上記起立斉唱は、「慣例上の儀礼的な所作」であること等を理由に、かかる「制約を許容しうる必要性及び合理性が認められる」として、思想と良心の自由を保障する憲法19条には違反しないとした（なお、宮川光治裁判官、田原睦夫裁判官の反対意見に加え、補足意見の中にも慎重な配慮を求める複数の意見が表明されている）。

日弁連は、これらの最高裁判決に対し、上記起立・斉唱行為は日の丸・君が代に対する敬意の表明をその不可分の目的とするものであって、職務命令によるその強制はこれらに敬意を表明することが自らの歴史観や世界観に反すると考える者の思想・良心の自由を直接的に侵害するものであると指摘して教職員に君が代斉唱の際の起立・斉唱を含め国旗・国歌を強制することのないよう強く要請する旨の会長声明を発表している（2011〔平成23〕年6月3日、同年6月10日及び同年6月23日付会長声明）。

(3) 大阪府条例について

2011（平成23）年6月3日、大阪府議会で、「大阪維新の会」の提案により、学校での儀式の際の国歌の起立斉唱を教職員に義務づける「大阪府の施設における

国旗の掲揚及び教職員による国歌の斉唱に関する条例」が可決成立した。さらに、「大阪維新の会」は、同年9月21日、国歌の起立斉唱命令違反も念頭におき、同じ職務命令に3回違反すると免職となることも含む「教育基本条例案」などを大阪府議会に提出し、同条例は、翌2011（平成23）年3月23日に成立した。

これに対しては、日弁連も大阪弁護士会も反対する旨の会長声明を出している。

(4) まとめ

国旗・国歌についての考え方は多様であるが、いずれも憲法上は個人の思想・良心の自由として尊重されるものであり、いずれか一つの考え方が強制されることがあってはならない。また、個人の内心領域の精神活動は外部に表れる行為と密接に関係しているものであり、これらの行為を精神活動と切り離して考えることは困難かつ不自然であるから、国歌を起立斉唱することや国歌のピアノ伴奏を命じる職務命令を受忍すべきものとすることは、思想・良心の自由の保障の意義を没却しかねない危険性を有するものとも考えられる。

当会内部においても議論のあるところではあり、最高裁の判断については、憲法の最終的解釈権者であるから、司法の一翼を担う我々としても当然尊重すべきものと考えるが、同時に「内心の自由」が個人の尊厳の核心をなす最も重要な人権の一つであることに鑑みて、より強制にわたらない方策を求める趣旨の批判的な意見を表明することは、憲法解釈における理論的な見解の表明として意義があるものと考える。

また、この問題は、教職員に対する懲戒処分を通して、子どもの内心の自由にも影響を及ぼすという、より深刻な問題にも直面する。子どもは、教育行政によっても教職員によっても、一定の思想や考え方を押しつけられるべきではなく、可塑性に富んだ子どもに対しては、柔軟な思考ができるような教育上の配慮が必要である。

第9　一人一票の実現

1　投票価値の平等違反

選挙権は議会制民主主義の根幹をなす基本的な政治的権利であり、選挙権の平等は投票価値の平等を含む。投票価値が不平等では、本当の意味で一人一票とは言えないからである。

最高裁の2011（平成23）年3月23日大法廷判決（民集65巻2号755頁）は、衆議院選挙について、各都道府県にあらかじめ1を配当するという1人別枠方式及びこの方式に基づく1対2.3の較差を違憲状態であるとした。また、参議院についても、最高裁の2009（平成21）年9月30日大法廷判決（民集63巻7号1520頁）は、1対4.86の較差は大きな投票価値の不平等が存する状態であるとしている。また、いずれの大法廷判決も、このような不平等を是正するために、国会において速やかに適切な検討が行われることが望まれるとしている。

2012（平成24）年10月17日には、2010（平成22）年7月11日に施行された参議院議員通常選挙が、最大で5倍の投票価値の格差が生じていたことに対して事情判決により請求を棄却したものの、違憲の問題が生ずる程度の著しい不平等状態に至っていたというほかはないとし、参議院と衆議院とで投票価値の平等の要請に差はないことを明確にした。

しかしながら、2016（平成28）年7月の参議院選挙に対する2017（平成29）年9月27日の最高裁判決は、合区導入で格差が縮小したことを評価し、1対3.08の格差について、「著しい不平等状態」ではないとした。

2　合理的是正期間

ところが、国会は、2011（平成23）年の大法廷判決後1年9ヶ月にわたり、1人別枠方式を含めた選挙制度を抜本的に見直さないまま、弥縫的な0増5減の定数調整をなしたのみで、2012（平成24）年12月16日に第46回衆議院議員選挙が施行された。そのため、投票価値の格差が最大で2.43倍に拡大しているとして、違憲無効確認訴訟が提起された。

最高裁は2013（平成25）年11月20日、「憲法の投票価値の平等の要求に反する状態にあった」としつつ、「憲法上要求される合理的期間内における是正がされなかったとはいえ（ない）」として、選挙を有効とした。

これに対し、日弁連は同日、会長声明を発し、「裁判所には司法権の担い手としてだけでなく、憲法の最後の守り手としての役割が期待されている。」とした

上で、「今回の最高裁大法廷判決は民主主義の過程そのものが歪んでいる状態をさらに延長させてしまうものであって、裁判所が果たすべき職責に照らし不十分なものと言わざるを得ない」と判決を非難した。

さらに、最高裁は、2014（平成26）年11月26日、2013（平成25）年7月21日に施行された参議院議員通常選挙が、最大で4.77倍の投票価値の格差が生じていたことに対して、「違憲の問題が生ずる程度の著しい不平等状態にあったものではあるが、本件選挙までの間に更に本件定数配分規定の改正がなされなかったことをもって国会の裁量権の限界を超えるものとはいえ」ないとして、選挙を有効とした。

さらに、最高裁は、2015（平成27）年11月25日、2014（平成26）年12月に実施された衆議院選挙が、最大で2.13倍の投票価値の格差が生じていたことに対して、「『1人別枠方式』廃止の趣旨に沿った選挙制度の整備が十分ではないとして、投票価値の平等に反するとしたが、是正のための合理的期間を経過したとまではいえない」として、違憲状態とするにとどめた。

3 まとめ

我々は、投票価値の平等の保障の重要性に鑑み、今後も国に対し、直ちに衆議院選挙における1人別枠方式を廃止するとともに、衆参いずれの選挙についても、選挙区別議員1人当たりの人口数をできる限り1対1に近づける選挙区割の見直しを実現するよう求めていくべきである。

第10　核兵器廃絶に向けて

1　唯一の被爆国としての取組みと国際社会の動き

核兵器の使用や実験は、人類にとって最大の人権侵害であり、国際法に違反することは明らかである。我が国は、原子爆弾の投下による被害を受けた唯一の被爆国であり、国民の核兵器廃絶に対する希求は大なるものがある。

他方で、我が国は、日米同盟によるアメリカの核の傘に守られているとの認識から、既存の核保有国の核抑止力による均衡の保持を支持しており、核拡散防止条約（NPT）には賛成の立場をとっている。

国際社会は、1995（平成7）年に核拡散防止条約の無期限延長を決め、1996（平成8）年に包括的核実験禁止条約（CTBT）を成立させている。

2　核兵器自体の削減の動き

さらに、2009（平成21）年4月5日に、アメリカのオバマ大統領は、核兵器を使用した唯一の国として行動する道義的責任に言及し、核兵器のない世界を追求することを世界に呼びかけた。このオバマ演説は、これまで国連総会での核兵器廃絶決議に反対し続けてきたアメリカの核政策の転換として世界の注目を集めた（同年のノーベル平和賞は、この功績を評価してオバマ大統領に与えられた）。

同年7月には先進国首脳会議（G8）が「核兵器のない世界のための状況をつくる」ことで合意し、同年9月には、安全保障理事会の首脳会合で「核兵器のない世界に向けた条件を構築する決意」を盛り込んだ決議1887号を採択した。

また、2010（平成22）年5月に開催されたNPT（核拡散防止条約）再検討会議においては、NPTの3本柱である核軍縮、核不拡散、原子力の平和的利用などについて、将来に向けた6項目の具体的な行動計画を含む最終文書が全会一致で採択された。特に、最終文書が、「すべての国が『核兵器のない世界』の達成を目標とし、その目標と完全に一致する政策を追求することを約束する」としたこと、核兵器保有国に対して核軍縮の履行状況等について2014（平成26）年の準備委員会に報告するよう求めたことは、「核兵器のない世界」に向けての重要な一歩である。

このように、核兵器の廃絶を求める動きは、今まさに世界の潮流となりつつある。

2013（平成25）年10月21日、国連総会第一委員会でニュージーランド政府が125ヶ国連名の「核兵器の人道上の結末に関する共同声明」を発表し、我が国は声明に今回、署名した。前回4月のジュネーブのNPT会議で署名を拒否したときの理由とされた「いかなる状況においても核兵器が再び使用されないこと」という

表現は今回も残っていたが、署名したものである。

国内においても、衆議院では2009（平成21）年6月16日に、参議院では同月17日に、我が国は、唯一の被爆国として、世界の核兵器廃絶に向けて先頭に立って行動する責務があり、核廃絶・核軍縮・核不拡散に向けた努力を一層強化すべきであるとする「核廃絶に向けた取り組みの強化を求める決議」がなされた。

3　核の廃絶と核抑止力神話

我が国は、国連総会において、23年間連続して核兵器の廃絶を求める決議案を提出し、圧倒的多数の賛同のもとに採択されている（これは拘束力のない決議にとどまる）。

ところが、我が国は、国連総会第一委員会による核兵器禁止条約案（法的拘束力のある決議案）の採決にあたって、2015（平成27）年には棄権したが、2016（平成28）年の新たな案については、アメリカが9項目にわたる問題があるとしてNATO諸国や日本に反対するよう求め、反対票を投じるに至った。

2017（平成29）年7月7日には、この核兵器禁止条約が正式な条約として国連総会に提出され、賛成122、反対1、棄権1という圧倒的な多数で採択された。しかし、核保有国は参加せず、米・英・仏の3各国は、核抑止力の現実的な意義を無視しているとする意見を表明した。我が国は、既存の核保有国の核抑止力による均衡の保持を支持する立場から、反対票を投じたが、唯一の核被爆国として核兵器廃絶を求める姿勢との関係では、一貫しない対応となった。

続いて同年10月28日、24回目の核兵器廃絶決議案を国連総会において提案したが、賛成国が前年よりも23か国減少した。これは、決議案の文言が、昨年までの「核兵器のあらゆる使用」から「あらゆる」を削除したこと、「核兵器の完全な廃絶」から「核不拡散条約の完全履行」と改めたことや、本年7月7日に採択された核兵器禁止条約に我が国が反対したことなどに対する批判の意味合いが認められるであろう。

我が国は、先に述べた通り、日米同盟によるアメリカの核の傘に守られているとの認識から、既存の核保有国の核抑止力による均衡の保持を支持する立場に立って、この条約に反対しているが、唯一の被爆国である我が国にとって、核兵器の根絶と核抑止力への依存という現実的なジレンマをいかに解消できるかが問われよう。

なお、2017（平成29）年10月には、核兵器の廃絶の努力を続けてきた国際団体「ICAN」にノーベル平和賞が授与された。

同年12月10日の受賞式におけるサーロー節子さんの演説は、多くの人々の心を打った。原爆投下によって瓦礫の中に埋もれた彼女の耳に聞こえた「諦めるな。あの隙間から光が差すのが見えるか。あそこまでできるだけ速くはっていくんだ」という言葉は、矛盾を抱えつつも、核兵器廃絶に向けて座視せずに努力していく者を導くものである。

4　弁護士会の取り組み

日弁連は、前記のような世界における核廃絶を求める動きに対して、2010（平成22）年10月8日に盛岡市で開催した第51回人権擁護大会において、日本政府に対し、「非核三原則」を法制化すること、北東アジアを非核地帯とするための努力をすること、さらに我が国が先頭に立って核兵器禁止条約の締結を世界に呼びかけることを求めた。日弁連も、核兵器が廃絶される日が一日も早く実現するよう国内外に原爆被害の深刻さを訴えるとともに、法律家団体として、非核三原則を堅持するための法案を提案し、広く国民的議論を呼びかけるなど、今後ともたゆむことなく努力することを決意することを内容とする「今こそ核兵器の廃絶を求める宣言」をした。

我々は、この宣言を実現するために、今後とも一層の努力を行っていかなればならない。

第11　表現の自由に対する抑圧について

近時、表現の自由、特に言論の自由を抑圧し、萎縮させるような事件が発生しており、これは、表現の自由が民主主義の根幹なすものであるという点において、その制約については原則として違憲の推定を受け、合憲性が厳格に審査されるとされていること（いわゆる「優越的地位」）に鑑み、極めて憂慮される事態である。

1 ビラ投函問題

防衛庁立川宿舎に政府の自衛隊イラク派遣政策を批判したビラを投函した事件について、東京地裁八王子支部は、2004（平成16）年12月16日、「ビラ投函自体は憲法21条1項の保障する政治的表現活動の一態様であり、民主主義社会の根幹を成すもの」であるとし、被告人らの行動は可罰的違法性がないと判示して無罪としたのに対し、東京高裁は、2005（平成17）年12月9日、一審判決を破棄し、被告人ら3名に対し、罰金刑の言渡しを行った（その後、2008〔平成20〕年4月11日に最高裁で確定）。

これに対し、東弁は、2006（平成18）年12月26日、ビラ投函に関連し起訴される事案が続いていること、こうした高裁判決が民主主義社会の根幹をなす表現の自由を萎縮させる結果をもたらすことを憂慮し、「民主主義社会において表現の自由とりわけ政治的表現の自由は、大きな意義を有するものであり、高裁判決は政治的表現活動の自由の意義をふまえた被害法益保護などとの比較考量に乏しいと言わざるを得ない。」との会長声明を出した。

また、いわゆる葛飾政党ビラ配布事件について、最高裁が2009（平成21）年11月30日に、東京高裁が下した5万円の罰金刑を維持した。これに対して東弁は、最高裁に対し、「ビラ配布を含む表現の自由の重要性に十分配慮し、国際的な批判にも耐えうる厳密な利益衡量に基づく判断を示すことで『憲法の番人』としての役割を果たすよう強く要望する次第である。」との会長声明を出した。

ビラ投函行為は、マス・メディアのような意思伝達手段を持たない市民にとって、自己の意見を他に伝達する重要な手段となっているのであり、他者の権利・自由との調整を必要とするとしても、逸脱した行為に対して刑罰による制裁を科すことについては、表現行為に対する強い萎縮効果に鑑み、安易に認めることのないよう強く批判すべきである。

2 新聞記者個人攻撃問題

2014（平成26）年3月以降、札幌市厚別区所在の北星学園に対し、同大学の教員が朝日新聞の記者時代に従軍慰安婦に関する記事を書いたことを理由に、この教員を解雇ないし退職させるよう要求する電話やFAXが繰り返し送りつけられ、同年5月及び7月には要求に応じないと学生に危害を加える旨の脅迫文が届くという事件が起こった。さらに、インターネット上にはこの教員の家族に関する情報までが実名や顔写真入りで掲載され、脅迫的文言が書き込まれる等、異常な事態に至った。

これらの行為は、それ自体が犯罪行為に当たる違法行為であるとともに、大学の自治に対する侵害行為であるし、元記者の家族のプライバシー権の侵害にも当たる。のみならず、このような違法な行為によって過去の記事の撤回や作成者に不利益を課すことを求める行為自体、言論や表現の自由に対するあからさまな暴力的攻撃であり、表現の自由を萎縮させるもので、断じて看過できない。

自己と異なる好ましくない意見が存在したり、不正確な報道がなされたり、その報道の訂正に不適切な問題があったとしても、その是正は、健全かつ適正な批判や、報道機関自身のさらなる検証や訂正に委ねるべきであり、違法な手段による個人攻撃は絶対に許されるものではない。

我々は、このような卑劣な個人攻撃及び表現の自由への威嚇を断じて許さず、これらの違法な人権侵害行為を根絶する活動に取り組んでゆくものである。

第12 知る権利や取材・報道の自由に対する制限について

1 特定秘密保護法について

(1) 秘密保護法案提出とその成立並びに施行に向けた動き

第二次安倍政権は、国家安全保障会議（日本版NSC）設置関連法案と、特定秘密保護法案を一体のものとして、2013（平成25）年秋の臨時国会に提出して成立させる方針を明らかにし、同年10月25日に、同法案は閣議決定されて国会に上程された。

国会においては、国家安全保障に関する特別委員会を設置して精力的に審議し、みんなの党との間で修正協議を行い、その修正案を踏まえて、同年11月26日に同委員会で強行採決をし、同日衆議院本会議で自民

党・公明党・みんなの党の多数で可決され、同年11月27日から参議院で審議入りし、同年12月6日の会期末を延長して同年12月7日、可決・成立した。なお、国家安全保障会議（日本版NSC）設置関連法案は、同年11月27日に参議院で可決・成立し、同年12月4日から施行され、国家安全保障会議が設置されている。

その後、特定秘密保護法を実施するための政省令が検討され、2014（平成26）年7月24日から1か月間、特定秘密保護法施行令案と統一的な運用基準案についてパブリックコメントが実施され、約23,000件もの意見が集まったと報じられている。

同年10月14日、一部修正された施行令と統一的な運用基準が閣議決定されるとともに、特定秘密保護法の施行日を同年12月10日と定める政令が制定された。

(2) 特定秘密保護法案の問題点

特定秘密保護法案は、以下のような問題点がある。
① そもそも、立法事実を欠いており、必要性がない。その内容は、かつての国家秘密法案と本質的にほとんど変わってない。
② 特定秘密保護法案は、国民主権原理から要請される知る権利が侵害されるなど、憲法上の諸原理と正面から衝突するものである。また、秘密漏えいに関わる刑事裁判手続は、公開裁判を受ける権利や弁護を受ける権利を侵害するおそれがある。
③ 「特定秘密」の概念が、従来の「国家秘密」以上に、曖昧かつ広範に失するため、本来国民が知るべき情報が国民の目から隠されてしまう懸念が極めて大きい。
④ 行政機関の長が特定秘密を指定すると、それを誰もチェックすることができない。
⑤ 特定秘密の指定は5年以内の期間を定めて行うが、その延長が可能であり、30年を越える場合に内閣の承認があれば永久に秘密指定を行うことができることになっており、行政機関にとって都合の悪い情報が特定秘密と指定されて封印されてしまい、国民の批判を受けられなくなる可能性がある。海外のように一定の期間が経過すると自動的に解除される仕組みになっていない。
⑥ 適性評価制度（人的管理）については、適性評価制度の対象者及びその周辺の人々（家族、同居人）のプライバシーが空洞化するおそれがある。
⑦ 罰則については、処罰対象行為が、故意の漏えい行為、過失の漏えい行為、特定取得行為、未遂行為、共謀行為、独立教唆行為及び扇動行為と極めて幅広い上に、それぞれの行為について、「特定秘密」の概念が曖昧であることと相俟って、処罰範囲が、極めて広範かつ不明確であり、罪刑法定主義や行為責任主義など、刑事法上の基本原理と矛盾抵触するおそれがある。特に、マスコミに勤める記者やジャーナリストや情報公開を求める市民が、特定秘密に近付こうとする行為を包括的に処罰する仕組みとなっている。
⑧ 罰則の上限は懲役10年と罰金1,000万円の併科であり、国家公務員法が定めた刑の10倍、自衛隊法が定めた刑の2倍であり、極めて重い刑罰が設けられている。

このように、特定秘密保護法案については、かつての国家秘密法案と同様に、国民の知る権利や言論と報道の自由をはじめとする国民の基本的人権の侵害の危険が極めて大きいと言わなければならない。

(3) 日弁連・弁護士会の対応

日弁連は、同年10月25日には、特定秘密保護法案の閣議決定に対する会長声明を出し、同年11月15日には、「特定秘密保護法案に反対し、ツワネ原則に則して秘密保全法制の在り方を全面的に再検討することを求める会長声明」を出している。この会長声明においては、「国家安全保障と情報への権利に関する国際原則」（「ツワネ原則」）は、自由権規約19条等を踏まえ、国家安全保障分野において立法を行う者に対して、国家安全保障への脅威から人々を保護するための合理的な措置を講じることと、政府の情報への市民によるアクセス権の保障を両立するために、実務的ガイドラインとして作成されたものであり、同年6月、南アフリカ共和国の首都ツワネで公表されたものであるが、日弁連はツワネ原則による法案の見直しと撤回を求めるとして具体的に指摘する内容である。

全国の単位会においても、対策本部が設置され、特定秘密保護法案について、2013（平成25）年11月20日現在で、全ての弁護士会から意見書・声明等が公表された。

日弁連は、2014（平成26）年9月5日付けで「秘密保護法施行令（案）等に対するパブリックコメントの検討手続の公開を求める会長声明」を出すとともに、19日付で「特定秘密保護法の廃止を求める意見書」を採択した。そして、同年10月14日付で「秘密保護法施行令（案）等の閣議決定に対する会長声明」を出して、特

定秘密保護法の施行に反対する姿勢をとっている。

その後、日弁連は、国連人権理事会が任命した「意見及び表現の自由」の調査を担当する国連特別報告者のデービッド・ケイ氏が、2016（平成28）年4月12日から4月18日まで日本の表現の自由と知る権利に関する調査を行い、4月19日、日本政府に対する暫定的調査結果（Preliminary Observations）を公表した中で、原子力発電、国家安全保障及び防災等、公共の利益という重大な分野において国民の知る権利を危機にさらしていると指摘するとともに、①特定秘密の定義が広範に過ぎ、適切に限定されていないこと、②ジャーナリストに対する保護規定（同法第22条）は不十分であり、公益のために秘密を開示したジャーナリストや公務員を処罰の対象から除くこと、③特定秘密についても、公益通報した者が刑事罰から保護されるように同法を改めること、④特定秘密の指定と解除について同法が設立した監視のメカニズムが十分に独立性のあるものとなっていないこと、とりわけ国会内の情報監視審査会の勧告に拘束力がないこと等を改善すべき点として具体的に指摘したとして、この暫定的調査結果を真摯に受け止め、秘密保護法の抜本的見直し等、必要な対応を速やかに行うよう求める同年4月28日付「国連特別報告者による表現の自由及び市民の知る権利に関する暫定的調査結果についての会長声明」を出している。

2014（平成26）年12月10日には特定秘密保護法が施行されたが、引き続き日弁連及び弁護士会は、廃案を求める活動を続けるべきである。

そのような観点から、2016（平成28）年10月7日の日弁連人権擁護大会においては、「憲法の恒久平和主義を堅持し、立憲主義・民主主義を回復するための宣言」を決議し、提案理由の中で、特定秘密保護法の内容と危険性について改めて確認している。また衆議院情報監視審査会のまとめた平成28年次の年次報告書には、特定秘密の記載された文書が存在しないにもかかわらず秘密指定がなされているという問題が指摘されている。すなわち、将来対象情報が出現する可能性があるとの理由からあらかじめ秘密指定したり、文書が既に存在しないにもかかわらず、職員の頭の中に知識として存在するとの理由から秘密指定しているという実態があるというのである。特に後者は、罰則規定との関係で、捜査、刑事裁判に混乱をもたらすことは必至である。

日弁連は、2017（平成29）年10月6日の第60回人権擁護大会において、「情報は誰のもの？〜監視社会と情報公開を考える〜」とのテーマの下、シンポジウムを開催し、改めて秘密保護法について廃止を含めた根本的見直しを行うことを宣言した。引き続き日弁連及び弁護士会は、世論に呼びかけて、その廃止を含めた根本的見直しに向けた活動を続けるべきである。

2 取材・報道の自由に対する制限について

(1) 高市総務大臣の答弁

高市早苗総務大臣（当時）は、2016（平成28）年2月8日の衆議院予算委員会において、民主党（当時）の奥野総一郎衆院議員の質問に対する答弁において、「放送事業者が極端なことをして、行政指導をしても全く改善されずに公共の電波を使って繰り返される場合に、全くそれに対して何も対応しないということは約束するわけにはいかない」と述べて、放送局が政治的公平性を欠く放送を繰り返せば、放送法4条違反を理由に電波法76条に基づいて停波を命じる可能性に言及した。「政治的に公平」の意味として、「国論を二分する政治課題で一方の政治的見解を取り上げず、ことさらに他の見解のみを取り上げてそれを支持する内容を相当時間にわたり繰り返す番組を放送した場合」などと列挙した。高市総務大臣は、翌2月9日の衆議院予算委員会においても、「将来にわたって罰則規定を一切適用しないことまでは担保できない」と重ねて答弁し、安倍首相も、翌2月10日の衆議院予算委員会において、この答弁を追認し、「政府や我が党が、高圧的に言論を弾圧しようとしているイメージを印象づけようとしているが全くの間違いだ。安倍政権こそ、与党こそ、言論の自由を大切にしている」と答弁した。

(2) 表現の自由と放送法4条の解釈

憲法21条1項は「表現の自由」を規定しているが、報道機関の報道は、民主主義社会において、国民が国政に関与するにつき、重要な判断の資料を提供し、国民の「知る権利」に奉仕するものであるから、思想の表明の自由とならんで、事実の報道の自由は、表現の自由を規定した憲法21条1項の保障のもとにあるし、報道機関の報道が正しい内容をもつためには、報道の自由とともに、報道のための取材の自由も、憲法21条の精神に照らして十分尊重に値するものといわなけれ

ばならないとされている（最高裁大法廷昭和44年11月26日決定。いわゆる博多駅フィルム提出命令事件）。

憲法21条2項は検閲の禁止を定めているが、これは政府機関によるいわゆる表現物の発表前の「検閲」を絶対的に禁じるのみならず、その趣旨から、表現内容に対する規制を行わないことを定めるものである。

放送法は、4条において放送事業者の番組編集基準の一つとして「政治的に公平であること」を挙げているが、その目的として放送法1条2号に於いて「放送の不偏不党、真実及び自律を保障することによって、放送による表現の自由を確保すること」と定めている。1950（昭和25）年の放送法の制定時、当時の政府は、国会において、「放送番組については、放送法1条に放送による表現の自由を根本原則として掲げており、政府は放送番組に対する検閲、監督等は一切行わない」と説明していた。

このように憲法において定められた表現の自由や放送法第1条に定められた放送法の目的及び放送法全体の趣旨からすれば、放送法4条が放送内容への規制・制限の根拠となる法規範ではなく、放送事業者の自律性における倫理規定に過ぎないことは明らかである。

ところが、高市総務大臣の上記の答弁は、放送法4条の「政治的に公平」という文言に依拠して、それがあたかも放送事業者に対する規制・制限の法規範であると解釈していることになる。

しかしながら、放送法4条を行政指導の根拠とすることは許されないことは明らかであるし、さらに、その違反の場合の罰則として電波法76条1項による電波停止にまで言及することは、憲法21条や放送法の誤った解釈であると言わなければならない。

放送法は、6条以下で放送事業者に放送番組審議機関を設置させているが、この趣旨は、行政権とは相対的に独立した機関による強制力のない意見および答申を行わせるに留めるものであるし、民間放送事業者およびNHKは任意に放送倫理・番組向上機構（いわゆるBPO）を設置して番組に対する検証と提言を行わせており、放送事業者が表現の自由を確保しつつ、自律的に放送倫理を遵守する仕組みは既に十分に確立されている。

また、放送法4条の公平性については、一つの番組だけで判断するのではなく、その局の番組全体で判断するものとし、恣意的な規制が行われないような判断基準が定立されてきている。

(3) 高市総務大臣の答弁や政府の姿勢の問題点

上記の高市総務大臣の発言やこれを容認する政府の姿勢は、誤った法解釈によって、放送事業者に対して行政権が介入する可能性に言及することによって、放送事業者に対して重大な萎縮的効果を及ぼすおそれがある。

放送法4条についての政府の解釈を認めてしまえば、「政治的に公平である」か否かの判断が、時の政府の解釈により恣意的になされるおそれがある。すなわち、政府を支持する内容の放送は規制対象とはならず、政府を批判する内容の放送のみが規制対象とされるという事態が十分起こり得ることになる。

また、電波停止を命じられる可能性を示唆されれば、放送事業者が極度に萎縮して、公平中立という名目の下に、政府に迎合する放送しか行えなくなり、民主主義における国民に対する報道機関の任務を果たすことができなくなる危険性が高くなるものである。

(4) 弁護士会の対応

したがって、高市総務大臣の上記発言は到底看過することができないものである。

東京弁護士会も2016（平成28）年2月16日付で「高市早苗総務大臣の『放送法違反による電波停止命令を是認する発言』に抗議し、その撤回を求めると共に、政府に対し報道・表現の自由への干渉・介入を行わないよう求める会長声明」を発出している。

日弁連は、2017（平成29）年10月6日の第60回人権擁護大会において、「情報は誰のもの？〜監視社会と情報公開を考える〜」とのテーマの下、シンポジウムを開催し、放送メディアに限らず、組織メディア相互、さらにフリージャーナリストなどとの連携により、不当な政治介入を批判する態度を鮮明にし、メディアの社会的役割が政府の権限濫用の監視にあることを改めて自覚し、その上で記者クラブをフリージャーナリストに開放して市民への情報提供のチャンネルを増やしたりメディアとして内部告発をしやすい環境を整えたり、重要な権力批判報道に際しては企業を超えた連携によってその全容を市民に明らかにするよう努めるなど、権力監視報道を充実させるべきであると提言し、日弁連は、法律実務家団体としてこのような活動の展開に積極的に協力する旨決議した。

今後も、弁護士会としては、機会があるたびに、高

市総務大臣の発言の撤回と政府に対して報道・表現の自由に対する干渉・介入を行わないように求める働きかけを行う必要がある。

第13 国民の管理・統制の動き（マイナンバー制度）について

1 立法に至る経緯

2013（平成25）年3月、「番号関連4法案」（「行政手続における特定の個人を識別するための番号の利用等に関する法律案」、「行政手続における特定の個人を識別するための番号の利用等に関する法律の施行に伴う関係法律の整備等に関する法律案」、「地方公共団体情報システム機構法案」及び「内閣法等の一部を改正する法律案」）が第183回通常国会に提出された。

衆議院は、同年5月9日、番号関連4法案のうち一部を修正の上可決し、同月24日、参議院での審議を経て同法案は可決・成立し、同月31日に公布された。

そして、2015（平成27）年10月5日に政省令とともに施行され、国民に対する番号通知がおこなわれて、個人番号カードの交付、マイナンバーの利用が開始されている。

2 マイナンバー制度の問題点

マイナンバー制度は、税の分野で納税者を特定する納税者番号を、国民と外国人住民の全員に付番して、社会保障分野（健康保険番号、介護保険番号、年金番号など）と共通の番号にするものである。

マイナンバーで個人識別されたデータは、「情報連携基盤」と呼ばれる中継システムを経由して相互に紐付けられるとともに、附則で定めた3年後見直しの際には、特に民間分野における利用拡大をも目指している。

そして、マイナンバーを裏面に記載したICカードを交付して、健康保険や年金手帳の機能を併せ持った身分証明証とすることもできるようにすることが構想されている。

すでに、住民基本台帳法改正により住基ネットが構築されていたが、住基ネットで取り扱われている情報は、主に本人確認情報だけであるのに対して、マイナンバー制で取り扱われる情報は、多種多様な情報であり、医療分野に関するレセプト情報も含まれ、その中には、傷病の名前等の詳細な情報も含まれることから、いわゆるセンシティブ情報が含まれている点で大きく異なっている。

そして、マイナンバー制度では、各種の情報をマイナンバーにより紐付けしてマッチング（突合）できることから、国民の勤務先や家族の情報、各種納税・社会保険料の支払状況、社会保障給付に関する情報、そして各種の経済活動や消費生活に関する情報が国家によって名寄せされて一元化されることになる。

これはまさに国民総背番号制であり、コンピュータ化された現在においては、この情報の一元化が実に容易になされることになっている。

そのため、いったんこれらの情報が流出した場合には、国民のプライバシー侵害という深刻な結果をもたらすものとなる。

このことは、2015（平成27）年6月1日に公表された日本年金機構における約125万件に上る情報漏えい事件が発生したことから、国民にとって、現実的な危惧感となっている。

また、アメリカや韓国など諸外国において深刻な社会問題になっている大量の情報漏洩や、なりすましなどのプライバシー侵害のリスクは極めて高くなる。

この制度は、個人情報の適切な取扱いを担保するために、独立性の高い第三者機関として特定個人情報保護委員会を設けることにしている。しかしながら、委員長及び4人の委員という構成であり、現状ではうち2人が非常勤となっていることから、第三者機関としての役割をどれだけ果たせるか疑問が残る。

また、その監督権限には、一部例外が認められており、捜査機関が利用する場合には、同委員会による監督は及ばないことになっているなど、広い例外が定められている。

マイナンバー制度は、そのメリットとされる所得の正確な把握は実際には不可能であることや、新たな社会保障制度の内容も決まらないうちから、税と社会保障の一体改革のためにマイナンバーが必要であるなどとはいえないことなどが明らかとなっている。

マイナンバー制度は、以上のような問題点を有しており、国家の特定秘密を保護するための特定秘密保護法と相俟って、国家が国民に関するあらゆる情報を利用しやすくする一方で、国民には見えにくくなる事態を招くものである。

　そして、官僚による情報の独占は、いずれ治安対策や思想統制に及び、国民の監視・統制を強めていくおそれがある。

　日弁連は、2015（平成27）年8月9日に公表された読売新聞の世論調査において、マイナンバー制度を「知らない。」又は「名称は知っているが、内容は知らない。」と回答した人を合わせると52％にも上ることから分かるように、このマイナンバーがどのような目的で利用され、その管理にはどのような注意が必要であるのか、どのようなリスクがあるのかなどについての周知は決定的に不足していることや、住民票所在地と実際の居所とが異なっているために、通知カードを受け取れない国民や外国人住民も相当数に達すると見込まれる問題も存在することを指摘して、「このような周知不足・準備不足の状況の中で、マイナンバーを通知し、各法人等でその番号の収集を開始することとなれば、番号の目的外収集や漏えい、当該制度に便乗した詐欺行為等、相当の社会的混乱を招来するおそれが極めて高いと言わざるを得ない。」、「当連合会は、現行のマイナンバー制度自体が、プライバシー等に対する高い危険性を有しているものであるとして強く反対してきたところである。現状での施行には大きな危惧があるため、本来ならば施行を延期すべきであるが、施行する以上は、上記の諸問題について速やかに対策を取り、プライバシー等に対する懸念や実務上の問題点の早急な解消を求めるものである。」との会長声明を公表しているところである（2015〔平成27〕年9月9日付「マイナンバー法の施行に関する会長声明」）。

3　マイナンバー制度施行後の状況

　番号関連4法が施行されて2年が経過したが、地方自治体が配布する「マイナンバーカード」は、2017（平成29）年10月1日現在で、約1250万枚で、その普及率は10％に達していないことが明らかになっており（産経ニュース2017年10月5日）、まだまだ普及が進まない現状が明らかとなっている。

　2019（平成31）年には、マイナンバーカードの本人確認がスマートフォンでできるようになる見込みとのことであるが、マイナンバーカードの取得が前提となっており、なりすましを防止するため、本人が自治体の窓口に出向く必要があり、その煩雑さがハードルとなっている現状がある。

　2017（平成29）年11月からは、行政手続で書類の提出が不要となる情報連携の本格運用が開始されることになっているが、新しい業務システムの利用を職員が習熟していないことなどの運用上の過大も山積している（産経ニュース2017〔平成29〕年10月5日）。

　仙台、東京、横浜、新潟、名古屋、金沢、大阪、福岡など全国各地の裁判所には、マイナンバー制度が憲法違反であるとして、各地の市民が原告となって違憲訴訟が提起されて審理されており、裁判所の判断が待たれるところである。

4　弁護士会の果たすべき役割

　日弁連及び弁護士会は、マイナンバー制度に上記のような問題があることを認識した上で、施行された制度の運用を注視し、国民の管理・統制が行き過ぎて、国民のプライバシーを不当に侵害することがないように、政府に働きかけるべきである。

第14　ヘイト・スピーチ問題

1　ヘイト・スピーチとは

　ヘイト・スピーチとは、広くは「マイノリティ（社会的少数派）に対する差別的・侮辱的な表現や言動」を指す言葉であるが、具体的社会問題としては、国際人権規約や人種差別撤廃条約との関係で、『民族的・宗教的・言語的なマイノリティ（①一国においてその他の住民より数的に劣勢な集団で、②被支配的な立場にあり、③国民の残りの人たちと違った民族的・宗教的または言語的特徴を有し、④自己の文化・伝統・宗教または言語を保持することに対して連帯意識を黙示的であるにせよ示しているもの）に対する、差別的・侮辱的な表現・言論による威嚇・扇動行為』を意味

する。

日本では、当初「憎悪表現」と直訳されたこともあって、単なる憎悪を表した表現や相手を非難する言葉一般のように誤解されている向きもあり、これが法規制論において混乱を招く原因にもなっているが、あくまで「社会的マイノリティに対する差別扇動的言動」という社会的事象を指す言葉である。

2 日本におけるヘイト・スピーチの歴史と実態

戦後、日本社会には根強く在日朝鮮（韓国）人に対する偏見・差別が存在し続けてきたが、2000年代に入り、インターネット上で極めて無責任かつ非常識な罵詈雑言の言葉が踊るようになり、それが在日朝鮮（韓国）人に対しても向けられるようになった。やがて、それらの誹謗中傷はエスカレートしていき、遂にはそれらの者たちがネットを通じて連絡を取り合い、現実の運動団体化をしていった（「在日特権を許さない市民の会（在特会）」等）。

2009（平成21）年12月から2010（平成22）年3月にかけて、在特会は京都朝鮮第一初級学校（小学校）に対して街宣活動をかけ、大音響マイクで「朝鮮学校を日本から叩き出せ」「北朝鮮のスパイ養成機関」「密入国の子孫」「朝鮮人は保健所で処分しろ」「不逞朝鮮人を監獄にぶち込め」等の罵詈雑言を浴びせた。

これらの行為に対し、2013（平成25）年10月7日に京都地裁判決は、「単なる不法行為ではなく人種差別撤廃条約の人種差別にあたる」と認定し、在特会に対し学校側への約1226万円の損害賠償と、半径200メートル以内の街宣等を禁止している。

この判決は、2014（平成26）年7月8日の控訴審判決でも維持され、同年在特会の上告が棄却され確定している。

また、2012（平成24）年6月にも、奈良水平社博物館での特別展示「コリアと日本」に対する在特会副会長の街宣活動について、奈良地裁で名誉毀損と認定され150万円の損害賠償が認定されている。

2012（平成24）年8月、東京・新大久保で排外主義デモが行われ、お散歩と称して商店街の中に入り込み、韓国系商店の看板を蹴り飛ばしたり、店員らを捕まえて「ゴキブリ」「殺すぞ」と怒鳴り、日本人客に対しても「こんなところで買うな」「売国奴」と罵る等の暴行・脅迫・営業妨害行為を行った。

また、2013（平成25）年2月～3月にも、同じく新大久保で同様のデモが行われ、「韓国人を絞め殺せ」「うじ虫韓国人を日本から叩き出せ」「朝鮮人は即刻東京湾へ叩き込みましょう」「良い韓国人も悪い韓国人もどちらも殺せ」等の罵詈雑言を在日朝鮮（韓国）人の人たちに浴びせた。

2013（平成25）年2月24日、大阪・鶴橋でも排外主義デモが行われ、「ゴキブリチョンコを日本から叩き出せ」「恥ずかしい民族が偉そうに息を吸うな」「在日朝鮮人は不法入国という犯罪者」「いつまでも調子に乗っとったら、南京大虐殺じゃなくて鶴橋大虐殺を実行しますよ（女子中学生の発言）」等の罵詈雑言を在日朝鮮（韓国）人の人たちに浴びせた。

これらの在日朝鮮（韓国）人の人たちへの集団的行動による罵詈雑言・誹謗中傷は、上記だけでなく日本中で今でも日々行われており、しかもこれらの情報はネットで拡散し、これに同調する者がむしろ増加している傾向がある。

3 ヘイト・スピーチによる「人権侵害」とは

このような、主に在日朝鮮（韓国）人の人たちへの集団的行動による罵詈雑言・誹謗中傷（ヘイト・スピーチ）は、特定の個人や施設が対象であれば、個別の身体・名誉・財産等の権利に対する侵害として、脅迫・強要・名誉棄損・侮辱・不法行為等の民事制裁あるいは刑事処罰も可能である（前述したように判例もある）。

しかし、不特定の「朝鮮人」「韓国人」という民族一般に対するヘイト・スピーチについては、現行法上は個別の被害・損害認定が困難なため、民事制裁や刑事処罰等の法的規制規定がなく、デモや集会等への行政的規制も、表現・言論の自由との関係で簡単ではない。

他方、不特定対象の形であっても、ヘイト・スピーチの標的とされた人たちは、自尊心が深く傷つき、更なる攻撃への恐怖に怯えトラウマとなり、自己喪失感と無力感に苛まれ（「魂の殺人」）、また近隣からも蔑みの目で見られる等、憲法14条の平等原則に反するのみならず、憲法13条で保障される「個人の尊厳」を著しく傷つけられている。それは、「人権侵害」以外の何物でもない。

国際条約的には、これらの言動は明らかに人種差別であり、世界中の国々で違法とされている行為である。

4　国際法上の規制

　国際人権規約の自由権規約第20条2項は、「差別、敵意または暴力の扇動となる国民的、人種的または宗教的憎悪の唱道は、法律で禁止する。」と定めており、日本は1979（昭和54）年にこれを批准している。

　人種差別撤廃条約（1964〔昭和39〕年12月国連総会採択）の第4条は、加盟国に対し、以下のように定めている。

　「締約国は、①人種的優越性や、皮膚の色や民族的出身を同じくする人々の集団の優越を説く思想・理論に基づいていたり、②いかなる形態であれ、人種的憎悪・差別を正当化したり助長しようとするあらゆる宣伝や団体を非難し、このような差別のあらゆる煽動・行為の根絶を目的とする迅速で積極的な措置をとることを約束する。このため、締約国は、世界人権宣言に具体化された原則と次条が明記する権利に留意し、特に次のことを行う。

(a)　①あらゆる人種的優越・憎悪に基づく思想の流布、②人種差別の煽動、③人種や皮膚の色、民族的出身の異なる人々に対するすべての暴力行為や、④暴力行為の扇動、⑤人種主義的活動に対する資金援助を含むいかなる援助の提供も、法律で処罰すべき違法行為であることを宣言する

(b)　人種差別を助長し、煽動する団体や宣伝活動（組織的なものも、そうでないものも）が違法であることを宣言し、禁止し、こうした団体や活動への参加が法律で処罰すべき違法行為であることを認める

(c)　国や地方の公の当局・機関が人種差別を助長しまたは煽動することを許さない」

　しかし、日本は、1995（平成7）年（条約成立後31年後）にようやく人種差別撤廃条約に加盟したものの、第4条の(a)と(b)の条項は留保（法的効果を排除または変更）したままである（条約加盟国176か国で留保は20か国のみ）。

　また、日本は、1979（昭和54）年に自由権規約を批准し、その20条によりヘイト・スピーチを禁止する法的義務を負っているが、その後35年以上も人種差別を一般的に禁止する法律すら制定して来なかった。

　国連の人種差別撤廃委員会は、このような状況の日本政府に対し、2001（平成13）年以降数回にわたり、人種差別撤廃条約第4条の完全実施と差別禁止法の制定を勧告しているが、日本政府は、「正当な言論までも不当に委縮させる危険を冒してまで処罰立法措置をとることを検討しなければならないほど、現在の日本が人種差別思想の流布や人種差別の煽動が行われている状況にあるとは考えていない。」「現行法で対処可能」「啓蒙等により、社会内で自発的に是正していくことが最も望ましい」と反論し、立法に消極的であり続けた。

　しかし、ようやく2016（平成28）年5月24日、国会でヘイト・スピーチ解消法（本邦外出身者に対する不当な差別的言動の解消に向けた取組の推進に関する法律）が成立した。「不当な差別的言動は許されないことを宣言」し、人権教育や啓発活動を通じて差別の解消に取り組むと定めた理念法で、ヘイト・スピーチを直接禁止したり罰則を設けておらず、また「本邦外出身者」「適法居住者」に保護の対象を絞っている点等、問題点や実効性に疑問の面もあるが、ヘイト・スピーチが人種差別に基づくものであり、許されるものではないことを法的に明らかにした点で大きな意味があり、ようやく我が国においてもヘイト・スピーチ対策の一歩が踏み出せたと言える。

　そして、この法律が成立した直後の2016（平成28）年6月2日、横浜地裁川崎支部で、申立てをした社会福祉法人から半径500メートル以内でのヘイト・スピーチデモを禁止する仮処分決定が出された。この決定では、5月に成立したヘイト・スピーチ解消法に言及し、ヘイト・スピーチデモを「人格権に対する違法な侵害行為に当たる」と認定して、さらに「その違法性が顕著であれば集会や表現の自由の保障の範囲外」とまで言及している。

5　ヘイト・スピーチに対する法規制の是非

　4で述べたとおり、日本においてもヘイト・スピーチ等の人種差別を違法とする基本法（ヘイト・スピーチ解消法）が出来たことは大きな前進であるが、日々の現実の中で起こっている主に在日朝鮮（韓国）人に対するヘイト・スピーチによる人権侵害の状況は、極めて酷い状況にあり、国際法的には日本はこれに対し具体的な法的規制をすべき立場にある。

　しかし他方、憲法学会や弁護士会内においては、ヘ

イト・スピーチの被害を認めつつも、法規制には、以下のような根強い慎重論がある。

① 一定の人々にとっていかに「不快」でも、権力が表現内容に基づいて「不快だから規制する」ことを認めることは、他の「悪い」表現、例えば政府批判を政府が法規制することに道を開いてしまう危険がある。

② 表現の自由は、法規制に弱い性格を有し、たいていの人は処罰される危険を冒してまで表現活動をせず、法規制が過度の自主規制を招く委縮効果の危険性がある。それを避けるには禁止される行為は何かを明確に示す必要があるが、ヘイト・スピーチの場合、その範囲の線引きが困難である。

③ 法規制は差別する人の心までは変えられないから、啓蒙や教育で対処すべき。

④ 法規制ではなく、対抗言論により解決するのが民主主義であり、表現内容に政府が介入することを許すのは民主主義を揺るがす。

確かに、「表現・言論の自由」に対する法規制には、権力による濫用の危険性が常に伴うものであり、特に刑事法的規制については、慎重な検討が必要であろう。

しかし、現在日本において行われているヘイト・スピーチは、もはや「不快」というレベルのものではなく、明らかなマイノリティに対する「人種差別」「人権侵害」であり、それらの言動で「個人の尊厳」を著しく傷つけられている人たちが、現に目の前に存在している。それなのに、法規制のリスクや規制対象選別の困難さを理由に、結果としてそれら現実の被害者の人たちに対し何も法的な救済をしないことが、基本的人権の擁護を使命とする弁護士として、許されることであろうか。

人種差別禁止に向けての啓蒙や対抗言論は確かに重要であるが、今現在攻撃されているマイノリティの人たちを救済する法的手段は別途考えられるべきである。また、聞く耳を持たない確信的な誹謗中傷者たちに対して、「思想の自由市場」での議論で悪質な言論は駆逐されるという理屈が成り立つかは疑問であるし、マイノリティ等の対抗言論が実際に社会的に保障されているかも疑問である。

6 弁護士会等での検討状況と問題意識

日弁連は、2015（平成27）年5月、国に対し「ヘイト・スピーチ等の人種的差別に関する実態調査を行うこと」「人種的差別禁止の理念並びに国及び地方公共団体が人種的差別撤廃に向けた施策を実行するに当たっての基本的枠組みを定める法律の制定を求めること」等を求めることを趣旨とした『人種等を理由とする差別の撤廃に向けた速やかな施策を求める意見書』を理事会で採択・決議し、ヘイト・スピーチが法的に許されないものであるという理念を明確に打ち出した。

東弁は、更に一歩踏み込んで、同年9月、『地方公共団体に対して人種差別を目的とする公共施設の利用許可申請に対する適切な措置を講ずることを求める意見書』と地方公共団体向けリーフレットを常議員会で採択・決議し、地方公共団体に対し一定の要件のもとでヘイト・スピーチ団体への公共施設利用を拒否することを求めている。

「表現・言論の自由」が最大限尊重されるべきことは当然であるが、人種的差別行為としてヘイト・スピーチが公然と行われている以上、現に傷つけられている被害者を救済し人権侵害を防ぐために、厳格な要件の下での濫用の危険のない法規制の在り方を、民事・刑事・行政の各面から検討することは必要である。我々法友会としても、今後ともその検討を進めてゆく。

第7部
東日本大震災等の大規模災害と弁護士

第1 東日本大震災等における被害状況と弁護士に課せられた使命及び復旧復興支援活動を行うに当たっての視点

1 東日本大震災・熊本地震の被害状況と弁護士に課せられた使命

　2011（平成23）年3月11日に発生した東日本大震災は、岩手県、宮城県、福島県といった東北地方の太平洋岸を中心とする広い地域において、死者15,894人、行方不明者2,557人（2016〔平成28〕年9月9日現在：警察庁まとめ）、建築物の全壊・半壊は40万戸以上、ピーク時の避難者は40万人以上、停電世帯は800万戸以上、断水世帯は180万戸以上という未曾有の被害をもたらし、震災後6年以上を経てもなお、避難生活を余儀なくされている被災者の数は84,000人（2017〔平成29〕年9月14日現在：復興庁まとめ）にものぼっている。この大震災は、我が国における観測史上最大のマグニチュード9.0という大地震に加えて、波高9m以上、最大遡上高40.1mにも上る大津波と、炉心溶融、水素爆発の発生等による大量の放射性物質の外部環境への放出（国際原子力事象評価尺度のレベル7〔深刻な事故〕に相当する。）という極めて重大な原子力事故（福島第一原子力発電所事故）を伴った複合的災害であるところ、とりわけ原子力発電所事故は、現在も事態が完全に収束するには至っていない。

　熊本県熊本地方で2016（平成28）年4月14日にマグニチュード6.5の地震が、16日にマグニチュード7.3の地震が発生した。この熊本地震では、いずれも最大震度7を記録し、震度6弱を上回る地震が計7回も観測された。直接死は50人、震災関連死は197人（2017〔平成29〕年9月13日時点）、避難者は18万3,000人を超えている（熊本県及び大分県両県で2017〔平成29〕年8月14日時点）。全半壊の建物は43,186棟にのぼる。また、2016（平成28）年12月22日、糸魚川市駅北大火災が発生し、焼失面積は約40,000㎡、負傷者17人に及んだ。

　我々弁護士は、これまでにも、1995（平成7）年1月17日発生の阪神・淡路大震災（兵庫県南部地震）や、2007（平成19）年7月16日発生の新潟県中越沖地震などにおいて、日弁連や各単位会として、あるいは個々の弁護士が、様々な形で災害復興に関わり、これを支援してきた。東日本大震災は、かつてのどの災害をも凌駕する甚大な被害をもたらしたものであり、とりわけ福島第一原子力発電所事故は、多くの識者からも「人災」であるとの評価がなされている。事故発生後の政府の対応の迷走、不手際は勿論のこと、東京電力及びこれまで原子力事業を推進してきた省庁、各種関係者、利益団体等の原子力事故に対する認識の甘さが、このような大惨事を引き起こしたというべきであって、これらはすべて、個々の市民の人権問題ということができるからである（なお、原発事故については「被災者」ではなく「被害者」との表現が正確というべきであるが、以下では被災者及び被害者の双方を指す場合は便宜上、「被災者」と表記する。）。

　我々弁護士は、東日本大震災をふくめ自然災害においても、一人一人が被災者の置かれた状況に真正面から向き合い、被災地の復興支援に取り組むべきである。その際、我々は、被災者が真に求めているものを、被災者の立場に立って把握するとともに、被災者に寄り添い、被災者の心の支えとなるよう努め、日本国憲法13条（幸福追求権）、同25条（生存権）が保障する基本的人権確保の見地から、被災者が喪失した生活基盤の回復、被災地経済・産業の復興への歩みを強力に後押しする必要がある。また、被災地の弁護士・弁護士会や行政機関、他分野の専門家、ボランティア等の民間団体、マスコミ、政治家等との一層緊密な連携と協働を基本に据えつつ、地域ごとに異なり、かつ、時間的経過とともに変化する法的ニーズを把握するよう、被災者の声なき声に常に耳を傾けながら、すべての被災者、とりわけ、障がい者、傷病者、高齢者、乳幼児・子ども、外国人、女性等、いわゆる災害弱者と呼ばれる人々に対して、適時に、漏れなく、必要にして十分な法的支援が行き渡るように、相応の覚悟を持って、様々な施策に積極果敢に取り組まなければならない。

　このような観点から、法友会は、原発事故被害者への適切な賠償の促進を始めとして、被災者の生活再建・事業再生の支援に取り組むことを目的として、震災直後の2011（平成23）年4月に東日本大震災復興支援特別委員会を設置し、以後、本年度に至るまで、毎年度同委員会を設置する決議を続けてきた。また、法友会は、東日本大震災発生直後から、被災者、被災地を支援する決意を度々表明し、様々な復興支援活動に

取り組んでいるし、毎年、年数回開催される総会において復興支援に関する様々な決議を行ってきた。2016（平成28）年7月9日の総会では、「東日本大震災・熊本地震被害からの復興支援宣言」を決議し、さらに、2016（平成28）年12月9日の総会において、「熊本大地震における被災者の住環境の支援等に関する意見書」と「熊本大地震についての災害援護資金貸付制度に関する意見書」を決議し、いずれも速やかに関係各機関に執行した。法友会は、大震災から6年以上が経過した現時点でも、東日本太平洋沿岸部の復旧・復興、原子力発電所事故被害の回復について、数多くの課題が残されていることを銘記し、さらに熊本地震による被災についても、引き続き被災者に寄り添い、被災者のために活動するという原点を忘れることなく、復興支援活動に最大限の尽力をする決意である。

2　復旧復興支援活動を行うに当たっての視点（被災者に寄り添うために）

(1) 被災者の中へ飛び込む

我々弁護士は、これまで、弁護士へのアクセス拡充という視点から、ひまわり基金公設事務所の設置や法テラス地方事務所、法律相談センターの開設など、長年にわたり、弁護士過疎・偏在の解消に向けたインフラ整備のために多大な努力をしてきた。しかし、東日本大震災では、被災が広範囲に及んでいる上、被災地域自体が、もともと弁護士数が少なく、かつ、住民の高齢化が進行し、移動手段も限られた過疎地域が多く、避難所、仮設住宅等における生活の不便や不都合も相まって、被災者の多くは、容易に弁護士にアクセスできない状況に置かれていた。

この点、被災者が容易に弁護士にアクセスできるようにするために、日弁連や被災地弁護士会等の尽力により、法テラスと連携し、宮城県南三陸町・山元町・東松島市、岩手県大槌町・大船渡市（法テラス気仙）、福島県二本松市・双葉郡に法テラスの出張所を新設するとともに、岩手県陸前高田市にいわて三陸ひまわり基金法律事務所を、福島県相馬市に原町ひまわり基金法律事務所を新設するなどして被災者に対する支援活動を展開してきた。引き続き、我々は、被災地弁護士会の活動に配慮しつつ、その活動を補充する意味で、被災地弁護士会の活動に対する後方支援や、被災者支援に尽力している既設の公設事務所や新設の公設事務所等の所属弁護士に対する援助、任期付公務員の派遣等について取り組んでいく必要がある。

加えて、被災者の中には他の都道府県に避難している者も多数存在しており、現在も東京都だけでも5,269人の被災者が避難していることを忘れてはならない（2017〔平成29〕年9月14日現在：復興庁まとめ）。そこで、我々は、被災地の各弁護士会・東京三弁護士会、社会福祉協議会を初めとするボランティア等の民間団体、メディア、政治家等と強固な協力関係を構築し、被災者のプライバシーに配慮しながらも、被災者支援に取り組む行政機関等と緊密な連携を図り、被災者の所在地を把握するなどして、弁護士の側から、被災者へ支援の手を差し伸べるべく積極的にアクセスを試みる必要がある（アウトリーチの手法）。

さらに、個々の被災者が生活を再建するためには、とりわけ住いの再建が必須といえる。被災者支援の制度として、「被災者生活再建支援金制度」や「災害援護資金貸付制度」が存在する。後者は使途が制限されず被災者の生活再建に資するものといえるが、いくつかの問題点がある。法友会は前記のとおり、2016（平成28）年12月9日「熊本地震についての災害援護資金貸付制度に関する意見書」において、同制度の利用の拡充策を提案した。現時点でも住いの再建が不十分な地域があり、復興の程度に地域によるバラつきが生じている。そのため、我々は、引き続き復興まちづくりのための知識の習得に努めるとともに、防災集団移転促進事業及び土地区画整理事業等が迅速・円滑に行われるように復興まちづくりに積極的に関与し、行政機関等への働きかけや必要な法改正等の提言等を行っていくべきである。

(2) 被災者の身になって

被災者に対する心のケアの必要性は、どんなに強調してもし過ぎることはないが、心のケアを必要とするのは、子どもや高齢者などの災害弱者にとどまるものではない。長期間にわたる避難生活や生活再建の見込みが立たない現状に、働き盛りの被災者までもが希望を見出すことができず、恒常的なストレス症状により身体と精神が蝕まれるといった事例が相当数報告されている。

我々には、今後とも、法律相談などを通じて、カウンセリング機能（心のケア）を大いに発揮することが期待されている。そのためには、法律家である前に、

一人の人間として、被災者の立場に身を置き、不安、恐怖、苦悩、悲しみ、不満に思いを寄せて、被災者の気持ちを想像し、これを理解し、これに共感する力が必要であることを肝に銘じなければならない。

(3) 被災者・被災地支援の担い手を作る

被災地における法的支援のニーズは多種多様であり、その数は膨大である。被災地の各弁護士会にかかる負担は甚大であり、また、一部会員の献身的な支援活動のみに依存することだけでは到底足りない。被災地の状況や、被災者の置かれた苛烈な状況に照らせば、我々すべての弁護士が何らかの形で法的支援に関わる必要があることは論を俟たない。

ただ、支援の意思はあるものの、その方法が分からない弁護士も少なからず存在し、それら弁護士の意思を実際の支援活動に結びつける方策や仕組作りをする必要もある。

また、福島第一原子力発電所事故に関する損害賠償問題、汚染廃棄物の最終処分場の設置遅れによる保管の長期化という問題等、被災者、被災地が抱える法的問題は複雑多岐にわたる。放射性物質の飛散が継続し、除染が完全とはいえない不安のなかで、政府は避難指示区域の一部について避難指示の解除と住民の帰還を急いでいるが、低線量被ばくへの不安に対する健康と心のケアなど「人間の復興」の視点でふるさとへの帰還問題を検討すべきである。実務家法曹としての我々に対しては、より専門的かつ実際的な法的支援の実践や、被災者が真に必要とする情報を確実に提供することが強く求められている。

法友会は、これまで法友会独自に、また東弁や東京三会に働きかけて多数の研修会や講演会を実施してきたが、今後も継続的かつ専門性のある研修会や講演会を実施するなどして研修体制の充実を図り、被災者、被災地支援の担い手を多数育成するよう努め、また、これと同時に、すべての弁護士に対して、被災地の状況・支援への参加方法・関連する制度等に関する情報を不断に更新しながら発信を継続して、できるだけ多くの弁護士の参加意欲を高めるための努力をする必要がある。

(4) 将来の災害への対応を

東日本大震災の発生後、被災地単位会だけではなく日弁連・東京三会・東弁等に東日本大震災の対策本部や今後の災害に備えて震災対応の委員会が設置され、種々の有益な活動を行っている。法友会においても、今後の災害対策等に対応するためのPTを委員会内に設置して各種活動を行っているが、このような活動は今後も不断に継続していく必要がある。さらに、福島第一原発事故については放射性物質汚染対処特別措置法が制定・施行されたが、除染費用の負担問題や新たな原発事故には対応できるように法整備にも取り組まなければならない。

第2 住いの再建について

1 住いの再建についての各事業の概況

「復興まちづくり」は、産業や商店街の再生、住いや公共施設、医療施設等の再建、地域コミュニティの再構築など、いくつかの要素から構成されているが、個々の被災地住民の生活再建のためには、産業の復興等による職の確保とともに、とりわけ住いの再建が必要不可欠である。また、住いの再建は、地域コミュニティの再構築とも不可分の関係にある。地域コミュニティの維持は住民の共助が維持されるということでもあり、また、被災者の孤立の防止につながることが期待できる。

しかしながら、東日本大震災においては、住いの再建が大幅に遅れている。これは、津波被災地において、将来起こりうる津波への対策のために、住宅地を高台に移転すること、また、従前の土地に盛土をした上で住宅地を造成するといった方法が採られたために、住宅地の整備に多大な労力と時間を費やさざるをえなくなったことが、その一因である。

現在、津波被災地の復興まちづくり、とりわけ住いの再建に関しては、集団で高台に移転する防災集団移転促進事業、土地区画整理事業及び災害公営住宅整備事業が中心的制度として利用されている（なお、その他、漁業集落防災機能強化事業〔36地区〕、津波復興拠点整備事業〔24地区〕、市街地再開発事業も主として利用されるべき制度として位置づけられ、利用されているが、以下では、論述の便宜上、前記3事業を中

心に述べることとする。）。

復興庁によると、2017（平成29）年6月末時点で、防災集団移転促進事業は予定されている333地区すべてについて法定手続が終了し、332地区について工事が着手され、うち312地区について工事が完成し、戸数ベースでみると93％の住戸用土地の造成が完成している。また、土地区画整理事業は予定されている50地区のすべてについて工事が着手されたが、うち17地区・戸数ベースで53％の住戸用土地の造成が完成しているにとどまる。

土地区画整理事業では高台に移転するわけではないから、津波対策としては対象地域内において住宅をできるだけ高地に配置するとともに、盛土による土地の嵩上げにより対処することになる。加えて防潮堤（防潮堤を補完する防波堤、河口部の水門等を含む。）の建設も合わせて実施されることが多い。

一方、防災集団移転促進事業では十分な高さの土地に移転しさえすれば、津波被害の防止のためには有効な対応策となり得る。しかし、集団移転の目的地として相応しい高台の土地が十分にあるわけではないため、用地確保の点に困難があり、また高台移転は利便性等を犠牲にする側面もあるため、現状では大規模な住宅数の防災を防災集団移転促進事業だけで実現することは困難である。

また、資力その他の理由から自宅を再建しない被災者のために、約3万戸の災害公営住宅の建築が計画されているが（宮城県約16,000戸、岩手県約6,000戸、福島県約7,600戸）、災害公営住宅は、津波被害を防止できる高台等に建築されることが多いため、用地確保の困難性は同様に障害になっており、震災から6年が経過した2017（平成29）年6月末時点で、ようやく完成戸数は計画戸数の約85％である約26,000戸に達した（なお、2017〔平成29〕年6月末時点で用地確保済みの割合は98％となっている。）。そのため復興計画の見直しの動きも出ているが、その背景には後記の復旧・復興の遅れによる人口流出がある。

2 用地取得の迅速化の必要性と国の対応

高台移転や災害公営住宅の建設、防潮堤や防災道路等の建設のための用地確保については、相続手続が未処理だったり、権利者が所在不明であったり、あるいは境界が不明確である等の問題を抱える土地が多数あることから、復興まちづくり事業の重大な障害となってきた。復興まちづくりが遅れることによって、不自由の多い仮設住宅暮らしが続くと人々が疲弊するだけでなく、被災地からの人口流出や防災集団移転促進事業等からの離脱など、様々な問題が発生する。

復興事業の遅れを踏まえて、国（復興庁）は、2013（平成25）年2月に復興大臣の下に関係省庁の局長級を構成員とする「住宅再建・復興まちづくりの加速化のためのタスクフォース」を立ち上げ、「住宅再建・復興まちづくりの加速化措置」として、2013（平成25）年3月発表の第1弾から2014（平成26）年5月発表の第5弾までの措置、及び2015（平成27）年1月発表の総合対策の措置等に基づき様々な施策を実行してきた。その中で、用地取得の迅速化に関しては、財産管理制度（不在者財産管理人制度及び相続財産管理人制度）の手続の迅速化・円滑化、土地収用制度の手続の迅速化、権利者調査や用地交渉の補償コンサルタント等への外注の促進、司法書士の非常勤職員としての採用等の措置が講じてきた。

しかしながら、これらの措置はいずれも既存の制度を前提としたものであり、一定の効果はあったものの、用地取得の進行は全体に遅れ気味である。また、被災地自治体においては取得の困難な土地を避けて事業計画を立案する傾向が強いが、これは適切な復興まちづくりを実現する上では決して望ましいことではない。

このため、2013（平成25）年7月に東北弁護士会連合会が「被災地の復興を促進するため、新たな法制度及び制度の改正・改善を求める決議」を行い、被災地域における相続手続未処理の不動産を迅速に自治体が購入できるようにする特別法の立法を提言した。また、2013（平成25）年11月には岩手県が岩手弁護士会との共同研究案として、土地収用法の特別法ともいうべき特例法を制定し、特に公共性の高い復興整備事業について「被災自治体が特例措置適用を決定し、第三者機関が算定した損失補償金見積額を予納することにより復興工事事業に着手できる」制度の創設を提言した。法友会においても、被災地訪問等を通じた研究成果を踏まえて、2014（平成26）年3月に当該各提言を速やかに実現すべきとの意見書を決議して関係各機関に執行した。同様に、日弁連においても、同月19日、同趣旨の「復興事業用地の確保に係る特例措置を求める意見書」を公表した。

このような働きかけを受けて、国会は、2014（平成26）年4月に東日本大震災復興特別区域法の一部を改正し、土地収用法の収用適格事業の拡大（集団防災移転事業につき収用適用要件を50戸以上から5戸以上に緩和）や、土地収用手続の迅速化・簡易化等の立法措置を講じ、改正法は2014（平成26）年5月1日から施行された。

しかし、この制度は、岩手県や弁護士会が提言していた立法案に比べて部分的限定的な内容にとどまっており、現在までのところ利用された実例は少ない。

3 更なる立法の必要性について

以上のとおり、国は、遅ればせながら、土地収用法の特例という既存の法律の枠組みの中での部分的立法措置を実施した。しかしながら、岩手県をはじめとする被災自治体が、国に対し、相続関係の処理等について特例法の制定ないし超法規的措置を度々要望する事態を招いており、今回の国の立法措置は、被災自治体の期待に十分に応えていないことが明らかになった。

岩手県や地元弁護士会等が提言するように、土地収用制度を全面的に修正した内容の特例法の制定が望まれるところであるが、さらに進んで、土地収用だけでなく、復興用地の任意取得を容易化するためにも、相続手続未了の土地についての立法的手当てがなされるべきである。

すなわち、被災地には、相続手続が未処理の土地が数多く存在している。数世代に亘って相続登記がなされていない土地の中には相続人が百人を超えるものもある。相続人が多数の事案では、相続人全員の同意を取りつけるのが困難であるばかりか、そもそも相続人全員を見つけることすらできない場合もある。このような土地を収用あるいは任意取得するためには、極めて多大な労力と時間を要し、被災自治体の担当者の大きな負担となったため、多くの事業においては、このような土地を避けて復興用地の選定が行われた。

前記のとおり、震災から5年が経過した時点で、住宅再建事業のための用地取得は90％台に達しているものの、用地を確保するためだけにこれだけの期間がかかり、なおかつ未だ100％には達していないこと、また、取得に困難性のある土地を避けて事業が計画されたため、必ずしも最善の事業計画が立案できなかったことは大きな反省点である。

災害大国と評される我が国では、今後も南海トラフ地震を始めとして大規模な地震や津波被害の発生が予想されているが、今回の被災地に限らず、相続登記未了の土地が広範に存在することを踏まえると、相続手続の促進措置だけでなく早期に抜本的な立法的解決を図っておかないと、今後発生する大災害においても今回と同様の深刻な状況が長期間にわたり発生してしまうことは必至である。

この点につき、東北弁護士会連合会は、前記2013（平成25）年7月の決議において、有価証券についての公示制度に類似する制度を創設し、被災地の不動産について、届出のあった権利者のみの意思によって売却できること、売却代金は供託し、相続人間での相続財産の分割が終結したときに供託金を分配することとする等の特別法の検討を提案している。

また、日本商工会議所は、2014（平成26）年2月に、「東日本大震災から2年、被災地の本格復興に向け取組みの加速化を」と題して国に対する要望を行い、その中で、事業用地の円滑な確保の促進に関し、一部の相続人の存在が判明している場合においても、相続財産管理人を活用し土地等の処分を可能とする特例措置を講じることを提案しているが、共同相続において生死不明ないし所在不明の相続人がいる場合には、利害関係人又は検察官の請求により相続財産管理人を選任できる改正等も検討されてしかるべきである（於保不二雄「共同相続における遺産の管理」家族法体系Ⅶ104頁参照）。

ついては、国は、これらの提案も参照しつつ、速やかに相続登記未了の土地に関する立法検討作業に着手すべきである。

4 仮設住宅について

いわゆる「仮設住宅」は、正式には「応急仮設住宅」といい、災害救助法に基づき原則2年（ただし、東日本大震災に関しては、現在に至るまで原則的に延長されている）を目途として被災者に供与される住宅である（以下、便宜的に「応急仮設住宅」を「仮設住宅」という。）。

東日本大震災においては、約53,000戸の仮設住宅が建設され、震災から6年以上が経過した2017（平成29）年4月現在でも、約15,500戸の仮設住宅に、約30,800名の被災者が入居している（復興庁2017〔平成29〕年8

月8日「復興の現状」)。

　自宅に住めなくなった被災地の住民は、避難所→仮設住宅→自宅再建又は災害公営住宅あるいは賃貸住宅入居、と住いを変更していくことが想定されているが、復興まちづくりの進行状況を踏まえると、今後も、相当期間にわたって仮設住宅住いを余儀なくされる住民が多数発生することが予測される。

　仮設住宅については、用地確保の困難性や建築業者の対応能力の問題等から建築完了までに相当な期間がかかり、住民は長期間の避難所生活を強いられた。また、完成した仮設住宅についても、寒さ対策を初めとして様々な不備があり、人の住いとして不十分なものであった。度々の追加工事の結果、住環境が改善されてきたとはいえ、簡易な建物であるため、依然として冬季の底冷えは厳しく、また、住民の従来の住居に比べて狭く、近隣の音も伝わり易く、災害にも脆弱である。加えて堅牢な造りとなっていないため、建築から6年経過したことによる様々な劣化が報告されている。さらに、仮設住宅は学校の校庭に建築されている例も多いため、生徒らの運動やクラブ活動に支障をきたしている現状にある。ついては、復興まちづくりを加速して、極力早期に生徒らが自由に校庭を利用できる状態に戻すべきあるし、その一方で、長期間の継続が想定される仮設住宅の住環境の改善に引き続き努める必要がある。

　また、ハード面の改善だけでなく、仮設住宅のコミュニティにおいては、グループ化、孤立化が進行し、人間関係のトラブルや孤独死などの問題が発生していることが報告されており、良好な人間関係を形成、維持するためのソフト面での工夫もなされる必要がある。

　さらに最近は、住宅再建の進行により仮設住宅から退去する住民も増え、仮設住宅の集約やそれに伴う仮設住宅から仮設住宅への転居等が問題となっており、定住住宅確保の促進と支援が必要であるが、さらに、比較的資力のある住民が早期に退去していくなどして、住民間の格差から生じる問題も指摘されている。

　また、東日本大震災においては、仮設住宅を建築するためのコストや仮設住宅を建築するために時間がかかることも踏まえて、民間賃貸住宅を利用した、「みなし仮設住宅」制度が活用された結果、仮設住宅(応急仮設住宅)を上回る約54,000戸もの利用があった。

　みなし仮設住宅においては、被災者は自らのニーズに応じて住宅を探すことが可能であり、しかも仮設住宅(応急仮設住宅)に比べて住宅性能も高い場合が多い等のメリットがある。自治体の側でも、用地確保や仮設住宅建築等の労力がかからず(ただし、賃貸借契約や審査等の事務作業が大量に発生した。)、仮設住宅確保のペースも大幅に迅速化することができた。

　他方で、みなし仮設住宅に入居した場合、他の被災者との交流が乏しいなど、孤立化する危険性は十分にあり、また契約更新が確実とは言えないなど(このため、契約が更新されなかったみなし仮設住宅から他の仮設住宅に移転する事例も発生した。)、いくつかの問題点も指摘されており、対策が求められる。

　なお、福島県による福島第一原発事故の自主避難者に対する借り上げ住宅などの無償提供は、2017(平成29)年3月をもって終了した。自主避難者の住宅確保に困難が生じていないかについて、注視していく必要がある。

　我々弁護士も、仮設住宅の住民の状況については今後も常に目配りを怠らず、適時適切な提言を行う等して支援を行っていくべきである。

5　今後の住宅再建制度の充実に向けて

　住いの再建が進まない根本的な理由の一つとして、多くの被災者が、住宅再建に必要な資金を用意することができないという現実があることも否定できない。

　現行の被災者生活再建支援法では、全壊した住宅について新たな住宅を建設・購入する場合、最大で300万円(住宅被害に対する基礎支援金100万円、住宅の建設・購入に対する加算支援金200万円)を支給することが定められている(他に、多くの自治体が独自の支援金を支給している。)。

　しかしながら、東日本大震災における被災地は、都市部と比較して経済的に余裕のない地域が多く、また、盛土工事や住宅建設の急激な増加により住宅建設・購入の費用が高騰した経緯もあり、住いの再建を断念せざるを得なかった被災者が多数に上った(なお、2年で取り壊されることが予定されている仮設住宅には、会計検査院の調査で一戸あたり628万円とされる公費が投入されている。また、災害公営住宅は、用地取得の費用も含めた建設費用が大きくかかる上に、そのランニング・コストも数十年単位で発生することになる。)。

このような現状を踏まえれば、現行の被災者生活再建支援法は大きな見直しが迫られていると言うべきであり、法友会も、2016（平成28）年12月9日に決議した「熊本大地震における被災者の住環境の支援等に関する意見書」においても指摘したところである。我々弁護士は、被災地の現実を見据えて、この分野に関する研究を続け、立法提言等に尽力すべきであろう。

第3 在宅被災者の実情と今後の支援の在り方について

1 在宅被災者の存在

東日本大震災では、津波により数多くの住宅が滅失し又は損傷を受けた。かかる被害を受けた被災者の多くは、被災直後から避難所での避難生活を送ることとなった。その後、順次仮設住宅やみなし仮設住宅（以下、「仮設住宅等」という。）での生活を開始し、今日では自力再建や災害公営住宅への転居、借家住まいへ移行するなどして、仮設住宅居住者も徐々に減少する傾向にあり、住環境が改善された被災者もいる。

その一方で、住宅に大規模な損傷を受け、全・半壊しているにもかかわらず、そのまま又は応急修理を施しただけの住宅に居住し続けることを余儀なくされた「在宅被災者」と呼ばれる被災者が数多く存在する。

在宅被災者は、①避難所が満員で避難所に入れなかった、②避難所に入れたものの、「家が残った人は戻るべき」という避難所の雰囲気から自宅に戻らざるを得なくなった、③高齢者や障がい者、要介護者、ペット等を抱えていることから、自宅に留まらざるを得なかったなど、様々な事情に起因して生じたものである。

このような在宅被災者が相当数存在することは明らかであるが、これまでに公の機関により具体的な調査や統計があまり取られていないことから、明確な数は判明しておらず、その全体像が把握できていないのが現状である。

2 在宅被災者と他の被災者との支援の格差

避難所での避難生活や仮設住宅等での居住を開始した被災者については、東日本大震災発生直後から行政がその実態や生活状況の把握に努め、各種支援が実施されてきた。また、民間ボランティアによる支援についても、主に仮設住宅等に居住する被災者に対して行われた。

一方で、在宅被災者については、2011（平成23）年3月下旬に厚生労働省から自治体宛に、在宅で暮らす被災者であってもライフラインが途絶していて食料確保が困難な場合には避難所にいる被災者と同様に支援するようにとの通知が発出されたにもかかわらず、在宅被災者の把握ができなかったことや支援のマンパワーが足りないこと、さらには「避難所に来ることが食料支援の前提である」「浸水地域で暮らすこと自体、防災上望ましくない」などの考え方に基づき、多くの自治体において積極的な対応がなされなかった。

その結果、在宅被災者は避難所に届いた食料その他の物資を支給してもらえず、食料確保にも事欠く状況が続くこととなり、避難所に避難していた者と在宅被災者との間で、支援格差が生じていた。

その後も、在宅被災者は要支援被災者として明確に認識されず、その実態が行政によって把握されなかったことから、行政による支援の対象とならず、在宅被災者を対象とした医療・福祉関係者による見守り活動等が十分に実施されることはなかった。日本赤十字社からの「生活家電6点セット（洗濯機、冷蔵庫、テレビ、炊飯器、電子レンジ、電気ポットの6点）」も、仮設住宅及びみなし仮設住宅の居住者にのみ支給され、在宅被災者には支給されることはなく、一部の者が民間ボランティアからの支援を受けるにとどまり、避難所や仮設住宅等に居住する被災者と比較して、支援の格差はますます大きくなった。

3 在宅被災者の実情

在宅被災者のなかには、震災から6年半以上経過しているにもかかわらず、今なお電気、ガス、水道などのライフラインすらままならない劣悪な住環境に身を置くことを余儀なくされている者がいる。

また、在宅被災者は、津波で大半の住宅が消滅した地域内にまばらに残った住宅に居住しているケースが多く、地域での共助が望めない状況のもとで不安を抱えたままの孤立した生活が続いている。さらに、様々

な支援の情報が十分に行き届かず、各種支援制度の認識・理解が不十分であり、本来であれば享受できるはずの支援が受けられずにいる在宅被災者も見受けられる。

加えて、在宅被災者には高齢者世帯が多数存在するところ、低年金で日常生活にも困窮し、資金面の問題から住宅の修繕にまで手が回らず、修繕の見通しが全く立っていない人も少なくない。「災害救助法に基づく応急修理制度を利用すると仮設住宅に入居できない」とか、「被災者生活再建支援法に基づく被災者生活再建支援制度を利用すると災害公営住宅に入居できない」などという運用をしている自治体が少なからず存在することから、いったん在宅被災者となってしまった者は、在宅被災者として固定され、現状から脱却することができないという問題も存する。

4 今後の在宅被災者支援の在り方について

在宅被災者について、2011（平成23）年6月に災害対策基本法が改正され、第86条の7に「災害応急対策責任者は、やむを得ない理由により避難所に滞在することができない被災者に対しても、必要な生活関連物資の配布、保健医療サービスの提供、情報の提供その他これらの者の生活環境の整備に必要な措置を講ずるよう努めなければならない。」との規定が置かれ、在宅被災者の存在が公式に認知され、今後の災害発生時における在宅被災者への支援の必要性が明記されるに至った。

しかしながら、先述したとおり、これまでに東日本大震災により生じた在宅被災者に関する具体的な調査や統計はあまり取られていないために、在宅被災者の実態が把握されておらず、要支援被災者として十分に認識されていない。これこそが在宅被災者をめぐる問題の原点である。したがって、まず在宅被災者の生活状況等について実態調査を実施し、在宅被災者が抱えている問題を行政において十分に把握することが不可欠であり、これが問題解決へ向けた出発点となる。

そして、その実態を把握した上で、実態に即した相談支援、精神的なケア、生活支援、サポート体制の構築、平時の医療・福祉・介護等一般施策への橋渡しの強化等の施策が早急に検討され、実施されるべきである。また、これに伴い、医療や福祉、介護等の関係者、在宅被災者への支援活動を行っている民間団体などと連携して、情報の共有化、集約化を可能とする仕組みを構築することが望まれる。

加えて、「避難所から仮設、災害公営住宅」という単線型のルートから外れると支援の枠組みからこぼれ落ちやすくなる現状を改善し、在宅被災者に対して、応急修理制度や被災者生活再建支援制度の利用を勧めたり、生活状況等を考慮して災害公営住宅への入居を勧めたりといった支援、そして、住居再建支援制度を上積みしてより充実した支援を可能とすることにより、在宅被災者が現在置かれている劣悪な住環境から脱却し、人として享受すべき生活環境を得るための機会を付与すべきである。

この点、宮城県石巻市では、在宅被災者の実態を把握すべく戸別訪問による調査を実施し、その調査結果を踏まえ、市が委嘱した自立生活支援員による訪問型の積極的な支援を行うこととした。また、地区民生委員や支援団体、その他の関係機関等と連携して在宅被災者が孤立せずに行政とのつながりを保てるよう配慮するとともに、社会福祉士等の自立生活支援専門家等の助言や他の専門職につなぐ枠組みを整備して支援することとしており（2017〔平成29〕年6月に「石巻市被災者自立再建促進プログラム」を策定。）、今後の在宅被災者支援の在り方として、大いに参考になろう。

5 今後の大規模災害に向けて

我が国は地震大国であり、遠くない将来において、首都直下地震や東海地震、南海トラフ地震などの巨大地震の発生が予測されている。

今後の大規模災害に備え、東日本大震災における在宅被災者の問題を教訓として、避難所の設置計画の確認や再整備を行うことにより、災害時に支援を要する被災者が全・半壊した住宅に戻らざるを得ない状況となることを極力防止するための措置を、地域を問わず早期に講じておくべきである。加えて、特に首都直下地震など、人口密集地域が災害の中心地となった場合には、避難所の収容可能人数を大幅に上回る要支援被災者が生じ、多くの被災者が自宅での避難を余儀なくされることが予想される。そのため、避難所等に避難する被災者のみならず、在宅被災者も含めた被災者の所在に関する情報を集約する仕組みを予め整えておくべきであり、かつ、かかる集約した情報に基づき、被災者間の格差がなく、在宅被災者にまで支援が速やか

に行き届くような仕組みの構築が不可欠である。

また、人口密集地域での災害の場合、被災者の数や用地確保等の問題から仮設住宅を必要な戸数だけ用意できず、被災した住宅を修繕する方向での生活再建を図らざるを得ないという状況も想定されよう。住宅の修繕が途上のままとならないように、予め地震保険への加入を促進したり、住宅再建制度を拡充したりすることにより、かような状況に備えておく必要性も高い。

ところで、東日本大震災後における被災者支援の内容は、避難所に避難しているのか、在宅なのか、という問題のみならず、自宅の損壊の程度が罹災証明書に記載されている「全壊・大規模半壊・半壊・一部損壊」という評価にも連動して大きな差異が生じている。

しかしながら、支援の内容について、在宅か否かは勿論、自宅の損壊の程度のみにより差異を生じさせることには合理性を見出し難い。法友会は、2016（平成28）年12月9日に決議した「熊本大地震における被災者の住環境の支援等に関する意見書」の意見の趣旨において、①熊本地震の被災者の住環境の整備・支援を実施するにあたっては、既存の地域コミュニティ及び住宅が維持されるよう、住宅解体費及び仮設住宅に関連する費用に充てる予算の一部を財源として住宅が損壊した被災者に対して住宅修繕費を支給する等の施策を内容とする立法措置等を講じるべきであること、②熊本地震によって重大な損傷を被った住宅での避難生活を余儀なくされている被災者の状況を調査し、その実態を把握するとともに、当該被災者に関する調査結果を共有する仕組みを構築し、当該被災者が支援の枠組みから外れることなく、実態に即した支援が受けられる施策を講じるべきであることを指摘し、関係各機関に執行している。自宅の損壊の程度が大きくなれば被災者の被った損害も比例して大きくなること自体は否定するものではないが、被災者が被災を原因として負ったダメージは、自宅の損壊の程度以外の要素も大きく影響するものである。被災者支援の内容は、自宅の損壊の程度に加えて、世帯の人数や、職を失うなどの生活状況の変化、心身の障がいの有無、年金生活者か否か、貧困世帯かどうかなどきめ細やかな判断基準に基づき、被災者の状況に応じた支援を可能とすべきである。そして、在宅被災者を含め、支援を必要としている被災者に適切に行き届くような施策を講じておくことが望まれる。

第4　個人の二重ローン問題について

1　被災ローン減免制度の導入とその現状
(1)　二重ローン問題の重要性

災害大国というべき我が国においては、地震、津波、集中豪雨や台風、噴火などの自然災害により生活基盤である居住用不動産や事業用資産を失ったにもかかわらず、住宅ローンや事業用借入などの既往債務が残ってしまう状態に陥る人が大量に発生する事態が生じる。既往債務を抱える被災者が住居や事業を再建するためには、新たにローンを組む必要があるが、そうすると被災者としては二重にローンを支払わざるを得なくなり、過重な負担を背負い込むことになる。

また、既往債務を抱える状態では、そもそも新たな借入れ自体が受けにくく、結果として生活や事業の再建に支障を来すことになる。このような事態を放置すれば、被災者の生活の悪化と被災地からの人口流出や産業の衰退を招き、被災地復興の大きな阻害要因になってしまう。

このような問題は、「二重ローン問題」と呼ばれ、過去の災害の際にしばしば課題として指摘されてきたが、なんらの立法的解決がなされないまま、1999（平成7）年の阪神・淡路大震災を迎えてしまい、多くの被災者が二重ローン問題に苦しんだ苦い経験があるが、東日本大震災から6年を経過し、復興庁の活動報告の中においても二重ローン問題はほとんど触れられなくなってしまっている。しかし、二重ローン問題は今なお人間の復興を阻む重大問題であることは明らかであるところ、新たに2015（平成27）年12月に全国銀行協会によって「自然災害による被災者の債務整理に関するガイドライン」（以下、「新ガイドライン」という。）が策定された。そのような中、東日本大震災からの復興が道半ばの2016（平成28）年4月14日、同16日に熊本地震が発生した。

前記新ガイドラインが熊本地震の被災者に適切に運用されるために、東日本大震災における二重ローン問

題を議論することの意義は決して小さくない。そこで、東日本大震災における二重ローン問題、そして、熊本地震における被災地弁護士会による新ガイドラインの利用状況、及び、当会の政策提言について述べる。

(2) 被災ローン減免制度の導入と現状

東日本大震災においては、政府は2011（平成23）年6月に「二重債務問題に対する対応方針」を取り纏め、この方針に従って個人被災者を対象とした個人版私的整理ガイドライン（以下、「被災ローン減免制度」という。）が制定されるとともに一般社団法人個人版私的整理ガイドライン運営委員会が設置され、震災発生から5カ月強経過した2011（平成23）年8月22日からその運用が開始された。被災ローン減免制度は、我が国初の二重ローン問題に対応する画期的な制度であったが、次項で述べるとおり、残念ながら十分には成果を上げていない。

この制度は、私的整理の枠組み内でガイドラインに従って震災前の債務を減免することで被災者の生活再建を支援する制度であるが、債務者にとっては、原則として保証人への請求がなくなること、債務の減免を受けたことが信用情報機関に登録されないこと、制度利用に必要な書類作成等を登録専門家である弁護士に無償で支援してもらえることなどのメリットがあるし、金融機関等の債権者にとっても、本ガイドラインを適用して債権放棄した場合、無税償却できるものとされ、債務整理の進展に寄与することが期待された。

運用開始当初は抑制的な運用が問題視されたが、数度にわたる運用変更によって改善が図られ、また、義援金、生活再建支援金等を差押禁止財産とする特別法も制定され、同制度上もこれらが返済原資から除外されることとなり、被災者の保護が図られた。

しかし、運用開始から2016（平成28）年10月21日に至るまでの約5年間のガイドライン運営委員会への相談件数は5,721件にとどまり、しかも、債務整理の成立件数は1,350件しかない。また、震災直後の2011（平成23）年5月に支払停止をしている債務者は14,083件（うち住宅ローンは6,664件）であったが、2012（平成24）年7月末には、僅か1,158件（うち、住宅ローンは619件）を残すのみとなっておる。これは、発災から2012（平成24）年7月末までの14ヶ月の間に13,000件近くの債務者（住宅ローンは6,000件以上）が返済を開始していることを意味する。そして、金融庁の発表によると、金融機関と返済期限延長等の条件変更に個別に応じた債務者数は、2014（平成26）年10月末時点で33,612件・債権額1兆7,859億円（うち住宅ローンは10,552件・債権額1,538億円、1件あたり平均1,500万円）に上っている。以上の数字には、巨大な住宅ローン債権者である住宅金融支援機構（旧住宅金融公庫）の債権額が含まれていないため、これを含めればさらに件数、債権額ともに増大する。さらに、支払停止や条件変更の合意を行わないまま無理をして約定通りの返済を続けている被災者も相当数いるものと思われることから、二重ローン問題に苦しんでいる被災者は相当な数に及んでいることが推測される。

2 被災ローン減免制度の利用が進まなかった原因と運用改善の必要性

上記の通り、被災ローン減免制度は当初期待された程に利用されているとはいい難い。最近でみても、2016（平成28）年4月8日時点までの債務整理成立案件は1,347件であったところ、同年10月21日時点では1,350件で、6か月で僅か3件の成立にとどまっている。

同制度の利用が低調な理由として、以下の点が指摘されている。

(1) 制度の周知不足及び金融機関による条件変更契約締結（リスケジュール）の進行

被災者に対する制度の周知が不十分だった一方で、金融機関が弁済が困難な債務者に対して積極的にリスケジュールを働きかけたため、被災債務者の多くが同制度の説明を十分に受けることのないまま金融機関とのリスケジュールに応じてしまった。このため、被災債務者の多くについて被災ローン減免制度の利用要件（いわゆる支払不能要件）を満たさなくなってしまうとともに、被災ローン減免制度を使えば債務者の手元に残すことが可能であった自由財産や義援金、生活再建支援金等も返済原資に充てられるという事態が多発してしまった。

このような状況に対し、被災地弁護士会や日弁連が同制度の周知徹底を求めた結果、金融庁は、ようやく2012（平成24）年7月24日付で金融機関に対し、被災ローン減免制度の積極的利用を求める通知を発し、同通知後はガイドライン運営委員会等も同制度の広報・周知に積極的に取り組んだ。しかし、それまでにすでに多くの事例でリスケジュールが行われてしまってい

たこともあり、その後も期待したほど利用件数は増加しなかった。

(2) 申出要件及びその運用が厳格に過ぎたこと

被災ローン減免制度の申出要件として、破産ないし民事再生と同様の、被災者が現時点で支払不能ないし近い将来のそれが確実であることという厳格な要件（いわゆる支払不能要件）が求められており、かつ、とりわけ初期段階においてこの要件に関連して破産手続きを念頭に置いた厳格な制度運用がなされたため（例えば仮設住宅入居者は住居費の負担がないことを理由にこの制度の利用ができない等の運用がなされた。）、被災者の間で被災ローン減免制度は利用しづらい制度であるとの評価が流布、定着してしまった。

(3) 全債権者の同意が必要とされたこと

ガイドラインによる債務の減免を含めた弁済計画の成立には、住宅ローン等の債権者を含めた全債権者の同意が必要とされているため、一部の債権者の反対により計画の成立が阻害されたり、また運営委員会が過度に債権者の意向を尊重するなどの傾向が見られた。そのため、被災債務者の立場に立った弾力的な運用が困難であった。

(4) 運営委員会において被災者の状況把握等が適切になされなかったこと

運営委員会の主な構成員に被災地で活動する弁護士が含まれておらず、また、ガイドラインの運用上、債務者本人との面談等を積極的に行うことが重要であるところ、運営委員会の本部・支部が東京や県庁所在地に設置され、主な被災地である沿岸部には出張所なども置かれなかったことから、債務者本人との面談等も十分になされず、全般に被災者の状況把握等が適切になされなかった。

(5) 地縁関係を原因とする制度利用への躊躇及び弁護士過疎

地元金融機関や農協・漁協といった日頃の生活と密着した金融機関からの借入れについては、債務者側としても制度利用後の関係維持や新たな借入れ等に支障を及ぼすことや風評等を懸念して、制度利用を躊躇する傾向が見られた。また、被災地においては、司法過疎地における共通の問題として、法的問題についてまず弁護士に相談するという意識が一般的とはいえないことも要因として指摘されている。

3 熊本地震における二重ローン問題

(1) 新ガイドライン策定

金融業界等では、今後の大災害における個人の二重ローン問題については東日本大震災と同様にガイドラインによる対応を採用することとし、全国銀行協会は2015（平成27）年9月2日付で「自然災害による被災者の債務整理に関するガイドライン研究会」を発足させ、「全国各地で自然災害が発生した場合に、被災者の自助努力による生活や事業の再建を支援するための取組みとして、被災した個人債務者の債務整理に関する新たな準則について検討」（全銀協ウェブサイト）し、その成果として、2016年（平成28年）12月に、最終的な解決に特定調停制度を利用することとした新ガイドラインを策定した。

同研究会の委員には金融機関の管理職等の他、日弁連の事務次長も含む複数の弁護士も就任し、さらにオブザーバーとして最高裁や法務省その他の関係官庁等も参加していることから、新ガイドラインは個人被災者の二重ローン問題について重要な意味を有することになると期待されている。

しかし、同研究会には被災地で実際に債務整理や復興支援に携わった弁護士が参加していないため東日本大震災における二重ローン問題の教訓を十分に生かせないのではないかという懸念もあった。この点、仙台弁護士会は、2015（平成27）年9月9日付「自然災害による被災者の債務整理に関するガイドライン研究会に対する要望書」と題する会長声明において、ガイドライン策定にあたっては被災地弁護士ないし弁護士会の経験が適切に反映されるよう求めたが、実現はしなかった。今後同ガイドラインの改正等がなされる際には、是非取り入れられるべき意見である。

(2) 新ガイドライン策定後初の大規模自然災害（熊本地震）

こうして策定された新ガイドラインは、2016年（平成28）4月以降の災害救助法の適用を受けた自然災害により被災した債務者に限り適用されるため、東日本大震災の被災者には適用がなく、熊本地震の被災者が初めて適用を受けることとなった。

そして、上記の通り、東日本大震災では被災ローン減免制度が十分周知されなかったために被災者が個別に金融機関とリスケジュールに応じてしまったことが二重ローン問題を深刻化させる一因となった反省を踏

まえ、熊本県弁護士会では、岩手県弁護士会等の協力を得ながら、地震発生からわずか1週間後に「熊本弁護士会ニュース」（くま弁ニュース）を各避難所に配布し、新ガイドラインの紹介のほか、各種生活情報を被災者に迅速に提供した。

さらに、熊本県弁護士会は、金融機関との合同での相談会、研修会の開催等を通じて、新ガイドラインの周知徹底のみならず、積極的な新ガイドラインの利用を呼び掛けている。すなわち、東日本大震災の際には、金融機関によってガイドラインの利用が事実上制限されてしまっていたことから、それを避けるために、熊本県の弁護士らは、「支払不能要件」が厳格（住宅ローン年間返済額と住居費用の合計が年収の40％以上でないと返済不能と判断されない運用がなされている。）でありながらも、「まずはとりあえず新ガイドラインによる債務整理を申立て、その後の調査で要件を満たさないことが明らかになった被災者は申立てを取り下げる」という運用を開始した。

このように、被災地弁護士会による周知活動と積極的な利用が効を奏し、発災後の早い時期から新ガイドラインの利用が開始されている。

しかし、2017年（平成29年）6月末時点で登録専門家に手続支援を委嘱した件数は692件で、債務整理成立件数は83件にとどまる（一般社団法人自然災害被災者債務整理ガイドライン運営機関のWEBページ http://www.dgl.or.jp/utilization/）。こうした債務整理成立件数が伸び悩む背景には、審査に必要な書類の作成や収集に時間がかかること、減免が認められる基準が複雑で、審査に時間を要すること、複数の金融機関の合意形成に時間を要していることがあると言われている。

新ガイドラインの内容が被災者の実情に適合し運用が適切に行われなければ、被災者の救済、人間の復興にはつながらない。当会としては、内容の当否の検証と、運用が適切になされ、債務整理が「公正衡平を旨とし、透明性」を尊重して行われているかを注視しつつ、被災者を支援する必要がある。

4　今後の大規模災害に対する立法的対応の必要性

上記の通り、被災減免ローン制度は十分に機能していないし、新ガイドラインが制定されたものの、調停条項案に対する債権者である金融機関による異議に特段の規制はなく、専ら各金融機関の自主的自立的な判断に委ねられていることからすれば（新ガイドライン「はじめに」）、今後も発生する大規模災害によって生じる個人被災者の二重ローン問題に対し、災害発生前に立法による抜本的対策を講じておくことが必要不可欠である。

この点につき、仙台弁護士会は、2014（平成26）年11月13日付「二重ローン問題対策に関する立法措置を求める意見書」において、個人向け債権買取機構の設立を国に求めた。これは次項で述べるとおり、中小企業の二重ローン問題解決のために導入された債権買取制度が一定の成果を上げたことから、中小企業ほど複雑ではない個人被災者の二重ローン問題においても、債権買取制度はより大きな成果を上げ得ると期待されるからである。

これを受けて法友会も、2015（平成27）年7月11日の総会で、個人向け債権買取機構を迅速に設立し、同機関の周知徹底を図ることを提案する「二重ローン問題解決のための立法措置を求める意見書」を決議して関係各機関に執行したが、同意見書では、金融機関が主導するリスケジュールが行われたことが二重ローン問題の解決を困難にした反省を踏まえ、金融機関に対し発災後の一定期間について支払猶予を義務付けるなどの対応を検討することも提案している。

このような動きを受けて、日弁連も、2015（平成27）年11月19日付で「災害時の二重ローン問題対策の立法化を求める意見書」を採択して、国に対し、債権買取機構及び専門のADR機関の設置について速やかな立法措置をとることを求めるとともに、これらの制度が創設されるまでの経過措置として、東日本大震災における上記ガイドラインを東日本大震災以外の災害にも特定調停手続を通じて活用しうるよう、一般準則化することを求めている。

5　まとめ

このように、新ガイドラインの制定自体は決して批判されるべきことではなく（日弁連の意見書においても、債権買取機構やADR機関の設置までの経過措置としてガイドラインの一般準則化を求めている。）、我々は新ガイドラインがよりよいものとなるよう働きかけていくべきであるが、その一方で、新ガイドライ

んだけで被災者救済が十分に図れるかは、なお疑問であるため、引き続き債権買取機構設置の恒久法の制定に向け、研究及び提言等を粘り強く継続していく必要がある。

第5 被災中小企業の支援体制の強化（二重ローン問題）

1 中小企業支援の重要性と法的支援

被災者の自立的再建、被災地の真の復興のためには、これまで長年にわたり被災地経済と地元コミュニティを支えてきた被災中小企業の立て直しが焦眉の課題であり、被災中小企業の支援に関しては十分な取り組みが必要不可欠である。その意味で、被災中小企業の再建なくして、被災地の復興はあり得ないとすら言うことができる。

しかし、実際には、被災中小企業の法的ニーズの裾野は広いものの、弁護士に相談されないまま適切な対応ができていない事例が多数存在する。日弁連では中小企業の法的ニーズに対応すべく、ひまわり中小企業センターを設置して活動しているが、今後も、中小企業庁や被災地の商工会議所、商工会等との連携を深めながらこれを拡充・発展させる必要がある。また、ひまわりホットダイヤルの周知徹底を図るよう努め、中小企業に対して適切な情報提供を行うとともに、中小企業の法的ニーズを的確に捉えて、これに応えていかなければならない。

そして、個人の被災者の場合と同様、復興庁がほとんど取り上げなくなった中小企業の二重ローン問題は、今もなお、事業再建のために解決しなければならない重大問題である。未だ再建の途上にある東日本大震災の被災企業に加え、熊本地震で被災した企業の事業再建を実現するためには、なお東日本大震災での二重ローン問題を検証する必要があろう。以下では、東日本大震災において国がとった中小企業支援策とその問題点、そして、熊本地震での支援策、及び、当会の政策提言について述べることとする。

2 国が東日本大震災でとった中小企業支援策（中小企業の二重ローン問題）

(1) 二重ローン問題の重要性

中小企業支援の重要性は上記の通りであるが、いわゆる「二重ローン問題」が中小企業の再建の重大な支障となっている。すなわち、地震、津波などの自然災害により事業用資産を失った中小企業は、その事業を再建するために新たにローンを組む必要があるが、当該企業は既往債務と新たな債務について二重にローンを支払わざるを得なくなり、過重な負担を背負うことになる。また、既往債務の存在が新規融資の際の返済能力の評価に影響し、新規借り入れによる事業資金の確保自体が困難となる事例も多い。

こうした二重ローン問題が、中小企業の再建の重大な支障となり、地元産業の復興が遅れ、雇用も確保できず、被災地からの人口流出や産業の衰退を招いている一因となっている。

(2) 産業復興機構と事業者再生支援機構の設立

そこで、経済産業省及び復興庁は、中小企業の二重ローン問題に対処すべく、それぞれが主導して、二つの債権買取機関を設立した。

まず、経済産業省（中小企業庁）が主導して、県や地域金融機関等との共同出資により投資事業有限責任組合の形態の「産業復興機構（通称）」が岩手県、宮城県、福島県、茨城県、千葉県に設立され、同機構が金融機関の中小企業に対する債権を買い取り、買取後一定期間の元利金の返済猶予や債権放棄を行うことによって、被災企業の再建を支援することとなった。これまでに債権買取が決定した件数は、岩手県107件、宮城県141件、福島県45件、その他36件（2016〔平成28〕年9月30日現在、中小企業庁まとめ）と、平成27年9月からは岩手県が5件増、宮城県が8件増、福島県が3件増となっているが、現在では利用が伸び悩んでいる。

復興庁が主導したのは、小規模事業者（資本金5億円未満の事業者及び従業員1,000人未満の事業者）を対象とする株式会社東日本大震災事業者再生支援機構（以下、「再生支援機構」という。）で、震災発生の翌年の2012（平成24）年2月に設立された。再生支援機構は、債権買取に加え、出資や保証業務といった支援業務も行っている。2016（平成28）年10月6日までに支援決定は700件なされ、そのうち債権買取を含むも

のは667件、一部債務免除を含むものは483件、債務免除額は総額543億円に及んでいる。再生支援機構により支援決定がなされた案件のうち、債権買取による支援が有効であると判断された事例は9割を超えており（95％）、今なお中小企業における二重ローン問題の解決に効果を発揮している。

2017年（平成29年）9月上旬の記者会見で、復興相は再生支援機構設立の根拠法となる東日本大震災事業者再生支援機構法の支援決定を行う期間を再延長する法改正を同月下旬の臨時国会で実現したいとの意向を示したが、同月28日の衆議院解散によって実現が困難となった。選挙後の迅速な成立が望まれる。

(3) 支援要件の厳格さ

上記のとおり、二つの機構は一定の成果を上げているものの、被災規模からみて件数は必ずしも多いとまではいえない。その要因は、支援決定や債権買取の要件が厳格であることにある。

件数の多い再生支援機構を例にして説明すると、再生支援機構の支援要件（一般的要件）のうち最も重要かつ厳格なのは、「再生可能性」の要件である。平成24年内閣府等の告示第1号によると、再生可能性については以下の要件が定められた。すなわち、再生支援機構からの支援を受けるには、①政令に定めた地域で事業を行っている事業者で、「事業再生が見込まれるもの」であることが必要となるが、更にいくつかの要件を全て満たす必要がある。例えば、❶スポンサー等が事業再生に必要な資金の貸付又は出資を行うことが見込まれること、❷一定期間内に黒字化（5年以内に営業損益が黒字化）するなど、事業の業績が好転すること、❸支援決定時の債権評価額（清算時の評価）が、事業再生計画実施後の債権評価額を下回らないと見込まれること、❹支援決定予定日から15年以内に、再生支援機構が買い取った債権や実施した出資を処分できる見込みがあること（事業者にメインバンクから再融資を受けさせて買取債権の返済に充てさせることや、再生支援機構が取得した株式をメインバンク等のスポンサーに買い取らせることなどを念頭に置いている。）が必要とされている。

そして、債権買取による支援をする場合、再生支援機構は、支援決定を行った後、直ちに金融機関等に対し3カ月以内の再生支援機構が定める期間内に債権の買取を申込むか否かの回答を求め、申込期間が経過した場合、又は申込期間満了前であっても全ての金融機関の申し込みがあった場合には、再生支援機構は、各申し込みに対して債権の買取を行うか否かの決定を行う。

しかし、買取を行うには、さらに、②金融機関等から買取申込があった債権のうち、買取が可能と見込まれる債権の合計額が一定以上であること（必要債権額）、③買取価格が適正な時価を上回らないものであることも必要で、そのため、いかに金融機関から適正価格での債権買取りの同意を得るかが重要になる。

また、産業復興機構による支援を受けるためにも、「再生可能性があること」が必要とされており、再生支援機構と類似の厳格な要件が定められている。

このように、両機構は多額の公的資金や金融機関からの資本提供を受けていることもあり、厳格な要件を課しているが、中小企業の再建が地域経済の復興のために不可欠であることを踏まえると、その要件はもう少し緩やかに設定、運用されるべきである。

(4) 機構の並立による問題点

また、両機構はいずれも被災企業の支援を目的として設立され、かつ、債権買取による支援が支援の中心的態様とされているため、機能が類似している。こうした機能が類似した機関が並立することは、利用者を混乱させ、また、利用要件の複雑さ、厳格さと相まって、利用を躊躇させる一因となってしまいかねない。

したがって、制度の統一化が検討されるべきであるし、また、我々弁護士も、両機構の制度を理解して被災企業に対し適切に助言していくことが不可欠である。

3 熊本地震で国がとった中小企業支援策（中小企業の二重ローン問題）

(1) 中小企業の二重ローン問題

被災者の二重ローン問題については、上記の通り、東日本大震災の経験から新ガイドラインの利用によって発災後の早期から迅速な対応が可能となった。

しかし、被災した中小企業の事業再建はグループ補助金や自治体による特別融資などの新規貸付が注目され、二重ローン問題については東日本大震災のときほど議論されていない。中小企業の事業再建の重要性は先に述べたとおりであるから、やはり熊本地震においても事業再建における二重ローン問題の重要性は変わりはないであろう。

(2) 債権買取機構の設立

東日本大震災の際には、上記の通り産業復興機構と事業者再生支援機構の2制度が設立された。

しかし、熊本地震では、再生支援機構のような立法的措置による債権買取機構の設立はなく、地域経済の再建を目的として、東日本大震災以前の2009（平成21）年10月14日に株式会社企業再生支援機構法に基づいて設立された株式会社企業再生支援機構（ETIC）を前身とする株式会社地域経済活性化支援機構（REV-IC）が、いわゆる二重ローン問題への対応を含む過剰債務の解消、必要資金の提供や人的支援を行うことで当該地域の事業者の再生支援を円滑に実現することを目的として、地域金融機関等と連携して2016（平成28）年7月29日付で「熊本地震事業再生支援投資事業有限責任組合」（設立時ファンド総額23億2,500万円）及び「九州広域復興支援有限責任組合」（ファンド総額116億9,000万円）の各ファンドを設立し、債権（個人保証付債権も含む）の買取業務や再生計画の策定支援等を行っている。

現在のところ、これら以外に債権買取機構の設立は見られない。規模の点から、今後これらの各ファンドが中小企業の二重ローン問題解決にどの程度効果を発揮するかは不明だが、東日本大震災で一定の成果を上げた債権買取方式による解決スキームを踏襲するものとして、期待したい。もっとも、熊本地震からの復興に国を挙げて取り組み、今後発生する大規模震災に備えるためには、立法による恒久的な債権買取機関の設立も引き続き模索すべきである。

4　弁護士会の取るべき活動

以上の点を踏まえ、我々弁護士は、研修や相談体制の整備、拡充などを通じて、実践的な支援活動を行っていくとともに、国や関係機関に対して、①東日本大震災に対応する両機構を統一して利用者のニーズに添ったワンストップサービスを実現すること、②支援要件を緩和して、被災企業が支援を受けやすくすること、③今後発生する大規模災害に対応するための恒久法の制定を行うこと等を提言していく必要がある。

第6　原子力損害賠償の問題解決に向けて

1　原子力損害賠償に係る紛争解決状況

福島第一原子力発電所事故（以下、「本件原発事故」という。）に起因する原子力損害賠償紛争案件は、数万件から場合によっては数10万件を超えるといわれている。かかる紛争案件解決のための方法としては大別して、①東京電力株式会社（以下、「東京電力」という。）に対する直接請求（本賠償手続）、②原子力損害賠償紛争解決センター（以下、「センター」という。）による和解仲介手続、及び③裁判所を利用する通常の訴訟手続が存在する。

東京電力による本賠償の実施状況については、2017（平成29）年9月22日現在、政府による避難指示区域等からの避難者（個人）に対して約926,000件（累計数。なお請求件数は約1,031,000件）で合計約2兆9,757億円（2016〔平成28〕年と比較して2,092億円の増加）、個人（自主的避難等に係る損害）に対して約1,295,000件（累計数。なお請求件数は約1,308,000件）で合計3,537億円（2016〔平成28〕年と比較して1億円の増加）、法人・個人事業主などに対して約398,000件（累計数。なお請求件数は約462,000件）で合計4兆0,627億円（2016〔平成28〕年と比較して8,957億円の増加）となっている（同日付、東京電力発表資料「賠償金のお支払い状況～原子力損害賠償のご請求・お支払い等実績」）。

センターにおける和解仲介手続の実施状況は、2016（平成28）年12月末日現在、申立件数は累計で18,610件、これに対する既済件数は15,864件、既済件数の内和解成立件数は13,212件となっている（ただし、「集合立件」が前提となっている）。申立件数の年度別推移をみると、521件、4,542件、4,091件、5,217件、4,239件、2,794件である。このように2012（平成24）年から4年連続4,000件を超えていた申立件数が2016（平成28）年になり大きく減少している。しかし、他方で仲介委員の指名から和解案の提示までの期間は、2015（平成27）年が平均4.6ヶ月であったのが、2016（平成28）年は平均6.1ヶ月と若干長期化している（2017〔平成29〕年3月付原子力損害賠償紛争解決センター「原子力損害賠償紛争解決センター活動状況報告書～平成28年における状況について～（概括報告と総括）」）。こ

れは本件原発事故発生から6年余を経過して、賠償の実現が進むとともに避難指示が解除された区域が広がる等、原発被災者の被害状況は変化し、個別的な差が大きなものになっており、より被災者の個別的事情を考慮した審理が必要になっていることを示唆するものとみるべきであろう。また、原子力損害賠償には、後述するさまざまな問題が存在することから、弁護士が原子力損害賠償に関する紛争の公正な解決のために関与する必要性は高い状況が続いているものといえる。

2 原子力損害賠償に関する訴訟

本件原発事故発生後から原子力損害賠償に関しては、原発被災者が種々の損害につき被害回復を求めて訴訟を提起しており、既に幾つかの裁判所の判断も示されている（福島地判平27・9・15〔判例秘書登載〕、京都地判平28・2・18〔判例秘書登載〕、東京地判平28・5・25判タ1432・149など）。

そして、全国各地で審理されているいわゆる「福島原発避難者集団訴訟」のうち、集団訴訟としては全国で最初に判決が出たのが群馬訴訟の第1審の集団訴訟である（前橋地判平29・3・17判時2339・14）。この判決の特徴は、①国には東京電力株式会社に対する規制権限を怠った違法があることを理由に、福島第1原発事故により福島県内から福島県外に避難した原告らに対する損害賠償責任を認めたこと、②相当因果関係の有無を判断するに当たっては、生活の本拠を移転した原告の原発事故当時の生活の本拠、特にその生活において被ばくすると想定される放射線量が、原発事故によって相当なものへと高まったかどうかや、年齢、性別、職業、避難に至った時期及び経緯等の事情並びに当該移転者が接した情報の下において、当該居住地の移転が、原発事故との関係で相当といえるかどうかについて個別に検討することが適切であるとしたこと、③避難を余儀なくされた原告らの被侵害利益を自己実現に向けた自己決定権を中核とした人格としての生活平穏権であり、その内実として放射性物質によって汚染されていない環境において生活し放射線被ばくへの恐怖不安にさらされない利益等を含むものであることを認めたことである。

この群馬訴訟の判決に続いて、2017（平成29）年9月22日には千葉訴訟の判決、2017（平成29）年10月10日には福島訴訟の判決が出された。今後も、全国各地の集団訴訟について判決が出ることになるが、これらの判決で示される判断は、これまでの原子力損害賠償の大部分を占めた本賠償、センターでの和解とは異なり、国の責任の有無が示される他、東京電力株式会社の責任の内容についても、行政による避難指示及びこれを前提とした中間指針に拘束されないものになる。そのため、原子力損害賠償の責任のあり方について、これまでとは異なる判断が示される可能性があり、注視していく必要がある。

3 原子力損害賠償に関する情報収集の重要性

センターにおける和解仲介の手続き及び裁判所における訴訟を遂行するに当たり、原子力損害賠償についての深い理解と先例の知識獲得が弁護士に求められている。しかしながら、個々の弁護士がすべての裁判例や文献を読みこなすことは困難である。そこで、原子力損害賠償に関係するこれまでの裁判例、文献（書籍・雑誌）、インターネット上の情報を分かりやすく整理したアーカイブ（記録を保存しておく場所）が必要である。そこで、法友会では、原子力損害賠償文献集をホームページにアップロードして会員のみならず、すべての関係者に公開していく。

4 健康被害についての継続的な調査・罹患者への支援の必要性

福島県の発表によれば、2017（平成29）年2月20日の時点で、東京電力福島第一原発事故当時18歳以下だった約38万人を対象にして実施されている県民健康調査の甲状腺検査の結果、がんの疑いがあると診断された人は合計185人、その後、手術の結果、がんであることが確定した人は合計145人になった。

このように甲状腺がんの罹患統計などから推定される有病数に比べて数十倍の比率で多く甲状腺がんが発見されていることについて、福島県県民健康調査検討委員会は、被ばく線量がチェルノブイリ事故と比べて総じて小さいとされていること、地域別の発見率に大きな差がないこと等から、総合的に判断して本件原発事故による被ばくの影響とは考えにくいと評価している。

しかし、本件原発事故直後の被ばく量について正確なデータは無いので、被ばく線量がチェルノブイリ事

故と比べて総じて小さいとされていることは、被ばくの影響を否定するのに説得的でない。チェルノブイリ事故においてもWHOが事故後の小児甲状腺がんの多発と事故との因果関係を認めたのは事故から20年後のことであったことに鑑みると、今後も本件原発事故と検査の結果、多く甲状腺がんが発見されていることとの因果関係について継続した調査、研究が必要であると考えられる。

また、本件原発事故との因果関係の問題とは関係無く、検査の結果、甲状腺がんに罹患したことが明らかになった者の心身の負担を考慮すると、罹患者に対する行政による支援が必要である。

5 営業損害賠償を一時金の支払で打ち切ることに反対を続ける

法友会は、旅行総会の決議等に基づき、2015（平成27）年7月11日付で、以下の通り意見書を関係諸機関に送付した。国は、2015（平成27）年6月12日に『原子力災害からの福島復興の加速に向けて』を改訂する閣議決定を行い、これを受けて東京電力株式会社は、農林漁業以外の法人及び個人事業主の営業損害を年間逸失利益の2倍相当額を一括払いした上で、やむを得ない特段の事情により損害の継続が余儀なくされ、事故と相当因果関係が認められる損害が、今回の賠償額を超過した場合には、自立支援施策の利用状況等も踏まえ、個別事情ある場合のみ賠償するとの対応を打ち出した。しかし、現在の状況を見る限り、年間逸失利益の2倍相当額を東京電力株式会社が支払ったとしても、被災事業者が従前と同等の営業が可能となる保証はなく、その中で中間指針第二次追補を前提として『事業拠点の移転や転業等の努力』の立証を求めることは損害賠償の打ち切りに等しいと言わざるを得ず不当である。したがって、国は、原発事故により顧客を失ったとみられる小売業や飲食業等の事業再開・転業の支援を継続しつつ、それらが明らかな進展を遂げるまでの間、従来と同様に『事業拠点の移転や転業等の努力』の立証を要することなくその営業損害の賠償を行うよう東京電力株式会社に対して指導すべきである。

しかしながら、国の方針はその後も変更されることはなかった。そして、東京電力は国の方針を受けて営業損害の賠償請求書類を被害者に送付した。しかも、実際の賠償の内容は、年間逸失利益の認定が以前よりさらに厳しくなり、実質的には1年分程度の損害賠償にとどまっているケースが相次いでいる（「【特集】営業損害賠償の問題点」政経東北平成29年7月号）。

事故前に存在した地域コミュニティーが失われたため、地域住民を顧客にしていた多くの小規模事業者の生活再建が未だ困難な状況で、このような事実上の営業損害の打ち切りがなされることは適当でなく、前記意見書の内容が実現するように引き続き被害の支援に取り組まなければならない。

6 旧緊急時避難準備区域の不動産損害賠償を実現させることを求める

法友会は、2017（平成29）年7月8日の旅行総会で「旧緊急時避難準備区域の不動産損害賠償について、具体的な算定基準を策定することにより公平・公正な損害賠償を実現させることを求める決議」を行った。本件原発事故による避難指示区域の不動産の損害については、基本的に原子力損害賠償紛争審査会の策定した一定の算定基準に基づき、本賠償ないしセンターにおける和解によって賠償が図られているが、「緊急時避難準備区域」については、他の地域と同様の被害を被っていると考えられるにもかかわらず、不動産損害賠償についての具体的な算定基準が定められていないため、東京電力による損害賠償が実現されていない。このような不公平を解消するため、原子力損害賠償紛争審査会に対し、緊急時避難準備区域についても2012年（平成24）年3月16日付「東京電力株式会社福島第一、第二原子力発電所事故による原子力損害の範囲の判定等に関する中間 指針第二次追補（政府による避難区域等の見直し等に係る損害について）」に準じた不動産賠償の具体的な算定基準を定め、東京電力による公平・公正な損害賠償を実現させることを求めるというものであり、今後、この意見書の内容が実現されるように取り組んでいく。

第7 災害関連死等間接被害の問題

1 災害関連死認定の不均衡

災害弔慰金の支給等に関する法律に基づき、災害により死亡した者の遺族に対して災害弔慰金が支給される（同法第3条）。この「災害により死亡した」（以下、「災害関連死」という。）との認定を受けた者について、東日本大震災では被災地の県レベルで不均衡がある。すなわち、岩手県で463人、宮城県で926人、福島県で2,147人（2017〔平成29〕年3月31日現在：復興庁まとめ）である。震災相談等の現場からは、この不均衡の要因として、①認定基準の不統一、②制度の周知不足、③災害関連死の審査について市町村による県の審査会への委託の有無、④委員の構成等が挙げられている。

実際、宮城県においては、震災から6ヵ月以上後に死亡した者についての申請が著しく少ないことが指摘された。これは新潟中越沖地震の時の運用基準（いわゆる長岡基準：震災から6ヵ月以上経過後の死亡は災害関連死でないと推定する）を形式的に援用したためと思われるが、災害関連死であるかどうかは震災から死亡までの期間（例えば6ヵ月以内）で形式的に判断されてはならない。したがって、長岡基準を形式的に運用し、認定上の不均衡が生じて救われるべき人が救われていないとすれば、重大な問題といわざるを得ない。

2 改善のための方策

(1) 認定基準の明確化・制度周知

救われるべき人が救われるために、国は、自治体から関連死の審査事例を集約した事例集を作成して、認定基準の明確化と適用事例を紹介するとともに、自治体との間で情報を共有し、さらに住民に向けて公表することが必要かつ有効である。

認定基準で重要な点は、「災害と死亡との間に災害がなければその時期に死亡することはなかった」と認められること（相当因果関係）であり、この要件と具体例を広報することが求められる。

(2) 審査委員会の問題点の解消

岩手県において災害関連死の認定率が低い理由として、審査業務を県の審査委員会に委託していることが指摘された。県の審査委員会のメンバーに、被災地の状況、仮設住宅入居者に生じている問題等前提知識に乏しい者がおり、認定申請書に記載のない当然の情報を加えて判断することが困難だったからではないかと推測された。宮城県では、自前の審査会を持たず県の審査委員会に審査を委託している市町村では、申請件数は著しく低かった。

また、審査委員の構成についても、医師はその職務の性質上死亡の主たる原因の究明及び認定に大きな力を発揮するところ、法律判断である相当因果関係の判断は、法律の専門家である弁護士が担当するのがふさわしく、審査委員には弁護士を多く選任すべきである。

以上の状況を踏まえ、単位会は、被災地の市町村に対しては県に審査業務を安易に委託しないよう働きかけるとともに、審査委員における弁護士委員の割合を増やすように主張すべきである。もちろん、それに対応すべく、弁護士会は人材養成のための研修を行い、適切な人材提供に努めなければならない。

3 災害弔慰金の算定の問題

災害関連死と認定されると、死亡した者が主たる生計維持者の場合は500万円、そうでない場合は250万円の災害弔慰金が遺族に支給されることになっているが、東日本大震災においては、遺族に103万円以上の収入がある場合には、一律に、死亡者は主たる生計維持者と認められないという運用がなされていた。

しかしながら、生活実態を全く考慮することなく、上記の基準のみで主たる生計維持者か否かを判断することは不合理である。このような運用により、被災地では、生存配偶者が、自らが働いて収入を得たことで亡くなった配偶者の命の価値を低下させてしまったと考え、苦しんだという事例も存在した。

法友会では、上記収入基準だけで死亡者が主たる生計者か否かを判断する運用は速やかに改めるべきとの意見を述べてきた。この点、国が、熊本地震以来、死亡者が主たる生計維持者か否かを上記収入基準のみによって判断する運用を改め、「生計を主として維持していた場合」の取扱いを「世帯の生活実態等を考慮し、収入額の比較を行うなどにより市町村において状況を確認し、死亡者が死亡当時において、その死亡に関し災害弔慰金を受けることができることとなる者の生計を主として維持していた場合か、その他の場合かを判

断する」と変更する通知を発したことは評価できる（2016〔平成28〕年6月1日付内閣府政防第700号）。

しかしながら、従前の運用については、かねてより問題点が指摘されていたものであり、国は、東日本大震災に遡って新たな運用を適用すべきである。

4 熊本地震における災害関連死認定

熊本地震では、直接死が50人程度であったが、災害関連死認定数は189人である（2017〔平成29〕年8月末現在）。

熊本県が一応の災害関連死認定のための審査基準と審査方法を策定し、これをもとに各自治体が修正を加えて審査を行うことになり、熊本市、八代市等6市町村が審査委員会を単独に設置し、益城町、西原村等14市町村が共同で審査会を設置した。熊本市の審査委員会は弁護士2名、医師3名からなっている。東日本大震災での反省を踏まえ、熊本地震では災害関連死の認定審査にも工夫を凝らしたと評価できる。しかし、入院患者の災害関連死の多さは問題である。災害弱者のための対策を平時から行うことが欠かせない。

5 自殺予防

東日本大震災後、避難後の仮設住宅において、または、原発事故からの避難先において、自殺した事例があった。熊本地震でも被災後のストレスによる自殺者が16人に及ぶ（2017〔平成29〕年8月末現在）。生活環境が激変し、生活再建への見通しが立たないことも一因と思われる。筑波大等が行った原発事故で福島県から茨城県に避難した者へのアンケート調査（2016〔平成28〕年末時点）では、310人の回答者のうち、「最近30日以内に自殺したいと思ったことがある人が20％に上った」とのことである（2017〔平成29〕年9月25日日経新聞朝刊）。時間が経過したから被災者に不安はないなどと軽々に判断することなく、心の面からも支援を継続することが重要である。

第8 首都圏における災害対策

1 災害対策の必要性・重要性

今後30年以内に7割の確率で首都圏に影響を及ぼすマグニチュード7クラスの地震が発生すると言われて久しく、発生した場合、最大の被害想定で建物倒壊や火災での死者が2万3,000人、避難所生活者が460万人と言われている。2016（平成28）年12月に発生した糸魚川大規模火災では、木造住宅密集地域（いわゆる木密地域）における失火による延焼の危険性があらためて明確となった。東弁としてかかる事態を想定した防災・減災対策と発災後の準備を進めておかなければならない。

2 東京における防災対策

(1) 平時における防災

2004（平成16）年に東京三会が他の専門家職能団体等に呼びかけ、「災害復興まちづくり支援機構」が創設された。この機構は、東京都と協力関係を構築している、防災まちづくりだけでなく災害が発生した場合には東京三会が同機構と協力して各種相談事業や復興まちづくり事業等を行うことになっているが、我々は、引き続き同機構の活動の充実・強化を支援していく必要がある。熊本地震や糸魚川大規模火災における地元単位会での活動に鑑みれば、発災時の時点における機敏な対応が重要であることは明らかである。

また、被災者に対して必要な情報を速やかに提供するほか、災害弱者をはじめ都内全域の被災者のための相談体制や紛争解決のための震災ADRを準備しなければならない。

災害対策として、平時に備えを十分に行うことも重要である。地区防災計画や地域防災計画作りに関心を持ち、計画策定に関わることやコミュニティにおける災害対策を支援することのほか、発災を想定した訓練の実施が欠かせない。危機意識・危機管理を忘れないための広報活動、大きな視点での平時の災害対策として、自治体との連携、社会福祉協議会との連携、企業やボランティア団体との連携を深めることが重要である。

(2) 東京弁護士会災害対策基金の活用

東京を襲う地震等が発生した場合、被災者数は東日本大震災を上回ることが予想される。東弁は、被災者

支援、復旧支援活動を支えるための活動資金として、また、会員が重大な被害を被った場合に、会員やその家族の支援のため、2016（平成28）年9月、東京弁護士会災害対策基金（以下、「災害基金」という。）を創設した。そして、同年11月2日開催の臨時総会において、東京弁護士会災害基金創設に伴う災害基金特別会計（以下、「災害基金特別会計」という。）に2億円の組み入れが承認された。

東京周辺で大震災が発生すれば甚大な被害が予想されている状況のもと、このような活動資金を用意することにより、大規模災害発生時に、適時かつ適切な支援活動が可能となる。また、東日本大震災や熊本地震における法律相談需要や震災ADRの利用実績や東京における被害想定と東京弁護士会の会員規模に鑑みれば、2億円という基金の規模は相当である。したがって、同基金創設は評価すべきである。

なお、基金創設後の支出実績として2016（平成28）年度に糸魚川大規模火災が発生した新潟県弁護士会に対して見舞金として50万円が支出された。

3　今後の課題

東京三会では災害対策マニュアルが存在するが、十分に周知されているとはいえないし、内容も机上のものといえる部分があり、改訂と周知が急務である。また、東京三会の会員は近隣他県に居住している会員が多く、近隣単位会との協力関係の形成も求められる。

被災者の法律相談としては、23区の多くの区では、各区にある地元法曹会が相談活動の担い手になることが想定されている。そうであるならば、東京三会は各区の地元法曹会と連携してそのバックアップをすべきことになるが、その準備も決して十分とはいえない。離島への支援策も今後の課題である。

また、自主的に支援活動を行う弁護士グループが多数発生することが想定されるところ、各区や自主グループによる相談活動によって認知された被災者のニーズを集約して、さらなる支援の拡充や立法活動へ結びつける仕組み作りが求められる。

現在、弁護士・弁護士会の事業継続のために安否確認テストを繰り返しているが、参加率は12％程度と低い。この現状に鑑みるならば、発災した場合、安否確認のできない会員が多数に及ぶ前提で東弁の事業継続計画（BCP）の見直しが求められる。

さらに、糸魚川大規模火災でも再認識されたが、首都圏においては木密地域が多数点在し、このような地域では地震が起こらなくても、単なる失火を端緒として大規模災害に陥る危険性が高いことは従前から指摘されている。東弁としては、地震のみならず地震によらない大規模災害も想定した防災並びに発災後の支援の準備を進めておかなければならない。

第8部
人権保障制度の現状と課題

第1章　各種権利保障の在り方の改革

第1　子どもの人権

1　子どもの人権保障の重要性

　子どもは、この世に生を受けた以上、みな等しく人格的価値を尊重され、それぞれの特性に応じた成長発達が保障されるべき存在である。成長の過程で人間としての尊厳と成長発達する権利を十分に保障されてこなかった子どもは、子ども時代に非行などの問題行動という形でSOSを発することもあれば、大人になってから、犯罪に走ることもあり、また、心の病に罹って長期間苦しむ者も多い。子どもの人権が保障され、成長発達することができて初めて、将来、子どもが大人になった時に、他者の人権を尊重することのできる人間になれるのである。

　また、子どもは大人社会の鏡でもある。したがって、子どもの人権保障は、大人の人権保障達成度の尺度でもある。

　ところが、日本においては、子どもの権利条約が批准されて発効（1994〔平成6〕年5月22日）した後においても、子どもは「保護の客体」であるという意識が根強く、一人の「人権主体」として扱うという視点が欠けている。子どもは、一人一人が人権の享有主体であり、とくに「子ども期」に特有の人権として「成長発達権」「意見表明権」（憲法13条等）が保障されなければならないということを再確認する必要があろう。

　そのためには、国レベルでは子どもの権利基本法を制定し、また、東京都のレベルでは子どもの権利条例を制定して、子どもが権利の主体であること、成長発達権と意見表明権を有することを明記した上で、具体的な立法や行政の中で生かしていくことが必要である。現在の政権下では、子どもの権利基本法の制定の動きは期待できないので、日弁連として子どもの権利基本法の具体案をとりまとめた上で、日弁連・弁護士会としての真剣な取り組みが求められる。

2　少年司法制度をめぐる問題

(1) 少年司法制度の目的

　少年司法制度の理念・目的は、少年の「健全育成」であり（少年法1条）、非行に陥った少年に対しても、応報的な観点から厳罰を下すというのではなく、教育・福祉・医療などを含めた総合的な見地からの対応がなされなければならない。なお、「健全育成」という言葉は、少年を権利の主体として見るのではなく、保護の客体と見るニュアンスがあるため、最近では、少年司法制度の理念を、少年の「成長発達権保障」という観点から捉え直すべきであるという考えがもはや常識である。

　少年の成長発達権保障（健全育成）とは、少年が未来に開かれた可能性を秘めており、試行錯誤を繰り返しながら成長していく過程にあることを前提とし、教育的配慮及び対応によって、非行に陥った少年が再び非行に走ることなく、自らの力で立ち直り生きていくことを支援することに他ならない。少年は、経験・学習を積み重ねながら、日々成長して人格を形成していくが、この過程は、人間存在の根本に連なるものとして、国家・社会などがみだりに干渉すべきでない憲法上の権利（憲法13条、25条、26条など）であると言うべきである。

　もとより、試行錯誤の過程において非行に走った少年に対しては何らかの支援が必要である。そして、その支援としての少年審判手続及び保護処分は、少年自身や被害者、家族・関係者などの人間の尊厳、基本的人権の尊重などについて、少年を啓発するものでなければならない（子どもの権利条約40条参照）。

　このような視点からすれば、少年に対する保護処分は、刑罰でもなければ社会防衛処分でもないのであり、少年の成長発達権を保障するものでなければならない。

(2) 少年法「改正」と少年審判の変容

　ところが、現実には、少年法は、2000（平成12）年を皮切りに、2007（平成19）年、2008（平成20）年、2014（平成26）年と相次いで「改正」され、刑事裁判化、刑罰化・厳罰化が志向された。4度の「改正」を経ても、少年法1条が規定する「少年の健全育成」という理念は変わらないとされるが、実際には、制度の変更は理念の変容をもたらし、少年審判のあり方や調査官調査のあり方が変容しているというのが現場の実

感である。そのために、少年の成長発達権保障がないがしろにされる事態も生じている。なお、2000（平成12）年以降の「改正」の歴史についての詳細は、2014（平成26）年度版政策要綱を参照。

このような実務の変容は、時の経過とともに不可避である担い手の変化が大きい。すなわち、2000（平成12）年から17年を経て、当時の「改正」をめぐる議論を知らない者たちが、今の少年審判を担う裁判官・調査官・付添人になっている。そのため、「改正」法の解釈運用も立法当時に議論されていたような厳格なものではなくなってきて、安易な検察官関与や観護措置期間の特別更新がなされたという事例や、少年法の理念に反する逆送事例なども報告されているところである。

少年法が徐々に「改正」されてきたことに対し、日弁連は常に反対してきたが、残念ながら、「改正」を阻止することはできなかった。反対運動にもかかわらず「改正」されてしまった以上、我々弁護士は、個々の事件において、弁護人・付添人として活動する中で、少年法の理念を守る守護者にならねばならない。

(3) 新たな少年法「改正」の動き

与党の中に、少年法の適用年齢引下げへ向けた動きがあったことから、日弁連は2015（平成27）年2月20日、「少年法の『成人』年齢引下げに関する意見書」を発表した。また、全国の全ての弁護士会も、同趣旨の意見書ないし会長声明を発表している。

そして、自民党の成年年齢に関する特命委員会は、2015（平成27）年9月10日、少年法の適用年齢を現行の20歳未満から18歳未満へと引き下げることなどを内容とする提言をとりまとめたので、即日、日弁連は、「少年法の適用年齢引下げに反対する会長声明」を発出した。

特命委員会の提言は、少年法適用年齢引下げの理由として、選挙権年齢の引下げ等を踏まえた「国法上の統一性」を挙げるが、法律における年齢区分は、それぞれの法律の立法目的や保護法益によって定められるものであり、現に、法律によって区々の年齢区分がなされているところである。

したがって、少年法の適用年齢は、少年法の理念や刑事政策・福祉政策という政策的な配慮から決められるべきものであって、実際の少年法の運用状況のみならず、成人に対する現在の刑事司法制度が再犯防止の観点からうまく機能しているのかどうかの検証も踏まえた、冷静な議論が必要である。少年法適用年齢の引下げに賛成する世論は、その理由として少年非行が増加していると答えているが、実際には増加しておらず、人口比で言っても、20歳未満の少年人口に対する犯罪発生率は、60歳以上の高齢者人口に対する犯罪発生率よりも低いのである。

日弁連は、シンポジウムや院内集会を開催するほか、2015（平成27）年11月に「少年法の適用年齢引き下げを語る前に」と題するパンフレットを作成し、国会議員やマスコミに頒布をし、反対運動を強めてきているし、東弁を含め各地の弁護士会でも、精力的に市民向けのシンポジウムを開催している。

その成果もあって、マスコミでも少年法の適用年齢引き下げに反対・慎重な意見が多く取り上げられ、法務省も、これまで18歳、19歳の少年を含めて少年法の再非行防止対策が極めてうまくいっていることを認めつつも、2017（平成29）年2月、法務大臣は法制審議会に対して、少年法における少年の年齢及び犯罪者処遇を充実させるための刑事法の整備に関して諮問した。現在もこの議論が続いているが、その中でも、現行少年法の下での18歳、19歳の少年に対する非行防止施策を変更する積極的な必要性を誰も主張しておらず、むしろこれらの年齢の少年が少年法の対象から外れた場合の弊害の方が大きいとの共通認識があるにもかかわらず、少年法適用年齢引下げを前提として、引き下げた場合の代替策について議論するような流れが作られており、非常に問題がある。

これは、2000年「改正」以来の少年法「大改正」になり得るので、我々弁護士・弁護士会は、付添人活動実践を通じて非行に至った少年の家庭環境等、背景や実像をよく知る立場で、少年法は再非行・再犯防止という点でうまく機能していることを社会にアピールして、新たな少年法「改正」を阻止しなければならない。

(4) 全面的国選付添人制度実現へ向けた運動

少年事件に付添人を付する必要性は、成人の刑事事件の弁護人選任の必要性に勝るとも劣らない。この必要性は、2000（平成12）年の少年法「改正」により、ますます強まった。

ところが、少年法は、少年及び保護者に付添人選任権を認めるものの、資力のない少年に実質的に付添人選任権を保障する制度にはなっていなかった。2000（平

成12）年改正少年法においても、検察官関与のある事件について国選付添人制度を規定したが、検察官関与のない大多数の事件について、付添人選任権を保障するものではなかった。

そこで、少年の付添人選任権を実質的に保障するため、福岡県弁護士会は、2001（平成13）年2月より、当番付添人制度（身柄全件付添人制度）を発足させ、目覚しい成果を上げた。

東京も福岡に続くべく、法友会・法友全期会は、2003（平成15）年7月、「当番付添人制度実現を提言する決議」を行い、2004（平成16）年4月からの東京での当番付添人制度実現に向けてさまざまな取り組みを行った。

その結果、東弁では、2004（平成16）年7月28日の臨時総会において財政的手当てを行い、2004（平成16）年10月より、東京家裁本庁の事件について当番付添人制度を発足させ、多摩支部では、2005（平成17）年4月より制度実施に至った。その経過の詳細については、2014（平成26）年度版政策要綱273頁を参照されたい。

このような運動の成果は、2007（平成19）年「改正」少年法の唯一評価できる点として、「検察官関与を前提としない国選付添人制度の創設」という形で現れた。しかし、国選付添人選任の対象となるのは、いわゆる重大事件に限られ、しかも裁判所の裁量的選任であるために、実際に国選付添人が選任される事件は、身体拘束事件全件のうちのわずかに過ぎなかった。

そこで日弁連は、2009（平成21）年3月、全面的国選付添人制度実現本部を立ち上げ、制度実現へ向けた内外への働きかけを本格的に開始した。

もっとも、全国で全件付添人制度(当番付添人制度)を実現・維持していくためには、援助制度の充実・継続が不可欠であり、そのための財政的な手当てを講じることが必要であった。そこで、日弁連は2007（平成19）年10月より、少年保護事件付添援助事業を含めた各種法律援助事業を、法テラスに委託して実施することとした。この事業を支える財源の手当のために、法友会・法友全期会は、2008（平成20）年7月、「少年保護事件付添援助制度等を維持・発展させるための財源手当を求める決議」を行い、新しい基金（少年・刑事財政基金）の創設及びその維持を推進してきた（詳細は2014〔平成26〕年度版政策要綱273頁参照）。

このような取組みの成果として、2014（平成26）年4月11日、国選付添人制度の対象事件を拡大する少年法改正案が可決成立した。

ただし、この改正に伴い、検察官関与対象事件が拡大したこと、少年の厳罰化が進行したことは、少年法の理念に反する「改悪」であった。その経緯と立法過程における日弁連の対応の問題点については2014（平成26）年度版政策要綱275頁を参照されたい。

ところが、せっかく実現した対象事件の拡大であるが、裁判所がなかなか国選付添人を選任しようとしないため、選任率は2016（平成28）年にようやく対象事件の6割を超えたに過ぎず、国選付添人が選任されなかった事件については、いまだに日弁連の委託援助事業を利用した私選付添人として活動せざるを得ない状況が続いている。

この運用はあまりにも不合理なので、今後は国選付添人の選任率を高めるべく、日弁連と最高裁、各地の弁護士会と家裁との間で適正な運用に向けた協議を続ける必要がある。

さらに、被疑者国選弁護制度の対象事件が、いよいよ2018（平成30）年6月までに全勾留事件にまで拡大することに伴い、国選付添人制度の対象も全観護措置事件に拡大すべく、日弁連・弁護士会を挙げて、全面的な国選付添人制度実現へ向けての運動を続けることも必要である。その際、ぐ犯事件も国選付添人選任の対象とするには、検察官関与制度とのセットという制度構想はあり得ないので、この機会に、検察官関与と切り離した裁量的国選付添人制度を導入するよう、日弁連としては、2014（平成26）年改正の轍を踏まないよう、理論武装も含めた慎重な対応が必要である。

(5) 少年矯正制度の改革

広島少年院で複数の法務教官による在院少年に対する暴行事件（以下「広島少年院事件」という。）があったことが、2009（平成21）年5月22日に広島矯正管区が発表したことで明らかになった。

これを受け、日弁連は、同日に会長談話を発表し、さらに同年9月に、「子どもの人権を尊重する暴力のない少年院・少年鑑別所への改革を求める日弁連提言」と題する意見書を公表し、「視察委員会（仮称）」等の設置を提言した。併せて、法務省内に設置された少年矯正を考える有識者会議（以下「有識者会議」という。）に、日弁連子どもの権利委員会委員長を推薦して、有

識者会議における議論の推移を見守ってきた。

そして、有識者会議が法務大臣に対して最終報告書を提出することが見込まれた2010（平成22）年10月には、日弁連として改めて「少年矯正のあり方に関する意見書」を公表し、「随時の視察や被収容者との面談等を行うことで処遇の実情を適切に把握し、処遇や運営について把握し、これに対して必要に応じて意見や勧告を行う機関として少年院監督委員会、少年鑑別所監督委員会（仮称）を矯正施設ごとに創設すべき」ことなどを提言した。そして、2011（平成23）年11月4日、法務省から少年院法改正要綱素案が発表されたが、少年の人権保障を大原則にするという発想に乏しいので、日弁連は、同年12月2日、「少年院法改正要綱素案に関する意見書」を発表した。その後、よりよい法律案となるよう、日弁連と法務省とで非公式の意見交換を続け、日弁連の意見が一定程度取り入れられた法案が、2012（平成24）年3月に国会に上程された。しかし、混乱する国会情勢の中で廃案となり、なかなか成立しなかったが、2014（平成26）年6月4日に、ようやく可決成立し、2015（平成27）年6月1日に施行されるに至った。

新少年院法には、少年院の処遇原則を定めた条文に、日弁連がかねて求めていた「（在院者の）最善の利益を考慮」するという文言が入ったことは画期的であった。

早速、全国の弁護士会は、それぞれ少年院・少年鑑別所の視察委員として適任者を推薦し、各委員が精力的に活動しているところである。2015（平成27）年度中に、各委員会から施設長に対して意見書が提出され、法務省からは、そのとりまとめ結果が公表されている。各視察委員会からの意見は、直ちに取り入れられたものもあれば、そうでないものもあるものの、外部の目が入ることによる施設運営の改善効果は、早速に発揮されたと言うことができるだろう。その活動を充実したものとするために、日弁連では全国の委員の連絡協議会を開催して意見交換をしている。

ところが、法務省は初年度に、視察委員会の開催回数を予算の制約を理由に年に4回に制限しようとし、視察委員会が形骸化しかねない事態が生じた。本来、施設から独立した第三者機関として、「抜き打ち」調査も含めた自由な視察権限があるはずの視察委員会の活動が制約される事態は、法の趣旨に反するものである。

このような法務省の対応に対して、日弁連から法務省に強く抗議したことの成果もあって、2017（平成29）年度は、年5回の会議分の予算が確保されたが、年5回の会議を開催するだけでは視察委員会の活動が十分に行えるわけではなく、引き続き、日弁連として法務省に対して、予算確保を要求していく必要がある。また、各視察委員会の活動によって見えてきた少年院運営上の問題のうち、各施設限りでは解決が難しい財政上・人事上の手当が必要な諸課題については、日弁連として改善を求めていく必要があるので、日弁連としての提言とりまとめが待たれる。

3　学校内の子どもの人権
(1) いじめ

相変わらず、いじめを苦にした自殺事件が発生するなど、いじめ問題は後を絶たない。

教育現場におけるいじめは、子ども同士の葛藤、軋轢などを背景にして、いつでもどの子どもにも起き得る現象である。これに加えて、国連子どもの権利委員会が指摘する我が国の競争主義的教育環境におけるストレスの増大等の要員が加わり、いじめが深刻化している。そして、近年は、携帯電話やネット産業の普及に伴って、携帯メールやサイトを利用したいじめが横行するようになり、いじめの態様が見えにくく、陰湿化していると見られている。

これまでも、いじめ自殺事件がマスコミに取り上げられて一時的に社会の関心が高まり、対策の必要性が言われた時期もあったが、なかなか効果的な対策がとられない中で、2011（平成23）年10月に滋賀県大津市の中学2年生の男子生徒が自殺した事件が2012（平成24）年7月になってマスコミで大きく報道されるようになると、にわかに社会の関心が高まった。日弁連は、2012（平成24）年7月、「滋賀県大津市の公立中学校2年生の自殺事件に関する会長声明」を発表し、子どもの権利条約に立ち返った抜本的な対策を提言した。

そのような中で、国は、いじめ防止対策推進法の制定に向けて動き出したため、日弁連は、2013（平成25）年6月20日、「『いじめ防止対策推進法案』に対する意見書」を発表し、あるべきいじめ防止対策について意見を述べた。

2013（平成25）年6月28日、いじめ防止等のための

対策を総合的かつ効果的に推進するためのいじめ防止対策推進法が制定され、いじめ防止対策が強化されることとなった。この法律は、いじめに関する基本法が制定されたという意味では歓迎すべきものであるが、内容面では、日弁連の意見が取り入れられなかった諸点での問題もある。例えば、道徳教育の充実が謳われているが、子どもを国家の考える価値観に基づく理想像に押し込め、多様な価値観を認めようとしない教育から培われる子どもたちの画一的な意識が、「普通」から外れた個性を持った子どもをいじめの対象とすることにつながるという指摘もあるところであり、道徳教育が逆効果になりかねない。また、加害者と被害者を対立構造でとらえている点や、いじめの四層構造を踏まえていない点も問題である。

法律施行後3年を経て、案の定、日弁連が懸念した問題が顕在化してきており、一方で、いじめ被害者の救済が十分に図られているとは言い難く、他方で、加害者を安易に放校して事態の収拾を図ろうとする対応が見られるなど、被害者の人権も加害者の人権も守られているとは言い難い状況が散見される。すでに法律施行3年後見直しの時期を過ぎたが、文部科学省の見直しの動きが鈍い中で、日弁連としての、あるべき法律改正案の提言が待たれるところである（2017〔平成29〕年12月15日現在）。

また、いじめ予防のためには、子どもたちに、人権の視点からいじめについて考えてもらうことが必要なので、弁護士によるいじめ予防授業を学校現場に浸透させていくべく、東弁ではかねてより学校からのニーズに応じて弁護士を派遣する実践を積み重ねているところ、学校からの依頼は年々増加している。なお、日弁連では、2013（平成25）年12月に初めて講師養成講座を実施するなど、弁護士側のスキルアップに努めているし、東弁でもいかに講師の質を保ちつつ、増えるニーズに対応するべく人材を養成するかを検討中である。

(2) 体罰

体罰は、学校教育法11条で厳に禁止されているにもかかわらず、各地の弁護士会が実施している子どもの人権相談などでは、依然として、体罰に関する相談が多数ある。これは、学校・教師・保護者・地域に依然として体罰容認の意識が残っていることが原因であると思われる。

そのような中、2012（平成24）年12月に、大阪市立桜宮高校の生徒がバスケットボールの顧問から体罰を受けていたことを苦に自殺した事件が発生し、世間を騒がせた。その過程で、体罰をもって厳しく指導してもらうことを歓迎する保護者や生徒の声も表に出てきた。このように、いまだに体罰肯定論が根強いために学校現場での体罰根絶につながらないという実態が改めて明らかとなった。

そのため日弁連は、2015（平成27）年3月19日、「子どもに対する体罰及びその他の残虐又は品位を傷つける形態の罰の根絶を求める意見書」を公表し、家庭、学校を含めあらゆる環境で体罰等が禁止されるべきことを訴え、民法の懲戒権規定（822条）の削除も求めた。

今後も弁護士・弁護士会としては、体罰が子どもの尊厳を犯し、自尊感情を低める人権侵害行為であることを言い続けていかなければならない。

(3) 教育基本法「改正」と教育改革

教育基本法改正を公約に掲げる第一次安倍政権の下で、2006（平成18）年12月、教育基本法改正法案は、与党の賛成多数で可決成立した（それ以前の経緯については、2011〔平成23〕年版政策要綱202頁参照）。

これを受けて、同年6月には、学校教育法、地方教育行政組織法、教育職員免許法などの教育関係三法「改正」法が、多くの問題を先送りしたまま成立した。

新しい教育基本法の下で、教育改革は着々と進み、2014年（平成26）年10月21日、文部科学大臣の諮問機関である中央教育審議会（中教審）は、「道徳に係る教育課程の改善等について（答申）」を発表した。この答申は、学校教育法施行規則及び学習指導要領において、道徳の時間を「特別の教科　道徳」（仮称）として位置づけ、検定教科書を導入し、子どもの道徳性に対して評価を加えること等を内容とするものである。

東弁は、これに先立つ2014（平成26）年7月11日に、「道徳の『教科化』等についての意見書」を公表した。その内容は、「道徳教育の充実に関する懇談会」が道徳の教科化について提言していたのに対し、「国家が公定する特定の価値の受け入れを子どもに強制することとなる点で、憲法及び子どもの権利条約が保障する、個人の尊厳、幸福追求権、思想良心の自由、信教の自由、学習権、成長発達権及び意見表明権を侵害するおそれがあり、見直されるべきである」とするものである。

ところが、上記の中教審答申の内容は、東弁の意見書において指摘した懸念が払拭されていないばかりか、「道徳教育の充実に関する懇談会」の報告と比較していっそう、子どもの内心や人格に対する不当な干渉となるおそれが強まっているため、2014（平成26）年11月12日、東弁は「道徳『教科化』に関する中教審答申を受けての会長声明」を発表した。

また、教科書検定制度を通じて国が教育へ過度に介入する動きがあからさまになってきたので、2015（平成27）年5月12日、東弁は「教科書検定基準等の改定及び教科書採択に対する意見書」を発表したところであるが、立憲主義をないがしろにする政権の下で、将来の主権者たる子どもたちへの教育が政治的に利用されることのないよう、今後とも注視が必要である。

(4) スクールロイヤー制度の推進

いじめ問題や虐待問題が社会問題化するのに対応して、国の施策として、学校現場にスクールカウンセラーやスクールソーシャルワーカーが配置されるようになったのに加えて、弁護士の活用も必要であるとの認識の下、自治体によっては学校現場にスクールロイヤーを配置するところが出てきた。

そして、2017（平成29）年度から、文科省は、いじめ防止対策のためのスクールロイヤー活用に関する調査研究事業に予算をつけ、①いじめ防止などの対策のために学校に法的な助言をする、②保護者と学校のトラブル相談を請け負う、③学校や教委の判断では迷う事案について、法的側面からアプローチし、法令に基づく対応・助言を行う、④学校に出向いて人権教育などを実施する、などの役割を担う弁護士を「スクールロイヤー」として配置することを目指して、調査研究事業を開始している。

もっとも、スクールロイヤーの位置付けや役割は必ずしも一義的に明確ではなく、スクールロイヤーは誰の相談に乗るのか、学校の代理人として活動するのか助言に留まるのかなど、人によって捉え方が異なるという過渡期にあると言える。そのような状況の中で、日弁連では、学校で発生するさまざまな問題について、子どもの最善の利益を念頭に置きつつ、教育や福祉等の視点を取り入れながら、法的観点から継続的に学校に助言を行う弁護士をスクールロイヤーと定義し、それを活用する制度を整備することを求める意見書をとりまとめようとしている。

子どもの最善の利益を図る観点から学校内で弁護士が活動することにより、学校における法の支配が進むよう、日弁連・弁護士会は、ふさわしい人材の育成・派遣のための取り組みを進めることが必要である。

4　家庭内の子どもの人権～児童虐待～

(1) 児童虐待防止法の成立による効果と課題

2000（平成12）年5月、児童虐待防止法が与野党一致の議員立法として成立した。

これは社会に虐待問題を周知させ、その防止に向けて社会全体で取り組む原動力になるという意味で、喜ぶべき第一歩であった。実際、児童相談所の虐待受理件数は急増し、2000（平成12）年度に全国の児童相談所が受付けた相談は約1万9,000件、2001（平成13）年度は約2万5,000件だったものが、その後毎年増加し、2015（平成27）年度に初めて10万件を超え、2016（平成28）年度は12万2,578件（速報値）であった（厚生労働省調べ）。

ところが、児童虐待の通告先である児童相談所は、人的・物的手当てができておらず、十分な対応ができていないという現状にある。児童相談所の人的・物的設備の充実が望まれるとともに、被虐待児救出のためには、民間の専門機関とも協力する必要があると言える。

また、弁護士の積極的な関与も期待される。そのため、各地の弁護士が、児童相談所の代理人として活動するようになってきており、大阪や横浜に続いて、2004（平成16）年度からは東京でも、各児童相談所の非常勤弁護士として弁護士が関与する仕組みができた。しかし、月に2回程度の非常勤では、本来弁護士の目が入ることが望まれる場面において、十分な働きができているとは言い難い状況があった。

2016（平成28）年5月の児童福祉法改正により、児童相談所への弁護士配置が義務付けられ、常勤弁護士ないしそれに準じる形態で、児童相談所業務に弁護士が関与することが可能となった。これは、司法制度改革の理念である「法の支配を社会の隅々に」を、児童相談所へも及ぼす画期的な制度改革である。

これまで非常勤弁護士を配置していた東京都の児童相談所でも、法律改正の趣旨を踏まえた体制整備が必要である。東京都で今後、常勤弁護士を配置するのか、非常勤弁護士の配置を拡充（例えば、非常勤裁判官の

ように非常勤弁護士が毎日配置されるようにする方法など）するのかなど、執務の在り方については工夫の余地もあり、弁護士会として東京都に対して、予算の確保も含めて積極的な提案をしていくべきである。また、弁護士会が単に会員を推薦するという形ではなく、弁護士会として業務委託を受けて、弁護士会の責任で全児童相談所へ会員を配置するという方法も考えられるところである。

　子どもの権利や児童福祉制度に精通した弁護士を全児童相談所に送り出すことによって、児童相談所業務を通じた子どもの人権保障を進めるために、東京弁護士会として速やかに児童相談所と協議して、弁護士配置の在り方に関して積極的な関与をすべきである。また、児童福祉法改正を受けて児童相談所設置が可能となった東京23区は、ほとんどの区が児童相談所を設置すべく検討を始めていると言われており、全児童相談所への弁護士配置を可能にするだけの体制整備が弁護士会側にも求められるところである。

　そのためには、弁護士会の責任で人材育成をすることが必要だが、単に講義形式での研修を強化するだけではなく、すでに常勤弁護士が配置されている自治体の児童相談所へ東弁会員を一定期間派遣して研修させる方法なども検討されるべきであろう。

　さらに、現行制度の下では、市区町村のレベルで虐待対応をする組織（「子ども家庭支援センター」等）や要保護児童対策地域協議会にも弁護士が関与していくことが期待される。

　ところが、法律改正後1年を経ても、東京の児童相談所では、弁護士配置拡充の動きが全く見られない。その理由として、常勤弁護士の果たす役割や有用性が理解されていないことがあると考えられる。そこで、東弁では、児童福祉法の改正に先立っていち早く常勤弁護士が配置された福岡市児童相談所と名古屋市児童相談所に会員を派遣して、常勤弁護士の仕事ぶりとその存在意義を調査研究してきた。その結果、常勤弁護士だからこそ、他職種の児童相談所職員に対して、子どもの権利保障の観点から、従前の慣行に対する疑問を呈し、不適切な処遇を改めるべきという意見も言えるという実例を知ることができ、東京の児童相談所でも、子どもの権利をより良く保障する観点から、早期に常勤弁護士の配置が求められることがいっそう明らかとなった。この調査研究の成果も踏まえて、法律改正の趣旨に則った弁護士配置を実現するために、東弁としての取り組みを強めるべきである。

(2) 児童虐待防止法の改正

　児童虐待防止法は、成立から3年後の2003（平成15）年に見直されることになっていたところ、この見直しに向けて、日弁連は、同年5月に「児童虐待防止法制における子どもの人権保障と法的介入に関する意見書」を発表するなど、積極的な意見を述べてきた。

　そして、2004（平成16）年4月、児童虐待防止法が改正された。しかし、改正法は、前進はあったものの、なお不十分であった。

　2006（平成18）年に、2度目の法律改正が行われ、「この法律は、児童虐待が児童の人権を著しく侵害」するものであるとの文言が第1条に盛り込まれたことは、法律が、子どもが人権の主体であることを明示したという意味で画期的であった。

(3) 児童福祉法改正

　児童虐待防止法の制定・改正と同時に児童福祉法も改正を重ねてきたが、子どもの権利保障という観点からは、いまだに不十分な点が多い。

　2016（平成28）年5月、児童福祉法が改正され、ようやく、子どもが保護を受けることが「恩恵」ではなく「権利」であることが明記されるに至り、児童福祉の在り方は大きな理念的転換を迎えたと言えるだろう。しかし、現実に子どもの保護を受ける権利が保障されるだけの人的・物的体制整備が追いついていない状況があり、法律改正が理念倒れに終わることなく、財政的な裏付けがなされるように、弁護士会としても働き掛けが必要である。

　2017（平成29）年4月、児童福祉法が改正され、一時保護期間が2か月を超える場合には司法審査を必要とする制度が導入された。これは、日弁連が長らく求めていた一時保護に伴う司法審査制度の導入に一歩舵を切るものではあるが、いまだ不十分である。親子分離が、たとえ数日間であっても、子どもにとっても親にとっても重大な人権侵害になりうるにもかかわらず、専ら行政権限で行い司法審査がなされない現行の制度は人権上大いに問題がある。親子分離の緊急性に鑑みて事前審査になじまないとしても、親子分離の数日後には司法審査を経るような制度の抜本的改革が必要である。

　日弁連・弁護士会としては、今後も、さらなる制度

改正に向け、適時に必要な意見を述べる必要がある。

(4) 司法面接制度の導入の必要性

虐待や犯罪の被害者になった子どもや目撃者となった子どもからの聴き取りは、子どもの特性に合わせた専門的訓練を積んだ者が原則として1回で行うことにより、可及的に信用性の高い子どものありのままの供述を得るとともに、二度三度の聴き取りによる二次被害を防ぐことが必要である。そこで、関係機関が一堂に会してバックヤードで見守る中で、訓練を積んだ面接者が子どもからの聴き取りを行い、その様子を全てビデオでとり、それを捜査機関も福祉機関でも、また司法手続の中でも生かしていく司法面接という制度が我が国でも導入されるべきである。日弁連は、2011（平成23）年8月に、「子どもの司法面接制度の導入を求める意見書」を発表した。

刑事訴訟の中での証拠の取扱いについての検討課題は残っているが、縦割り行政の中で関係機関の連携が必要なので、日弁連が主導権を発揮して、関係機関との協議を進めて制度創設を現実化していく必要がある。

制度化には各種法律の改正というハードルがあるが、近時、現場では少しずつ司法面接制度の意義が認識され、試行的な取組みもされるようになってきているので、日弁連としての積極的な取組みが期待される。

5 児童福祉施設内の子どもの人権

(1) 児童福祉施設の現状

被虐待児の受け皿である児童養護施設等の児童福祉施設は、現在、危機に瀕していると言っても過言ではない。なぜならば、処遇が困難な被虐待児の入所が増加しているにもかかわらず、政府の定める「児童福祉施設最低基準」による人的・物的水準はあまりに低位だからである。とくに、心理職員の配置が不十分なため、心に深い傷を負った子どもたちに対して、適切なケアを行うことができないことは大きな問題である。

さらに、子どもを保護する入口である児童相談所の一時保護所は、定員を超える子どもを収容しているために、手厚い処遇ができず、子どもに過度な規制をすることで秩序を保とうとしたり、通学ができなかったり、外部交通が保障されていなかったりして、子どもの人権侵害的な処遇がなされているという実情がある。虐待で傷ついた子どもたちの成長発達権保障に悖る施設になってしまっていることは由々しき事態である。

(2) 施設内虐待

また、児童養護施設等における体罰・虐待等は後を絶たない。もっとも、児童養護施設等の閉鎖性と、中にいる子どもたちが声を上げる術を持たないことから、問題が公になることは少なく、施設内虐待の実情把握は容易ではない。

家庭の中で虐待を受けてきた子どもたちが、施設でも虐待を受けるというのは悲劇である。これを防止するための1つの方策として、外部の目が入ることが不可欠である。

東京都では、社会福祉事業団が運営する旧都立の児童養護施設において、2000（平成12）年10月から半年の試行期間を経て、2001（平成13）年4月からオンブズパーソン（正式名称は「サービス点検調整委員」）制度が導入されたものの、東京都の児童福祉行政の方針により、この制度は、2002年（平成14）年度をもって終了してしまった。

弁護士が社会の隅々にまで入っていくべきという司法制度改革の流れからしても、児童福祉施設のオンブズパーソンも弁護士が担うことが必要になってくるというべきであり、弁護士・弁護士会としては、オンブズパーソン制度の必要性を説いて制度の創設を行政に働き掛けるとともに、適切な人材を、責任を持って送り込んで行くべく、人材の要請が望まれる。

6 子どもの権利条約

1994（平成6）年、日本は子どもの権利条約を批准し、2014（平成26）年には、批准後満20周年を迎えた。そこで、東弁では、2014年（平成26）年12月13日に、子どもの権利条約批准20周年記念シンポジウム「決めないで。私の幸せ、わたし抜きでは。～子どもの権利条約が求めるもの～」を開催し、子どもを人権・権利の主体として見ることの意味と子どもの権利を実現するために弁護士による法的支援が重要であることを訴えた。

この20年間の中で、我が国における子どもの権利保障は、前進した点もあるが、まだ子どもの権利条約に則った法律の制定や行政の運用がされているとは言い難い。子どもの権利条約44条1項に基づき、各国政府は、国連子どもの権利委員会に対して、同条約の実施状況を定期的に報告すべき義務を負っている。政府の報告書提出とそれに対する日弁連のカウンターレポー

トの提出、それらを踏まえた国連子どもの権利委員会の審査の経過については、2011年（平成23）年度版『政策要綱』204頁に詳しく述べたとおりである。

日本政府は、これまで第1回ないし第3回国連子どもの権利委員会の審査において、我が国の条約実施状況が不十分であることを指摘されても、それを無視し続けている。2016（平成28）年に第4回目の政府報告書が提出される予定になっていたところ、予定が遅れて2017（平成29）年6月にようやく第4回・第5回政府報告書が提出された。政府報告書は、過去に国連子どもの権利委員会から指摘された問題を直視せず、我が国にも現にある子どもの人権侵害状況を覆い隠す内容になっているので、日弁連は、2017（平成29）年11月1日に「子どもの権利条約に基づく第4回・第5回日本政府報告に関する日本弁護士連合会の報告書」を公表し、これを国連子どもの権利委員会に提出した。

弁護士・弁護士会としては、国連子どもの権利委員会の指摘を踏まえて、子どもの権利条約を社会の隅々にまで浸透させるための地道な活動を今後も行なっていかなければならない。とくに、司法手続の中で子どもの権利条約が生かされることがほとんどないのは問題であり、司法関係者の意識改革が必要であり、そのためには弁護士活動の中での実践の積み重ねという地道な努力が不可欠であろう。

7 子どもの問題専門の法律相談窓口

(1) 東京弁護士会「子どもの人権110番」

東京弁護士会では、1986（昭和61）年より、子どもの人権救済センターを設置し、子どもの問題専門の法律相談窓口として、電話相談と面接相談をいずれも無料で実施してきた。

ここ数年は、年間700～800件前後の相談がある。必ずしも一般に（とくに子どもたちに）、その存在が周知されていないので、広報のあり方に課題が残るものの、着実な実績を残している。

以前は、平日の午後1時30分から4時30分までしか相談業務を実施していなかったため、日中、学校に行っている子ども本人からはアクセスしにくいのではないかとか、仕事をしている大人からの相談も難しいのではないかという問題点が指摘されていた。

(2) 子どもの人権110番の拡張

2004（平成16）年6月から、都市型公設事務所である東京パブリック法律事務所の全面的な協力を得て、同事務所内で、平日の午後5時から8時までの夜間相談（電話・面接とも）と土曜日相談（午後1時から4時）を実施することになった。

相談件数は倍増の勢いであり、夜間・休日の法律相談業務を実施することの重要性が明らかとなった。

社会の中の「弱者」の中でも一番の弱者である子どもがアクセスしやすい法律相談窓口を設置・拡充することは、全国の弁護士会で取り組むべき大きな課題であろう。

8 子どもの代理人制度

(1) 自主的な取組みとしての子どもの代理人活動

我が国では、行為能力の制限ある子どもに親権者から独立した代理人選任権があるとは考えられていなかったし、ましてや国費で子どもに代理人が選任されるという制度は存在しない。しかし、日弁連の法テラス委託援助事業である「子どもに対する法律援助事業」を利用して、弁護士が子どもの代理人として活動する事例は増えており、国費による子どもの代理人制度創設の必要性は高い。

そこで、以下のような制度の実現を目指して、立法提言、社会運動等の政治的取り組みを進めるべきである。

① 児童福祉法等の改正により、虐待を受けた子どもが行政手続によって親子分離された際、子どもに国選代理人が選任されるような制度の創設。

この方式をとり、国選弁護人や少年保護事件の国選付添人のように、国選代理人の指名通知等の業務を法テラスの本来事業とすることにより、法テラス予算（国費）の中で賄うことになる。

② 児童相談所が関与しないが親子関係に問題がある事案において、子どもに弁護士による法的援助が必要な場合に、子どもが民事法律扶助制度を使えるような制度改正。

民法、家事審判法、総合法律支援法等の改正が必要となる。

これは、選任権者は子ども本人であるが、弁護士費用を法テラス予算（国費）の中で賄うというというものである。

(2) 家事事件手続法の子どもの手続代理人

2011（平成23）年5月、家事審判法が全面的に改正

されて家事事件手続法が成立し、2012（平成24）年1月に施行された。その中で、子どもが家事事件手続に参加する制度ができ、参加の際に弁護士を代理人として選任できるという制度が作られた。法文上は「手続代理人」であるが、これは子どもの代理人制度の一類型であると言え、子どもの代理人の選任が法律上の根拠を持ったという点では日弁連の意見を反映させた画期的なものだと言える。

ただし、その費用の手当ができておらず、子どもによる代理人選任権が画餅と化しかねないという問題がある。すなわち、家事事件手続法の規定では、裁判所が手続代理人を選任する場合（国選代理人）に、その費用は子どもが負担することが原則とされており、極めて不合理な制度である。また、子ども自身が弁護士を選任する場合（私選代理人）に、行為能力の制限がある子どもは、償還義務の負担のある民事法律扶助利用契約を単独で締結することができない。そこで、日弁連は、2012（平成24）年9月、「子どもの手続代理人の報酬の公費負担を求める意見書」を発表して、法務省との協議を行ったが、公費化の目処が立たないままに制度が始まり、子どもの代理人選任件数は極めて少ない状態で推移している（第5部第2章第2）。

子どもの手続代理人の報酬の国費化へ向けて、日弁連・弁護士会は運動を強めていかなければならない。これまで、子どもの手続代理人の活動は、原則として、日弁連の法テラス委託援助事業である子どもに対する法律援助制度の対象になっていなかった。子どもの手続代理人制度導入時から、援助制度の対象とすべきとの意見もあったものの、いったん援助制度の対象にしてしまうと、法務省も最高裁も日弁連に頼ってしまい、国費化の道が遠のく懸念があったため、安易に援助制度の対象とすることはせず、最高裁・法務省との間で、国費化へ向けたコンセンサスをとることを目指した。しかし、最高裁は、一時期は国費化へ向けて日弁連との間で協議を進めることに前向きであったものの、法務省はその必要性を認めないという対応であり、早期の国費化の目途は立っていない。そのような中で、個々の事件において、裁判所が費用負担の問題を気にして、子どもの手続代理人の選任を躊躇する例が見られたため、日弁連としても、子どもの手続代理人の選任実績を増やすためにはやむなしとして、法律援助基金の支出に関する規則を改正し、2017（平成29）年9月1日より、子どもに対する法律援助制度の対象に、子どもの手続代理人報酬を含めることにした。

これは、あくまでも、子どもの手続代理人の報酬は国費で賄われるべきであるという日弁連の主張を実現するための運動の一環であることから、援助制度を利用して子どもの手続代理人として活動した弁護士に、事例報告などの協力を求めて、子どもの手続代理人の必要性・有用性を社会にアピールして、最終的には費用の国費化を目指さなければならない。

9　民法成年年齢見直しの動き

2007（平成19）年5月に成立した日本国憲法の改正手続に関する法律（国民投票法）が、国民投票の投票権者の範囲を18歳以上と定めるとともに、「選挙権を有する者の年齢を定める公職選挙法と、成年年齢を定める民法その他の法令の規定について検討を加え、必要な法制上の措置を講ずるものとする」と規定したことを受け、2008（平成20）年2月、法務大臣は、法制審議会に民法成年年齢引き下げの是非を答申した。

この経過からも明らかなとおり、民法成年年齢の引き下げの是非が問われることになったのは、それ自体として、引き下げを必要とする立法事実があったということではなく、あくまでも国民投票法に引きずられたものである。しかし、国民投票の投票年齢や選挙年齢の引き下げと民法の成年年齢を、必ずしも一致させる必要はない。諸外国でも、成年年齢と選挙年齢が一致していない（成年年齢の方が高い）国は3分の1近くある。

したがって、民法成年年齢の引き下げ自体にそれを必要とする立法事実があるのか、また、逆に、引き下げることによる弊害はないのか、という点が慎重に検討されなければならない。

この点、日弁連は、多角的な検討を行った結果、2008（平成20）年10月21日付けで「民法の成年年齢引下げの是非についての意見書」を発表し、「現時点での引下げには慎重であるべき」としていた。

そして、法制審民法成年年齢部会における検討を経て、2009（平成21）年10月28日、法制審議会は「現時点で直ちに成年年齢の引下げの法整備を行うことは相当ではない」としながらも、将来的には「民法の成年年齢を18歳に引き下げるのが適当である」とする答申を行った。ただし、答申は、引下げを可とする条件と

して、かなり高いハードルを設けている。すなわち、「民法の成年年齢の引下げの法整備を行うには、若年者の自立を促すような施策や消費者被害の拡大のおそれ等の問題点の解決に資する施策が実現されることが必要である。現在、関係府省庁においてこれらの施策の実現に向け、鋭意取組が進められているが、民法の成年年齢の引下げの法整備は、これらの施策の効果が十分に発揮され、それが国民の意識として現われた段階において、速やかに行うのが相当である。」としている。

にもかかわらず、答申の結論部分だけが独り歩きして、答申が条件としているさまざまな法整備をしないままに、国民投票の投票権が18歳以上と定められ、次いで選挙権年齢が18歳以上に引き下げられたことにより、法務省は、次期通常国会に民法成年年齢を18歳に引き下げる法案を提出する予定であると報じられている。法務省は法案提出に向け、「民法成年年齢引き下げの施行方法に関する意見募集」を行ったが、これに対し、日弁連は2016（平成28）年9月14日、引き下げには慎重であるべきとする意見を述べた。法制審が引下げを可とした条件はいまだに成就しているとは言い難いので、国会が拙速に走ることのないよう、日弁連・弁護士会は積極的な働き掛けをする必要がある。

第2 高齢者の人権

1 基本的視点

(1) 高齢者問題の現状

我が国は、医学の進歩による平均寿命の伸びと少子化により、諸外国に例を見ないほど急激な早さで高齢化社会を迎えている。65歳以上の高齢者の全人口に占める割合は、1970（昭和45）年に7.1％であったが、2016（平成28）年には27.3％と初めて27％を超え（総務省統計局人口推計）、さらに2036（平成48）年には、33.3％に達するものと推計されている（国立社会保障・人口問題研究所推計）。また、認知症率、要介護率が急速に増加する75歳以上の後期高齢者の全人口に占める割合も、2016（平成28）年で13.3％に達している（平成29年高齢社会白書）。

高齢者が社会でどのように生活しているかというと、65歳以上の高齢者の子供との同居率は1980（昭和55）年に約70％であった数値が、2015（平成27）年には39.0％になっており、子供との同居の割合が大幅に減少し、高齢者だけで生活している世帯が急増している状況にある。また、65歳以上の高齢者の一人暮らしの割合も2015（平成27）年には男性で13.3％（高齢者人口比）、女性で21.1％（高齢者人口比）と顕著になっており（平成29年高齢社会白書）、独居暮らしをしている高齢者の増加傾向が窺われる。

高齢者だけの世帯の増加や一人暮らし高齢者の割合の増加からもわかるとおり、高齢者だけでの在宅生活が既に限界になっているものの、在宅生活をなかなか諦めきれずに生活をしているといった方々が多くなってきている。そのため、判断能力の低下や孤独を抱えるこのような高齢者を狙った財産侵害や悪徳商法による消費者被害も多発している。

さらに、在宅生活を親族等の支援のもとで送ることが出来たとしても、在宅介護に携わる親族等の介護者の負担加重から高齢者に対する虐待等の人権侵害が行われたというような事案が社会問題となっている。

他方、高齢者を受け入れる介護施設においても、プライバシーに対する配慮がなされていなかったり、身体の安全といった名目下で高齢者をベッドや車椅子に縛っておく身体拘束等の人権侵害が行われている事例が数多く見られる。

(2) 高齢者の権利擁護と基本的視点

「高齢者」と言っても一括りにできない多様な人々が含まれる以上、一人一人が住み慣れた地域で自分らしく生き生きとした生活を送るために必要とされる支援は異なっている。高齢者の人権と福祉を考えるに当たっては、すべての人が、同じ人間として普通に生活を送る機会を与えられるべきであるというノーマライゼーションの理念を基礎として、高齢者の自己決定権を十分に尊重し、その残された能力を最大限に活用し、住み慣れた地域で生き生きとして生活を送ることができるように支援することが必要である。

2 成年後見制度の活用

(1) 成年後見制度の利用促進

2000（平成12）年4月から施行された介護保険制度により、介護サービスの利用は措置制度から契約関係に移行した。これに伴い、認知症等の判断能力の低下・喪失がみられる高齢者が契約上の不利益を被らないように、成年後見制度が導入された。

この間、成年後見制度の利用は飛躍的に進み、後見・保佐・補助の3類型の開始審判申立件数は2000（平成12）年度が8,956件であったところ、2016（平成28）年は34,782件と大幅に増加しており、同年12月末時点における成年後見制度（成年後見・保佐・補助・任意後見）の利用者数は合計で203,551人となっている（最高裁判所事務総局家庭局発表「成年後見関係事件の概況」）。今後、団塊の世代が後期高齢者になるに伴い、さらに成年後見制度の活用が見込まれる。

家庭裁判所も事件数の増加への対応に追われているが、さらに一般市民、障がい者に対してより配慮した利用しやすい制度の構築、家庭裁判所の人的・物的拡充による審理の迅速・適確化が必要である。この点、「成年後見制度の利用の促進に関する法律（平成28年法律第29号）」が2016（平成28）年4月8日に成立した。同法は、2016（平成28）年5月13日から施行され、2016（平成28）年10月13日から「成年後見の事務の円滑化を図るための民法及び家事事件手続法の一部を改正する法律」が施行されている。今後の成年後見制度の利用にあたっての障壁を取り除く契機となることが期待される。

(2) 親族後見人等による権利侵害への対策

成年後見制度の普及に伴い、後見人等による財産侵害等の権利侵害といった問題が現実化している。後見人が高齢者らの預貯金を横領する事件が多発したため、最高裁が2010（平成22）年6月以降から開始した調査結果によると、成年後見人全体の不正は、2011（平成23）年には311件（被害総額33億4,000万円）、2012（平成24）年には624件（同48億1,000万円）、2013（平成25）年には662件（同44億9,000万円）、2014（平成26）年には831件（同56億7,000万円）となっている。2015（平成27）年には521件（同29億7,000万円）と若干減少しているものの、成年後見制度自体の根幹を揺るがす非常に憂慮すべき事態にある。

本来、後見人の監督を行う立場にあるのは家庭裁判所であるものの、家庭裁判所自らが後見人の監視といった監督機能を充足することが困難であったことから、東弁は、2013（平成25）年度に、他会に先がけて弁護士会による後見人・後見監督人候補者の推薦方式（団体推薦方式）を強化し、親族後見人の後見監督人を積極的に引き受けて、親族後見人に対する監督機能を果たすべく活動してきた。

また2011（平成23）年に最高裁が親族による横領等の不祥事を防止するための方策として、信託協会の協力を得て「後見制度支援信託」という仕組みを提唱し、その試行的運用を開始した。しかしながら、成年後見制度が本人の自己決定権の尊重を理念とし、本人のための柔軟な財産管理や身上監護を目指している制度であるのに対し、後見制度支援信託は運用次第によってはこれに悖るおそれがある。より具体的に述べると、現在運用がなされている後見制度支援信託は、成年被後見人（本人）の流動資産が500万円以上の場合に信託運用が検討されることになっており、信託契約の指示書が家庭裁判所から交付されると、仮に本人が特定の預貯金を相続人に相続させる遺言書を作成していたとしても、後見人は当該預金を解約して信託銀行に信託設定しなければならなくなる。東京三弁護士会は、東京家庭裁判所における後見制度支援信託の試行的運用にあたって、その運用が本人のための後見制度の趣旨に悖らないよう、事案の内容に応じて適切な運用がなされるよう協議を尽くしてきた。現状、東京家庭裁判所では、本人の状態に応じて手元金の余裕を認め、さらには本人の財産のうち一部のみを信託に付して最低限の財産を保全するなど、柔軟な運用がなされているものの、本人の意思決定をより尊重した運用が強く望まれるところである。

(3) 弁護士後見人等への信頼の確保

親族後見人の不正にも増して憂慮すべき事態は、弁護士や司法書士ら「専門職」後見人の不正行為が少なからず発生している点である。

前記（2）で記載した後見人の不正行為のうち、専門職後見人による不正行為は、2011（平成23）年には6件（被害総額1億3,000万円）、2012（平成24）年には18件（同3億1,000万円）、2013（平成25）年には14件（同9,000万円）、2014（平成26）年には22件（同5億6,000万円）、2015（平成27）年には37件（同1億1,000万円）となっている。残念ながら、弁護士後見人等による不

正行為の中には弁護士会の役職を務めた者も複数含まれており、弁護士への信頼を根底から覆す事象であり、不正行為防止のために積極的に有効な対策をとることは喫緊の課題である。

この点、司法権の独立（憲法76条）と、これを支える弁護士の独立性確保を強調する立場から、個々の弁護士が受任する事件に関する弁護士会の指導・監督については、消極的な意見がみられる。しかし、弁護士会が強制加入団体であり、個々の弁護士に対する資格審査、懲戒などの監督が弁護士会にのみ認められている弁護士自治の趣旨に鑑みれば、弁護士による不正行為を防止するために積極的な手立てを講じ、社会的責任を果たすことは、弁護士自治を守り、弁護士の国家権力からの独立性を維持するために避けては通れない課題である。

前述したとおり、後見人等に対する監督は、第一義的には家庭裁判所の役割である。しかしながら、専門職後見人等としての弁護士の職務の適正に関して、弁護士会は独自の立場で、判断能力の低下した被後見人等の権利擁護の観点から、弁護士の職務の適正をチェックし、あるいは、弁護士が不祥事に陥らないよう業務を支援する体制を整備すべきである。

なお、東京家裁の弁護士・弁護士会に対する信頼を回復するため、東弁は、2013（平成25）年度に、他会に先がけて弁護士会による後見人・後見監督人候補者の推薦方式（団体推薦方式）を強化し、研修や事案検討会の充実・強化を図り、報酬の5％を弁護士会に納付させることを通じて業務遂行状況を把握するなど、弁護士会としての管理監督体制を、個々の弁護士の独立に反しない限度で行う体制を作った。

また、2017（平成29）年3月3日の日弁連臨時総会で、弁護士の職務又は業務に伴う業務上横領又はそれに準ずる行為によって損害を被った被害者に対して一定額（被害者1名あたり500万円が上限）を給付する「依頼者見舞金制度」の創設が可決されて2017（平成29）年10月から運用される予定である。その他、「預り金等の取扱いに関する規程」の一部が改正され、預り金口座であることがわかる文字を使用した預り金口座の届出が義務化されているなど、弁護士に対する信頼の回復と被害者の財産的損害の緩和を目指した取り組みが進められている。（第2部第1章第2の2項参照）

(4) 成年後見制度利用促進法をめぐる問題点

高齢化社会が急速に進展しているにもかかわらず、今なお成年後見制度を利用していない人が多くいることから、成年後見制度の利用をより推進するため、「成年後見制度の利用の促進に関する法律（平成28年法律第29号。以下「成年後見制度利用促進法」という。）が2016（平成28）年4月8日に成立し、2016（平成28）年5月13日から同法が施行された。また、「成年後見の事務の円滑化を図るための民法及び家事事件手続法の一部を改正する法律」が2016（平成28）年10月13日から施行されている。

成年後見制度利用促進法及び関連法が成年後見制度の実務に直接的に与えた影響としては、成年被後見人に宛てた郵便物等について一定の要件のもとで成年後見人に転送することを認めた点（民法860条の2）、成年後見人が成年被後見人の死亡後も一定の要件のもとで、相続財産に属する特定の財産の保存に必要な行為、相続財産に属する債務（弁済期が到来しているものに限る。）の弁済、その死体の火葬又は埋葬に関する契約の締結その他相続財産の保存に必要な行為を行えることが明記された点にあると言える（民法873条の2）。

しかしながら、従前より問題が指摘されていた成年後見人による医療同意の可否については検討事項とされており（成年後見制度利用促進法11条3号）、成年後見人による葬儀の可否についても触れられていない。また、成年後見制度利用促進法で定めた規定自体にも依然として解釈論に依拠している部分が多く見受けられる。

成年後見制度利用促進法では、今後の検討課題を克服していくため、国に対して成年後見制度の利用の促進に関する施策を総合的に策定し、実施する責務を明記し（成年後見制度利用促進法4条）、政府が成年後見制度の利用の促進に関する基本的な計画（以下「基本計画」という。）を定めなければならない旨を規定している（成年後見制度利用促進法12条）。

この基本計画の作成にあたっては、日本弁護士連合会、東京弁護士会、大阪弁護士会ほかがパブリックコメントに対する意見を提出しているところであり、2017（平成29）年3月24日に基本計画が閣議決定されている。

この基本計画は、任意後見制度と法定後見制度のあり方、究極的には、今後の国民の権利擁護を国として

どのように実現していくかの指針であると言える。今後は、特に①後見制度の3類型に該当する場合の法的評価を明確にすること、②「障害のある人の権利に関する条約」の理念を踏まえた制度設計を検討すること、③成年後見制度に対する社会の信頼を回復できるような施策の補充をすること、④成年後見制度が終了した場合の権利と義務の法的構成を明確にすること、⑤成年後見制度推進のための財政支援の基盤を確立することを積極的に推し進めていく必要がある。

3 高齢者虐待

近時、高齢者に対する身体的・心理的虐待、介護や世話の放棄・放任等が、家庭や介護施設などで表面化し、社会的な問題となっている。2005（平成17）年6月、介護保健法が改正され、高齢者等に対する虐待の防止及びその早期発見その他権利擁護のため必要な援助等の事業が市町村の必須事業とされるようになった（介護保険法115条の38第1項4号、現115条の45第2項2号）。この事業の内容として、成年後見制度を円滑に利用できるよう制度に関する情報提供を行うことが挙げられており、2006（平成18）年4月から発足した全国の市町村が設置する地域包括支援センターが、この事業を担うこととされている。また、2006（平成18）年4月から「高齢者虐待防止法、高齢者の養護者に対する支援等に関する法律」（以下「高齢者虐待防止法」という。）が施行されている。

高齢者虐待防止法は、①身体的虐待、②介護・世話の放棄・放任、③心理的虐待、④性的虐待、⑤経済的虐待を「虐待」と定義している。

虐待者は、被虐待者と同居している者が88.6％と多数を占め、虐待されていることを自覚している高齢者は約半数にとどまっている。

高齢者虐待を覚知した自治体には、家族からの虐待から避難させなければならない場合等において老人福祉法上の措置により施設入所等を行うことや（老人福祉法11条等、高齢者虐待防止法10条）、財産上の不当取引等の被害を防止するため成年後見制度の利用促進のための措置が義務づけられているが（高齢者虐待防止法28条）、法律上の専門的相談まで地域包括支援センターの職員が担当することは現実的でなく、弁護士等法律専門家とのネットワークの構築により、必要に応じて連携・役割分担して被虐待高齢者を救済していくことが求められている。また、高齢者虐待防止法は養護者に対する支援も規定しており、自治体の行った措置に対する国家賠償請求訴訟等が提起される昨今の状況に鑑みれば、被虐待者に関する情報が遮断されることになる養護者に対する適切な支援（カウンセリング、助言等）を行うことも非常に重要な課題であると言える。

このため、弁護士会としては、各自治体及び地域包括支援センター等からの要請に応じて臨機に専門的相談を提供できるネットワーク作りを重要な活動の一つと位置づけなければならない。低所得者への対応など、法テラスとの協力関係も構築すべきである。

4 認知症高齢者の医療をめぐる問題点

2006（平成18）年4月、介護報酬・指定基準等の見直しが行われた。その一つとして、指定介護老人福祉施設において、一定の看護・医療体制の確保を条件に、医師が一般に認められている医学的知見に基づき回復の見込みがないと診断した者に対する「看取り介護」への介護報酬加算が創設された。2015（平成27）年度介護報酬改訂においても入所者や家族の意向の尊重と、看取り体制強化に向けた推進施策が示されたところである。

しかしながら、本人の意思確認が困難となる終末期においては、従前の本人の意向と家族の意向とに相克が生じることも予想される。また、そもそも後見人等には医療同意権は付与されていない現状、代諾権者が誰か判然としない状況下で、安易に家族の意向を優先させれば、生命の維持という最も根本的な人権が侵害されかねない。日弁連においても、2011（平成23）年12月15日付「医療同意能力がない者の医療同意代行に関する法律大綱」において、家族による医療同意の代行決定の法的位置づけと成年後見人に医療同意の代行決定権限を与えた場合の位置づけを特別法で整理するように促す提言がされているところである。

「看取り介護」の実施状況を調査するとともに、適正な実施のための本人の意思決定を重視する体制の整備、医療同意代行権限に関する法整備、「看取り介護」の実施状況の監視が必要である。

5 消費者被害

2016（平成28）年度の65歳以上の高齢者に関する消

費生活相談は24.4万件に上っている（平成28年版消費者白書）。判断能力の低下や孤独感などから、高齢者を狙った財産侵害や悪徳商法による消費者被害が多発している。

これらの被害の再発防止は成年後見制度の活用によるとして、被害の回復には弁護士による法的助力が不可欠である。2004（平成16）年6月に施行された総合法律支援法は7条において、「総合法律支援の実施及び体制の整備に当たっては、国、地方公共団体、弁護士会、日本弁護士連合会及び隣接法律専門職者団体、弁護士、弁護士法人及び隣接法律専門職者、裁判外紛争解決手続を行う者、被害者等の援助を行う団体その他の者並びに高齢者又は障害者の援助を行う団体その他の関係する者の間における連携の確保及び強化が図られなければならない」と規定する。

この趣旨に則って、弁護士会は、高齢者又は障がい者の援助を行う地域包括支援センターや社会福祉協議会、その他援助団体との連携関係を築き、関係を強化していかなければならない。低所得者への対応など、法テラスとの協力関係も構築すべきである。

第3 障がい者の人権

1 基本的視点

世界的には、2006（平成18）年に国連において「障がい者の権利に関する条約」（Convention on the Rights of Persons with Disabilities）（以下「権利条約」という）が採択され、2008（平成20）年5月に発効した。同条約の基本理念として、障がい者は、社会の一員としてすべての基本的人権を完全かつ平等に享有し、固有の尊厳を有する権利の主体であることを表明した。そして、「障がい観」をそれまでの医学モデルから社会モデルへと大きく転換させ、「障がい者が個々に必要な支援を得て社会の対等の一員として位置づけられること（インクルージョン）」という理念に基づき、障がい者が地域で暮らす権利を保障した。さらに、「差別」には直接差別・間接差別のみならず、合理的配慮を行わないことも含まれることを明確にした。

ところが、我が国においては、長らく障がい者は、長らく「権利の主体」ではなく「保護の客体」として従属的地位に置かれてきた。また、地域における受入れ環境が整わないために退院することができずに、人生の大半を病院で送る「社会的入院」状態の障がい者が何十万人といる現状がある。その背景には、国連加盟各国のGDP（国内総生産）に対する障がい者関係支出額の比率を対比すると、我が国の障がい政策公的支出費用比率は0.67％とされ、加盟30か国の中で下から3番目であり、我が国の障がい者の権利保障の水準は国際水準に照らして、憂慮すべき低い水準に置かれているということがわかる。

日本政府は、2007（平成19）年9月に権利条約に署名した上で、2009（平成21）年12月に障害者制度改革推進本部を設置し、権利条約の批准に向けて国内法の整備を行ってきたが、遅々として国内法整備が進まない状況があった。ようやく、2014（平成26）年1月20日に遂に日本政府も権利条約を批准したが、我が国の法整備は今なお不十分であり、障がい者たちは「あらゆる人権及び基本的自由の完全かつ平等な享有」には程遠い状況に置かれている。

2 障害者自立支援法から障害者総合支援法へ

障害者自立支援法違憲訴訟において、国（厚生労働省）（以下「国」という）と障害者自立支援法違憲訴訟原告団・弁護団とが2010（平成22）年1月7日、基本合意文書を調印し、自立支援法の2013（平成25）年8月までの廃止を確約した。

そして、政府では、2009（平成21）年12月から権利条約批准の実現を目的として、障がい者制度の集中的な改革を行う「障がい者制度改革推進本部」、障がい者を半数以上の構成員とする「障がい者制度改革推進会議」（以下「推進会議」という）を設置し、また、当事者の意見を踏まえずに拙速に施行して障がい者の尊厳を傷つけた障害者自立支援法の轍を踏まないように、55人からなる「総合福祉部会」が設置した。同部会では、障害者自立支援法廃止後の新たな総合的な法制について精力的な議論が行われ、新しい法律の骨格の提言を行っている。これを踏まえ、障害者自立支援法（自立支援法）は2013（平成25）年4月1日に「障害者の日常生活及び社会生活を総合的に支援するための

法律（障害者総合支援法）」に変更される旨の法律が2012（平成24）年6月20日に参議院で可決成立、同年6月27日に公布された。

2006（平成18）年に施行された障害者自立支援法は、障がい者に対する福祉サービスを行政の「措置」から「契約」に転換し、福祉サービスの利用量に応じた自己負担を伴う応益負担を制度の骨格とするものであり、障がいゆえに生じる「必要な支援」を「利益」とみなし、本人の責任に帰する仕組みであった。これに対して、障害者総合支援法では、基本理念として、「全ての国民が、障害の有無にかかわらず、等しく基本的人権を享有するかけがえのない個人として尊重される」こと（第1条の2）、「障害者及び障害児が基本的人権を享有する個人としての尊厳にふさわしい日常生活又は社会生活を営むことができるよう、必要な障害福祉サービスに係る給付、地域生活支援事業その他の支援を総合的に行い、もって障害者及び障害児の福祉の増進を図るとともに、障害の有無にかかわらず国民が相互に人格と個性を尊重し安心して暮らすことのできる地域社会の実現に寄与することを目的と」（第1条）し、「全ての国民が、障害の有無によって分け隔てられ」ないこと、「全ての障害者及び障害児が可能な限りその身近な場所において必要な日常生活又は社会生活を営むための支援を受けられることにより社会参加の機会が確保されること」、「どこでだれと生活するかについての選択の機会が確保され、地域社会において他の人々と共生することを妨げられないこと」、「障害者及び障害児にとって日常生活又は社会生活を営む上で障壁となるような社会における事物、制度、慣行、観念その他一切のものの除去に資すること」を基本理念として支援がなされなければならないとされた（第1条の2）。

障害者総合支援法では、従前の身体障害・知的障害・精神障害という障害類型から外れる難病等の障がい者にも必要な支援を谷間なく提供できるよう、「障害者」の範囲に難病等が付け加えられている（4条1項）。また、同法では、「障害の程度（重さ）」ではなく、支援の必要性を基準とする「障害支援区分」が新たに創設され、障害支援区分の認定が知的障がい者・精神障がい者の特性に応じて行われるように、区分の制定に当っては適切な配慮等を行うものとされている（4条4項）。さらに、同法では、障がい者が地域の中で生活が送れるように社会基盤の整備、地域移行支援事業の整備が行われる（5条18項）。

まずは、障がい者の地域移行支援を促進するために日弁連が日本司法支援センターへの委託事業として任意に行っている障がい者に対する法的支援（「精神障害者・心身喪失者等医療観察法法律援助」）を、国の法定事業として明確化する必要がある。

弁護士会としても、障がい者の地域移行支援を促進するため、日弁連から日本司法支援センターへ委託している「精神障害者・心身喪失者等医療観察法法律援助」の重要性を社会に啓発するとともに、制度の積極的な活用を行うべきである。

3 障害者差別解消法の成立・施行

前述のとおり、2006（平成18）年に権利条約が採択された後、我が国もその批准に必要な国内法の整備を進めてきたが、遅々として進まなかった。

国際的には、1990（平成2）年に「障がいのあるアメリカ人のための法律」が包括的に差別を禁止し、その後、1992（平成4）年にオーストラリアで、1993（平成5）年にニュージーランドで、1995（平成7）年にイギリスで障害者差別禁止法が制定され、さらに2000（平成12）年にはEUで「雇用・就労と職業における均等待遇のための一般的枠組み設定に関する指令」が採択され、EUにおいて障がい分野の差別を禁止する立法を有しない加盟国は無い状況となっている。アジアにおいても、2010（平成22）年に韓国で「障害者差別禁止及び権利救済等に関する法律」が制定された。

このように先進国と言われる国において、障がい分野の差別を実効的に禁止する法制度をもたない国は、わが国だけという状況になっていたが、ようやく2013（平成25）年6月19日、「障害を理由とする差別の解消の推進に関する法律」（以下「障害者差別解消法」という）が制定された。しかし、この法律の内容は、差別的取扱いを禁止し、国や地方公共団体には障がい者差別を解消するための合理的配慮を行うことが義務とされているものの、民間事業者には努力義務とされているに過ぎない点など、権利条約及び日弁連が従前から求めてきた内容と比べると不十分な点があるので、日弁連は、2013（平成25）年6月19日、以下の問題点を指摘する会長声明を発している。

① 差別の一類型である合理的配慮義務違反につき、

行政機関等は法的義務となっているのに対し、民間事業者は努力義務にとどまっていること。

②　権利侵害の救済機関として新たな組織を設けず、既存の機関を活用していくことが想定されているが、実効性ある権利救済のためには、第三者性のある救済機関が必要であること。

③　本法律は、差別的取扱いや合理的配慮の具体的内容など、重要事項の定めをガイドラインに委ねているが、このガイドラインは、障害者権利条約の各則の趣旨に適合する内容となるよう具体化するとともに、障害のある人の実状にあった内容となるよう、国会の関与などの制度的担保が必要であること。

本法律は、2016（平成28）年4月の施行から3年経過時に、所要の見直しを行うこととされているが（障害者差別解消法の附則第7条）、すべての人が個人として尊厳を重んじられる社会を実現するためにも、施行後3年を待たず、可及的速やかに本法律を見直すべきであり、日弁連・弁護士会としてもさらなる運動が必要である。日弁連では、2014（平成26）年10月の第57回人権擁護大会において、シンポジウムを開催するとともに、「障害者権利条約の完全実施を求める宣言」を発表したが、引き続き、社会の意識を変えるための取組みが必要である。

4　障害者虐待防止法の実効性確保

(1) 障害者虐待防止法の概要

2011（平成23）年6月17日、障害者虐待の防止、障害者の養護者に対する支援等に関する法律（以下「障害者虐待防止法」という）が成立し、2012（平成24）年10月1日に施行された。

同法の立法趣旨は、障がい者に対する虐待が障がい者の尊厳を害するものであり、障がい者の自立及び社会参加にとって障がい者に対する虐待を防止することが極めて重要であること等に鑑み、障がい者に対する虐待の禁止、国等の責務、虐待を受けた障がい者に対する保護及び自立の支援のための措置、養護者に対する支援のための措置等を定めることにより、障がい者虐待の防止、養護者に対する支援等に関する施策を促進し、もって障がい者の権利利益の擁護に資することにある。

同法においては、障がい者に対する虐待を、行為類型別に①身体的虐待、②ネグレクト、③心理的虐待、④性的虐待、⑤経済的虐待、主体別に①養護者による虐待、②障害者福祉施設従事者による虐待、③使用者による虐待と定義し、虐待の禁止、虐待の早期発見、虐待に対する措置を定めた。市町村・都道府県に「障害者虐待防止センター」、「障害者権利擁護センター」が設置された。法律の施行後3年を目途に再検討が予定されている（障害者虐待防止法の附則第2条）。

(2) 養護者による虐待に関する弁護士の役割

養護者による虐待の背景には、障がい者及びその養護者の孤立があることが指摘されている。障がい者及び養護者が家庭内で孤立することのないよう社会的に支援していくことが必要である。養護者への支援・見守りでは障害者への虐待を防げない場合には、障がい者を養護者から分離し、成年後見制度の活用などにより障がい者の権利を守り、障がい者が社会の中で生活できるよう支援する必要がある。

弁護士は、①虐待された障がい者の権利を守る立場での関与、②虐待をしたとされる養護者からの依頼をいずれも受ける立場にあるが、いずれの場合であっても、障がい者本人の権利擁護を中心に据えて、利害調整に当たらなければならない。

(3) 施設従事者による虐待に関する弁護士の役割

施設内における虐待は、障がい者自身が被害を訴えることが困難であったり、家族が「面倒をみてもらっている」意識から声を上げにくかったりすることから、発覚しにくい側面があった。障害者虐待防止法の施行、公益通報者保護法により、施設従事者による虐待が顕在化し、虐待防止が促進されることが期待される。

弁護士は、障がい者及びその家族、公益通報者、施設設置者、都道府県等からの依頼を受ける立場にある。障害者虐待防止法の趣旨を踏まえ、虐待の事実の確認、虐待を受けた障がい者の保護、公益通報者の保護、再発防止策の策定などに遺漏なきよう助言しなければならない。

(4) 使用者による虐待に関する弁護士の役割

使用者による虐待は、使用者による直接的な虐待のみならず、従業員間の虐待を放置することも使用者による虐待に当たる（ネグレクト・安全配慮義務違反）。

弁護士は、障がい者及びその家族、公益通報者、使用者、都道府県等からの依頼を受ける立場にある。障害者虐待防止法の趣旨を踏まえ、虐待の事実の確認、虐待を受けた障がい者の保護、公益通報者の保護、再

発防止策の策定などに遺漏なきよう助言しなければならない。特に、労働局による使用者への指導監督等は体制の整備が遅れている。適切な権限行使に向けて、弁護士が果たす役割は大きい。

(5) 障がい者に対する虐待の防止等の在り方の見直し

現行の障害者虐待防止法においては、学校、保育所等、病院における虐待は、通報義務や行政による措置など法による権限行使の対象から外された。しかし、現実には、学校においては、障がいのある児童に対する教員による虐待や生徒によるいじめが生じている。これに対して、学校現場が有効な対策を取れているとは言い難い。また、精神病院等に社会的入院で長期入院を強いられている障がい者に対する虐待も後を絶たない。学校及び病院における虐待も障害者虐待防止法で定める通報義務の対象とするよう、働きかけていくべきである。

5 罪を犯した知的・精神障がい者に対する支援

刑務所等の矯正施設入所者の中には知的障がいや精神障がいにより生活上のさまざまな困難を抱えながら、従来、福祉的な支援を受けられずに罪を犯してしまった障がい者が含まれている。新規受刑者の1.5％に知的障がいがあるとの指摘もある。

(1) 刑事手続の中での支援

社会の中での生活よりも刑務所等での生活の期間が長くなっている中・軽度の知的障がい者や精神障がい者は、既に社会における自分の居場所を喪失してしまっているケースが多いと言える。また、障がいのわかりにくさゆえに社会の中で孤立し、排除されて、結果的に罪を犯してしまうことが少なくない。そして、刑事手続の中でも、障がいの特性に気づかれることなく、「反省の色がない」などとして十分な弁解もできず刑務所等に収用されてしまっている。

弁護人として関わる弁護士には、

① 被疑者・被告人の障がいに気づき、取調べや刑事裁判の中において知的・精神障がい者の防御権を十分に行使できるよう援助する。

② 福祉的支援を受けていなかった被疑者に福祉機関を関与させ、起訴猶予・身柄拘束からの解放を実現する。

③ 社会内処遇に向けて福祉機関等の社会資源を活用したサポート体制をコーディネートし、執行猶予判決を得る。

などの活動が求められる。

近時、裁判段階でのいわゆる「入口支援」に向けた取り組みが積極的に行われるようになってきている。弁護士会でも2014（平成26）年3月には「障害者刑事弁護マニュアル」が作成され、同年4月から障がい者等対応の当番弁護士名簿の運用が開始されている。

(2) 刑務所等を出るときの支援

刑務所等の矯正施設等からの出所時の対応は「出口支援」と呼ばれ、2011（平成23）年度までに都道府県に設置された「地域生活定着支援センター」を中心に、「地域生活定着促進事業」が展開されている。また、東京地方検察庁でも2013（平成25）年4月1日から社会復帰支援室を発足させて、被疑者・被告人の釈放後に福祉事務所等まで同行する等の支援を行っているとのことである。

罪を犯した障がい者等とより身近に接する弁護士としては、障がい者等の意思を尊重しながら、市区町村の福祉事務所、社会福祉協議会、病院、福祉作業所、グループホームなどの関係機関と連携し、障がい者が社会的に排除されて刑務所等に戻ることがなくてすむよう支援していくべきである。

弁護士会は、これらの罪を犯した障がい者等に対する支援に関する基本的知識を、全ての刑事弁護に関わる弁護士に周知すべきである（第4部第13参照）。

第4 両性の平等と女性の権利

1 基本的視点

憲法第14条1項で、性別に基づく差別が禁止され、第24条で、家族生活における個人の尊厳と両性の平等を定めている。にもかかわらず、いまだにあらゆる場面で男女間格差や差別は存在し、実質的平等は実現されていない。女性の社会進出が謳われつつも、厳然として存在する性別を理由とする差別につき、法改正を軸として、全ての人間の実質的平等を実現していかね

ばならない。

2 婚姻制度等の改正

法制審議会は、1996（平成8）年2月、①「選択的夫婦別姓」の導入、②婚姻適齢を男女とも18歳に統一すること、③女性の再婚禁止期間を100日に短縮すること、④婚外子の法定相続分を婚内子と同等とすること、⑤「5年以上の別居」を離婚原因とすること、等を内容とする「民法の一部を改正する法律案要綱」を答申した。さらに、2010（平成22）年にも国会への提出を目指して上記要綱と同旨の法律案が政府により準備されたが、保守派を中心とする反対にあい、国会提出には至らなかった。なお、2013（平成25）年9月14日最高裁大法廷で、婚外子の相続分差別規定（900条4号但書前段）につき違憲決定が出され、同年12月5日に民法改正案が可決した。

日弁連及び東京弁護士会は、これまで何度も民法の差別的規定の改正を求めてきたが、直近では、日弁連は2015（平成27）年12月18日に「夫婦同氏の強制及び再婚禁止期間についての最高裁判所大法廷判決を受けて、民法における差別的規定の改正を求める会長声明」、2016（平成28）年6月1日に「再婚禁止期間を短縮する民法の一部を改正する法律の成立に対する会長声明」を出し、東京弁護士会では2015（平成27）年12月17日に「夫婦同氏強制及び再婚禁止期間等に関し、最高裁判決を受けて民法の差別的規定の早期改正を求める会長声明」を出している。

(1) 選択的夫婦別姓

氏名は個人の人格権の一内容を構成する（最高裁1988〔昭和63〕年2月16日判決）。しかし、現行民法750条の夫婦同姓の規定は、婚姻に際して姓を変更したくない者に対しても姓の変更を強いることになるので、人格権を侵害するものであるという強い意見もある。もし、婚姻をしても姓を変えたくないのであれば、事実婚という方法を選択せざるを得ない。ところが、いまだ事実婚は法律婚と完全に同等の法的保護がなされているとは言い難いため、事実婚を選択することによって不利益を被っている者も存在する。さらには、法律上の婚姻の条件として姓の変更が挙げられていることとなり、憲法24条1項の「婚姻は、両性の合意のみに基づいて成立する」旨の規定にも違反するという主張もされているところである。

たしかに、現行民法750条において、女性が姓を変更することは条文上強制されていないが、我が国においては現行民法の下で妻の姓を選択した夫が10%を超えたことはなく、2014（平成26）年に婚姻した女性の98.1%が夫の姓に改姓しており、実質的平等が実現されているとは言い難い。そこで近年は、女性の社会進出に伴って、旧姓を通称名とし、その通称名を使用できる範囲を拡大して仕事上の不利益を解消しようという動きがあり、弁護士や検察官、裁判官といった法曹三者については、通称名の使用が広く認められるようになった。しかし、それでも戸籍名と通称名が違うことを理由に、銀行の送金等の場面で、弁護士としての業務に支障をきたしたという声は途絶えていないのが現実である。また、通称名を使用したところで、戸籍上は改姓していることに変わりがないので、女性にとっては氏名すなわち自分のアイデンティティを喪失したという感覚は拭えないという強い反対意見が存在する。一方で、夫婦同姓を望む意見も存在するので、同姓か別姓かを押し付けるのではなく、同姓・別姓の選択を認める、選択的夫婦別姓の導入が重要である。

この点、女子差別撤廃条約第2条は、女性に対する差別法規の改廃義務を定め、同条約16条(b)は、「自由に配偶者を選択し及び自由かつ完全な合意のみにより婚姻をする同一の権利」を定め、同条(g)は、「夫及び妻の同一の個人的権利（姓及び職業を選択する権利を含む）」を定めており、国連女性差別撤廃委員会も、夫婦別姓を実現するよう、日本政府に対し、繰り返し改善勧告を行っており、2016（平成28）年3月7日公表した対日審査会合に関する「最終見解」では、夫婦別姓や再婚禁止期間などの民法規定について、日本政府に速やかな改正を勧告した。

もともと、日本においても夫婦同姓が採用されたのは1898（明治31）年である。それまでは女性は結婚後も実家の姓を名乗っていたものであり、「家制度」が導入された旧民法から夫婦同姓が始まったものである。そのため、夫婦同姓が我が国固有の歴史ある制度とはいえず、すでに廃止された「家制度」の名残であるので、「家制度」が存在しない以上、夫婦同姓を維持する意義は乏しい。「家族の一体感が損なわれる」「子供と親が姓を別にすると子供への悪影響が懸念される」旨の反対意見も存在するが、家族の情愛や子供の成育が姓で左右されるということは何ら実証されていない

ばかりか、広く通称名の使用を認めた結果、事実上は家族の呼称される姓が統一されていない実情と整合しない意見である。このような状況の下では、戸籍上だけ夫婦同姓を維持することの意味は乏しい。そこで、もはや「家制度」の負の遺産である夫婦同姓強制制度を撤廃して、個人の尊厳を実現する時期にきていると思われる。

そして、2015（平成27）年12月16日、民法750条の夫婦同姓制度につき最高裁は合憲との判断を行ってはいるが、上記国連女子差別撤廃委員会は、同判決に対しては「最終見解」にて「実際には夫の姓を使うよう強制している」と批判している。

現時点では、もはや夫婦同姓の原則を採っている国は少数となっており、個人の尊厳と両性の実質的平等を実現すべく、夫婦同姓制度の改正を積極的に提言していくべきである。

(2) 婚外子差別の撤廃

2013（平成25）年9月4日、最高裁大法廷は、子が数人あるときに婚外子の相続分を婚内子の2分の1とする規定（民法900条4号但書前段）につき、憲法14条1項に違反すると判示する決定を行った。これを受けて、2013（平成25）年12月5日、民法900条4号但書前段を削除する民法改正案が可決成立し、相続面における婚外子差別がようやく解消された。

しかしながら、「嫡出」とは「正統である」という意味があり、「嫡出子」「非嫡出子」という用語自体が差別的であるので、その用語も改めるべきである。さらには、出生届に婚外子か婚内子かの区別をいまだに記載しなければならないとされる戸籍法も改正されるべきである。これについては、「最高裁が違憲としたのは民法900条4号但書前段だけ」という詭弁を用いて戸籍法改正に反対した国会議員も存在し、2013（平成25）年の臨時国会において、参議院では、民法改正と戸籍法改正にも踏み込む改正案が野党議員から提案されたが、わずか1票差で否決された。

そして現在、民法（相続関係）の改正が進められており、これは配偶者の相続権をより手厚く保護するものになる予定である。それ自体は配偶者保護の観点から良いとしても、上記最高裁判決を受けて、家族制度の維持すなわち法律婚をより手厚く保護すべきだという意見に基づいてなされるものであるのは問題である。「正妻」「非嫡出子」という女性や子供に序列をつける発想から抜け出して、純粋に相続人を保護する内容の改正を行うべきである。

このような現状に鑑み、日弁連としては粘り強い取り組みを行って、「嫡出子」用語の撤廃及び戸籍法の改正の実現、相続法の適切な改正を図るべきである。

(3) 婚姻適齢の平等化

現行民法731条では、男性は18歳、女性は16歳で婚姻できると定められており、男女で婚姻適齢に2歳も差がある。これに対し、日本政府は、女子差別撤廃委員会から何度も婚姻適齢を男女とも18歳にするように勧告されており、自由権規約第6回報告書審査においても2014（平成26）年に婚姻最低年齢の改正を勧告された。世界的に見ると、16歳での結婚は「児童婚」とされている。「児童婚」は、女性から教育の機会を奪うものと考えられており、そのため、婚姻適齢の平等化は、女性蔑視からの脱却と女性の社会進出の促進という重要な意義があるのである。

現在、法務省は成人年齢を現行の20歳から18歳に引き下げるとともに、婚姻適齢も成人年齢に合わせて男女ともに18歳とする案を出している。成人年齢だけ改正して婚姻適齢の平等化が案のまま終わらないよう、両性の平等の見地から婚姻適齢の平等化を実現すべきである。

ただ、婚姻適齢を引き上げると、これまで16歳で婚姻できていた女性が婚姻できなくなり、シングルマザーとなって貧困に陥ってしまうのではないかと懸念する声もないわけではない。しかし、問題は婚姻の有無ではない。若年で妊娠・出産した女性が、退学することなく高校や大学で学べるようにしたり、就労する際にも、安心して子供を預けられるようにする仕組みを作り、女性の経済的自立支援をすべきである。

(4) 再婚禁止期間と無戸籍の子

民法733条1項で、女性のみ6か月間の再婚禁止期間が設けられ、離婚後300日以内に生まれた子は、遺伝子上の父ではなく、前夫が子の父親と推定されるために、子の出生届を出さない母親がおり、無戸籍の子が多数存在するに至っている。この場合、医師の証明や裁判上の手続で対応をせざるを得ず、手続きが煩雑であった。「父性の推定の重複を避け、法律関係を早期に安定させて子の福祉を図る」という立法理由は、立法当時は合理性があったものの、DNA鑑定の技術が進んで、現在は遺伝子上の父親が科学的に立証できる

までに至っている。また、無戸籍の子が生じるのは、DV夫から身を守るために逃げた妻が、話し合いに応じない夫と離婚が成立しないうちに新しいパートナーとの間で子が誕生するということが少なくないためである。すなわち、女性に対する暴力という問題に密接に関連しており、無戸籍の子が生じるのは母親である女性に責任があるとして批判するのは見当違いである。

そこで、再婚禁止期間について、2015（平成27）年12月16日に最高裁は100日を超える部分については違憲という判断を行った。これを受けて、女性の再婚禁止期間を離婚後6か月から100日に短縮し、離婚時に妊娠していなかった場合又は離婚後に出産していた場合は100日以内でも再婚可能にする民法の改正が2016（平成28）年6月になされた。

しかし、女子差別撤廃委員会は、再婚禁止期間が女性のみに課せられていることを問題とし、女性の婚姻の自由を侵害するものとして、再婚禁止期間の短縮ではなく、撤廃を勧告している。

民法の改正により再婚禁止期間が短縮されたことは評価できるが、より一層の平等を実現するためには、再婚禁止期間の「撤廃」を行うべきである。また、同時に民法772条の嫡出推定の期間についても見直しを行い、実情に整合した制度にすべきである。

(5) 養育費の算定・回収

離婚後、子の養育費については、主に女性から男性に請求することが多い。これは、女性が親権を得ることが多いというだけではなく、自力で十分な収入を確保できない女性が多いという「男女間格差」にも起因する。

現在、家庭裁判所において一般的に用いられている養育費の算定表は、判例タイムズ1111号で2003（平成15）年に発表されたものである。これは、東京・大阪の裁判官の共同研究（東京・大阪養育費等研究会）で作成されたものであるが、現在の裁判所は、この算定表を動かし難い基準として運用している傾向があり、事案に応じた弾力的な運用がなされているか疑問がある。さらに、この算定表で算出される養育費が、最低生活水準にも満たないという事態となっており、母子家庭の貧困を一層推し進めている。

そこで、日弁連は、2012（平成24）年3月15日に「『養育費・婚姻費用の簡易算定方式・簡易算定表』に対する意見書」を決議し、2016（平成28）年11月15日付けで「養育費・婚姻費用の新しい簡易な算定方式・算定表に関する提言」を取りまとめ、同年11月29日付けで最高裁判所長官、厚生労働大臣及び法務大臣に提出して、新算定表に基づく運用を裁判所に呼び掛けている。そして、法制審議会の部会は民事執行法を改正し、裁判などで確定した養育費や損害賠償金の支払いを確実にするための中間試案をまとめるに至った。この試案は、金融機関から債務者の預貯金の額や口座のある店名を、また一定の公的機関から勤務先の所在地を、それぞれ裁判所を介して取り寄せられるようにし、さらには、裁判所の手続きに出てこなかったり、虚偽の主張をした時の制裁を厳しくする内容であって、2018（平成30）年通常国会への改正案提出を目指している。

中には、養育費の支払と面会交流をセットとして考え、面会が実現しなければ養育費も支払わなくて良いという発想の片親も存在するが、面会の実現の有無にかかわらず、養育費の支払いは子供の成長のために必要である。支払われる養育費が不十分であれば、子どもの教育の機会が失われ、貧困が連鎖するという事態を招く。そのため、養育費の算定を見直し、かつ、それが確実に履行されるようにしなければ、子の福祉は実現しない。したがって、子どもの権利保障という観点から、養育費の算定をより妥当なものに変え、さらにその確実な回収ができるよう、早急な法改正と実務の積み重ねが求められる。

(6) ドメスティック・バイオレンス、ストーカー、リベンジポルノ

夫や恋人など、親しい関係の男性から女性に対する暴力（ドメスティック・バイオレンス、略して「DV」）について、国連は、DVが女性に対する人権侵害ないし性差別であり、かつ、全世界に共通する看過し得ない問題であるとの認識から、1993（平成5）年12月に「女性に対する暴力撤廃宣言」を採択し、1995（平成7）年の北京宣言では、「女性及び少女に対するあらゆる形態の暴力を阻止し、撤廃する」と表明した。これを受けて、日本でも2001（平成13）年4月、「配偶者からの暴力の防止及び被害者の保護に関する法律」が成立し、同年10月13日施行されたものの、実際に痛ましい事件が起きており、その後も何度も改正されている。具体的には、対象に離婚後の元配偶者や生活の本拠を共にする交際相手も含まれるようになり、保護命令の制度の拡張や被害者の親族への接近禁止命令も認めた

（2004〔平成16〕年6月及び2007〔平成19〕年7月の一部改正、2013〔平成25〕年6月の改正）。それに伴い、名称も「配偶者からの暴力の防止及び被害者の保護等に関する法律」に改められた。ただ、交際相手については、「生活の本拠を共にする交際相手」に限定されているため、範囲が非常に狭い。生活を共にしていなくとも、交際相手からの暴力にさらされている被害者は多数存在するのであるから、これについては、対象を拡大すべきである。

そして、DVからストーカーに発展する事案が非常に多い。ストーカー殺人は後を絶たず、「警察に相談していたが、被害を防げなかった」事案も多数報告されている。そこで、2000（平成12）年5月、「ストーカー行為等の規制等に関する法律」が成立した。しかし、立法当初予定していなかった、電子メールの連続送信や、被害女性の実家での殺傷行為等の被害事案も生じたので、2013（平成25）年6月、①連続して電子メールを送信する行為を規制対象に追加、②被害者の住所地だけでなく、加害者の住所地などの警察・公安委員会も警告・禁止することができる、③警察が警告したときはその内容を被害者に通知し、警告しない場合は理由を書面で通知する等の改正が行われた（同年10月3日施行）。

しかし、同法では「LINE」「フェイスブック」「ツイッター」等のSNS（ソーシャルネットワークサービス）上のメッセージの送信について規制が及んでおらず、SNSを通じてのストーカー事件が頻発し、傷害事件等にも発展している事実に鑑み、2016（平成28）年12月にSNSを使った執拗な書き込みを規制対象に加え、罰則も強化したうえで非親告罪とするストーカー規制法の改正法が成立した。ただ、罰則を強化するだけでは十分な抑止策とはいえないのであり、ストーカー行為をした者に対するカウンセリングや更生教育などにも力を入れ、被害を食い止める仕組みを作るべきである。

さらに、SNSと関連したサイバー上の人権侵害として、元交際相手の裸の写真をインターネット上でばらまく、「リベンジポルノ」も世界中で問題となっている。一度、インターネット上に出回った写真は、加害者でも回収・削除が不可能となることから、被害者が長期間にわたって回復困難な被害を受けることとなり、重大な人権侵害となっている。このような社会情勢を受けて、2014（平成26）年11月19日、私事性的画像記録の提供等による被害の防止に関する法律（リベンジポルノ防止法）が成立し、一定の規制ができた。しかし、法律はあっても、被害者個人でプロバイダーや加害者に削除要請することは難しいので、弁護士が警察と連携しながら積極的に関与していく必要があろう。その際には、撮影を許可したり画像を送信した被害者を責めるなど、二次被害が生じないように配慮しなければならない。そして、それと併行して広く法教育を行い、ストーカーやDV、リベンジポルノの加害者にも被害者にもならないように啓発活動を行うべきである。

3 女性の労働権
(1) 基本的視点

2015（平成27）年度の統計では、女性の労働力人口（就業者と完全失業者の合計）は2842万人で、前年より18万人増加し、労働力人口総数に占める女性の割合は前年差0.2ポイント上昇し、43.1％となっている。高齢化で15〜64歳の生産年齢人口はこの10年で700万人以上減っているが、女性だけに限れば約200万人増えているので、もはや日本は、女性の労働力を軽視することはできない状況にある。

女性の就業者2754万人のうち、雇用者は2474万人で、女性就業者の89.8％を占めている。それゆえ、働く女性の大部分は雇用労働であるといえる。にもかかわらず、雇用労働における女性の現状を見ると、①男女間の処遇・賃金格差、②女性労働者の非正規化、③男女間の勤続年数の格差の問題、④ハラスメントの問題がある。

①について、役職者に占める女性の割合は、2015（平成27）年度の統計によると、部長級6.2％、課長級9.8％、係長級1.2％となっており、2014（平成26）年度より微増したものの、男女間の格差は開いたままである。さらに、同年度の一般労働者の正社員の男女間の賃金格差についてみると、男性を100とすると、女性は、決まって支給する現金給与額で72.3となっており、前年度に比べて格差がやや拡大し、しかも依然として100には程遠い。

②については、1985（昭和60）年には女性の正規雇用は67.9％であったが、2015（平成27）年には43.7％となっている。他方で、同年の女性の非正規労働（パート、アルバイト、その他）は56.3％に達しており、

前年より13万人増加している。したがって、女性の過半数は非正規労働者である。他方、男性の正規雇用は、年々減少傾向にあるとはいえ2015（平成27）年は78.2％にものぼり、大きな男女格差が見られる。

③については、2015（平成27）年の統計で、勤続10年以上の正社員男性は53.2％、正社員女性は38.5％であり、平均勤続年数は、正社員女性は10.2年、正社員男性は14.0年で、男女差は3.8年であった（ただし、企業規模10人以上）。女性の勤続年数が短いのは、仕事と家庭の両立を図ることが困難であるためであり、日本の女性の年齢階層別労働力率は、出産・育児期の30歳代に低くなる、いわゆる「M字カーブ」現象が見られる。総務省の2017（平成29）年7月の調査によると、15～64歳人口に占める女性の労働力の割合は、M字の谷に相当する35～44歳の場合、前年同月比0.7ポイント増の75.3％になっているため、M字カーブは改善されつつあるが、これは女性の非婚化が進んだためという見方もある。また、女性の就労が進むにつれ、待機児童も増加しており、保育園に入れなかったために退職する事例も決してなくなったわけではない。そもそも、十分な育休を誰でもが取れるわけではないという壁があり、さらに、出産・育児後に再就職しようとしても、正規雇用が困難であったり、保育園に入れなかったり、正規雇用における長時間労働の実態から、家庭との両立のために非正規雇用を選択せざるを得ないという実状も報告されている。

育児・介護休業法（以下「育介法」という）は、有期雇用労働者（期間雇用者）には適用されないとしていたが、2005（平成17）年に改正され、有期雇用労働者にも適用されるようになり、有期雇用労働者にも育休が認められるようになり、2017（平成29）年1月1日施行の改正で、取得要件が緩和された。しかし、いまだにその要件は、❶申し込み時点で同一の事業主に引き続き1年以上雇用されていること、❷子が1歳6か月になるまでの間に雇用契約がなくなることが明らかでないこととされ、誰でもが簡単に育休が認められるとは言い難い。そして、最新の改正（2017〔平成29〕年10月1日施行）で、子が1歳6か月に達した時点で保育園に入れないなどの事情がある場合は、育児休業期間を子が2歳に達する日まで延長できるとされた。半年間の延長は前進であるが、国家公務員及び地方公務員と同様に、子が3歳に達する日まで延長できるとの改正が望まれる。現状では、保育園は0、1、2才児の入園が難しく、幼稚園という選択肢が増える3歳以上は比較的入園がしやすくなるため、2歳までの延長では不十分である。他方で、長期間の育児休業取得が仕事のブランクとなる懸念もある。より根本的な解決方法としては、女性労働者が復帰を望んだ時に保育園に入れるよう保育園の拡張と働く場所や時間の柔軟な設定が望まれる。そのうえ、親などの介護を理由とした離職も、女性が8割を占めており（総務省「就業構造基本調査」平成24年）、女性が圧倒的多数である。そのため、育児や介護のために、女性が離職せざるを得ない状況に追い込まれていると言える。

④については、職場における女性に対するハラスメントは多様化している。セクハラ・パワハラは依然として存在しているうえに、働く女性が妊娠・出産をきっかけに職場で精神的・肉体的な嫌がらせを受けたり、妊娠・出産を理由とした解雇や雇い止めで不利益を被ったりするなどの不当な扱いを意味する、マタハラ（マタニティー・ハラスメント）も存在する。

以上のことからして、女性の権利の確保、両性の平等の実現は、労働の権利の確保の場面でも非常に重大であり、女性の労働環境を整えることは、急務であるといえる。

(2) 性別を理由とする昇進及び賃金における差別の禁止

男女雇用機会均等法6条で、労働者の配置、昇進、降格等につき、性別を理由として差別的取り扱いをすることを禁じている。そして、男女雇用機会均等法施行の約40年前の1947（昭和22）年には、労働基準法4条が「使用者は、労働者が女性であることを理由として、賃金について、男性と差別的取扱いをしてはならない。」と定め、男女同一賃金の原則を規定している。

労働基準法4条にいう「女性であることを理由として」とは、通達によれば、「労働者が女子であることのみを理由として、あるいは社会通念として又は当該事業場において女子労働者が一般的又は平均的に能率が悪いこと、勤続年数が短いこと、主たる生計の維持者でないこと等を理由」とすることと解されている（1947〔昭和22〕年9月13日発基17号）。そのため、同一職種に就業する同学歴の男女間の初任給の差別は、一般的に労働基準法4条違反となる。そして、男女雇用機会均等法7条では、募集、採用又は昇進等にあた

っては、住居の変更を伴う配置転換（いわゆる転勤）に応じることができることを要件とするなど、性別以外の事由を要件とするものであっても、実質的に性別を理由とする差別となるおそれがある措置（間接差別）については、合理的な理由がある場合を除き講じてはならないとされている。

しかし、男女雇用機会均等法6条の「性別を理由として」とは、通達によると、例えば、労働者が男性であること又は女性であることのみを理由として、あるいは社会通念として又はその事業所で、男性労働者と女性労働者との間に一般的に又は平均的に、能力、勤続年数、主たる生計の維持者である者の割合等に格差があることを理由とするものであり、個々の労働者の意欲、能力等を理由とすることはこれに該当しないとされる。同じく、労働基準法4条についても、通達では、「職務、能率、技能等によって賃金に個人的差異のあることは、本条に規定する差別待遇ではない」としている。

現在ではあからさまに男女に賃金差や昇進差をつける規定を置いている会社は存在しないと思われるが、現実は、人事評価や賃金制度が不透明であり、事実上の男女格差が存在する例は少なくないと思われる。そのような場合において、「能力の問題である」との抗弁を認めてはならない。そのためにも、使用者側は、公正・透明な賃金制度、人事評価制度の整備を行うべきである。そして、女性が主として家庭責任を担うという性別役割分業意識が残る現状において、間接差別により採用差別や昇進格差等が生じないようにしなければならない。この点、女性管理職を増やすなどのポジティブ・アクションは、これまでの男女格差是正の良い機会であり、男女雇用機会均等法8条でも認められている。

政府は正規・非正規に関わらず同じ職務の労働者に同じ賃金を支払う「同一労働同一賃金」につき、2015（平成27）年9月16日に通称・同一労働同一賃金推進法を公布し、パートタイム労働者と正社員の差別的待遇を禁じた改正パートタイム労働法（2015〔平成27〕年4月施行）の規定を派遣労働者らにも広げようとしている。しかし、ここでいう「同一労働同一賃金」は、正規と非正規の労働者間の問題であって、男女労働者間の賃金格差をなくすという視点が抜け落ちている。厚生労働省は2010（平成22）年に「男女間賃金格差解消に向けた労使の取組支援のためのガイドライン」を作成しているが、これと上記の法律は別異の論点を扱うものとなってしまっている。

たしかに、女性労働者に非正規労働者が多いことは上述の通りであるから、正規と非正規の労働者間の賃金格差をなくすことは、間接的には女性の賃金問題の解消につながるとしても、そもそも女性が管理職になりにくい背景にある長時間労働を是正することや、M字カーブ解消による女性の勤続年数の長期化の実現などによって、正規雇用の男女間、非正規雇用の男女間の賃金格差をなくすことにまで踏み込まなければ、真の意味での男女間賃金格差の解消にはつながらないであろう。そのため、「同一労働同一賃金」の法制化にあたっては、上記「男女間賃金格差解消に向けた労使の取組支援のためのガイドライン」も組み入れて、男女間賃金格差の解消も盛り込まなくてはならないと思われる。また、労働契約法20条により、正規と非正規の労働者間の労働条件の相違については労働条件の相違が合理的であれば許容されることになっているが、性別のみを理由とした賃金格差はいかなる場合も許されない（労働基準法4条）以上、男女の賃金格差を「合理的」と抗弁するための隠れ蓑に労働条件の相違が用いられてはならないのである。

(3) 労働者派遣法の問題点

2012（平成24）年に労働者派遣法が改正され、派遣労働者の保護の観点から有期雇用の派遣労働者（雇用期間が通算1年以上）の希望に応じ、①期間の定めのない雇用（無期雇用）に転換する機会の提供、②紹介予定派遣（派遣先に正社員や契約社員などで直接雇用されることを前提に、一定期間スタッフとして就業する形態）とすることで派遣先の直接雇用を推進、③無期雇用の労働者への転換を推進するための教育訓練などの実施、のいずれかの措置をとることが、派遣会社の努力義務となった。さらに、労働契約申込みみなし制度、すなわち、派遣先が違法派遣と知りながら派遣労働者を受け入れている場合、違法状態が発生した時点において、派遣先が派遣労働者に対して直接雇用の申込みをしたものとみなす制度が、2015（平成27）年10月1日から施行されている。

他方で、2015（平成27）年9月、「労働者派遣事業の適正な運営の確保及び派遣労働者の保護等に関する法律等の一部を改正する法律」が成立した。これまでは、

特定の26業種以外の業務について、3年を超えて同じ業務に派遣労働者を受け入れることはできなかった。しかし、改正法では、課を異動すれば、3年を超えて引き続き派遣のまま雇用を続けることが可能となっている。また、これまで特定の26業種は派遣期間の制限がなく、同じ職場で働き続けられたが、今後は3年で職場を変わるなどしなければならなくなるおそれも生じた。さらに、改正法では、派遣労働者個人レベルで派遣期間の上限を設定し、派遣労働者が就業継続を希望するときは雇用安定措置をとることとされた。しかし、雇用安定措置には私法上の効果がなく、「派遣先への直接雇用の依頼」などという「直接雇用の義務付け」ではなく単なる「依頼」レベルにとどまっており、実効性がないといえる。また、派遣先が3年を超えて派遣を受け入れようとする場合は、派遣先の事業所の過半数労働組合若しくは過半数代表者の意見を聴きさえすれば、それが反対意見であっても引き続き3年派遣労働者の受け入れを延長でき、その3年後にも同様に延長できるため、事実上、派遣先が派遣労働者を受け入れる期間制限が撤廃されたに等しい。

　一度、派遣労働者となった者が、正規雇用労働者になるのは難しいのが現状である。そのため、2015（平成27）年の労働者派遣法改正により、ますます派遣労働者の固定化が進み、地位の不安定と貧困の問題は解決しないおそれがある。そして、改正法は常用代替防止の大原則を事実上放棄したものであるため、正規雇用労働者から派遣労働者への労働力の置き換えも進む可能性が高い。現に、上述の通り女性の正規雇用は減少しており、非正規雇用が増加していることからも、これらの法律が正規雇用を促進しているとは言い難い。

　日弁連は2014（平成26）年1月29日、「労働政策審議会建議『労働者派遣制度の改正について』に反対する会長声明」を出し、派遣労働者の雇用安定を確保し、常用代替防止を維持するための労働者派遣法改正を行うよう求めた。東京弁護士会も、2014（平成26）年3月27日付で「労働者派遣法改正案に反対し、労働者保護のための抜本的改正を求める会長声明」を出し、常用代替防止の理念の有名無実化を懸念し、雇用の安定化を強く求めている。しかし、いまだ女性の非正規化に歯止めがかからない以上、派遣労働者の問題の解決に向けてさらなる努力をしなければならない。

(4) セクハラ・マタハラ及び育児・介護問題

　男女雇用機会均等法9条で、婚姻・妊娠・出産等を理由とする不利益取扱いの禁止が定められている。改正前は、女性労働者について婚姻・妊娠・出産等を理由とする解雇のみの禁止規定であったが、現在の均等法では、これらを理由とする解雇以外の不利益扱いも全面的に禁止している。また、これまで明確でなかった母性健康管理措置についても不利益取扱いを禁止し、妊娠・出産に起因する労働能率の低下に対しても不利益取扱いを禁止したことは重要である。にもかかわらず、妊娠・出産を理由に、配置転換・降格をされたり、解雇・派遣切りをされるといういわゆるマタハラ問題が増加し、訴訟も提起されるようになった。

　最高裁2014（平成26）年10月23日判決では、妊娠を理由として軽易な業務への転換を希望したところ、異動に伴い降格されたことは、原則として均等法9条3項の禁止する不利益取扱いに当たるとし、原審に差し戻した。この判決後、2015（平成27）年1月に男女雇用機会均等法及び育介法の解釈通達が改正され、妊娠・出産、育児休業等を「契機として」なされた不利益取扱いは、原則として違法と解されることが明確化された。

　さらに、法改正により均等法11条の2が設けられ、2017（平成29）年1月1日より、「事業主は、職場において行われるその雇用する女性労働者に対する、妊娠、出産等に関する事由であって厚生労働省令に定めるものに関する言動により、当該女性労働者の就業環境が害されることがないよう、当該女性労働者からの相談に応じ、適切に対処するために必要な体制の整備その他の雇用管理上必要な措置を講じなければならない」とされた。それに加えて、事業主は、対象となる労働者の上司または同僚からの育児休業等に関するハラスメントを防止する措置を取ることが義務付けられ、職場におけるマタハラの原因や背景となる要因を解消するための措置も義務付けられた。また、派遣労働者の場合は派遣先にも義務付けられた。

　育介法については2017（平成29）年10月1日施行の改正法で、以前よりは育児休業制度が充実したが、まだ改善されるべき余地はある。少子化が社会問題となりながらも、妊娠・出産した女性を労働の現場から不当に排除することは、さらなる少子化を招く。そして、これは「女性は家で子育てをしろ」というメッセージ

でもあるので、性別役割分担の押しつけであり、女性の労働権を著しく侵害し、ひいてはリプロダクティブヘルス・ライツ（性と生殖に関する健康とその権利）を侵害することにもつながる。東京弁護士会では、2016（平成28）年3月8日、育介法の改正に関し「性別役割分担意識を解消し、家庭責任を公平に分担するための育児介護休業法の改正に関する意見書」を提出しているところではあるが、有期雇用労働者の育児休業取得要件のさらなる緩和、育児休業後の原職又は原職相当職への復帰の原則義務化が求められると思われる。

また、その他の両立支援策として、所定労働時間の短縮措置の対象となる子の年齢の延長、男性労働者が育休をより一層取りやすくする措置を義務付けること、さらには看護休暇の柔軟化として、半日ではなく時間単位での取得を可能とすること及び就学前の子1人につき5日までの限度日数を7日（2人以上の場合は14日）に増やすことが求められる。そのうえ、労働時間の把握、職務評価方法の整備等の制度設計をすることを前提に、テレワーク導入の努力義務の創設も必要であろう。

介護については、上述の通り、介護離職した労働者の約8割が女性であり、女性に介護負担が偏っている。政府は、育介法の改正（2017〔平成29年〕10月1日施行）により、以前より介護休暇を取りやすくして、仕事と介護の両立支援をしているが、これでは仕事と介護を女性に押し付けるだけであり、女性が疲弊していくだけである。「育児も介護も女性が担うもの」という社会の意識を変え、介護に起因する女性の貧困をなくすべきである。そのため、介護は各家庭の問題として片付けるのではなく、社会保障制度を充実させて、家族以外の者による介護を選択しやすくし、社会全体で個人の介護負担（金銭及び介護に従事する時間）を減らす工夫をして女性の介護離職を防止すべきである。

また、セクハラ問題については、均等法11条で職場におけるセクハラを防止するために、事業主に雇用管理上必要な措置を講じる義務を定めている。したがって、事業主は就業規則等でセクハラを禁止する旨規定し、労働者に周知・啓発しなければならない。しかし、たとえセクハラ禁止規定があっても研修等が不十分であれば従業員が「何がセクハラになるのか」を具体的に把握していないこともある。また、相談窓口が機能していなかったり、相談を受けてからの適切かつ迅速な対応が実現しなければ、被害者救済には不十分である。そのため、事業主は厚生労働省の出したセクハラ指針の通り、セクハラを未然に防ぐように努力するとともに、セクハラが生じた場合に適切に対応できるような体制を整えるべきである。そして、事業主による措置義務の履行を補助すべく、弁護士がセクハラ防止マニュアルの策定に関与したり、セクハラ防止のための研修会の講師を行ったり、相談窓口の相談員となることが有益であると考えられるので、職場のセクハラ防止のためには、積極的に弁護士が関与して行くべきである。

第5 性的マイノリティ（LGBT）の権利

1 性的マイノリティの問題に関する理解

LGBTとは、レズビアン（lesbian）、ゲイ（gay）、バイセクシュアル（bisexual）及びトランスジェンダー（transgender）の頭文字をとった略称であるが、現在、広く性的マイノリティを総称する表現として用いられている。

博報堂DYグループの株式会社LGBT総合研究所の2016（平成28）年に発表した調査によれば、LGBTは日本の人口の約5.9％（その他性的マイノリティ約2.1％を含めると合計約8.0％）であるとのことである。日本では、身体的性別と性自認が一致しているという前提のもとで「男性」と「女性」という2種類の身体的性別による明確かつ画一的な分類がなされているが故に、性的マイノリティに対する差別や偏見が現に存在しているのは事実である。そのため、自身が性的マイノリティであることを容易に告知（カミングアウト）をすることをできない事情も考え合わせると、私たちは、周囲に性的マイノリティが存在することを絶えず意識する必要がある。

性的マイノリティは、性の多様性から当然かつ自然に存在するのであり、差別されたり、その権利の保障に欠けたりしてもよい理由はない。人格の本質とも密

接に関連した性的マイノリティの性的指向や性自認に偏見を持ち、差別的に取り扱ったり、その権利を保障しなかったりすることは、個人の尊厳や幸福追求権（憲法13条）を侵害し、平等原則（憲法14条）にも反する。

性的マイノリティの問題は、基本的人権の侵害をその内容とするものであり、直ちにこれを解消して性的マイノリティの基本的人権の保障が図られる社会を実現しなければならない。

2　人権擁護活動の必要性

一般社会においては、偏見や誤った情報により、性的マイノリティを差別し、差別を助長し、その人権を侵害するような言動が認められる。これは、性の多様性や性的マイノリティに対する基礎的理解が不足していることに原因があり、まずは、その基礎的理解を深める教育、研修等による啓発活動が必要となる。

この点、国の動きについて見ると、法務省は、平成27年版人権教育・啓発白書において、性的指向や性同一性障害を理由とする差別をなくすという啓発活動を記している。また、文科省は、2015（平成27）年4月30日付通知「性同一性障害に係る児童生徒に対するきめ細やかな実施等について」において、性同一性障害を含めた性的マイノリティとされる児童生徒に対する相談体制等の充実等の対応の実施等の必要性を記した後、2016（平成28年）4月1日「性同一性障害や性的指向・性自認に係る、児童生徒に対するきめ細やかな対応等の実施について（教職員向け）」というQ&Aを公表している。このような国の動き自体は評価できるが、性的マイノリティの差別撤廃と人権保障の実現のために何よりも社会の各現場において性的マイノリティの問題に関する基礎的理解を浸透させるべく具体的方策が速やかに講じられなければならない。

例えば、学校教育においては、異性愛のみを前提としない性教育のように性的マイノリティの存在を前提とした性の多様性が認められる共生社会のあり方などについて、教科書に記載したり授業に取り入れたりする必要がある。また、会社等の職場においては、日本国内の企業等による任意団体work with Prideが定めるPRIDE指標を参考にするなどして、各企業が性的マイノリティに関する方針を明文化して広く公表すること、職場内で性的マイノリティやその支援者（ally）のグループ作りを支援すること、人事制度やプログラムを性的マイノリティにも適用すること、職場内啓発イベントの実施や職場外LGBTイベントの協賛を実施することなどを推し進めてゆくことが考えられる。

基本的人権を擁護し社会正義を実現することを使命とする弁護士は、性的マイノリティの問題に関する基礎的知識を身に付けて、性的マイノリティが抱える困難や苦悩を知り、これに共感する必要があり、その上で、性的マイノリティの人権問題を法的問題として対処する必要がある。

東京弁護士会としても、まずは、弁護士に対する十分な研修会を実施し、あわせて、セクシュアル・マイノリティ電話相談の一層の充実を含む相談体制の確立を図り、さらには、法教育等としての学校や企業に対する研修会の実施を考えるべきである。

3　立法的措置の必要性

法的保障の観点でいうと、同性間の婚姻（同性婚）が認められていない。その結果、同性パートナーについては、相続等の財産関係、同居・協力・扶助義務（民法752条）や共同親権等の身分関係、健康保険や年金に関する地位の不明確性等、法的に承認されている異性愛婚姻者と同等の権利が保障されていなかったり、あるいは保障されるか否かが不確定であったりする状況にある。また、法律上の婚姻関係が認められないことから、保険契約の締結、一緒に住む住宅への入居手続き、入院する際の治療の同意や面会など、様々な場面で事実上の制約を受けている。

なお、同性パートナーは、同性婚が認められないことから、次善の策として養子縁組をしているという実態もあるが、言うまでもなく婚姻した場合の法律関係と違うところがあり、かえって混乱を生じさせることにもなりかねないので、早期に同性婚が認められるようにするべきである。

アメリカの連邦最高裁判所が2015（平成27）年6月26日、「各州は修正第14条（平等条項、適正手続条項）の下、同性婚を許可し、州外で適法に成立した同性婚を法律婚と認めることが義務づけられる」とする旨の判断を示したことは、日本においても大きく報道された。

日本国内では2015（平成27）年3月31日、同性のパートナーシップ証明の発行を内容とする「渋谷区男女

平等及び多様性を尊重する社会を推進する条例」が東京都渋谷区で成立したことを皮切りに、各地方自治体が同性パートナーの保護に係る諸施策の実現に向けて進んでいる。これらの方向性は評価できるものの、同性パートナーの権利保障について抜本的解決とはならず、然るべき立法が必要である。日弁連に対しても、2015（平成27）年7月、同性婚を認めないことは人権侵害であるという趣旨による人権救済の申し立てがなされているが、国は、同性婚が認められていないことは深刻な人権問題であることを十分に理解して、速やかに同性婚法の立法的措置を講じるべきである。この点、2015（平成27）年3月に「LGBT（性的少数者）に関する課題を考える議員連盟」が発足し、2016（平成28）年2月に自民党の正式な機関として、「性的指向又は性自認に関する特命委員会」が設置されていることは評価できる。

なお、憲法24条1項において、結婚は、「両性の合意だけによって成立する」と規定されていることについて、同性間の婚姻は認めてないという考え方が示されることもあるが、同条項は、戦前の「家」制度を背景として婚姻は婚姻をする当事者の合意だけで成立することを認める趣旨であり、同性間の婚姻を禁止する趣旨ではないと解される。

また、性同一性障害者の性別の取扱いの特例に関する法律では、家庭裁判所において性別の取扱いの変更の審判をすることができるとされているが、「生殖腺がないこと又は生殖腺の機能を永続的に欠く状態にあること」、「その身体について他の性別に係る身体の性別に係る部分に近似する外観を備えていること」といった身体的侵襲に関する厳しい要件や、「現に婚姻をしていないこと」、「現に未成年の子がいないこと」などの身分に関する厳しい要件が付されている。特に、実質的に子孫を残すことを不可能にして、しかも、医療扶助の対象とならないために多大な経済的負担を強いられる性別適合手術等が前提とされていることは、重大な問題であるといえる。これらの厳しい要件が緩和されるように、法改正が図られるべきである。

4 職場における施策

職場での性的マイノリティの問題としては、環境的ハラスメント（日常的な揶揄等による嫌がらせやいじめ）、昇進等の差別的扱い、ロイリティの欠如（福利厚生の面での不利益）、メンタルヘルスの悪化（LGBTであることを隠さなければならないという状況の下で、緊張、不安、孤立といったストレス等）等が現に存在する。

このような問題については、各企業等において重要な課題と受け止めて、積極的な施策を講じるべきである。実際に、日本国内においても、CSR（企業の社会的責任）として当該問題について主体的に取り組みを進める先進企業があるが、このような取り組みは、さらに進んで、当事者である従業員の勤労意欲を向上させるとともに、個々の従業員の在り方を尊重する企業価値を高める結果となることを理解すべきである。

具体的には、弁護士会が企業等を対象にした研修の機会を設けるなどにより、職場における啓発活動や研修により基本的理解を浸透させるとともに、差別禁止の明文化、同姓同性パートナーへの福利厚生の適用等、具体的な権利保護をすることに取り組むべきである。

第6 外国人の人権

1 入管行政の問題

日本に在留している外国人の人権状況に大きな問題があることは、国際社会から長年懸念を表明されているところである。直近では、2014（平成26）年7月24日に国連の国際人権（自由権）規約（以下「自由権規約」という）委員会（以下「規約人権委員会」という）の総括所見が、同年8月29日に人種差別撤廃委員会の総括所見が発表されたが、それぞれヘイトスピーチ問題、外国人技能実習生制度、退去強制手続中の非人道的取扱いの禁止、移住労働者や難民庇護希望者等に対する日本政府の取組みの不十分さを厳しく指摘する内容となっている。しかしながら、外国人の人権状況は、なお改善されていない。法務省は、2015（平成27）年9月、第5次出入国管理基本計画を発表したが、これについても、外国人の人権の視点から問題を含むものとなっている。

(1) 現状の問題点

ア 在留管理の強化を目的とした新たな在留管理制度を構築する2009（平成21）年7月の入管法一部改正及び従来の外国人登録制度を廃止して外国人住民を住民基本台帳に記載することとする住民基本台帳法の改正が、2012（平成24）年7月9日に施行された。さらに、2013（平成25）年7月9日改正の改正入管法施行により、在留資格取消制度の対象が拡大された。これら改正法の施行の結果として、成立前から懸念されてきた、以下の点が問題となっている。

(ア) 非正規滞在者の社会保障や行政サービスへのアクセスが困難であること

新しい在留管理制度のもとでは、非正規滞在者も対象としていた外国人登録制度が廃止された。外国人登録に代わる在留カード（特別永住者については特別永住者証明書）及び外国人住民票は、一時庇護許可者及び仮滞在許可者・出生又は国籍喪失に伴う経過滞在者を除き（ただし、これらの者についても在留カードは交付されない）、非正規滞在者を対象としない。従来、非正規滞在者であっても、外国人登録を通じて各地方自治体がその存在を把握し、母子保健（入院助産、母子健康手帳、育成医療等）及び保健衛生（予防接種、結核予防、精神保健等）の対象とすること、就学予定年齢に達した子どもへの就学案内の送付を行うこと等が可能であった。しかしながら、新しい在留管理制度の下で各地方自治体において非正規滞在者の存在を把握する方法がなくなり、こうした最低限の社会保障や行政サービスすら事実上受けられなくなるおそれがある。

この問題について政府は、2009（平成21）年、住民基本台帳法改正に関する衆議院法務委員会での審議において、これまで提供されてきた行政サービスの対象範囲が変更されることはないと答弁し、また同改正法附則23条は、非正規滞在者についても、行政上の便益を受けられることとなるようにするため、必要な措置を講じることとした。しかしながら、施行後5年以上が経過した現時点において、各地方自治体が誤った対応をし、非正規滞在者について、これまで提供されてきた行政サービスが拒否されたという実例が報告されている。

したがって、今後も、制度の動向を注視し、実態を把握したうえで、各地方自治体の誤った対応については是正を求め、非正規滞在者についても把握できる制度の構築を目指すべきである。

(イ) 在留資格取消事由の拡大による身分の不安定化

2013（平成25）年7月9日の改正入管法施行により、これまで在留資格取消制度の対象ではなかった日本人又は永住者の配偶者としての在留資格を有する者について、「配偶者の身分を有する者としての活動を6月以上行わない」で在留した場合には、正当な理由がない限り在留資格の取消事由とされた。この改正については、改正法成立前、DVから避難している被害者まで取消制度の対象となってしまうとして強く批判され、DVによる別居など配偶者としての活動を行わないで在留していることに正当な理由がある場合は取消事由とはならないことが条文に明記された経緯がある。

しかしながら、配偶者としての活動のあり方というのは、夫婦によって様々であり、本来法務大臣や入国管理局が判断すべきものではないし、また、別居の事情についてもDV以外にも様々なものがある。したがって、このような抽象的な要件により配偶者としての在留資格を取消制度の対象とすることは、在留外国人の地位をいたずらに不安定にするものである。

イ 近年、政府等において、テロの未然防止等の名のもとに、外国人の出入国・在留に関する管理・監視を強化する新しい体制を構築する動きが急速に進められてきた。

2007（平成19）年11月、2006（平成18）年5月の入管法一部改正（以下「2006年改正法」という）に基づき、日本に入国する全ての外国人（特別永住者、16歳未満の外国人などを除く）について、個人識別情報の提供（指紋の電磁的採取及び顔写真撮影）が義務化された。さらに、公衆等脅迫目的の所定の犯罪行為、その予備行為又はその実行を容易にする行為を行うおそれがあると認めるに足りる相当な理由があると法務大臣が認定した者及び国際約束により日本への入国を防止すべきものとされている者を退去強制することができるとする退去強制事由が追加された。

また、2007（平成19）年改正雇用対策法により、すべての事業主などに対して、新たに雇い入れた外国人の氏名・在留資格・在留期間・国籍などの個人情報を厚生労働大臣に報告することが罰則をもって義務づけられ、当該情報が厚生労働大臣から法務大臣に提供されることになった。また、2009（平成21）年には、入

国時の指紋採取、顔写真撮影と一体化したIC在留カードの常時携帯を義務づける法案が可決され、2012（平成22）年7月に施行された。

しかし、これら改正法等には、以下のような問題点がある。

すなわち、日本に入国する全ての外国人に対し個人識別情報として生体情報の提供を義務づけることは、外国人のプライバシー権を侵害し、自由権規約7条が定める品位を傷つける取扱いの禁止に違反するものである。さらに、日本人と生活実態が異ならない定住外国人からも生体情報を取得することは、自由権規約26条が禁止する外国人差別である。

また、入国時に取得した生体情報を全て保管し、犯罪捜査や在留管理に利用しようとすることは、外国人の自己情報コントロール権を侵害し、外国人全体が危険な集団であるかの偏見を生み出すおそれがあると指摘されている。

さらに、上記退去強制事由の追加、すなわち法務大臣がいわゆるテロ関係者と認定した者の退去強制を可能とした点については、日本に定住している外国人の生活の根拠を奪う重大な結果を生じさせるものであるにもかかわらず、認定要件が極めて曖昧かつ広範であり、かつ、十分な不服申立の機会が制度的に担保されていない。退去強制手続における不服申立てとして口頭審理手続が存在するが、その審理の対象は、「テロリスト関係者であると法務大臣が認定した者であるか否か」であって、真実「テロリスト関係者」であるか否かは審理の対象とならないことになりかねない。とりわけ、難民の場合には、出身国と政治的に対立していることが少なくないところ、出身国において反政府活動をしている者やその支援者がテロリスト関係者として認定され、不服申立の機会が保障されないまま退去強制される可能性も否定できない。このような退去強制は、ノン・ルフールマンの原則（難民条約33条1項、拷問等禁止条約3条1項）に違反するおそれがあると言わざるを得ない。

この間の動きに対し、日弁連は、2005（平成17）年12月には「外国人の出入国・在留管理を強化する新しい体制の構築に対する意見書」を、2006（平成18）年5月には、「入管法『改正』法案の徹底した審議を求める」会長声明を、2007（平成19）年10月には「出入国管理及び難民認定法施行規則の一部を改正する省令に対する意見書」を、それぞれ発表した。さらに、2007（平成19）年11月に開催された第50回人権擁護大会において、「人権保障を通じて自由で安全な社会の実現を求める宣言」を採択した。また、2007（平成19）年改正雇用法による外国人雇用状況報告制度については、2007（平成19）年2月、「外国人の在留管理を強化する新しい外国人雇用状況報告制度に対する意見書」を発表している。IC在留カードについても繰り返し反対の意見を表明している。

テロの防止という目的そのものに反対はないが、テロの防止のためであっても人権や基本的自由の保障を侵害してはならないことは、2005（平成17）年8月の国連人権委員会決議などで採択されている。人種差別や人権侵害のない安定した社会こそが最大のテロ対策とも考えられる。今後も弁護士会としては、法改正や運用の実態を注視し、必要であれば新たな法改正に向けた運動に取り組んでいくことが必要である。

(2) 難民問題

2001（平成13）年10月にアフガニスタン人難民申請者が一斉に収容された事件や、2002（平成14）年5月に中国瀋陽の日本総領事館で起きた事件をきっかけに、「難民鎖国」と呼ばれる我が国の難民認定制度の在り方が問題となり、2004（平成16）年5月には大幅な法改正がされた。しかしながら、以下に述べるとおり、現時点においても、数多くの問題が残っているといわざるを得ない。

ア 現状

法務省等が発表した資料に基づいて全国難民弁護団連絡会議（以下「全難連」という）が発表した統計によれば、2016（平成28）年の日本の難民認定数は、28人（認定率0.3％。なお、異議段階での認定数は、わずか2人であり、難民審査参与員制度導入以降の最低値を更新した。）という少なさである。日本の認定数の少なさ、認定率の低さは、諸外国と比較すると一層際立つ。UNHCR（国連難民高等弁務官事務所）の統計をもとにした全難連の調査結果によれば、2016（平成28年）のG7諸国及び韓国・オーストラリアの難民認定率及び認定数は、以下のとおりである。

米国　61.8％（20,437人）

カナダ　67.3％（10,226人）

英国　33.3％（13,554人）

ドイツ　41.2％（263,622人）

フランス　19.8％（24,007人）
イタリア　5.3％（4,798人）
韓国　1.0％（57人）
オーストラリア　33.8％（6,567人）

　入管法2条3号の2は、難民を、「難民の地位に関する条約第1条の規定又は難民の地位に関する議定書第1条の規定により難民条約の適用を受ける難民をいう」と定義している。同じ難民の定義を用い、しかも難民認定は裁量行為ではなく羈束行為であるにもかかわらず、諸外国との間でこれほどの差があるのは、日本の難民認定制度に根本的な問題があると考えられる。

イ　日本の難民認定数・認定率の低さの要因
㋐　難民認定制度の構造上の問題
①　行政不服審査法改正の趣旨を没却する難民不認定処分に対する審査請求制度

　日本の難民認定制度は、出入国管理の一貫として位置づけられている。しかしながら、出入国管理と難民認定とは、その目的を異にしており、本来、難民認定は、出入国管理や外交政策の所管官庁から独立した第三者機関による認定制度が望ましい。独立した不服審査制度が存在しない点については、従来から規約人権委員会や拷問禁止委員会から懸念を表明されているところである。

　この点、2016（平成28）年4月に施行された行政不服審査法の改正に伴い、入管法においても、難民不認定処分に対する不服申立制度として、従来の異議申立制度にかわりに審査請求制度が導入された。しかしながら、この新しい制度は、公平性の向上・使いやすさの向上・国民の救済手段の充実拡大という行政不服審査法改正の趣旨を没却するものとなっている。すなわち、難民不認定処分に対する審査請求については、処分庁が審査庁であるという従来の枠組が維持され、第三者機関への諮問手続も、適用除外とされた。審査請求期間も、改正行政不服審査法が異議申立期間を60日から3ヶ月に延長したにもかかわらず、入管法では7日間という極端に短い申立期間を温存した。また、審理員が処分庁等を口頭意見陳述に招集することを要しないと認めたときには、口頭意見陳述に処分庁等を招集することを要しないという例外規定を設け、これによって、審査請求人らの処分庁等に対する質問権を実質的に制限することが可能となった。さらに、口頭意見陳述そのものについても、審理員が相当でないと認める場合には、口頭意見陳述の機会を付与しないことができる規定もおかれた。こうした問題点は、日弁連が2014（平成26）年5月23日に、「行政不服審査法改正に伴う出入国管理及び難民認定法改正案に対する会長声明」において懸念を表明したとおりである。

　さらに、審査請求制度はまだ開始されたばかりであるから、その実際の運用がどのようになるのか、厳しく注視していく必要もある。

②　難民審査参与員制度の問題点

　2004（平成16）年改正入管法は、難民異議申立制度（現在の審査請求制度）において、難民審査参与員制度を導入し、法務大臣は、異議申立てに対する決定（現在の審査請求に対する裁決）を行うに当たっては、難民審査参与員の意見を聴かなければならないとした。その枠組は、審査請求制度においても維持されているところ、その趣旨が、「難民不認定処分に対する不服申立手続について、一定程度の独立性を確保し、同手続の公正性・中立性・透明性・実効性を図ること」にあることは、いうまでもない。しかしながら、2017（平成29）年6月11日の東京新聞の報道によれば、2013年から2016年までの4年間に、難民審査参与員の多数が「難民である」との意見を提出した事案数が31件であったにもかかわらず、法務大臣が難民と認定しなかった数が13件と約4割に達しているとのことであり、審査請求が独立した機関で行われていないことの問題が顕在化している。少なくとも審査請求手続については、独立した第三者機関によって行われることが早急に求められる。

　他方で、現行の参与員制度を前提とした場合に、現在の参与員は、必ずしも難民認定実務に精通しているとはいえず、このことが、後述するとおり、国際難民認実務とは乖離した日本の状況を生み出している。したがって、❶「参与員の人選にあたり専門性を十分に確保する観点から、国連難民高等弁務官事務所、日本弁護士連合会及びNGO等の難民支援団体からの推薦者から適切な者を選任するなど留意するとともに、難民審査参与員の調査手段が十分に確保されるよう体制の整備を図ること」という衆参両院での附帯決議の趣旨を生かし、UNHCRや日弁連などからの推薦者を尊重するだけではなく、他の候補者が参与員として適任者かどうかにつき、UNHCR等の意見を聴取し、尊重する仕組みを作るとともに、❷UNHCRが示す難民認

定基準や諸外国で蓄積された難民認定実務等の専門的知見、難民認定申請者を面接する際の留意事項についての知識等について、UNHCRや研究者などの難民認定実務に関する高度な知見を有している者の関与のもとに立案された継続的かつ系統的な研修を実施することが求められる。さらに、従前の異議申立手続では、異議申立人に対し、一次審査において難民調査官が収集した資料や、異議申立手続において難民調査官が追加して収集した資料などの記録の開示が行われていない。そのため、異議申立人は、参与員に提供された記録の内容を把握することができず、異議申立人が的確な意見を述べたり、釈明をしたりする機会が十分に与えられない結果となっていた。この点、改正行政不服審査法に基づく事件記録の閲覧等請求において、どの範囲の記録が開示されるか注視が必要である。

③ 難民認定手続効迅速化の問題点

近年、難民申請件数の増加と処理案件の長期化が問題となり、法務省は、難民認定手続合理化のための方策をいくつか発表している。例えば、難民の認定に係る権限等の地方入管局長への委任を認める省令の改正や、2015（平成27）年9月から開始された案件の振り分け運用（一次手続において、案件をA案件〔条約難民である可能性が高い案件又は本国が内戦状況にあることにより人道上の配慮を要する案件〕・B案件〔難民条約上の迫害に明らかに該当しない事情を主張している案件〕・C案件〔再申請である場合に、正当な理由なく前回と同様の主張を繰り返している案件〕・D案件〔その他〕に振り分け、A案件については優先的に調査を実施し、B案件及びC案件について原則としてその後の手続を迅速に行う運用）などである。

確かに、難民認定手続の迅速化は必要であるが、だからといって保護すべき難民を排除する結果となってはならない。とりわけ、現在の日本においては、難民として認められる者は、難民として認められない者よりも審査期間が倍近くかかるといった現実があり、難民認定に消極的な姿勢は明らかである。従って、迅速化の方策についても、あくまで難民として認められるべきものを迅速に正しく認定するという方向で検討されなければならない。

例えば、地方入管局長は必ずしも難民に関する十分な知識を有していないのであるから、難民事務を司る難民調査官にしかるべく権限が委譲されることが望ましい。また、後述のとおり現在の日本の難民認定実務が国際的な判断基準・手法からは乖離していることや、これまで複数回の申請ののちに難民認定された者が存在すること等からすれば、形式的にB案件・C案件に振り分けて、面接による事情聴取を省略して十分な調査のないまま拙速に不認定処分を行うことは、真の難民を排除する結果につながる恐れが高いといわざるを得ない。

(イ) 国際難民認定実務とは乖離した判断基準・手法

現在の日本の難民認定の判断基準や手法は、国際的な難民認定実務とは乖離したものとなっている。

例えば、難民の要件として、「迫害」を生命・身体の自由に対する侵害に限定している点、非国家主体による迫害を認めない点、本国政府から個別的に把握されていることを要求する点などである。これらはいずれも、1951（昭和26）年難民条約第35条1項に基づき条約の適用についての監督を責務とするUNHCRの発表しているハンドブックやガイドライン、UNHCR執行委員会の結論、さらには諸外国の裁判例などに反しているし、日本の難民認定数や認定率が著しく低い一因となっている。

また、立証基準についていえば、難民認定における立証対象が「迫害を受けるおそれがあるという十分に理由のある恐怖」という将来予測に係るものであること、誤って不認定処分がされた場合の損害が甚大であること等から、諸外国では、「50％以上の蓋然性」は必要なく、迫害を受ける可能性がごくわずかではない限り、「迫害を受けるおそれがあるという十分に理由のある恐怖」はあると認定している。しかしながら、日本の難民認定実務はこのような基準を採用していない。また、諸外国では、認定機関が「真実ではない」という確信の域に達しない限り、難民申請者には灰色の利益が与えられるべきであるとの原則（疑わしきは難民申請者の利益に）が採用されているが、日本では採用されていない。こうした立証基準等の国際難民認定実務からの乖離も、日本の難民認定数や認定率の低さの一因であると言わざるを得ない。

ウ 申請者の法的地位の脆弱さ

(ア) 審査の長期化

現在、日本の難民申請に対する審査期間は著しく長期化している。石橋通宏参議院議員の「難民認定状況に関する質問主意書」に対する2017（平成29）年6月

27日付の回答書によれば、2016（平成28）年の難民認定手続の一次審査に要する期間は平均8.5か月であり、同年に審査請求の結果が出た2114件について、難民申請から審査請求の処理までに要する期間は平均28.8か月である。このような長期化の要因について、2015（平成27）年9月15日に法務省が発表した第5次出入国管理基本計画には、難民条約上の迫害理由に明らかに該当しない申請が急増した結果、審査期間が長期化し、真に庇護を必要とする難民を迅速に処理することに支障が生じているとの記載があり、実際に、前述のとおり、2015（平成27）年に変更された難民認定事務取扱要領によって、同局は、同局がいうところの「明らかに理由のない申請」（B案件）や「正当な理由のない再申請」（C案件）についての振り分けを始めた。しかしながら、審理が長期化する理由はむしろ、難民認定の可能性のある者に対する調査が、きわめて慎重に行われているという点にあるというべきである。

(イ) 審査中の申請者の法的地位の脆弱さ

以上のように審査期間は長期化しており、一次・異議（現・審査請求）をあわせれば3年にも及ぶが、その間の申請者の法的地位は、極めて脆弱である。

申請者の在留資格としては、①難民申請中であることを理由とする特定活動、②仮滞在、③仮放免、④その他（もともと難民申請とは別の理由で在留資格を有している者など）に分けられるが、多くは①、②、③である。しかし、現状において就労できるのは①のみで、②及び③は就労できない。就労できない②及び③について、生活保護受給はできず、③については、国民健康保険にも加入できない。外務省の外郭団体であるRHQによる保護費は存在するが、予算の都合上給付対象は限定的で、給付水準も生活保護を下回るものである。結果として、生活に困窮し、医療へのアクセスも困難な申請者が増加し、ホームレスとなったり、NGOからの食料や衣服の支給によって辛うじて生活したりという事例も報告されている。また、近年、難民認定申請者を含む被仮放免者に対する生活状況等の監視が強化されているとの指摘もある。

この問題については、2008（平成20）年10月3日、規約人権委員会の日本政府に対する総括所見25項が「難民認定手続にしばしば相当の遅延があり、その期間に申請者は働くことができず、社会的な支援が限定されていることを、懸念をもって留意する。」とし、2011（平成23）年4月6日、人種差別撤廃委員会の日本政府に対する総括所見23項が「委員会はまた、すべての庇護希望者の権利、特に適当な生活水準や医療ケアに対する権利が確保されることを勧告する。」と述べる。日弁連も、2014（平成26）年2月に発表した「難民認定制度及び難民認定申請者等の地位に関する提言」において、仮滞在・仮放免者についても就労を認めるように提言した。しかしながら、前述の「第5次出入国管理基本計画」は、制度を後退させ、正規在留者に対する就労許可について、希望があれば一律に就労を許可している現行の運用を見直し、例えば、類型的に保護の必要性に乏しいと認められる事案等については原則として就労活動を認める在留資格を付与しないなど、一定の条件を設けてその許否を判断する仕組みの検討を進めるとした。さらに、2015（平成27）年に変更された入国・在留審査要領によって、「明らかに理由のない申請」や「正当な理由のない再申請」については、在留資格や就労許可をしないという取り扱いを開始した。

審査に数年を要し、公的保護も限定的な現状のもと、就労許可の範囲まで限定する動きは、難民申請者の生活を著しく脅かすものであり、結果として申請者に申請をあきらめさせ、迫害のおそれのある国へ帰国させる結果を招く。これは、難民条約に反する行為である。

エ　これまでの日弁連の提言と今後

これまで日弁連は、難民問題に関し、2002（平成14）年10月、2003（平成15）年3月、2004（平成16）年3月、2005（平成17）年3月、2006（平成18）年10月、2009（平成21）年6月と、繰り返し難民認定制度の改善を求める意見を発表してきた。2014（平成26）年2月には、政策的配慮や外交的配慮に影響されない、出入国管理や外交政策を所管する省庁から独立した第三者機関による難民認定手続の確立・難民該当性の具体的判断基準の公表・申請者の手続的権利の拡充などを求める提言を発表している。

しかしながら、現在の日本政府の取り組みは、難民として保護すべきものを漏れなく難民として認定するというよりも、難民申請の急増や審査期間の長期化を受けて、申請の抑制や「濫用」申請への対応に重きを置いた内容となっており、改善のきざしは見えない。

オ　シリア難民問題について

(ア) シリア難民問題の現状

現在、500万人以上がシリア国外に難民として逃れ、約760万人が国内避難民となっている。国外の難民の約95％が、近隣諸国（トルコ・レバノン・ヨルダン等）に集中している。シリアのほぼ全土において政府軍、反政府武装勢力、ISIS、クルド人勢力との間での武力衝突が繰り広げられており、状況は悪化し続けている。

日本では、2014年（平成26）年11月現在で61人のシリア国籍難民認定申請者がおり、2015（平成27）年3月にうち3名（一家族）について難民認定された。それ以外の申請者については、「紛争被災民」であるとして、難民認定はされず、人道的配慮から在留特別許可がされている。不認定処分を受けた者のうち4名が、東京地方裁判所に対し不認定処分取消請求訴訟を提起し係属中である。

(イ) 難民条約とシリア難民について

シリア難民については、「戦争避難民・紛争避難民であるから、難民条約上の難民ではないが、人道的な見地から受け入れるべきである。」といった論調がある。

しかしながら、留意すべきは、「戦争避難民・紛争避難民」と「条約難民」であることは両立するのであり、難民条約上の難民の定義を満たすのであれば、難民として認定しなければならないということである。

シリア紛争の特徴としては、ある「親族」、「部族」、「宗教」、「民族」、「地域」に属しているというだけで、紛争の反対当事者からは特定の「政治的意見」や「集団への帰属」と見なされ、標的とされるという点がある。このため、UNHCRは、「国際保護を求めるシリア人の大半は、条約上の根拠の一つと関連した迫害を受けるおそれがあるという十分に理由のある恐怖を有するために、難民の地位に関する1951（昭和26）年条約の第1条A（2）に規定される難民の定義要件を満たす可能性が高いと考える。」、「個人が、難民の要件を満たすためには、『個別的に把握された』という意味で既に起きた迫害の標的とされたり、個別に標的とされるおそれがあるという要件は存在しない。シリアから逃れたシリア人及びシリアに常居所を有する者は、例えば、彼らが以前住んでいた近隣や村を誰が支配しているか、またはある特定の紛争当事者と関係がある、または関係があるとみなされる宗教または少数民族に属しているために、帰属された政治的意見を理由とした迫害を受ける危険に直面しているかもしれない。」と述べている。EU等においても同様の基準を採用し、シリア人についての難民認定率は、米国94％、カナダ96％、ドイツ87％、フランス60％、イタリア47％となっている。

これに対し、日本は、「シリア政府があなたを特定して殊更注視していたとはいえない。」等、難民条約上は要件ではない「個別把握説」をとっている時点で、国際的な難民実務からは大きく乖離している。

(ウ) 補完的保護（人道配慮に基づく在留許可）とシリア難民について

難民条約の定義を満たさない場合には、補完的保護（人道配慮に基づく在留許可）によるシリア難民の受け入れが課題となる。

日本は、2011（平成23）年、衆参両院において「難民の保護と難民問題の解決策への継続的な取り組みに関する決議」を全会一致で採択した。また、第6次出入国管理政策懇談会の下に設置された難民認定制度に関する専門部会が2014（平成26）年12月に公表した報告のなかでは、補完的保護の対象を明確化することを提言した。

この点、シリア難民については、2015（平成27）年9月、「日本政府は、中東からの難民支援策の一環として、シリア難民の若者を留学生として日本に受け入れる検討を始めた。」と報道があったり、同年9月29日に行われた国連総会での一般演説において、安部首相は、シリアなどの難民支援のために今後1年間で約970億円の資金拠出を表明している。しかし、日本がシリア難民を受け入れるかどうかについては、一切言及がなされなかった。

現在のシリア難民の危機的状況において、「資金は拠出するが人は受け入れない。」、「受け入れるとしても留学生という枠内で検討する。」というのでは、日本は、上記決議にある「世界の難民問題の恒久的な解決と難民の保護の質的向上に向けて、アジアそして世界で主導的な役割を担う」ことにはならない。シリア難民の受入れについて正面から検討すべきである。2015（平成27）年11月13日に発生したパリ同時多発テロ以降、欧州でも、一部で難民受け入れへの警戒が強まっていると報道されている。しかしながら、2015年（平成27）年11月に訪日したアントニオ・グテーレス国連難民高等弁務官が朝日新聞の取材に答えて言ったとおり、「難民はテロの被害者であってテロリストではない」ことを忘れてはならない。

カ　そのほかの問題

　このほか、難民と認定された者にも在留資格が自動的に認められない場合があること、難民認定された後の生活支援について何ら具体的な政策が採られなかったこと、不認定処分後の訴訟準備ないし係属中の退去強制手続の停止が法制度化されなかったなど、問題点は山積である。前述した規約人権委員会の2014（平成26）年7月の総括所見も、難民不認定処分に対する停止的効果を持つ独立した不服申立制度の欠如を指摘し、また、人種差別撤廃委員会の2014（平成26）年8月総括所見は、地方自治体及び地域社会の間で、難民および庇護希望者に関する非差別と理解を促進することを勧告している。

(3) 入管収容施設内での処遇問題

　入国管理局収容施設における非正規滞在外国人の収容・処遇については、従前より、収容の根拠となる退去強制令書が、裁判所の司法審査を経ることなく入管当局のみの判断で発付されていること、原則として全件収容となっており、難民申請者・子どもだけでなく退去強制令書発付処分や難民不認定処分について取消訴訟を提起して裁判中の者なども収容されていること、期限の定めのない収容であり、1年以上の長期収容者が数多く存在すること、医療等処遇についての不服申立制度が十分に機能していないことなどの問題点が指摘されてきた。毎年、自殺及び自殺未遂、処遇の改善や身柄の早期解放を求めてのハンガーストライキなどが繰り返されている。さらに、医療態勢の不備も従前から強く批判されてきたが、2010（平成22）年には、東京入国管理局や東京入国管理センターにおいて、複数の結核患者の発生が報告され、また、2013（平成25）年10月には、東京入国管理局の被収容者が倒れてから救急車が呼ばれるまで1時間近くを要し、当該被収容者が入院先においてくも膜下出血で死亡するなどの事件も発生しており、改めて医療態勢の改善が急務との指摘がなされるに至っている。

　このように多発する収容・処遇に関する問題の指摘を受け、2009（平成21）年入管改正法は、入国者収容所等視察委員会を設置した（施行は2010〔平成22〕年7月1日）。現在、東日本と西日本に、それぞれ10名の委員を擁する委員会が2つ存在する。委員には弁護士も含まれており、日弁連内に、バックアップ委員会が設置されている。また、2010（平成22）年9月9日、日弁連と法務省は、入管の収容問題についてより望ましい状況を実現するための「出入国管理における収容問題等協議会（仮称）」の設置について合意した。

　このような取組みにもかかわらず、2014（平成26）年3月、東日本入国管理センターにおいて、わずか3日の間に2名の被収容者が死亡する事件が発生し、同年11月には、東京入国管理局において、被収容者1名が死亡した。さらに、2017（平成29）年3月25日には、東日本入国管理センターにおいて、被収容者1名が、数日前から体調不良を訴えていたにもかかわらず、外部病院の診察を受けることのないまま死亡した。こうした事件については、東弁も2014（平成26）年4月、法務省入国管理局および東日本入国管理センターに対し、真相解明のための第三者機関による徹底的な調査の実施と調査結果を踏まえた再発防止策の導入を求める会長声明を発表した。日弁連も、2014（平成26）年11月7日付けで「入管収容施設における医療問題に関する人権救済申立事件」についての勧告・要望を行い、2015（平成27）年1月14日には、「東京入国管理局における被収容者の死亡事件に関する会長声明」を発表して、繰り返し適切な医療体制の構築や、通院・入院等の必要のある者について仮放免を行うことの促進などを求めてきている。

　さらに、東弁は、ここ数年間行ってきた英国の入管収容施設やこれに対する視察についての研究を踏まえ、英国の視察基準であるExpectationsをもとに、2016（平成28）年9月、日本の法制度にあった視察基準である「エクスペクテイションズ（期待される状態）日本版」をとりまとめ、法務省入国管理局、東日本入国者収容所等視察委員会及び西日本入国者収容所等視察委員会に対し、同視察基準を採用し、これに従って視察を行うように求める要請書を提出した。

(4) チャーター機一斉送還問題

　法務省入国管理局は、2013（平成25）年以降、年1～2回、退去強制令書の発付を受けたが送還を忌避している外国人について、チャーター機による一斉送還を実施している。これまで、フィリピン・タイ・スリランカ・ベトナム・バングラデシュへの一斉送還が実施されており、直近では、2017（平成29）年2月20日に、タイ人32人、ベトナム人10人、アフガニスタン人1人が一斉送還された。

　一斉送還された外国人のなかには、日本に配偶者や

子どものいる人、日本に長期間滞在している人（法務省の発表では、直近の送還での最長日本滞在期間は、25年9ヶ月とのことである。）など、既に母国には生活基盤がない人も多く、これらの人を強制送還して支援のないまま現地に放置することは人道問題であるとの指摘が、外国人支援団体などから指摘されている。

また、被送還者の選定基準の不透明さや、代理人弁護士への連絡の機会もないまま送還された例があるとの報告もあり、適正手続保障の観点からも大きな問題である。さらに、被送還者の中には、難民不認定処分に対する異議棄却の告知から24時間以内に送還されるなどした事案もある。これは、本来の不認定処分の取消訴訟出訴期限である6ヶ月の結果経過を待たないで送還したものであり、裁判を受ける権利（憲法32条）の侵害であるとともに、ノンルフールマン原則（難民条約第33条、拷問等禁止条約第3条）に違反するおそれのある送還として、到底許されるものではない。

(5) 弁護士会の取組み

以上のほか、外国人の人権に関する諸問題の解決に向けて、日弁連及び単位会としては、次のような取組みをすべきである。

第1は、外国人のための相談、救済活動の拡充である。この点について、1995（平成7）年以降、東京三会及び法律扶助協会（当時。その後、法テラスに業務が引き継がれた）が、平日は毎日交替で外国人のための法律相談を実施し、また、関東弁護士連合会が、茨城県牛久市に所在する東日本入国者収容所での出張相談を、東京三会と東相協外国人部会が日弁連の委託を受けて東京入国管理局での法律相談を実施するなど、相談体制は充実の方向にある。また、2010（平成22）年9月には、日弁連と法務省入国管理局との間で、電話相談や出張による臨時の法律相談の態勢づくりなど、弁護士による被収容者に対する法律相談等の取組をともに促進する合意が成立した。さらに、東京三会では、2013（平成25）年9月からは、東京パブリック法律事務所三田支所における夜間の外国人法律相談を試行し、夜間相談のニーズが確認できたことから、蒲田の法律相談センターにおいて夜間の外国人法律相談を実施することとなった。また、多言語での法律相談の予約など、新しい試みを実施している。

しかし、外国人相談や救済窓口を担っている弁護士の数はまだまだ限られており、現在の取組みをさらに進めるために、弁護士会は外国人事件に取り組む弁護士の増加と組織化及び新たに取り組む意欲を有する弁護士に対する研修の充実を図る必要がある。

第2に、近年繰り返されている在日外国人の排斥等を主張し、人の生命・身体に対する直接の加害行為や人種的憎悪や民族差別を扇動する集団的言動（いわゆるヘイトスピーチ）について、東弁は、2013（平成25）年7月、政府に対し、人種的憎悪や民族差別を煽り立てる言動を根絶するための実効性ある措置をとるよう求める会長声明を発表した。さらに、東弁は、2015（平成27年）7月、地方公共団体とヘイトスピーチをテーマとしたシンポジウムを開催し、同年9月には、「地方公共団体に対して人種差別を目的とする公共施設の利用許可申請に対する適切な措置を講じることを求める意見書」を発表するとともに、地方公共団体向けに「地方公共団体とヘイトスピーチ〜私たちの公共施設が人種差別行為に利用されないために〜」と題するパンフレットを作成して配布した。また、人種差別撤廃条例モデル案の策定の試みもなされている。今後も、弁護士会として、外国人の人権が侵害されるとき、そのおそれがあるときには、積極的に救済活動を行っていくべきである。

第3に、我が国の入管制度、難民認定制度について、法制度上及び運用上の問題点を見直すための調査、研究活動を行うとともに、その成果に基づき、法改正や行政各省庁の取扱いの是正を求めるための窓口となるべき組織作りを進めるべきである。例えば、新たな難民審査請求制度や、難民申請の振り分けなどは、比較的新しい制度・運用であり、どのような問題があるかについて、案件を担当する個々の弁護士や支援活動を行うNGO団体などの協力を得て、具体的な案件にあらわれた問題点を調査し、制度・運用の改善につなげていくべきである。

第4に、非正規滞在外国人の収容及び収容中の処遇の問題については、引き続き、入国者収容所等査察委員会への情報提供や弁護士委員へのバックアップ、法務省との協議会での議論などを通じ、改善に向けての取り組みが必要である。東弁では、2014（平成26）年に、この問題で先進的な取り組みを行っている英国を視察し、2015（平成27）年1月には、日弁連との共催で、英国王立刑事施設視察委員会を招聘してのシンポジウムを開催し、さらに、2016（平成28）年9月には、新

しい視察基準（「エクスペクテイションズ〔期待される状態〕日本版」）の採用及びこれに基づく視察を行うよう、法務省入国管理局、東日本及び西日本それぞれの入国者収容所等視察委員会に要請した。引き続き、こうした活動に積極的に取り組んでいくべきである。

第5は、外国人の権利保障に関連する諸条約の批准促進運動を展開することである。

特に、規約人権委員会への個人による救済申立の途を開く、自由権規約や拷問等禁止条約の選択議定書の批准は、我が国の人権状況を国際的監視下に置き、とりわけ遅れている外国人の人権問題について救済の途を拡大するために極めて重要である。

日弁連は、1996（平成8）年10月、第39回人権擁護大会において、「国際人権規約の活用と個人申立制度の実現を求める宣言」を行い、また、2008（平成20）年10月、規約人権委員会の総括所見に対し、勧告の実現のために全力で努力していくとする会長声明を発表している。今後もなお、その批准に向けた積極的な運動が求められている。

第6に、東弁は2014（平成26）年から、外国人の人権に関する啓蒙活動として、「多文化共生」及び「難民」をテーマにした小中学校・高校における法教育に取り組んでおり、学校からの要請も徐々に増加しつつある。今後も引き続き、法教育を通じての啓蒙活動に積極的に取り組んでいくべきである。

2　外国人の刑事手続上の問題

以下に述べるとおり、刑訴法と出入国管理及び難民認定法（入管法）との調整不備状態が長年放置された結果、外国人事件においては、刑事手続としての勾留・保釈・釈放・刑の執行などと、入管手続としての収容・仮放免・退去強制などとが相互に衝突し、その不利益を外国人当事者が被るという事態が放置されたままとなっている。その他にも、法廷通訳人の資格制度が整備されていない点、通訳過程の可視化が進まない点といった積年の課題が山積する。これに加えて、裁判員裁判制度の下においては、外国人刑事事件や司法通訳に関して新たな問題点も浮上しつつある。

弁護士会としても、喫緊に取り組まなければならない課題である。

(1) 刑訴法と入管法の調整不備

退去強制されたタイ人参考人の検面調書の証拠能力が問われた1995（平成7）年6月20日最高裁判決（刑集49巻6号741頁）において、大野正雄裁判官が補足意見として「……刑訴法と出入国管理及び難民認定法には、……調整を図るような規定は置かれていない。このような法の不備は、基本的には速やかに立法により解決されるべきである」と述べたことに端を発し、最高裁の裁判官が度々立法の不作為の問題を指摘し続けるという異常事態が続いているのである。

2012（平成24）年8月に再審無罪が確定して大きな話題となった電力会社OL殺人事件のネパール人男性についても、遡れば、一審無罪判決後の勾留の適否が争われた際、藤井正雄裁判官と遠藤光男裁判官がそれぞれ、「この問題は、退去強制手続と刑事手続の調整に関する規定の不備によるもの」「正に法の不備といわざるを得ないが、法の不備による責任を被告人に転嫁することは許されるべきことではない。」と反対意見の中で述べていたという経過がある（2000〔平成12〕年6月27日最高裁決定〔刑集第43巻6号427頁〕）。

さらには、スイス人被告人の薬物事件の無罪後勾留にかかる2007（平成19）年12月13日最高裁決定においても、近藤崇晴裁判官の補足意見（田原睦夫裁判官も引用）が、「このような事態に対処するためには、退去強制手続と刑事訴訟手続との調整規定を設け、退去強制の一時停止を可能とするなどの法整備の必要があるのであるが、12年判例において遠藤裁判官の反対意見と藤井裁判官の反対意見がそれぞれこの点を強く指摘したにもかかわらず、いまだに何らの措置も講じられていない。」と述べ、異例な表現で強い苛立ちを表明している。

この間、入管法は多数回改正され、刑訴法もまた複数回改正されている。それにもかかわらず、上記の問題へ対応する改正は全くなされないままで、その不利益を当事者が被るという状況が放置されているのである。

(2) 身体拘束をめぐる問題点

上記の刑訴法と入管法との調整不備問題が具体的弊害となって現れているのが、在留資格のない外国人の身体拘束をめぐる問題であるので、この点に関して若干敷衍して述べる。

ア　無罪後勾留

前掲の電力会社OL殺人事件やスイス人被告人の薬物事件においては、一審で無罪判決を受けて入国管理

局収容場に収容されていた外国人被告人を、高裁が職権で再度勾留する決定を行い（最高裁もこれを是認）、これら被告人は無罪判決を受けながらも引き続き勾留され続けるという事態に陥った。

これら一連の収容・勾留による同被告人の身体拘束の継続は、出国の自由（憲法22条、市民的及び政治的権利に関する国際規約〔以下「自由権規約」という〕12条2項）及び人身の自由（憲法18条、自由権規約9条1項）を不当に奪い去るものであり、重大な人権侵害である。加えて、被告人が日本人であれば、無罪判決によって勾留の効力が失われたまま控訴審の審理を行うのが通例であることも踏まえれば、これは「裁判所その他の全ての裁判及び審判を行う機関の前での平等な取扱いについての権利」を保障した、あらゆる形態の人種差別の撤廃に関する国際条約5条（a）にも明白に違反するというべきである。

日弁連はこの点に関し、2015（平成27）年10月21日付け「無罪判決後の勾留に関する意見書」において、刑訴法345条に、第2項として、「判決で無罪の言渡しがあったときは、上訴審において原判決が破棄されるまで、新たに勾留状を発することはできない。」との条文を新設すべきである旨の意見を表明した。

イ　保釈

外国人被告人の身体拘束を巡る「法の不備」という問題は、これだけに留まらない。たとえば、外国人被告人が在留資格を有しない場合には、保釈に伴い拘置所若しくは警察署の留置施設から解放されたとしても、即時その場で入国警備官により入管の収容場に収容された上で退去強制手続が進められるのが通例であり、身体拘束は継続することになる。しかも、入管は刑事裁判の係属を無視して収容・送還を執行する実務をとっており、保釈されると、入管の判断で仮放免されない限り、第1回公判期日までに送還が執行されてしまうこともある。あるいは、送還されないまでも、入管収容状態では刑事公判への出頭も認めないのが入管実務なので、刑事公判が開廷できない事態も予想される。そのため、裁判官も外国人被告人の保釈許可について消極的な姿勢をとっている実情にある。この点も改善される気配がない。

これら無罪後勾留や保釈の問題は、刑訴法と入管法との調整不備が生んだ典型例であるが、これ以外にも、様々な問題が調整不備に起因して発生しており、抜本的な解決が急務である。

(3) 通訳人をめぐる問題点

また、外国人被疑者・被告人に対する刑事手続のあらゆる段階において、公正かつ正確な通訳人を確保すべきことは、手続の適正を担保するための最低条件であるし、自由権規約14条3(a)も、かかる権利を保障している。

この点、裁判所、捜査機関、弁護士会ともに、通訳人名簿を作成して適宜通訳を依頼しているものの、通訳人名簿の登載にあたっての資格要件や試験などはなく、継続的な研修を施すシステムも存在しない。これに関して、①2016（平成28）年10月に東京地裁で行われた裁判員裁判で法廷通訳による通訳に約200か所の訳し漏れや誤訳があった事例、②2017（平成29）年5月に大阪地裁で行われた裁判員裁判で捜査段階の通訳に誤訳が約20か所、訳し漏れが100か所あった事例が報道されたが、これは氷山の一角に過ぎないといえよう。他方、通訳人の処遇はおしなべて不安定であり、有能な職業通訳人が定着しにくいという問題も抱える。米国、カナダ、オーストラリアなどでは、「法廷通訳人」という資格制度を設け、能力に応じた報酬を与えて公正な裁判を確保するための制度的な裏付けを与えているのであり、同様の制度の導入が急務である。

さらに、裁判員裁判においても外国人被告人の事件があるが、法廷通訳を通したやりとりで、果たして裁判員が正確に心証を得ることができるかどうか、という新しい問題点が指摘されている。

日弁連は、2013（平成25）年7月18日付で「法廷通訳についての立法提案に関する意見書」をとりまとめ、通訳人の資格制度の創設、継続研修の義務付けなどを提言した。同意見書の提言を実現するための法改正、規則改正、運用改善に向けた取組が必要である。

(4) 取調過程の可視化の必要性

取調べ過程の可視化の要請は、要通訳事件の場合にこそ、最も大きいといえる。

要通訳事件の被疑者取調べは、捜査官の日本語での発問⇒（通訳人の頭の中で翻訳）⇒通訳人の外国語での発問⇒供述者の外国語での回答⇒（通訳人の頭の中で翻訳）⇒通訳人の日本語での回答⇒捜査官が問答を日本語で文章化して記述⇒完成した調書を捜査官が日本語で読み上げ⇒（通訳人の頭の中で翻訳）⇒通訳人が外国語で告知⇒供述者に内容を確認させた上で、日

本語の供述調書に署名・指印をさせる―という伝聞過程を経るのが通常である。

しかし、被疑者が、通訳人の口頭で述べた内容自体は正確に理解したとしても、そもそも通訳の正確性を客観的に担保する方策は、ほとんど全くといってよいほど講じられていない。

仮に、後日、被疑者が、適切に通訳されなかったために誤信して調書に署名・押印した等と主張しようとしても、その事実を浮き彫りにすることは事実上不可能に近い。法廷で調書作成時の通訳人が「適切に、忠実に通訳した」と証言すれば、これを覆すことは至難の業である。

このような事態を解決する手段として、取調べ過程の録画等は非常に有効である。2016（平成28）年5月24日に成立した刑事訴訟法等の一部を改正する法律では、対象を裁判員裁判対象事件及び検察独自捜査事件についての逮捕又は勾留された被疑者の取調べに限定しているものの、それらについては全過程の録音・録画を原則とされた（公布後3年以内に施行予定）。

弁護士会は、対象事件以外の事件や、被疑者の取調べだけではなく参考人の事情聴取をも録画の対象とするよう拡大を求めていくべきである。ことに、通訳の正確性について後日の検証が極めて困難な要通訳事件における全面録画は最優先課題と言っても良い。

(5) 今後の方針

外国人の刑事事件は、日本の刑事司法の問題点や不備な点が象徴的に現れるところである。東弁のみならず日弁連全体の問題ととらえて、改善のための法改正・運用の改善や、制度の設立を具体的かつ積極的に働きかけて行くことが求められている。

第7 犯罪被害者の保護と権利

1 犯罪被害者支援の必要性

刑法犯認知件数は2009（平成21）年以降漸減しているとはいえ、毎年多くの痛ましい凄惨な事件は後を絶たない。2016（平成28）年の殺人事件の認知件数は、前年を更に下回り895件と報告されているが、強盗、放火、強姦を合わせた凶悪犯総数の認知件数は5100件を超え[*1]、新たな犯罪被害者が生まれている。安全と言われる日本においても、国民の誰もが犯罪に巻き込まれる危険と隣り合わせである。国民全員にとって明日は我が身であって、犯罪被害者の権利の保障は、社会全体が担っていかなければならない課題である。

犯罪被害者は、生命を奪われ、家族を失い、傷害を負わされ、財産を失う犯罪から直接に被った被害に加え、周囲からの好奇の目や、誤解に基づく中傷、時には関係者の無理解な言動や不適切な対応によって傷ついている。

弁護士及び弁護士会は、犯罪被害者の置かれた状況を正しく認識し、不幸にも被害に遭った犯罪被害者をさらに傷つけたり、二次的被害を与えるようなことがあってはならない。犯罪被害者やその遺族・家族の権利の拡充に向けた積極的な活動と、個々の被害者の救済に尽力しなければならない。

2 犯罪被害者支援をめぐる立法の経緯

1981（昭和56）年、犯罪被害者給付法が施行された。しかし、基本的に犯罪被害者に対し国が見舞金を支給するという考え方に立っており、給付対象も故意の生命・身体に対する犯罪に限られ、欧米に比べると、内容は質量ともに貧弱であった。

2000（平成12）年、犯罪被害者保護二法（「刑事訴訟法及び検察審査の一部を改正する法律」「犯罪被害者等の保護を図るための刑事手続に付随する措置に関する法律」）が制定・施行された。これによって、犯罪被害者は、「支援を受け保護されるべき存在」としてようやく認知されるに至った。しかし、権利性がないなど、犯罪被害者への支援や保護の内容や程度は未だ十分ではなかった。

2004（平成16）年4月、犯罪被害者等基本法が成立し、「すべての犯罪被害者について個人の尊厳が重んぜられ、その尊厳にふさわしい処遇を保障される権利を有すること」が基本理念として定められた（同法3条1項）。そこでは、国・地方公共団体や民間団体の連携の下、犯罪被害者のための施策を総合的かつ計画的に推進し、犯罪被害者の権利や利益の保護を図ることが

[*1] http://www.npa.go.jp/hanzaihigai/whitepaper/w-2016/html/zenbun/part3/s3_12.html

目的とされた。

そして、2005（平成17）年12月に閣議決定された犯罪被害者基本計画の中で、「刑事司法は犯罪被害者等のためにもある」ことが明記され、2007（平成19）年6月、被害者参加制度、損害賠償命令などを含む「犯罪被害者等の権利利益の保護を図るための刑事訴訟法等の一部を改正する法律」が成立した。

その後、2008（平成20）年には、犯罪被害者の少年審判傍聴等の制度が拡充された。また、2010（平成22）年には、殺人罪や強盗殺人罪など法定刑の上限が死刑であるものについては、公訴時効は廃止されるなど、犯罪被害者を取り巻く法制度は、この20年の間に大きく躍進した。

3 日弁連の取組み

日弁連は、2003（平成15）年10月17日に松山市で開催された人権擁護大会において、
① 犯罪被害者について、個人の尊厳の保障・プライバシーの尊重を基本理念とし、情報提供を受け、被害回復と支援を求めること等を権利と位置づけ、かつ、国及び地方公共団体が支援の責務を負うことを明記した犯罪被害者基本法を制定すること。
② 生命・身体に対する被害を受けた犯罪被害者が、十分な経済的支援を受けられる制度を整備すること。
③ 多様な犯罪被害者支援活動を推進するための民間支援組織の重要性に鑑み、財政面を含めその活動を援助すること。
④ 殺人等の重大事件の犯罪被害者が、捜査機関・裁判所・メディアに対する対応等に関し、弁護士の支援を受け、その費用について公的援助を受けることを可能とする制度を創設すること。
⑤ 捜査機関が犯罪被害者の訴えを真摯に受け止めて適切に対応するよう、警察官・検察官に対する教育・研修を徹底するとともに、犯罪被害者に関する捜査機関の施策の改善のために立法等必要な措置をとること。
等の施策をとることを国に求める決議をした。

さらに、2017（平成29）年10月6日に大津市で開催された人権擁護大会では、犯罪被害者は「個人の尊厳が重んぜられ、その尊厳にふさわしい処遇を保障される権利」の主体であることを前提に、国及び地方公共団体に、
① 犯罪被害者が民事訴訟等を通じて迅速かつ確実に損害の賠償を受けられるよう、損害回復の実効性を確保するための必要な措置をとること。
② 犯罪被害者等補償法を制定して、犯罪被害者に対する経済的支援を充実させるとともに、手続的な負担を軽減する施策を講じること。
③ 犯罪被害者の誰もが、事件発生直後から弁護士による充実した法的支援を受けられるよう、公費による被害者支援弁護士制度を創設すること。
④ 性犯罪・性暴力被害者のための病院拠点型ワンストップ支援センターを、都道府県に最低1か所は設立し、全面的な財政的支援を行うこと。
⑤ 全ての地方公共団体において、地域の状況に応じた犯罪被害者支援施策を実施するための、犯罪被害者支援条例を制定すること。

を求めるとともに、弁護士及び弁護士会においても、被害者支援をより一層拡充させることを誓い、国内で一元的な支援の提供を可能とする犯罪被害者庁の創設に向けて議論を深め、犯罪被害者の誰もが等しく充実した支援を受けられる社会を実現するために全力を尽くす旨宣言した。

4 犯罪被害者と刑事司法

(1) 被害者参加制度

日弁連は、法案審議過程において、被害者参加制度は、法廷が被害者による鬱憤晴らしの場になるとか、被告人と被害者が同席することにより訴訟進行に混乱が生じる怖れがあるとか、被告人が被害者に遠慮をして自由な証言が出来なくなるなどと述べて、「将来に禍根を残す」制度であると反対していた。また、2012（平成24）年11月15日には、「現行の被害者参加制度の見直しに関する意見書」を発表し、①被害者が参加した事件において、被害者参加人は刑事訴訟法第292条の2により被害者等の意見陳述制度を利用できないものとすべきである、②公訴事実等の存否に争いがある事件においては公訴事実等の存否を判断する手続と刑の量定の手続を二分する制度を創設した上で、手続が二分された事件においては被害者等の手続参加は刑の量定の手続においてのみ許可しうることとすべきである、と主張した。

さらに、2015（平成27）年10月には、日弁連刑事弁護センター死刑弁護小委員会が編集した「手引き『死

刑事件の弁護のために』」が会内資料として発表されたが、「否認事件や正当防衛事件等では参加そのものに反対すべきである」[*2]など、具体的事案にかかわりなく被害者の手続き参加に反対すべきとの極端な見解が述べられており、被害者の声から立法化された法制度を無視するかのごとき記載がある。

しかし、これらの意見や手引きは、いずれも犯罪被害者支援委員会の意見を踏まえて発表されたものではない。

むしろ、犯罪被害者支援委員会委員を中心に、現行の被害者参加制度は被害者の権利保護の観点から相当に不十分であるとして、被害者参加をより拡充すべきであるとの意見もあり、法務省が2013（平成25）年1月に開催した「平成19年改正刑事訴訟法に関する意見交換会」においても、この点についての議論が行われている。

弁護士を含む法曹は、これまで刑事裁判の意義を真実発見及び被告人の刑事処遇と捉え、被害者問題に対する視点が十分でなかった。しかし、被害者を顧みない態度を貫くことは、かえって被疑者・被告人の権利を害することにもなりかねない。具体的な事件でも、被害者参加に敵対し、被害者の心情に配慮しない弁護活動が行われた案件で、同種事案より重い量刑が選択されることがあることは、しばしば経験するところである。

何より不幸にして犯罪に巻き込まれた犯罪被害者の名誉や生活の平穏を害することのないよう十分配慮するとともに、犯罪被害者等のための施策に協力すべきことは、犯罪被害者等基本法が定めるまでもなく、国民の当然の責務である。

被疑者・被告人の適正な権利が保障されるべきなのは当然であるが、我々弁護士・弁護士会としては、被疑者・被告人の権利保障だけでなく、それと同じく、あるいはそれ以上に、犯罪被害者の権利をいかにして保障すべきかを常に考えなければならない。

被害者参加制度のもとでは、故意の犯罪によって無残に肉親の命を奪われた重大犯罪の多くの犯罪被害者遺族が、「被告人を極刑に処すべき」との被害者論告・求刑を行っている。もちろん、被害者が求刑したとしても実際にその求刑通りの判決宣告がなされる事例は限られてはいるが、たとえ被害者求刑通りの判決が下されなかったとしても、被害者遺族は「やれるだけのことをやった」「墓前に報告できる」などと述べている。このように、被害者論告・求刑は、被害者遺族が凄惨な事件を乗り越えて生きていくために重要な機能を有しているとも言える。

被害者参加制度は、今では多くの事件で当たり前に実施されており、導入当時に懸念された弊害は一切生じていない。被害者参加制度は、被害者支援を行うためになくてはならない制度である。弁護士及び弁護士会は、「刑事司法は被害者のためにもある」とした犯罪被害者等基本法及びこれを受けた犯罪被害者等基本計画の趣旨を広く弁護士に周知するとともに、被害者参加の意義を再確認し、より拡充するための努力を怠ってはならない。

(2) 国選被害者参加弁護士制度

資力の乏しい被害者参加人は、国費で被害者参加弁護士を委託することが出来る（国選被害者参加弁護士制度）。

新聞やテレビなどのマスコミで被害者参加制度が取り上げられたり、弁護士会においても広報活動を行った結果、国選被害者参加弁護士の選定例も増えつつある。2016（平成28）年度の司法統計では、被害者等参加の申し出について参加を許可された人員が1,396名、うち弁護士への委託があったのは1,100名、うち国選被害者参加弁護士制度が利用されたのは578名[*3]となっており、制度が導入されて以降毎年増加している。しかし、制度の運用がはじまってから8年が経過し、導入当初には想定されていなかった被害者参加の不十分な点も明らかになりつつある。例えば、多数の被害者が参加を望んでいると思われる「私事性的画像記録の提供等による被害の防止に関する法律違反事件」（いわゆるリベンジポルノ事案）や児童福祉法違反は、重大犯罪類型であるにもかかわらず被害者参加対象事件にはなっていない。被害者参加対象事件の早期拡大が望まれるところである。

また、被害者参加対象事件であっても、現状の運用では被害者が公判前整理手続に参加できる場合はかなり限られている。裁判員裁判においては、公判前整理

[*2] https://www.nichibenren.jp/opencms/export/sites/default/shoshiki_manual/keiji/documentFile/tebiki_shikei_bengo.pdf

[*3] http://www.courts.go.jp/app/files/toukei/404/009404.pdf （第43表）

手続きに時間が費やされ、その後の公判期日は短期間に集中して実施される。そのため、公判期日だけに参加するだけでは、その準備が十分になしえない場合もある。加えて、被害者は、事件の当事者であるからこそ、事件の内容を少しでも知りたいと思っているし、公判前整理手続において弁護側がどのような主張をしているのか直接聞きたいという要望も強い。したがって、公判前整理手続への被害者参加の拡充は喫緊の課題である。

先の大津市で開催された人権擁護大会の決議では、被害者参加をはじめ損害賠償命令制度の導入や少年審判傍聴制度の創設を成果として評価するとともに、より一層の拡充を求める旨が宣言された。この宣言にもあるように、弁護士会は、さらに関係各機関と連携し、被害者が被害者参加制度をより利用しやすくするための方策、及び被害者参加をするために弁護士にアクセスしやすい環境を構築する必要がある。

また、現行の国選被害者参加弁護士制度は、公訴提起後に参加を許可されなければ利用することができないとされている。しかし、被害者が弁護士に求める法的支援の内容は、刑事公判での被害者参加に至る以前に、被害届の提出、刑事告訴、事情聴取の同行、マスコミ対応等、多岐にわたるが、現行法では、このような法的支援が国費で賄われる制度にはなっていないため、被害者は、日弁連の法テラス委託援助事業を利用するしかない。犯罪被害者支援は、本来社会全体が負担すべきことであり、国費で賄われるべきであることについて、日弁連は、2012（平成24）年3月15日、「被害者法律援助制度の国費化に関する当面の立法提言」を行った。

(3) 損害賠償命令制度

損害賠償命令制度が導入されたことにより、被害者等は、刑事事件とは別に改めて民事訴訟提起のために多額の印紙を負担することや、民事訴訟用に刑事記録を謄写して証拠を作成することなく、わずか2,000円の申立費用で、刑事手続の成果をそのまま利用して、簡易迅速に被告人に対する損害賠償命令決定を獲得することが出来るようになった。

しかし、損害賠償命令を申し立てることができる事件は多数に上るにもかかわらず、2016（平成28）年度の司法統計においても損害賠償命令既済事件数は306件に留まり、足踏み状態にある。制度の利用が進まない背景には、十分な告知がされず被害者等が損害賠償命令を申し立てることができることを知らない場合や、制度のことは知っていても、申立てのための弁護士費用の負担や、被告人から異議が出された場合には、結局民事訴訟手続へ移行するという制度上の問題などから申立を躊躇したり、あるいは、被告人によるお礼参りを怖れて泣き寝入りをしたりする例があるものと思われる。

弁護士及び弁護士会は、引き続き、損害賠償命令による簡便な被害回復手段があることを広く周知させ、制度の利用促進に努めるべきであるとともに、さらに、損害回復の実効性確保のための措置や犯罪被害者等補償法の制定による経済的支援の充実及び手続き的な負担の軽減施策を、国及び地方公共団体に対して求めていくべきである。

5 犯罪被害者等給付金制度

犯罪被害者等給付金は、国が、故意の犯罪行為によって死亡、重度の傷害及び後遺障害等の被害を受けた被害者又は遺族に支払う給付金で、遺族給付金、重傷病給付金及び障害給付金の3種類がある。

このうち、重傷病給付金は、負傷又は疾病発症から1年の間に実際にかかった医療費等を給付するもので、上限は120万円とされている。

しかし、特に性犯罪被害者は、身体的傷害が完治しても、PTSDやフラッシュバックが治まらず、休職期間が長引く傾向にある。また、同程度の被害を受けた被害者の中でも、早く立ち直る人もいれば、事件をきっかけにうつ病などに罹患し、社会復帰まで長期間かかる人もいる。

また、遺族や後遺障害被害者に支払われる給付金も、交通事故の遺族が任意保険又は自賠責保険等で受け取ることのできる金額に比較すれば低額にとどまる。

犯罪被害は、いつ誰が遭遇してもおかしくなく、被害者が被害前の生活を取り戻すために必要な保障は、社会全体で負担していくべき性質のものである。

したがって、現在ある犯罪被害者等給付金制度を抜本的に見直し、不幸にも犯罪被害に遭ってしまった被

---

*4 http://www.courts.go.jp/app/files/toukei/446/009446.pdf（第85表）

害者が再び平穏な生活を取り戻し、途切れない支援を受けることができるようにするために、生活保障型の犯罪被害者補償制度の創設を求めるべきである。

なお、2017（平成29）年7月には、犯罪被害給付制度に関する有識者検討会において、原則不支給又は減額するものとされていた親族間犯罪被害に係る給付について、親族関係の事実上の破綻が認められる場合や18歳未満の者と加害者との間に親族関係がある場合について、全額支給する方向で提言がされた。提言に基づいた運用に改善されることにより、支給の幅が拡がることは喜ばしいことではあるが、事件前の平穏な生活を送るための継続的な施策として不十分であることに違いはなく、引き続き、生活保障型の犯罪被害者補償制度の創設が求められるところである。

6 日本司法支援センターにおける取組み

2006（平成18）年にスタートした日本司法支援センター（以下「法テラス」という）の業務の一つが犯罪被害者支援業務である。2004（平成16）年5月に成立した総合法律支援法には、情報・資料の提供、被害者支援に「精通している弁護士を紹介」すること等が明文化されている（同法30条1項5号）。

しかし、単なる情報提供や弁護士の紹介というだけでは、実質的には以前と変わりはない。弁護士会としては、被害者支援を推進するためにも、精通弁護士の質の向上を図り、犯罪被害者の法律相談等の充実に向け、全国レベルで対応していくべきである。

また、現在法テラスが提供する犯罪被害者支援は、後述するDV・ストーカー案件の資力要件を満たした場合や国選被害者参加弁護士制度を除き、弁護士を紹介するだけの制度にとどまり、弁護士報酬は、犯罪被害者自らが負担するか、日弁連委託援助の犯罪被害者援助によっている。これらについて、国費によって賄われるべきものであることは前述したとおりである。

2016（平成28）年の総合法律支援法の改正により、新たに2018（平成30）年1月から、DV、ストーカー、児童虐待事案の被害者法律相談援助が新設された。援助の対象が、当初の法律相談だけに留まること、資力要件を満たさない場合には有料相談となる点で、課題を残すものではあるものの、被害者から要請があった場合に、各単位会が法テラスに提出した担当弁護士の名簿をもとに、迅速な弁護士紹介と2営業日以内の法律相談が実施される点で評価すべき制度である。

本制度を足がかりに、全国において、弁護士による適時・適切な充実した被害者支援の枠組が整備されるよう、弁護士会としてもより一層の努力が望まれるところである。

7 その他の問題

2012（平成24）年に逗子市で発生した元交際相手に刺殺された事件は、脅迫容疑で逮捕した際に警察官が結婚後の姓や住所の一部を読み上げたことをヒントに被害者の住所を調べ上げて犯行に及んだとのことである。この事件から明らかなように、被害者の氏名や住所を秘匿した匿名逮捕・匿名起訴も被害者の生命身体の安全確保にとって極めて重要な問題である。弁護士会及び弁護士は、次の犯罪の発生を防止し、新たな犯罪被害者を生み出さないための努力を怠ってはならない。

第8 冤罪被害者の保護と権利

1 冤罪被害者に対する補償の意義

冤罪を防止することは、刑事司法に課せられた重大な使命であり、今後ともこれを防止するための改革がなされなければならない。しかし、他方で刑事司法は、捜査権、訴追権の行使を誤り、冤罪をもたらす危険を常に孕んでおり、その危険を免れることはできない。そうだとすれば、冤罪に対する十全な補償をなすことが不可欠であり、これなしには、刑事司法の正当性を維持し、信頼性を確保することができない。冤罪被害者に対する補償制度を整えることは、国の責務である。

憲法40条が「何人も、抑留又は拘禁された後、無罪の裁判を受けたときは、法律の定めるところにより、国にその補償を求めることができる」と規定しているのも、そのような趣旨に理解されるべきである。

また、犯罪被害者については、近年、国による補償が図られるとともに、刑事手続への被害者参加などの

施策もとられてきた。これに対し、冤罪被害者に対する補償は、旧態依然とした状況にあり、早急に整備を図る必要がある。

その課題として、被疑者補償法及び非拘禁者補償法の制定の2つがあり、早急にこれらを実現すべきである。

2 冤罪被害者に対する補償の現状

憲法40条の規定とその趣旨に基づき、次のとおり刑事補償に関する立法がなされてきた。

① 刑事補償法は、「もし免訴又は公訴棄却の裁判をすべき事由がなかったならば無罪の裁判を受けるべきものと認められる充分な事由があるとき」（同法25条1項）についても、無罪の裁判と同様に、補償を請求することができるとする。

② 1976（昭和51）年の刑訴法改正によって、無罪の判決が確定したときは、被告人であった者に、その裁判に要した費用を補償する「費用補償制度」が創設された。

③ 1992（平成4）年、「少年の保護事件に係る補償に関する法律」が制定され、審判に付すべき少年に犯罪その他の非行が認められなかった場合にも補償を行うこととされた。

④ 1957（昭和32）年、法務大臣訓令として被疑者補償規程が定められ、未決の抑留又は拘禁を受けた後、不起訴処分となった場合、罪を犯さなかったと認めるに足りる十分な事由があるときは、刑事補償法と同様の補償を行うこととした。

3 被疑者補償法の制定を

刑事補償法による補償が権利性を付与された請求権であって、裁判所の決定により補償額が決定され、この決定に対しては即時抗告も可能であるのに対し、被疑者補償規程による補償の申出は、検察官の職権発動を促すものに過ぎず、権利性がないものと解釈されており、検察官がなした補償をしないとの裁定は、行政不服審査法による審査にも服さないとされている。

そのため、国会においては、幾度となくこの被疑者補償の問題が審議されており、法案が提出されたことも幾度もあったが、成立するには至っていない。

実際にも、「罪を犯さなかったと認めるに足りる十分な事由があるとき」との被疑者補償規程による補償の要件に該当することを疑う余地のない事案であるのに、検察官が補償をしない旨の裁定をしたという事案が生じている。

2008（平成20）年12月、日弁連は、「被疑者補償法の制定を求める意見書」を公表した。同意見書は、被疑者補償請求権として構成すること及び補償をしないとの裁定に処分性を付与することについては、起訴便宜主義等の見直しをも視野に入れなければならないことから、今後の検討に委ねることとしたが、被疑者補償法をもって、検察官の補償をしないとの裁定の性質に応じた不服申立ての制度を創設することとし、その審査機関を検察審査会とすること、を提案している。

この被疑者補償法の早期制定を図るべきである。

4 非拘禁者補償法の制定を

現行刑事補償法においては、無罪の裁判を受けた者が、刑訴法等によって未決の抑留又は拘禁を受けた場合には、国に対して抑留又は拘禁による補償を請求することができるとされているのに対し、非拘束期間中については、補償の対象外となっており、刑事訴追を受けて無罪の裁判が確定した場合であっても、身体拘束を受けなかった者や身体拘束を受けなかった期間については何らの補償もされていない。

しかし、身体拘束を受けず、あるいは保釈等になった場合であっても、訴追を受けた者は、公務員であればその意に反して休職とすることができるとされており、その場合、原則として給与は支給されないし、民間企業に勤務する場合においても休職処分に付されたり、事実上、退職を余儀なくされたりする場合も多く見られるなど、様々な不利益を受け、有形無形の圧迫や制約を受けることとなるのであって、これらの被害に対する定型的補償をなすのは、国の責務だというべきである。

無罪判決が確定したものの非拘束の被告人であったために刑事補償が受けられなかった最近の例として、いわゆる「名古屋刑務所革手錠事件」の刑務官のケースがある。

日弁連は、この問題を含む課題につき、1965（昭和40）年、「刑事補償法及び刑事訴訟法改正案」を策定して公表し、その後、費用補償制度が実現しているが、非拘禁者補償の制度は未だ実現していない。そこで、2009（平成21）年3月、改めて、「非拘禁者に対する刑

事補償制度を求める意見書」を公表した。
　その早期実現を求めるべきである。

5　その他の課題

　刑事補償全般の課題として、補償額の下限の引き上げの問題がある。刑事補償法制定当時は、補償額が「1日200円以上400円以下」と定められており、上限は下限の2倍であったが、1980（昭和55）年改正以降、下限は1,000円のまま現在まで据え置かれ、他方、上限はその後も引き上げが行われたため、現在は、1,000円以上12,500円となっており、上限は下限の12.5倍に達している。今後こうした課題についても検討がなされるべきである。

第9　死刑の廃止問題

1　死刑廃止問題に対する弁護士会の現状と法友会（総論）

　2016（平成28）年10月7日、福井で行われた日弁連人権大会において、「死刑制度の廃止を含む刑罰制度全体の改革を求める宣言」が可決され、「2020年までに死刑制度の廃止を目指すべき」との日弁連の方針が打ち出された。そして、2017年度の日弁連においては「死刑廃止及び関連する刑罰制度改革実現本部」が設置され、2017（平成29）年5月26日の日弁連定期総会でその実現本部の活動に対する予算付けも承認される等、死刑制度廃止に向けての日弁連の活動が開始されている。

　近代刑法の歴史が人権思想の広がりと共に同害報復（目には目を）の復讐的身体刑を克服してきたものであることや、冤罪・誤判にもかかわらず刑が執行された場合には取り返しがつかないこと、どのような罪を犯した者でも可塑性があり更正の可能性があること、世界的に多くの人権尊重国家において死刑制度が廃止されていること、国際的人権機関から我が国が何度も死刑廃止の勧告を受けていること等からすれば、わが国においても死刑のない社会が望ましいことは明らかであろう。

　日弁連の今回の「死刑廃止」の実現に向けた活動への決断も、その意味で必然であったものであり、東京弁護士会及び法友会としても、今後その方向性での活動を検討し実践していくべきである。

　しかし、他方、理不尽に愛する者の命を奪われた被害者遺族の激しい処罰感情や不公平感・精神的苦痛に寄り添うこともまた、人権擁護を使命とする弁護士の役割である。我々は、死刑制度の廃止を求めていくのであれば、被害者遺族の方々に、少なくとも刑罰制度の在り方としては死刑が否定されるべきことを理解して貰えるだけの言葉を持たなければならない。また、被害者遺族の方々のみならず、多くの国民の理解を得られなければ、実際に死刑廃止を実現することは困難であろう。

　そのために、我々は、人の「生命」の尊さを、加害者と被害者の両方の視点から見つめ、死刑という刑罰を廃止すべきことを、いかに考え説明すれば理解されるか、不断の努力で検討・検証し、実行していかなければならない。

2　死刑制度の是非をめぐる議論

　死刑制度の是非をめぐっては、存置論と廃止論との激しい対立がある。

　存置論者は、①刑罰は犯した罪の重大さと均衡するものでなければ不公平であり（応報刑主義）、殺人罪には死刑のみが罪刑に均衡し、死刑のみが償いである、②被害者遺族の被害感情が余りに激しい場合には、死刑により自らの命をもって償わせ、被害者遺族の怒りと悲しみを癒すことが正義につながる、③刑事政策的観点から、死刑には凶悪犯罪に対する抑止効果がある、④世論調査の結果によれば国民の多くが死刑の存続を望んでおり、死刑廃止は民主主義に反する、⑤我が国には「仮釈放のない終身刑」がない以上、社会復帰後に再犯の可能性がある、等の理由から、死刑は存置すべきと主張する。

　他方、廃止論者は、①「奪われた命に均衡する罪刑は死刑のみ」という同害報復の考え方は、自由刑による犯罪者の改善更生を刑罰の主目的と捉える（教育刑）近代刑法の理念に合致しない、②個人の生命権は最も重要な人権であり、国家権力が刑罰でこれを奪うこと

は非人道的である、③死刑執行後に誤判が判明した場合は取り返しがつかない、④死刑の凶悪犯罪に対する抑止効果については科学的実証がない、⑤加害者を死刑にすれば被害者遺族の精神的救済が常に得られるわけではなく、被害者支援は別途検討されるべきである、⑥世界の大多数の国々で死刑は廃止されており、日本の死刑制度に対しては国際的な懸念や批判がなされている、等の理由により、死刑は廃止すべきと主張している。

死刑の是非は、個人の思想や哲学にも繋がり、議論すること自体が難しい問題である。「死刑の凶悪犯罪抑止力」は科学的実証が困難であるし（実際、死刑を廃止した国で犯罪が増えていないというデータもあるし、実際に起きた凶悪事件の犯人像から死刑が抑止力にはなり得ていないという実態も見えてきている）、他方、奪われた命と均衡する刑罰を強く望む被害者遺族に対し「死刑の残虐性」や「死刑廃止の国際的潮流」等を強調して廃止論を述べても、なかなか理解を得ることは難しいであろう。

しかし、生命権は個人の尊厳にとって最も重要なものであり、近代刑法の歴史が人権思想の広がりと共に同害報復（目には目）の復讐的身体刑を克服してきたものであることや、人には常に更生の可能性（可塑性）があることに鑑みるとき、いかに他人の命を奪った者であっても、刑罰として報復的にその者の生命権を国家権力が奪うことについては、やはり否定されるべきであろう。とりわけ、冤罪で死刑が執行されてしまったら取り返しがつかないことを考えれば、弁護士会は、まず死刑執行の停止の立法的措置（死刑執行停止法）を求め、同時に早期の死刑制度の廃止に向けて、現実的かつ具体的な活動をすべきである。

3　死刑をめぐる内外の状況

我が国では、1983（昭和58）年から1989（平成元）年にかけて、4つの死刑確定事件（免田・財田川・松山・島田各事件）について再審無罪判決が確定しているが、2014（平成26）年3月には袴田事件についても死刑及び拘置の執行停止並びに再審開始の決定がなされ（ただし特別抗告により再審は未だ始まっていない）、あらためて死刑判決にも誤判があり得ることが広く世に知られるようになった。しかし他方、同じく死刑確定事件である名張ぶどう酒事件の第8次再審請求は2014（平成26）年5月に却下されてしまい（2015〔平成27〕年10月に奥西死刑囚は病死）、一貫して無実を主張し再審請求も予定されていたのに死刑が執行されてしまった飯塚事件も冤罪であった可能性が強く主張されている。このように、誤判の危険性は人間の行う裁判においては避けられないものであり、死刑制度が存在する限り、かけがえのない生命を誤って奪う危険性は常に存在している。

また、国際的には、国連において、世界人権宣言3条（生命権条項）の完全保障のために死刑廃止を目指し、死刑のより制限的な適用のため、いわゆる「死刑廃止条約」が1989（平成元）年12月15日の国連総会で採択され、1991（平成3）年7月11日に発効した。2012（平成24）年10月31日現在、同条約は、74ヶ国が批准し、35ヶ国が署名して後日批准を約束している。アムネスティ・インターナショナルの調べによると、毎年死刑廃止国が増えており、2012（平成24）年10月31日現在、死刑存置国が58ヶ国に対し、廃止国はヨーロッパを中心に140ヶ国（過去10年以上死刑を執行していない事実上の廃止国を含む）となり、今や世界の3分の2以上の国々が死刑を廃止ないし停止している。

4　我が国の死刑判決及び死刑執行の状況

近年、殺人罪など凶悪犯罪の認知件数に有意な増加がないにもかかわらず、死刑判決は著しく増加し、死刑執行も極端に増加している。

まず、死刑判決数については、1991（平成3）年から1997（平成9）年の7年間と、2001（平成13）年から2007（平成19）年までの各7年間の死刑判決言渡し件数（死刑判決を維持したものを含む）を比較すると、地方裁判所では31件が95件に（約3.1倍）、高等裁判所では22件が96件に（約4.4倍）、最高裁判所では26件が63件に（約2.4倍）、それぞれ激増した（司法統計年報）。また、2009（平成21）年7月に裁判員裁判が導入され、市民が死刑判決言渡しの判断にかかわることを求められる社会となったが、裁判員裁判における死刑求刑事件では、2017（平成29）年9月までに死刑判決が28件、無期懲役が10件となっている（いずれも民間調査より）。

次に、死刑執行数については、前述の内外の状況のもとで、1989（平成元）年以降3年4ヶ月にわたって死刑執行は事実上停止されていたが、1993（平成5）年3月26日より死刑の執行が再開され、再開後の執行者数

は現在まで合計110名に達している（病死30名、自殺1名）。2017（平成29）年も既に2名に対し死刑が執行され、死刑確定者数は2017（平成29）年9月17日現在で125名である（いずれも民間調査より。袴田氏も死刑執行停止中ではあるが再審無罪決定はまだ出ていないので死刑確定者に含む）。

なお、死刑が執行されるたびに、日弁連や関弁連、各地の弁護士会が法務大臣に対し、死刑制度の存廃の国民的議論が尽くされるまでは死刑の執行を差し控えるなどの慎重な対応を求める会長（理事長）談話ないし声明を発表している。

5　我が国の死刑制度に対する国際評価

国際的には、2007（平成19）年12月18日、2008（平成20）年11月20日、2010（平成22）年12月21日、そして2012（平成24）年12月30日と4回にわたって、国連総会が、日本を含むすべての死刑存置国に対して死刑廃止を視野に死刑執行の停止を求める決議案を賛成多数で採択している。

また、2008（平成20）年10月30日には国際人権（自由権）規約委員会が、市民的及び政治的権利に関する国際規約（以下「規約」という。）の実施状況に関する第5回日本政府報告書審査の結果である総括所見を発表し、その中で日本政府に対して、

Ⅰ　規約6条・7条及び10条に関連してパラグラフ16（死刑執行）で、『①政府は世論にかかわらず死刑廃止を前向きに検討し、必要に応じて国民に対し死刑廃止が望ましいことを知らせるべきである。当面の間、死刑は規約6条2項に従い、最も深刻な犯罪に限定されるべきである。②死刑確定者の処遇及び高齢者・精神障害者への死刑執行に対し、より人道的なアプローチをとるよう考慮すべきである。③死刑執行に備える機会がないことにより蒙る精神的苦痛を軽減するため、死刑確定者及びその家族が、予定されている死刑執行の日時を適切な余裕をもって告知されることを確実にすべきである。④恩赦、減刑及び執行の一時延期は、死刑確定者にとって真に利用可能なものとされるべきである』との勧告を行った。

Ⅱ　また、規約6条及び14条に関連してパラグラフ17（死刑制度）では、「①死刑事件においては、再審査を義務的とするシステム（必要的上訴制度）を導入し再審請求や恩赦の出願による執行停止を確実にすべきである。②死刑確定者と再審に関する弁護士とのすべての面会の厳格な秘密性を確保すべきである。規約7条及び10条にパラグラフ21（独居拘禁）で、死刑確定者を単独室拘禁とする規則を緩和し、単独室拘禁は限定された期間の例外的措置にとどまることを確実にすべきである。」との勧告を行った。

最近では、2012（平成24）年10月31日の国連人権理事会作業部会による「日本の人権状況に対する普遍的定期的審査（UPR）」においても、意見を述べた42ヶ国の内24ヶ国もの国が、日本の死刑制度及びその運用に変更を求めて勧告を行っている。

6　我が国の死刑制度に対する弁護士会の対応

日弁連は、まず、2004（平成16）年10月8日の第47回人権擁護大会で、「①死刑確定者に対する死刑の執行を停止する旨の時限立法（死刑執行停止法）を制定すること、②死刑執行の基準、手続、方法など死刑制度に関する情報を広く公開すること、③死刑制度の問題点の改善と死刑制度の存廃について国民的な議論を行うため、検討機関として、衆参両院に死刑問題に関する調査会を設置すること」を求めた決議を、賛成多数で採択している。

この第47回人権擁護大会における決議を受けて、従来の「死刑制度問題に関する提言実行委員会」を改組・拡大し、「日弁連死刑執行停止法制定等提言・決議実行委員会」が設立され、2008（平成20）年10月31日には「国際人権（自由権）規約委員会の総括所見に対する会長声明」を、2009（平成21）年11月6日には「政府に対し、死刑廃止を前向きに検討することを求めている国連機関・人権条約機関による勧告を誠実に受け止めるよう働きかける」と述べた「人権のための行動宣言2009」を、それぞれ発表している。

そして、2011（平成23）年10月7日の第54回人権擁護大会で、「罪を犯した人の社会復帰のための施策の確立を求め、死刑廃止についての全社会的議論を呼びかける宣言」を賛成多数で採択し、国に対し、「①死刑制度について、直ちに死刑の廃止について全社会的な議論を開始し、その議論の間、死刑の執行を停止すること。議論のために死刑執行の基準、手続、方法等死刑制度に関する情報を広く公開すること。特に犯罪時20歳未満の少年に対する死刑の適用は、速やかに廃止することを検討すること。②死刑廃止についての全

社会的議論がなされる間、死刑判決の全員一致制、死刑判決に対する自動上訴制、死刑判決を求める検察官上訴の禁止等に直ちに着手し、死刑に直面しているものに対し、被疑者・被告人段階、再審請求段階、執行段階のいずれにおいても十分な弁護権、防御権を保障し、死刑確定者の処遇を改善すること。」の施策の推進ないし実現を求めた。

7　日弁連の現在の取組み

日弁連は、前記第54回人権擁護大会宣言を受け、「日弁連死刑執行停止法制定等提言・決議実行委員会」を「死刑廃止検討委員会」に改組し、①死刑廃止についての全社会的議論の呼びかけ、②少年に対する死刑の速やかな廃止、③死刑執行停止、④死刑に関する刑事司法制度の改善、⑤死刑に関する情報公開の実現、⑥死刑に代わる最高刑についての提言の策定、⑦過去の死刑確定事件についての実証的な検証、⑧死刑に直面する者の刑事弁護実務のあり方についての検討、⑨死刑確定者の処遇の改善、等に取り組んできた。

こうした活動の一環として、日弁連は、2012（平成24）年10月15日に「死刑廃止を考える日」と銘打った市民集会を開催し、多数の参加を得ることができた。2013（平成25）年6月10日には、全国の弁護士会や連合会に対し「死刑廃止について全社会的議論を呼びかける活動の全国的な展開」を要請し、これを受けて東京弁護士会も、各関連委員会の委員による「死刑制度検討協議会」を立ち上げ、会内勉強会や市民シンポジウム等の活動を進めている。

そして、2016（平成28）年10月7日、福井で行われた第59回日弁連人権大会において、「死刑制度の廃止を含む刑罰制度全体の改革を求める宣言」が賛成多数により採択され、その中で「①日本において国連犯罪防止刑事司法会議が開催される2020年までに、死刑制度の廃止を目指すべきであること。②死刑を廃止するに際して、死刑が科されてきたような凶悪犯罪に対する代替刑を検討すること（刑の言い渡し時には仮釈放の可能性がない終身刑制度、現行の無期刑の10年の仮釈放開始時期を20年、25年等に延ばす重無期刑制度、時間の経過により本人の更生が進んだ時の終身刑から無期刑への減刑や恩赦等の適用による刑の変更制度、等）。」が日弁連の今後の基本方針として示され、その実現のために全力を尽くす旨が宣言された。

これを受け、2017（平成29）年度の日弁連においては、執行部の方針で「死刑廃止及び関連する刑罰制度改革実現本部」が設置され、定期総会においてその活動に対する予算付けが承認された。

もっとも、2016（平成28）年10月の福井で開催された人権大会の宣言の採択決議においては、犯罪被害者支援の活動を熱心にしている弁護士たちを中心に、被害者遺族の激しい処罰感情や不公平感・精神的苦痛を訴える反対論が相次ぎ、賛成多数（546）ではあったものの、反対（96）と棄権（144）が全体（786）の3割を占めたことも事実である。また、2017（平成29）年5月の日弁連定期総会においても、日弁連が死刑制度の廃止に向けた活動をしていく委員会に予算をつけることについて、少なくない数の反対意見が述べられ、紛糾している。弁護士会内部においても、まだまだ悩みが深いことを示したとも言える。

8　おわりに

死刑制度の問題は、人の命の重さを考えれば「死刑のない社会が望ましい」ことは当然であろうし、人の命に関わる問題である以上、世論の動向に左右されるべきでもない。政治家の多くは、世論が死刑存置を望んでいることを理由に、死刑制度廃止に消極的だが、これまでに死刑を廃止した諸外国が、当初は世論の多数が死刑に賛成しているにもかかわらず、政治家が強い意志をもって死刑を廃止していった例に学ぶべきである。

とはいえ、実際に世論調査などで死刑制度の存続を求める声が今はまだ多いことも事実であり、このような世論調査を根拠に死刑制度を見直そうとしない国会の状況を考えれば、「死刑のない社会」の意義が社会全体に理解されなければ、現実に我が国において死刑制度廃止を実現することは容易ではない。

また、理不尽に愛する者の命を奪われた被害者遺族の激しい処罰感情や不公平感・精神的苦痛を考えれば、世界の趨勢論や抽象的な被害者支援の充実論だけで押し切ることも社会的には困難であり、被害者遺族に、納得はして貰えなくとも、少なくとも刑罰制度の在り方としては死刑が否定されるべきことを理解して貰えるだけの説得力のある言葉を、我々は持たなければならない。

その意味で、いかにすれば「死刑の必要のない社会」

にしていけるのか、どうすれば「加害者の改善更生」と「被害者遺族の精神的救済」を矛盾せず実現できるのか、「人の命の重さ」を社会全体でどのように考えていくのか、「目には目を、死には死を」という同害報復の考え方が「刑罰」としては認められないことをどのように説明すれば良いのか、被害者遺族や多くの国民にも理解されるための検討を弁護士会内で尽くし、幅広い社会的議論も継続的に呼びかけて行くべきである。

また、その社会的議論の前提となるはずの死刑そのものの情報（死刑囚の置かれた状況はどのようなものなのか、どのようにして死刑執行は決定されるのか、死刑執行の方法や実態はどのようなものなのか等）が我が国においては極めて少ないため、その情報公開も強く求めていかなければならない。

そして、それらの議論や情報を活かしながら、死刑制度の廃止に向けて、日弁連・東弁のみならず法友会においても、具体的な議論と実践的な活動をしていく必要がある。

第10 警察活動と人権

1 拡大する警察活動について

警察は、公共の安全と秩序の維持が本来の職務であるが、戦前の警察がこの本来の任務を逸脱して、国民生活に干渉したという反省に立って、戦後しばらくの間は、その任務の範囲を厳格に規制していた。ところが1970年代以降、警察庁は、個人の生命・身体・財産の保護といった本来の警察活動の範囲を超えて、市民生活の広い範囲にわたってその活動領域を拡大させてきた。

1994（平成6）年の警察法改正では、市民生活の安全と平穏を確保するとの理由で生活安全局が新設され、それ以後、警察と防犯協会が一体となって、全国の都道府県や区市町村で「生活安全条例」の制定が推進されてきた。

2004（平成16）年3月の警察法改正では、刑事局に「組織犯罪対策部」、警備局に「外事情報部」等を新設することを柱とする組織改正を行うとともに、警察の任務として、「国外において日本国民の生命、身体及び財産並びに日本国の重大な利益を害し、又は害するおそれのある事案」に対処することが追加され、有事立法の整備やイラクへの自衛隊派兵を前提として、有事体制の維持やテロ対策の領域にも警察権限を拡大しようとしている。

2011年（平成23年）10月から、東京都の「暴力団排除条例」が施行され、沖縄県の「暴力団排除条例」も同日施行されたことにより、全国の47都道府県において、暴力団排除条例が施行された。これは暴力団の影響を排除するための条例であるが、暴力団関係者と接点を持つ可能性がある私人も対象としている点で、警察権限の拡大に繋がることは否定できない。

2012（平成24）年7月26日、抗争事件を起こしたりする暴力団を新たに「特定危険指定暴力団」「特定抗争指定暴力団」に指定するなどを盛り込んだ改正暴力団対策法が成立した。今回の改正により、特定暴力団に指定された暴力団の構成員に対する警察権限が拡大したことは明らかである。

政府の犯罪対策閣僚会議は、2013（平成25）年12月10日、「『世界一安全な日本』創造戦略」を決定し、「世界一安全な日本」創造のための治安基盤強化のために、地方警察官の増員等の人的基盤の強化などを行うことを述べている。

このように、警察の活動領域が広げられるとともに、警察官の増員が続いている。

2 警察活動に対する内部的な統制について

1999年（平成11年）から2000年（平成12年）にかけて、警察をめぐる不祥事が続発し、国民の警察に対する信頼が大きく失墜したことを受け、国家公安委員会の求めで、同年3月に各界の有識者を構成員とする「警察刷新会議」が発足した。同会議においては、警察の抱える問題点について、様々な角度から議論が行われ、計11回に及ぶ会議を経て、同年7月、「警察刷新に関する緊急提言」が国家公安委員会に提出された。

国家公安委員会と警察庁は、この提言を重く受け止めて。同年8月、警察が当面取り組むべき施策を「警察改革要綱」として取りまとめた。

警察庁は、2008（平成20）年1月、「警察捜査における適正化指針」を策定し、管理部門による取調べ監督制度や苦情申出制度などを新設し、2009（平成21）年4月1日から施行している。これは、2008（平成20）年4月3日国会公安委員会規則第4号「被疑者取調べ適正化のための監督に関する規則」として成文化され、また犯罪捜査規範も改正されている。

警察改革要綱策定から10年目に当たる2010（平成22）年9月、国家公安委員会及び警察庁は、これまでの取組みを総括的に評価し、今後の施策展開の方向性を示すものとして、総合評価書「警察改革の推進」を取りまとめた。

しかしながら、その後も、全国における非違事案が続いたことから、警察庁は、2012（平成24）年4月、「『警察改革の精神』の徹底等に向けた総合的な施策検討委員会」を設置して、「『警察改革の精神』の徹底のために実現すべき施策」をとりまとめた。その内容は、「被害の不安に困り苦しむ人に応える警察の確立」、「警察行政の透明性の確保と自浄機能の強化」及び「警察活動を支える人的基盤の強化」の3点に基づき、12の施策を定めるものであった。

警察庁長官は、この施策を実現するために、警察庁長官通達「『警察改革の精神』の徹底のために実現すべき施策」に基づく各施策の着実な実施について」（2012〔平成24〕年8月9日付警察庁甲官発第222号ほか）を発出している。

その後も、警察の不祥事は続いており、これらの施策の実施による現実的効果を注視する必要がある。

3 警察活動に対する監視・是正のあり方

警察活動に対する監視・是正については、まだ内部組織や公安委員会に多くを期待することができない現実のもとでは、警察活動に対する民主的コントロールを目指して、弁護士会、マスコミ、市民グループによる監視・是正の活動が不可欠であり、特に、弁護士会による人権救済申立事件の調査・勧告の活動の強化が重要である。

また、警察官による人権侵害事案については、内部調査に委ねるのではなく、外部の有識者等を入れた調査委員会を設置し、徹底した調査を実施して、その結果を公表する仕組みを創設すべきである。

2016（平成28）年6月3日に公布され、既に2016年12月1日から対象犯罪の拡大された部分が一部施行されている「刑事訴訟法等の一部を改正する法律」（平成28年法律第54号）は、取調べの録音・録画制度と通信傍受制度について今後の警察捜査のあり方に大きな変化をもたらすものである。特に通信傍受の合理化・効率化は警察の捜査権限の大幅な拡大に繋がるものであるから、その運用については外部からの厳しいチェックが必要であるし、公布から3年以内に施行される警察本部等での立会人を不要とする特定電子計算機による通信傍受について、その特定電気計算機の仕様が、法が求める機能を満たしており、濫用されるおそれがないかどうか等について外部の専門家によるチェックが不可欠であると考えられる。

今後の課題としては、弁護士会が市民とともに、新たな刑事立法を含む警察権限のこれ以上の無限定な拡大の動きに反対する運動を組織し、警察の閉鎖性や秘密体質を打破するために、情報公開制度を活用するなど、警察活動を市民の側から監視・チェックする活動を確立、拡大していくことや、警察における内部告発者保護制度の導入に向けた働きかけをしていくことが考えられる。

第11 民事介入暴力の根絶と被害者の救済

1 はじめに

暴力団等の反社会的勢力が、暴力その他の威力を背景として不当な利益を上げる民事介入暴力に対する対策は、これを事前に予防し、差止め、事後に被害回復等を図る人権救済活動であり、まさに「法の支配」を社会の隅々に貫徹させる実践の場である。

2 民事介入暴力の現状

暴力団は、暴力団対策法施行以降の規制強化や企業暴排指針の浸透により、統計上その構成員等の数が激減しているが、半面、暴力団を脱退後もその周辺者として資金獲得活動に関与する者が増加したり、組織実

態を隠蔽しつつ違法な資金獲得活動を行っていることなどが指摘されており、その潜在化、不透明化が新たな問題となっている。また、最近は、暴対法による規制の網を潜り抜けるため、各種公的給付制度を悪用したり、いわゆる特殊詐欺に組織的に関与するなど、詐欺的な手法による資金獲得活動にシフトしていることが指摘されている。さらには、暴力団の最大勢力である六代目山口組が2015（平成27）年に神戸山口組と分裂し、今年になってその神戸山口組も分裂騒動を起こすなど、いつ全国的な抗争に発展するか予断を許さない危険な状況にある。

3　民事介入暴力対策の整備

全国の弁護士会は、民事介入暴力の根絶と迅速な被害救済を行うために、次のような対策をさらに充実させていくべきである。

(1) 民事介入暴力被害者救済センター

被害者の救済及び被害の予防を目的とする「民事介入暴力被害者救済センター」をさらに充実・活性化するとともに、市民に対する更なる周知に努め、民暴被害の救済に当たるとともに、会員からの共同受任要請に対応していく。

(2) 研修会の実施

会員に向けて、民暴事件の手口やその対応方法、反社会的勢力との関係遮断に関する研修を行う。

(3) 他の諸機関との連携

民事介入暴力対策において、警察、暴追センター、企業防衛協議会、その他反社会的勢力排除に取り組む機関との連携は不可欠である。具体的には民暴対策に関する具体的案件において各種支援を得たり、民暴研究会を実施し、研修会を共催するなどをして、連携を図っていく必要がある。

4　今後の課題

社会全体による暴力団排除活動をさらに進めていくことが重要である。犯罪対策閣僚会議が取りまとめた「企業が反社会的勢力による被害を防止するための指針」は公表後10年が経過した。そのうえ、全都道府県で暴排条例が施行されたことにより、大企業や金融機関においては相当程度暴力団排除の実務が浸透したものと思われるが、半面、中小企業や、盛り場などにおける対策はいまだ十分とは言えないことが指摘されている。また、IR法の施行によりギャンブルが合法化された後に、これに関わる事業及びその周辺領域から反社会的勢力を排除するための対策も新たな課題である。弁護士会も、上記企業指針及び暴排条例の普及や、新たな課題の対策について、引き続きサポートしていくべきである。

また、暴力団からの被害救済や被害予防のため、今後も、暴力団対策法に定める威力利用資金獲得行為に対する代表者等の損害賠償請求制度や、暴追センター等適格団体による暴力団事務所使用差止請求制度などを積極的に活用しなければならない。

さらに、2016（平成28）年12月に再犯防止推進法が施行されたが、暴力団対策の視点からも、誰もが安心して暮らせる社会の実現のため、暴力団を脱退した者が犯罪性向を有したまま反社会的な存在として留まることを防ぐべく、暴力団離脱者の社会復帰を促進するための施策についても積極的に関与するべきである。

第12　患者の人権（医療と人権）

1　患者中心の医療の確立

医療と人権の問題を考えるに当たっては、患者中心の医療という視点が重要である。安全で質の高い医療を実現するには、患者の権利を中心に据えた医療を確立するという発想が求められる。

2　医療基本法の制定にむけて

(1) インフォームド・コンセント

患者は、医療を受ける際に、自己の病状、医療行為の目的・方法・危険性、代替的治療法等について、正しい説明を受け理解した上で、自主的に選択・同意・拒否できる。インフォームド・コンセントの法理は、患者・医療者間に真の信頼関係を構築し、医療の科学性・安全性・公開性を高めるため不可欠である。

1999（平成11）年12月の第3次医療法改正にて、適切な説明が医師等の努力義務として定められたが、一定の限界はあり、インフォームド・コンセントの法理にもとづく患者の自己決定権を法律上明確にする必要がある。

(2) 診療記録開示請求権

患者の自己決定権を確立するためには、患者に対する診療記録の開示が不可欠である。診療記録は、患者の個人情報を記載するものであり、当然に自己情報コントロール権の対象となる。

2003（平成15）年5月、個人情報保護法関連5法が成立したことから、同年9月、厚労省は「診療情報の提供等に関する指針」を公表した。日本医師会等の各種団体や各医療機関でも開示指針が定められる等して、診療記録の開示は定着しつつある。他方、今なお、高額な開示費用を請求したり、開示理由を尋ねたりする等、手続上・事実上の障壁があるケースも少なくないとの指摘もある。

診療記録の開示請求権は患者の権利であることを明確に認めるべきである。

(3) 医療基本法制定の必要性

患者の権利保障を医療現場の隅々にまで行き渡らせ、患者の人権を真に確立するためには、上記（1）・（2）のほか、最善で安全な医療を受ける権利、医療に参加する権利等の患者の諸権利を中心に据えた「医療基本法」の制定が必要である。

ことに、近年、勤務医の不足及び過労死・過重労働、地域や診療科目による医師の偏在、重症患者の救急搬送受け入れ拒否等が、報道されている。その一因としては、1980（昭和55）年以降、国が実施してきた医療費抑制政策により、医療体制の整備に十分な予算措置がとられてこなかったことが指摘されている。例えば、勤務医の劣悪な労働環境は、安全で質の高い医療を受ける権利を脅かすことにつながる。昨今では、経済的な理由により医療機関の受診を控えざるをえない患者の存在すら指摘されている。「医療基本法」は、適切な医療体制の提供が国・自治体の責務であることを改めて明示するためにも、必要である。

日弁連は、1992（平成4）年第35回人権擁護大会にて「患者の権利の確立に関する宣言」を、2008（平成20）年第51回人権擁護大会にて「安全で質の高い医療を受ける権利の実現に関する宣言」を採択し、「患者の権利法」の制定が必要であるとした。2009（平成21）年4月、厚労省審議会「ハンセン病問題に関する検証会議の提言に基づく再発防止検討会（ロードマップ委員会）」は、患者の権利擁護を中心とした医療基本法の制定を提言した。2011（平成23）年10月、日弁連第54回人権擁護大会は「患者の権利に関する法律の制定を求める決議」を採択し、2013（平成25）年9月には市民団体「患者の権利法を作る会」が「医療基本法要綱案」を公表している。日本医師会医事法関係検討委員会は、2012（平成24）年3月に「『医療基本法』の制定に向けた具体的提言」を、2016（平成28）年6月に「医療基本法（仮称）にもとづく医事法制の整備について」を答申している。このように、患者側・医療側の双方から、患者の諸権利を中心に据えて、国、地方公共団体、医療施設開設者、医療従事者、事業者、保険者及び国民の各責務を整理・整備する「医療基本法」の制定を求める声が高まっている。

我々も、患者の権利を基盤とした「医療基本法」制定に向けて努力していく必要がある。

3 医療事故の再発防止と被害救済のために

(1) 医療事故防止対策の現状と課題

1999（平成11）年以降、医療事故報道が相次いだことを契機に、医療界において医療安全対策が重視されるようになった。2002（平成14）年8月の医療法施行規則一部改正により、医療機関の管理者に医療安全管理体制の確保が義務付けられ、2004（平成16）年9月の医療法施行規則一部改正により、特定機能病院等に重大な医療事故事例の報告が義務付けられた。2004（平成16）年には日本医療機能評価機構が医療事故情報収集を開始した。2005（平成17）年には「診療行為に関連した死亡の調査分析モデル事業」が開始された。

医療安全を実現するためには、医療事故の原因分析と再発防止のための制度を整備することが不可欠であって、日弁連も、第51回人権擁護大会（2008〔平成20〕年）で採択された「安全で質の高い医療を受ける権利の実現に関する宣言」にて、医療機関の内外に公正な医療事故調査制度を整備することを求めている。

2008（平成20）年6月、厚労省は「医療安全調査委員会設置法案（仮称）大綱案」を公表したが、政権交代に伴い頓挫し、2013（平成25）年5月になり、厚労省内の検討部会が「医療事故に係る調査の仕組み等に

関する基本的なあり方」をとりまとめた。同年10月、日弁連は、「医療事故に係る調査の仕組み等に関する基本的なあり方」に関する意見書を公表した。そして、2014（平成26）年7月改正、翌2015年（平成27年）10月施行の医療法にて医療事故調査制度が法制化され、医療機関に医療事故（死亡・死産事故）発生時の院内事故調査及び第三者機関（医療事故調査・支援センター）への報告が義務付けられるに至った。しかし、センターへの報告件数は施行開始1年目388件、2年目は363件にとどまり、制度開始前に想定されていた年間件数の2～3割に過ぎない。さらに、報告された院内事故調査のうち25％では、調査委員会に外部委員が参加していない。

日弁連は、2016（平成28）年6月、事故調査の公正性・中立性の確保に向けて弁護士に期待される役割を開設したパンフレット「医療事故調査制度－医療安全を実現するために弁護士としてできること」を発行しているが、さらに我々は、上記医療事故調査制度が医療現場に定着し、公正性・中立性の確保された事故調査を行うことにより医療安全を確保する制度として適切に運用されるよう、関係各方面に対して訴えていかなければならない。

(2) 医療被害救済の現状と課題

医療被害に関する無過失補償制度としては、医薬品副作用被害救済制度、生物由来製品感染等被害救済制度、予防接種被害救済制度、2009（平成21）年開始の産科医療補償制度があるに過ぎない。厚労省内の検討会では、2011（平成23）年には医療事故無過失補償制度が、2012（平成24）年には抗がん剤副作用被害救済制度が検討されたが、結局、制度化は見送られた。なお、臨床試験・臨床研究による健康被害の無過失補償の民間保険はある。

日弁連人権擁護委員会は、2001（平成13）年3月、裁判制度とは別個の新しい医療被害防止・救済システムとして「医療被害防止・救済機構」構想を示し、過失の有無を問わず医療被害を救済する制度を提言している。

我々は、既存の被害救済制度に限界があることを踏まえ、新たな被害救済制度の確立に向けて努力していかなければならない。その際、被害者に対する金銭補償だけでなく、医療事故の原因分析と再発防止を併せて実施することが不可欠であり、それによって真の被害救済と患者の権利保障が実現できることを忘れてはならない。

4　医療訴訟の充実

(1) 医療訴訟の現状と課題

司法改革制度審議会意見書（2001〔平成13〕年6月）は、医事関係訴訟の充実・迅速化を図ることを求めており、そのために専門委員制度の導入、鑑定制度の改革、法曹の専門化の強化を提言した。最高裁は、同年7月に医事関係訴訟委員会を設置し、医療界の協力を得て鑑定人候補者の選定を行っている。東京地裁と大阪地裁は、2001（平成13）年4月、医療集中部による審理を開始し、現在、全国10地裁に医療集中部が設置されている。裁判所・弁護士会・医療関係者の三者による医療訴訟連絡協議会も、全国各地裁で実施されている。

早期の被害救済・紛争解決のためには迅速な裁判が必要であるが、拙速で不十分な審理は、適切な被害救済や医療安全の観点からも望ましくない。これまでの医療訴訟改革により、審理期間は相当程度短縮してきているところ、さらなる迅速化を求める余り、逆に審理の充実や公正中立性が軽視されるようなことがあってはならない。

また、昨今、医療訴訟の認容率は、低下の一途をたどっている。2003（平成15）年には44.3％だった認容率が、2008（平成20）年以降20％台が続いている。2006（平成18）年以降、医療裁判が医療崩壊の一因であるとする論調の高まりがあり、この影響を指摘する意見もある。

我々は、今後とも適正な医療紛争の解決に向けて、司法の役割を踏まえた適切な審理運営がなされるよう努力をしていく必要がある。

(2) 公正中立な鑑定のために

医療訴訟が遅延する要因の1つに鑑定人の選任があったが、近年では、各地裁単位の医療訴訟連絡協議会において、鑑定人確保のためのシステム構築に向けた努力が行われている。たとえば、東京地裁では、2003（平成15）年から、都内13医学部附属病院の協力を得て鑑定実施事件の全件につきカンファレンス鑑定（簡易意見書を併用した複数口頭鑑定）を行っている。しかし、鑑定人の数が確保できさえすれば内容的に公正中立な鑑定が行われるというものでもない。今なお医

療界が同僚批判を避ける傾向にあることに鑑みると、鑑定に医学的根拠の明示を求めたり、鑑定書を公開して事後的に評価できる仕組みを作る等、鑑定の質確保のための施策が必要である。

(3) 医療界と法曹界の相互理解の促進

東京地裁の医療訴訟連絡協議会は、2008（平成20）年から毎年、「医療界と法曹界の相互理解のためのシンポジウム」を開催している。適切な審理・紛争解決のために、法曹界は、医療界の協力を得て適切な専門的知見を得るとともに、医療界に、民事訴訟手続の特徴を理解してもらうことも必要である。医療界と法曹界は、適切な紛争解決と被害救済のために、相互に理解を深めていくべきである。

2006（平成18）年の福島県立大野病院事件の医師逮捕を契機に、医療界から、医療事故への刑事司法介入に対する批判的意見が強く主張されている。しかし、医療事故の原因分析・再発防止を実施する制度が未整備であること、医師に対する行政処分が十分に機能していないこと、医療界には全医師強制加入組織がなく自律性が不十分であること、刑事罰が必要な悪質事案もあること等の現状を踏まえると、刑事司法の関与は必要である。他面、近年、医療事故の業務上過失致死傷事件にて、連続して無罪判決が出ていることも考慮すると、医療事件における刑事司法介入のあり方については、法曹界として検討していく必要がある。

5　弁護士・弁護士会としての取組み

(1) 専門弁護士の養成

東京地裁医療集中部は、医療訴訟の適正迅速な審理を目指す審理運営指針を公表している。この指針の下では、専門弁護士でない限り適切な訴訟活動を行うのは困難ではないかとの懸念もある。適切な被害救済と医療紛争の解決のために、弁護士会は、会員研修を強化する等して、医療事件の専門弁護士の養成に努める必要がある。その際、損害賠償請求に関する法的知識と訴訟技術の研修にとどまるのではなく、医療事故の原因分析と再発防止に関心を持ち医療安全の確保に貢献できる弁護士の養成を目指していかなければならない。

(2) 医療ADRのより一層の充実

東京三会の紛争解決・仲裁センターは、2007（平成19）年9月、医療ADRを創設した。申立件数は、2017（平成28）年3月末現在約500件である。医療訴訟の経験が豊富な患者側・医療側双方の弁護士をあっせん人とし、法的責任の議論に限らない対話的紛争解決の仕組みとして社会の期待は大きい。弁護士会は、より一層充実した医療ADRの実現のため、人的物的な体制を整えていくべきである。

(3) 医療部会の委員会化

医療と人権に関わる問題としては、公共政策としての医療の諸問題のほか、再生医療、出生前診断（母体血を用いた新型出生前遺伝学的検査等）、触法精神障がい者問題、障がい新生児の治療中止、終末期医療等、広範な問題が山積している。政府は、2013（平成25）年度から日本再興戦略の中に医療・医薬品・医療機器産業を位置付けており、2017（平成29）年4月に臨床研究法が施行されたが、臨床研究の増加に伴い被験者の権利保護の重要性が高まってきている。また、昨今では、自由診療領域（美容医療、営利的な歯科医療、レーシック手術、がん免疫療法等）における医療消費者被害が増加しており、高額被害も目立つようになってきている。

しかし、以上の問題に対して、弁護士会は十分な対応ができていないのが現状である。これらの問題を検討し、提言・集会・法整備に向けての活動等を行うためには、日弁連や東京弁護士会において、医療部会を人権擁護委員会の一部会ではなく独立の委員会活動に昇格させることも考える必要がある。

6　脳死臓器移植

(1) 改正までの論議

臓器移植法は、1997（平成9）年10月から施行されたが、移植を推進する立場から、①15歳未満の者からの臓器摘出を禁止しているため、国内で小児の臓器移植ができない、②書面による臓器提供の意思表示が要件とされている点が厳格にすぎるため、移植数が増加しない、との指摘があった。また、2008（平成20）年5月、国際移植学会は、「移植が必要な患者の命は自国で救える努力をする」という趣旨の「臓器取引と移植ツーリズムに関するイスタンブール宣言」を採択した。他方、臓器移植の場面に限り脳死を人の死とするため、死の概念が不明確である等として、移植の推進に消極的な意見もあった。

(2) 2009（平成21）年改正法

2009（平成21）年7月、改正臓器移植法が成立し、翌2010（平成22）年7月から施行された。改正法は、①脳死を一律に人の死とし、②臓器提供に年齢制限を設けず、③本人の生前の拒否の意思表示がない限り家族の同意で臓器提供できることとするものである。また、親族（配偶者と親子）への優先提供が認められる。

改正法の議論に際しては、脳死を一律に人の死とすることによる混乱も指摘され、特に小児の脳死について、①子どもの自己決定がないがしろにされる、②脳死宣告後の長期生存例がある等、小児の脳死判定基準に疑義がある、③虐待の見逃しにつながる、といった反対論も多く出されている。

日弁連は、2009（平成21）年5月、「現段階で、脳死を一律に人の死とする改正及び本人の自己決定を否定し、15歳未満の子どもの脳死につき家族の同意と倫理委員会等の判断をもって臓器摘出を認める改正を行なうことを到底認めることはできない。」とする会長声明を発表した。

(3) 改正法施行後の状況

1997（平成9）年10月の臓器移植法施行から2010（平成22）年7月の改正法施行までの脳死臓器提供事例は86例であったのに対し、2011（平成23）年以降は44～64件/年で増加傾向にある。他方、15歳未満の脳死臓器提供は2011（平成23）年以降も1～4件/年に留まっている。

日弁連は、2010（平成22）年5月、改正法下においても自己決定権が保障されなければならないことや移植実施例の検証が必要であること等を指摘した「改正臓器移植法に対する意見書」を、2011（平成23）年1月には、家族の承諾のみで臓器摘出がなされた事例について、本人の生前の拒否の意思表示がないことの確認が適切に行われたのかについて迅速かつ適切に検証を行うこと等を要望する会長声明を出した。厚労省審議会「脳死下での臓器提供事例に係る検証会議」は継続的に事例検証を実施しており、遺族の同意が得られた事例については報告書が公表されている。今後も、臓器提供を望まない患者や臨床的に脳死状態となった患者に最期（心臓死）まで十分な医療が保障されることが必要である。また、家族承諾事例が増加傾向にあることから継続的な検証の必要性は高まっている。弁護士会としては、臓器移植と人の死をめぐる残された問題点について、積極的に発言していく必要がある。

7 生殖医療と法律問題

生殖医療に関する医療技術の進歩はめざましい。もはや生殖医療は特殊なものではなく、少子化対策のひとつの課題ともされている。

そもそも生殖医療技術の利用を認めるのか、認めるとしてその要件はどうか、どこまでの技術を認めるかという点について、すでに20年以上も前から法的規制の必要性がいわれていた。しかし、国民的な議論がなく法的規制が進まないまま事実が先行し、日本で生まれる子どもの24人に1人は生殖医療により妊娠している。そのため、生殖医療技術を利用して生まれてきた子どもの親子関係をどう定めるのかがしばしば問題となり裁判にもなってきた。

日弁連は、2000（平成12）年3月に「生殖医療技術の利用に対する法的規制に関する提言」を発表し、次いで2007（平成19）年1月に「死後懐胎と代理懐胎（代理母・借り腹）について」という補充提言を発表した。

日本産科婦人科学会は、法的・生命倫理的に最も問題となる代理懐胎については、2003（平成15）年9月に「『代理懐胎』に関する見解」において、代理懐胎の実施を認めず、その斡旋もしてはならない旨を発表した。

厚生科学審議会生殖補助医療部会の「精子・卵子・胚の提供等による生殖補助医療制度の整備に関する報告書」（2003〔平成15〕年4月）も、「代理懐胎は禁止する」との結論を出した。法制審議会生殖補助医療関連親子法制部会の「精子・卵子・胚の提供等による生殖補助医療により出生した子の親子関係に関する民法の特定に関する要綱中間報告案の補足説明」（2003〔平成15〕年）では、代理懐胎を禁止し、その有償斡旋等の行為を罰則を伴う法律で規制するといった方向性を示唆した。

しかし、現実には、第三者からの卵子提供が国内でも行われるようになり、外国での代理出産の事例報告も続いており、生殖医療技術については、早急な法整備が求められている。

そのような中、2013（平成25）年12月10日、最高裁は、性同一性障害で戸籍上の性別を男性に変更した夫が妻との間で第三者からの精子提供を受けて出生した子どもと夫との父子関係を認める初の判断を示した

（民集67巻9号1847頁）。自由民主党は、2015（平成27）年8月、生殖補助医療により生まれた子の親子関係を規定する民法の特例法案を党内で了承したが、現在まで国会審議に至っていない。

日弁連は、2014（平成26）年4月、「第三者の関わる生殖医療技術の利用に関する法制化についての提言」を公表し、生殖医療技術について、①人間の尊厳及び家族の在り方に対する影響の重大性への慎重な対応、②生殖医療技術自体の安全性の確保、③子どもの法的地位の安定や出自の知る権利の保障など、法制化において欠かせない点について、提言している。

今後は、この提言の実現に向けて力を注いでいかなければならない。中でも、上記③に関しては、近時、非配偶者間人工授精によって生まれてきた子どもの立場の当事者が、出自を知る権利の重要性を訴えるとともに、そもそも自分の生を肯定できないとして、第三者が関わる生殖医療に否定的な意見を述べていることが明らかになってきている（「自由と正義」2012〔平成24〕年10月号、「自由と正義」2014〔平成26〕年10月号参照。）。これまでの生殖医療をめぐる議論は、子どもを持ちたい親（利用者）の側の権利という観点が強く押し出される傾向にあったが、今後行われる法整備においては、生まれてきた子どもの声を真摯に受け止め、その権利と尊厳を守るために、出自を知る権利等を法律に明記して保障していくことが強く求められる。

第13 消費者の人権

1 消費者の権利の重要性

消費者問題は、今日の大量生産、大量販売による大衆消費社会の中で、事業者と消費者という不平等な力関係の下で生じる。現代社会において、市民生活と生存を基本的に保障するためには、この生産、流通、消費の構造が健全に機能することが必要である。ここに消費者保護の必要が生じ、消費者の権利確立の必要が生じる。

アメリカでは、1963（昭和38）年のケネディ教書において、①安全であることの権利、②知らされる権利、③選択できる権利、④意思を反映させる権利の4つの権利が消費者の権利として宣言された。その後、消費者の権利は先進諸国で確立され、我が国においても、後述のとおり、2004（平成16）年に改正された消費者基本法において、消費者の権利が明記され、その重要性が確認されるところとなった。

2 消費者問題の現状

消費者の権利の重要性が認識されて来ているにもかかわらず、消費者被害は後を絶たず、ますます複雑化・多様化し、また国際的にもなっている。

(1) さまざまな悪質商法による被害

悪質商法は相変わらず形を変えて、消費者被害をもたらしている。

モニター商法、内職商法、アポイントメント商法、資格商法、マルチ商法、悪質リフォーム被害、悪質リース商法など従来からある被害のほか、健康食品の送りつけ商法、投資用マンションの強引な売りつけ商法、原野商法の二次被害も指摘されている。判断力が低下した高齢者をターゲットとする悪質商法では、繰り返し被害に遭っているケースも少なくない。

その他、美容医療契約、結婚紹介サービス、学習塾・家庭教師、開運グッズ購入、探偵業・調査会社などのトラブルも多く見られる。

(2) 金融商品取引

金融商品取引についても、消費者保護法制が不十分な中で、相変わらず自己責任の名の下に大きな消費者被害が生まれている。

たとえば、「ノックイン型投資信託」などのデリバティブを組み込んだ複雑でリスクが大きい金融商品を銀行や証券会社から十分な説明もないまま勧誘されて購入した消費者に、元本割れの被害が顕在化してきている。

また、実態の無い会社発行の社債やファンドによる被害や法規制のすき間を突いたCO_2排出権取引など、詐欺的商法による被害も後を絶たない。

高齢者が、第三者を装う者から「未公開株や社債を買い取りたいので当該株式や社債購入の申込を会社にして欲しい」などと持ちかけられ、この申込をした後に、会社から申込名義を貸したのが問題だなどと脅さ

れて代金を支払うなどといういわゆる「劇場型」の被害も相変わらず大変多い。この種の被害については、国民生活センターや各地の警察などが注意を呼びかけているにも拘わらず、被害が減っていないし相手方の特定すら不可能な事案がほとんどであり、その救済が極めて困難な状況となっている。

(3) ネットによる消費者被害

インターネットや携帯電話・スマートフォンの普及により、ネットを利用した消費者被害も蔓延している。

ネット上での「情報商材」の購入や競馬情報・パチンコ必勝情報の購入、出会い系サイトにおけるメール交換でのポイント購入などが決済代行システムによるクレジット利用などと相俟って大きな問題となっている。また、わかりにくい表示により安い「お試し価格」で継続的な契約を締結させられてしまう「定期購入」被害というものも見られる。

親が知らない間に子どもが被害に遭ってしまう例も目立っている。ネットオークションでのトラブルも見られる。

十分な法整備ができていないことや、そもそも匿名性などの特徴を持つため、被害救済は困難である。

(4) 多重債務問題

近時、裁判所への自己破産申立て件数は大幅に減少した。しかし、多重債務問題自体は依然として存在する。貸金業法や出資法の改正により制限金利が引き下げられたが、消費者金融や信販会社の金利は「低金利」とはいえず、最近は特に不安定な雇用状況や世界的な不況の影響から、深刻な貧困問題も発生し、多くの低所得者が多重債務に陥り、そこから抜け出せない状況も見られる。

また、貸金業法の規制がかからない銀行による個人ローンが急増し、過剰貸付の問題が顕在化している。

(5) 食の安全・製品の安全

東日本大震災に起因する福島第一原子力発電所の事故により放射性物質が大量に放出され、原発周辺地を中心に野菜や魚、乳製品、牛肉などから放射性物質が検出される事態となった。国は基準値を設けて規制を図っているが、その検査体制や規制手段、情報の開示方法など食の安全に直接関係する様々な問題が、事故から6年以上を経ても現在進行形で起きている。

その他、健康食品の表示問題や偽装表示の問題など、食に関する不十分な表示の問題も生じている。

製品事故についても、エレベーター事故などの被害が起きており、その原因究明が十分に行われていない実情がある。

3 消費者行政の充実の必要性

(1) 消費者庁及び消費者委員会の創設と現状

上記のとおり多くの消費者問題が発生してきたが、従来、行政は産業育成省庁の視点から対応し、縦割り行政の弊害によって迅速な対応がなされなかったため、消費者行政の一元化の必要性が強く認識されることとなり、2008（平成20）年6月27日には「消費者行政推進基本計画」が閣議決定された。この基本計画は、副題である「消費者生活者の視点に立つ行政への転換」という目的を達成するために、「消費者を主役とする政府の舵取り役」としての消費者行政を一元化する新組織が創設される方向を示した。

その後、消費者庁関連三法が2009（平成21）年5月29日、全会一致にて成立し、同年9月1日、「消費者庁」が新しい省庁としてスタートするとともに、民間委員から構成される監視組織「消費者委員会」も発足した。

消費者行政の一元化は、日弁連や弁護士会にとって長年の悲願であり、大変画期的なことであった。

消費者庁は従来の縦割り行政の枠組みを超えて消費者の権利擁護の立場から基本的な施策を行う組織であり、他の省庁が所轄していた多くの法律の移管を受け、一元的な相談窓口を設置したり、情報の集約、さらには消費者被害の防止措置を行ったりする組織となっている。また、消費者委員会は、消費者庁や他の省庁を監視する組織として、民間委員から構成され、消費者のための施策実現のために極めて重要な地位を占めている。

しかし、十分な機能を発揮するには人員面・財政面のいずれも不十分であり、充実化が図られるために、弁護士会も十分なバックアップをする必要がある。

(2) 地方消費者行政の充実の重要性

消費者の権利を守るためには、消費者の身近にある地方消費者行政が極めて重要である。この点、「地方消費者行政推進交付金」という特定財源が実施されてきたが、平成29年度までの新規事業に適用対象を限定することとなっており、仮に対象期間が延長されなければ地方消費者行政への打撃は極めて大きく、継続が喫緊の課題であり、弁護士会も継続に向けて運動すべ

きである。

(3) 消費者庁等の徳島移転問題

一方、消費者庁等の徳島移転問題が2015（平成27）年11月ころから急に浮上したが、結局、2016（平成28）年9月に、消極方向で一段落がついた。しかし、2017（平成29）年度には、徳島に政策研究拠点「消費者行政新未来創造オフィス」が立ち上がり、また国民生活センターの一部が移転し、活動を始めており、なお予断を許さない状況にある。今後、消費者庁の徳島県への移転が実現されれば消費者行政の実施が根底から覆されることは明白であり、最終的に実現されることがないよう弁護士会として全力を挙げて運動をする必要がある。

4 消費者の権利擁護のための諸立法及び今後の展開

立法面でも、消費者被害の救済や防止のため、近時、多くの消費者関連法が制定・改正されており、今後も頻繁に立法がなされると考えられる。弁護士会は、次々と発生する消費者問題に適切に対応するための立法や法改正に向けた提言を、タイムリーに行っていくべきである。

以下、最近の主な立法の動きと新たな展開について触れる。

(1) 消費者基本法

同法は「消費者政策の憲法」といわれているが、近時の消費者問題の状況や事業者との格差を踏まえて、2004（平成16）年に、1968（昭和43）年の制定以降初めて改正された（「消費者保護基本法」から改称）。

同法は消費者と事業者との間の情報の質及び量並びに交渉力等の格差に鑑みて、消費者の権利の尊重とその自立支援を基本理念と定め、国と地方公共団体、事業者の責務を明らかにし、施策の基本的事項を定めることとしている。そして、基本理念の中で消費者の権利として、①国民の消費生活における基本的な需要が満たされ、②健全な生活環境が確保される中で、③安全の確保、④選択の機会の確保、⑤必要な情報の提供、⑥教育の機会の確保、⑦意見の反映、⑧被害の救済がなされることを明示した。そして、同法が掲げる消費者の権利を真に実現させるべく具体的な施策を盛り込んだ「消費者基本計画」が策定され、5年ごとに見直しがなされているが、その実現度は常に検証して行く必要がある。

(2) 割賦販売法・特定商取引法改正

悪質商法の横行とクレジットによる被害拡大を防止するため、特定商取引法と割賦販売法について2008（平成20）年に画期的な改正がなされ、クレジットにおける割賦要件の廃止、過量販売解除権や個別式クレジットについての既払金返還義務、適正与信義務や過剰与信防止義務、指定商品制の廃止、通信販売の返品特約など極めて重要な制度が法定された。特に、悪質商法の温床といわれてきた個別クレジットについては、厳しい規制をしたことにより、実際に被害は激減している。

更に、2016（平成28）年に改正特定商取引法が成立し、①違反事業者への執行強化、②指定権利制の見直し、③電話勧誘販売における過量販売規制、④通信販売のFAX広告規制などの改正がなされた。政省令や通達なども整備され、2017（平成29）年12月に施行される。一方、訪問販売での不招請勧誘禁止規制は事業者側から反対が出て見送られた。訪問を望まない消費者に対する勧誘は迷惑行為でありまた不当勧誘の温床になるものであり、不招請勧誘の禁止に向けて弁護士会が強力に活動していくべきである。

割賦販売法の包括クレジットについては2008（平成20）年改正での規制が緩く、決済代行会社を介したクレジット利用がネットを通して行われており、出会い系サイト事件や無価値な情報商材の販売などに利用され、消費者被害を生んでいる。この点、特に決済代行による被害防止の観点からの改正の導入が急務となっていたが、2016（平成28）年12月に決済代行会社について登録制をとるなどの改正法が成立した。さらに弁護士会は、マンスリークリア（翌月一括払い）の同法の適用などについても提言を行っていく必要がある。

(3) 消費者契約法の実体規定改正

消費者契約法についても、2016（平成28）年に改正法が成立し、①「重要事項」の範囲拡大、②過量の契約の取消、③取消期間の延長、④法定解除権排除条項の無効などの不当条項についての規定が整備され、2017（平成29）年6月に施行された。しかし、積み残しの論点について引き続き消費者契約法専門調査会で議論がなされ、同年8月に、①不利益事実不告知の重過失の追加、②合理的な判断をすることができない事情を利用する契約の取消、③心理的負担を抱かせる言

動等による困惑類型の追加、④「平均的な損害の額」の立証の変更、⑤不当条項の類型の追加を提案する報告書が提出されている。これらの改正はいずれも重要なものであり、確実に成立させるべきであるが、さらに高齢者や若年者の被害に対応するため判断力不足につけ込んだ意思表示の取消についての創設もなされるべきであって、改正に向けて更に弁護士会も活動すべきである。

(4) 貸金業法及び出資法改正

貸金業法43条のみなし弁済について、最高裁は、業者側に極めて厳しい判決を立て続けに出したが、これらの判例の流れを受けて、2006（平成18）年12月に出資法の改正がなされ、出資法金利が見直され、またいわゆる「グレーゾーン」も廃止された。さらに貸金業法も大幅な改正がなされ、みなし弁済制度の廃止のほか、業務規制の強化、過剰融資規制などが盛り込まれた。

改正の過程では業者側による巻き返しも強かったが、市民が反対の意見を表明し、弁護士会もこれを主導して消費者側に有利な改正が勝ち取られている。

金利を上げる方向で見直す動きもあるが、多重債務問題の根源が高金利にあることを十分に認識し、弁護士会は勝ち取ったこの改正を実のあるものにし、決して後戻りさせないように活動を継続すべきである。

(5) 金融商品取引法・商品先物取引法

証券取引法が改正されて「金融商品取引法」となり、2007（平成19）年9月30日から施行された。同法により広範な金融商品について横断的な規制がなされることとなった。業者に対する行為規制も盛り込まれ、一定の消費者保護に資する内容となっている。同法の改正に伴い、金融商品販売法も改正され、消費者保護が強化されている。

また、最近の海外先物取引・海外先物オプションや貴金属証拠金取引などの差金決済の被害が多かったが、商品取引所法が改正され「商品先物取引法」と改称し、規制が強化された。同改正法は2011（平成23）年1月に施行され、海外先物取引などの被害は激減した。

なお、商品先物取引法について、2015（平成27）年6月に不招請勧誘禁止緩和に関する省令改正がなされている。これは、一定の要件（65歳未満、年収800万円以上かつ保有金融資産2,000万円以上の顧客などの要件）を課したうえで、不招請勧誘の例外を認めるというものである。この省令は不招請勧誘禁止の最も重要な立法趣旨である業者と顧客の接触禁止を破るものであり、法律の委任の範囲を超えていることが明らかである。施行後に不招請勧誘を行える内部統制を構築した業者は今のところわずかであり、この省令施行以後の具体的被害は上がっていないものの、損失限定取引や貴金属の現物取引から入って実質的に不招請勧誘禁止の抜け道による勧誘被害は見られるところであり、弁護士会としては過去に引き起こされた悲惨な被害が生じることのないように監視するとともに、このような違法な省令が撤廃されるよう引き続き活動すべきである。

また、プロ向けファンド（適格機関投資家等特例業務）についても、金融商品取引法の規制が緩和されているため、これを悪用した業者による被害が後を絶たず、規制強化が急務となっており、その観点からが、金融商品取引法が改正されている。

しかし、前述のとおり、未公開株や未公開会社社債、ファンドなどの被害は相変わらず多く、また、法の間隙を突いた医療機関債、CO_2排出権取引、通貨売買などの被害も生じており、法規制強化で被害を減少させることが焦眉の急である。弁護士会は有効な規制が行われるよう活動していくべきである。

(6) 消費者団体訴訟制度

2006（平成18）年に消費者契約法が改正され、消費者被害についての消費者団体による差止請求権・団体訴権制度が立法化され、2007（平成19）年に施行となった。この制度は、消費者団体が消費者全体の利益のために、不当条項・不当な勧誘行為についての差止を求めて提訴することを認めるものであり、消費者被害の未然防止・拡大防止に極めて有効な手段である。

対象範囲は、その後、特定商取引法、景品表示法、食品表示法に拡大されており、意欲的な消費者団体の活動により、実際に差止が実現した例も増えている。今後も同制度の充実がなされるよう弁護士会は活動するべきである。

(7) 消費者裁判手続特例法及び違法収益の吐き出し

消費者被害は少額の被害者が多数発生する傾向が強いため、泣き寝入りをしないためにも集団的な消費者被害救済制度の必要性が従来から指摘されてきたが、2013（平成25）年12月、消費者裁判手続特例法（消費者の財産的被害の集団的な回復のための民事の裁判手

続の特例に関する法律）が成立し、2016（平成28）年10月に施行された。同法では、特定適格消費者団体が、事業者が共通の事実上及び法律上の原因に基づき金銭支払い義務を負うことの確認を求める一段階目の訴訟を起こし、その訴訟で事業者の共通義務を認める判決が確定した場合に、特定適格消費者団体が被害消費者に呼びかけて、個々の消費者の債権を確定する二段階目の手続を行うという制度を定めており、今後の消費者被害の救済に広く活用されることが期待されている。

　また、一方で、悪質業者から違法収益を吐き出させる制度の創設も検討されている。違法な収益を吐き出させることで「やり得」を許さず、正義を実現するというほかに将来の被害防止についても有効と言える。そして、違法収益を吐き出させて被害者に分配する制度ができれば多くの被害者が救済される。現に、振り込め詐欺被害について「犯罪利用預金口座等に係る資金による被害回復分配金の支払等に関する法律」が制定されて被害者救済に利用されている。

　これらの制度は真の消費者被害救済・防止のために必要不可欠であり、今後、弁護士会としても適正な運用や制度の実現化に向けて、提言をしていく必要がある。

（8）不当景品類及び不当表示防止法改正

　ホテル・百貨店・レストラン等において、メニュー表示と異なった食材を使用して料理を提供していた事案が続いたことから事業者の表示が社会問題化し、これに対処するための改正不当景品類及び不当表示防止法が2014（平成26）年11月に成立した。この改正では、不当表示を行った業者に対する課徴金制度を検討する旨が規定された点が画期的であり、これは上記（7）で指摘した違法収益の吐き出しの面もある。今後、実効性ある制度となるよう弁護士会も提言していくべきである。

（9）民法の成年年齢引き下げ問題

　民法の成年年齢を20歳から18歳に引き下げる動きが急速に具体化し、2018（平成30）年の通常国会で成立するおそれがある。参政権が18歳に引き下げられたことに連動するものであるが、18歳・19歳の未成年者取消権が奪われることになり、事業者の格好のターゲットになることが確実である。若者の被害としてマルチ商法や美容医療サービス、ネット取引トラブルなどが特徴的であるが、これらのトラブルでは未成年者取消権を使えなくなる。また、高校3年生の途中で成年になり、進学・就職・上京などの変化の大きい18歳の段階で取消権を持たないことの影響は極めて大きい。

　2009（平成21）年の法制審議会で18歳への引き下げが適当であるという結論が出されているが、「若者の自立を促すような施策や消費者被害の拡大のおそれ等の問題点の解決に資する施策が実現されることが必要」という留保が付いているのであって、消費者教育の充実は当然のこととして、若年者の消費者トラブルに対応する民事ルールの十分な整備がなされるまでは成年年齢の引き下げはなされるべきではない。現状では、消費者契約法の手当や特定商取引法の手当はほとんどできておらず、与信規制や消費者教育の充実も進んでいない。弁護士会としては実効性のある法整備がなされそれが浸透するまでは引き下げに反対すべきである。

5　消費者が主役の社会へ──「消費者市民社会」の実現

（1）「消費者市民社会」の実現

　上記のとおり、消費者庁が発足して消費者行政も大転換期を迎え、消費者問題関係の立法も活発化しているが、さらに市民側が「消費者市民社会」を目指すことで、安全で公正な社会が実現できると考えられる。

　「消費者市民社会」とは、「個人が、消費者・生活者としての役割において、社会問題、多様性、世界情勢、将来世代の状況などを考慮することによって、社会の発展と改善に積極的に参加する社会」であり（2008〔平成20〕年版「国民生活白書」）、批判的な視点を持って社会変革に参加することによって、よりよい社会が実現できるというものである。

　この考えは、北欧で浸透しつつある、Consumer Citizenshipという考えに基づいており、今後、我が国でも実現が期待されるべきものであって、2009（平成21）年の日弁連人権大会・第3分科会のテーマは「安全で公正な社会を消費者の力で実現しよう─消費者市民社会の確立を目指して」というものであった。消費者被害に直接接する弁護士としても、消費者被害が少なくなるよう「消費者市民社会」の実現を呼びかけていくことが期待されている。

（2）消費者教育の実施、充実

　上記の「消費者市民社会」における消費者の自覚の

ためには、充実した消費者教育が必要である。我が国ではそもそも具体的な被害防止のための消費者教育も十分に行われていない実情があるが、被害予防のための消費者教育とならんで、消費者市民教育も実施されるべきであると弁護士会は考えてきた。

そのような中で、2012（平成24）年8月、「消費者市民社会」を担う市民を育成するための教育を理念として掲げた消費者教育推進法が成立した。同法は「消費者市民社会」について「消費者が、個々の消費者の特性及び消費生活の多様性を相互に尊重しつつ、自らの消費生活に関する行動が現在及び将来の世代にわたって内外の社会経済情勢及び地球環境に影響を及ぼしうるものであることを自覚して、公正かつ持続可能な社会の形成に積極的に参画する社会」と定義している。

今後は、そのような消費者市民社会を作るための教育が飛躍的に重要となる。消費者教育推進法に基づいて2013（平成25）年6月に消費者教育基本方針が策定された。その後、これを受けて、地方公共団体による推進計画の策定や消費者教育推進地域協議会の設置が行われ、様々な実践も行われつつある。関係諸機関が連携をしながら進めるべきであり、消費者被害の実態を知っている弁護士が積極的に役割を担うことが期待されている。日弁連でもパンフレットやマニュアルなどを発行して活動が活発化している。

(3) ネットワークの構築

上記「消費者市民社会」では消費者が連帯して行動をすることも極めて重要であり、個々の消費者のみならず、消費者団体や弁護士会などがネットワークを構築し、消費者の権利擁護のための制度確立のために運動を展開することが目指されるべきである。

第14 貧困と人権

1 貧困と人権保障

貧困には絶対的貧困と相対的貧困とがある。

絶対的貧困とは、必要最低限の生活水準を維持するための食糧・生活必需品を購入できる所得・消費水準に達していないことをいう。その基準は、国や機関、時代によって異なる。

相対的貧困とは、OECDが定めるもので、等価可処分所得（世帯の可処分所得を世帯人数の平方根で割って算出）が全人口の中央値の半分未満の世帯員の経済状態をいう。

絶対的貧困、相対的貧困とも生存権保障（憲法25条）の対象に含まれることは疑いないところである。したがって、絶対的貧困の解消、相対的貧困の解消とも「基本的人権を擁護し、社会正義を実現することを使命とする」（弁護士法1条1項）弁護士及び弁護士会にとって、取り組むべき課題ということになる。

2 絶対的貧困問題と弁護士会の取組み

生活保護費の増加等による地方自治体財政の逼迫のため、地方自治体はいわゆる「窓際作戦」を展開し、生活保護受給権を侵害する事態を惹起させていた。

それに対し、弁護士会は、法テラスとタイアップし、法テラスの援助事業として、生活保護相談を無料で2008（平成20）年4月から実施してきた。

その結果、地方自治体の窓口対応問題は改善されつつあるが、まだ十分と言えないのが現状である。

3 絶対的貧困問題解消の限界

様々な事情から、「本来であれば生活保護受給レベル以下の生活水準の者」が生活保護制度を利用していない事例が多数存在するといわれている。本来、生活保護制度を利用して、「健康で文化的な最低限度の生活」を享受すべきはずの者の生活保護制度の利用率、いわゆる「捕捉率」は政府の調査によっても2割ほどとするものがあり、国民が当然の権利として生活保護受給権を行使して「健康で文化的な最低限度の生活」を享受しているとは言えない状態にあるのである。

4 相対的貧困に関わる問題

(1) 相対的貧困問題の社会的重要性

本来、生活保護制度を利用して、「健康で文化的な最低限度の生活」を享受すべきはずの者の生活保護制度の利用率が低い現状を前提とすると、貧困問題については、生活保護制度利用促進による絶対的貧困解消の問題に止まらずに、それぞれの問題毎に現れる相対的貧困の解消が重要ということになる。

ところで、国民の中に占める相対的貧困者の割合

（相対的貧困率）を把握する方法として総務省「全国消費実態調査」と厚生労働省「国民生活基礎調査」がある。国民生活基礎調査による相対的貧困率の方が全国消費実態調査による相対的貧困率より高くなる傾向があるが、いずれにしても2003（平成15）年以降は緩やかに上昇する傾向にあり、この「相対的貧困率の増加」は、国民の間の経済格差の拡大を反映している。

(2) 相対的貧困問題のいくつかの例

ア 相対的貧困問題の特徴

相対的貧困問題は、絶対的貧困問題と異なり、様々な社会問題をきっかけに取り上げられるところにその特徴があるように思われる。そして、絶対的貧困問題における生活保護制度の利用率の低さから明らかなように、相対的貧困問題の取組の中で絶対的貧困問題の、数字だけでは把握することの出来ない様々な問題が表面化することもあるように思われる。

イ ひとり親問題

個別の相対的貧困に関連する問題として、ひとり親家庭の貧困問題がある。

従来は、母子家庭の貧困問題として認知されていたが、現在ではひとり親家庭の問題として取り上げられるようになっている。

母子家庭の問題では、2011（平成23）年度全国母子世帯等調査によると、その年間平均収入が230万円で、相対的貧困率は50％を超過している。その大きな要因は、女性労働者の雇用形態が有期雇用、パート労働により稼働所得が低いことがあげられる。

他方、父子家庭では、年間平均収入は380万円であり、母子家庭と異なり、低収入の問題より、むしろ仕事と子育ての両立等が主な問題となっている点が母子家庭とは異なると指摘されている。

ウ 子供の教育格差問題

家庭の貧困は、子供の教育格差を来すことが多く、子供の教育格差は、次世代の貧困を生み出す原因となっている（貧困の連鎖）。

そこで、子供の教育格差の解消は、絶対的貧困の解消、相対的貧困の解消にとって重要な課題であるということができる。

エ 介護のための離職に伴う貧困問題

団塊の世代が後期高齢者となり、団塊ジュニア世代が親の介護のために離職を余儀なくされることになる結果、それに伴う貧困問題が発生しつつある。

(3) 相対的貧困問題解消に向けた施策の数々

ア ひとり親家庭の貧困問題について

母子及び寡婦福祉法、児童扶養手当法等の2002（平成14）年改正により、母子家庭・寡婦自立促進計画の下、母子家庭における子育て・生活支援、就業支援、養育費確保支援、経済的支援が行われてきた。

さらに、2002（平成24）年施行の母子家庭の母及び父子家庭の父の就業の支援に関する特別措置法の施行により、基本方針に父子家庭の父の就業の支援に関する事項を追加するとともに、母子家庭の母及び父子家庭の父の安定した就業を確保するための支援が定められた。そして、基本方針に即し、職業能力の開発及び向上の支援その他母子家庭の母及び父子家庭の父の安定した就業を確保するための支援に特別の配慮することが求められるようになった。

ところで、前記（2）イのとおり、母子家庭の相対的貧困率の高さは、稼働所得が低いことに起因する。そこで、母子家庭の相対的貧困問題の解消には性別を理由とした賃金等の労働条件の差別を禁止すること、または、女性労働者の多い雇用形態である有期労働契約、パート労働と期間の定めのないフルタイム正規労働者との間の差別を解消しなければならない。

そのため、まず、雇用の分野における男女の均等な機会及び待遇の確保等に関する法律の数次にわたる改正により、性別を理由とした差別的待遇の禁止が整備されるようになってきた。また、短時間労働者の雇用管理の改善等に関する法律の一部を改正する法律により、無期の労働契約を締結していなくても、①職務内容が正社員と同一、②人材活用の仕組み（人事異動等の有無や範囲）が正社員と同一であれば、正社員との間で差別的待遇が禁止されることになった。さらに労働契約法の改正による同法20条の新設により、正規労働者と有期労働契約労働者との間の賃金等の不合理な差別が禁止されることになった。

イ 子供の教育格差問題について

子供の教育格差問題の解消に向けて、2013（平成25）年6月、「子どもの貧困対策に関する法律」が成立した。この法律は、子供の将来がその生まれ育った環境によって左右されることのないよう、貧困の状況にある子供が健やかに育成される環境を整備するとともに、教育の機会均等を図るため、子供の貧困対策を総合的に推進することを目的とするものである。

ウ　生活困窮者自立支援制度について

　生活困窮者自立支援法が2013（平成25）年に成立し、2015（平成27）年4月1日から施行された。

　同法は、生活保護に至る前の段階の自立支援策の強化を図るため、生活困窮者に対し、自立相談支援事業の実施、住居確保給付金の支給その他の支援を行うための所要の措置を講ずることを目的として制定施行されたものである。

　同法を根拠として、自立相談支援事業、住宅確保給付金の支給、就労準備支援事業、家計相談支援事業、就労訓練支援事業、生活困窮世帯の子供の学習支援、一時生活支援事業などが行われている。

エ　多重債務問題について

　多重債務問題の解決は、多重債務者の経済的再建を法的に援助するもので、貧困問題の解消という側面を有する。

　弁護士会は、法律相談センターの特別相談としてクレジット・サラ金問題に長年取り組んできたが、相談料無料化によりさらに相談を受けやすいものとなっている。

オ　労働相談について

　弁護士会は、労働相談の無料化を試行することにより、試行以前より、2倍強の相談件数を3年間継続して達成するという成果を上げている。現在は労働相談の無料化を試行ではなく、本格実施に移行することが課題となっている。

5　弁護士会の取組みに対する評価とその課題

　多重債務問題の解消、労働相談の充実、生活保護相談の充実については、成果を上げていると評価できるものと思われる。

　しかし、相対的貧困問題解消に向けた各種施策は制度が乱立しており（東京都のように財政に余力がある地方自治体では、独自の「上乗せ」施策まである。）、各種施策の実情を正確に把握するのが困難な状態になっている。弁護士会の取組の今後の課題としては、相対的貧困問題解消に向けた各種施策の実情を正しく把握し、研修会の実施等により相談担当者の質を高め、相談者に解決策を正確に伝えるなど、相談窓口の拡充が求められているものといいうる。

　そして、相対的貧困問題解消に関わる相談業務を法テラスの援助事業として拡充するとともに、相談希望者が敬遠する可能性のある「生活保護相談」という名称を変更して、貧困に関わる相談の敷居を低くする必要もあろう。

　さらに、奨学金の返還問題のように、相対的貧困問題に関する新たな課題を発見したときは、弁護士会は率先して各種施策の制度化に取り組むべきである。

第2章　国際基準に適った人権保障制度の提言

第1　国内人権機関の設置

1　国内における動きと勧告

政府は、2002（平成14）年、「人権委員会」設置のための「人権擁護法案」（以下「法案」という）を国会に上程した。しかし、同法案は、「人権委員会」が法務省の所轄とされていたため、政府からの独立性という重要な点で、「国家機関（国内人権機関）の地位に関する原則」（1993〔平成5〕年国連総会決議、通称「パリ原則」）に適合しておらず、報道の自由、市民の知る権利を侵害する恐れが指摘されるとともに、公権力による人権侵害の多くが救済の対象とはされないなど種々の問題点があった。このため、日弁連を初めとする多くの市民団体やメディア等から強い反対を受け、2003（平成15）年に衆議院の解散により廃案となった。

その後、政府は、民主党政権下の2012（平成24）年9月、新たに「人権委員会設置法案」を閣議決定し、国会に提出したが、衆議院解散により廃案となった。同法案もまた、パリ原則遵守の観点からは、問題が残るものであった。

この間も、国連人権理事会の普遍的定期的審査及び各国際人権条約の総括所見において、日本政府に対し、繰り返しパリ原則に合致した国内人権機関の設置が勧告されている。

2　日弁連・弁護士会の取組みと課題

日弁連は、政府から独立した国内人権機関の設置を求める国内外の声に応え、2008（平成20）年、日弁連が求める国内人権機関の組織と活動の原則を「制度要綱」のかたちで取りまとめ、法務大臣に提出した。さらに、国内人権機関設置の具体的実現を目指して、2009（平成21）年には、国内人権機関実現委員会を設置し、マスコミ、各種NGOとの意見交換会の開催、院内集会の開催、パンフレットの作成による市民への広報活動等を積極的に行っている。2014（平成26）年2月20日には、「国内人権機関の創設を求める意見書」を、法務大臣及び外務大臣に提出した。

また、各地の弁護士会においても、独立した国内人権機関の設置の早期実現を求める決議が採択されている。

今後も、日弁連・弁護士会は、パリ原則に合致した国内人権機関の設置の早期実現に向けて、弁護士及び市民の間での関心を高めるために、国内人権機関の必要性・重要性の広報等の積極的な運動を粘り強く続けていくべきである。

第2　国際人権条約の活用と個人通報制度の実現に向けて

1　国際人権条約の積極的な活用

日本が締結している市民的及び政治的権利に関する国際規約（自由権規約）、社会的、経済的及び文化的権利に関する国際規約（社会権規約）、女性に対するあらゆる差別の撤廃に関する条約（女性差別撤廃条約）、子どもの権利に関する条約（子どもの権利条約）、あらゆる形態の人種差別の撤廃に関する条約（人種差別撤廃条約）、拷問及び他の残虐な、非人道的な又は品位を傷つける取扱い又は刑罰に関する条約（拷問等禁止条約）、障害者の権利に関する条約（障害者権利条約）等の国際人権条約は、憲法98条2項により、国内法的効力を付与され、国家機関である行政府、立法府、司法府は、条約実施の義務を負う。

国際人権条約は、憲法よりも人権の保障に厚く、あるいは、より具体的である場合がある。そして、締約国の国内裁判所や国際人権諸機関の判例・先例の蓄積により人権保障を広げる方向に発展していることなどから、日本における人権問題の議論や裁判において、国際人権条約を主張の根拠や憲法その他の国内法の解釈の補強や指針として援用することは有用である。

これまでも、刑事裁判における外国人被告人が無償で通訳を受ける権利（自由権規約）、外国人の宝石店

への入店・公衆浴場での入浴拒否（人種差別撤廃条約）、受刑者の刑務所における訴訟代理人との自由な面会の制限（自由権規約）、女性労働者に対する採用区分が異なることを理由とする賃金差別（女性差別撤廃条約）等の問題について、下級審裁判所において、積極的に国際人権条約を援用した判決や和解が見られる。最高裁においても大法廷で、2008（平成20）年6月4日の国籍法違憲判決（民集62巻6号1367頁）、及び2013（平成25）年9月4日の婚外子相続分差別違憲決定（民集67巻6号1320頁）が、理由中で国際人権条約に言及した。

また、国際人権条約を活用すべき場面は裁判に限られず、国会、行政への要請や意見交換・協議、弁護士会への人権救済申立や委員会の意見書等においても、国際人権条約の積極的な援用は有意義であり、奨励される。近年採択された数々の人権擁護大会の宣言・決議においても、国際人権条約がしばしば援用されている。

2 個人通報制度

自由権規約第一選択議定書は、自由権規約委員会が、自由権規約に規定する権利が侵害されたとの個人からの申立を審査するという個人通報制度を定める。

申立が、国内で利用可能な救済手段（一般には国内裁判）を尽くしていること（国内救済原則）を含む受理要件を満たしている場合には、委員会は、申立について、条約違反の有無を審査し、条約違反を認定した場合には締約国がとるべき措置を内容とする「見解」を示すことになる。

したがって、個人通報制度を受け入れることにより、国際人権条約に基づく人権の国際的保障が強化されるだけでなく、国内救済原則に則り、まず国内裁判所において国際人権機関の解釈に照らした条約違反の有無の検討がなされることから、国内における条約実施の強化も期待される。このような個人通報制度は、自由権規約のほか、女性差別撤廃条約、人種差別禁止条約、拷問等禁止条約、強制失踪条約、障害者権利条約、社会権規約、子どもの権利条約等についても設けられているが、日本は、条約機関からの度重なる勧告にもかかわらず、1つも受け入れていない。

日弁連では、2007（平成19）年に、個人通報制度受入れの実現を目的とする「自由権規約個人通報制度等実現委員会」が設置され、広報のためのリーフレットの作成や、国会議員との意見交換会の実施、市民集会の開催等の活動を精力的に展開している。また、2008（平成20）年5月30日の定期総会決議「国際人権基準の国内における完全実施の確保を求める決議－個人通報制度及び差別禁止法制定を始めとする人権保障体制の早期構築を求めて－」において、個人通報制度を直ちに実現すべきことを国に求めた。

しかし、その後も、日本政府はこれを受け入れないため、国連人権理事会の普遍的定期的審査及び各国際人権条約の報告書審査の総括所見において、日本政府に対し、繰返し個人通報制度の受入れが勧告されている。2010（平成22）年には、外務省人権人道課に「個人通報制度の受け入れの検討や準備を進めるための人権条約履行室」が新設されたが、その後、個人通報制度の受入れに向けた具体的な動きは見られない。

日弁連は、各単位会、各弁護士会連合会への決議要請の発信を行い、2014（平成26）年2月までに、8つの弁護士会連合会及び52弁護士会のすべてにおいて、「個人通報制度の早期導入を求める決議」が採択された。今後、市民の間で関心を高めるための活動、政府関係各府省との協議や国会議員への働きかけ等をさらに積極的に進め、全力で取り組むべきである。

個人通報制度の受入れが実現した暁には、弁護士自身も、裁判実務の中で、国際人権条約に基づく主張の可能性を検討し、主張を行う必要が出てくる。個人通報制度の実現に向けた準備の一環という意味においても、弁護士会は、国際人権規約に関する研修会・勉強会等を積極的に開催するとともに、司法修習生に対する合同講義において同規約の問題を取り上げたり、法科大学院の講義科目に取り入れたりする等して、同規約に対する若手法曹の理解を深めるような取組みを、一層、積極的に行うべきである。

第**9**部
弁護士会の機構と
運営をめぐる現状と展望

第1章　政策実現のための日弁連・弁護士会の組織改革

第1　司法改革の推進と弁護士改革実現のための方策

　法曹人口増員や裁判員裁判の実施など、司法改革が具体的に実施される中、日弁連の司法改革運動はまさに正念場を迎えている。司法制度改革審議会意見書の提言を後退させないことはもちろん、それを足がかりに市民とともに司法の抜本的改革を実現していくためには、弁護士会が果たすべき役割が重要である。司法改革の実施に当たり様々な問題が生じているが、司法改革の基本的方向性を疑うべきではない。

　2002（平成14）年3月19日に閣議決定された司法制度改革推進計画においても、「日弁連に対し、司法制度改革の実現のため必要な取組みを行うことを期待する」と明記され、弁護士会への期待感が表明されている。司法制度改革推進法にも日弁連の「責務」が謳われたことは、司法改革実現のための弁護士会の役割の重要性が社会的にも明確に認知されたことを端的に示しており、その役割を担うに足りる弁護士会のあり方の抜本的改革が求められている。

　このような観点からみた場合、弁護士会に求められている主な課題は、以下の点に集約される。
① 中・長期的展望に基づいた総合的政策の形成。
② 当該政策を具体的に実施するための実施体制の整備。
③ 上記の取組みの基盤となる適切な会内合意の形成と会員への情報提供体制の整備。

　以下で、これらの課題についての具体的内容と実現のための体制づくりを提言する（なお、以下の各論点は、相互に密接な関連性を有するものであり、各論点についての提言には、一部重複するものもある。）。

1　中・長期的展望をもった総合的司法政策の形成

(1) 総合的司法政策の必要

　従来の弁護士会の司法制度問題をめぐる活動は、厳しい言い方をするならば、問題に直面するまでは取組みを先送りし、直面したら当面の対応に追われ、当面の問題が落ち着いたら取組みが急速に停滞するという弱点を構造的に抱えてきた。これは、37,607人（2016〔平成28〕年10月1日現在）の弁護士が民主的手続を経て会内合意を図る必要があるということや、日々の事件活動に従事しつつ弁護士会活動に取り組まなくてはならないという現実から迅速な政策形成ができにくい環境にあるという弁護士の宿命による面とともに、弁護士会において、未だ中・長期的展望に基づいた総合的な司法政策が確立されていないことがその大きな原因になっていた。

　しかし、司法制度改革の課題に取り組む中で、弁護士会においても、各個別課題を司法全体のあり方との有機的関連の中に自覚的に位置づけながら、総合的な司法政策の形成を図る努力がなされている。2002（平成14）年3月19日、前記閣議決定と日を同じくして日弁連が公表した「日本弁護士連合会司法制度改革推進計画―さらに身近で信頼される弁護士をめざして―」は、あくまで司法制度改革推進本部の立法作業を射程に置いたものと言わざるを得ないが、弁護士会としての総合的な司法政策の形成への取組等などの内容を明らかにしている。2008（平成20）年には、日弁連内に立法対策センターと立法対策室が設置され、立法企画、情報収集、立法のための運動などを行う体制ができたこともその対応の一例といえる。

(2) 継続的な調査研究

　委員会活動を基盤としてきたこれまでの弁護士会活動のあり方は、多くの弁護士を弁護士会活動に吸収し、幅広い活動を展開するために積極的な意義を有してきた。しかし、1年間を区切りとしたその活動形態と任期制は、継続的な調査研究に不向きな一面を有していることも否定できない。

　中・長期的展望に立った政策と運動論の形成のためには、継続的な調査研究活動を支える体制づくりが重要である。そのためには以下のような点が検討、実施される必要がある。

① 日弁連は2001（平成13）年8月、司法制度改革担当嘱託の制度を発展させる形で、常勤の弁護士と若手研究者等などによって構成される司法改革調査室を創設した。同調査室が司法制度改革の制度作りに

果たした役割は大きい。これを好例として、日弁連の弁護士嘱託制度をさらに充実し、委員会活動との役割分担と連携のあり方、執行部との関係をはじめ、日弁連組織内での位置付けと役割について整理していく必要がある。

また、日弁連のみならず、東弁をはじめとした各単位会においても同様の形での調査研究部門の強化を検討する必要がある。

② 複数年にわたる活動計画を前提とした委員会活動を実施するとともに、委員会の下での研究会活動を活性化させるなどの方法によって、委員会の自主的な調査研究活動を充実させる。

③ 法務研究財団における調査研究活動を活性化させ、その成果を弁護士会活動に活かしていくというスタイルを確立すること。とりわけ、日弁連・弁護士会からの委託研究の方式を有効に活用する。

④ 司法制度の検討に際して、比較の対象となる諸外国（米英独仏等など）について、日弁連国際室または司法改革調査室を軸に、現地在住あるいは留学中の弁護士に対して嘱託弁護士の形式で協力を要請するなどして、当該国の司法制度等などについての資料収集、調査、調査団派遣の際の諸手配等などを迅速かつ継続的に実施するシステムを確立する。

(3) 政策スタッフの充実強化と政策プログラムの策定

中・長期を展望しつつ現下の情勢に対応できる政策と運動論を、現在の社会情勢の中で適切に形成し、実行に移していくためには、委員会（推進本部、センター等などを含む。）活動を基本としつつも、政策立案部門の充実強化を体制的にも図っていく必要がある。そのためには以下のような点が検討、実施される必要がある。

さらに、継続的な調査研究活動に裏付けられた総合的な政策形成を具体化するためには、政策実現のための適切なプログラムの作成が必要である。とりわけ、弁護士改革の課題、弁護士任官の推進、日本司法支援センターのスタッフ弁護士の充実、法科大学院における実務家教員の充実等など、今次の司法改革の課題には、弁護士・弁護士会の主体的な努力によって進められるべき課題が少なくない。これらの課題は、社会に対する公約になるものであり、その重要性は一層大きいものといえる。

① 司法改革調査室の創設をモデルとしつつ、政策立案及び執行部門についても同様に、常勤嘱託を軸とした組織の創設を検討すること。現在、日弁連には、調査室、広報室、国際室、司法改革調査室、法曹養成対策室、人権救済調査室、情報統計室、広報室、研修・業務支援室、日本司法支援センター対応室、裁判員対策室といった組織を設けて、弁護士嘱託を中心として専門的な政策立案・実施事務局などの役割をはたしており、さらにそれらの部門の強化が求められる。

また、日弁連のみならず、東弁においても同様の形での政策立案部門の強化を検討する。

② 上記の室や委員会において、それぞれの分野の学者、有識者との関係を幅広く、継続的なものとし、日弁連及び各単位会において弁護士会活動を支える緩やかなシンクタンクの形成を展望すること。また、このような取組みを、より円滑に進めるという観点からも、弁護士改革の課題との連携を意識しつつ、学者の弁護士登録のあり方を緩和すること。

③ 法務研究財団の研究活動と弁護士会の政策形成とが結びつくよう、同財団との連携を緊密にとっていくこと。

2 会員への迅速かつ正確な情報提供の確保

上記のような会内民主主義の観点から、迅速な双方向的情報伝達システムの確立が必要であるが、それだけでなく、最も正確な情報を最も迅速に入手する立場にある日弁連執行部が、情報を会員に適切に提供することが不可欠である。そこで、次の課題が検討される必要がある

① 日弁連執行部から会員に対する適切な情報の提供。なお、その際には、情報の正確性、情報伝達の迅速性とともに、当該情報の重要性、必要とされる会内合意形成の緊急性、会内合意に向けての具体的プロセスに対する正確な情報の提供が不可欠である。

② 弁護士会から各会員への情報伝達と会員から弁護士会への意見具申のためのホームページ、Eメールを積極的に活用する。

③ いわゆるキャラバン方式の積極的な活用によって、全国各地への最先端の情報の伝達と、これに基づく意見交換の場を各地で頻繁に持っていく。

④ ホームページには従来の市民への広報という主要な位置づけのみならず、適切な会内合意を形成する

という趣旨から、会員との双方向的な情報伝達機能を持たせることが必要である。そのために必要であれば、会員のみがアクセスできる会員専用ページのさらなる充実が図られてよいだろう。

3 市民との連携と世論の形成

(1) 市民的基盤の強化

法曹人口増加、裁判員、日本司法支援センターなど、司法改革課題の多くは市民生活に密接に関わるものであり、市民の理解と協力なくしてはその成果を上げることはできない。また、弁護士会の活動の公益性に鑑み、弁護士会運営の透明性を確保し、市民に対する説明責任を実行することは、弁護士や弁護士会にとって非常に重要である。

そこで、東京弁護士会では、かねてより東京弁護士会市民会議や市民交流会（旧市民モニター制度）など、弁護士・弁護士会のあり方について市民の意見を取り入れる場を設けており、日弁連も有識者による市民会議を定期的に行う等など、司法改革に取り組む市民団体との交流を継続的に行っている。

このように、弁護士・弁護士会の側から、積極的に市民の意見を求め、市民感覚の共有に努めることは、弁護士・弁護士会が市民的基盤を強化する上でも重要となる。そのためには、従来の活動に加え、以下の点が検討されるべきである。

① 各種課題に取り組む市民団体と定期的な懇談の場を持つこと等などを通じて、継続的な連携を持つこと。また、個別に各種課題に精通した市民委員に継続的に意見を求めること。

② 日弁連、各単位会に市民団体との連携のための「市民団体課」といった担当部署を設け、市民団体との連携強化を組織的にも明確にすること。

③ 市民向け広報の充実。

弁護士・弁護士会の主張・活動を市民に「理解・共感」してもらうためには、テレビ・新聞・インターネットその他多様な媒体を活用した市民向け広報を継続的に実施していくことが不可欠である。具体的には、以下の点が検討、実施されるべきである。

i マスコミ等などからの取材窓口を一本化し、迅速な対応を可能とするための「広報官」ポストを設置すること。

ii 意見書発表の際にコンパクトな説明要旨をつけるなど、分かりやすく、かつ市民の求めに応じたタイムリーなプレスリリースを心がけること。

iii 市民向けの重要な広報ツールであるホームページを、「市民が求める情報は何か」という視点からさらに充実させること。

iv 政策実現のための行事や各種イベント等などの広報についても、各部署や委員会毎に行うだけではなく、広報担当窓口で統一的に戦略を立てて企画、推進していくこと。

v 東京弁護士会では2011（平成23）年7月、ツイッターの活用を開始したが、今後もソーシャルネットワーク等など、新たな広報媒体についても常に情報を収集しながら適宜活用していくこと。

(2) 世論形成のための迅速・的確な行動

司法改革の課題を具体的に実現するためには、弁護士会の政策を支持する世論を形成することが不可欠である。そのためには市民及び市民団体のみならず、マスコミ関係者、学識経験者、国会議員等などに対する効果的な働きかけが必要であり、具体的には以下の点が検討、実施されるべきである。

① 市民・市民団体に対する働きかけについては、上記「市民的基盤の強化」で挙げた方策を通じ、弁護士会の政策に対する理解を得ていくこと。とりわけ、問題となっている課題に関係している市民団体に対する働きかけを当該課題との関係では重視すること。また、裁判傍聴運動に取り組む市民団体への働きかけを重視すること。

② マスコミ関係者については、日弁連のみならず各単位会において定期的な懇談会を実施し、その時々の弁護士会が取り組む課題について意見を聴取するとともに、理解を得ていくこと。また、懇談会の成果について日弁連に迅速に情報を集約するシステムを確立すること。

③ 司法改革調査室における協力研究者方式、法科大学院センターカリキュラム部会における協力研究者方式の実績等などを参考にしつつ、司法改革に関心の深い学者、有識者との関係を幅広く、継続的なものとして位置付け、日弁連及び各単位会において弁護士会活動を支えるネットワークや、緩やかなシンクタンクの形成を展望すること。その上で、具体的な課題については、これらのメンバーを中心に理解を求めていくこと。

④ これらの市民・市民団体、マスコミ関係者及び学識経験者に対し、インターネットや各種刊行物によって、弁護士会の情報が迅速かつ継続的に伝達されるシステムを確立すること。

4 立法、行政機関等への働きかけ

日弁連は、司法制度改革の立法作業に主体的に関わる中で、制度改革の実現にとって重要なことは、意見の正しさだけではないことを多くの場面で経験してきた。「検討会の場でのプレゼンテーションに全力をあげるだけでなく、検討会委員との個別意見交換、顧問会議メンバーへの要請、各政党・国会議員・関係官庁などへの働きかけ、国民運動を同時並行的にかつ強力に進めることがきわめて重要であり、成果をかちとる力となることを実感」（日弁連新聞第344号）した。

国会審議の場において、廃案となった弁護士報酬敗訴者負担法案と維持できなかった司法修習生への給費制の帰趨を分けたのが、マスコミ論調の共感を得られたか、国民を説得する理と言葉を持っていたかにあったこと（日弁連新聞第371号）を思い起こすと、これらの活動が功を奏するためには、世論、とりわけマスコミ関係者（記者、論説・解説委員等など）の理解が不可欠であり、そのための活動がいかに大切であるかは論を俟たない。

日弁連が得たものは、これらの経験にとどまらない。日弁連は、司法制度改革に主体的に関わる中で、国民、市民の中で、国会、政党、各省庁との関係でも、存在感を有する団体としての確固たる地位を占めるに至った。これは、緊張感を持った協同作業をともに担ってきた実績に基づいたものである。この実績に裏打ちされた存在感を、国民から真に期待され信頼を寄せられるものとすることが、司法制度改革が実行の時代に移り、さらには、皆で改革を担う持続可能な新しい時代を作っていくべき現在における日弁連の大きな課題である。その一つは、司法制度改革の成果を国民が実感できるよう、日弁連がその責務を果たすことであることは言うまでもないが、もう一つは、国民が司法制度改革の成果を実感する中で益々期待と存在感が高まるであろう日弁連が、それに相応しい取組みをすることである。

そのためには、これまで取り組んでいることも含めて、以下のような施策の実行が求められる。

① 国の施策全般に及ぶ日弁連の活動に的確に対応するために、法務省・最高裁にとどまることなく、内閣、省庁、政党、経済団体、労働組合、消費者団体、市民団体、隣接法律専門職者等などの公開情報（ホームページ、機関誌等など）を収集し、必要な情報を整理分析の上、関係セクションに適宜提供するには、長期的総合的な戦略的対応を可能とする組織が必要である。これら機能を期待し、2008（平成20）年、立法対策センター及び立法対策室が設置されたが、未だ、その組織の任務役割が確立していないのが現状である。日弁連内の情報統計室と立法対策室を統合し、「総合企画室」という枠組みでさらなる機能強化を図ることも検討されてよい。

② 政策形成過程に的確に日弁連意見を反映させるため、適宜に会内の意見形成が出来る体制を構築するとともに、必要な人材を、責任を持って送り込めるよう、緊張感を持った協同作業のパートナーとしての位置づけを獲得すべきである。

③ 政策形成過程に関与する経済団体、労働組合、消費者団体、市民団体、隣接法律専門職者等や世論形成の中心を担うマスコミ関係者（記者、論説・解説委員など）との日常的な交流、意見交換を積極的に推進すべきである。

④ 創立から70年弱が経ち60周年が経過し存在感を増している日本弁護士政治連盟の活動を、より強固なものとするため、支部の全国設置、組織率のより一層の強化を図るべきである。

第2　日弁連の財務について

1　日弁連の財政の問題点

一般会員には、定時総会の資料添付の予算・決算資料が送付される。直近では、2017（平成29）年5月26日、東京で行われた第68回定時総会の資料である2016（平成28）年度決算報告書（一般会計・特別会計）及び2017（平成29）年度予算案（一般会計・特別会計）が

送付されている。しかしながら、一般会員が、決算報告書を読んで、日弁連の財政の問題点を理解するのはかなり難しいものと思われる。その原因は、日弁連監事は、財政を監査するだけであり、業務監査を含まない点にある。他方、東弁監事は、財政を監査するだけでなく、業務監査も含まれると解されている。それ故、東弁監事は、決算に関して監事意見を述べることになっており、毎年の定時総会の資料に監事意見書を掲載している。この監事意見書を読むことにより、一般会員でも、東弁が抱える財政に関する問題点を容易に理解できる。

日弁連の財政について関心のある会員の先生方には、前記の2016（平成28）年度決算報告書及び2017（平成29）年度予算案を見て頂きたいが、以下、収入と支出について、ポイントを指摘することとする。

2　一般会計の状況

日弁連の2016（平成28）年度決算（2017〔平成29〕年3月末日）によると、前期繰越金40億4,295円を除く、当年度の収入は53億5,241万円であった（うち、会費収入は51億1,436万円）。他方、支出は51億8,648万円であり、2016（平成28）年度決算の当期収支差額は1億6,592万円の黒字となった。その結果、次期繰越金は42億0,888万円である。

(1) 収入

弁護士の増加に伴い、収入の大部分を占める会費収入が増加傾向にあったため、2016（平成28）年4月1日から月額12,400円（一般）、修習終了後2年未満は月額6,200円に減額した。そのため、2016（平成28）年度決算での会費収入は51億1,436万円であった。この会費収入の金額は、2016（平成28）年度予算での会費収入50億3,551万円を上回った。

したがって、今後数年は上記の会費（一般が月額12,400円、修習終了後2年未満は月額6,200円）が維持されるものと思われるが、今後の司法試験合格者の推移により、会費収入の増加は緩やかになり、いずれ減少に転じるようなことはあれば、会費の値上げの問題に直面する可能性があり得ることは銘記する必要がある。

(2) 支出

支出の項目は多岐にわたるが、ここでは委員会について見ることにする。

委員会費の予算は10億7,545円であるのに対し、支出は9億3,008円であり、1億4,536円の予算残となった。予算の執行率は約86.5％である。東弁の委員会執行率が70％を下回るのと比較すると、日弁連の委員会が活発に行われていることが分かる。また、支出超過の委員会が17委員会あり、科目内流用で対処しているが、執行率が100％を超える原因は、委員会の出席率が高かったことによる旅費の超過である。なお、日弁連刑事弁護センターについては、改正刑事訴訟法に関する全国一斉基礎研修を実施するため、経理委員会の承認を得て、予備経費から1,000万円を充当した。

なお、予備費として1億円を計上していたが、支出しなかった。

3　特別会計の状況

以下、主な特別会計の状況について述べる。なお、比較可能性の見地から、昨年度と同様の特別会計を取り上げた。

(1) 会館特別会計

2016（平成28）年度決算によれば、収入は、一般会計からの繰入金3億4,113万円、テナントなどの運営諸収入2,468万円及び利息収入249万円、収入合計3億6,831万円となっている。これに対し、支出合計は5億5,531万円であり、2016（平成28）年度の収支差額は1億8,701万円の赤字となっている。この金額に、投資活動の収支を加味すると、繰越金は48億8,009万円となった。

(2) 災害復興支援基金特別会計

日弁連は東日本大震災・原子力発電所事故等対策本部を設置して、被災者の支援及び被災地の復興支援に取り組んでいる。

2016（平成28）年度決算によれば、同年度の収入は、同年4月熊本地震の発生を受けて義捐金を募ったため寄付金は963万円であった。

支出は合計4,799万円で、その内訳は、会議旅費・被災地などへの出張旅費並びに被災地弁護士会に対する補助金等である。次期繰越金は8,952万円となり、前年度1億2,772円から3,820万円減少した。

東日本大震災に生活再建、復興もまだ道半ばであり、昨年度は熊本地震も起きた。また、今後、いついかなる災害が起こるかも知れず、十分な支援活動に取り組むためにも財政的基盤を確固たるものにしておく必要

がある。

(3) 法律援助基金会計

本会計は、日本司法支援センターに対する委託業務に関する収支などを管理する特別会計である。2016（平成28）年度決算によれば、収入は、特別会費収入4億6,957万円（月額会費1,100円）、贖罪寄附金などの寄附金収入が5,762万円、一般会計及からの繰入金1億1,000万円などの合計6億3,719万円である。

支出は、委託事業費などで5億7,087万円であり、当期収支差額は6,631万円の黒字で、次期繰越金は9億0,264万円（昨年度の次期繰越金は8億3,633万円）となっている。

(4) 少年・刑事財政基金会計

2016（平成28）年度決算によれば、収入は、特別会費収入14億0,865万円（月額会費3,300円）である。これに対し、支出は、初回接見費・初回接見通訳費・刑事被疑者弁護援助委託事業費、少年保護事件付添援助委託事業費などの合計12億5,131万円であった。その結果、単年度収支は、1億5,733万円の黒字であり、次期繰越金は4億9,078万円（昨年度は3億3,345万円）に増額した。

本特別会計は黒字であり、繰越金が増額していることから、特別会費の減額が期待されるところではあるが、法律援助基金会計とともに、これらの援助事業の国費化拡大に向けての日弁連・各単位会挙げての積極的な運動が必要である。

(5) 日弁連ひまわり基金会計

2016（平成28）年3月で弁護士過疎・遍在対策のための特別会費（月額会費600円）の徴収が終了したため、2016（平成28）年度からは、会員1人当たり月額500円相当を一般会計から繰り入れることとした。そこで、収入は、一般会計からの繰入金で2億8,049万円（月額会費500円）で、支出は、過疎地の法律相談センター維持費、公設事務所維持費用などの合計2億5,453万円であった。当期収支差額は2,595万円の黒字となり、次期繰越金は12億1,579万円となっている。

4 日弁連財務全体について

以上のように、一般会計については、会費の減額により、今後減少の可能性がある。他方で、特別会計は繰越金が増加傾向にあるもの、減少傾向にあるものもある。そこで、財政の健全化の見地から、適正な一般会費や特別会費の額を検討しながら（減額のみならず、将来的には増額もあり得る）、各特別会計の目的を踏まえて将来の予測を立て、適切な予算措置がなされるよう期待したい。

最後に、日弁連執行部には、一般会員が日弁連の財政に関心を持ち、検討をするためにも、財政の明瞭化、また、会員に対する財政に関する情報の開示を期待したい。そのためにも、日弁連監事の権限の拡大を検討されたい。

第3 公益財団法人日弁連法務研究財団

1 日弁連法務研究財団の公益認定

財団法人日弁連法務研究財団（以下「財団」という。）は、1993（平成5）年に日弁連理事者会内に調査研究を行うワーキンググループ（その後設立実行委員会）が設置され、1998（平成10）年4月に、弁護士に限定せず、広く法律実務に携わる者、研究者のための研究・研修・情報収集提供の目的で設立された。

2010（平成22）年10月1日、公益認定を受け、公益法人に衣替えした。

事業内容としては、法学検定試験や、法科大学院統一適性試験などの試験事業をはじめ、「法曹の質」の研究や法科大学院の認証評価事業などがマスコミに注目されているが、これらに限らず、財団の目的に合致する事業を広く展開し、弁護士の研究・研鑽に寄与してきている。

2018（平成30）年には設立20周年を迎え、記念行事が予定されている。

2 財団の組織

財団では、個人会員・法人会員の会員制度を設け、弁護士に限らず、司法書士、税理士、公認会計士、弁理士などの実務家や研究者を会員に迎えている。

財団の運営は、理事会・評議員会によるが、業務に関する企画運営については、理事会及び各委員会がそ

の実質を担っている。財団の活動を支援するために、日弁連内組織として、公益財団法人日弁連法務研究財団推進委員会が設置されている。また、北海道・東北・名古屋・大阪・中国・四国・九州の各地区会が設立され、地区の実情に合わせた活動も展開されている。

一般会員は1万円の入会金と年1万円の会費を負担する。2017（平成29）年3月末日現在の正会員（個人）数は4,583人（うち4,432人が弁護士）（前期比45人増）、25法人（同1法人減）である。2016年度中の新規入会者数は319人（うち315人は弁護士）、退会者数は274人（うち264名は弁護士）であり、多くは会費未納による退会である。

3　財団の活動

(1) 研究事業

財団は2016年度までに129のテーマについて研究に取り組み、その成果物の多くを13冊の紀要（「法と実務」）、25冊の叢書（「JLF叢書」）にて、出版・公表している。研究活動は、1テーマ50万円（追加50万円）程度の予算枠を得られることもあり、多くの会員、研究者、行政庁からの申し入れがあり、充実した活動が展開されている。

大規模な研究としては、「ハンセン氏病事実検証調査研究」（厚生労働省からの研究委託により実施された。）、「日本の民事裁判制度についての意識調査」、日弁連からの委託研究で現在も継続している「法曹の質の研究」などの他、「東日本大震災地コミュニティの法務支援事業の在り方に関する研究」「情状弁護の質的転換に関する研究——更生支援型弁護士の展開とその可能性」「司法改革の実証的研究と展望——司法改革の到達点・今後の課題と日弁連が果たすべき役割」など時宜を得た研究も引き続き追加されている。

なお、2016（平成28）年度から、故滝井繁男先生（元最高裁裁判官・弁護士）のご遺志により、相続人の方々から財団へ多額の寄付がされた。寄付の趣旨は、行政訴訟等の活性化に役立たせるというもので、財団は資金を積み立て、この趣旨に沿った研究テーマを募集している。2017（平成29）年7月10日、同基金により、滝井先生の追悼論文集「行政訴訟の活性化と国民重視の行政へ」が発刊されている。

今後も研究論文はもとより、行政訴訟等の活性化につながる実践的・実証的な事例研究や実態調査、研修など、更には具体的な訴訟等の支援に結びつくような研究テーマを募集している。

(2) 法科大学院適性試験事業

2003（平成15）年6月に、財団と公益社団法人商事法務研究会が適性試験委員会を発足し、同年に第1回統一適性試験が実施されている。実受験者数は初回1万8,000名で、その後徐々に減少（志願者数の減少）し、2016（平成28）年は3,286名（2回合計）となった。

従来、財団の統一適性試験の他に、独立行政法人大学入試センターによる適性試験があったが、大学入試センターが事業から撤退し、2011（平成23）年度から財団、商事法務研究会及び法科大学院協会を中心とした新しい組織で一本化した試験が実施されてきた。

適性試験については、2018（平成30）年度からの任意化により、このままの形で財団が継続することは困難な状況である。弁護士会には、法曹の質の維持向上のため新たな施策を提案していくことが求められる。日弁連は、今後とも財団の法科大学院適性試験事業に積極的に協力し、法曹に適した人材がロースクールに採用されるよう努める責務があるといえよう。

(3) 法科大学院の認証評価事業

財団は2004（平成16）年8月31日付で、法科大学院の認証評価機関として認証を受け、2006（平成18）年秋学期以降に本評価の事業を開始した。すでに実施された大学院を含め29校と契約しており、順次、評価を行っている（法科大学院の認証評価事業の概要は、財団のホームページhttp://www.jlf.or.jp/work/dai3sha.shtml参照）。

法曹人口増員問題の最重要課題が「法曹の質」の維持であり、法科大学院を中核とする法曹養成制度の未成熟さが法曹の質の低下を招来しているのではないかと指摘されている。その未成熟さの中味として、法科大学院の予備校化、卒業認定の甘さ、教授・講師など人的体制の不備などが指摘され、その一方で財団を含め3つの認証評価機関の評価基準や評価のあり方についても議論を呼んでいる。なお財団はこれまで延べ15校に対し、適格ではあるが再評価要請を付し、延べ9校について法科大学院評価基準に適合していないとの評価をした。

認証評価事業は、適性試験制度とともに弁護士会の法曹養成制度への参加の証として財団が担うことになったのであり、財団の責任は重大である。そして、か

かる事業の費用は、日弁連がその多くを寄付という形で負担している。

(4) 法学検定試験・法科大学院既修者試験

法学検定試験は、財団と商事法務研究会が主催し、4級・3級試験を2000（平成12）年から、2級試験を2001（平成13）年から開始した（1級は未実施）。

同試験は法学に関する学力水準を客観的に評価する唯一の全国試験であり、大学の単位認定、企業の入社・配属時等の参考資料など様々に利用されている。なお、法学検定は2012（平成24）年からリニューアルされ、4級がベーシック、3級がスタンダード、2級がアドバンスト、と名称を変更し、検定料が安くなり、試験科目、問題数も若干変更となった。受験者数は2016（平成28）年でベーシックが3,219人、スタンダードが1,463人、アドバンストが449人であり、合格率はベーシックが60.6％、スタンダードが55.8％、アドバンストが18.9％となっている（財団の法学検定試験事業の概要は財団のホームページ参照）。

(5) 情報収集提供事業

2001（平成13）年5月より、毎月1回、前月に裁判所ホームページを含む公刊物に掲載された重要判例、最新成立法令、新刊図書案内を中心とした「法務速報」を編集・発行しており、希望者にはメーリングリストを通じて配信している。法務速報掲載判例について、会員専用ホームページ上で、キーワード・判決年月日等による「判例検索」が可能であり、利用は無料である。

さらに、4ヶ月に1回、会誌「JLF NEWS」を発刊し、財団の活動の紹介、法律問題に関する情報などを掲載して、全会員に届けている。

財団ホームページの更新、デザイン変更等、各関係者からの要請も踏まえて、随時作業を行っている。今後も、ページの構成やコンテンツ・システム等の再構築を進めていく。なお、財団の情報告知手段として、Facebook公式ページと公式Twitterも開設している。

(6) 研修事業

財団の当初からの事業の柱の一つが研修事業である。近時は、各弁護士会や日弁連（ことに新人向けのeラーニング）の研修事業が充実しており、財団独自の研修事業のあり方が問われている。各地での高名な講師による研修の開催が主軸であり、ことに専門家養成研修、特別研修など専門性の高い研修に特化している。また隣接業種等への研修実施も重要な活動である。

なお、債権法改正研修について、研究事業の一環として、1,000万円の予算規模で、中間試案発表後2013（平成25）年5月から2014（平成26）年5月まで、弁連・単位会との共催で、全国8ブロックで計9回実施された。いずれも、内田貴東京大学名誉教授・法務省参与らの最前線の民法研究者3名の講演と、これらの研究者と日弁連選出の法制審民法部会の委員・幹事及び財団研究員に、各弁連・単位弁護士会の会員が参加してのパネルディスカッションの2部構成で行われた。毎回、8名の財団研究員とともに単位弁護士会の会員がテーマの選定及び問題提起に関与した結果、債権法改正における理論と実務の架橋を目指す研究・研修が展開され、相互理解が深まったと評価されている。なお、この研究の財団研究員8名の内、6名が法友会会員であった。2016（平成28）年度からは、債権法改正研修の成果を生かして、「債権法改正十番勝負」と題して、全国研修を実施している。

(7) 隣接業種向けの研修・弁護士法5条研修

2002（平成14）年度より、各種関連団体から、研修を実施する際の教材作成・教授方法の検討といった研修支援事業に関する依頼が寄せられた。

そこで、日本司法書士会連合会の依頼により、司法書士の簡裁代理権付与のための能力担保研修となる特別研修の教材作成を行っている。

日弁連の依頼による「弁護士法5条に基づく研修」における教材作成や、日本土地家屋調査士会連合会及び全国社会保険労務士会連合会の依頼によるADR代理権付与に当たっての能力担保のための特別研修用の教材作成（土地家屋調査士研修ではその考査問題作成も含む）も行っている。

弁護士会が広い意味での国民の裁判を受ける権利を拡充するための活動としては、単に弁護士活動のみを念頭におけば良い時代は過ぎ去りつつある。隣接士業の職域拡大に関する動向には批判的見地を堅持すべきは当然だが（第3部第2参照）、現行法令が認める各業種の権能の適正を担保するために弁護士会は、これら周辺業種の資格者の能力向上のための活動や非司法研修所出身者の弁護士登録における研修には積極的に関与すべきである。

(8) 紀要・叢書の発行

2017（平成29）年9月までには、紀要13号と叢書21

号（その他号数なしのものが3冊）が発刊された。なお、紀要は会員に1冊無償で配布される。

4　財団の課題

公益財団では、財務の透明性、健全性が強く求められ、必要以上の内部留保は公益性に沿うものではないから、公益目的財産として公益事業に計画的に支出することが義務付けられている。

財団は、創立当初以来の寄付（会費）と日弁連の支援により財政的に余裕があったが、この数年来、認証評価事業を初めとする公益事業の飛躍的拡大に伴い事業費が膨らみ、会員数の減少も加わって、単年度収支では慢性的に赤字となり、その都度内部留保を取り崩してきた。そして、上記のとおり公益財産支出により内部留保も少なくなると、いよいよ財団の存立の基盤が揺らいでいくことになる。

日弁連がシンクタンクとして財団を創設した原点に返って、財団の存在の意義を問い直すとともに、先の債権法改正研修（研究）に見られたように、意欲ある献身的な研究員を集め、各地の弁護士会の活動へ根を広げることにより、各地の意向を汲みとったうえで新たなニーズに応える、最先端の充実した企画を産み出し続けることにより、日弁連、そして、その基礎をなす各地の弁護士会との協力関係の強化を図ることが求められている。

第4　関東弁護士会連合会の現状と課題

1　関東弁護士会連合会（関弁連）の現状

(1) 関弁連の組織

関弁連は、弁護士法44条に基づき、東京高等裁判所管内の13の弁護士会をもって組織されている。関弁連に所属する弁護士の数は2017（平成29）年7月1日現在、23,276名（うち18,184名が東京三会、5,092名が関東十県会）で、日本最大の弁連である。

関弁連には、理事長、副理事長以下、13弁護士会の会長・関弁連推薦の日弁連副会長・東京三会の関弁連担当副会長などの常務理事（平成29年度21名）と、理事（同18名）がおり、20の委員会（後述）がある。

(2) 活動

ア　法曹連絡協議会と司法協議会

関弁連と東京高等裁判所管内の裁判所・検察庁との間で司法の運営全般に関する実態把握と適正な改善を図るために、年1回の法曹連絡協議会（関弁連主催）及び年2回ないし3回の司法協議会（東京高等裁判所主催）が開催されている。

イ　地区別懇談会

日弁連執行部と管内弁護士会会員との連絡調整を図るために毎年2回開催している。本年（2017〔平成29〕年）度1回目の議題は、FATF対日第4次相互審査への対応、労働審判の充実に向けた取り組み、法曹人口・養成問題、法テラス法律事務所やスタッフ弁護士の配置のあり方、日弁連女性副会長クオータ制度導入問題、司法修習生の経済的負担問題など32件にのぼった。

本年度2回目（1月）に実施される地区別懇談会では、日弁連と管内弁護士会の登録7年目までの会員による「若手カンファレンス」が開催される予定である。

ウ　関弁連定期大会、シンポジウム

毎年秋に開催される関弁連定期大会、シンポジウムは、関弁連最大の行事である。本年度は9月29日に静岡県沼津市にて開催された。毎年シンポジウムのトピックをうけて大会宣言が決議される。今回は、「将来の災害に備える平時の災害対策に関する宣言」が可決された。また、大会決議は、「憲法9条を含む改正発議の可能性がある状況下で、広く市民が憲法の定める平和原則その他基本原則の内容と憲法70年の歴史を知る活動を促進する決議」が可決された。

エ　各種委員会活動

委員会には、総務委員会、財務委員会、会報広報委員会のほか、地域司法充実推進委員会、人権擁護委員会、環境保全委員会、外国人の人権救済委員会、民事介入暴力対策委員会、弁護士偏在問題対策委員会、研修委員会、裁判官候補者推薦に関する委員会、裁判官選考検討委員会、法教育センター、憲法問題に関する連絡協議会、弁護士業務妨害対策委員会、消費者問題対策委員会、平成29年度シンポジウム委員会、平成30年度シンポジウム委員会、法曹倫理教育に関する委員会、高齢者・障がい者委員会の全20の委員会があり、

それぞれ活発に活動している。単位会では広域性の要請に応えにくく日弁連では小回りがききにくい問題を中心に、連携や情報・スキルの共有を図っている。ここ数年、特に若手の参加者数が伸びている。

オ　災害への対策と対応

関弁連は、本年度も東日本大震災災害対策本部を設置し、東日本大震災被災者支援を継続している。毎年、被災地での法律相談に弁護士を派遣するとともに、2014（平成26）年度から引き続いて、管内弁護士会において研修会を実施する際に講師を派遣し、また、関東十県の会員が東京三会主催の研修会に参加できるように一定の交通費を補助するなどして支援を強化している。

また、平時における災害対策や自治体との防災連携をも視野に入れつつ、管内弁護士会の連携を構築する趣旨で2015（平成27）年以降毎年開催されている「関弁連災害対策協議会」は、2018（平成30）年1月に第4回が開催される予定である。本年度は、定期大会・シンポジウムにおいて「将来の災害に備える平時の災害対策に関する宣言」が可決されたことは前述のとおりである。2017（平成29）年度九州北部豪雨に際しては、関連弁護士会及び弁連に対し義援金を支出するなどした。

カ　支部交流会

2005（平成17）年に「小規模支部交流会」が発足した。本年度は4月に12回目の支部交流会が千葉県松戸支部管内（柏）で開催され、地域司法充実に向けた今日的課題を確認したうえで、具体的には、立川支部の本庁化、相模原支部の合議制実現、市川の地家裁支部設置などの各運動状況が報告されたほか、労働審判の支部実施、成年後見制度利用促進に向けた諸課題、及び地家裁委員会等の諸課題などについて討論が交わされた。

キ　ブロックサミット

関弁連を含む全国の弁連の意見交換会が行われている。本年度は6月に、本年度第1回ブロックサミットが東京で開催され、弁連同士の協定の可能性（ex.中国弁連加盟5県弁護士会による被災者支援協定）、各弁連管内での大規模災害発生時の弁連としての対応に関する体制や取り決め、日弁連若手弁護士カンファレンスのあり方などを協議した。第2回は、2017（平成29）年10月の人権大会（大津市）に際して開催され、日弁連人権大会開催時における弁連としての支援のあり方などを協議した。

(3) 財政赤字

関弁連の財政状況は、2011（平成23）年度以降、各委員会活動の活発化による支出増等により、赤字決算が続き、毎年1億円を超えていた繰越金が大幅に減少し続け8,000万円強となった。この状況も踏まえ、本年度予算案策定に当たっては、実体にあった予算編成、ゼロシーリングを基本とする委員会予算算定、相見積もりの励行などが確認されたほか、活動の実情と会費額のバランスが適当かどうか等、会務のあり方や会活動全般の現状の総合的な点検、各委員会における実行予算書の作成などが求められている。

2　関弁連の課題

(1) 管内弁護士会の関係

関弁連は、東京三会と十県会（神奈川県、埼玉県、千葉県、茨城県、栃木県、群馬県、静岡県、山梨県、長野県、新潟県）の組織である。もともと、十県会は持ち回りで研修会を行うなど人的交流も活発で、関係が深かったという歴史的経緯がある。そして現在は、十県会と東京三会は意思疎通の機会が多く、相互の協力体制ができてきている。

これは、関弁連が2014（平成26）年度に、関弁連理事長輪番制度の変更（後述(3)）、東京三会会長の常務理事への就任などの機構改革を実現したことに由来している。これにより、以後、管内全弁護士会の会長が常務理事として一堂に会し、関弁連の会務の審議・執行に関する管内弁護士会間の連携がより効果的になされることが可能になった。2016（平成28）年5月に関弁連理事長と13弁護士会会長が連名で「69回目の憲法記念日に寄せる談話」を発表したことなども機構改革の成果である。今後もさらなる団結を目指すことが望まれる。

(2) 日弁連と関弁連との連携強化

2010（平成22）年度から、関弁連理事長による日弁連理事枠の確保が実現し、これまで以上に日弁連と関弁連の連携強化へ向けての具体的一歩となった。また、関弁連推薦の日弁連副会長である常務理事から日弁連の動向や考え方に関し詳細な報告を受けることが、より一層の連携強化につながっている。日弁連とは、今後とも、地区別懇談会や若手カンファレンスなどの行

事を通じ、さらに連携強化していくべきである。

(3) 関弁連の理事長選出単位会の決め方

関弁連では、2014（平成26）年度から東京三会と十県会から交互に理事長を選出することになった。他の弁連（東北・中部・近畿・四国・九州）では定期大会開催地から理事長を選出するなどして弁連活動の活性化を図っている。関弁連においても、今後はさらなる選出方法の変更を検討することも考えられる。

(4) 関弁連管内各弁護士会訪問

例年、正副理事長、常務理事及び地域司法充実推進委員会委員が管内の各弁護士会を訪問し、重点課題を説明するとともに、各弁護士会から各会の実情・要望を聴取しており、今後も一層の連携を図って関弁連の会務や活動を充実化に繋げるべきである。また、地域司法の充実の視点では、地家裁委員会のさらなる充実を図るべく各弁護士会で工夫していく必要があるし、これに向けて関弁連が提言していくべきである。

(5) 関弁連への参加

既に述べた機構改革は、東京三会が関弁連において活躍する場を増やしたものと理解すべきである。今後、東京三会から理事長・副理事長、理事、各種委員を推薦するために、これまで以上に、その候補と目される会員を早い時期から関弁連活動に参加させて養成していくなどといった中長期的な計画を練るのも一案である。

また、これまで十分とはいえなかった東京三会からの定期大会、各種委員会などへの積極的な参加を促進すべきである。そのためには、「関弁連だより」や「関弁連会報」などの機関誌の充実、ホームページの充実などの広報活動の充実、参加会員によるフィードバックないし情報共有が重要である。

各種委員会では、とりわけ十県会から熱心な会員が参加して活発に活動している。東京三会の会員、特に法友会の会員も、関弁連のメンバーであるという帰属意識を高め、積極的に委員会に出席していくべきである。法友会においては、責任と自覚を持った会員を委員として送りこみ、法友会の組織をあげて関弁連の活動を積極的にバックアップしていくことが望まれる。

(6) 事務局体制

関弁連は、有能な事務局長と職員4名で日常業務を支えている。専門家集団であるがゆえに、迅速かつ円滑に高度な事務作業をこなしている。起案能力の高さも卓越している。それでも、少数ゆえに、残業や土日出勤をせざるを得ない場面もある。事務局の健康管理という面では、勤務時間を減じ、労働過多にならないような方策を検討していかなければならない。

管内弁護士会でも、職員の健康管理は、職員の養成問題とともに大きな問題となっている。関弁連事務局が保有するノウハウを管内弁護士会の新人職員等に教示していく研修の企画設営や、相互援助という視点から管内弁護士会への出向制度を創設することも、今後の課題である。

第2章 東京弁護士会の会運営上の諸問題

第1 会内意思形成手続の課題

1 問題提起

　弁護士会の最高意思決定機関は会員による総会である。自治組織としての弁護士会は、総会において会員の権利義務に関わる重要な意思決定を行うし、強制加入団体である以上、総会での決定事項に従わなければ懲戒処分もあり得る以上、総会での意思決定が実質的に会員の多数の意思を反映したものとなっていることが必要である。そうでなければ、弁護士会への帰属意識が薄れ、弁護士自治の崩壊につながりかねないからである。

　ところが、近時、総会で会則改正を行う際に必要な200人の特別定足数を満たすことに苦労を伴うようになってきたことから、2013（平成25）年6月、理事者から、特別定足数を廃止して通常定足数の80人とすることの可否について、関連委員会及び会派に対して諮問がなされた。

　（注）弁護士法39条は、「弁護士会の会則の変更、予算及び決算は、総会の決議によらなければならない」と定め、同法33条は、弁護士会の組織、運営等に関する基本的な規範を列挙している。東弁には現実の運用状況として、弁護士法の定める「会則（総会の決議事項）」以外に、「会規（常議員会の決議事項）」、「規則」がある。

2 諮問の理由

　諮問の理由は以下のとおりである。
① 近時、総会での会則改正で200名の特別定足数を集めることが困難になりつつあり、理事者や各会派がこれを満たすために動員に苦労をしており、その数自体が形骸化している。
② 「会規」改正は80名の定足数で足りるのに、「会則」改正は200名もの定足数を求めるが、実際には、「会則」の中にも「会規」と同じように事務的な規程も多く、両者の手続に違いを設けるほど合理的な差異はない。
③ 東弁以外の大きな単位会で、このような厳しい定足数を定めているところはない。
④ 総会の実態は、出席する会員と質疑・討論を行う会員は、概ね固定されており、80名の通常多数決であっても十分中身のある議論は可能である。
⑤ これを受けて、代理権行使の数を一人3個から一人10個までに増やすべきである。

3 諮問の背景

　このような諮問がされた背景事情として、以下のような実態がある。
①総会において、議決が行われる可能性のある時間帯（コアタイム）に議場に居てくれるように理事者ないし各会派の執行部等が会員に依頼して何とか乗り切っている実態がある。会員数の増加がある中にあっても、この実態は変わらず、実際に平日の午後1時から4時ないし5時までの全時間を継続して議場に多数の会員が居ることは、関心の低さ故か、時間的余裕のなさ故か、期待できない状況にある。そのため、理事者は各会派に人数を割り振り出席要請をし、法友会においても執行部、各部幹事長等が会員に対して協力要請をして乗り切っていることが少なくない。
②総会において、採決に入る「コアタイム」と称される短時間に議場に200名を動員する努力は、「動員する人」「動員される人」の双方が、総会の特別決議を形式的手続に過ぎないのではないか疑問を持つことも有り得る。なぜなら、もし会則改正が慎重な議論を尽くすところにこそ重要な本質があるとすると、実際に常議員会、会員集会、あるいは各会派内において、慎重に議論されていることも少なくはないからである。
③確かに、定足数が加重されているからと言って、直ちに議論が活発・活性化するとは限らないし、慎重な議論を尽くしたと言い切ることもできないであろう。

4 諮問の結果

　しかし、諮問に対しては、以下のような反対・慎重な意見が出て、定足数の減員は見送ることとなった。

① 2011（平成23）年の定時総会において、80名の定足数すら満たすのに危ういときもあった。そのために定足数を減らして乗り切ろうという発想では、200名どころか80名の定足数さえも緩和の方向に陥るのではないか。7,000名を超える東弁の総会が数十名の出席で審議可決されてよいのか。
② 2002（平成14）年の臨時総会途中で、出席者が200名を割り会則改正案件が流れたことがあったが、それ以来、会則改正で定足数割れは発生していない。200名の参加が困難であるという立法事実はない。
③ 「会則」の中に「会規」で定めるに適当な事務的規定もあるのは事実である。しかし、それなら会規に落とすべきであって、そのような規定が散見されるからと言って直ちに「会則」改正も「会規」同様でよいとは乱暴であり、本末転倒である。「会則」は、「会規」とは異なり、弁護士法で定めることが義務付けられている重要規程であり、改正手続が厳格であるのは合理性がある。
④ 1960（昭和35）年にそれまでの特別定足数が100名だったものを200名になぜ改正したのか、その趣旨を検討すべきである。
⑤ （若手）会員に対して、多少無理のある総会出席への働きかけが必要になったとしても、総会に出席経験を持ったことから会務に関心を抱くきっかけになる可能性があるとの期待もある。
⑥ 会員数が増加している状態において、出席者を確保することが困難であることをもって重要事項の総会決議に必要な定足数（7,000名のうち80名とするならば、わずかに1.14%であり、200名としても2.86%である）を半数以下に減らすことが、会議体のあり方として適当か否か。近年は、毎年300名前後の会員増加が見られる。
⑦ 結局、東弁理事者あるいは各会派のリーダーが適時的確な会則改正が必要だと確信したとして、ときに煩瑣な形式手続を履践するだけのような思いに駆られても、民主的基盤に立つべき多数の賛同を得る努力を継続しなければならないのではないか。

5 今後の取組み

結局、定足数の減員→出席者確保の努力をしない→ますます出席者の減少→通常定足数さえ満たせなくなる、という悪循環に陥りかねないのであって、会員数の増加の中での定足数の減員は時代に逆行するといえよう。

法友会としても、ただ「コアタイムに議場にいてくれればよい」という形の出席要請をして総会の議論を形骸化させてしまうのではなく、会員が議案内容に関心をもって、自らに関わる重要課題と認識した上で総会に出席し、若手会員も自由に発言できるような雰囲気作りに努める必要がある。

なお、現行の会規会則に関し、内容的に、会則として規定されていることの合理性が見出し難いものが含まれているという指摘については、会則と会規の峻別をする必要があり、そのために必要な手順を踏むべきであろう。

第2 役員問題

1 はじめに

東京弁護士会の運営は、弁護士自治を確実に担保するために、自治的に運営されなければならない。そのためには、会員一人一人が自覚をもって弁護士会の会務に参加する必要がある。そして、法友会が弁護士会において政策集団としての役割を果たそうとするのであれば、その実行者である人材も適時適所に責任をもって送り出す必要がある。

東弁の役員、とりわけ副会長についても、弁護士自治の視点からすれば、法友会において責任をもって、毎年積極的に適任者を推薦していかなければならない。他方、会員各自においても、弁護士自治を維持推進するという自覚のもとに、積極的に役員に就任していくべきである。

これまで法友会は、毎年、適任者を推薦し続けてきた。しかし、近年、法友会のみならず他会派においても、東弁副会長候補者擁立が困難となっているという現実がある。人事委員会において、「なってほしい人」として、名前が挙がっても、立候補を辞退する会員が多数に上る。この立候補辞退の原因は、主として東弁

会務量の増大に伴う副会長会務の過重負担にあると思われる。

そこで、2013（平成25）年度法友会幹事長の発議により「会務問題PT」が結成され、この立候補辞退の要因分析・副会長の負担軽減策の提言を目標として活動することとなった。

本稿は、現時点における問題の所在を明らかにし、併せてその対策につき検討するものである。

2 副会長の人数

東弁の副会長は現在6名である。しかし、会務の量が増大する中で、平日は毎日常勤状態であり、週末も行事等への出席を要し、副会長の負担はあまりにも大きく、副会長の人数は6名でよいのか議論する必要がある。

ちなみに、第二東京弁護士会では選挙を回避するという実質的理由で副会長の定員を1名増加済みで、第一東京弁護士会では会務量の増大から2014（平成26）年4月1日より1名増員した。

増員論と現状維持論の主な論拠は以下のとおりである。

(1) 増員論

第1に、会内事務量が年々増加しているため（1985〔昭和60〕年当時は全体6名で32の委員会を分担していたが、現在一人の副会長が30を超える委員会、協議会等を分担している）、副会長の負担が大きくなっていること、第2に会員の増加（6名制を採用した1985〔昭和60〕年より会員数も2.5倍に迫ろうとしている）を反映して、会員の代表である理事者の人数も増加するのが自然ではないか、というものである。

また、会員の増加とも関連するが、若手会員が増えていることから、若手会員の代表といえる世代の副会長も必要ではないかということも言われている。そして、若手会員が副会長に就任するとなると、時間的拘束の長さによる経済的打撃がより大きいと考えられるので、負担の軽減がより重要になってくる。

なお、東弁の理事者は会長も含めて合議制で会務執行を行っているが（会則第43条第1項）、そのためには、充実した議論が必要であり、人数が増えることは議論の希薄化につながるという危惧が言われることもある。これに対しては、副会長を増員しても、過去の経験に照らして、理事者会での集中的かつ密度の濃い合議により理事者間の信頼関係と共通認識の形成は比較的容易であり、理事者間の一層の努力により迅速な執行力は確保できるという反論がある。

また、東弁全体の機構改革の中で増員の可否を考えるべきであるとの現状維持論がある。これに対しては、副会長の負担増の軽減という現状の問題を先送りするものであり、また、そもそも、若手の意見・感性も含めた役員会がリードして、機構改革を実現すべきものではないかとの疑問があり、増員こそが会務執行の適正迅速化、執行力強化に資するものであるから、増員の実現を図るべきであるとの反論がある。

(2) 現状維持論

上記の増加論に消極的な意見は、増加論の主たる根拠である負担の軽減について、人数が多くても決して各人の負担の軽減にはならず、また、執行力の強化にもならないとして、現状維持が最適であるとする。

その理由を若干敷衍すると、第1には、副会長が増えれば負担軽減となる必然性はないということは過去の増員の歴史から明らかである。

第2には、比較的少数の理事者による濃密な議論により、充実した結論が得られる（会長及び副会長の合議制による。会則第43条第1項）。また、少数理事者の徹底した議論による固い結びつきと一体感があって初めて強力な執行力が生まれる。

第3には、東弁会務について執行の責任を負う会長・副会長は、広範にわたる会務について理解力が高く豊かな見識と指導性を備えた者でなければ、質の高い会務活動はできない。これらの資質を備えた副会長を現状の人数でさえ毎年選任することが昨今難しくなっている。増員は実質的に困難である。

第4に、若手の代表を選任するという点に関し、仮に、副会長の人数が多いと、そのうちの1〜2名が若手会員から選任されたとしても発言力は弱く、東弁の会務に影響力を持ち得ない。むしろ、副会長のうち1名は例えば登録15年未満の会員から選任することにすれば、少人数の副会長のうちの1名であるがゆえに、発言は格段に重くなり影響力も大きくなる。

さらに、多摩支部の会員の一部からは同支部から副会長を毎年選出したいとの意見があり、その関係で増員したいとの意見もあるが、多摩支部選出の副会長も本会および多摩支部全体にまたがる職務について他の副会長と職務分担すべきであるから、上記意見のみを

もって増員することには慎重にならざるを得ない。

以上より、増員については、適正な負担による副会長の人員確保という要請と役員会の充実という要請との調和を考えなければならないというものであり、その結果、かねてより副会長の増員論はしばしば主張されつつも、現状維持のまま推移して久しいと言ってよいだろう。

3　東弁副会長の職務

それでは、現在の副会長の職務内容は、どのようなものか。大まかに以下の内容である。

① 理事者会・常議員会・総会への出席
② 各種決裁業務
③ 委員会・協議会への出席（副会長一人あたり30を超える）
④ 各種会合への出席及び地方出張（日弁連総会・地方弁連・人権大会等）
⑤ その他（各種行事出席・各種交渉折衝・クレイマー対応等）

これらの職務を、現在6名の副会長が、分担あるいは協同して遂行しているが、平日はほぼ常勤状態であり、加えて週末・休日等を会務に費やさなければならないことも多くなっており、その結果、本来の弁護士業務に多大な影響を及ぼさざるを得なくなっている。

その結果、例えば、以下のような問題が生ずる。これらの問題が、副会長立候補辞退の最大の要因と考えられる。

❶ 東京地裁・高裁の弁論出席程度は可能であるが、和解・証拠調べは困難である。所属事務所のパートナー・勤務弁護士に代わってもらうが、依頼者の十分な理解を得られないことがある
❷ 弁護士会館4階の面談室等を利用して、打ち合わせ・相談等はある程度可能であるが、時間不足ゆえ、一部依頼者ないし案件にとどまる。
❸ 講演・セミナー等も困難なため、顧問先等との信頼関係維持も困難となる場合がある（「クライアントは人（弁護士）につく」）。
❹ 結果的に、収入が減少し副会長任期終了後の業務縮小が生じることがある。

4　対策案

(1) 執務時間の軽減

副会長の負担は、結局のところ、時間の負担に集約される。

そこで、毎日2～3時間の「会務オフ時間」を設けるか、思い切って副会長間で交替で、各自週1日乃至半日の「会務オフ日」を設けることによって、多少なりとも負担を軽減できないかが議論されている。

この案に関しては、「一日理事者室を空けてしまうと、各種決裁の遅滞等が生じるので、無理だと思われる。半日であれば可能かも知れないが、その場合でも、その間の業務のしわ寄せが後に来ないか配慮すべきである。」という意見がある。

これに対して、「最初に時間負担軽減を考えるのではなく、各種委員会の統合等業務負担軽減を図った上でそれに応じて時間負担軽減を議論すべき」との意見もある。

(2) 嘱託弁護士の活用

この点に関し、従来、法友会政策要綱では「有能な嘱託弁護士が多数在籍しているが、その能力を生かすために2～3名を会長・副会長の補佐とする」という提言をしている。

その場合、副会長の責任と権能に鑑み、先に3であげた副会長の職務のうち、何をどの程度まで嘱託弁護士に委ねることが可能かが検討課題となる。任期2年として再任可能とすれば事務の連続性は確保できると考えられたからである。

しかし、2014（平成26）年度理事者は、従来からいる嘱託弁護士を活用するという方法ではなく、新たに、理事者付きの嘱託弁護士を採用するという方針を打ち出した。それは、単に、副会長の職務軽減を目的とするのみならず、若手が理事者付きとなることで、会務全般に通暁して次世代をリードする人材育成への期待もあってのことである。

2014年（平成26）年度当初は21名の嘱託弁護士が活動していたところ、同年7月の常議員会において、嘱託弁護士の採用方針について可決承認され、公募により機会の透明性を確保するとともに、多様な人材を採用することを目指した。そして、執務条件は、有能な人材が応募しやすいように配慮して、月15時間の執務（「ハーフ嘱託」と呼ぶことになり、月25時間執務の「フル嘱託」の半分程度の執務時間である。）で13万円の

報酬とした。その結果、30名の応募があり、全員について副会長と職員の複数組み合わせにて面談を行い、その希望と適性を慎重に検討のうえ、9名の採用を行った。

従前、嘱託弁護士は、ややもすると担当委員会の事務処理の補助や、対会員の連絡調整などに力点があったが、ハーフ嘱託は全て理事者付きとして、全会的な政策や事務需要に応じて機動的に業務配点が行われると同時に、会則、規則、細則などのルールや手続にも慣れてもらうことを意識しており、2014（平成26）年11月初旬にハーフ嘱託の業務が正式スタートした。

その後、運用上は、嘱託は副会長直属の担当秘書役というより、副会長の担当委員会等に張り付いてもらうなど、副会長と担当委員会の架橋として機能してもらうことによって実質的にその役割を果たしてきた。所期の副会長直属の担当秘書役のイメージのものとは異なったが、形を変えて役割を果たしてくれたと評することができる。

所期のイメージと異なった理由としては、会務未経験な会員からも嘱託を登用した結果、副会長の下で関係委員会や会員、事務局職員との調整を担うには経験を積んでもらう絶対時間が必要だったところ、嘱託が投下できる時間数は十分ではなかったので、その育成が十分でなかったことが挙げられる。

現在、男女共同参画の観点からも、嘱託の有効活用が期待される。残念ながら2016（平成28）年10月理事者付嘱託の現制度は一旦廃止された。

今後は、新たな視点からの人選を考慮しながら進化した嘱託制度の構築が望まれる。

(3) 執行力の強化

前記副会長の増員論にかかわらず、次の点の改革を検討すべきである。

委員会・協議会について、役員の出席に代わる意思疎通の工夫をする。

有能な嘱託弁護士が多数在籍しているが、その能力を生かして2～3名を会長・副会長の補佐とする（上記(2)と同様）。

(4) 役員の任期

現在任期は1年である。かねてから1年では役員の職務遂行に慣れ、公約等の課題を取り組むに熟した頃に役員を終えることになり、1年任期制の当否が話題となっていた。充実した公約施策を実現するためには2年任期の採用を検討すべきである。常勤に近い勤務状態という点では日弁連会長、事務総長、事務次長の任期が2年であることが参考となる。

5 むすび

副会長の構成については、急激な人口増と業務領域の拡大も見据えれば、多様な考えや世代感覚をできるだけ反映した役員構成が望まれる。そして、将来的な展望をもって企画立案にも精力を充てたいところである。そのリードによって時代に即応した機構改革が成し遂げられることは、喫緊の課題である。

以上の問題を解決するために、至急、関係機関による検討が開始されるべきである。

なお、過去に副会長の2名増員が検討された折には、1984（昭和59）年に検討が開始され、1985（昭和60）年には総務委員会の答申を経て、常議員会、臨時総会において圧倒的多数で可決した。

第3 委員会活動の充実強化

1 委員会活動の重要性

東弁は、弁護士自治を堅持し、その社会的使命を果たすため、従来から、多種多様な委員会、協議会、対策本部等を設け、活発な活動を続けてきた。

2002（平成14）年7月13日に、法友会・法友全期会が「公益活動の義務化に関する決議」を行ったことを契機として、2004（平成16）年4月、公益活動等に関する会規（現在は会務活動等に関する会規に改称）が改正され、公益活動が義務化されるとともに、委員会活動も義務的公益活動の一つに含まれることとなった。これらの委員会等の組織は、2016（平成28）年現在、4つの独立委員会、17の常置委員会、36の特別委員会が設置され、これらに協議会・対策本部等19、二弁との共同設置の多摩支部委員会16、役員会付き部会7を加えるとその数は99に達し、多くの会員が献身的に活動・運営に当たっている。

特に、近時は、法曹人口増大により、年々、若手会員数が大幅に増大してきている中、若手会員の活発な委員会参加・活動が目立っている。2017（平成29）年度において、委員会所属者数は委員、研修員、幹事・参与員を含めのべ5,772名となっているが、このうち若手会員が占める割合が増大している。2007（平成19）年当時の登録5年目までの会員（55期以降）の委員会所属者数はのべ500名、委員会所属者数全体の約18％であったところ、2017（平成29）年現在の登録5年目までの会員（65期以降）の委員会所属者数はのべ1,605名、全体の約27.8％に及んでいるが、近年、その比率は若干伸び悩み傾向にある。

なお、東弁においては、新規登録弁護士について、弁護士自治に対する理解を深め会務活動への参加を促進するために、弁護士登録をした日から一年以内に始まる年度において、一つ以上の委員会に「研修員」もしくは「委員」として参加することを会務研修として義務づけており、これにより、委員会活動の意義と重要性を啓発している。

東弁の活動の中枢部分は各種の委員会等が担っており、その活性化なくしては、人権擁護をはじめとする弁護士会本来の使命を果たすことはできない。個々の弁護士や弁護士会が、社会情勢を的確に把握し、柔軟に対応しつつ、社会が求める役割を果たしていくためには、弁護士会の既存の委員会活動をより一層活性化していくとともに、従来の枠に縛られることなく、現代社会のニーズ・情勢に適応した新たな委員会を設置するなど、新たな試みを推進していく必要がある。

2 時代に適応した委員会活動

このような趣旨から、近時様々な新委員会等が設置されている。

2006（平成18）年度には、若手大増員時代における若手の意見の重要性に鑑み、特に登録5年目までの新人・若手会員の声を吸い上げ広く発信すべく、登録5年目までを参加資格とする新進会員活動委員会が新たに設置された。また、若手会員が多く所属する法教育センター運営委員会では2008（平成20）年・2010（平成22）年の2度にわたり定数の増員を行い、若手会員の希望に対応している。

また、2007（平成19）年度には、公益通報者保護特別委員会が設置され、2008（平成20）年度には、民法（債権法）改正に向けた大きな動きに迅速かつ的確に対応すべく、法制委員会の定数及び所属者数が大幅に増員された。労働審判の実施に伴う労働事件実務に関する協議については労働法制特別委員会の定数を、成年後見実務の充実や近時増加している障害者に対する人権擁護のために高齢者・障害者の権利に関する特別委員会の定数を、いずれも2008（平成20）年度・2011（平成23）年度の2度にわたって増員して対応している。また、2008（平成20）年度には弁護士紹介センター協議会を、2011（平成23）年度にはチューター制度運営協議会を設置し、弁護士増員による社会的ニーズに対応した動きを行っている。

さらには、弁護士の領域拡大や法の支配の貫徹を推進すべく2013（平成25）年度において、中小企業法律支援センターが、2014（平成26）年度において、若手会員総合支援センター及び弁護士活動領域拡大推進本部が、各設置されている。

東日本大震災を始めとする各地で発生する自然災害への対応についても、東弁内に災害対策委員会が、三会には災害対策本部が各設置され、全般的な対策を講じて活動したほか、各委員会においても、例えば、子どもの人権と少年法に関する特別委員会が、避難所に学習室を開設するなど、市民のニーズに応えるための様々な活動を行っている。

今後も、東弁の活動を支える各種委員会等は、その役割を十分認識した上で、時代に応じた使命を全うすべく、必要に応じて統廃合を図ったり、新委員会等を設置したり、委員会運営を工夫したりなどしながら、活動の効率化、活性化に務めていかなければならない。

3 委員会活動の更なる充実強化

これらの委員会活動をより一層充実強化し、専門性・継続性を確保し、的確な意見・行動を発信していくためには、以下の点が重要である。

① 委員の選任にあたり、ベテランと若手とのバランスに配慮し、ことに新規登録から5年目程度の若手会員が、所属するだけではなく活動に参加しやすいようにすること、また、若手会員に委員会の活動を理解してもらうために、既存の委員会運営を工夫すること。一方で、委員会活動の継続性、とりわけ弁護士会の政策を理解してもらうために政治家やマスコミ、市民団体と連携する上では個々の委員の活動

の継続性が重要であることから、ベテラン委員にも力を発揮してもらえる環境を作ること。
② 時代のニーズに合った新たな委員会を必要に応じて柔軟に設置していく一方で、既存の委員会についても統廃合などの合理化を図ること。
③ 小委員会、部会、プロジェクトチーム、主査制度などを活用し、全員参加を図り、また活動・運営の効率化を図ること。
④ 協議会方式などを活用し、関係委員会間または他の単位会の関連委員会間の横の連携を密にし、適切かつ効果的な合意形成を図ること。
⑤ 日弁連の各種委員会と対応関係にある委員会の委員については可能な限り兼任するなどして、日弁連・他の単位会との情報の流れを円滑にすること。

これに関連して、近時、会務活動の義務化の成果と会員数の増加とが相俟って、委員会活動に参加しようとしても、委員会の定員との関係で、必ずしも委員に就任できない例が増えている。そこで、2013（平成25）年10月の常議員会決議を経て、議決権のある委員以外の立場で、実質的に委員会活動に参加してもらうため資格として、委員長の指示を受け、議案の整理、資料の収集及び調査研究等を行う「幹事」と、委員長の諮問を受け、専門的な立場から情報提供、助言等を行う「参与員」を置くことできるようになった。

また、2013（平成25）年度には、各委員会宛に委員定数を一定数増員することの可否についての諮問を行い、人権擁護委員会、非弁護士取締委員会、税務特別委員会、公害・環境特別委員会、消費者問題特別委員会など多くの委員会において定数の増員を行った。

4 委員会活動円滑化のための条件整備

司法改革の進行とともに、弁護士が取り組むべき課題が増え、それに伴い、委員会やプロジェクトチーム、協議会等の数が必然的に増え、弁護士会全体での会議開催の回数が増えている。

ところで、委員会で決議を行う場合、これまでは、委員会議事規則の定足数の定めにより、現に選任されている委員数の5分の1以上であり、かつ5人以上の出席を要することとされていた。

しかしながら、委員会によっては、その性質上、一堂に会して委員会議事を行わなければその目的を達し得ないというものではなく、個々の委員が行う実践活動に重点が置かれている委員会もあり、このような委員会では、出席委員が多くないために定足数を満たさないことがあり得るが、会議の結果が必ずしも無意味なものとなるわけではないため、2013（平成25）年度において、委員会活動の円滑化を目的として、定足数の緩和を希望する委員会については、委員会議事規則の定めにかかわらず、現に選任されている委員の数の10分の1以上の出席があれば決議できる旨を規定する各委員会規則の改正を行った。

また、委員の増加に伴い、出席率のよい委員会では、椅子が足りなくなるほどの状況になっているところもある。委員会等が、公益的な活動を献身的に行うために会議を開催する必要があっても、会議室が確保できないために、開催を断念せざるを得なかったり、委員が集まりにくい時間帯に開催せざるを得なかったり、また、会議室の物理的な面積の問題で委員を収容しきれないというような事態は、委員会活動を萎縮させる原因となってしまい、委員会活動を活性化させようとした趣旨に悖る。

弁護士会として、市民の期待に応える司法制度改革の推進や人権擁護活動の取り組みに邁進するに当たって、委員会の活動の更なる充実と活性化は重要である。したがって、それぞれの委員会が十分な活動をできるよう、貸会議室の利用も含めた物理的な面での条件整備のほか、委員会開催時間の見直しや資料の事前配布やペーパーレス化のためのマイストレージの利用など、委員会活動の充実と活性化のため、不断の制度改正や環境整備を行うべきである。

第4 事務局体制

1 事務局体制の現状と問題点

(1) 職員数

東京弁護士会（以下、「東弁」という。）の事務局には、2017（平成29）年10月1日現在、正職員69名、図書館職員6名、臨時職員（パート・嘱託・派遣）58名の合計133名の職員が在籍している。この総職員数は、

東弁会員数が5,000名ほどであった2007（平成19）年当時とほぼ同一であり、換言すれば10年間で会員数が約1.6倍に増加し、それに伴って業務量が年々増大しているにもかかわらず、職員総数は変わっていないことになる（過去の経緯に照らせば、2009〔平成21〕年には、総職員数が141名まで増加したこともあったが、その後減少している。）。

その結果、ここ数年来、正職員の超過勤務時間の増大が問題となっている。超過勤務時間の増大は、職員の健康管理及びライフワークバランスに対して大きな問題であると同時に、会財政の面からも年間2,800万円程度の超過勤務手当負担としてその健全化の阻害要因の一つとなっているからである。

このような現状を受けて、既に数年前から、事務局内の各部署から職員不足の訴え、人員補充要請の声が寄せられているが、十分な職員数を確保するためには以下のような問題点が指摘されている。

正職員については、「東京弁護士会事務局職制に関する規則」で正職員の定数は77人（ただし、図書館職員の定数7人を含む）以内と規定されており、この規定が正職員の増員の障害となってきた。また、正職員については、産休及び育児・介護休暇取得職員の影響も指摘されている。すなわち、現在、正職員69名中、長期休業が2名、短時間勤務選択者が7名いるが、これらの職員はいずれも近い将来職場復帰することが予定されているので、直ちに正職員補充を行うというわけにはいかない。

そこでマンパワーの不足を非正規雇傭によって補うことが行われてきたが、それにも限界がある。例えば、近時、職員の業務量の増大をもたらしている一例として弁護士法23条による弁護士照会制度の利用数の増加があげられるが、これまでも同業務の業務量の飛躍的増加に職員の補充が追いつかない状態であり、嘱託弁護士の活用等で対応してきたものの、照会件数は現在も日々増加の一途を辿っており、遠からず職員補充のみでは対応しきれなくなることは明らかである。更に、東弁には多数の委員会・協議会・対策本部等が存在するが、こうした委員会対応や東弁のOAシステム管理運営のような継続性と一定レベルの専門性を要する職務をパート・派遣といった臨時職員に委ねることにも無理があり、正職員の不足を非正規雇傭の増員で補うという従来手法には限界が見えていると言わざるを得ない。

他方、職員の業務スペースの物理的な限界の問題も存する。現在、事務局は会館6階と7階の一部（及び4階会員受付）で業務を行っているが、いずれも既にいっぱいの状態で、職員を増員した場合、増員された職員の机を置くスペースを如何に確保するかが問題となる。

加えて、財務的な問題も存する。現在、東弁正職員の給与・賞与及び福利厚生費の平均は年額880万円程度であり、これに退職金及び非正規雇傭の給与等を加えて単純計算すると、会員一人あたりの職員人件費負担額は約10万円強であり、東弁の会費年額21万6,000円の45％程度にあたることになり、会員による人件費負担割合としては上限に近いと思われるからである。

(2) 事務局組織と職務管掌

現在、東弁事務局は、事務局長（1名）、事務局次長（1名）の下に、秘書課、広報課、人事・情報システム課、会員課、総務課、司法調査課、人権課、財務課、法律相談課、業務課の10の課で組織されている。このうち、業務課は2014（平成26）年9月に新設され、また、事務局次長は2016（平成28）年度までは課長兼任の2名であったが、翌年度から次長専任の1名となった。

このような体制が構築されたのは、長い東弁の歴史の中での蓄積によるものであり、同様に、各課の職務管掌も歴史的背景の産物であるが、いずれも必ずしも合理的かつ効率的とは言いがたい。

例えば、人事とウェブサイトやメールを含む東弁OAシステムの管理が同一の課で為されていること、先に挙げた弁護士法23条に基づく照会請求が会員課の管掌であること、紛議・綱紀・懲戒・市民窓口が総務課の管掌にありながら非弁・非弁提携が司法調査課の管掌となっていること等、いずれも合理性・効率性に欠けているとの指摘が為されている。

前段で述べたように、マンパワーの不足を職員数増加のみで補うことができない以上、業務の合理化・効率化は避けては通れない喫緊の課題である。上記以外にも、嘱託弁護士10名で構成されている調査室の機能や2014（平成26）年に設けられて2016（平成28）年に廃止された理事者付嘱託制度の検討も含めて、組織構成と職務配点については、取り急ぎ検討の必要があると思われる。

2　東京弁護士会マネジメント会議報告書

　2014（平成26）年7月、東弁の運営業務に関し、その問題点と改善点を検討するために民間会社の管理職、公認会計士ら4名で構成された「東京弁護士会マネジメント会議」が発足し、同会議は、2015（平成27）年2月、東弁の①財務、②人事関連、組織関連、その他事業関連、③ペーパーレス化、IT化に関し、「東京弁護士会マネジメント会議報告書」を東弁会長宛に提出した。

　報告書の内容については「LIBRA」2015（平成27）年6月号の特集に詳しいが、東弁事務局体制に関連する問題に対する提言のうち、管理職（課長）に対するマネジメント研修は既に実施され、旧来課長兼任で2名体制であった事務局次長を次長選任の1名体制としたことは既に述べたとおりである。その他、提言にある人事評価制度の改正やペーパーレス体制の構築も順次にではあるが鋭意進められているところである。

3　事務局体制改革のための提言

(1) 適正職員数の確保

　2017（平成29）年度理事者は、上記の正職員（図書館職員を除く）定数70名を75名程度に増員することを検討中である。これは、先述の人員補充要請の声に応え、増加の一途を辿っている超過勤務時間数を減少させることを目的とした措置である。ただ、2013（平成25）年4月に施行された改正労働契約法により、有期労働契約が繰り返し更新されて通算5年を超えた時は、労働者の申し込みにより無期労働契約に転換できることとされ、東弁事務局には2018（平成30）年4月にこの規定の適用対象となる有期契約職員が数名存し、仮にこの者たちが無期労働契約への転換を希望した場合、無期契約職員は、「同一労働同一賃金」の理念の元においては、少なくとも賃金面において正職員とほぼ同一となってしまうとの問題もあり、本稿執筆時点では正職員の定員を何名にすべきかの結論は得られていない。

　他方、当面の問題に対処するために正職員の定員を75名程度に増加することは必要かつ有用なことであるが、東弁事務局の適正職員数（総職員数及び正職員数）に関する議論も避けては通れないところである。

　現在、8,000名余の会員を有し10年以内には会員数1万名以上になることが予想されている東弁において、事務局の規模としてはどの程度が適正であるかにつき、直ちに明確な回答を得ることは困難である。一つの考えとしては、職員数につき財務的な観点から一定の枠を設けることが考えられる。実際に、2015（平成27）年度までは、職員の給与及び賞与の総額を年額5億円以下とするという申し合わせがあったのであるが、以下に述べるのは、これを更に発展させて会員数及び業務量の増大にも対応できるような枠組みを構築するための一案である。

　まず第1に、総職員数については、人件費総額（給与・賞与・法定福利・福利厚生・退職金）が会費収入の50％未満となるようにする。ここで「50％」としたのは、先にも述べたように現在、この総人件費を会員一人あたりで見た場合に会費年額の約45％程度である事実と、東弁の委員会等をはじめとする様々な活動費、並びにOAをはじめとする様々な設備の維持管理及び拡充のための費用等を考慮した場合、人件費の占める割合は50％が上限と考えられることによる。

　そして第2に、総職員中の正職員数であるが、会員100名あたり1名との基準を設ける。この基準を現状にあてはめた場合、正職員数は約80名が適正規模ということになり、その場合の会員一人あたりの正職員人件費負担は約8万8,000円となる。そして、会員年会費の50％である10万8,000円との差額2万円に会員数を乗じた金額が図書館職員及び臨時職員の人件費に充てられる金額の上限ということになる。もちろんこれはシミュレーションのための単純計算であり、実際には若手会員の会費減額等様々な他の要因が入ってくるためこのとおりになるものではないが、東弁における事務局の適正規模及び適正職員数を論じるにあたっては、こうした大枠としての基本原則から定めざるを得ないと考えられる。

　なお、適正職員数を考えるにあたっては、上述のように財務的な観点が不可欠なので、若干この点を付記する。まず、職員の給与体系に関しては、職制改革と併せて2015（平成27）年に大幅な改革を行い、2016（平成28）年以降、この新たな給与基準に基づく新たな退職金規定が検討されている。これらにより、短期的には東弁財政面における人件費負担を多少なりとも軽減し、長期的には人員増加の余力を得ることが期待されているところである。

(2) 事務局スペース

会館6階の事務局には、現状では人員増加に伴って新たな机を置くスペースが無いように思われる。しかし、事務局内の長大なカウンターの大半は必要不可欠な設備とは言えず、このカウンター前の廊下状部分にかなりのデッドスペースが生じている上に、このカウンター利用のために一般人までもが事務局内に自由に出入りできるため、職員のセキュリティ上の問題も生じている。カウンターを必要最低限に圧縮してデッドスペースの有効活用を図ることにより新たな業務スペースを生み出すと同時に、事務局に関係者以外が自由に出入りできないようにしてセキュリティの向上を図るべきと思われる。

(3) 事務局組織改革と管掌職務の再配分

事務の効率化のためには事務局内の組織再編成が必要と思われ、以下はその一案である。
① 事務局内を大きく管理部門（秘書課・財務課・総務課・人事情報システム化・会員課）と業務部門（業務課・法律相談課・公法課・人権課・司法調査課）に分け、専任次長2名がそれぞれを担当する。
② 局長および次長2名による局次長会議を月1回程度開催し、意思疎通を図ると共に、その内容を局長が理事者会に報告することを義務づける。
③ 現在総務課の管掌となっている綱紀・懲戒、並びに司法調査課の管掌となっている非弁・非弁提携は、いずれも会員課の管掌とし、情報の共有化を進める（但し、一般市民との対応が主となる市民窓口及び紛議調停は総務課に残す）。
④ 現在会員課の管掌となっている23条照会請求及び職務上請求は、業務課の管掌とする。
⑤ 現在会員課の管掌となっている運動会及び厚生は総務課の管掌とする。

以上のような管掌職務の再配分をした上で、各課においては、職務担当を課員それぞれではなくチームにおいて行うようにする。これは既に一部では行われているが、言ってみれば、一つの業務を一人が担当するのではなく3つの業務を3人が担当するシステムとするのである。このことによって、休業や時短勤務をせざるを得ない職員のカヴァーをスムースに行える体勢を日頃から整えておくことができる。

4 職場環境の整備、ハラスメント防止体制など

事務局職員が健全な環境で、気持ちよく業務を遂行できるよう、事務局内の職場環境の改善が望まれるところ、東弁では、その一環として、職員就業規則第28条第2項のセクシャルハラスメントの規定に加え、2014（平成26）年度に、第3項でいわゆるパワーハラスメントに対する規定を追加制定し、更に、2015（平成27）年3月、「東京弁護士会職員ハラスメント防止対策チーム」を設置し、具体的なハラスメント被害が生じないように、ハラスメント行為及びその疑いのあるケースの情報収集、当該ケースに対する改善策、対応策の検討及び実施、ハラスメント防止に関する研修の企画及び実施等の活動を行っている。この問題は、事務局内部にとどまらず、役員を含め会員弁護士と事務局職員の間にも発生しうるものであり、会員弁護士の強い自覚と具体的防止策の構築が求められている。

第5 弁護士会館の今後の課題

1 現状と課題

弁護士会館は、竣工後満22年を経過した。この間、司法改革をはじめ、日弁連・東京三会の弁護士会活動は拡大の一途をたどっている。

また、弁護士数も飛躍的に増加しており、ここ20年間で、弁護士数は、全国で約21,300人の増加、東京三会約9,700人の増加となっている。

【全国】

1995（平成7）年（会館竣工時）	約15,100人
2000（平成12）年（4月現在）	約17,100人
2017（平成29）年（4月現在）	約39,440人

【東京三会】

	東弁	一弁	二弁	計
1995（平成7）年	約3,350人	約1,740人	約1,860人	約7,150人
2000（平成12）年	約4,040人	約2,020人	約2,200人	約8,230人
2017（平成29）年	約8,045人	約4,983人	約5,222人	約18,250人

日弁連と東京三会の会務活動の活発化と拡大化および弁護士数の増加は、必然的に弁護士職員の増加をもたらす結果となる。

【弁護士会館内で働く職員数（嘱託・派遣等を含む）】

	日弁連	東弁	一弁	二弁	計
1995（平成7）年	80人	58人	25人	27人	190人
2000（平成12）年	116人	65人	30人	36人	247人
2015（平成27）年	301人	127人	58人	72人	558人

【2015〔平成27〕年内訳】

	正職員	嘱託	派遣	パート	その他
日弁連	173人	0人	20人	0人	研究員・看護士8人、弁護士嘱託100人
東 弁	70人	14人	14人	22人	図書館職員7名
一 弁	43人	0人	2人	12人	契約職員1名
二 弁	52人	8人	2人	7人	アルバイト3名

弁護士会活動の活発化・拡大化・弁護士数の増加・職員数の増加が弁護士会館にとって、(1)「会議室不足」・「事務局スペース不足」、(2)「エレベーターの混雑・待ち時間の長さ」、(3)「会館全体のOA機器の統合化・合理化による効率的運用の必要性」、(4) 一般会計から会館特別会計への繰入額の停止の必要性の有無、(5) 4階の和室の会員の一時保育用へ提供、(6) 会館設備の老朽化対策、(7) 女性会員室利用方法の見直しといった問題点を生んでいるが、その他今後の問題としては、(8) 20年目の大規模修繕に向けての取り組みがあげられる。

2　対策

(1)「会議室不足」・「事務局スペース不足」

日弁連及び東京三会は、場合によっては、関連業務の活動拠点を別に設けることも含め、弁護士会館内で行うべき事業の優先順序を長期的展望に立って検討すべきである。

会館委員会では5階の会議室の利用状況について継続的に調査しているが、現状ではピーク時には100%に近い利用がある他、午前中や、週の前半などでも会議室の利用がかなりの頻度で行なわれるようになっており、空室が全日的に少なくなっていることもわかった。

とりあえずは、委員会の開始時期を午前中に出来ないか検討したり、必要以上に広い部屋を取るのではなく、人数に見合った部屋取りを利用者にお願いしたりするなどの対策を採ることが現実的な対応策と言える。

その他、近時浮かびあがってきたのは、会館業務の一部を別の拠点で行えないか、という観点からのいわゆる第2弁護士会館構想である。この点、東京弁護士会の今後の10年の問題点について会長より関連委員会や会員・会議に諮問がなされ、その中には、狭義の弁護士会業務と異なる研修業務を行う研修施設を別の場所に貸借する構想等が提案されている。今後も引き続いて、議論されるべき重要問題である。

(2) エレベーターの混雑の待ち時間の緩和

一昨年、エレベーター5基全てを一括して管理するソフトに変更し、10%程度の混雑・待ち時間の改善結果が出ている。今後は、利用時間が集中する正時前後10～15分間をずらす形で会議開始時間を設定する等の対策も併せて行なう必要がある。

近時は、理事者からの要請もあり、いくつかの委員会に於いて開始時間を15分前後正時からずらして開始する例が見られるようになった。この取組みについては一弁、二弁、日弁連にも提案し全館的な取り組みに発展させたい。

20年目の大改修の検討ポイントとしても、エレベーターのスムーズな運用は主要議題に挙げられており、新たなソフトの見直しを中心に改善策がとられる見込みである。

たとえば、低層階利用エレベーターとそれ以外のエレベーターを時間等により割り振るソフトの採用も検討されている。

(3) OA機器の改善

2009（平成21）年の東弁総会において、OA化を促進し、コンピューター管理の徹底による「会員サービスの効率化を目指す決議」が可決された。これとともに、光ファイバーケーブルの会館全体の導入等、OA機器のよりアップトゥデートな改善が望まれる。この点、東弁での取り組みには、コストの問題もあり、二弁等の取り組みに比べて、やや遅れていたが、2010（平成22）年7月に事務局関係のOAの合理化が一応の形を得るに至った。

そのこともあり、現時点では事務処理能力は、東弁が三会で一番優れているとも言われており、三会共催事業の事務の多くを東弁が担っている。

従前から指摘されていた「現場の使い勝手の良い

OA」を目指し、関係者の意見を聴取し、出来得る限り改良を重ねた結果であるが、たゆまぬますますの改良が望まれる。

(4) 会員が納付する一般会計から会館特別会計への繰入額

2010（平成22）年3月11日の東京弁護士会臨時総会決議により、同年4月1日以降、一般会費のうち、1人当たり月額2,500円を会館特別会計に繰り入れることとなっている（ただし、司法修習終了後4年目までの会員については、2年目までは繰り入れず、その後3年目と4年目は月額1,500円の繰入額とするとなっている）。

この繰入額がこれまで継続されてきた結果、会館維持管理会計の次期繰越収支差額は、2008（平成20）年度決算の段階で732,637,885円となっており、同会計の年間支出2億円弱の3倍以上となっている。

会館維持管理会計の目的からすると、同会計の収入は、基本的に当該年度の会館維持に必要な支出に見合うものでなければならないが、2008（平成20）年度の決算の実績において、32,744,523円の黒字であり、2009（平成21）年度から多摩支部の賃料3,200万円が追加支出となるとしても、さほど大幅な赤字となるとは考えられず、今後会員数の増加による会費収入増も見込めることから前記したような7億円を超える巨額の繰越金を貯蓄し続ける意義を見い出し得るのか疑問とされていた。この点、2010（平成22）年度の臨時総会決議により、当分の間繰り入れを停止することになった。この措置は、一般会計が逼迫している昨今の東弁会計を一時的にであれ健全化させ収支の均衡を回復するためのカンフル剤となり、一般会計は黒字に転じている。

遂にこの繰り入れ停止による余剰金は、直近の2015（平成27）年度の決算に於いて、15億7,200万円もの繰り越し残となって顕在化している。

このような異常な状態を解消するためにも、遅くとも2016（平成28）年度までの繰り入れ停止に留め、それ以降は一般会計から会館維持管理会計への繰り入れを再開すべきであり、2017（平成29）年度は再開したが、繰り入れ額について2017（平成29）年12月11日の東京弁護士会臨時総会において、現行の会員数に基づく方法から、前年度決算における維持管理会計の実際の必要額とする方法に変更することが決議された。

この方法は妥当だと思われるが今後の決議の影響は注意深く見守る必要がある。

(5) 4階の和室を会員の一時保育用に使用する件

子供を持つ会員が充分な会務活動が出来るよう東弁としてバックアップすることは、当然の要請と言え東弁は2010（平成22）年度から開放に踏み切っている。事前の予約についても、その要件はかなり緩和されている。

現状では、利用実情が少ないようであるが、今後は、より一層利用されるよう東弁に於いても広報にも努めて頂きたい旨希望する。

また、東弁ではシンポ等の行事の際の一時保育を業者に依頼する契約を締結した。

かような、積極的なバックアップは子供を持つ会員の一助となると考えられるので拡充していくことが望ましい。

(6) 会館設備の老朽化対策

1995（平成7）年に竣工した弁護士会館も2011（平成23）年段階で16年を経過し、東弁専用部分の各設備にもかなりの老朽化が目立つようになった。

そのため、東弁専用部分のほとんどのフロアーのカーペットを貼り替え、508号室の椅子が重く移動が困難とされ、職員から何年も前から改善の要望が出ていた点も考慮したりして、5階508号室の椅子を軽くて移動しやすい椅子に取り替え、また、業務の効率化に資するよう事務局の椅子も全面的に取り替えた。

5階会議室のワイヤレスマイクも改善が必要なものについては取り替え、円滑な会議に資するよう改善した。

4階第2会議室のマッサージチェアー3台も最新式であるが、値段的には廉価なものに取り替えるとともに女性会員室にもマッサージチェアーを新たに設置した。

テレビも地デジ化に対応するよう、全て買い替えを行い、必要に応じて会員が映像情報を得られる態勢を整えた。

さらに、大震災以後の電力不足を踏まえ、今後は図書館施設の更新見直しの他、LED化の積極的導入が検討されて然るべきである。

(7) 女性会員室について

男女共同参画推進本部等から女性会員室の内部改築と、同室内での利用基準を改めるべきとの要望が出され、東弁では、女性会員室を利用する女性会員の多く

の意見を聴取したうえで、必要と思われる設備の導入等を行っている。

今後もこういった女性会員室の利用促進はすすめていきたい。

(8) 20年目の大規模修繕に向けて

現在の弁護士会館は1995（平成7）年に竣工され、10年経過後の2005（平成17）年に1回目の大規模修繕工事が行われている。

その際には、建物の枢体・構造関係については大成建設株式会社、上・下水道等の配管・水廻り関係については新菱冷熱株式会社、OA・電気関係については株式会社きんでんとの密接な検討・打ち合わせの下に行われ、会館委員会委員を中心とする弁護士会チームが責任窓口として、費用対効果を厳密に検討し、準備期間も含め、約3年を掛けて無事に終了した。

この大規模修繕工事は、10年毎に行うこととされており、次回の20年目の大規模修繕工事は、2015（平成27）年から開始する予定であった。

ところで、第1回目の大修繕工事以後、東日本大震災の発生を教訓とする災害対策の必要性や、省エネ・エコ対策の必要性が新たに重視すべき検討課題として浮かびあがってきている。

東弁では今後毎年300名を超える会員増が続くことが予想され、弁護士会館をより安全かつ効率的で使い勝手の良いものに改善することが特に求められている。

この20年目の大改修工事に関し、四会会館運営委員会は2014（平成26）年2月14日付提案書を東弁、一弁、二弁、日弁連の四会に対し提案した。

同提案書は、20年目の大改修につき、10年目と同様に進めるべきとするものであるが、総額で52億円が必要とも言われている大改修工事につき、既存業者に随意契約で依頼することには強い異論が出されている。

問題は、コストの増大を適正かつ合理的な範囲で如何に抑制することが出来るかという点ではあるが、適正手続の観点からは広く本会館規模の共同事務所ビルの大改修工事を行った実績のある業者を公募し、厳正、中立かつ、公平な入札手続を以って選定するべきとの意見が大勢を占めた。

この結果を踏まえ、四会会館委員会は、中立的なコンサルタント業者より助言を得て現在設計事務所を選び、同事務所の関与の下で工事担当業者を入札手続きで選考する手続きに入っている。

現在の試算では、工事総額は30億円半ばまで圧縮される見込みとなっている。

いずれにせよ、会館特別会計からの多額の支出が予想されるこの20年目の大規模修繕工事については、単純に20年目という日程に単純にこだわらず必要かつ十分な工事を順次進めていく必要がある。

東弁は一般会員にも、この活動の推移を随時報告すべきであり、全ての東弁会員が自己の問題として注目していくべき重要な問題と考えられる。

第6 会の財政状況と検討課題

1 はじめに

東京弁護士会（以下「東弁」という。）では、従前より財務規律の面で大きく3つの課題があった。退職給付引当資産の積立、事業準備等積立資産の積立、一般会計から会館維持管理会計への繰入れの3点である。

すなわち、退職給付引当資産については、公益法人の公正妥当な会計基準に照らすと、期末に職員全員が退職した場合に給付すべき引当金を負債計上していないこと、2016（平成28）年度決算時における退職給付引当資産は約1億4,070万円に過ぎず計算上約5億円の不足が認められること、事業準備等積立資産については、QA刷新など多額の支出が予定されながら同決算時における積立資産が約1億3,062万円に過ぎないこと、一般会計から会館維持管理会計への繰入れについては、2010（平成22）年度の臨時総会において、2017（平成29）年度まで繰入れを停止する旨の決議がなされたところ、繰入再開の時期及び繰入額を決定する必要があること、という課題があった。

まず、退職給付引当資産については、2016（平成28）年度決算において6億1,485万円を負債計上するとともに、本年度予算において前年度より約4,500万円増額した約1億円を積み立てて、引当資産を約2億4,000万円とし、また、将来的には、職員全員が退職した場合の給付額の50％を引当資産として保有する内

容の積立金規則（日弁連の規則も同様である）を制定する予定となっている。

次に、事業準備等積立資産についても、本年度予算において前年度より約1億6,000万円増額した約2億円を予算計上し、改善が図られた。

そして、一般会計から会館維持管理会計への繰入れについては、1年前倒しして本年度より再開することとし、かつ、単年度の維持管理費に相当する1億7,600万円の繰り入れを行い、併せて、会館修繕積立金会計から会館維持管理会計への繰入れを停止した。なお、この繰入額についてはあらためて本年度の臨時総会において議論される予定である。

以上のように、昨年度から本年度にかけて、従前より山積していた課題がある程度克服され、本来あるべき財務の形に近づいたといえる。

2 東弁の財政状況

2016（平成28）年度決算における一般会計は、事業活動収入が約18億4,000万円、支出が約18億5,100万円で約1,100万円の赤字となり、投資活動収支が約8,700万円の赤字であった。その結果、一般会計全体では約9,800万円の赤字となり、次期繰越収支差額は約14億7,343万円となっている。

昨年度決算における主な特別会計を概括すると次のとおりである。

(1) 法律相談事業等特別会計

一般会計からの繰入金が5,480万円であったのに対し、一般会計への繰出金が約6,374万円であったので、差引約894万円の黒字となった。

(2) 公設事務所運営基金特別会計

一般会計からの繰入金7,600万円を含めた収入が約1億869万円、支出が約1億1,100万円であり、収支差額はマイナス231万円となった。次期繰越収支差額は約2,113万円となっている。

(3) 会館特別会計

会館維持管理会計は、収入が約2億4,981円（会館修繕積立金会計からの繰入2億円を含む）、支出が約2億2,515円であり、収支差額は約2,430万円、次期繰越収支差額は約5億9,554万円である。

会館修繕積立金会計は、収入が約1億9,324万円、支出が約2億965万円であり、収支差額はマイナス約1,641万円、次期繰越収支差額は約52億9,292万円である。

不動産諸施設取得等積立金会計は、受取利息収入の約2万円のほか収支はなく、次期繰越収支差額は約5,135万円である。

会館特別会計全体としては、次期繰越収支差額は約59億3,981万円となっている。

3 今後の大きな課題

若手弁護士に対する支援策の一つとして、2016（平成28）年11月2日の臨時総会において、新65期以降（いわゆる貸与制世代）の2017（平成29）年1月分以降の新会館臨時会費を免除する旨の決議が成立した。これにより、漸次、新会館臨時会費収入は低減し、2026（平成38）年度においてはゼロとなる。

一方、ここ数年間で、新会館建設20年目の新会館大規模修繕、クレオの天井等内装改修、各種諸設備の改修などで優に20億円を超える工事費が嵩むことが予想され、さらに2026（平成38）年頃には30年目の大規模改修も予定しなければならない。

また、東弁会員は年々増加していくことから、現在の会館だけで会員に対するサービスを維持できるかは不透明であり、予断を許さない状況にある。現に、クレオや弁護士会館5階の会議室の利用は年々制限される方向にあり、外部施設の利用を余儀なくされるようになってきている。

そうすると、会館臨時会費の収入がゼロのままの状態を継続すれば、遠くない将来、会館特別会計が枯渇することは目に見えている。

したがって、今後の大きな課題は、弁護士会費が高額ではないかとの問題を抱えながら、第二次会館臨時会費の徴収時期と金額を検討しなければならないことである。

特に困難な問題は、その検討をする際に、130万円の一括納付の世代、漸次納付額を低減させてきた世代、ロースクール世代、さらにはいわゆる貸与世代と給費世代という、異なる納付額と異なる経済状況を背景とした様々な世代間の公平性をどのように図るべきかという点である。

東弁においては、かねてより、とりわけ財政的側面から、法律相談事業や公設事務所などの運営のあり方について活発な議論がなされているが、上記の困難な課題があることを見据えながら、事業の充実・拡大と財政の規律のバランスを図っていく必要がある。

第7　選挙会規の問題点

1　東弁選挙会規改正の経緯

(1) 平成19年の大改正

2007（平成19）年11月30日、次の事項につき選挙会規の大改正がなされた。

① 不在者投票の期間と時間の変更

日弁連選挙の不在者投票と一致させるため、「投票日直前4日間、12時～13時」（現会規は、「投票日の5日前からその前日までの各日の正午から午後1時までの間」）に変更された。

② 推薦候補の廃止

③ 納付金の廃止

役員候補については納付金を廃止して預託金制度（没収は、会長候補は有効投票の10分の1未満、副会長60分の1未満、監事20分の1未満）となり、常議員・代議員候補については立候補に当たり、金銭は一切徴収しないこととなった。

④ 文書制限の緩和

役員候補者又はその承認を受けた会員について、従前の葉書だけでなく、FAX文書送付による選挙運動も可とされた。

(2) 選挙規則の制定

東弁の場合、以前は「選挙会規」以外に選挙の細則について定めた規約はなく、候補者に配布される「選挙の手引き」が長年、事実上その役割を果たしてきた。

しかしながら、選挙の細則については、規則で規約化する必要があるとする問題意識のもと、2009（平成21）年1月13日、新たに「役員、常議員及び連合会代議員選挙に関する規則」が制定された。

(3) 郵便投票制度の導入

ア　制度導入に向けた動き

これまで、東弁では、役員等の選挙について、本来の投票日の他に不在者投票日が設けられていたが、郵便投票制度は存在しなかった。しかし、会員の中には、傷病、育児、介護等の理由で弁護士会館での投票が困難な会員や、組織内弁護士、多摩地域に事務所がある会員など弁護士会館での投票について負担が大きい会員も相当数存在する。そこで、郵便投票制度を導入することが検討され、2013（平成25）年11月に開催された東弁臨時総会において、選挙会規の一部改正がなされ、郵便投票制度が導入され、2015（平成27）年度役員等選挙より実施されることとなった。

郵便投票制度については実際に実施したことで明らかになる問題点、改善点等を検討し、より良い制度にしていくことが望まれる。

イ　郵便投票制度の概要

郵便投票制度の概要は次のとおりである。

① 郵便投票請求権者

傷病、出産、育児、介護、看護等業務外の理由により、投票日及び不在者投票の期間に投票所で投票することができない者。

東京地方裁判所立川支部の管轄区域内に法律事務所を有する者、弁護士法第30条第1項第2号に該当し、その届出をしている者のうち常時勤務を要する者（営利を目的とする法人等の取締役、執行役、従業員等に就任した者）。

日弁連会則第28条の3第1項に該当し、その届出をしている者（任期付公務員等常時勤務を要する報酬ある公職に就いた者）。

② 郵便投票請求の期間、方法

選挙公示の日から、投票日から起算して8日前の午後4時までに、選挙管理委員会に郵便投票用紙の請求用紙を持参又はファクシミリ送信することによって行う。郵便投票は、投票用封筒に投票用紙を密封し、これを返信用封筒に入れてさらに密封し、その裏面に氏名等を記載して、投票日の前日の午後4時までに選挙管理委員会に必着するように郵送して行う。

(4) 選挙運動文書

2015（平成27）年の選挙会規の改正によって、選挙活動文書に対する選挙管理委員会の承認印が廃止された。

従前は、文書による選挙活動のうち、郵便はがきについては、あらかじめ選挙管理委員会の承認印を受けなければならないとされており、役員候補者については、選挙管理委員会から「選挙権を有する全会員の宛名と承認の記号を印刷した宛名ラベル」を有償（1セット32,400円）で購入して、これを候補者等において郵便はがきに貼付する運用がなされてきた。

しかし、東弁の有権者数は2015（平成27）年度役員選挙の際には7,428名に達し、かつ、今後も増加が見込まれる中、候補者に及ぼす負担は看過できない程度

に達していると考えられたことや、日弁連会長選挙においては既に2007（平成19）年に会長選挙規程を改正し、郵便はがきの認証制度を廃止しており特段の問題は生じてこなかったことから、郵便はがきに対する選挙管理委員会の承認印を廃止することとしたものである。

なお承認印が廃止されたのは、常議員又は代議員候補者を含む全ての候補者の選挙文書とされ、郵便はがきのみではなく、FAXについても承認印が廃止された。

(5) 立会演説会及び公聴会の録音及び配信

同様に2015（平成27）年の選挙会規の改正によって、立会演説会及び公聴会を録画し、その実施の日の翌日から投票日の前日までの間、東弁のウェブサイト内の会員サイトにおいて配信することができることとされた。

より多くの会員に立会演説会及び公聴会の内容を把握できる機会を提供し、充実した選挙を実現することを目的としたものである。

(6) ウェブサイト及び電子メールを利用する選挙運動の解禁

2015（平成27）年の選挙会規の改正においては、ウェブサイト及び電子メールを利用する選挙運動も認められることとなった。

2014（平成26）年の日弁連会長選挙規定において、ウェブサイト及び電子メールによる選挙運動が認められたことに連動するもので、役員候補者が各会員に対して随時充実した情報開示を行う事ができるようにすることで、選挙運動の活性化を図ることを目的としている。

ただし、これらの選挙運動を無制限に認めた場合には、逆に選挙運動の公正が害される等の弊害が生ずるおそれがあるため、一定の制限のもとでの解禁となっている。

例えば選挙運動のために利用するウェブサイトは、選挙期間中に限り開設される選挙運動用のものでなければならないものとされ、電子メールの発信者は候補者本人に限定されるとともに、メール送信を求める者又は送信に同意した者で電子メールアドレスを選挙公示の日の前日から起算して3日前の午後5時までに選挙管理委員会に通知した者のアドレスにのみ送信ができるとされる。また、その詳細は細則で定められることとなっている。

2 今後の課題

(1) ウェブサイト及び電子メールを利用する選挙運動の運用

ウェブサイト及び電子メールを利用する選挙運動が上記のとおり解禁されることとなったが、これらの選挙運動の解禁には、解禁の必要性に乏しいとか、メールアドレスの収集に関連して会派所属の有無、所属会派の大小等によって有利不利が生ずる等の理由によって、時期尚早の意見も根強く存在する。電子メールによる選挙運動について、東弁においては、日弁連会長選挙と異なり、東弁が配信システムを提供する一括管理での運用が検討されているようであるが、今後の運用の実態を見ながら、選挙の適正が担保されるよう継続的に検証してゆくことが求められる。

(2) 同姓同名の場合

現状では、同姓同名の候補者が出た場合の区別、特定の方法が何も規定されていない。今後、会員数が増加した場合には混乱が予想されるので、対応を検討しておく必要がある。

(3) 多摩支部会館での投票の実施について

多摩支部における投票を要望する声もあるが、本会と支部の会員資格が厳格に分けられていない以上、複数の投票所を認めることは困難であり（日弁連選挙の投票も多摩支部会館では認められていない。）、実施にはさらなる検討が必要である。

(4) 公聴会の立候補者参加義務について

現在、公聴会への候補者の参加を義務付ける根拠規定は存在せず、公聴会に参加しない立候補者も現れている。

しかしながら、会員が立候補者の生の声を聞き、直接質疑が可能な機会は公聴会の場のみであり、立候補者は、公聴会に出席し会員からの質疑に応じるべきである。

そこで、役員選挙においては、立候補者には公聴会への参加を会規又は規則により義務付けるべきである。

第8　会員への情報提供（広報の充実）

1　情報提供の重要性

　高度情報化社会において、組織による情報提供の重要性は論を俟たない。東弁においても、一般市民に対する情報発信と会員に対する情報発信を積極的に行っている。

　そして、むしろ重要なのは、いかなる内容の情報を、いかなる手段で提供するかという点にある。これに対しては、正確かつ多くの情報を、迅速かつ効率的（予算的に合理的）な手段で、提供すべきことが肝要であるといえよう。

2　情報提供の現状（会報、ウェブサイト、メールマガジン、メーリングリスト等）

　現在、東弁が会員に対して提供している情報は多岐にわたるが、概ね、会員の業務に役立つ情報（事件処理のノウハウ、各種研修案内、裁判所等からの周知要請事項等）や東弁の活動（各種提言、シンポジウム開催、委員会活動の周知等）、会員に対する協力依頼（各種アンケート等）に分類されると思われる。そして、これらの情報を提供する手段として、紙媒体による発送・配布物（会報LIBRA）、ファックス、ウェブサイト、メールマガジン等がある。

　このうちインターネットを利用した情報提供として、東弁は、2001（平成13）年度には会員専用ウェブサイトを開設し、2008（平成20）年には同ウェブサイト内にマイページを設け、研修情報の検索及びウェブサイト上での研修申込みが可能となり、東弁が把握している会員に関する情報を会員自身が確認できるようになった。また、東弁は、会員への発送物の電子化（「当会の広報活動に関する提言～今後3年間に向けて」2013〔平成25〕年2月12日常議員会承認）の一環として、2014（平成26）年12月より、「とうべんいんふぉ」の冊子による配布を廃止し、電子データへの一本化を行っている。

　さらに、東弁は、会員へのよりスピーディーな研修等の情報提供を目指し、会員向けとしては全国初のスマートフォン用アプリ「べんとら」（弁護士虎の巻）を開発し、2016（平成28）年7月リリースした。なお、2017（平成29）年9月には、新機能の追加や使い勝手の改善をした改修版の提供も開始されている。

3　情報提供の方策（メール、ウェブサイト、スマートフォン用アプリの利用）

　じっくりと読むことのできる会報LIBRAなど紙媒体による情報提供の意義も失われているものではないが、今後においても重要性を帯びているのは、インターネットを利用した情報提供である。インターネットを利用した情報提供は、紙幅の制限がなく、添付ファイル等を利用すれば相当豊富な情報を盛り込めるという点で、充実した情報提供が可能となる。また、紙媒体と異なって、印刷や配布の手間と費用が比較的少なく、迅速かつ効率的な情報提供手段として特筆すべきものがある。かような利点からすると、インターネットを利用した情報提供を充実させようという方策は高く評価でき、今後も一層の充実・利用が期待される。

　特に、会員が増加しつつある状況の下で、迅速かつコストを抑えた情報提供手段として期待されるのは、メールマガジンである。メールマガジンは、広報室が会長声明や意見書、研修・各種イベントの案内、判例情報等の情報を掲載して毎月2、3回ほど、メールアドレスを登録している会員に対して発行している。しかしながら、東弁にメールアドレスを登録している会員は全会員の60パーセント強にとどまっている。東弁は会員に対してメールアドレスの登録を呼びかけているが、できるだけ多くの会員にメールアドレスの登録をしてもらうための方策を引き続き検討していく必要がある。

　また、会内情報のインターネットを利用した発信方法として、2002（平成14）年度以降、メーリングリストの利用が進んでいる。委員会ごとにメーリングリストを開設すること（ただし、2012〔平成24〕年1月6日、個人情報及び機密情報保護の観点から、外部の無料メーリングリストの使用を原則として禁止する等の通達が出された。）によって、月1回程度の定例会合の下準備を行い、充実した会務活動が可能となる。もとより、面談の会合の重要性は否定できるものではないが、事務所に居ながらにして瞬時に情報交換のできるIT活用は、既に委員会活動において必須ともいうべきものとなっており、これによって、これまで会務にあまり参加してこなかった会員が積極的に情報流通に参画する

ようになった意義は極めて大きい。

さらに、前記のスマートフォン用アプリ「べんとら」によって、会員に向けて、業務に役立つ情報（民事裁判申立手数料計算、養育費等の計算機能、裁判所、検察庁、警察署などの施設情報）、研修案内、弁護士会の窓口案内、求人情報などの情報を提供することが可能となった。これにより、特にスマートフォンの利用率が高い若手会員に対して、東弁からの情報が迅速かつ効率的に伝達されることが期待される。「べんとら」は、2017（平成29）年10月現在、約6,200件のダウンロードを記録している（ただし、会員以外によるダウンロードも含まれる。）。

今後は、ウェブサイトとメールマガジン、メーリングリスト、スマートフォン用アプリをそれぞれ使い分けて有効な利用方法を考えていくことが急務である。その前提として、インターネットを利用した情報発信に対する予算枠を十分に与えて執行していくべきである。

第9 福利・厚生

1 補償制度の廃止、弔慰金等の減額

東弁の補償制度は、2005（平成17）年4月の保険業法の改正により、東京三会及び日弁連とともに制度が廃止されることになった。現在は、一般会計の中から社会的儀礼の範囲（概ね10万円程度）で弔慰金・退会見舞金のみが支払われている。また、日弁連は、傷病・災厄見舞金の制度も残しているが、これまで50万円程度とされていた弔慰金・退会見舞金が、2018（平成30）年度から3年毎を目安として各5万円を段階的に減額し、10万円程度まで下げることが予定されている。

2 各種保険、協同組合の充実

各種保険・共済・互助年金制度の整備と拡充の問題がある。東京弁護士会の団体定期保険は一般の定期保険に比べ有利なものであるが、これまでの保険内容を維持するためには35％以上の加入率が必要であったが、会員数の増加に比べ保険への加入が少ないため、2011（平成23）年6月1日以降、最高保険金額が4,000万円から2,800万円と減額になってしまった。さらに加入率が減少した場合には、制度の維持自体が困難となる。

日弁連の制度として、団体保険・互助年金のほか、弁護士休業補償保険がある。更に、休業補償に関しては、リレープランとしてGLTD（団体長期障害所得補償保険）が導入され、これまで180日であった補償期間が最長で70歳までという長期の補償となっている。また、全国弁護士協同組合連合会においても、所得補償保険のなかに「若手弁護士応援プラン」を設定している。

各種保険等は、死亡だけではなく、長期間休業の場合の生活の安定、また、近年増大しているうつ病等の精神障害補償特約に対応したものも導入されている。ただ、充実した制度の存在を知らない会員も多いことから、会員及び家族等を対象とした保険・年金等の説明会（勉強会）を定期的に開催するなどして、弁護士の安定した生活基盤の確立に寄与すべきである。

東京都弁護士協同組合は、1968（昭和43）年に設立されて以来、組合員数は2017（平成29）年10月19日現在、全体で16,425名（88％）、うち東弁は7,270名（89％）であり、また全国弁護士協同組合連合会も結成されているが、組合員の拡大、全国連合会との連携強化を進め、より一層の内容の充実を図るとともに、協同組合の事業内容を組合員のみならず非組合員にもPRすべきである。また、協同組合は、中小企業事業団との提携で退職金共済制度を行っているが、より会員に周知徹底すべきである。

3 東京都弁護士国民健康保険組合

国民健康保険組合については、未加入会員への積極的な加入勧誘により、組合の資金的・人的拡充を図り、会員及び家族の健康維持増進を図るべきである。

4 健康診断の実施

健康診断は、春は国民健康保険組合、秋は東京三会主催で行われている。

早期発見・早期治療は病気を治療する上での基本であり、健康診断は治療のきっかけとして重要なことは言うまでもない。さらに、普段の生活（過労、飲酒、喫煙等）を見つめ直す機会ともなり、健康な生活を心

がけるという生活習慣病の予防的効果も大きい。

今後も健康診断の運営事務を合理化し、安価で充実した健康管理を目指すべきである。

5 メンタル相談

近年、傷病給与金や退会給与金の申請の理由として、いわゆる心の病を挙げるケースが珍しくなく、東弁の厚生委員会最重要の検討課題となっていた。

うつ病その他の病気や症状の場合は、症状によっては、いったん速やかに「現在の仕事や人間関係」から遠ざかる方が早期に回復するものもあり、当人の治療に留意しつつ、事件処理の継続が困難であれば、他の弁護士に補助ないし事件の引取りを依頼するなどの処置が必要となる。

弁護士という職業は、こうした心の病の重要な原因の一つであるストレスに晒されていること、弁護士という仕事に、これまで以上に不安を抱える会員が増大している可能性があることから、東弁は、これまで実施されてきた健康診断だけではなく、専門家によるメンタル相談窓口の設置が実現した。2014（平成26）年4月からは、東京都弁護士国民健康保険組合が組合員及び家族向けにメンタルヘルス・カウンセリング事業を開始したことから、非組合員もこれまで同様の相談をうけられるよう、弁護士国保に加入していない東弁会員およびその配偶者と被扶養者向けに同様のメンタルヘルス・カウンセリング事業を開始した。現在、メンタル窓口には、会員本人及び家族から相当数の相談が寄せられており、今後も会員の心のケアのために制度を維持すべきである。

6 国民年金基金

国民年金基金は、老齢基礎年金の上乗せの年金を支給することにより、国民年金の第1号被保険者の老後生活に対する多様なニーズに応えることを目的とする公的制度である。

日本弁護士国民年金基金は、弁護士・専従配偶者及び事務職員のための、職能型（全国単位）の国民年金基金である。年金基金の掛金は、全額が社会保険料控除の対象となり、所得税・住民税が軽減される。

充実した老後を送るためにも、多くの会員が加入することが望まれる。

第10 出産・育児支援について

1 出産や育児の負担を抱える弁護士の現状と支援の意義

弁護士の多くは自営業者であって、伝統的には、事務所に勤務弁護士という形で所属している場合でも、雇用という法律関係にはないと考えられていた。また、即独や早期独立など、出産・育児期間にすでに経営者となって働いている弁護士も多い。

そのため、弁護士には産休・育休が必ずしも保障されておらず、事務所の内規があればそれに従い、ない場合には、事務所の経営を行う代表弁護士の指示で決まるというのが実情である。たとえ事務所に内規があっても、産休・育休については何ら定めていない事務所も多数存在する。

また、事務所の代表弁護士や、経費負担をするパートナー弁護士が産休・育休を取るにあたっては、事務所経営という立場や顧客との関係及び経済的理由から、難しいことがある。

実際は、法人格のない法律事務所においても、雇用保険に加入でき、休業中に給与の半分又は67％が支払われるので、この制度を活用することが望ましいが、コストの問題も軽視できないため、雇用保険に加入している事務所は少ない。

女性弁護士だけが産休・育休の悩みや負担を抱えているわけではない。そもそも、男性弁護士の育休についての内規がある事務所は少数派である。

東京弁護士会には日本最多の弁護士が登録しているといえども、10人以下の事務所が多数存在し、少人数の事務所においては1人欠けた場合に補い合うことが難しいため、男女ともに長期の休みをとりにくい状態にある。そうなると、産休・育休の取得については、困難を伴うことになり、女性弁護士の離職、男性弁護士の育児不参加を招くことになりかねない。

男女ともに出産・育児支援を受けることができなければ、出産をする女性が、続けて育児も担わねばなら

なくなり、同時に、男性の育児参加の機会も奪われることとなる。男性の育児参加の機会を奪うということは、「男性は仕事、女性は家庭」という性別役割分担を容認することとなり、ジェンダーの観点から望ましいものとはいえない。また、出産・育児から離れている弁護士に、会務活動等のしわ寄せが行き、負担増となることも望ましくないため、育児中の弁護士が会務に参加しやすい仕組みを作ることは、育児中ではない弁護士にとっても望ましいことである。

　厳しい試験をくぐり抜け、経験を積んだ優秀な人材が出産・育児を理由に弁護士業務を離れなくてはならないことは、個々の顧客だけではなく、社会の大きな損失でもある。憲法に掲げられた両性の平等を実現することは、当事者個人の幸福につながるだけでなく、社会全体の利益にもつながる。

　そのため、弁護士会における出産・育児支援は多大な意義があり、欠かせないものである。

2　日弁連の取組み

　日弁連では、産前・産後期間（原則4か月）の会費免除が女性会員のみに認められていたが、2013（平成25）年12月の臨時総会において、男女を問わず子育て中の会員は、子の出生から2歳に達するまでの間の任意の6か月以内の期間、日弁連会費を免除する旨の規定が可決承認された。そして、2014（平成26）年9月18日開催の理事会において、育児期間中の会費及び特別会費の免除制度を2015（平成27）年4月1日から施行すること及び2015（平成27）年4月以降の育児に適用することが承認され、子が2歳に達する日の属する月までの間における任意の連続する6か月以内の期間（多胎妊娠により2人以上の子が出生した場合にあっては9か月以内の期間）の会費免除制度が始まった。

　他方で、東弁の育児従事期間中の会費免除は最長8か月間なので、東弁の規定と日弁連の規定で、期間のずれがある。日弁連もできるだけ長く免除期間を認めた方が良いように思われる。

　また、休業中の会費負担を回避するために、これまで、登録を一旦抹消する女性弁護士がいたが、再登録した際、登録番号が以前のものと変わってしまうという問題があった。そこで、上述の2013（平成25）年12月の臨時総会において、再登録時に以前使用していた登録番号を継続使用できるように制度変更がなされた。

3　弁護士会の取組み

　東京弁護士会では、2011（平成23）年、会則変更を行い、従来の産前産後の女性会員の会費免除規定に加え、育児従事期間につき最長8か月間、会費を免除する規定を新設した。これについては、育児のため弁護士業務への従事が週に20時間未満となることが見込まれる場合に、子が満2歳になるまでの間、8か月を上限として会費を免除するというものであったが、2015（平成27）年4月1日施行の制度改正により、弁護士業務への従事時間に関する要件が撤廃され、また多胎妊娠による複数の子の出生の場合には、免除期間が9か月に拡大され、より利用しやすい制度に変わった。また、当該年度又はその前年度に出産した会員や、満6歳未満の子の養育をしている会員には、会務活動を免除するという制度も定められている。

　なお、この育児従事期間中の会費免除制度（東弁及び日弁連）は、男性も利用できるので、男性の育児参加を奨励している点でも評価できる。東弁においては、それまでは年5、60件であった育児従事期間中の会費免除申請が、2015（平成27）年度の制度改正時に280件を超え、男性会員が女性会員の約2.2倍の195件を占めたのである。

　このように、男性会員が育児に積極的に関与する機会を弁護士会が提供ないし支援していることの意義は大きく、効果も数に表れているので、今後も広報を続け、男性会員の育児参加をさらに促進すべきである。

　また、産前産後で産休を必要とする新規登録会員には、新規登録弁護士研修履修義務猶予制度もあるので、こちらも修習生に周知し、利用しやすくすべきである。

　そして、2017（平成29）年7月26日理事者会決定により、東弁または東京三会主催の弁護士研修ないしシンポジウム（予め指定されたものに限る。）について、弁護士会館において一時保育サービスが利用できることになった。これは、東弁が一時保育サービスを提供する業者と業務委託契約を締結したものであり、一時保育費用は会が全額負担する。さらに、オプションとして、子の送迎も可能であり、この送迎に掛かる費用は利用者の負担となるものの、研修に参加する前に子を保育園まで迎えに行く必要がなくなるので、事務所から直接弁護士会館に向かうことができ、より研修に参加しやすくなった。また、この制度では、生後半年

以上から小学6年生までの子を預かることが可能なので、後述の一時待機場所として4階和室を利用する場合よりも対象が幅広くなっている点が特徴である。

4 制度の課題

弁護士会館4階の和室は、研修・会務活動や期日の出頭等の際、子の一時待機場所として使用できるが、上述の指定された研修の際の一時保育と異なり、自らベビーシッター等保育担当者を手配しなければならないため、利用が難しいという声もある。また、対象が未就学児童に限られており、小学生にも対象を広げてほしいという声もある。

現在、一時保育サービスは予め指定された研修等しか利用できないが、もう少し対象を拡張して上記問題に対応できるようにすべきである。

また、東京弁護士会所属の女性会員メーリングリストが存在するが、誰が参加しているか分からないので相談し辛いという声もある。他方で、男性会員が育児の悩みについて相談するメーリングリストは存在しないので、性別に関わりなく、育児などの相談が気軽にできる場を設けた方が良いと思われる。

5 今後の検討課題

(1) 雇用保険の加入の奨励

前述のとおり、法人でない法律事務所も、雇用保険に加入でき、産休を取る弁護士に雇用保険から手当てが支払われるので、加入を奨励していくべきである。

(2) 産休・育休ガイドラインの作成

産休・育休制度については、事務所の個別の裁量に委ねられてきたため、所属事務所によって待遇にばらつきがある。そこで、男女ともに育休が取れるよう、拘束力はないにしても、一定のガイドラインを提示し、事務所規模に応じた指標を定めておき、広く事務所経営者に示した方が制度を組み立てる際の参考になって育休の実現に資すると解される。

勤務弁護士の産休・育休の際の日数や報酬だけでなく、代表弁護士やパートナー弁護士が産休・育休を取る場合には、経費負担を免除ないし減額させる方針を盛り込むことも検討すべきである。

このように、どのような勤務形態の弁護士でも利用しやすいように、ある程度の場合分けをして、類型別にガイドラインの作成を行うべきである。

(3) インターネット環境整備による研修・会務参加の充足

インターネット環境をさらに充実させることによって、産休・育休中の弁護士の研修及び会務活動の参加を促すべきである。全ての研修についてインターネット配信での研修を可能にし、さらには、自宅にいながらも委員会の本会議等の会務活動にインターネットで参加でき、実際に出席しているのと変わらないほどの臨場感と発言のしやすさを技術的に確保すれば、産休・育休中でもキャリアの研鑽及び公益活動による社会貢献が可能となろう。

そうすることによって、産休ないし育休を取っていない弁護士に会務活動の負担が偏ることもなくなり、会員間の不平等感もある程度解消できるのではないかと思われる。

(4) 事務所経営者へのサポート

代表弁護士やパートナー弁護士の立場にある弁護士が自ら産休・育休を取る場合に、信頼できる他の弁護士に仕事を引き継いだり、共同受任できるよう、会員間のネットワーク構築をサポートすべきである。

また、勤務弁護士が産休・育休を取り、事務所内で事件を処理するには過負荷になる場合も、同様である。

(5) その他

病児保育事業者（出張型）と弁護士会が業務提携し、会員が各家庭において病児保育を利用しやすいシステムを構築すれば、子の急な発熱などで急遽仕事を休まざるを得なくなるという事態が回避でき、育児と仕事との両立がより一層実現可能となると思われる。

また、上記ガイドラインだけではなく、実際に育休・産休に関する法律事務所の具体的な取り組み事例を調査し、会員に紹介することでモデルケースを示したり、積極的に出産・育児支援を行っている法律事務所を表彰するなど、個々の事務所の取り組みについて弁護士会が評価しつつそれを積極的に発信することによって会員の意識改革に資するように努めるべきである。

さらには、出産・子育て支援の制度の紹介につき、「出産・子育て支援の便利帳」が存在するが、会費免除期間は何か月なのか、一時保育制度はいつまでに申請するのか等は記載されておらず、全て詳細はインターネットまたは電話で問い合わせをするように指示されており、あまり使い勝手が良いものではない。具体

的な制度が一目瞭然で分かり、申請書類も綴じ込んだパンフレットを作成するなどを検討すべきである。また、インターネットにおいても、色々なページに飛ぶことなく、一度のアクセスで簡単に説明が見られて、かつ、申請書類を入手できるよう、工夫すべきである。

第11　合同図書館の現状と問題点

1　図書館における正職員及び非正規職員について

(1)　図書館職員（正職員）について

ア　図書館職員の役割

図書館の蔵書は必要とする利用者に対して適切に提供できて初めて存在意義がある。その意味で蔵書を生かすも殺すも図書館職員の能力次第と言える。そのため、合同図書館は、「現代における図書館の優劣は、蔵書の量や質よりも、その職員の専門的能力に依存している。図書館の質は、図書館職員の質によって定まると言っても良いのである」という考えに基づき、これまで政策要綱において図書館職員の質の向上及び拡充を求めて続けている。

その結果、2009（平成21）年12月、雇用の安定を図り、更なる専門職制を充実させるため、原則として異動のない「図書館職員」という職制が東弁に新たに創設され、現在は、全員が司書資格を有する図書館職員により合同図書館が運営されている。

イ　図書館職員の待遇改善について

図書館職員の待遇については、2009（平成21）年12月に就業規則が制定され、その後、2011（平成23）年度に給与、退職金及び賞与について改善がなされたが、依然として東弁職員の待遇とは格差が大きいことから、待遇改善を継続して検討すべきである。

主な検討事項としては、①退職金が発生する勤続年数の見直し（現行の勤続3年を2年に改正）、②表彰要件の見直し（現行の10年以上の勤務を5年以上の勤務に改正）、③リフレッシュ休暇の創設、④東弁職員給与規則により東弁職員には支給されるが図書館職員就業規則に規定がない手当の創設、及び、⑤夏期特別休暇の取得期間の見直しがある。このうち①乃至④については、東弁職員就業規則及び東弁職員給与規則に合わせるものであり、すぐに実現可能である。

⑤の夏期特別休暇取得期間については、合同図書館では、毎年7月下旬から8月初旬にかけて5日間程度休館して書架整理を行っており、その期間中、図書館職員は夏期特別休暇を取得することができないため、図書館職員が夏期特別休暇を取得できるのは就業規則上の取得可能期間7月20日から8月31日までの30日間から書架整理期間（5日間）を除いた25日間となる。しかし、25日間に図書館職員7名が夏期特別休暇を取得した場合、ほぼ毎日2名が夏期特別休暇を取得する状況となり、夏期休暇取得者2名以外に更に病欠などの休暇取得者が出た場合、図書館業務に支障を来すおそれがある。そのため、現在は、運用により夏期特別休暇の取得期間を7月1日から9月30日までにして夏期特別休暇取得者が2名となる日を0日としているが、毎年同じ状況であることから、運用ではなく図書館職員の就業規則を改正して夏期特別休暇の取得可能期間を明記することが望ましい。

ウ　育児休業・育児短時間勤務等の図書館職員について

現在、1名の図書館職員が2016（平成28年）年9月から育児休業取得中であり、また、1名の図書館職員が2016（平成28）年4月より育児休業から復職して育児短時間勤務中である。従前、育児休業を取得した図書館職員の代わりに嘱託職員が採用される運用になっていたが、2017（平成29）年9月時点では嘱託職員の採用はなされてされておらず、代わりに派遣職員が採用されている。

今後、育児休業・育児短時間勤務だけでなく、病気休職や介護短時間勤務を取得する図書館職員は十分に想定されるところ、委員会業務など図書館職員のみが行う業務について、休業若しくは時短勤務以外の図書館職員に負担が集中し、その結果、図書館サービスが低下することが懸念されることから、図書館のサービスを低下させることなく、安心して各種休業を取得し、また、短時間勤務をすることができるような事務局体制作りが早急になされることが必要不可欠である。

(2)　非正規職員に関する問題について

合同図書館においては、現在、正職員である図書館

職員の他、非正規職員としてパート職員1名が雇用されているほか、派遣会社より3名が派遣されている。そして、パート職員については、東弁の「嘱託職員及びパートタイム職員就業規則」により雇用条件が定められている。

しかし、同規則によるとパート職員は勤務時間が週35時間未満と定められていることから月曜日から金曜日まで毎日7時間勤務とすることができず、現在のパート職員の勤務時間は午前10時30分から午後6時となっている。合同図書館としては毎日午前10時から午後6時まで7時間フルタイムで勤務できる非正規職員を希望しているが、そのために非正規職員を35時間未満という制限のない嘱託職員とした場合は給与・賞与などの費用がパート職員より大幅にかかることになるという問題があった。

そこで、図書館においては、この問題に関して、2014（平成26）年度から、勤務時間、給与体系など合同図書館の特色を反映した独自の非正規職員の就業規則として「図書館スタッフ及び臨時図書館職員就業規則（仮）」の制定について検討してきた。

近年の状況では、2016（平成28）年度末にパート職員2名が契約期間満了で退職した際、派遣職員が代替要員として採用され、派遣職員については、勤務時間について上記のような制限はないため午前10時から午後6時までの勤務となっているなど、勤務時間については柔軟な対応が可能となっているが、非正規職員をすべて派遣職員とした場合、非正規職員には現在延長時間帯（午後4時45分から午後5時45分まで）のカウンター業務及び閉館業務を任せていることから、閉館まで残る職員が派遣職員だけとなる問題がある。また、依然として嘱託職員及びパート職員を採用する可能性があること、更に、(1)ウで述べたような図書館職員が産休・育休、介護休暇など長期に休職となった場合や短時間勤務となった場合に備えた事務局体制作りの一環として、補充する臨時の非正規職員の就業規則についても検討すべきであることから、今後も、合同図書館独自の非正規職員に関する就業規則を引き続き検討すべきである。

2 書架スペース不足問題について

ここ数年、合同図書館においては毎年約2,000冊強の図書が購入されるほか、会員や他会の弁護士から合同図書館に寄贈される図書が約500冊ある。合同図書館の書架に収蔵可能な蔵書数は約16万5,000冊であるところ、現在の蔵書数は、図書が約9万冊、雑誌が約1,140タイトル、判例集・法令集等があり、今後も毎年約2,500冊の図書の受入れを継続すると、近い将来収蔵が不可能となることが予想されるため、近年はチームを編成して資料の廃棄等の対策を講じてきた。2015（平成27）年度において実施した外部倉庫への預け入れ及び書架レイアウトの変更により、数年分の書架スペースを確保することが可能となっているが、分野によっては年間で相当数増加する蔵書もあることから、適切かつ不断の蔵書管理は不可欠である。

3 合同図書館におけるサービスの拡充について

(1) 会館の大規模修繕について

弁護士会においては、現在、会館の大規模修繕を予定しているが、これに合わせて合同図書館においても、開館から20年が経過したことから館内設備の見直しを行っている。大がかりなものとしては、8階の電動書架が老朽化してきていることから、2015（平成27）年度に電動書架の補修工事を実施し、2016（平成28）年度には、データベースコーナー電源の増量、電話ボックスのうち1つの防音対策、閲覧席座席改修などを実施した。2017（平成29）年度には、8月末の段階までに、館内壁紙の改修、電話ボックスのうち残る1つの防音対策等を実施した。

(2) IC化について

2014（平成26）年度、合同図書館では老朽化した入館ゲートをICカードにも対応可能なものに入れ替え、2015（平成27）年度に利用カードについてIC磁気併用の利用カードへの切り替えを行った（2017〔平成29〕年8月時点で約8割がIC磁気併用の利用カードの切り替えが完了している）。また、2016（平成28）年度には、館内で磁気カードリーダを使用していたカウンター、自動貸出機及び8階入口を全てICカード対応の機器と入れ換えたことにより、館内の機器の全てについてIC対応が実現された。更に、2017（平成29）年度からは、蔵書にICタグを取り付けて管理するシステムの導入について具体的な検討を開始している。ICタグが導入されれば、貸出・返却手続及び蔵書点検作業の省力化が図られることによって、図書館職員が利用者に対す

るレファレンスを強化することができるなど、より積極的なサービスを提供することが可能となる。また、退館ゲートをICタグ対応可能なものに入れ替えることで、セキュリティの強化を図ることも可能となる。

(3) 会員サポートについて

弁護士会は、近年、若手会員対策に力を入れているが、事務所に業務に必要な資料が十分にない若手会員にとって、合同図書館は非常に大きな役割を果たしている。合同図書館で資料を探している若手会員は、抱えている案件のために合同図書館を訪れているのであり、このような若手会員に対して、合同図書館が窓口となり、弁護士会の他の委員会などと協力したサポートの可能性を検討する価値はあると考えられる。その一環として、2016（平成28）年度は、若手会員総合支援センターと共同で独立開業する若手会員向けの参考書籍を展示する特設書架を設置し、現時点においても展示継続中である。

(4) 郵送貸出制度等について

2016（平成28）年度に、多摩支部からの要望を契機に、郵送貸出制度等の実現可能性について検討を実施している。郵送貸出制度は、会員が合同図書館に来館することなく、借りたい図書を図書館から事務所に郵送により貸出を受ける制度である。貸出の対象者を多摩支部会員に限定するのか否か、コスト、貸出の具体的な手続等に関する諸課題はあるものの、サービスの拡充の観点から積極的な検討をしている。

(5) まとめ

以上、合同図書館は、会員サービスの不可欠な機能を担っており、図書館職員の質の向上・拡充及び図書館機能を支えるシステム等の整備が重要である。

第12 多摩地域・島嶼地域における司法サービス

1 多摩地域・島嶼地域の現状

(1) 多摩地域の現状と裁判所

東京都の多摩地域には、30市町村があり、その面積は東京23区の1.8倍（1,160平方キロメートル）、人口は約420万人に及び（東京都の総人口の31％）、都道府県別人口で9位の福岡県と10位の静岡県の間に位置する程であり、裁判所の管轄人口的には横浜地裁に次ぐ全国第4位である。産業経済活動も、事業所数もここ数年間、都道府県の順位で10位強であり、活発な産業経済活動は、大きな「県」の一つに相当する。

2017（平成29）年6月27日時点で、弁護士会多摩支部に登録している会員（会員資格に制限無し）は、合計1,289人（多摩地域に事務所のある弁護士511人）である。ちなみに、1,289人の内訳は東弁634人、一弁342人、二弁313人であり、511人の内訳は、東弁313人、一弁53人、二弁145人である。

多摩地域の裁判所としては、2009（平成21）年4月にそれまでの地裁・家裁の八王子支部が立川に移転して地裁・家裁立川支部となり、それ以外に八王子簡裁、立川簡裁、武蔵野簡裁、町田簡裁、青梅簡裁がある。

(2) 島嶼地域の現状と裁判所

また、島嶼地域は広大な地域に伊豆諸島、小笠原諸島が点在しており、伊豆大島家裁出張所・簡裁、新島簡裁、八丈島家裁出張所・簡裁があるのみであり他の離島等の過疎地同様に、司法サービスもまた、その充実が求められている。

2 多摩地域における今後の司法及び弁護士会の課題

(1) 東京地方・家庭裁判所立川支部の物的設備・人的規模の拡充と「本庁化」問題

地家裁立川支部の取扱裁判件数は、全国の本庁・支部別統計において横浜地家裁本庁やさいたま地家裁本庁に肩を並べるほど多いが、裁判官・職員の数は不足しており、その人的規模を拡大して、利用者にとって利用しやすい裁判所にしていく必要がある。

のみならず、420万人もの市民が居住し、全国有数の事件数を抱える裁判所であるにもかかわらず、あくまで支部であるために、人事・予算など重要事項の決定権がなく、また行政事件は取り扱われず（労働審判事件については2010（平成22）年4月から取り扱っている。）、地家裁委員会もない状況にあり、多摩地域の弁護士たちからは、司法サービスの拡充のために、立川支部の「本庁化」及び八王子支部の設置が強く要請されている。

立川支部を本庁化するためには、「下級裁判所の設置及び管轄区域に関する法律」の改正が必要となる。東京三会多摩支部は、そのために、数々のシンポジウムを開催し、署名活動や、国会議員・商工会議所と共に最高裁・法務省に要望活動を行うなど、様々な取り組みを行ってきているが、当の裁判所や法務省は、立川支部を本庁化することに積極的とは言えない。今後は、日弁連、関弁連、国会議員、自治体、地方議会、経済団体、マスコミなどを巻き込んで一大市民運動を作って本庁化本会化の実現に向けて取り組んでいく必要があろう。

(2) 弁護士会多摩支部の本会化

多摩地域は420万人を越える人口を有しているが、東京23区の1.8倍という広大な地域に分散して存在しており、その実態は都下23区の特色である人口集中による「都市型」の人口分布と異なる「地方型」の人口分布を有していて、司法サービスの提供についても独自の手法が必要とされる場面も多く、都道府県単位で運営される「地方会」としての対応が望ましい。

また、東京地方・家庭裁判所立川支部の「本庁化」が実現した場合には必然的に対応する「単位弁護士会」の設立が必要となる。

ところが、東京都には、三つの弁護士会が存在することから、多摩支部もそれに対応して三支部が存在している。そして、最終決定権は三つの本会それぞれにあるため、多摩支部に関する問題について意思決定するには、まず多摩支部内で三支部が合意した上で、三つの本会が合意することが必要となる。このように最終意思決定機関が一本化されていないために、意思決定が機動的にできていないという大きな問題を抱えている。だからこそ、多摩地域に弁護士会の一元的責任体制の確立が必要なのである。

以上のような状況を踏まえ、東京三会は、2011（平成23）年に、東京三会本庁化本会化推進協議会を設置し、また、2014年（平成26）年には、東京三会多摩支部が、「多摩には多摩の弁護士会を」とのスローガンを掲げて、東京地方・家庭裁判所立川支部本庁化及び弁護士会多摩支部本会化推進本部を設置し、東京地方・家庭裁判所立川支部の本庁化、及び、東京三会の多摩支部統合、そして、東京三会多摩支部の「本会化」に向けて活動している（なお、2013〔平成25〕年以前の動きについては、多摩支部本会化検討プロジェクトチーム（2013〔平成25〕年に東京三会本庁化本会化推進協議会が組織されたことにより廃止）の作成にかかる、「多摩には多摩の弁護士会を！－東京弁護士会多摩支部の本会化に向けての意見書」、「多摩には多摩の弁護士会を！（2）－東京弁護士会多摩支部の本会化に向けての短期・中期・長期各課題とそれらに対する対応についての提言－」に詳しいので参照されたい）。

なお、これまで一弁多摩支部は、東二弁の支部組織と異なり、一弁本会の一委員会に過ぎず、また、その会員資格についても、期限の定め無く、23区内に事務所のある弁護士も一弁多摩支部会員になれることされ、そのことが本会化実現に向けての足かせとなっていた。しかし、一弁は、2015（平成27年）度中に大英断を下し、2018（平成30）年4月1日以降は、東二弁と同趣旨の多摩支部会規及び多摩支部規則を制定して、正式な支部組織とするとともに、多摩支部会員資格を立川支部管内に法律事務所を有する会員に限定することとし、本会化に向けて大きく前進することとなった。そして、これに伴い、多摩支部における法律相談の割り当て、会務負担、経費（職員を含む）の比率については、東弁：一弁：二弁が2018（平成30）年3月31日までは従前どおり2：1：1とし、同年4月1日以降は、原則として各会の人口比に合わせて5：1：2とすることになった（但し、同年1月31日までに著しい人口比の変動が認められた場合には当該比率を見直すこととする）。また、財政面では、従前は、各年度の予算・決算は、東二弁で支部会員から独自に徴収する1人当たり年間2万4,000円の支部会費の使い道も含め、すべて各本会での承認を得なければならず、個々の支出では、1万円以上の支出はすべて三会本会の承認を得なければならないこととされ、独立に向けての運動を進めるにあたっての障害となっていた。しかし、この点も、多摩支部側の要望により、2015（平成27）年4月1日からは、10万円以下の支出は多摩支部において決することができるものとされ、一定の改善が施された。

(3) 多摩地域の司法拠点の複数化

立川に従前より規模の大きい支部裁判所ができたことは、司法サービスの拡充の見地からは望ましいことである。しかし、多摩地域の面積の広大さ、生活圏の分散化（北多摩、西多摩、南多摩）、交通の便などを考慮するならば、それだけで多摩地域の裁判事件をすべてカバーできるかについては疑問も残る。すなわち、

人口も取扱事件件数も多い多摩地域において、支部裁判所が一つしか存在しないということ自体が問題であり、本来、八王子以西地域や町田地域からのアクセスを考慮するならば、支部裁判所も立川支部の他、たとえば八王子支部・町田支部がそれぞれ並存する方が、より合理性があり多摩地域の住民のニーズにも合致するのではないか、という指摘である。

残念ながら、支部裁判所の立川移転により、八王子には簡易裁判所しか残されなかったが、弁護士会としては、八王子以西地域、町田地区方面にも少しでも多くの司法機能が拡充されるよう、財政問題の解決も含め、多摩地域の自治体、議会、市民と連携して今後も運動していく必要がある。

(4) 八王子の旧弁護士会館の処分・利用問題

支部裁判所の八王子から立川への移転に伴い、それまで八王子の裁判所前に位置していた三会の多摩支部会館も立川への移転が必要となり、紆余曲折の経緯の結果、2009（平成21）年4月に、裁判所近くの多摩都市モノレール高松駅前のアーバス立川高松駅前ビルの2階に、賃借物件として移転した。三会の新会館の面積は約207坪であり、隣接して東弁が単独で賃借した東弁会議室約50坪が併設されている。

この弁護士多摩支部会館の移転に当たっては、旧会館の土地・建物が東京三会の共同所有物であり、多摩支部の運営自体が三会の共同運営・共同費用負担（東弁・一弁・二弁が2：1：1）であったことから、2007（平成19）年度に三会でかなりの折衝・議論がなされ、その結果、2008（平成20）年2月20日付で「多摩支部新弁護士会館に関する覚書」が締結されて、立川新会館設立の条件として、「八王子の会館は、新会館開設後速やかに売却処分する」「八王子相談センターは、JRまたは京王八王子駅近辺に移転のうえ継続させる」と三会で合意されている（当時の一弁の強い要望であり、二弁も同調。）。

これに対し、2009（平成21）年7月、東弁多摩支部及び二弁多摩支部の連名で、2009（平成21）年度の三会会長宛に、あらためて、上記2008（平成20）年2月20日付三会覚書を白紙撤回し、八王子の旧弁護士会館を存置し、同会館内での法律相談センターを継続するよう求める要請書が出された。その理由は、①旧弁護士会館における法律相談センターの継続は、他の賃貸ビルに移設する場合と比較して、市民の利便の観点からも経済性の観点からも優位であること、②八王子市からの会館存続の要望があること、③多摩の地域司法において旧会館建物には、いろいろな利用価値があること、等が述べられている。

結局、この問題については、当面は継続検討事項とされ、旧八王子会館は未だそのままの状態で維持され、八王子法律相談センターとして利用されているに留まる。しかしながら、旧八王子会館建物とその敷地の処分をどうするかについては、いずれは東京三会で結論を出さなければならない問題である。

東京三弁護士会としても、財政的観点と多摩地域の現状（必要性・利便性の正確な検証も含めて）を考慮しながら、慎重に検討すべきである。

(5) 町田法律相談センターの設置問題

2016（平成28）年3月末日までは、一弁が町田法律相談センターを運営してきたが、同日をもって廃止されることなった。しかし、町田市は、人口が40万人を超えており、法的サービスの需要が高いにも関わらず、多摩地域の他の法律相談センターが設置されている立川市や八王子市との交通の便が悪く、弁護士会運営による安心できる相談窓口を継続して設置してもらいたいとのニーズが強く認められた。

そこで、東京三会は、2016（平成28）年7月、改めて町田法律相談センターを設置し、町田市民の法律相談に対応することとなった。町田法律相談センターは、設置後1年以上経過したが、まだ、利用者が少なく、収支面では芳しくないが、広報活動等を充実させ、市民からのアクセスを増やすべく対策を講じており、その成果が待たれるところである。

(6) 東弁ホールの費用負担問題

これまで東弁は、三会多摩支部の事務所が設置されている部屋の隣室（いわゆる「東弁ホール」）を独自に賃借し、これを多摩支部のさまざまな会合に利用してきた。もっとも、一弁や二弁もこれを利用していたにも関わらず、その費用は東弁が全額負担するという不公平が存在した。

この点については、2015（平成27）年4月1日からは東京三会で、東弁5：一弁1：二弁2の割合で負担することと改められた。そして一弁、二弁も同ホールを使用することから、その名称を「多摩ひまわりホール」とすることとなった。

(7) 多摩支部役員報酬問題

　上述のとおり、多摩支部には、さまざまな問題があり、東京三会の多摩支部の各支部長や副支部長の職務は、本会の会長や副会長の職務ほどではないにしても相当な激務となっているが、現在は、無報酬にて職務を行っている。

　現在、多摩支部役員にも報酬を支給すべきではないかが議論されており、すでに二弁は、2017（平成29）年4月1日から、多摩支部役員への報酬支給を決定、実施に至った。東弁も2018（平成30）年4月1日から、報酬支給を行う予定である。

3　島嶼部偏在対策

　島嶼部には弁護士がおらず、かつ、法律相談も弁護士による相談は年1回程度のものであった。しかし、東京三会は、大島において月1回の相談制度を始め、小笠原について2004（平成16）年度から月1回の法律相談制度を始めている。八丈島については法友全期会が定期的な相談会を実施し島民の期待に応えている。定期的に相談会を実施することにより島民の必要性に応える努力を継続していかなければならない。

第3章　会内会派としての法友会の存在意義と組織強化のあり方

第1　会内会派としての法友会

1　法友会、会内会派の概要

　本書の発行主体である法友会について、便宜、本稿においてまずその概要をご紹介したい。

　法友会は、東京弁護士会の会員弁護士により構成される団体である。

　会員相互の親睦及び識見の向上、ならびに弁護士会の民主的運営と機能の充実を図り、もって弁護士の使命達成に寄与することを目的とする（会則第3条）。

　法友会の会員は、「司法の民主化と法曹一元化の完成を期し、平和日本の建設に邁進する。」「新憲法の精神に則り、裁判の公正に協力し、あまねく基本的人権を擁護する。」「会員相互の親睦を図り、相携えて生活協同体の実現を期する。」などとうたう「法友会綱領」にある価値観を普遍のものとして共有する。

　また、法友会の会員中、司法修習終了後15年未満の会員は、いわば単位会横断的な組織としての「法友全期会」を構成する。法友全期会は、新進弁護士の観点から各種調査研究を行うなど、法友会、さらには弁護士会の運営に寄与することを目的としている（法友全期会会則第3条）。

　東京弁護士会内には、法友会のほかにも、多数会員によって構成される法曹親和会、期成会、水曜会といった団体があり、これらの会派（会内団体）がそれぞれに独自の活動に取り組んでいる。

　法友会は、所属会員数3,000名に迫る東京弁護士会内の最大会派である。

2　法友会の組織構成

　法友会は、通常年4回開催される総会をもって最高意思決定機関としており、幹事長、事務総長らにより構成される執行部がその実務的な会の運営、すなわち会務（弁護士会の会務と区別される会派運営である。）にあたっている。

　また、法友会内には、所掌の任務を有する5つの常設委員会と、現在3つ設置されている特別委員会があり、それぞれが各委員らにより旺盛な活動を展開している。本要綱の編集は、上記常設委員会の中の政策委員会の所掌である。

第2　法友会の存在意義

1　弁護士自治の基礎単位としての法友会

　東京弁護士会は、約8,000名もの会員を有する巨大組織である。

　自治団体である弁護士会に課された使命は多様であり、弁護士会が取り組むべき課題は実に広汎に及ぶが、本来、弁護士の多くは、所属事務所のほかには強制加入団体である弁護士会以外に特定の組織に属さない自営業者であり、かつ、自由業者である。

　少なくとも、上記のとおり多数の会員を擁する東京弁護士会においては、それぞれ活動目的が特化した弁護士会内の各種委員会活動などを通じるだけでは、お互いの親睦を図り、相互の信頼感を醸成しつつ、弁護士会の自治的運営に総合的、自律的に参画していくことは現実的に困難と言わざるを得ない。

　法友会のような会内会派は、そのような参画を可能とする素地と契機を各弁護士に提供する。

　会内親睦の機会は、ベテランが若手に対し各自の経験に根ざし弁護士、弁護士会、会務活動のあり方を伝授し、逆に若手がベテランに対し進取に富んだ最先端の知識や感性を発信する世代を超えた得がたい相互交流の場でもあり、比喩的にいうならば「弁護士自治の生きた学校」である。

　法友会は、前記組織目的のもと、弁護士自治を支え、これを実効的に機能させるための基礎的な単位として非常に重要な存在意義を有するといえる。

　また、弁護士が崇高な使命を実現するためにはそれにふさわしい経済的基盤の確立が必要である。前掲のとおり綱領に「生活協同体の実現を期する」とあると

おり、自営業者がもっぱらであるところの弁護士がその職責をまっとうするに足る十分な経済的基盤を確立するため、これに組織的に取り組む運動体としての職域的意義も法友会の存在意義として見逃せないといえよう。

2 法友会の政策提言機能

法友会は、前記綱領にうたわれている理念にかかわる諸問題をはじめとして、まさに本要綱各所で論じられている重要な政策テーマに関し、発足以来絶え間なく、積極果敢な建策と提言を続けてきた。

多士済々かつ幸いにして多数の会員数を擁する法友会の政策提言は、東京弁護士会内においてはもとより、関弁連、日弁連の政策形成過程においてもきわめて大きな影響力を保してきたものであり、ひいては、これが我が国の政策、とりわけ司法改革をめぐる政策にも無視しえぬ発信力を及ぼしてきたことは特筆に値する。

法友会は、こころざしを同じくする在野法曹の集団としてはもっとも有力な政策立案能力を有する団体のひとつであり、文字通り代表的な政策団体といえる。

法友会、法友会会員は、この自負を胸に、今後もまさに綱領にうたわれる理念達成のため、日々の研鑽を重ね、積極的な発言を続けていく必要がある。

3 人材給源としての機能

法友会が取り組むべき政策課題は、まさに本要綱に網羅されているとおり実に多岐にわたる。

法友会は、価値観を共有し相互信頼の土壌を有する東京弁護士会内の最大会派として、その目的を達成するため、東京弁護士会、さらには関弁連、日弁連の会務運営に積極的に参画すべきは当然である。

ところで、会務の担い手はもとより個々の会員なのであって、具体的には組織としての弁護士会内の要所に配される各役職にどういった人材を得るかが有意義な会務運営にとって肝要である。

多数の会員を擁する法友会は、前記のとおり有力な政策団体であるとともに、有為な人材の宝庫でもあり、法友会には、こういった人材の、いわば給源としての機能も大いに期待される。

第3 法友会に求められる組織強化

1 いわゆる会務ばなれと多重会務問題

自治団体である弁護士会の使命をとげるための会務活動、さらには、会派内会務活動には、多くの時間と労力が必要となる。

他方において、弁護士増員といまだ途上にあると言わざるを得ない職域拡大のはざまで、各弁護士はとくに若手を中心として日々の弁護士業務のまっとうにこれまで以上に忙殺されており、容易にはそのような時間と労力を会務には割け得ない実情がある。

そのため、とくに近時、弁護士会会員の中に会務活動等を敬遠する「会務ばなれ」の傾向が顕著に見られるようになり、さらに、いわばその裏返しとして、会務活動等の担い手が特定の熱意ある会員に集中し、そういった会員がさらに個人的な弁護士業務にしわよせを強いられるという、いわゆる「多重会務問題」が生じている。

弁護士は加入強制の自治組織であり、弁護士会の全会員が弁護士会の運営・活動による福利を享受している。当然、これにともなう負担も全会員によって広く分担されるべきであり、会務ばなれと多重会務の実情は、およそ好ましい状況といえない。会務の担い手の顔ぶれが半固定的となれば、会内に存在すべき多様多彩な価値観が必ずしも弁護士会の運営に反映されなくなる恐れすら否定できない。

弁護士自治は一部の篤志的な会員のみによって担い得るものではない。会務への無関心といわゆるフリー・ライドが蔓延するようなことになれば、弁護士会の活動は形骸化し、長い目でみたとき、結局それが個々の弁護士の職域に致命的な不利益としてはねかえってくることともなろう。

会務ばなれと多重会務問題の悪循環は弁護士自治にとって危機的とも称せる負の連鎖であり、法友会としてもこれを断つことに組織をあげて取り組む必要がある。

2　いわゆる無所属会員の増加問題

以上にみた会務ばなれの問題と密接に関連するのがいわゆる無所属会員の増加問題である。

厳密な統計こそないが、近時、東京弁護士会内にあってどの会内会派にも所属しない、いわゆる無所属会員が増加の傾向にあり、これが総会員数の3ないし4割に達するとみられている。

すでに述べたとおり、東京弁護士会のような巨大弁護士会にあって、弁護士自治の基礎的担い手たる会内会派の存在意義は多大であり、弁護士自治の契機となる会派内活動への参加は、個々の弁護士にとっても本来すこぶる有益なものである。無所属会員が積極的に弁護士会の会務に参加するための心理的なハードルも決して無視できない。

また、弁護士の孤立、相談相手の不在が弁護士が不祥事に陥る一因との分析があることも見逃せない。

弁護士自治の基礎的担い手である会派に参加し、会員相互の親睦の輪に加わることは、個人としての弁護士自身の自衛にもつながる。

無所属会員の増加は、前記会員の会務ばなれ・多重会務問題とも決して無縁ではない。無所属会員増加の傾向は決して好ましい傾向といえない。

3　法友会に求められる取組み

いわゆる無所属会員を会内会派に迎え、ともに弁護士自治の担い手として会務に積極的に参画するよう勧誘することは、いうまでもなく非常に有益なことである。法友会も、最重点課題として、無所属会員の勧誘に組織をあげ、全力で取り組んでいるところである。このことは前記有力政策団体としての法友会にとって必須の使命であるとさえいえよう。

会員の新規獲得によって組織のすそ野を広げることは、有為多彩な人材をさらに増強し、会派活動の負担をともに分かち合うこと、ひいては、法友会として綱領達成のため会をあげて取り組む「組織力」を強化することに直結し、法友会が目指す真の司法改革への大きな礎となるはずである。

ただし、新会員勧誘のためには、なにより法友会の活動が新会員の目に、より魅力的に映じることが必要であり、スポーツ・文化活動その他懇親の場、あるいは、実務に有益な研修活動をさらに充実させ、法友会の最先端の魅力を更に効果的にPRする努力が欠かせない。

会員に「法友会は楽しそうだな」「ちょっと覗いてみよう」と思ってもらえる「勉強になり、役に立ち、そして楽しい法友会」をモットーに、現執行部も、もちろん緊張感を持ちつつ、不断の組織強化に努めている。

こうして、多彩な会員を法友会に迎え入れることそれ自体によって法友会の魅力と価値がさらに高まる。その組織的基盤も強化され、政策団体としての立案、提言機能がいっそう向上する。東京弁護士会、日弁連、司法研修所等々へ有為な人材を供給する給源としての機能も活性化する。弁護士会の民主的運営と機能の充実を図り、もって弁護士使命の達成に寄与すること（法友会会則第3条）は、まさにその成果にほかならない。

弁護士会の活動も、法友会の活動も、ひとりでも多くの同志会員によって担われ、ともに分かちもたれねばならない。

2017（平成29）年度法友会
宣言・決議

旧緊急時避難準備区域の不動産損害賠償について、具体的な算定基準を策定することにより公平・公正な損害賠償を実現させることを求める決議

平成29年7月8日
東京弁護士会　法友会

第1　決議の趣旨

東京電力株式会社福島第一、第二原子力発電所の事故により周辺地域の住民が被った不動産の損害については、原子力損害賠償紛争審査会の策定した一定の算定基準に基づき、原子力損害賠償紛争解決センターにおいて東京電力による損害賠償の解決が図られているが、「緊急時避難準備区域」については、他の地域と同様の被害を被っていると考えられるにもかかわらず、不動産損害賠償についての具体的な算定基準が定められていないため、東京電力による損害賠償が実現されていない。

我々は、このような不公平を解消するため、原子力損害賠償紛争審査会に対し、緊急時避難準備区域についても2012（平成24）年3月16日付「東京電力株式会社福島第一、第二原子力発電所事故による原子力損害の範囲の判定等に関する中間指針第二次追補（政府による避難区域等の見直し等に係る損害について）」に準じた不動産賠償の具体的な算定基準を定め、東京電力による公平・公正な損害賠償を実現させることを求める。

第2　決議の理由

1　緊急時避難準備区域の指定の経緯と状況

「緊急時避難準備区域」とは、2011（平成23）年4月22日に政府によって指定された福島第一原子力発電所の半径20km以上30km圏内の区域の内、計画的避難区域（福島第一原子力発電所の半径20km以上30km圏内の区域で原発事故発生から1年の期間内に積算線量が20ミリシーベルトに達するおそれのある区域）を除く区域で、広野町全域、川内村、楢葉町、田村市、南相馬市の各一部である。

2011（平成23）年3月11日の東日本大震災に起因して同年3月12日～15日にかけて福島第一原子力発電所の1～4号機建屋が各損壊したことにより、放射性物質が飛散し、そのため、福島第一原子力発電所の半径20km以上30km圏内の区域については、2011（平成23）年3月15日に政府が屋内退避区域と指定され、その区域の居住者等に対し屋内退避を行うことが指示された。

この屋内退避指示については、期間が長期に及び、物流等に停滞が生じ社会生活の維持が困難となったため、政府は2011（平成23）年3月25日に屋内退避区域の市町村に対し自主的避難を促した（その詳しい経緯については、末尾の注1参照）。

その後、この福島第一原子力発電所の半径20km以上30km圏内の区域では社会生活の維持継続が困難となりつつあり、また、今後の事態の推移によっては、放射線量が増大し避難指示を出す可能性も否定できないという状況になったため、2011（平成23）年4月22日に政府による「緊急時避難準備区域」の指定がなされた。

同区域の居住者等への避難等の指示の内容は「常に緊急時に避難のための立退き又は屋内への退避が可能な準備を行うこと。なお、この区域においては、引き続き自主的避難をし、特に子供、妊婦、要介護者、入院患者等は、当該区域内に入らないようにすること。また、この区域においては、保育所、幼稚園、小中学校及び高等学校は、休所、休園又は休校とすること。しかし、勤務等のやむを得ない用務等を果たすために

当該区域内に入ることは妨げられないが、その場合においても常に避難のための立退き又は屋内への退避を自力で行えるようにしておくこと」（2011〔平成23〕年4月22日付け公示）であった。

この指示により、緊急時避難準備区域内の居住者は、避難等の指示が解除されて帰還が実際に可能になるまで居住地からの避難することを余儀なくされ、この政府による緊急時避難準備区域の指定は、2011（平成23）年9月30日に解除されるまで続いた。

2 原子力発電所事故による損害賠償についての基準・指針について

原子力損害の賠償に関する法律（以下「原賠法」という）により原子力事業者が負うべき責任の範囲は、原子炉の運転等により及ぼした「原子力損害」である（同法3条）。

この原子力損害の被害者を迅速、公平かつ適正に救済する必要があることから、原子力損害賠償紛争審査会が、原賠法に基づき、「原子力損害の範囲の判定の指針その他の当該紛争の当事者による自主的な解決に資する一般的な指針」（同法18条2項2号）を策定している。この指針は、原子力損害として賠償すべき損害と認められる一定の範囲の損害類型を示したものである。

原子力損害の財物賠償については2011（平成23）年8月5日付「東京電力株式会社福島第一、第二原子力発電所事故による原子力損害の範囲の判定等に関する中間指針」（以下「中間指針」という）の「第3 政府による避難等の指示等に係る損害について」の「10 財物価値の喪失又は減少等」の（指針）のⅡ②において放射性物質に曝露し「財物の種類、性質及び取引態様等から、平均的・一般的な人の認識を基準として、本件事故により当該財物の価値の全部又は一部が失われたと認められる場合」には賠償すべき損害とされている。

さらに（備考）の3で（指針）Ⅱ②について「放射性物質の付着により財物の価値が喪失又は減少したとまでは認められなくとも、財物の価値ないし価格が、当該財物の取引等を行う人の印象・意識・認識等の心理的・主観的な要素によって大きな影響を受けることにかんがみ、その種類、性質及び取引態様等から、平均的・一般的な人の認識を基準として、財物の価値が喪失又は減少したと認められても やむを得ない場合には、賠償の対象となる」と補足されている。

すなわち、避難指示等がなされた区域の不動産に放射性物質が付着したことで一般人が心理的・主観的判断で取引を避けるようになったことにより価値が減少した場合も原子力損害になるとされているのである。

そして、原子力損害の不動産賠償については、2012（平成24）年3月16日付「東京電力株式会社福島第一、第二原子力発電所事故による原子力損害の範囲の判定等に関する中間指針第二次追補（政府による避難区域等の見直し等に係る損害について）」（以下「中間指針第二次追補」という）の「第2 政府による避難指示等に係る損害について」「4 財物価値の喪失又は減少等」において指針が定められた。

3 緊急時避難準備区域における不動産賠償についての具体的な算定基準の欠如の問題点

しかし、この2012（平成24）年3月16日付の指針は、2012（平成24）年4月1日の政府による避難区域等の見直しにより、帰還困難区域、居住制限区域、避難解除準備区域に再分類された各避難区域について、「Ⅰ）帰還困難区域内の不動産に係る財物価値については、本件事故発生直前の価値を基準として本件事故により100パーセント減少（全損）したものと推認することができるものとする。Ⅱ）居住制限区域内及び避難指示解除準備区域内の不動産に係る財物価値については、避難指示解除までの期間等を考慮して、本件事故発生直前の価値を基準として本件事故により一定程度減少したものと推認することができるものとする」とされたが、その時点で避難等の指示が解除されていた緊急時避難準備区域については、何も定めがなされなかった。

この中間指針第二次追補を承けて経済産業省が2012（平成24）年7月に「避難指示区域の見直しに伴う賠償基準の考え方について」を発表した。これにより不動産賠償については、原発事故時の宅地、住居の算定方法を定めたうえで「帰還困難区域においては、事故発生前の価値の全額を賠償し、居住制限区域・避難指示解除準備区域は、事故時点から6年で全損として、避難指示の解除までの期間に応じた割合分を賠償する」

として賠償額の具体的な算定方法が定められた。

しかしながら、緊急時避難準備区域については「住宅等の補修・清掃に要する費用として、30万円の定額の賠償を行うこととし、これを上回る場合は実損額に基づき賠償するものとする」と補修、清掃費用の賠償しか定められなかった。

このように、政府は緊急時避難準備区域の不動産賠償について具体的な算定基準を定めておらず、このため、東京電力は緊急時避難準備区域の不動産賠償を実施していない。

4 原子力損害賠償紛争解決センターでも緊急時避難準備区域の不動産賠償が実現されていないことについて

原子力損害賠償紛争解決センターは、東京電力株式会社福島第一、第二原子力発電所事故の被害者の原子力事業者である東京電力株式会社に対する原子力損害の賠償請求について、円滑、迅速、かつ公正に紛争を解決することを目的として設置された公的な紛争解決機関である。

しかし、この原子力損害賠償紛争解決センターにおいても、緊急時避難準備区域の不動産賠償の申立てに対し、賠償基準がないことを理由に打ち切り処理をする方針をとっていた（野山宏「原子力損害賠償紛争解決センターにおける和解の仲介の実務9」判例時報2210号・3頁）。

そのため、原子力損害賠償紛争解決センターにおいても緊急時避難準備区域の不動産賠償が実現されていない。

5 緊急時避難準備区域の不動産についての損害賠償の必要性と、そのために必要な具体的な算定基準について

中間指針の「第2 各損害項目に共通する考え方」「1」は、原子力損害の範囲について、「一般の不法行為に基づく損害賠償請求権における損害の範囲と特別に異なって解する理由はない。」「本件事故と相当因果関係のある損害、すなわち社会通念上当該事故から当該損害が生じるのが合理的かつ相当であると判断される範囲のものであれば、原子力損害に含まれると考える」としており、前記2で述べたとおり中間指針第二次追補では、「避難指示等がなされた区域の不動産に放射性物質が付着したことで、一般人が心理的・主観的判断で取引を避けるようになったことにより価値が減少した場合も、原子力損害になる」とされている。

それゆえ、福島第一原子力発電所の半径20km以上30km圏内である緊急時避難準備区域の不動産にも、原発事故により放射性物質が飛散して付着したことにより原子力損害が生じているものと考えられる。

にもかかわらず、今日に至ってもその賠償は実現されていない。その主たる理由は、緊急時避難準備区域について不動産賠償の具体的な基準が定められていないことにあるといえる。

しかし、緊急時避難準備区域の不動産の価値減少による損害についても、中間指針第二次追補に準じた「事故時点から6年で全損として、避難指示の解除までの期間に応じた割合分を賠償する」とする具体的基準を定めることが可能である。

よって、緊急時避難準備区域の不動産について原子力損害が生じていると考えられるにもかかわらず、今日に至っても賠償が実現していないという状況を改善し、取り残された原発事故被害者が法的救済を受けられるように、原子力損害賠償紛争審査会に対し、緊急時避難準備区域についても2012（平成24）年3月16日付「東京電力株式会社福島第一、第二原子力発電所事故による原子力損害の範囲の判定等に関する中間指針第二次追補（政府による避難区域等の見直し等に係る損害について）」に準じた不動産賠償の具体的な算定基準を定め、東京電力による公平・公正な損害賠償を実現させることを求めるものである。

注1 「東京電力福島発電所における事故調査・検証委員会中間報告」270～271頁から引用）。

「3月15日の屋内退避指示以降、同区域内で自主避難する住民が増加し、また、屋内退避区域内のスーパーや銀行等の生活に必要な店舗が撤退しつつあった。そのため、区域内に残って屋内退避していた住民のみならず、区域外で生活する住民の生活が困難な状況が生じた。例えば、いわき市では、3月15日以降、北部の一部地域に屋内退避指示が出されたが、いわき市全体に屋内退避指示が出されたとの誤報が広がったことなどから、同市内全域で、コンビニやスーパーの店員が避難して閉店状態となった。また、物資輸送のトラックも同市内に入って来なくなったため、大型免許等を有する消防署職員等が郡山まで出向き、タンクローリーを運転していわき市内まで運ぶなどしなければ

ならない状況であった。また、南相馬市では、屋内退避区域内の住民が自主的に避難したことに伴い、市内の店舗が相次いで閉鎖したこと、トラックなどが屋内退避の30km圏内に入ってこなくなったことなどが原因で物流が止まり、生活が困難になった。そのため、同市は、住民の自主避難を支援するため、3月18日から20日まで及び25日に、バスを用意した上で集団避難を行った。」

「このような状況を受け、3月25日、枝野官房長官は、記者会見で、屋内退避区域において物流が止まるなどし、社会生活の維持継続が困難となりつつあり、また、今後の事態の推移によっては、放射線量が増大し、避難指示を出す可能性も否定できないとして、区域内の住民に対して自主避難を呼び掛けるに至った。」

2018（平成30）年度政策要綱執筆者・見直し担当者一覧 (50音順)

相川　泰男	青井　慎一	赤羽　　宏	伊井　和彦
生田　康介	池田　浩一郎	池田　雅子	石黒　美幸
石本　哲敏	伊豆　隆義	市川　　尚	伊藤　茂昭
伊東　大祐	入澤　武久	岩田　修一	氏原　隆弘
内野　真一	太田　晃弘	屋宮　昇太	奥村　浩子
加藤　滋隆	金子　正志	椛嶋　裕之	上山　直也
川村　百合	木下　貴博	五島　丈裕	児玉　晃一
小峯　健介	齋藤　理英	榊原　一久	笹浪　雅義
佐瀬　正俊	篠塚　　力	下谷　　收	進藤　　亮
菅　　芳郎	鈴木　大祐	髙岡　信男	髙砂　太郎
高須　順一	高田　正雄	髙梨　滋雄	髙橋　俊彦
竹之内　　明	高谷原　　誠	帖佐　直美	髙付岡　透
角田　伸一	寺町　東子	十枝内　康仁	外山　太士
中井　陽子	中尾　正浩	中込　一洋	仲　　隆
中村　英示	中村　秀一	中村　知己	流矢　大士
成田　慎治	西川　達也	西中　克己	野村　完一
長谷部　修	濱口　博史	早野　貴文	彦坂　浩久
平泉　　亘	平澤　慎一	廣瀬　健一郎	深沢　岳久
藤﨑　太郎	堀井　準子	松井　菜採	松田　純一夫
武藤　佳昭	八掛　順子	矢吹　公敏	山下　幸彰
山本　真由美	米田　龍玄	若旅　一夫	渡辺　　敏
渡部　典子			

● 編集後記

　今年も、法友会の政策要綱を世に出すことができ、大変嬉しく思います。

　本政策要綱は、政策集団である法友会が、1年間にわたる政策委員会における議論、10月に2回にわたって行われた政策検討会での検討をふまえ、日弁連および各弁護士会ならびに各弁護士を取り巻く様々な政策課題について、現時点における到達点や問題提起、次年度への政策提言を発表したものです。

　今回、巻頭の特集には、近時議論の盛り上がりを見せるダイバーシティの問題を取り上げました。日本国憲法第13条の個人の尊厳の尊重という観点からも、人間の多様性を推進する価値について考える時期に来ているといえるでしょう。

　また、新たに諸外国では導入が進んでいるにもかかわらず我が国では導入が遅れている裁判のIT化の問題を取り上げることにしました。今後の積極的な取り組みが期待されます。民事執行法および民事訴訟法の改正課題についても新たに取り上げることとしました。

　憲法改正については、いよいよ本格的な議論がなされるようになってきており、2017（平成29）年10月22日（日）開票の衆議院議員選挙の結果を受けて、予断を許さない状況になっています。憲法改正問題について、弁護士会として、どのような姿勢で取り組んでいくかは、大変重要な問題であり、10月に行われた政策検討会でも活発な議論が行われました。

　本年度の政策検討会は、10月14日（土）、10月28日（土）の2回行いました。テーマとしては、「原子力損害賠償の問題解決に向けて」、「若手法曹をめぐる現状と課題」、「ダイバーシティの展望」、「裁判のIT化」、「法科大学院制度と司法試験制度の現状と課題」、「法テラスをめぐる課題」、「弁護士広告の自由化と適正化」、「成年後見制度をめぐる会の対応」、「憲法改正問題」、「死刑の廃止問題」を取り上げました。ご参加いただいた会員の方々には、活発な議論をしていただき、その成果を各原稿に反映させていただいております。

　残念ながら、預かり金の横領等弁護士不祥事が後を絶ちません。弁護士不祥事の発生は、弁護士自治を揺るがしかねない事態を招く恐れがあります。弁護士会として、弁護士不祥事をどのように防いでいくか、そして、弁護士および弁護士会に対する国民の信頼をどのように築いていくかが問われています。

　本政策要綱は、現時点における、様々な政策課題に関し、政策集団である法友会の最新の議論を発表したものです。今回は、巻末に法友会が行った宣言・決議を収録させていただいております。あわせてご参照いただければと思います。

　本政策要綱は、日常の弁護士業務や会務活動で多忙を極める法友会の会員の方々に執筆をお願いし、かつ、厳しいスケジュールの中、短期間で執筆していただいて完成したものです。快く執筆に応諾していただいた執筆者の方々には、心よりお礼申し上げます。

　また、1年間にわたる政策委員会での議論や二度にわたる政策検討会の検討を経てできあがったものでもあります。お忙しい中、議論に参加していただいた方々に深く感謝いたします。

　最後になりますが、本政策要綱が完成したのは、仲隆政策委員長の指揮のもと、政策要綱担当副幹事長である北川恵子先生その他の副幹事長の先生方、事務次長の先生方のご尽力によるものです。ここに改めて、仲委員長、北川副幹事長、法友会の諸先生方にも感謝申し上げます。

2017（平成29）年12月

東京弁護士会　法友会
政策委員会　政策要綱策定部会　部会長　谷原　誠

揺るぎない司法の確立へ
弁護士自治の真価が問われる時代
【2018（平成30）年度法友会政策要綱】

2018年1月10日　第1版第1刷発行

著　者：東京弁護士会法友会
　　　　www.hoyukai.jp
発行人：成澤壽信
発行所：株式会社現代人文社
　　　　〒160-0004　東京都新宿区四谷2-10　八ッ橋ビル7階
　　　　電話：03-5379-0307（代表）　FAX：03-5379-5388
　　　　Eメール：henshu@genjin.jp（編集部）
　　　　　　　　hanbai@genjin.jp（販売部）
　　　　Web：www.genjin.jp
　　　　振替：00130-3-52366

発売所：株式会社大学図書
印刷所：株式会社ミツワ
装　丁：清水良洋（Malpu Design）

検印省略　PRINTED IN JAPAN
ISBN978-4-87798-689-6 C3032
©2018　TOKYO-BENGOSHIKAI HOYUKAI

本書の一部あるいは全部を無断で複写・転載・転訳載などをすること，または磁気媒体等に入力することは，法律で認められた場合を除き，著作者および出版者の権利の侵害となりますので，これらの行為をする場合には，あらかじめ小社また編集者宛に承諾を求めてください。